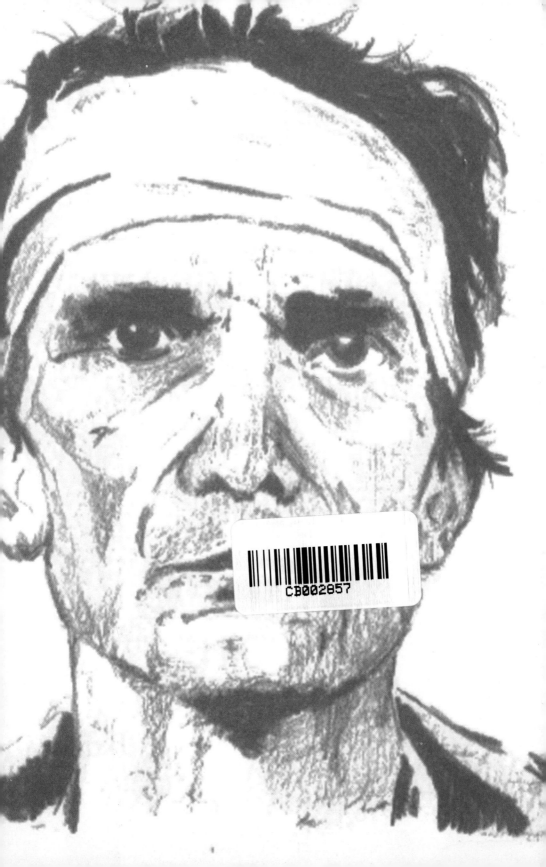

T O

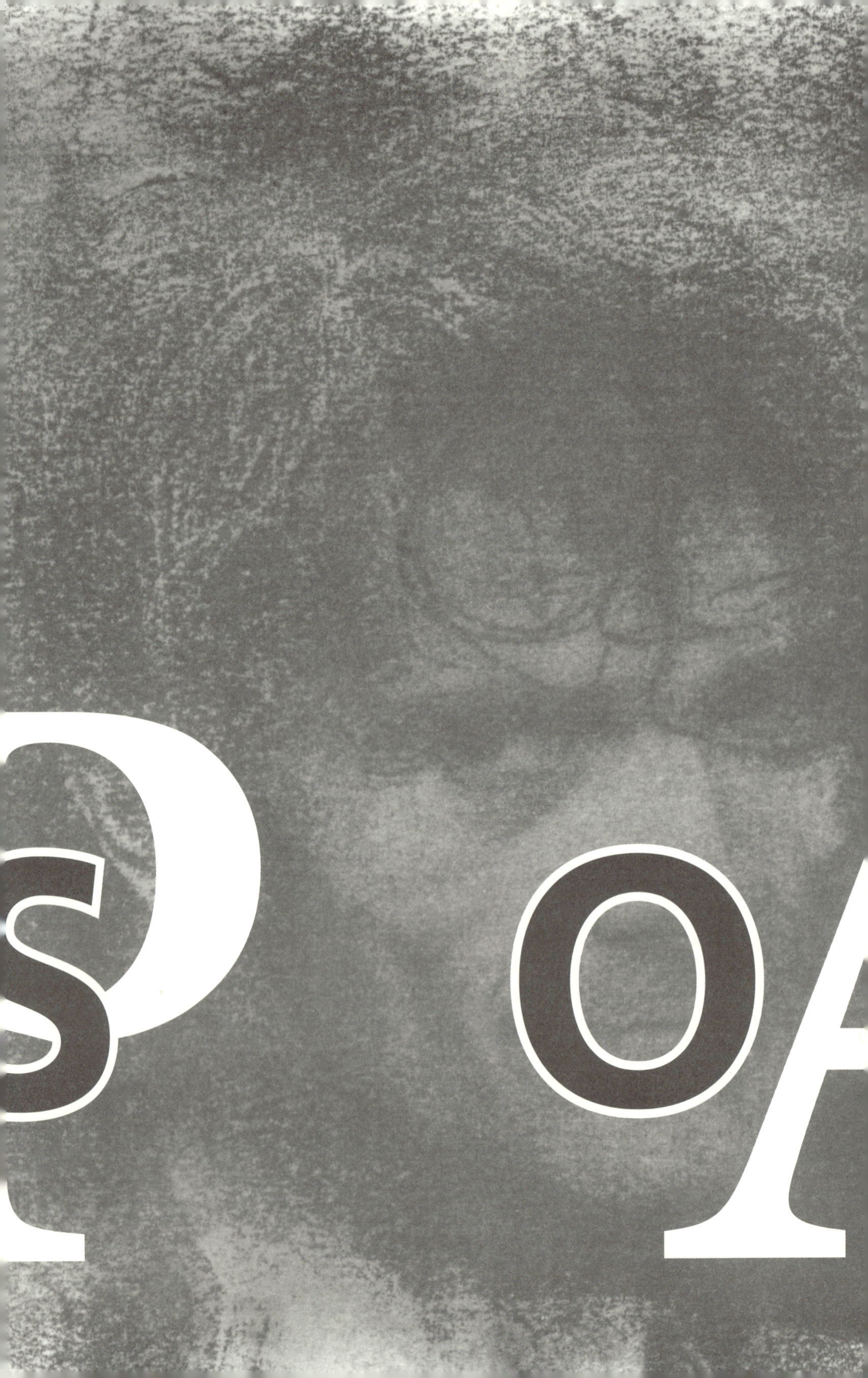

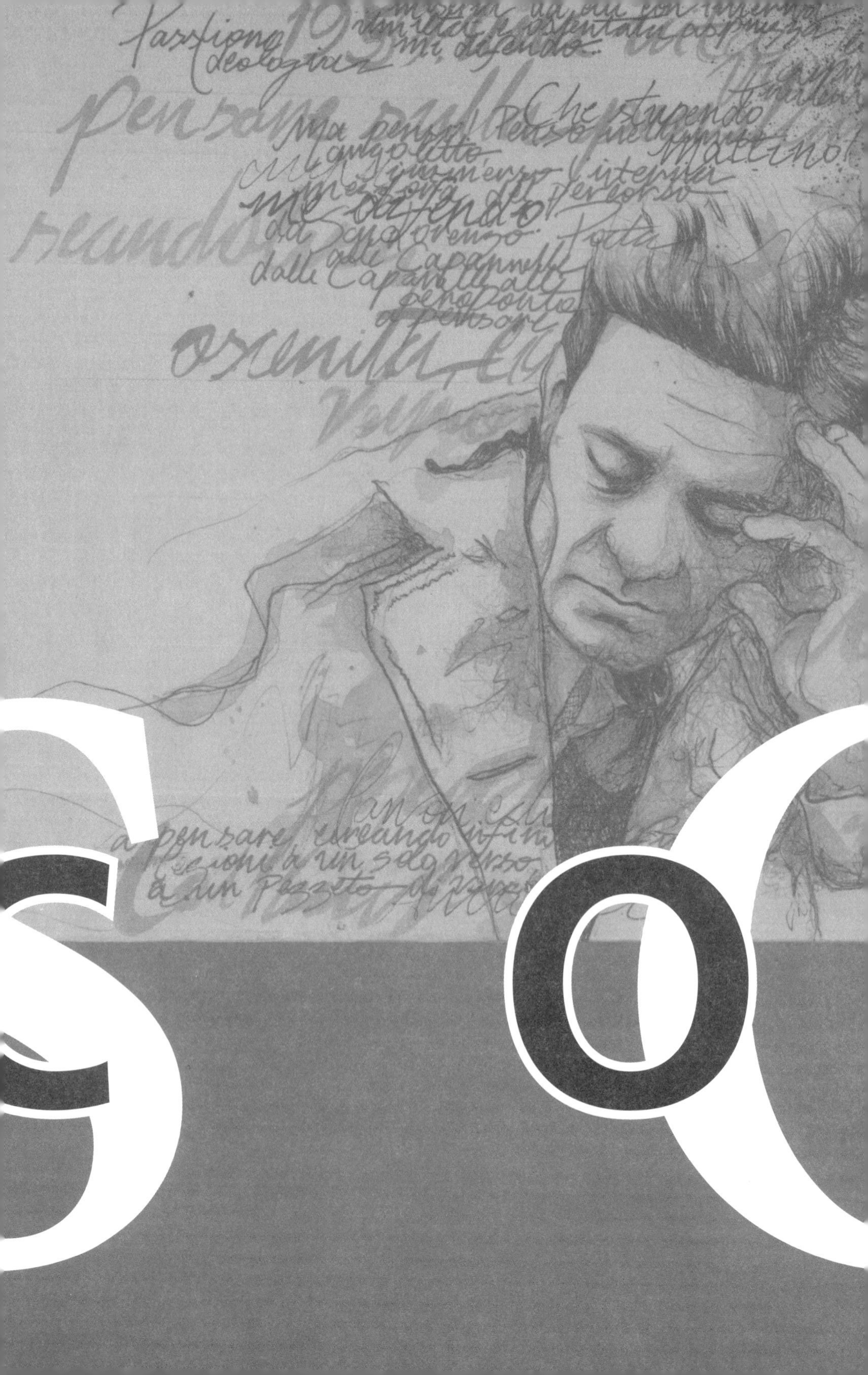
Che stupendo
Mattino!

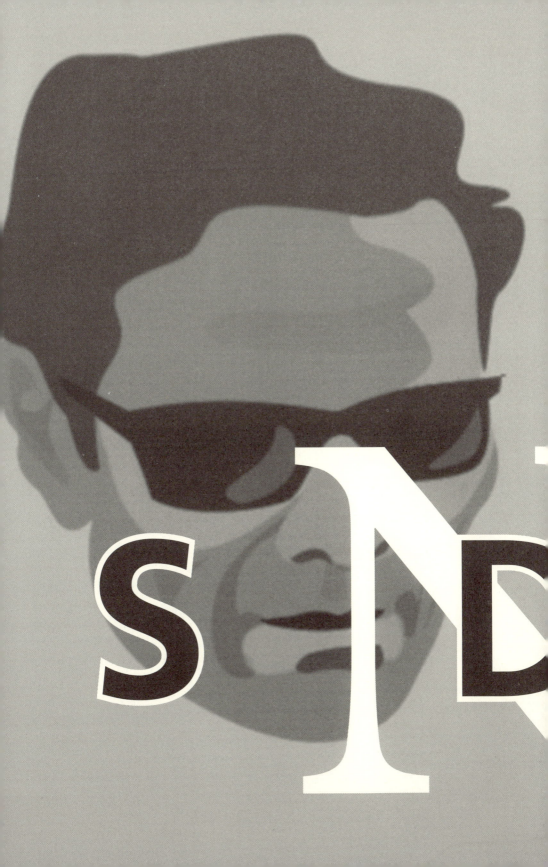

TODOS OS CORPOS DE PASOLINI

Equipe de realização:

Coordenação editorial	J. Guinsburg
Edição de texto	Adriano Carvalho A. Sousa
Revisão de provas	Marcio Honorio de Godoy
Projeto gráfico e capa	Sergio Kon
	ilustração de capa sobre desenhos de Alex Queiroz de Souza,
	Eduardo Ferreira dos Santos e João Paulo Tiago
Produção	Ricardo W. Neves
	Raquel Fernandes Abranches

Créditos das imagens:

Abertura	Alex Queiroz de Souza [a1, a2, a7]
Retratos de Pasolini	Eduardo Ferreira dos Santos [a3, a5, a8, a9]
	João Paulo Tiago [a4, a6, a10]
Olho	Alex Queiroz de Souza [p.3]
Fechamento	Alex Queiroz de Souza [f3-4: *Medéia*; f6: *Mamma Roma;*
Filmes de Pasolini	f9: *Édipo Rei*; f10: *Gaviões e Passarinhos*]
	Daniel Juliano Fernandes [f2: *Apontamentos para uma Oréstia Africana*; f5: *A Terra Vista da Lua*; f8: *Édipo Rei*]
	Eduardo Ferreira dos Santos [f1: *Salò*; f7: *Mamma Roma*]

LUIZ NAZARIO

TODOS OS CORPOS DE
PASOLINI

PERSPECTIVA

Dados Internacionais de Catalogação na Publicação (CIP)
(Câmara Brasileira do Livro, SP, Brasil)

Nazario, Luiz
    Todos os corpos de Pasolini / Luiz Nazario. – São
Paulo : Perspectiva, 2007. – (Perspectivas)

    ISBN 978-85-273-0779-6

    1. Cinema – Itália 2. Pasolini, Pier Paolo, 1922-1975
– Crítica e interpretação I. Título. II. Série.

07-0931	CDD-791.430945

Índices para catálogo sistemático:
1. Cineastas italianos : Apreciação crítica   791.430945

Direitos reservados a

EDITORA PERSPECTIVA SA

Av. Brigadeiro Luís Antônio, 3025
01401-000 São Paulo SP
telefax: (11) 3885-8388

www.editoraperspectiva.com.br

2007

Ao jovem leitor
Lembre-se de que não terá tanto desejo
de saber e de amar como nesses anos:
e deve aproveitar selvagemente, ler
e aprender como um louco.

Pier Paolo Pasolini

Este é um livro sobre a solidão do indivíduo que recusa
ser catalogado, esquematizado, enquadrado pelas modas,
pelas ideologias, pela sociedade, pelo poder.
Um livro sobre a tragédia do poeta que não quer ser
e não é um homem-massa, um instrumento daqueles
que prometem, daqueles que amedrontam, estejam eles
à direita, à esquerda ou ao centro, ou à extrema-direita, à
extrema-esquerda ou ao extremo-centro.
Um livro sobre o herói que se bate sozinho pela liberdade
e pela verdade, sem jamais render-se e que, por isso, é
assassinado por todos: pelos patrões e pelos servos;
pelos violentos e pelos indiferentes.

Oriana Fallaci, sobre seu livro *Un Uomo* (1979)

É da experiência existencial, direta,
concreta, dramática, corporal
(da realidade) que nascem em conclusão
todos os meus discursos ideológicos.

Pier Paolo Pasolini

... Sumário

... Introdução 11

1 O Corpo Vivo:
Orfeu na Sociedade Industrial 19

2 O Corpo Massacrado:
A Última Noite 119

3 O Corpo em Testamento:
Nudez e Cultura x Nudez e Consumo 137

4 O Corpo Marcado:
Da Violência de Massa
ao Extermínio Biológico 143

5 O *Corpus* da Obra:
Um Escritor Póstumo 149

6 O Corpo da Cidade:
Fortuna Crítica 157

7	O Corpo Imaginário: Imagens de Imagens	179
8	O *Corpus* Submerso: Mergulhando no Fondo	187
9	O Corpo Estranho: Pasolini no Brasil	195
10	O Corpo Devorado: Conversas em Torno de Pasolini	209
11	O *Corpus* Arquivado: Um Legado Inesgotável	245

Introdução

O livro que o leitor tem em mãos reúne a totalidade de meus escritos *pasolianianos* desde *Pier Paolo Pasolini: Orfeu na Sociedade Industrial* (1982), o primeiro livro sobre Pasolini publicado no Brasil. Quando o então editor da Brasiliense, Caio Graco Prado, convidou-me para escrever uma pequena biografia de Pasolini para a coleção Encanto Radical, eu exercia a atividade de crítico de cinema na *Folha de S. Paulo* e conhecia bem o cinema daquele autor, mas sua literatura era-me desconhecida. Aceitando o desafio, passei uma temporada na biblioteca do Museu Lasar Segall, devorando a bibliografia ali existente de e sobre Pasolini; e, por onde andasse, adquirindo tudo o que se publicara dele ou sobre ele. Pude concluir uma biografia sintética, abordando toda a gama de sua produção, e o livrinho teve três edições esgotadas – em 1982, 1983 e 1986 – até que a Brasiliense decidiu encerrar a coleção.

Ao mesmo tempo, aproveitando o sucesso do pequeno livro, Caio Graco decidiu lançar às pressas alguns livros de Pasolini e pediu-me para traduzir, do francês, *As Últimas Palavras do Herege* (1983), de Jean Duflot. Como a Brasiliense não providenciou revisão da tradução, feita sob a pressão do editor em menos de um mês, o livro saiu publicado com erros gravíssimos, pelo que recomendo sua destruição. Decepcionado com a experiência de "tradutor", fiz depois apenas a revisão da primeira tradução em português de *Teorema*, de Pasolini[1], e não aceitei mais assumir a tradução solo, apenas co-traduzindo, no caso do italiano para o português, *'Amado Meu'*, *Precedido de 'Atos Impuros'* (1984), de Pasolini, com Rosa Artinis Petraitis; *História de Piera* (1984), de Dacia Maraini e Piera Degli Esposti, com Regina Tirello; e *Meninos da Vida* (1985), de Pasolini, com Rosa Artini Petraitis, livros que, graças ao aporte dos co-tradutores, foram bem traduzidos.

Meu interesse por Pasolini, contudo, apenas começara. Continuei a estudar e divulgar sua obra: entre 1983 e 1988, fiz para a *Folha de S. Paulo* e outros veículos, algumas entrevistas em torno de Pasolini com personalidades da cultura italiana: a escritora Dacia Maraini, o ator Gian Maria Volonté, a atriz Carla Berlarti e o escritor Giuseppe Cassieri. Entre 1989 e 1992, em sucessivas viagens à Itália, continuei a renovar minha "pasoliniana" até que, numa estada mais longa, em junho de 1995, pude freqüentar o Fondo Pier Paolo Pasolini, fundado por Laura Betti[2], em 1983, em Roma. Escrevi uma série de artigos para o jornal *O Estado S. Paulo* (um dos quais apropriado pelo editor pouco escrupuloso que assinou seu nome no lugar do meu); e os reuni, depois, no ensaio "Todos os Corpos de Pasolini", publicado na revista *Cultura Vozes*. Em 1999, no Departamento de Fotografia, Teatro e Cinema (FTC) da Escola de Belas Artes (EBA), da Universidade Federal de Minas Gerais (UFMG), dei início à pesquisa acadêmica *Pier Paolo Pasolini: Vida e Obra*.

Entre 2001 e 2002, um convênio firmado entre a UFMG, representada pela sua diretora de Relações Internacionais, Maria Sueli de Oliveira Pires, e a Universidade de Bolonha (UNIBO), através de seu vice-reitor de Relações Internacionais, Roberto Grandi, foi conduzido pelos coordenadores Roberto Bruno e Antônio Gilberto Costa. Esse convênio renovou meu interesse pela pesquisa: embora longe de esgotá-la, Bolonha constitui o ponto de partida na cartografia sentimental de Pasolini. A cidade foi tão importante em sua vida e obra quanto o Friuli[3], seu "paraíso perdido",

---

1. Brasiliense, 1984; Círculo do Livro, 1987; Brasiliense, 1991. Respectivamente, primeira, segunda e terceira edições.

2. Laura Betti (Bolonha, 1934-Roma, 2004) começou sua carreira como cantora de cabaré; tornou-se mais conhecida depois de trabalhar em *La dolce vita* (A Doce Vida, 1960), de Federico Fellini; foi a atriz predileta do amigo Pasolini, que a fez estrelar *Teorema*, Prêmio Copa Volpi de Melhor Atriz no Festival de Veneza. Depois da morte de Pasolini, fez uma grande campanha para esclarecer as circunstâncias do crime e fundou, em 1983, o Fondo Pier Paolo Pasolini para preservar e divulgar o legado do escritor. O Fondo patrocina a restauração dos negativos dos filmes de Pasolini, publica os *Quaderni Pier Paolo Pasolini*, com inéditos seus e estudos de outros autores, produz documentários e realiza mostras e retrospectivas da obra de Pasolini.

3. A região mais oriental da Itália, zona agrícola e industrial entre o Mar Adriático e os Alpes, possuindo hoje estatuto especial concedido pela Lei Constitucional de 31 de janeiro de 1963, composta pelos territórios de Udine, Gorizia e Trieste, com habitantes de língua eslovena e latina ao lado dos de língua italiana. A capital Trieste possui importante atividade marinheira comercial e industrial (altos-fornos, estaleiros navais, construções mecânicas), mas sua atividade depende do escoamento de mercadorias para o mar vindas da Áustria e República Tcheca. Duas grandes redes ferroviárias cruzam a região e a ligam à Europa central e balcânica.

INTRODUÇÃO

e Roma, onde viveu seu sucesso pontilhado de escândalos, até o massacre em Ostia. O vínculo bolonhês na vida e na obra de Pasolini foi restaurado no congresso *Pasolini e Bologna* (1995), organizado por Davide Ferrari, com a colaboração de Gianni Scalia, com desdobramentos na mostra fotográfica e documental *Pasolini e Bologna: nascita di una poesia* (2000), organizada pelo Istituto Gramsci, e no volume coletivo *Pasolini e Bologna* (2002), organizado por Ferrari e Scalia.

Entre 2001 e 2004, com bolsas Capes, CNPq e Fapemig, orientei sete bolsistas que trabalharam com o imaginário pasoliniano; criei o Mural *Estudos Pasolinianos*[4] dedicado à divulgação de textos sobre eventos ligados à vida e à obra de Pasolini, incluindo análises que empregam a semiologia pasoliniana para denunciar o mundo contemporâneo como universo totalitário de repressão e infelicidade; e, no Programa de Pós-Graduação em Artes da EBA/UFMG, organizei cinco seminários sobre Pasolini e o cinema italiano, com a presença dos professores convidados Carlo Varotti (Unibo), Veronica Bridi (Istituto Gramsci) e Davide Falcioni: *Pasolini: 25 Anos de Ausência* (2001); *O Cinema de Poesia de Pier Paolo Pasolini* (2001); *A Cidade Imaginária* (2002); *A Cidade Imaginária II: Veneza no Cinema* (2003); e *O Comunismo Herético de Visconti e Pasolini* (2003); dois destes seminários tiveram seus textos reunidos no livro *A Cidade Imaginária* (2005), editado pela Perspectiva. Resultaram também dessas pesquisas diversas traduções de Davide Falcioni e Marília Sette Câmara usadas na edição do presente volume, que contou com a ajuda inestimável de Alexandre Martins Soares na revisão e organização do texto final; e o DVD *Fantasias de Pasolini*, reunindo monografias, desenhos, animações e videoclipes realizados pelos bolsistas e produzido pela Ophicina Digital da UFMG, com autoração de Marcelo La Carretta.

Em 2002, a convite do Istituto Gramsci, por intermédio de seu diretor, Gian Mario Anselmi, e do Dipartimento di Italianistica da UNIBO, através de um projeto de Carlo Varotti, empreendi uma primeira viagem de pesquisa a Bolonha, apresentando, na classe de Filmologia da professora Cristina Bragaglia, a palestra *Cinema e Ideologia*, com tradução de Davide Falcioni. Pude então entrevistar o crítico Gianni Scalia, que fundou com Pasolini, nos anos de 1950, a célebre revista *Officina* (entrevista publicada aqui pela primeira vez); e o escritor e crítico de cinema Roberto Chiesi, então editor da bela revista *Carte di Cinema*, e para quem "a obra de Pasolini permanece *ainda* por decifrar, não revelou todos os seus segredos"[5]. Nessa minha primeira estada em Bolonha, pude fotografar os "lugares de Pasolini": a casa onde nasceu, em frente à tipografia Sordomuti,

4. Cf. http://www.grude.ufmg.br.

5. R. Chiesi, Ritornare alle parole e alle immagini di Pasolini, p. 37.

na Via Nosadella; o Liceu Galvani, na Via Castiglione, onde estudou; o Pórtico da Morte, onde comprou seus primeiros livros; a Libreria Cappelli, na Via Farini, e a livraria da Praça S. Domenico, que freqüentava; a oficina Anonima de Arti Grafiche, na Praça Calderini, que publicou seu primeiro livro, *Poesie a Casarsa*, em edição paga pelo autor; o Giardino Margherita, onde encontrava amigos, palestrava ou se entregava às leituras; a pequena e escondida sala de aula da Universidade na Via Zamboni, onde seguiu as aulas de história da arte de Roberto Longhi; e a Igreja de São Petrônio na Praça Maggiore, que, para Pasolini, simbolizará toda a cidade de Bolonha, servindo de cenário para *Édipo Rei*, remetendo à sua infância edipiana, e para *Salò*, evocando o fascismo que o sufocava na juventude.

Surpreendeu-me que, na Via Nosadella, desejando fotografar a casa de Pasolini, eu não pudesse fazê-lo, visto não haver placa indicativa no local (qual daquelas casas, todas comuns e parecidas, seria a do poeta?), o que contrariava o costume italiano de identificar as moradias de suas figuras ilustres: apesar da fama mundial, Pasolini ainda não havia sido reconhecido em sua cidade natal... É verdade que, embora bolonhês de nascimento, Pasolini preferisse Casarsa della Delizia[6], cidade natal de sua mãe, e onde viveu sua "melhor juventude". Assim, enquanto Bolonha hesitava em assumir o "filho maldito" como "filho honorário", o Friuli tomava a dianteira: em 1993, a Administração Provincial de Pordenone comprou dos herdeiros a Casa Colùs e, em 1994, firmou um protocolo de intenção com o Município de Casarsa della Delizia para aviar o Centro Studi – Archivio Pier Paolo Pasolini, cuja abertura se deu em abril de 1995. Nele estão depositadas pinturas, manuscritos, livros e vídeos de e sobre Pasolini. O centro pretende ser, além de arquivo, um lugar de encontro, estudo e promoção de iniciativas culturais ligadas à figura de Pasolini e também "capazes de interpretar em nosso tempo sua vontade de rigor, de contestação, de provocação ética e cultural". E a Prefeitura de Casarsa criou o "sítio oficial de Pier Paolo Pasolini", que nem menciona Bolonha, e só apresenta lugares e pessoas da região que marcaram a vida e a obra do poeta, ali enterrado ao lado da mãe.

Além das iniciativas oficiais, os admiradores da obra do poeta sempre mantiveram viva sua memória: também nesse sentido, podemos destacar as diversas atividades do Fondo Pier Paolo Pasolini. Além delas, na Internet, o sítio *Pagine Corsare*[7], cuja primeira edição data de 1997, idealizada e organizada por Angela Molteni e Massimiliano Valente, seguida de nova edição, organizada por Molteni, permanece atento a tudo o que diz respeito a Pasolini: divulgando textos e imagens,

6. Segundo alguns filólogos, o topônimo Casarsa derivaria dos incêndios que os turcos promoviam na região em suas invasões no século XIV; a palavra poderia ser dividida: *Casa* (casa) – *arsa* (ardida), ou seja, *casa queimada*; o "della Delizia" refere-se a um pequeno rio que banha a aldeia.

7. http://www.pasolini.net

INTRODUÇÃO

atualizando dados num arquivo em constante crescimento, é uma das melhores fontes de pesquisa e consulta sobre a vida e a obra do escritor.

Contudo, em 2004, o reconhecimento nacional parece ter chegado com o término da publicação das obras completas de Pasolini pela editora Mondadori. Neste mesmo ano, a convite do Dipartimento di Italianistica e da revista eletrônica *Griselda*, que havia publicado dois contos meus em tradução de José Pessoa[8]; e com o apoio do Fundo Fundep, através da COPI/UFMG, sob a direção de Sandra Regina Goulart de Almeida, voltei a Bolonha para apresentar uma comunicação sobre *Pasolini no Brasil*, na Aula Forte do Dipartimento, com tradução de Pessoa e Vincenzo Russo. Meus tradutores informaram-me, então, que a casa onde nascera Pasolini havia finalmente recebido uma placa de identificação da prefeitura. Fui com Pessoa, Vincenzo e sua namorada lisboeta, Sara Ludovico, até a Via Nosadella, onde pude fotografar a parede da casa que hoje, curiosamente, pertence à polícia local. Percorri também, mais uma vez, as livrarias Feltrinelli, Mondadori, Librincontro, Libreria delle Moline, Accademia, enriquecendo minha "pasoliniana". Encontrei-me com o pesquisador Hideyuki Doi, que acabara de publicar um curioso estudo sobre Pasolini e a poesia haikai[9], e cuja tese versava sobre os poemas friulanos do escritor; com o jovem doutorando Neil Novello que, muito pálido, empreendia uma corrida contra o tempo para acabar de ler *Tutte le Opere* de Pasolini que a Mondadori também terminava de publicar, para lançar um ensaio atualizado nos 30 anos da morte do escritor[10]; e com o professor Marco Antonio Bazzocchi, autor de diversas obras sobre Pasolini, incluindo uma biografia em forma de verbetes muito usada na academia[11], e que se mostrou particularmente interessado no episódio da estada de Pasolini no Brasil, incentivando-me a aprofundar a pesquisa. Voltei também a contatar Chiesi, que entrementes se tornara o diretor do Fondo Pier Paolo Pasolini, transferido de Roma para Bolonha pouco antes da morte de Laura Betti, em agosto de 2004. Chiesi guiou-me pelas novas instalações do Fondo, numa das salas da Biblioteca da Cineteca del Comune di Bologna, mostrando-me inclusive um antigo guarda-roupa, peça exótica do mobiliário da última casa de Pasolini em Roma[12], que devia ser usado pela mãe do cineasta e acabou indo parar na Cineteca, sem que encontrassem local adequado para guardá-lo... Informou-me que o Fondo não possuía os filmes de Pasolini em película, apenas

8. Cf. http://www.griseldaonline. it/percorsi/archivio.htm, acesso em 30 set. 2005.

9. Cf. H. Doi, Pasolini e la poesia haikai, *Cultura italo-giapponese...*, p. 137-161.

10. Publicada em 2007, *Il sangue del re*, um belo volume de 512 páginas

11. Cf. M. A. Bazzocchi, *Pier Paolo Pasolini*.

12. Curiosamente localizada no bairro EUR, construído no período do fascismo, com sua arquitetura desoladora cenário de *As Tentações do Doutor Antonio*, de Federico Felllini; de *O Conformista*, de Bernardo Bertolucci; e de *Titus*, de Julie Taymor.

TODOS OS CORPOS DE PASOLINI

em vídeo; notei que o Brasil havia lançado mais filmes de Pasolini em DVD que a Itália; mas considerei de bom alvitre que o Fondo estivesse, agora, tão próximo da Cineteca, na cidade natal de Pasolini, como num mítico retorno às origens, conforme a tudo o que dizia respeito àquele poeta. Na contracapa de meu pequeno livro, eu já havia esboçado um paralelo entre Pasolini e Orfeu:

> Orfeu tocava a lira com tanta perfeição que as árvores se deslocavam e os rios suspendiam suas correntes para ouvi-lo. Desceu ao Hades para resgatar Eurídice, mas na ansiedade de revê-la, violou a lei do inferno e foram separados para sempre. Para lhe ser fiel, amou apenas os efebos. Mas foi despedaçado pelas enlouquecidas mulheres trácias. E se Orfeu vivesse no conglomerado? Onde a natureza encontra-se poluída e devastada, quem ouviria seu canto? A que potências infernais lançaria o desafio de sua paixão? A quem juraria fidelidade até a morte? Por quais ideais arriscaria sua vida? Como justificaria a permanência do desejo? E por quem seria despedaçado?[13]

Acredito que esse paralelo e as questões que a vida e a obra de Pasolini lançaram desafiadoramente aos seus contemporâneos continuam atuais. Há pouco, Giovanni Pellegrino, senador da República, encarregado em 1994 de presidir a Comissão Stragi que investigou episódios obscuros da história recente do país, como o atentado fascista de 1969 contra o Banco da Agricultura em Milão, que matou 16 pessoas, declarou que o período de 1969 a 1974 tornou-se agora plenamente conhecido; mas que, quando Pasolini escreveu, num de seus últimos artigos no *Corriere della Sera* (publicado a 14 de novembro de 1974) poucos meses depois da matança de Italicus, saber que as matanças de 1969 eram anticomunistas, mas que as de 1974 eram antifascistas, ninguém ainda podia sabê-lo. E, no entanto, ele estava certo, e foi assassinado um ano depois de revelar o que a todos pareceu então um absurdo. Ninguém sabe como ele chegou à conclusão correta "mas uma coisa é certa", concluiu o senador, "Pasolini chegou em tempo real aonde a Comissão, hoje, se encontra, depois de anos e anos de pesquisas"[14].

Também o processo relativo ao assassinato do poeta voltou à tona com a confissão de Pino Pelosi de que, ao contrário do que sempre afirmou, não teria agido só: "Sou inocente, não matei Pasolini... Hoje em dia não tenho medo. Os que me ameaçaram e ameaçaram minha família devem estar velhos ou mortos", declarou numa entrevista à TV estatal italiana RAI-3. Pelosi não identificou seus supostos cúmplices, mas contou que três desconhecidos falando com "sotaque do sul" chegaram quando Pasolini e ele estavam juntos na praia de Ostia e, em meio a gritos de "comunista sujo" e "pedaço de merda",

13. Cf. *Orfeu na Sociedade Industrial*.

14. G. Pellegrino, Segreto di Stato: La verità della Gladio al caso Moro em: http://www.italialibri.net/dossier/pasolini/paralleli 4.html, acesso em 30 set. 2005.

INTRODUÇÃO

deram uma grande surra no cineasta, que ficou agonizando. Os agressores saíram do local de carro e ele, desesperado e com medo, entrou no carro de Pasolini, deu a partida e, sem perceber, passou por cima do corpo do artista; a polícia prendeu Pelosi pouco depois, quando circulava com o carro de Pasolini em alta velocidade e na contramão[15]. Depois de dar esta última entrevista à TV, Pelosi foi detido junto com outras duas pessoas, sob a acusação de tráfico de drogas, na estação ferroviária de Orte, quando transportava quatrocentos gramas de cocaína. Ao saber das declarações, a procuradoria de Roma afirmou ser pouco provável que as investigações do caso sejam reabertas, considerando que faltam dados concretos que permitam comprovar as novas informações. No entanto, Nino Marazzita e Guido Calvi, os advogados da família de Pasolini, declararam que a procuradoria "tem obrigação de reabrir o processo sobre a morte do escritor" e "convocar e interrogar Pelosi"; eles pediram oficialmente a reabertura do caso[16]. Assumiu-o, finalmente, como parte ofendida, o município romano, liderado pela coligação DS/Unione, presidida por Walter Veltroni, ex-ministro da Cultura.

Pelosi foi o único condenado em 1979, tendo que cumprir uma pena de apenas 9 anos de prisão porque era menor de idade; do contrário, responderia a uma pena de 30 anos no cárcere. Em outra entrevista, Sergio Citti, cineasta e amigo de Pasolini, sugeriu que as autoridades italianas queriam se desfazer de Pasolini e de suas críticas ao governo. Citti – que morreu a 11 de outubro de 2005 num hospital de Ostia, aos 72 anos, devido a problemas cardíacos – disse que outras *quatro* pessoas, além de Pelosi, participaram do assassinato "e que essas quatro poderiam ter sido inclusive policiais ou agentes do serviço secreto"[17]. Sergio Citti também lembrava o roubo, do armazém da Technicolor, de bobinas de *Salò,* obrigando os editores a usar cópias positivas e cenas já retiradas na montagem; ele imaginava que, a pretexto de devolverem as bobinas do filme, o realizador poderia ter sido atraído a uma cilada que visava calar-lhe a voz, cada vez mais incômoda para o *establishment.*

Numa época em que a violência de massa tornou-se a realidade cotidiana de todos os países do mundo, com criminalidade e neofascismo galopantes; em que a corrupção do neoliberalismo ficou evidente para qualquer um; e em que o consumismo assumiu, sem disfarces, a destruição dos valores humanos e a dilapidação das reservas naturais do planeta, a obra de Pasolini demonstra sua incandescente atualidade: ainda nos anos

15. Cf. Assassino de Pasolini é Detido por Tráfico de Drogas, em: http://www.estadao.com.br, acesso em 30 set. 2005.

16. Advogado Pede Reabertura do Caso Pasolini, em: http://www.estadao.com.br; Cf. também, Família de Pasolini Pede Nova Investigação sobre Morte do Cineasta, em: http://www1.folha.uol.com.br, acesso em 30 set. 2005

17. Roma também Pede Reabertura do Caso Pasolini, em: http://www.estadao.com.br, acesso em 30 set. 2005.

de 1970, ele alertou o mundo, ao preço da própria vida, para o inumano que hoje domina toda a economia, toda a política. Seus ensaios críticos são obras-primas de semiologia da realidade, a especialidade desse poeta que se exprimiu, de maneira sempre original, em poesia, romance, novela, ensaio, roteiro, cinema, teatro e pintura. Pasolini experimentou em seu corpo a mutação antropológica da humanidade pela homologação cultural, fenômeno que somente agora os homens normais são capazes de reconhecer, embora sem nada entender, acreditando que a solução para o *caos* esteja no crescimento da economia, crescimento que implica, justamente, na destruição do planeta. Por isso, reler Pasolini será sempre uma necessidade de sobrevivência espiritual para os que ainda não foram achatados pelo rolo compressor do conglomerado e de seus rizomas culturais.

1. O Corpo Vivo: Orfeu na Sociedade Industrial

Juventude e Poesia

Pier Paolo Pasolini nasceu em Bolonha, a 5 de março de 1922, segundo filho de um militar de carreira chamado Carlo Alberto Pasolini, descendente de uma antiga família nobre de Ravenna; e de Susanna Colussi, professora de primeiro grau, de mentalidade liberal, proveniente de uma família de origem camponesa de Casarsa della Delizia, no norte da Itália, entre Udine e Pordenone, antiga aldeia cinzenta e chuvosa do Friuli, povoada por antigas famílias camponesas, cujo silêncio só era quebrado pelas badaladas dos sinos da Igreja de Santa Croce, erigida no século xv. A casa dos Colussi, ou Colùs, ficava (e ainda fica) no coração de Casarsa, na Praça Itália. O primeiro filho do casal, gerado antes da oficialização das bodas, viveu apenas três meses, e sua breve existência permaneceu um segredo sempre ocultado na família. À época do nascimento de Pier Paolo, o pai já havia dissipado o patrimônio familiar e se decidido pela carreira militar, em função da qual, devendo ele servir em diferentes quartéis, a família se viu obrigada a sucessivos deslocamentos: depois da estada em Bolonha, onde Pasolini passou a primeira infância, seguiram para Parma, e depois para Belluno. Nesta cidade nasceu, em 1925, o terceiro filho do casal, Guido Alberto Pasolini.

TODOS OS CORPOS DE PASOLINI

Já transferida para Sacile, a família Pasolini matriculou Pier Paolo numa escola elementar dirigida por freiras. Foi quando Susanna mostrou ao filho um poema no qual falava do seu amor por ele: alguns dias mais tarde, Pasolini escrevia, com sete anos de idade, seus primeiros versos. Impressionado com o feito, Carlo imaginou que o filho teria um futuro brilhante: "Teve a intuição, coitado, mas não previu, além das satisfações, as humilhações", constatou, mais tarde, Pasolini. Como Susanna não correspondia ao amor viscoso que Carlo lhe dedicava, durante as freqüentes dissensões conjugais, Pasolini tomava o partido da mãe, discreta e doce, contra os ataques de cólera do pai, sensual e violento. O fascismo agravava o caráter tirânico de Carlo: enviado à Líbia, voltou ainda mais conformista. "Eu era excepcionalmente caprichoso, quer dizer, provavelmente neurótico, mas bom", escreveu Pasolini sobre sua infância edipiana. Seu ódio ao pai e seu amor à mãe só cresciam; dirá que "o cheiro do pobre casaco de pele da minha mãe é o cheiro da minha vida": esse amor sensual pela mãe, ao lado do ódio à autoridade representada pelo pai, foi o sentimento básico que determinou todo o conteúdo de sua existência[1].

Seguiram-se novos deslocamentos: entre 1928 e 1929, Pasolini passou um ano completo em Casarsa, por conta de dificuldades econômicas derivadas de dívidas de jogo do pai; depois de uma passagem por Idria, a família estabeleceu-se em Conegliano, onde Pasolini ingressou, em 1931, na escola primária, e escreveu seus primeiros poemas sobre o campo e os rouxinóis; logo Carlo obrigou a família a mudar-se novamente para Cremona. Finalmente, com uma permanência maior em Bolonha, Pasolini pôde cursar o Liceu Galvani, na Via Castiglione. Suas maiores alegrias eram as férias de verão passadas, desde 1933, em Casarsa. A esse mundo puro, primitivo, não contaminado, Pasolini ligou seus começos literários e emoções mais profundas até o fim da vida[2]. Por volta dos quatorze anos, Pasolini tomou consciência de sua homossexualidade: primeiro, como algo que o atacava de fora, sem lhe dizer respeito; depois, reconhecendo a falsa imagem que fazia de si, como parte integrante de sua personalidade. Forçando a memória, recordou que aos três anos de idade já era excitado pelas pernas masculinas, fixando-se na parte de trás dos joelhos dos meninos. Sem saber o que era isso, nomeou tal pulsão erótica com o neologismo infantil de *teta veleta*. Definida sua exclusiva atração por rapazes, Pasolini não conseguia, contudo, romper a barreira da educação para seduzi-los: freqüentava os bailes, as festas, as praias, mas nada; *sofria* o desejo, nunca chegando ao sexo.

1. Cf. P. P. Pasolini, *L'expérience hérétique*.
2. Cf. E. F. Accrocca (org.), *Ritratti su misura*.

O CORPO VIVO

Também aos dezesseis anos, Pasolini vislumbrou um sentido novo para a poesia quando, durante uma aula, um jovem professor leu um poema de Arthur Rimbaud. Mesmo sem entender direito os versos que ouviu, ou talvez por isso, teve a idéia de escrever poemas em dialeto friulano, a "língua pura para a poesia", a língua de Susanna em sua cidade natal. Era um risco que tomava, uma vez que o regime proibia o uso dos dialetos dentro do projeto de uniformizar os italianos através da língua nacional. E se a leitura de Rimbaud já era arriscada sob o fascismo, Pasolini passou a ler de tudo: dos clássicos aos simbolistas e herméticos; dos romancistas do século XIX – os russos, os franceses, os ingleses, os românticos alemães – aos autores de vanguarda. No Pórtico da Morte, em Bolonha, lugar onde se vendiam livros usados, ele passava horas a escolhê-los: descobriu Tasso, Petrarca, Michelangelo, Dante, Virgílio, Shakespeare, Tolstói, Dostoiévski, Hölderlin, Montale, Ungaretti, Foscolo, Strindberg, Rilke, Lorca, Caldwell... Mais tarde, escreveria esses versos:

> O Pórtico da Morte
> é a mais bela lembrança de Bolonha.
> Lembra-me o Idiota de Dostoiévski,
> lembra-me o Macbeth de Shakespeare,
> lembra-me os primeiros livros.
> Aos quinze anos comecei a
> comprar
> ali os meus primeiros livros, e foi maravilhoso
> porque nunca mais se lê,
> em toda a vida, com a alegria
> com a qual então se lia.

Crescendo dentro do fascismo, Pasolini não podia imaginar um mundo diferente; mas sua revolta instintiva contra a sociedade que o cercava tomava a forma de uma paixão por toda a cultura sobre a qual o fascismo silenciava: em 1936, nos cineclubes que freqüentava, colocava problemas estéticos inconcebíveis sob Mussolini. Depois do Liceu, em 1939, Pasolini optou pela licenciatura em Letras na Facoltà di Lettere dell'Università di Bologna, iniciando seus estudos de literatura italiana, filologia românica e história da arte. Vivia-se "a grande fase do hermetismo". A universidade era dominada pelos fascistas e Pasolini ressentia-se da mediocridade da maior parte do corpo docente. Encontrou a custo a quem admirar: o professor Roberto Longhi[3], célebre crítico de arte, que também marcaria a formação do escritor Giorgio Bassani. Desejando ser orientado por Longhi, Pasolini começou

3. Pasolini dedicará a Roberto Longhi diversos retratos a lápis e o roteiro de *Mamma Roma*.

uma tese sobre a pintura renascentista italiana, em estudos que repercutirão mais tarde quando, carregado de lembranças das pinturas de Masaccio e Masolino analisados no curso daquele professor, construiria sua linguagem cinematográfica[4].

Em Bolonha, Pasolini morava com a mãe e o irmão num apartamento de Via Nosadella, em frente à tipografia Sordomuti. Travou amizade com Franco Farolfi e Ermes Parini, e iniciou suas primeiras colaborações em revistas literárias, publicando poemas em friulano e em italiano, críticas literárias, ilustrações e desenhos. Com os amigos Francesco Leonetti, Roberto Roversi e Luciano Serra, criou a revista *Eredi*. Seguiu-se a criação da *Il setaccio*, com Giovanni Falzone, Italo Cinti, Mario Ricci, Fabio Mauri e Luigi Vecchi. E colaborou até mesmo na revista estudantil fascista *Architrave*[5]. Em sua casa reunia aqueles e outros amigos, como Silvana Mauri, Sergio Telmon, Francesco Arcangeli e Paolo Grassi, em discussões e trabalhos para as revistas.

Pasolini e seus amigos freqüentavam a Livraria Cappelli na Via Farini, onde iam procurar os novos livros de poesia; ali conheceram Antonio Meluschi e a esposa, Renata Viganò, que viviam numa pobreza digna por causa de suas idéias subversivas. Seguindo uma indicação de Meluschi, Otello Masetti, empregado-chefe da livraria, colocou o grupo de jovens intelectuais em contato com o antiquário Mario Landi da Praça de San Domenico. E, na Anonima Arti Grafiche da Praça Calderini, Leonetti, Pasolini, Roversi e Serra publicaram, às suas custas, os quatro pequenos livros destinados a antiquários do tipo de Landi. O pequeno livro de 48 páginas, *Poesie a Casarsa*, reunindo as poesias que Pasolini havia escrito em dialeto, era dedicado (de maneira provocadora) "A meu pai" e foi impresso a 14 de julho de 1942, em trezentas cópias numeradas, mais 75 fora de comércio destinadas aos críticos. Escrever e publicar em friulano era para Pasolini a única liberdade possível naquele momento da história italiana, em oposição ao fascismo de Mussolini, que não admitia a existência objetiva de camponeses miseráveis e fora do controle do Estado; e também ao fascismo do pai, que considerava o friulano um falar inferior. A opção pelo dialeto materno para transcrever canções folclóricas e cantos líricos, que evocavam a vida agreste de Friuli, e cantos épico-líricos, que reconstituíam a resistência de Osoppo de 1848, era política e sentimental: um desejo de liberdade e uma inequívoca identificação com a

4. Vejam-se os *tableax vivants* de *A Ricota, Mamma Roma, Decameron, Os Contos de Canterbury...* Pasolini serviu-se de sua formação plástica também para elaborar *croquis* para seus filmes e desenhar o roteiro em forma de *fummetti* de *A Terra Vista da Lua*. Cf. P. P. Pasolini, *Per il cinema*, v. 1, p. 865-931.

5. Como destacou a exposição *Pasolini e Bologna: nascita di una poesia: mostra fotografica e documentaria*, realizada em 2000, em Bolonha, a importância da ligação entre Pasolini e Bolonha foi uma descoberta recente da crítica.

O CORPO VIVO

mãe. Como bem observou Philippe di Meo, no falar friulano a voz do filho confundia-se com a da mãe, conjugando a "virgindade de uma língua não codificada" e a "virgindade da vida pré-natal"[6]. Nesses poemas, Pasolini também já expressava seu latente comunismo instintivo, libidinal. O livro fez algum sucesso, sendo reeditado e despertando o interesse do crítico Gianfranco Contini, que lecionava numa universidade da Suíça, e escreveu uma crítica positiva: a primeira que o escritor Pasolini recebeu, com alegria indescritível – mas ela não pôde ser publicada, pois a imprensa era dominada pelos ideólogos fascistas que reprimiam os particularismos locais em nome da coesão nacional.

Ainda em 1942, Pasolini aventurou-se, um tanto afoitamente, numa excursão à Alemanha nazista, para participar de um congresso de literatura realizado na cidade de Weimar. Caminhando junto a jovens hitleristas e franquistas, sentiu certa "atmosfera européia" que o agradou; tentou, ao mesmo tempo, extrair de suas conversas com os espanhóis o máximo de informações sobre os autores modernos, como Garcia Lorca e Pablo Picasso. Decepcionou-se, contudo, ao visitar as livrarias da cidade à procura da poesia contemporânea: nada havia que prestasse, apesar da farta propaganda do Partido Nazista; não era, portanto, por escassez de papel, concluiu. Voltou impressionado com a arregimentação totalitária. Nesse meio tempo, Carlo Pasolini foi feito prisioneiro no Quênia pelos ingleses. Num momento marcado pela incerteza da guerra, com os bombardeios às cidades grandes, e com o pai prisioneiro na África, Pasolini tomou, em 1943, a decisão de deixar Bolonha, mudando-se com a mãe e o irmão para Casarsa.

No dia 1º de setembro de 1943, Pier Paolo foi mobilizado para o serviço militar em Livorno, mas o armistício assinado entre a Itália e os Aliados precipitou a queda do regime e o fez compreender que o mundo era ridículo e absurdo: seja para não ter de lutar, como seu pai, pelos fascistas, seja para não ser deportado para a Alemanha, Pasolini desertou: fugiu a pé, a 8 de setembro, percorrendo cem quilômetros até Casarsa, onde reencontrou a mãe e o irmão, e aprofundou sua amizade com o primo Nico Naldini. Na fuga, perdeu tudo o que havia escrito sobre a pintura italiana; ao invés de tentar recuperar os estudos já feitos, resolveu iniciar outro, sobre a poesia de Giovanni Pascoli, sob a orientação do crítico literário Carlo Calcaterra. Já com 21 anos de idade, Pasolini viveu ali sua primeira experiência sexual completa. Nos *Cadernos Vermelhos* (1946), que permaneceram inéditos até recentemente, Pasolini descreveu como, desejando experimentar o prazer físico com outros garotos, era sempre frustrado pelas circunstâncias, pela timidez e pelo medo de repugnar. Contentava-se com algumas gratificações

6. P. P. Pasolini, Prefácio, *La nouvelle jeunesse.*

TODOS OS CORPOS DE PASOLINI

inesperadas da parte dos garotos do campo, que viviam sua sexualidade numa amoralidade aparentemente sem reflexões nem complexos. Apesar da guerra, que "cheirava a podridão e merda", foi em 1943 que Pasolini pôde viver o "ano mais belo" de sua vida: enquanto tentava escapar da inútil paixão que a jovem amiga Pina Kalĕ, uma violinista eslovena que se refugiara em Casarsa, sentia por ele, caiu enamorado de um nativo rústico e queimado de sol.

Mais jovem que Pasolini, o adolescente Bruno tinha, contudo, mais experiência: andava pelos campos sem camisa, nadava nu e masturbava-se alegremente com os companheiros sem qualquer constrangimento enquanto o jovem poeta, carregando livros "inúteis" que fingia ler seriamente, tentava aproximar-se o mais possível do grupo para observar. Numa dessas tardes de banho, o priapismo de Bruno transtornou Pasolini, que se sentiu, pela primeira vez, excitado por um corpo tão próximo. Mais tarde, quando Bruno e um amigo, chamado Renato, passaram por ele carregando sacos cheios de folhas, Pasolini ousou simular uma briga, que terminou com os dois garotos deitando o "agressor" mais comodamente sobre os sacos. Descobrindo o sexo dessa forma, Pasolini passou a entregar-se a Bruno sempre que possível. Perseguindo-o pelos campos, via-se abandonado e humilhado pelo jovem amante, sofrendo por ser considerado por ele como um degenerado[7].

Ainda em Casarsa, Pasolini converteu seu irmão Guido ao antifascismo. Impulsivo, Guido logo se radicalizou, aproximando-se dos comunistas e engajando-se como *partisan*, sob o codinome "Ermes". Mais prudente, Pasolini convenceu-o a alistar-se na Brigada Osoppo, ligada ao Partido de Ação, de tendência socialista liberal. Mas Guido não se furtou a escrever com um amigo "Viva a Liberdade" num muro de Bolonha – pelo que foram detidos pelas forças da ordem. Já Pasolini passou os longos meses da ocupação nazista sem ousar agir, vivendo escondido, completamente aterrorizado. Uma tarde, veria, do alto de um campanário, como os alemães rastreavam a região em busca de quatro rapazes, que foram capturados e dependurados pelo maxilar num gancho, até morrerem[8]. Com seu medo patológico da morte, Pasolini via-se continuamente assaltado pela idéia de "acabar dependurado num poste", o destino dos desertores e dos antifascistas no litoral Adriático. Nesse período sombrio, ligou-se em amizade com a jovem escritora judia Giovanna Bemporad, incrivelmente talentosa, estando a traduzir do grego, com apenas dezesseis anos de idade, a *Odisséia* de Homero, e que se refugiara em Casarsa para escapar às deportações em massa iniciadas em 1943.

7. Cf. N. Naldini, *Pier Paolo Pasolini*, p. 53-63.

8. P. P. Pasolini, *Le regole di un'illusione*, p. 318.

O CORPO VIVO

Em 1944, Pasolini apaixonou-se pelos *Canti del popolo greco*, de Tommaseo, e publicou *Saggi*, cujo tema é a morte, e o livro de canções populares *Vilote*. Junto com outros jovens universitários da região que defendiam a recuperação do friulano, publicou dois cadernos de pesquisa filológica e poética no dialeto, intitulados *Stroligut di Cà da l'Aga* (1944) – "Stroligut" significando "pequeno astrólogo" [o título aludia, com o diminutivo, à revista da Sociedade Filológica de Udine, *Lo Strolic furlan*]; e o "di cà de l'aga", "do lado de cá da água", isto é: a margem direita do rio Tagliamento, local exato onde aquele dialeto era falado[9]. Quando o irmão Guido decidiu unir-se a uma formação de resistentes nos montes de Friuli oriental, Pasolini acompanhou-o à estação de Casarsa, despediu-se dele e foi para um pequeno burgo, perdido entre os campos, para dedicar-se à poesia, levando consigo um pressentimento fúnebre: o de que não voltaria a ver o irmão. Numa das paredes da Igreja de Santa Croce, *affrescata* por Pomponio Amalteo em 1536, encontra-se "la lapide dei Turcs", para ali transferida da pequena Igreja delle Grazie. Trata-se duma lápide votiva de 1529 que lembra a passagem, em 30 de setembro 1499, dos turcos por Casarsa. Pasolini inspirou-se nessa lápide e nos eventos nela recordados para compor em dialeto *I Turcs tal Friùl* (1944). Nessa tragédia em um único ato, seu primeiro texto teatral, a invasão turca no Friuli funcionava como metáfora da invasão alemã no nordeste italiano. Segundo Stefano Casi, Pasolini aí retomava temas da tragédia grega para fundar uma tradição mitopoética numa Casarsa "promovida" a pólis trágica; Giuseppe Zigaina notou que o poeta também plasmava na tragédia sua antecipação da morte de Guido.

O "refúgio" de Casarsa revelou-se inseguro para todos: a cidadezinha tornou-se um objetivo importante para os Aliados enquanto sede de quartéis militares, tendo importante estação de trens a duzentos metros e, perto, a ponte de Delizia sul Tagliamento. Logo os bombardeios aéreos fizeram-se sentir. Buscando para si e a família moradia mais segura, Pasolini e a mãe mudaram-se para Versuta, hospedando-se na casa da família de Ernesta Bazzana. Em Versuta, costumava freqüentar a pequena Igreja de San Antonio. E no "Ciasèl", velho armazém de utensílios agrícolas em meio ao jardim dos Spagnols, não longe das águas frescas e correntes do canal de Versa, encontrava-se com seus alunos.

Em fevereiro de 1945, já preocupado em educar a juventude, Pasolini improvisou com seu grupo de estudiosos do dialeto, num quarto semidestruído pelos bombardeios e logo reconstruído, na casa dos Colùs, a *Academiuta di Lenga Furlana*, centro de estudos filológicos sobre a língua e a literatura friulanas.

9. Cf. N. Naldini, *Pier Paolo Pasolini*, p. 67.

Sem quase nenhuma estrutura, era uma pequena escola gratuita para poucos alunos. Ao mesmo tempo, a 12 de fevereiro, Guido foi ferido e, pouco tempo depois, executado por um grupo de guerrilheiros comunistas da Brigada Garibaldi, que colaborava com o IX Korpus de Tito, ligados à Resistência iugoslava contra os alemães, mas que desejavam anexar parte do Friuli. A morte de Guido marcou profundamente Pasolini, e a imagem do jovem resistente assassinado assombrará sua obra, associando ao ideal revolucionário uma pureza mítica, suscitando um conceito de liberdade próximo ao do martírio. Escreveu sobre o trágico episódio apenas um breve, mas comovente relato:

> Meu irmão [...] partiu para a montanha como um guerrilheiro. Acompanhei-o até a estação (ele levava um revólver escondido dentro de um livro de poesias). Quando partiu, ele era comunista; depois, seguindo meu conselho, passou para o Partido de Ação e se engajou na divisão Osoppo. Comunistas, ligados às tropas de Tito, que queriam na ocasião se apropriar de uma parte do Friuli, iriam matá-lo. Luta entre nacionalismos. Meu irmão, embora inscrito no Partido de Ação e profundamente socialista, não podia aceitar que um território italiano como o Friuli pudesse ser visado pelo nacionalismo iugoslavo. A Resistência iugoslava, mais ainda que a italiana, era comunista: Guido acabou tendo por inimigos os homens de Tito, entre os quais havia também italianos, com os quais naturalmente partilhava as idéias políticas quanto ao essencial, mas não a política imediata e nacionalista daquele momento. Ele morreu de uma maneira que não tenho coragem de contar. Agora o único pensamento que me consola não é a idéia de que precisamos ser sensatos, superar a dor e resignar-nos; essa resignação é egoísmo; ela é cruel, desumana. Não é isso que se deve oferecer a esse pobre menino debruçado ali, nesse silêncio terrível. Precisaríamos ser capazes de chorá-lo sempre, sem parar, porque só assim poderíamos chegar perto da imensidão da injustiça que se abateu sobre ele.

A morte do filho deixou Susanna desesperada, o que abalou ainda mais Pasolini. Ao mesmo tempo, com o fim da guerra, Carlo retornou do *front* como "sobrevivente doente, envenenado pela derrota do fascismo, destruído, feroz, tirano sem poder", mais depressivo e deprimente que nunca: entregou-se à bebida, tentando manter intacta a imagem de estátua em que desejava converter-se. Nesses anos de morte, dor, ruína e depressão, até para preservar sua sanidade mental, Pasolini mergulhou no estudo da literatura, na educação dos jovens, na agitação política, na produção poética: defendeu sua tese de láurea *Antologia della lirica pascoliana* (1945); escreveu mais dois dramas, *I fanciulli e gli elfi* (1945) e *La Morteana* (1945), que se perderam; publicou a coletânea de poemas italianos *Poesie* (1945) e, em dialeto, *I diarii* (1945) e *I pianti* (1946); e iniciou a composição de *L'usignolo della Chiesa cattolica* (publicado apenas em 1958).

No pós-guerra, a esquerda italiana passou a sonhar com o mítico Estado nacional-popular profetizado pelo filósofo marxista Antonio

O CORPO VIVO

Gramsci. A 2 de novembro de 1946, o deputado socialista udinense Umberto Zanfagnini, temendo que a autonomia do Friuli obstruísse a unidade nacional, exprimiu suas reservas no jornal *Libertà*, assegurando que a esquerda não devia aceitar um sistema regional, pois somente num sistema econômico nacional as classes trabalhadoras encontrariam satisfações. Recordou um pronunciamento unânime de todos os partidos políticos de Pordenone para instituir a província de Pordenone no âmbito da região de Veneto. A 6 de novembro, Pasolini respondeu no mesmo jornal que Pordenone não possuiria uma "tradição friulana", e que bastava tomar o trem para distinguir, por suas falas, os estudantes de Casarsa dos de Pordenone. Do lado direito do Tagliamento, o friulano era consciente ou inconscientemente falado em Udine e na região friulana, enquanto o vêneto era falado pelos que gravitavam na direção de Veneza, iludindo-se na superação de uma "limitação provinciana" que só existia em cérebros limitados. Os que se sentiam emocionalmente ligados ao Friuli entendiam que este não pertencia ao Veneto. Uma das razões invocadas por Pasolini para a autonomia da região era o reforço das fronteiras com a Áustria e a Iugoslávia: sentia ser preciso tornar o Friuli mais italiano. Quanto à província de Pordenone, ela só seria aceitável a seu ver no seio da região friulana. O artigo de Pasolini parece ter despertado o orgulho regionalista: em 1947, nasceu o *Movimento popolare friulano per l'autonomia regionale*, fundado por Pasolini, Gianfranco D'Aronco, Tiziano Tessitori, Alessandro Vigevani, Zefferino Tomè, Giuseppe Marchetti, Luigi Ciceri, Chino Ermacora, Luigi Pettarin, Attilio Venudo e pelo próprio Umberto Zanfagnini, sob a presidência de Tessitori.

Em 1947, Pasolini envolveu-se nas lutas dos camponeses sem trabalho na região, e continuou a defender, na nova revista da *Academiuta*, o *Quaderno Romanzo*, a autonomia do Friuli. Nas lutas camponesas, Pasolini, assim como não atacava a religião, mas a igreja aliada aos proprietários, não pretendia eliminar os patrões nem a propriedade; esperava apenas que todos, empregadores e empregados, pudessem viver com dignidade. Em contato com o mundo camponês, Pasolini começou a forjar sua ética baseada na pureza do universo rural e no sentido agudo da existência do Sagrado, monopolizado e instrumentalizado pelas igrejas. Depois de conhecer o pintor Giuseppe Zigaina, na primavera de 1946, publicou, com ilustrações dele, seu novo volume de poesias: *Dovè la mia patria* (1947); somente então leu Karl Marx e Antonio Gramsci, apreciando na obra desse último a importância dada à luta entre os grandes latifundiários e seus empregados pagos por dia no sul da Itália, na perspectiva de um comunismo agrário. Pasolini começava a destacar-se como poeta, recebendo, em 1947, o Premio dell'Angelo de poesia dialetal. Em 1948, escreveu as novelas semi-autobiográficas sobre sua iniciação homossexual em Casarsa, *Amado mio* e *Atti impuri* (só publicadas postumamente), o livro de poemas em dialeto *La meglio gioventù* (publicado em 1954) e o romance *I giorni del lodo De Gasperi*, inspirado nos incidentes políticos produzidos com o programa social "De Gasperi" contra o desemprego rural.

Enquanto ensinava na escola secundária de Valvasone, reunia na *Academiuta* uma dúzia de alunos de idades diversas, vindos de San Giovanni e, sobretudo, de Versuta, para ensiná-los a escrever corretamente o friulano em prosa e verso: falava-lhes de literatura, de pintura, e dos filmes aos quais, viajando em sua bicicleta, ia assistir em Udine – como *Ladri di biciclette* (Ladrões de Bicicleta, 1948), de Vittorio De Sica. Pasolini aproximou-se então dos comunistas, afastando-se pouco a pouco dos regionalistas. Considerando a organização dos *camaradas* o único instrumento capaz de "transformar a pré-história em história, a natureza em consciência", inscreveu-se no Partido Comunista Italiano (PCI) através de sua seção em Casarsa, passando a desempenhar missões na Federação das Juventudes Comunistas. Como secretário local do PCI de Casarsa, entre 20 de fevereiro e 15 de maio de 1949, Pasolini escreveu, à mão, artigos políticos em letras gigantes sobre cartazes que ia afixar em San Giovanni, nas colunas do Pórtico da Praça Vittoria, antiga sede da administração municipal e símbolo de sua comunidade. Um tipo de militância efetiva e precursora em quase vinte anos, como observou Fernando Bandini, dos *affiches* de maio de 1968, e simultânea – sem que Pasolini o pudesse saber – dos *dazibao*[10] que apenas começavam a ser produzidos na China[11].

Os alunos de Pasolini eram filhos de camponeses pobres; iam às aulas com os calções rasgados, os pés descalços, mantendo os estudos com alimentos que seus pais mandavam levar como pagamento, embora o jovem professor não se furtasse a pagar, do seu bolso, sorvetes para toda a turma quando saíam juntos. Com esse mestre generoso, mas passional, que tremia

10. Segundo Hua Sheng, o *dazibao* (cartaz com grandes letras) foi a principal forma de expressão política na República Popular da China, acompanhando os mais importantes movimentos políticos do país. Como o Estado chinês monopolizava todos os meios de comunicação, o *dazibao* adquiriu significado especial pelo seu impacto na liderança política. Numa sociedade que prezava reputações e vidas públicas em conformidade com as normas sociais, o *dazibao* criou um espetáculo público, cuja simples existência denotava que a liderança havia falhado e a comunidade estava descontente. O *dazibao* atingia uma audiência relativamente grande a custo mínimo, protegendo os autores com o anonimato. Por causa dessas características únicas o *dazibao* representou um dos poucos vestígios efetivos de liberdade de expressão a que as vozes dissidentes puderam recorrer na China. Os primeiros *dazibao* datam de 1949, como expressão espontânea das dissidências políticas. Mas logo Mao Tse-tung e outros líderes do Partido Comunista Chinês cooptaram o *dazibao* e o transformaram num instrumento para promover a linha oficial do Partido e atacar a oposição. Assim, se o *dazibao* oferecia aos chineses um canal para expressar suas visões políticas, através das ações do Partido ele também facilitou a destruição das dissidências. Entre 1978 e 1979, Deng Xiaoping e a liderança do Partido, numa aparente liberalização, toleraram o *dazibao*, mas quando as críticas ao governo tornaram-se mais ásperas, novamente impuseram

O CORPO VIVO

de raiva quando os alunos não levavam as lições a sério, todos aprendiam valores como o da solidariedade; pelo que os jovens "pasolinianos" continuaram a se encontrar, adultos, sempre que possível, para uma pizza, contando às vezes com a presença do escritor já famoso, para recordar aqueles anos que haviam sido os mais belos de suas vidas: como não havia emprego na região, os jovens "pasolinianos" tiveram de abandonar os estudos e imigrar, nos anos seguintes, para trabalhar na Suíça, no Canadá, na América do Sul.

Contudo, antes mesmo de terem de abandonar os estudos, os "pasolinianos" foram "abandonados" pelo mestre. Nem puderam montar a peça teatral de fim de ano que haviam preparado com ele, sobre um aluno distraído que, por não ter estudado, tinha um pesadelo, encontrando-se num castelo inundado de sol, atormentado por íncubos: sua Consciência, sua Mãe, seus Erros e a bendita Vírgula que precisava ser colocada depois de uma palavra[12]. A peça não foi montada porque certo jovem confessou a um pároco de Casarsa ter mantido, durante uma festa ocorrida em Ramuscello, relações sexuais com Pasolini. O padre não se furtou a espalhar o "rumor infamante", que implicava ainda dois jovens "seduzidos" pelo jovem professor; os jornais da Democracia Cristã deram o maior destaque possível ao escândalo, desde que Pasolini recusou-se à chantagem de renunciar, em troca do abafamento do caso, às suas tendências comunistas. Justificou-se o poeta ingenuamente, dizendo que havia apenas realizado uma experiência erótico-literária inspirada em André Gide: esperava que a invocação de um autor recentemente agraciado com o Prêmio Nobel de Literatura pudesse livrá-lo das perseguições. Mas Pasolini não era uma celebridade nem vivia em Paris: foi proibido de lecionar em qualquer estabelecimento público, e a federação local do PCI expulsou-o de suas fileiras por "indignidade moral", apontando-o como exemplo de degenerescência burguesa, conforme se publicou no jornal do Partido sob a manchete "O Poeta Pasolini Expulso do PCI":

No dia 26 de outubro, a federação do PCI de Pordenone resolveu expulsar do partido, por indignidade moral, o Sr. Pier Paolo Pasolini, de Casarsa. Os fatos que determinaram tão graves medidas disciplinares contra o poeta Pasolini dão-nos a ocasião de denunciar, mais uma vez, as deletérias influências de determinadas correntes ideológicas e filosóficas; como as dos Gide, Sartre e demais celebrados poetas e literatos, tomadas por

sua repressão. Cf. H. Sheng, *Perspective on free speech in China: Big character posters in China: a historical survey, The Journal of Asian Law* n. 2, em: http://www.columbia.edu/cu/asiaweb/v4n2huas.htm, acesso em 30 set. 2005.

11. "Esperemos uma edição completa dos mesmos. Alguns foram publicados aqui e ali em revistas (ver *Il Confronto*, Friuli-Veneto, dez. de 1975; e *La Battana* n. 39, Fiume, maio de 1976). Alguns cartazes são reproduzidos nas páginas 67 a 87", F. Bandini, "De Casarsa à Rome", em L. Betti (org.), *Chronique judiciaire, persécution, exécution*, p. 24.

12 Cf. G. Mariuz, *La meglio gioventù di Pasolini*.

progressistas quando, na realidade, adotam os aspectos mais deletérios da degeneração burguesa[13].

Tamanho foi o trauma dessa expulsão para Pasolini que, já famoso entre os intelectuais da Itália, tentou reescrever essa página ruim de sua vida afirmando primeiro, sobre sua relação com o PCI, ter feito como certo número de camaradas, deixando de renovar sua carteira em protesto contra a nova orientação stalinista[14]; negando depois, em três ocasiões, a última delas um dia antes de ser assassinado, ter um dia pertencido aos quadros do PCI. Com o escândalo explodindo no jornal local, Susanna quase enlouqueceu; Carlo gemeu e chorou durante uma noite inteira. O jovem poeta assistiu ao drama doméstico com a morte na alma. Tendo sua carreira de professor comprometida, Pasolini teve de fugir "como numa novela", deixando para trás o pai paranóico, com seus ataques de fúria de doente de cirrose. Partiu com a mãe para Roma no dia 28 de janeiro de 1950[15]. Levavam apenas uma maleta com as jóias presenteadas a Susanna por Carlo durante os anos de romance, e que imaginavam pudessem sustentá-los enquanto procuravam trabalho; ao tentarem vendê-las, descobriram serem falsas. Morando no bairro judaico, na Praça Costaguti, no pórtico de Ottavia, durante dois anos Pasolini viveu, de acordo com suas palavras, como "um desempregado desesperado, como aqueles que acabam suicidas". Sofria ainda em ser como era e não "como a vida queria", mas, apesar de tudo, comunicou, numa carta a Silvana Ottieri, a firme decisão de continuar a levar uma vida ambígua, sendo sincero até as últimas conseqüências:

> Aqueles que, como eu, têm o destino de não amar segundo a norma, acabam por supervalorizar a questão do amor. Um ser normal pode resignar-se – a palavra terrível – à castidade, nas ocasiões perdidas; mas, em mim, a dificuldade de amar tornou obsessiva a necessidade de amar; a função hipertrofiou o órgão quando, adolescente, o amor pareceu-me uma quimera inacessível; em seguida, quando, com a experiência, a função retomou as suas justas proporções, e a quimera foi reduzida à cotidianidade mais miserável, o mal já estava inoculado, crônico, incurável. Eu me encontrava com um órgão mental enorme para uma função desde então negligenciável[16].

Se, além dessa sua inadaptação à existência, as dificuldades econômicas da vida em Roma eram enor-

13. *L'Unità*, 29 de outubro de 1949.

14. "Freqüentei o PCI mais ou menos um ano, entre 1947 e 1948. Depois, fiz como um certo número de camaradas, não renovei minha carteira depois de sua expiração. A orientação cada vez mais stalinista de Togliatti, esta mistura de autoritarismo e de paternalismo sufocante, não me parecia favorável ao desabrochar das grandes esperanças do pós-guerra". P. P. Pasolini, Autobiografia, em *Últimos Escritos*, p. 11-13.

15. Os parentes de Susanna continuaram vivendo na mesma casa em Casarsa, para onde, mais tarde, Pasolini voltou em muitas ocasiões, às vezes acompanhado de outros personagens famosos, como Maria Callas. Cf. sítio *Il Friuli di Pasolini*, em: http://www. pasolinicasarsa.org/inizio.htm, acesso em 30 set. 2005.

16. P. P. Pasolini, Carta a Silvana Mauri datada de 10 de fevereiro de 1950, *Lettere: 1940-1954*, p. 389-390.

O CORPO VIVO

mes, a situação de Pasolini e Susanna só piorou quando o pai decidiu juntar-se a eles, levando a família a mudar-se, em 1951, para um novo bairro pobre: Ponte Mammolo, perto da sinistra prisão de Rebibbia, na zona Tiburtina[17]. Foi quando Pasolini conheceu Sergio Citti, um "léxico romanesco vivo", então apenas saído da adolescência, e que o introduziu ao subproletariado da periferia, fonte de inspiração temática e lingüística de seus futuros romances e filmes. Com a ajuda do poeta dialetal Vittori Clemente, Pasolini encontrou trabalho como professor numa escola particular de Ciampino, com o minguado salário de 27 mil liras mensais, seu sustento durante três anos[18]. Ao tomar, cada manhã, o ônibus para a periferia, aonde ia ensinar a filhos de subproletários, Pier Paolo tinha a impressão de que sua vida não lhe pertencia mais, de que se havia alienado para sempre. A presença surda do pai era o que mais pesava:

> Para nada lhe servia sua agudíssima inteligência; era um instrumento que nunca encontrava verdadeiro uso. Exaltava-se, berrava e esbravejava; estava no mundo para sofrer, e quanto nos fez sofrer, a mim e à minha mãe! Se alguém adoecesse de câncer e depois se curasse, teria provavelmente da sua doença a mesma recordação que eu tenho desses anos. [...] Dois anos de duro trabalho, de pura luta: e o meu pai sempre ali, à espera, só na pobre cozinha, com os cotovelos sobre a mesa e a cara enfiada entre as mãos, imóvel, indolente, enchia o espaço do pequeno vão com a grandeza que têm os corpos mortos [...]. Não quero voltar a nascer jamais para não voltar a viver aqueles dois ou três anos[19].

Contudo, alguma coisa diferenciava Pasolini da massa que o cercava e do pai que o oprimia. Ele sabia o que era; e essa certeza representava, para ele, mais que um consolo, uma salvação: ao contrário do pai, ao contrário de todos, ele *pensava...* Logo entrou em contato com a cena literária romana, passando a freqüentar os intelectuais que publicavam nas revistas *Il contemporaneo*, *Paragone* e *Vie Nuove*; fazendo amizade com poetas, críticos e romancistas como Sandro Penna, Giorgio Bassani, Velso Muccu, Libero Bigiaretti, Enrico Falqui, Giorgio Caproni, Carlo Emilio Gadda, Attilio Bertolucci, Toti Scialoja, Gabrielle Drudi; participando ativamente de iniciativas editoriais e polêmicas literárias; publicando textos de todo tipo nos jornais *La Libertà d'Italia*, *Il Quotidiano*, *Il Popolo di Roma*, *Il Giornale*, *Il Lavoro*, *Il Mondo*, *La Fiera Letteraria*; assumindo a função de crítico cultural no rádio (1951-1954); trabalhando no semanário *Giovedi* (1953); disputando premiações em concursos literários.

Assim retomando pouco a pouco o ritmo de sua vida, Pasolini publicou, sucessivamente, *Poesia dia-*

17. E. Siciliano, P. P. Pasolini, il poeta delle ceneri, *Nuovi argomenti*, n. 67-68.

18. P. P. Pasolini, Autobiografia. In: *Últimos escritos*, p. 11-13.

19. Il treno di Casarsa, *FMR* n. 28, p. 122.

lettale del Novecento (1952), importante coletânea da poesia dialetal do século XX organizada em colaboração com Mario dell'Arco; *Tal cour di un frut* (1953) e *La meglio gioventù* (1954), reunindo poemas escritos em dialeto em Casarsa durante a guerra e o imediato pós-guerra; *Dal diário* (1954), um diário poético; *Il canto popolare* (1954), ensaio sobre o canto popular italiano; *Canzoniere italiano: antologia della poesia popolare* (1955), outra importante coletânea do cancioneiro popular; e *Ragazzi di vita* (Meninos da Vida, 1955), seu primeiro grande romance dialetal, que despertou intensos sentimentos reprimidos com seu tema da homossexualidade popular: o editor e o autor foram processados sob a acusação de obscenidade, ao mesmo tempo em que o livro ganhava o Prêmio Colombo-Guidotti e o Prêmio Città di Parma.

Ao procurar integrar as contradições entre seu ideário comunista e sua sexualidade desviante num sistema coerente de paixão e ideologia, Pasolini começou a transformar-se num caso único na Itália, numa espécie de monstro inassimilável, tanto para a sociedade burguesa e católica, quanto para sua oposição comunista. É assim que ele vê, com crescente mal-estar, seu nome ganhar as páginas da crônica policial. Provocando, a cada êxito artístico, um escândalo social, Pasolini foi sendo pouco a pouco transformado no grande bode expiatório da sociedade italiana. A imprensa e o judiciário uniram forças para desacreditar esse crítico da cultura, homossexual assumido, cujo prestígio tornava sua figura ainda mais incômoda. Sobre a cabeça de Pasolini começaram a cair os processos, um atrás do outro: foi acusado de cumplicidade num crime por ter levado em seu carro um prostituto que havia roubado uma correntinha de ouro... Um frentista de posto de gasolina de dezenove anos declarou ter sido agredido à mão armada pelo escritor com um revólver de ouro com balas de ouro... Um rapaz que se "reconheceu" num de seus romances intentou-lhe um processo de difamação...

Mas os escândalos apenas aumentavam as tiragens das obras de Pasolini, estimulando-o a produzir sempre mais. Em maio de 1955, saiu o primeiro número da revista literária *Officina* (1955-1959), que Pasolini passou a dirigir junto com os velhos amigos Francesco Leonetti, Roberto Roversi, Angelo Romano, e o mais jovem Gianni Scalia, incluindo colaborações de Franco Fortini, Paolo Volponi e outros críticos e intelectuais militantes.

Com o prestígio, vieram novas amizades: o casal de grandes escritores Alberto Moravia e Elsa Morante. E, através de Giorgio Bassani, o acesso ao mundo do cinema: foi quando Pasolini iniciou suas colaborações em diversos roteiros cinematográficos – alguns dos quais ele incluirá mais tarde entre os seus melhores trabalhos. O cinema italiano saía da crise do fim da guerra e se reerguia com uma produção que encantava o mundo com

O CORPO VIVO

as imagens de um novo realismo que, apesar da aparente pobreza, palpitava de energia. O primeiro filme no qual Pasolini colaborou como roteirista, ao lado de Bassani, foi *La donna del fiume* (A Mulher do Rio, 1955), de Mario Soldati. Curiosamente, os dois escritores antifascistas participaram da co-produção ítalo-germânica *Il prigionero della montagna* (1956), realizada por Luis Trenker, um dos cineastas prediletos de Hitler e que, após trabalhar com Arnold Fanck e Leni Riefenstahl, manteve-se no pós-guerra fiel à tradição dos "filmes de montanha" tão apreciados pelos alemães. Nessa época, a denúncia dos crimes de Stálin abriu uma cisão ideológica dentro do PCI e Pasolini refletiu mais uma vez sobre suas diferenças com o comunismo que o rejeitou por sua sexualidade e que ele continuava, no entanto, a apoiar:

> O escândalo de me contradizer
> De estar com você e contra você; com você no coração,
> Na luz, contra você nas escuras vísceras[20].

Depois de escrever, em 1957, um monólogo para atriz intitulado *Un pesciolino* e traduzir *Miles gloriosus* de Plauto, publicado sob o título de *Il vantone*, Pasolini pranteou, em *Le ceneri di Gramsci* (1957), que recebeu o importante Prêmio Viareggio, o comunismo de guerra e as ilusões gramscianas soterradas pela nova ordem capitalista. Os filmes de Luchino Visconti, Michelangelo Antonioni e Federico Fellini já refletiam a nova realidade, criando cada vez mais mundos subjetivos e registrando cada vez menos a "realidade social objetiva", ultrapassando a velha estética neo-realista. Para Fellini, Pasolini compôs, com a ajuda de Citti, os diálogos em romanesco dos personagens marginais de *Le notti di Cabiria* (As Noites de Cabiria, 1957). Com seu novo trabalho no cinema, pôde comprar um Fiat 600, que depois se tornou um 1100, e mudar-se, com o pai e a mãe, para a Via Fonteiane, no bairro de Monteverde Nuovo.

Em 1958, o escritor passou a colaborar com o diretor Mauro Bolognini, primeiro nos roteiros de *Marisa la civetta* (Os Namoros de Marisa, 1958) e *Giovani mariti* (Os Jovens Maridos, 1958). Publicou também um de seus livros de poesia mais importantes, *L'usignolo della Chiesa cattolica* (1958), e conheceu a jovem Laura Betti, chegada havia pouco de Bolonha para construir em Roma uma carreira de cantora. Em 1959, Pasolini participou da roteirização de *La notte brava* (A Longa Noite de Loucuras, 1959), de Bolognini, com base em seu romance *Meninos da Vida*; e de *Morte di um amico* (Morte de um Amigo, 1959), de Franco Rossi. E publicou seu melhor romance até então, *Una vita violenta* (1959), que recebeu o Prêmio da cidade de

20. *Le ceneri di Gramsci.*

33

Crotone. Esse retrato apaixonante de um pequeno delinqüente das *borgate* de Roma foi duramente criticado pelos comunistas. Eles consideraram sua lírica narrativa como uma sucessão tediosa de fatos. Toda a poesia que desses fatos emanava consistiria para eles em pura perda de tempo para o que efetivamente os interessava: o engajamento de Tommaso, um personagem de anti-herói que, na verdade, nunca chegava a compreender a sociedade, abraçando sucessivamente os partidos neofascista, democrata-cristão e, finalmente, comunista, apenas por oportunismo. Os militantes procuraram encorajar o autor a escrever romances realmente "engajados", que refletissem a vida e a luta das massas trabalhadoras: para os militantes, era preciso colocar a literatura a serviço da política. Pasolini, por seu lado, já tendia à barbárie, palavra que dizia mais amar no mundo, por conter tudo o que era superado pela civilização como inferior ou decadente, e condenado à deformação em guetos. Sua obra constitui-se, desde o começo, numa reflexão vivida sobre os excluídos da festa gelada do consumo, sobre a marginalização do "diferente" que atinge, na ascese da perseguição, uma espécie de santidade.

Carlo assistia, cada vez mais amargurado, ao crescente sucesso do filho que, em sua visão de militar fascista, não considerava um "homem de verdade". Sofrendo cada vez mais com a cirrose, envenenava-se com o vinho, impondo a todos um clima de miséria existencial e de opressão moral com sua mera presença:

> a vida em minha casa era sempre a mesma, sempre igual à morte. Meu pai sofria e fazia-nos sofrer; odiava o mundo, que ele reduzia a dois ou três dados obsessivos e inconciliáveis: era destes que batem continua e desesperadamente a cabeça contra o muro. Sua verdadeira agonia durou muitos meses: respirava com custo, com um contínuo lamento. Estava doente do fígado e sabia que era grave, que apenas um dedo de vinho lhe fazia mal, e bebia pelo menos dois litros por dia. Não se queria curar, em nome da sua vida retórica. Não nos ouvia, nem a mim nem a minha mãe, porque nos desprezava. Uma noite voltei para casa apenas a tempo de o ver morrer.

A morte de Carlo, em 1959, foi uma verdadeira libertação para Susanna e Pier Paolo, que, por décadas, haviam se submetido à opressão de um tiranete sem poder. Livre da sombra de chumbo paterna, Pasolini viveu em 1960 o ano mais produtivo de sua vida. Dedicava-se cada vez mais ao cinema: experimentou ser ator, no papel do bandido Monco, em *O Corcunda de Roma* (*Il Gobbo*, 1960), de Carlo Lizzani. Voltou a colaborar com Fellini, junto a Citti, para os diálogos em romanesco de *A Doce Vida* (*La dolce vita*, 1960). A partir de um sonho que Citti lhe contou, teve a idéia de escrever *Accattone* (1960), roteiro que a princípio interessou a Fellini produzir, depois

O CORPO VIVO

desistindo do projeto. Com Bolognini, trabalhou nos roteiros de dois filmes perturbadores: *Um Dia de Enlouquecer* (*La giornata balorda*, 1960), com base no romance de Moravia, sobre as noitadas de um grupo de rapazes amorais; e *O Belo Antonio* (*Il bell'Antonio*, 1960), tirado da novela de Vitaliano Brancati, sobre um cobiçado macho italiano (Marcello Mastroianni) que se casa, por amor, com uma bela fêmea (Claudia Cardinale), mas não consegue corresponder aos desejos dela, nem aos dos círculos familiares e sociais que pressionam o casal, não havendo razão evidente para a impotência do personagem, além de sua reprimida e velada homossexualidade. Pasolini ainda participou da escritura dos roteiros de *A Noite do Massacre* (*La lunga notte del'43*, 1960), de Florestano Vancini, com base no romance de Bassani; de *Il carro armato dell'8 settembre* (1960), de Gianni Puccini; e de *A Moça na Vitrine* (*La ragazza in vetrina*, 1960), de Luciano Emmer. Paralelamente às intensas atividades no cinema, Pasolini escrevia críticas literárias para a revista semanal *Il Punto* e não parava de publicar: os volumes de poesia em estilo decadentista *Roma 1950*, *Diario* (1960) e *Sonetto primaverile* (1960); a coletânea *Passione e ideologia* (1960), que reunia suas críticas literárias escritas entre 1948 e 1958; a antologia *Poesia popolare italiana* (1960).

Ainda em 1960, para o ator Vittorio Gassman que o contratara para isso, Pasolini empreendeu uma nova tradução em italiano da *Oréstia* de Ésquilo. Nesta tradução, Pasolini procurou destacar a importância do reconhecimento das forças irracionais que habitavam o homem no processo de sua "domesticação". A deusa Atena, representante da Razão na mitologia grega, instituía a democracia, criando o mecanismo da assembléia, que opinava sobre o futuro da cidade através do voto. Mas a mesma deusa reconhecia a importância das Erínias, ou Fúrias, representantes das forças irracionais. Para Pasolini não haveria nenhuma chance para uma real democracia se as forças eternamente opostas da razão e da desrazão não fossem consideradas. A esquerda tendia a desconsiderar tudo o que, a partir das descobertas de Freud, dizia respeito à irracionalidade. Esse era o seu pior erro. De maio a junho, em Siracusa, na Sicília, Gassman dirigiu a *Oréstia* na tradução de Pasolini. A encenação tornava ainda mais clara a intenção de Pasolini em sua versão da trilogia trágica:

> O contraste entre um Estado Democrático – mesmo que toscamente democrático – e outro tirânico e arcaico. O ápice da trilogia é o momento em que a Deusa Atena, a Razão [...], institui a assembléia dos cidadãos que julgam com direito a voto. Mas a tragédia não acaba aí. Depois da intervenção racional de Atena, as Erínias – forças desenfreadas, arcaicas, instintivas, da natureza – sobrevivem – são deusas, são imortais. Não podem ser eliminadas, não podem ser assassinadas. Devem ser transformadas, deixando intacta a substancial irracionalidade que as caracteriza, isto é, mudando as "maldições" em "bên-

TODOS OS CORPOS DE PASOLINI

çãos". Os marxistas italianos não se propuseram esse problema, e acho que os russos também não. Na Itália, os tempos são provavelmente prematuros, ainda não aconteceu a intervenção de Atena. Na Rússia, ao contrário, a intervenção de Atena já ocorreu; falta agora o apêndice à intervenção, isto é, a transformação das Maldições em Bênçãos (o irracionalismo desesperado e anárquico burguês no irracionalismo... novo).

Para Pasolini, nenhuma revolução socialista – o que ele entendia como correlato contemporâneo da democracia grega – resultaria humana se não incluísse a homossexualidade como estilo de vida válido para todos. A descoberta de Freud de que a homossexualidade estava presente em todos os homens devia ser reconhecida e não reprimida; sublimada em cultura, em "bênção", resultando em novas formas de relacionamento afetivo e erótico; e não negada e tratada como "maldição", resultando inevitavelmente em novas formas de fascismo.

* * *

Resumindo a primeira metade da vida de Pasolini, podemos dizer que ele foi, em primeiro lugar, e acima de tudo, um poeta. Suas futuras atividades como pintor, ensaísta, polemista, crítico, dramaturgo, romancista, contista, roteirista, cineasta, ator, compositor e tradutor devem ser entendidas dentro dessa vocação original e, em parte, psicologicamente determinada pelo amor que devotava à mãe. Mas para que esse amor revelasse uma vocação poética, e para que essa vocação englobasse todos os domínios da cultura humanista, permanecendo sempre a mesma vocação, fiel ao mesmo amor, era preciso que esse fosse um amor desesperado, monstruoso. Pois é assim que Pasolini a ele sempre se referiu. Suas poesias, feitas para serem lidas em voz alta, tomando a forma de confissões, orações, perorações, meditações, ou seja, de monólogos[21], eram a expressão daquele amor e de sua solidão. Afetivamente atado à mãe, intelectualmente solitário, sexualmente errante, assim transcorria a vida de Pasolini:

> Trabalho de manhã em casa: tenho que pôr em ordem um novo volume de versos, *La retesa*; estou tomando as notas para o terceiro romance, *Il Rio della Grana*, comecei a traduzir a *Eneida*. E depois os trabalhos práticos, o cinema, a redação de *Officina*, etc. Saio depois do almoço, ao acaso, quase sempre até às duas da noite; passeio-me desde as *borgate* e as periferias mais famosas até algumas reuniões, não freqüentes, com os amigos, Bertolucci, Bassani, Gadda, Moravia, Morante, Citai... Ou então, também, algumas vezes, pelos salões de Bellonci, de De Giorgi, de Mastrocinque, de Astaldi... Mas a maior parte da minha vida passo-a para lá dos limites da cidade, para lá do fim da linha do elétrico, como diria, hermetizando, um mau poeta neo-realista[22].

21. Ancora il linguaggio della realità, *Filmcritica* n. 214, p. 126-130.

22. Autobiografia, *Últimos Escritos*, p. 11-13.

O CORPO VIVO

A Língua Escrita da Ação

Depois de dominar a escritura do roteiro – colaborou ainda para *Milano nera* (1961), de Gian Rocco e Pino Serpi – Pasolini sentiu-se pronto para realizar seus próprios filmes como roteirista, diretor e, eventualmente, ator. Não abandonou a literatura – reuniu seus artigos publicados na revista *Officina* no livro *La religione del mio tempo* (1961); manteve por anos suas colaborações no semanário *Vie Nuove* (1960-1965); recolheu poemas de detentos, com os quais mantinha correspondência – mas passou a dedicar maior empenho à sua necessidade de "sair do obsessivo", da exclusividade da palavra escrita, adquirindo uma nova técnica. Desejando viver sempre ao nível da realidade, "sem a interrupção mágico-simbólica do sistema de signos lingüísticos", nenhum outro meio pareceu-lhe melhor que o cinema para expressar-se, nessa altura de sua vida, uma vez que o cinema "dá a realidade através da realidade". Em outras palavras: o cinema permitiria a um Pasolini maduro não apenas expressar sua visão de mundo e seu mundo interior, como também *viver nesses mundos sonhados*, permanecendo mais próximo de seus objetos de desejo, convivendo com eles de uma maneira criativa e produtiva. Para Pasolini, os intelectuais que não viviam a realidade como ele vivia já haviam perdido o rumo: esperavam que a Itália evoluísse em direção ao socialismo e se viam descobrindo seu erro, defasados da realidade, sem nenhum poder sobre ela, nem sobre o futuro. Pasolini, por seu lado, pretendia documentar o mundo arcaico e pré-capitalista que ainda existia em certas regiões do Terceiro Mundo, e no Terceiro Mundo dentro da Itália, com seus corpos "inocentes". Seu cinema não se enquadraria na produção corrente, de natureza comercial, de puro entretenimento, nem mesmo naquela mais empenhada que, se em grande parte era de natureza política, sofria um tratamento retórico que normatizava as mensagens.

Os cineastas da esquerda italiana mantinham-se sob a forte influência do marxismo revisado pelo filósofo Antonio Gramsci, com seu conceito de intelectual orgânico, pelo qual a revolução comunista devia passar pela politização da sociedade através da hegemonia cultural das idéias marxistas, numa conquista prévia e gradual das consciências. Esses cineastas passaram a produzir, a partir dos anos de 1960, obras cada vez mais engajadas. Assim floresceu o "cinema político italiano", que conservava, na representação estética da realidade, os limites que lhe eram impostos pelas formas de atuação partidária, numa estratégia de poder que substituía a prática da violência revolucionária pelo jogo eleitoral das

TODOS OS CORPOS DE PASOLINI

"democracias burguesas". Os filmes desse cinema político caracterizavam-se pelo aparente cuidado formal, pelo aparente impacto da exposição, e pela aparente sutileza do conteúdo. Polêmicos e comerciais, esses filmes *parlamentares* possuíam um tom dúbio: neles havia uma nítida linha divisória entre vida privada e vida pública, entre indivíduo e classe. Os cineastas de esquerda buscavam a lição geral de uma situação particular, a prova circunstancial do infalível funcionamento de uma velha máquina conhecida. Geralmente, os heróis dos filmes parlamentares de esquerda eram homens "de dentro do sistema" que, diante de algum fato escandaloso, desviavam-se das orientações superiores para agir segundo a própria consciência. Tratando o ideológico como um condicionamento de classe, os "filmes políticos" recomendavam, a título de superação, o engajamento num partido purificador das sujeiras burguesas. A liquidação da culpa tranqüilizava um público que necessitava de punição para garantir, por delegação de poderes, suas representações cotidianas.

Recusando a teoria, os cineastas parlamentares estipulavam uma pedagogia emocional, provocando uma revolta indireta, compassiva, estática e recuperável pelas organizações político-partidárias. Como no discurso parlamentar, o inimigo era identificado à primeira vista: o patrão, a burguesia, a máfia, o capitalismo, o fascismo, o imperialismo, o colonialismo, a inquisição. As concepções comuns eram reforçadas em pinturas de cores carregadas; tudo se passava num campo exterior ao espectador: tudo se passava numa tela. O cinema parlamentar encontrava, na representação espetacular, sua natureza representativa; herdeiro do neo-realismo, retomava seus conteúdos sociais, suas denúncias: mas enquanto aquele trazia uma renovação estética, este se limitava a narrar os dramas do cotidiano violento. Mais ou menos integrados à sociedade que colocavam em crise, cineastas como Francesco Rosi, Elio Petri, Giuliano Montaldo, Damiano Damiani, Dino Rosi, Ettore Scola; e, seguindo seus passos, Bernardo Bertolucci e os Irmãos Taviani, freqüentemente recorriam ao campo, ao passado, à Segunda Guerra, ao Terceiro Mundo dentro e fora da Itália, para alimentar a Causa. Conservavam, contudo, na representação estética da realidade, os limites que lhes eram impostos pelas formas de atuação partidária. Já Pasolini tinha uma visão diversa da natureza do cinema e do fazer cinematográfico, essencialmente ligado ao seu estilo de vida, ao seu amor pela realidade vital, ao seu erotismo canibal e à sua recusa total da sociedade. Ele assim o afirmou:

> A paixão que tomou a forma de um grande amor pela literatura e pela vida gradualmente desnudou-se do amor pela literatura e converteu-se naquilo que era: uma paixão pela vida, pela realidade ao meu redor, realidade física, sexual, objetal, existencial.

O CORPO VIVO

> Esse é o meu primeiro e verdadeiro grande amor, e o cinema levou-me na direção dele e a expressar somente ele.

Os filmes de Pasolini só poderiam ser considerados como extraparlamentares. No seu cinema, as imagens flutuam; cada cena parece independer do todo. Os elementos ficam soltos, sem costura, como se a montagem fosse desprezada – e, com ela, a linearidade da narrativa – em função da beleza das imagens ou do sabor das histórias. Pasolini utiliza a câmara para narrar, de forma singela, histórias aberrantes. Mescla atores amadores – gente simples e anônima do campo e da periferia, campônios, prostitutos ou marginais (alguns dos quais transforma em pequenos astros, como Franco Citti e Ninetto Davoli) – a monstros sagrados da arte dramática: a grande dama do palco e da tela Anna Magnani contracena com o amador Ettore Garofolo; a diva Maria Callas, com o campeão olímpico Giuseppe Gentile, virgem na arte de interpretar; o gênio da comédia italiana, o aristocrata Totò, com o marceneiro Ninetto Davoli; o líder do Living Theater, Julian Beck, e o *maverick* de Hollywood, Orson Welles, atuam com anônimos intelectuais amigos de Pasolini. Além disso, detestando o naturalismo e não considerando nem a natureza natural, Pasolini dubla as vozes de seus atores, que escolhe, sobretudo, pelo tipo físico, compondo personagens amalgamadas[23]. Sendo a metáfora a diferença maior entre cinema e literatura – praticamente impossível no cinema, mas presente em quase toda a literatura –, Pasolini compensa esta ausência com certas analogias visuais, das mais simples às mais complexas: as casas de pedra da pré-histórica Matera, no sul da Itália, fornecem-lhe uma imagem mais fiel à Palestina de Cristo que as atuais cidades de Belém, Nazaré ou Jerusalém; e tomadas da Praça dos Milagres em Pisa, de interiores construídos nos estúdios da Cinecittà e da paisagem de Alepo na Síria resultam, amalgamadas na montagem, no reino mítico de Creonte em Corinto.

Pasolini fixa-se diante dos diversos aspectos da realidade: rostos, paisagens, gestos, objetos – como se estivessem imóveis e isolados no tempo. E para evitar o naturalismo do plano-seqüência, para sacralizar cada coisa com maior ou menor intensidade, recorre à montagem – o lugar da estilização. Outra diferença do cinema de Pasolini é que seu imaginário não é de origem cinematográfica, enraizando-se antes na grande pintura italiana. Poucos cineastas o influenciaram: Friedrich Murnau, Charles Chaplin, Carl Dreyer, Kenji Mizoguchi, Roberto Rossellini. Os campos visuais que imaginava eram afrescos de Masolino, Masaccio, Fillipo Lippi, Giotto, Piero

23. Sul doppiaggio, *Filmcritica* n. 208.

della Francesca, Caravaggio, Rosso Fiorentino, Giovanni Bellini, Andrea Mantegna e Jacopo Pontormo – seus pintores prediletos. E só concebia as imagens, as paisagens e as composições das figuras dentro de sua paixão fundamental pela pintura renascentista, que colocava o homem no centro de toda a perspectiva.

A 31 de agosto de 1961 estreou na Bienal de Veneza o primeiro filme dirigido por Pasolini, *Desajuste Social (Accattone*, 1961), com assistência de direção de Bernardo Bertolucci, filho do famoso poeta Attilio Bertolucci. Pasolini apresentou ao mundo a miserável periferia de Roma – o filme foi rodado em Torpignattara, Pigneto, Testaccio, Pietralata, bolsões de pobreza que os italianos queriam esquecer em pleno "milagre econômico". Por isso o filme foi considerado imoral pela censura e mal recebido pelos críticos, pelos burgueses, pelos comunistas, todos convencidos de que o subproletariado não existia, quando eles somavam então vinte milhões na Itália. O filme conta a história do jovem *accattone* (vagabundo, marginal) Vittorio (Franco Citti), que passa o tempo vadiando com os companheiros, sendo sustentado pela prostituta Maddalena que, na tentativa de reconquistar seu amor, procura seu velho cafetão Ciccio; quando os amigos deste a surram, todos são presos, o que faz o Accattone perder o rumo. Mas logo se apaixona pela ingênua Stella, que trabalha recolhendo e limpando garrafas; enquanto a boa moça tenta mudar a vida de Accattone, este planeja torná-la uma prostituta para ver-se novamente sustentado. Quando ela enfim consente em sacrificar-se por amor, Accattone, com remorsos, arruma um emprego para si num ferro velho. Contudo, o trabalho é muito duro, e ele não agüenta essa vida por muito tempo. Na cadeia, Madalena descobre uma garota que poderia servir para Accattone; mas a polícia está de olho no malandro. Quando Accattone encontra o ladrão Balila e os dois planejam roubar a carga de um caminhão que transporta carne, a polícia os detém. Accattone foge numa motocicleta, mas bate contra um carro, e assim termina sua vida. Ainda que mostrasse toda a crueza do universo dos marginais, Pasolini oferecia dele uma descrição incomum, pois estilizada pela sacralização, demonstrando uma estranha ternura por ladrões, prostitutas e vagabundos. Mesmo percebendo nestes personagens desintegrados pelo "progresso" uma real degradação humana, Pasolini não compartilhava da atitude quase racista de seus críticos, identificando, dentro da degradação, alguma coisa de religioso, de mítico, de sagrado.

Para contar a decadência progressiva de um proxeneta, Pasolini utilizou técnicas cinematográficas de "sacralização": quando Accattone engalfinha-se com outro subproletário numa briga de rua, a violência é

O CORPO VIVO

ritualizada com o uso de Bach na trilha sonora; o contraste entre a imagem e o som torna o enlace brutal dos corpos algo de pastoso, com movimentos carregados de agressividade e erotismo, como se a luta enfocada encerrasse um mistério de ocultos significados. Para tornar explícito ao público o complexo sentimento do Sagrado, Pasolini serviu-se, ainda, de panorâmicas lentas; trabalhou junto a Tonino Delli Colli uma fotografia de extrema luminosidade; enfocou as personagens como figuras de arte sacra; e encerrou o filme com o marginal fazendo o sinal de cruz. As referências plásticas do filme vão do pintor bolonhês Giorgio Morandi a Brueghel, o Velho, e a Caravaggio.

Desajuste Social foi premiado na XXIII Mostra de Cinema de Veneza e processado por "pornografia". Pasolini conhecera o protagonista, Franco Citti, através de seu irmão Sergio, numa pizzaria de Torpignattara, e desde então transformou aquele jovem marginal de *borgata* numa presença constante em seus filmes. Em 1962, Pasolini teve seu romance *Una vita violenta* adaptado para o cinema por Paolo Heusch e Brunello Rondi. Também publicou *Il sogno di una cosa* e *L'odore dell'India*, que havia escrito entre 1948 e 1949, e colaborou com Sergio Citti no roteiro de *La commare secca* (1962), a estréia de Bernardo Bertolucci como diretor. Neste filme, o corpo brutalizado de uma prostituta romana era encontrado nas margens do Tibre; a polícia interrogava os suspeitos e a cada depoimento chegava mais perto do assassino: a narrativa utilizava uma série de *flashbacks* interconectados para investigar a natureza da verdade. Já para realizar seu novo filme, *Mamma Roma* (Mamma Roma, 1962) – história de uma prostituta que se esforça para melhorar de vida e oferecer ao filho uma oportunidade de vencer, tendo por fim suas esperanças destruídas –, Pasolini aperfeiçoou o aparato técnico de sacralização que havia inaugurado em *Desajuste Social.*

O filme tem início numa aldeia do campo, onde Ettore (Ettore Garofolo), filho de Mamma Roma (Anna Magnani), cresce com parentes enquanto a mãe se prostitui. Após o casamento de seu gigolô, Carmine, Mamma Roma muda-se com Ettore para um apartamento num conjunto suburbano de Roma, construído na época do fascismo, e decide levar uma vida decente alugando no mercado uma barraca para vender frutas. Ettore logo faz amizade com garotos de uma gangue local e tem sua primeira experiência sexual com Bruna, uma "garota fácil" da vizinhança. Mamma Roma preocupa-se com o futuro do filho, tenta afastá-lo dos amigos e da namorada; consegue para ele um trabalho de garçom chantageando o dono de um restaurante. A tragédia precipita-se quando Carmine retorna e força Mamma Roma a prostituir-se novamente. Importunado pelos camaradas por causa das atividades noturnas da mãe, Ettore deixa o emprego e volta a roubar. Febril e sem sorte, é pego ao tentar furtar o rádio de um velho doente que padece num hospital. É detido, tem um ataque nervoso, e se vê amarrado a uma cama na prisão, vindo a morrer de um mal misterioso. Ao saber da morte de Ettore, Mamma Roma vê seu sonho de refazer a vida desabar e tenta atirar-se da janela; é segurada pelos vizinhos, não sem lançar um grito silencioso de desespero contra a cidade que devorou seu filho.

Como indica o próprio título, a verdadeira protagonista do filme é a cidade de Roma, e a personagem de Magnani é apenas um símbolo para essa cidade-prostituta: em seu sonho de escalada social, a mãe ambiciosa, que deixa o campo por uma vida melhor na capital, sacrificará inconscientemente o filho, que se torna desajustado através do deslocamento. As etapas da transformação do jovem e tímido camponês em um pequeno-burguês delinqüente sucedem-se do seio da vida rural à *borgata* fascista. Como observou Gianni Biondillo, o quarteirão Ina-Casa é o correlato urbano da figura de Mamma Roma, como o campo o é para Ettore; e há um verdadeiro diálogo entre os personagens e as imagens da cidade. As ruínas da periferia de Ceccafumo representam, para Ettore, uma espécie de refúgio: ali, ele pensa poder viver a nostalgia do antigo mundo que perdeu, com novos amigos substituindo os velhos camaradas. Mas essas ruínas também são símbolos de morte, pois a cidade avança para o campo, erigindo altares de sacrifício[24]: Ettore morre amarrado sobre a mesa do hospital da prisão numa perspectiva que evoca a d'*O Cristo Morto*, de Andrea Mantegna. Também a cena do banquete de casamento na aldeia de *Mamma Roma* evoca a *Santa Ceia*, de Domenico Ghirlandaio; com uma sutil associação entre Judas e os porcos que simbolizam o elo de poder e sexo entre o gigolô Carmine e a prostituta Mamma Roma que, por mais que se esforce, não conseguirá libertar-se da relação viciosa.

Em 1962, Pasolini fez uma descoberta importante sobre a linguagem do cinema, que sintetizou num artigo publicado na revista *Film Cultura*[25], retomado no livro de Andrew Sarris[26]. Ele observou que a literatura estava composta quase exclusivamente de metáforas, enquanto no cinema a metáfora estava ausente quase por completo. Sendo a metáfora o mais destacado dos elementos da retórica, ela representaria a unidade fundamental das palavras, a possível redução de todas elas, com sua infinita variedade, a uma única palavra. Ninguém resistiria ao poder unificador da metáfora, qualquer coisa concebível pela

24. G. Biondillo, *Pasolini*. Il corpo della città, p. 12-18.

25. *Film Cultura*, n. 24, 1962.

26. *Entrevistas con diretores de cine*.

O CORPO VIVO

mente humana podendo ser comparada a outra coisa. Pasolini utilizou o exemplo seguinte: "Gennarino[27] parecia uma hiena" ou "Gennarino era uma hiena", ou mesmo "Gennarino, a hiena", ou simplemente, "a hiena". Um filme vanguardista, para obter essa metáfora, justaporia uma hiena a Gennarino, unindo dois planos: um de Gennarino arreganhando os dentes e outro de uma hiena real arreganhando os dentes. Contudo, seria inconcebível um filme que seguisse essa pauta por duas horas, enquanto num romance se poderia acumular uma metáfora após a outra ao longo de duzentas páginas. Mas se no cinema não se podia expressar diretamente a metáfora "Gennarino é uma hiena", podia-se criar essa impressão na mente do espectador associando a imagem de Gennarino à de uma hiena. Por outro lado, a freqüente comparação do cinema com o teatro não procedia: essas duas formas de expressão nada teriam em comum; o cinema seria antes comparável ao relato e à literatura juvenil, religiosa ou arcaica, ou mesmo à música, no que dizia respeito à anáfora e à reiteração, muito presentes no cinema. Quando um escritor recorre à anáfora ("Digo... digo... digo...") ou à reiteração (litania) isso parece indicar um estado de ânimo excitado, próximo ao do inconsciente coletivo, irracional. Num escritor sério e reflexivo, são raras a anáfora e a reiteração. Mas, no cinema, essas técnicas são bastante exploradas. Na literatura isso poderia ser assim escrito: "Gennarino olhou... Gennarino olhou... Gennarino olhou". Mas o que seria a anáfora no cinema? Do rosto de Gennarino, ou do rosto de Gennarino tal como o enquadra a câmara (que pode enfocar esse rosto de hiena de diversos ângulos, em *plongé* ou *contre-plongé*, de frente ou de perfil, em primeiro plano ou em plano médio, com uma lente de 75, 50 ou 35, em posição fixa ou inclinada), o diretor escolhe um entre mil outros possíveis (tal como se escolhe um sujeito entre mil outros possíveis que o léxico oferece) e o obriga a arreganhar os dentes. Além disso, também formam parte da anáfora outras coisas, tais como o som de vozes que se ouvem fora do quadro quando Gennarino arreganha os dentes; e, finalmente, a inserção de algum comentário musical. Numa palavra: no que se refere à literatura, as figuras estilísticas da linguagem são simples enquanto que no cinema são complexas, requerem pelo menos dois atos concomitantes e complementares; ou, em outras palavras, se produzem em dois níveis. E depois que o diretor decide a expressão correta do rosto de Gennarino, o prepara e o maquia como uma hiena e busca uma profundidade de campo ao rodar, ainda terá que decidir o que fazer com a câmara. A seleção de atores, expressões, vestuário, lugar, iluminação, tudo isso são os diversos componentes do vocabulário do cinema; são os sujeitos, verbos, adjetivos, advérbios,

---

27. Nome de um dos personagens do filme *Desajuste Social*.

enquanto a eleição dos movimentos da câmara, do enquadramento, etc. é a sintaxe, a disposição rítmica dos diversos componentes para formar uma frase completa. Ao falar ou ao escrever, isto se faz com rapidez; as palavras e a sintaxe ou a métrica fluem quase simultaneamente. Mas na expressão cinematográfica tem lugar uma espécie de interrupção, uma pausa. As "palavras" amontoam-se diante de si quase brutalmente, e esperam aí que o diretor mentalmente forme com elas uma frase completa que determina o plano concreto (sintaxe). Na realidade, uma palavra, dentro de certos limites, poderia ser pura imagem; e uma imagem, dentro também de certos limites, poderia ser tão lógica como uma palavra. Mas, na realidade, mais importante é ver se a relação existente entre a *palavra* como símbolo e significado é semelhante à *imagem* como símbolo e significado. Uma vez terminado ("escrito") um filme, o significado das imagens é análogo ao significado das palavras que ele contém, alcança a mesma força de comunicação: uma imagem pode ter uma força alusiva equivalente à de uma palavra, posto que representa a culminação de uma série de analogias selecionadas esteticamente, o que significa que faz parte da estrutura estilística total.

Assim encantado com a sua descoberta de que o cinema poderia ser tão *expressivo* quanto a literatura, Pasolini criou nova polêmica com a sacralização do subproletariado no episódio *A Ricota* (*La ricotta*) do filme coletivo *Relações Humanas* (*Ro.Go.Pa.G.*, 1963). O episódio "O Frango Caseiro", de Ugo Gregoretti, também contém uma crítica "pasoliniana" ao consumismo focada na TV e na publicidade: numa seqüência em que o filhinho da família classe média recebe, com máscara no rosto e tiros de revólver de brinquedo, o pai fatigado do trabalho, este erra nas suas adivinhações sobre que bandido afinal o garoto seria; decepcionado com a alienação do pai desinformado, o menino revela: "Eu sou Pasolini!". O próprio Pasolini justificou, com seu episódio, essa imagem diabólica que a classe média italiana fazia dele: durante a filmagem na periferia de Roma de um filme baseado na Paixão de Cristo, enquanto o cineasta (Orson Welles) concede uma entrevista, um figurante, esquecido dependurado na cruz, morre por indigestão de queijo. O diretor da Paixão diz a certa altura ao jornalista que vem entrevistá-lo: "O homem comum é um monstro, um perigoso delinqüente; conformista, colonialista, racista, escravagista!". Depois, abre um livro de Pasolini e lê para o impassível repórter estes versos do poeta:

> Eu sou uma força do Passado.
> Só na Tradição o meu amor reside.
> Venho das ruínas, das igrejas, dos retábulos,

O CORPO VIVO

dos burgos esquecidos nos Apeninos e Pré-Alpes,
onde meus irmãos viveram.
Vagueio pela Tuscolana como um louco,
pela Appia como um cão sem dono.
Ou olho os crepúsculos nas manhãs de Roma,
da Ciociaria, do mundo,
como os primeiros atos da pós-História,
aos quais assisto, por privilégio de idade,
da orla extrema de uma era sepultada.
Monstruoso é quem nasceu
das vísceras de uma mulher morta.
E eu, feto adulto, perambulo
mais moderno que todos os modernos
à procura de irmãos que não existem mais.

No filme, Pasolini também deixou explícita sua paixão pela pintura renascentista, recriando com precisão dois célebres painéis da crucificação, de Pontormo e Rosso Fiorentino, através de *tableaux-vivants* que representariam, na *realidade do filme*, o "filme" que o cineasta interpretado por Welles estaria – muito improvavelmente – filmando. A exibição desse episódio foi proibida em todas as salas da Itália por "blasfêmia e vilipêndio à religião do Estado". Processado, Pasolini foi condenado a quatro meses de prisão com *sursis*. O diretor alegou, em sua defesa, ter criticado apenas as falsas idéias de religião e teve a pena revogada. Durante as filmagens, Pasolini conheceu Ninetto Davoli, garoto da periferia romana que, convidado pelo irmão, que trabalhava no filme, fora ao *set* para ajudá-lo, como marceneiro, em alguns trabalhos dos cenários: o diretor encantou-se com o jovem de cabelos encaracolados e sorriso aberto e franco, encarnação de seu tipo mais desejado, e convidou-o para trabalhar em seus filmes. Ninetto tornou-se, desde então, presença constante na obra e na vida de Pasolini, sua grande paixão amorosa.

Depois de realizar a primeira parte do documentário *La rabbia* (1963), onde tempera sua crítica da sociedade contemporânea com ácido humor e pura poesia – a terna elegia a Marilyn Monroe – Pasolini escreveu o roteiro de um filme que seria rodado na África, mas que o processo de *A Ricota* impediu-o de filmar: *O Pai Selvagem* (*Il padre selvaggio*), que trataria do choque cultural entre um professor humanista e seu aluno africano. No roteiro, o choque aparentemente se resolvia na forma de um poema. Na verdade, para que o estudante africano atingisse a dimensão estética, ele precisava abismar-se na selvageria; do mesmo modo, o professor europeu, para atingir a realidade, necessitava abismar-se na alma dilacerada do africano. Só uma violenta catarse libertava esses dois personagens: como já

TODOS OS CORPOS DE PASOLINI

haviam escrito Franz Fanon[28] e Jean-Paul Sartre[29], a peste do colonialismo não poupava nem colonizados nem colonizadores.

Pasolini realizou ainda uma espécie de sondagem filmada entre homens e mulheres italianos de classes sociais e idades variadas sobre o sexo, tal como elas o concebiam e praticavam: *Comizi d'amore* (Comícios de Amor, 1963). O documentário revelava que o povo italiano professava dogmas aberrantes que não sabiam justificar, idéias recebidas que reproduziam, vivendo-as, por pura ignorância. O filme dividia-se em quatro partes: 1) Questões gerais sobre problemas sexuais; 2) Desvios sexuais; 3) Casamento, divórcio, direitos femininos; 4) Reações à Lei Merlin (1959) que estabeleceu e regulamentou os bordéis. Antes da primeira parte e entre a segunda e a terceira, o escritor Alberto Moravia e o psicanalista Cesare Musatti intervêm com seus comentários. O filme termina com a seqüência de um casamento encenado numa vila rural no norte da Itália. Cada seção comporta um irônico comentário. Como Pasolini não queria ter sua voz ouvida duas vezes, uma nas entrevistas, outra na narração, encarregou disso Lello Bersani, um locutor de TV com uma dicção perfeita e impessoal. Para Pasolini, tratava-se de lutar "contra os 'monstros', ou seja, contra a ignorância, as aberrações da razão, em um campo ao qual as ciências morais ou biológicas já trouxeram tantas luzes"; e de levar uma "ajuda terapêutica – ou preparo dessa ajuda – a quem sofre, direta ou indiretamente, o peso da ignorância, das inibições hipócritas ou, mais amplamente, dos preconceitos que regem as relações sexuais"; em suma, de estabelecer um "diálogo entre os que sabem e os que não sabem; [...] (para que) aquilo que para o homem de cultura média é adquirido e seguro torne-se patrimônio também do homem médio *tout court*, que [...] se encontra ainda abandonado às idéias mais arcaicas, absurdas e perigosas". As entrevistas são reveladoras de como os italianos comuns viviam na mais completa ignorância das descobertas de Freud, reproduzindo os mesmos dogmas sexuais de seus avós e bisavós.

Tendo a idéia de realizar um filme sobre a Paixão devido à ameaça que sofrera de ser preso por blasfêmia à religião, Pasolini iniciou os trabalhos com um estudo de locações na Palestina. Em companhia de Don Andrea Carraro, visitou Tiberíades, Monte Tabor, Nazaré, Cafarnaum, Baram, Jerusalém, Bersabea, Belém e Damasco, documentando sua viagem no filme *Locações na Palestina* (*Sopralluoghi in Palestina per il Vangelo secondo Matteo*, 1963). Embora o emocionassem profundamente, os locais da Paixão o decepcionaram: buscando o Antigo e o Sagrado numa paisagem onde tudo pudesse parecer-lhe como que "queimando na

28. Cf. F. Fanon, *Damnés de la terre.*

29. Cf. J.-P. Sartre, *Situations, V* : colonialisme et neo-colonialisme.

O CORPO VIVO

matéria e no espírito", Pasolini encontrou apenas a modernidade, o folclore e uma miséria intolerável. Aflorou nele, pouco a pouco, a convicção de que o Evangelho estava alhures, e de que seu filme deveria ser rodado em outro lugar. Depois de procurar tão longe, tentando ser fiel à História, Pasolini descobriu que a cidade medieval (e mesmo pré-histórica) de Matera, na região de Basilicata, no sul da Itália, praticamente abandonada, com suas casas calcinadas que mais pareciam cavernas, era a locação ideal.

Ao mesmo tempo, cada vez mais interessado na semiologia, Pasolini expôs suas teorias lingüísticas revolucionárias em *Nuove questioni linguistiche* (1964), sendo duramente atacado pelos filólogos, lingüistas, literatos, escritores e sociólogos integrados, ao colocar problemas que seus críticos sequer suspeitavam. Como ele mesmo o afirmou mais tarde,

> O alegre nominalismo dos sociólogos parece exaurir-se dentro de seu próprio círculo. Vivo no meio das coisas e invento como posso o modo de nomeá-las. Se eu procuro "descrever" o aspecto horrível de uma nova geração inteira, que sofreu todos os desequilíbrios devidos a um atroz e estúpido desenvolvimento, e procuro "descrevê-lo" neste jovem, neste operário, não sou certamente compreendido. Porque ao sociólogo e ao político profissional não importa pessoalmente nada deste jovem, deste operário. Ao contrário, a mim pessoalmente é a única coisa que importa.

Ao mesmo tempo, para Laura Betti, Pasolini escreveu um ato único, encenado sob o título de *Italie magique* (1964), no qual materializou suas idéias sobre um novo teatro, atacando o velho teatro tradicional e o já superado teatro brechtiano. E sempre dedicado à poesia, publicou *Poesia in forma di rosa* (1964), outro livro seminal onde se encontra um de seus poemas mais dolorosos, "Súplica à Minha Mãe", no qual exprimiu todo seu amor a Sùsanna; essa paixão exclusivista que percebia como um fator determinante de sua sexualidade que, ao longo dos anos, tomou a forma de pura consumação de atos sexuais desvinculados da afetividade; assim como o medo que passou a sentir de que aquela que era seu principal sustentáculo afetivo pudesse vir a morrer antes dele:

> É difícil dizer isso, com palavras de filho,
> a quem no coração bem pouco assemelho.
>
> És no mundo a única a saber, de meu coração,
> quem sempre reinou, antes de qualquer paixão.
>
> Por isso devo dizer-te o que de horrível sucede:
> é de tua graça que a minha angústia procede.

És insubstituível. Por isso à solidão foi condenada
a vida que para viver neste mundo me foi dada.

Mas não quero ser sozinho. Tenho um apetite infinito
de amor, de amor por corpos sem espírito.

Porque a alma está em ti, és tu somente,
mas minha mãe és e, teu amor, uma corrente.

Passei a infância escravo desse alto senso,
irremediável, de um compromisso imenso.

Era a única maneira de sentir a vida,
a única tinta, a única forma: agora finda.

Sobrevivemos: e sobrevém a confusão
de uma vida renascida fora da razão.

Suplico-te, ah, suplico-te: morrer não queiras.
Aqui estou, só, contigo, numa futura primavera.

Foi dentro do espírito desse poema angustiado que Pasolini concebeu sua Paixão. Todos imaginaram uma nova heresia. O cineasta herético realizou, contudo, a mais pura de todas as versões cinematográficas do mito cristão: *Il Vangelo secondo Matteo* (O Evangelho segundo São Mateus, 1964). O filme exaltava uma religião subversiva, próxima ao movimento da Teologia da Libertação. Mas também ecumênica, através das escolhas de sua direção musical, que incluíram Bach e Mozart, mas também Prokofiev e Webern; *spirituals* norte-americanos, como o pungente "Sometimes I Feel Like a Motherless Child", ao lado da exótica "Missa Luba" e do "Kol Nidrei" judaico (durante a Última Ceia)[30]. Declarou Pasolini sobre suas intenções com o filme:

Minha idéia é filmar, ponto por ponto, o Evangelho segundo São Mateus, sem fazer reduções ou roteiro. Traduzi-lo fielmente em imagens, seguindo a narrativa, sem acrescentar nada; também os diálogos deverão ser rigorosamente os de São Mateus, sem uma frase sequer de explicação ou resumo, porque nenhuma imagem ou palavra acrescentada poderá estar à altura poética do texto. Foi essa altura poética que me inspirou. E eu quero fazer uma obra de poesia, não uma obra religiosa no sentido comum do termo, nem obra que pareça ideológica. Em palavras muito simples e pobres, eu não creio que Cristo seja filho de Deus, porque não sou crente, pelo

30. Na tradução das falas de Jesus, nas legendas do DVD do filme lançado no Brasil, a toda hora lemos: "maldita seja essa raça", "por culpa dessa raça" etc. Trata-se de um cacoete anti-semita do tradutor. No filme, Jesus diz: "maldita seja essa geração", "por culpa dessa geração" etc. Jesus, Maria, José, os apóstolos e primeiros cristãos eram todos judeus.

O CORPO VIVO

menos conscientemente. Mas acredito que ele seja divino, isto é, creio que nele a humanidade era tão grande, rigorosa, ideal, que ultrapassava os sentidos comuns para a humanidade. Por isso falei de "poesia": instrumento irracional para exprimir este meu sentimento irracional por Cristo. [...] Nada morre jamais numa vida. Tudo sobrevive. Nós, ao mesmo tempo, vivemos e sobrevivemos. Assim também toda cultura é sempre entretecida de sobrevivências. No caso que estamos agora examinando, o que sobrevive são aqueles famosos 2 mil anos de *imitatio Christi*, aquele irracionalismo religioso. Ele não tem mais sentido, pertence a um outro mundo, renegado, recusado, superado; e, no entanto, sobrevive. São elementos historicamente mortos, mas humanamente vivos, que nos compõem. Penso que seria ingênuo, superficial, faccioso negar ou ignorar sua existência. Eu, pessoalmente, sou anticlerical (não tenho medo de afirmá-lo), mas sei que sobre mim pesam 2 mil anos de cristianismo: eu construí com meus antepassados as igrejas românicas, e depois as góticas, e as barrocas; elas são meu patrimônio, no conteúdo e no estilo. Seria um louco se negasse essa força poderosa que existe dentro de mim; se deixasse para os padres o monopólio do Bem.

O filme começa quando um anjo anuncia ao pastor José que sua mulher, Maria, espera o filho de Deus. Os Três Reis Magos, que seguem a estrela de Belém, vêm celebrar o nascimento, oferecendo suas riquezas ao recém-nascido. Mas o Rei Herodes ordena o massacre das crianças com menos de dois anos; Maria e José exilam-se no Egito. Depois da morte de Herodes, eles retornam a Nazaré. João Batista profetiza a vinda do Messias. Quando Jesus vai até ele, e pede para ser batizado, João o reconhece e se ajoelha. Jesus escolhe seus Apóstolos e os leva consigo, pregando e curando doentes, desafiando os sacerdotes, numa marcha inexorável para a morte. Depois que João Batista é preso e decapitado, os fariseus tramam contra Jesus, que vem a ser, por meio da traição de Judas, preso, julgado e condenado. Como Jesus havia previsto, Pedro nega por três vezes ter sido seu amigo. Jesus é sacrificado na cruz e, no terceiro dia depois de sua morte, sua mãe e seguidores encontram seu túmulo vazio.

Essa Paixão, contada quase num formato de documentário, provocava, dentro do próprio mito, a ala conservadora da Igreja, então sofrendo profunda cisão com as transformações operadas na liturgia pelo papa João XXIII, a quem o filme era dedicado. Os escritos da *Bíblia* creditados a Mateus também foram relidos através de um viés marxista: "Penso primeiro que Mateus é o mais revolucionário dos evangelistas, porque é o mais 'realista', o mais próximo da realidade terrena do mundo onde o Cristo apareceu". O Cristo pasoliniano é um rebelde solitário caminhando pelo campo e arrebanhando as massas para o confronto com o poder. Ao mesmo tempo, morrendo sem conhecer carnalmente uma mulher, Jesus realizava, de certo modo, o ideal erótico de Pasolini. O Filho de Deus não nascia de uma relação heterossexual, mas do ventre iluminado de uma virgem, visitada por um anjo. Em Cristo, encontrava-se a síntese entre o corpo e a alma, porque sua carne, gerada na carne pelo espírito, era inteiramente espírito. Dessexualizado, ele movimentava cadeias de desejo em estado puro, fluxos amorosos de todos os sexos, liberando sua energia libidinal em cóleras que só cessavam em presença da mãe. A população pobre de sua Jerusalém/Matera remetia ao campesinato de Casarsa e ao subproletariado romano, enquanto o Império Romano evocava a Itália burguesa que Pasolini odiava por estar a destruir – pelo emburguesamento – a Itália popular que ele amava. Seu Cristo duro e puro jamais recai em dúvidas, em reflexões. É um ativista, um militante, um *passionario*. Tão cheio de certezas que chega a ser arrogante. Declara aos apóstolos que eles se enganam ao pensar que "o autêntico Messias" tenha vindo trazer a paz: não, ele sustentava na mão uma espada, para dividir e separar – a esposa do marido, os filhos dos pais.

Aparentemente servindo ao diálogo entre a Igreja e o PCI[31], o filme parecia demonstrar que, na Itália, todo o mundo era um pouco marxista, um pouco católico. Na verdade, seguindo fielmente o texto do Evangelho, incluindo os milagres que Cristo teria realizado, o filme foi rechaçado pelos comunistas como "irracionalista" e Pasolini erroneamente apontado pelos jornalistas como "marxista cristão". O cineasta desacreditou o clichê afirmando ter tido na infância uma educação católica que logo abandonou, não se sentindo cristão. Marxista, sim, mas à sua maneira. Essa maneira implicava em adorar o mistério da vida – no qual o sexo tinha lugar privilegiado. Sobre seu "apego" ao cristianismo, declarou:

> Alguns viram, nesse filme, uma obra de militante cristão, e isso realmente eu não compreendo. Ainda que minha visão do mundo seja religiosa, não creio na divindade do Cristo; fiz um filme que expõe, através de um personagem, toda a minha nostalgia do mítico, do épico e do sagrado.

Ainda em 1966, durante uma conferência de imprensa, quando um repórter perguntou a Pasolini: "Por que trata de temas religiosos se você é um ateu?", o escritor respondeu: "Se você sabe que sou um ateu, então me conhece melhor que eu mesmo. Eu posso ser um ateu, mas sou um ateu que tem a nostalgia do Sagrado". Essa aparente contradição fez com que cada grupo político interpretasse o filme a seu modo: os católicos reconheceram nele a preservação da ortodoxia do texto bíblico e concederam-lhe o Grande Prêmio do Ofício Católico Internacional do Cinema; os esquerdistas expurgaram do filme os aspectos místicos,

31. Palmiro Togliatti, líder do Partido Comunista Italiano, morre no mesmo ano do lançamento do filme.

O CORPO VIVO

celebrando o retrato fiel das origens populares do cristianismo como movimento subversivo liderado por um Messias revolucionário. E assim, o filme continuou sendo adotado tanto por católicos quanto por esquerdistas: em 1996, durante as comemorações do centenário do cinema, *O Evangelho Segundo São Mateus* foi incluído na lista dos "Melhores Filmes Morais e Religiosos" de todos os tempos pela Filmoteca Vaticana, enquanto Luiz Oricchio observava no Cristo pasoliniano um "olhar guerrilheiro, radical"[32] e Lino Micciché o definia como combatente desarmado da ocupação romana da Palestina,

> que prega a destruição do presente através da utopia, nega a sua lógica mediante os milagres, trinca a ordem por meio do "escândalo", contesta sua ética desvelando a sua hipocrisia frente à multidão dos deserdados da História; os quais têm de seu, para perder, apenas os grilhões de um presente vivido como degradação, de uma lógica funcionando como constrição, de uma ordem vista como repressão, de uma moral que é apenas submissão[33].

Coube apenas ao escritor Alberto Moravia observar, com inteira razão, que, a despeito das aparências, Pasolini permanecia fiel a si mesmo. Sim, porque o que seu Cristo representa, acima de tudo, é o próprio Pasolini, um intelectual antiburguês e amante do povo, místico e até arrogante na defesa de sua original utopia camponesa. Sua *Paixão* é singular, muito diferente dos calvários-clichês de Hollywood, com superprodução, Technicolor, atores famosos, centenas de extras e elaborados efeitos especiais reservados para a crucificação. Seu *Evangelho* é tão despojado que lembra um documentário.

Para Pasolini, "Cristo poderia ser um homem qualquer"; mas o diretor procurou primeiro, para interpretá-lo, alguém que unisse em si a inocente expressividade da natureza e a luz da razão; tinha em mente os *poetas*. Pasolini convidou, sucessivamente, o russo Eugen Evtuschenko, o espanhol Luis Goytisolo, os *beatniks* americanos Allen Ginsberg e Jack Kerouac: nenhum deles aceitou o papel. Pasolini modificou então seu conceito e contratou um jovem estudante de Barcelona, Enrique Irazoque, que, certo dia, o visitara em sua casa em Roma. Mas para que ficasse manifesta a identificação entre Cristo e Pasolini, o diretor colocou seus amigos escritores para interpretar apóstolos, santos – o irmão de Elsa Morante fez o papel de José; a novelista Natalia Ginzburg interpretou Maria da Betânia; o poeta Alfonso Gatti fez André; o crítico Enzo Siciliano foi Simão de Canaã – e sua própria mãe viveu a mãe de Jesus. Pasolini acreditava que quando Cristo ensinou a dar a outra

---

32. L. Z. Oricchio, O Cristo Revolucionário de Pasolini.

33. L. Micciché, *Cinema Italiano*: gli Anni'60 e Oltre.

face, isso era uma coisa tão escandalosa, tão anticonformista, que o crucificaram: daí a identificação.

Outro aspecto subjetivo do filme diz respeito à violenta morte de Guido, o irmão que Pasolini amava e invejava. Trauma familiar sempre presente e subentendido; trauma mantido quase em segredo e que seria parcialmente exorcizado no *Evangelho*. Ao fazer Susanna interpretar Maria, Pasolini dava à mãe uma chance única de chorar sua própria "morte simbólica" na cruz, tal como ela havia tantas vezes chorado a morte de Guido. Ao som de Bach, assistimos à crucificação de Cristo-Pasolini enquanto Susanna cai de joelhos, e grita, sem que possa ser ouvida na banda sonora, diante do corpo do filho massacrado na cruz: "Figlio mio!" ("Meu filho!"). Podemos ler em seus lábios esse grito silencioso arrancado das entranhas. Pasolini queria ser pranteado como Guido, através da projeção de seu próprio linchamento moral. Queria causar em sua mãe o mesmo sofrimento que Guido causara a ela, e ser por ela chorado, uma vez pelo menos, como ela chorava pelo irmão. Mas, na sua ingenuidade, Susanna destruiu, numa entrevista à imprensa, essa fantasia de Pasolini. Perguntada como havia sido interpretar Nossa Senhora, ela não hesitou em responder: "Para encarnar uma personagem tão imensa, tive que encontrar em mim mesma uma dor semelhante à dela, ao perder seu filho. Pensei em Guido, e no que senti quando soube que meu filho havia sido assassinado". Pasolini ficou desconsolado com tal resposta. Não imaginava que Madonna/Susanna, ao chorar por seu Cristo/Pasolini, continuava a chorar por Guido. Ela não poderia saber, contudo, que, ao chorar por Guido, estava também chorando, antecipadamente, por Pasolini. Isso só Pasolini pressentia, mas não podia comunicar-lhe, como é sempre incomunicável a relação entre mãe e filho. E todos o sabem hoje: revendo o filme, podemos transferir mentalmente o grito silencioso que Susanna deu para seu filho Guido para o outro filho, Pasolini, que morreu ainda mais massacrado que o primeiro.

O Fim do Povo e das Ilusões Gramscianas

No começo dos anos de 1960, Pasolini observou o nascimento de uma única língua, o italiano nacional, falada em todo o país; essa nova variante seria originária do deslocamento do centro de poder de Florença e Roma para Milão e Turim, os pólos industriais. Usava-se o italiano instrumental para falar e o literário para escrever. Esse último era o italiano médio, que, na verdade, só dizia respeito aos interesses e ao

O CORPO VIVO

espírito de uma classe social, sendo falso por natureza, pois distante do resto da sociedade. Naqueles anos nascia, pois, um novo italiano, advindo do fato de que a divisão, antes nítida, entre proletários, subproletários e pequena burguesia, atenuava-se e tendia a desaparecer; a sociedade italiana tomava um rumo lamentável e irreversível, padronizando sua população através dos meios de comunicação de massa: em lugar da diversidade – cultural, lingüística, comportamental – ocorria um empobrecimento generalizado que tornava os italianos medíocres e ridículos na ânsia obsessiva de se igualarem a padrões que não eram os da sua tradição e que nasciam com a consolidação dos valores da cultura do dinheiro. Nascia o novo homem italiano, obcecado em consumir. Essa substituição sumária dos velhos mundos populares por uma cultura única de massa, constituía, para Pasolini, um verdadeiro *genocídio*.

Em 1965, Pasolini assumiu, com Moravia, a direção da revista *Nuovi Argomenti*. E publicou a coletânea de ensaios, poemas e roteiros *Alí dagli occhi azzurri* (1965), concluindo, finalmente, uma peça que começara a escrever em 1946, contando a história de um professor apaixonado por um rapaz, cujos sonhos entrelaçam sua história pessoal à história do país, até a exaltação da Constituição republicana: *Nel '46!*. Como muitos cineastas de esquerda na Itália, Pasolini também havia acreditado na "maravilhosa ilusão" de que o cinema fosse o meio mais adequado para realizar o ideal gramsciano da obra "nacional-popular". Empenhara-se, por seu lado, em mitificar a vida do subproletariado, constituído pelos estrados mais baixos da sociedade, das margens camponesas mal integradas aos confins da cidade, sujeitas às mais variadas instrumentalizações políticas, sem constituir uma classe social no sentido marxista. Por estar fora do sistema e da história, numa condição de existência pré-cristã, sendo suas únicas paixões devidas à fome, ao sexo e ao dinheiro, o subproletariado perpetuaria as formas de vida arcaicas. Contudo, um acontecimento inédito na história fez Pasolini abandonar seu amado subproletariado: o advento da cultura de massa, que relegou de chofre Gramsci ao passado, com seu "povo" e com o "povo" de sua juventude – uma classe social revolucionária, dissociada da classe dominante por características políticas, históricas e até étnicas próprias. Ao mesmo tempo, o cinema também se tornava um meio da cultura de massa e, por conseqüência, um instrumento da alienação. Como um cineasta poderia opor-se a estas novas realidades? Para Pasolini, a única forma de oposição seria a que se instituía através de um cinema impopular e inconsumível, realizado à maneira da poesia, alheia a qualquer determinação externa.

Assim, pouco importava a Pasolini que o público e os críticos, tornados analfabetos pelo consumo do cinema consumível, incapazes de compreender a metalinguagem, entendessem ou não as discussões ideológicas contidas em seus filmes: resistindo à ditadura da mídia, o cinema aristocrático denunciava, por si mesmo, a mistificação asquerosa da cultura de massa. Contudo, Pasolini não era o único a praticar um novo cinema. E identificando em diversos outros autores a constituição de uma língua poética organizada, com elementos gramaticais de função poética, presença sensível da câmara e da montagem, ele sugeriu a vigência na atualidade de um "cinema de poesia", em oposição ao "cinema de prosa narrativa", sempre favorecido pela organização industrial, e que possibilitou o desenvolvimento da técnica. No ensaio "O Cinema de Poesia", apresentado na abertura da Primeira Mostra Internacional do Novo Cinema, em Pesaro, em 1966, Pasolini observou que, de John Ford a Ingmar Bergman, realizaram-se grandes filmes de prosa narrativa; este cinema tornara-se dominante com o advento do sonoro, pois o cinema mudo, seja pelo fato de que era realizado por idealistas, seja por sua própria linguagem, continha elementos poéticos. Com o ressurgimento do cinema de poesia, a indústria revelava, contudo, comportar um segundo canal de distribuição para as elites, rompendo uma forçada unidade lingüística. Aproveitando-se dessa conjuntura, Pasolini podia fazer filmes para um público de nível cultural igual ao seu, limitando-se a expressar-se, sem querer facilitar a linguagem para ser pedagógico. Este hoje tão famoso quanto mal interpretado ensaio foi, em sua época, recebido com ódio: os cineastas envolvidos talvez não tenham entendido perfeitamente o texto, mas entenderam que se tratava de uma crítica ácida ao tipo de cinema que faziam. E não deixaram Pasolini sem resposta. No dia 5 de junho, no colóquio "Por uma Consciência da Linguagem Cinematográfica", Luc Moullet atacou os semiólogos – na presença de Roland Barthes e Pasolini –, na comunicação "Da Nocividade da Linguagem Cinematográfica, Meios de Erradicar esta Linguagem". Para Moullet, os semiólogos teriam se servido abusivamente de instrumentos lingüísticos para analisar o cinema.

Esse protesto inculto foi imediatamente encampado por Jean-Luc Godard, que fustigou a semiologia como "criadora de normas e códigos" que o cinema dispensaria: "Nós é que somos os filhos da linguagem cinematográfica e dispensamos o nacional-socialismo da lingüística", imprecou. Para esse cineasta, aquele que se interessasse pelo cinema enquanto linguagem perderia de vista o aspecto mais sensual da obra de arte, sua dimensão estética. Quem reivindicava o cinema como objeto de estudo e pesquisa terminava decodificando-o sem abordar a ética e o gosto, sendo levado a *rejeitar Ford sem diferenciá-lo de Delannoy*; quer dizer, Godard

O CORPO VIVO

imaginava que esse método de investigação não passava de um sistema que girava no vazio, tornando possível dizer uma coisa e seu contrário, alheio ao cinema no que ele tinha de fundamentalmente prático e técnico[34]. De seu lado, Pasolini, que era tão prático e técnico quanto teórico, censurou Godard por não entender que a semiologia era efetivamente "instrumento de descrição interna e, portanto, de descrição especializada, quer dizer, profunda – da obra" e não, como temia, irracionalmente, instrumento de sabotagem. Em suma, Godard atinha-se apenas aos clichês sobre a lingüística, que Pasolini dominava largamente, notando que, apesar de ignorá-lo, Godard fazia semiologia, mas *in vivo*, na medida em que seus filmes eram frutos de operações metalingüísticas, reflexões do cinema sobre ele mesmo. Durante o debate, Pasolini reconheceu, ainda, que nenhum de seus filmes correspondia à definição que propôs de cinema de poesia.

Ao apontar os filmes de Antonioni, Bertolucci, Godard, Milos Forman e Glauber Rocha como exemplos de cinema de poesia para definir a tendência que explodia nos festivais da sociedade alternativa, em oposição ao cinema de prosa narrativa, massificado pelos circuitos comercias, Pasolini não estava exatamente exaltando essa tendência; apenas identificava nos autores que citava o novo *cinema burguês* que via nascer nos anos de 1960, e que possuía agora um público de elite suficientemente esclarecido para consumi-lo. Um cinema que poderia apresentar-se revolucionário em sua forma, mas que permanecia burguês em seus princípios formalistas, distante, portanto, do cinema que realizava ao transpor seu universo mitopoético (utopia camponesa, sacralização do subproletariado, mitificação da realidade, homossexualidade expandida, registro antropológico) para o cinema de prosa narrativa. Pasolini distanciava-se dos outros cineastas citados ao conceituar o cinema de poesia como "revolução formalista no interior do neocapitalismo"[35]. Ora, Pasolini sempre condenara o formalismo: crítico feroz das vanguardas, ele transpôs essa objeção para a linguagem poética do novo cinema que se queria revolucionário, por ser antiintelectual e anticomercial.

A polêmica entre Godard e Pasolini voltou a ressurgir em 1971, quando o primeiro concedeu uma entrevista ao semanário *Vie Nuove*, ligado ao PCI. Godard afirmava, nessa entrevista, que o trabalho de legitimação fora do filme era uma "ditadura conduzida pelos eruditos" e que a filmologia era "o primeiro inimigo do filme", reforçando sua estúpida convicção de que apenas a técnica poderia gerar uma ideologia. Pasolini respondeu no prefácio para o livro *Jean-Luc Godard*: *Il cinema e il*

34. J.-L. Godard, C'est de la technique que peut se dégager une idéologie, *Cahiers du cinéma*, n. 184.

35. Cf. P. P. Pasolini, Le cinéma de poésie e Cinéma impopulaire, em *L'expérience hérétique*, p. 135-155; 245-253, respectivamente.

cinema, em que censurou novamente aquele cineasta. A leitura dos textos de lingüística exaltava Pasolini e até o inspirava a compor seus poemas, estimulando sua criatividade, que não era "secada" por ela, como pretendia Godard em sua inculta rejeição da semiologia aplicada ao estudo do cinema[36].

Em *Uccellacci e uccellini* (Gaviões e Passarinhos, 1966), uma produção de baixo orçamento, Pasolini resgatou o grande cômico Totò, num de seus melhores papéis. Nessa fábula, dois personagens chaplinianos, Ciccillo (Totò) e Ninetto (Ninetto Davoli), pai e filho, andam por uma longa estrada nos arredores de Roma. Num café de beira de estrada, Ninnetto se junta a um grupo que pratica os passos de uma nova dança. Depois, retomam sua caminhada, parando somente um pouco adiante onde Ninetto visita a namorada, enquanto Totò assiste a uma ambulância levando dois cadáveres. Subitamente, surge um corvo falante, que se diz oriundo do país da Ideologia, filho da Consciência e da Dúvida, e que anuncia aos dois vagabundos que a época de Bertolt Brecht e de Roberto Rossellini acabou. O corvo repetidamente pergunta para onde os dois se dirigem, sem obter uma resposta clara. Os três caminham juntos sob o sol, e para quebrar a monotonia, o corvo narra uma fábula para Ninetto e Totò. É a história do Irmão Ciccillo e do Irmão Ninetto, dois frades ordenados por São Francisco de Assis a pregar o amor para os pássaros, em particular para os falcões e pardais, em eterna luta, mortal para as avezinhas. Os dois vagabundos vêem-se encarnados nos dois franciscanos, encarregados de evangelizar os pássaros. São bem-sucedidos em sua tarefa de conversão. O único problema é que, enquanto os pardais professam amor a Deus, a tendência natural dos falcões para abater pardais continua inabalável. São Francisco, contudo, não se deixa confundir: ele envia os frades de volta para fazer os pássaros entenderem; devem os frades perseverar em sua tentativa de converter falcões e pardais, predizendo que, um dia, um homem com olhos azuis virá pregar o fim da luta de classes e a morte do sistema burguês. De volta ao presente, os personagens defecam na propriedade de um camponês que os expulsa a tiros de espingarda. Imediatamente depois, Totò, como proprietário, hostiliza seus inquilinos, cobrando os aluguéis atrasados de uma família camponesa que tenta matar a fome cozinhando ninhos de pássaros para comer. Retomando a caminhada, eles encontram um grupo de atores de rua; depois, vão para a casa do seu senhorio. Os três testemunham o funeral de Emiliano Palmiro Togliatti, líder do PCI que acabava de falecer. Finalmente, depois de terem feito sexo com uma prostituta, Totò e Ninetto reencontram o corvo e o devoram.

36. Cf. Idem, Appostilla al "Cine de poesia", em P. P. Pasolini et al, *Cine de poesia contra cine de prosa*, p. 81-88.

Como observou um crítico, o corvo, dublado pelo poeta Francesco Leonetti, amigo de Pasolini desde os tempos de universidade, tem sotaque de Bolonha, a mais marxista das cidades italianas; a devoração do corvo é precedida por extenso material documentário registrando os funerais de Togliatti pelas ruas de Roma; e Togliatti era o intelectual de esquerda típico desde os anos de 1920: pré-industrial, humanista e iluminista, de origem provinciana e camponesa, "descrito por Tchékhov, e que Lênin tinha conhecido e analisado". Sua morte simboliza o fim de uma era, a da luta de classes, da Resistência e das grandes esperanças comunistas. No plano cultural, significa a superação do discurso dos anos de 1950 e, sobretudo, do neo-realismo, citado na longa seqüência em que Totò e Ninetto cruzam com uma troupe de saltimbancos. No episódio franciscano, Pasolini conta alegoricamente a tentativa de diálogo entre as classes. Apesar de munido de muita paciência, Frei Ciccillo, ao prestar contas de sua empreitada a São Francisco, conclui ser impossível conciliar os animais, "porque falcões são falcões e pardais são pardais... Não se pode fazer nada, é a fatalidade do mundo". São Francisco discorda: "É preciso mudar esse mundo, Don Ciccillo; é isso que vocês não entenderam! Andem e comecem tudo outra vez, em nome do Senhor". Contudo, o profetizado messias de olhos azuis bem pode ter sido Hitler – um terrível engano de São Francisco... Pasolini comenta sobre o momento em que realizou essa fábula agridoce:

> Nessa altura, conheceu-se na Itália o que seria depois denominado cultura de massa, e seus instrumentos, os *mass media*; foi nesse momento que fiquei assustado e incomodado e não quis continuar fazendo filmes simples, populares, porque, caso contrário, seriam de certo modo manipulados, mercantilizados e desfrutados pela civilização de massa. E então fiz filmes difíceis, começando com *Gaviões e Passarinhos* [...] filmes mais aristocráticos e complexos, que seriam portanto dificilmente desfrutáveis.

Pasolini suprimiu do filme um episódio, hoje conhecido como *Totò al circo*, no qual Totò interroga animais do circo sobre acontecimentos contemporâneos (câmaras de gás e campos de concentração nazistas, Guerra da Argélia, OAS, racismo), citando Jean-Paul Sartre e Claude Lévi-Strauss. No final da série de atrocidades exibidas, Totò transforma-se numa águia e levanta vôo, ilustrando o "pensamento selvagem". É possível que Pasolini tenha considerado a mensagem desse episódio cifrada demais para ser compreendida, e de fato o episódio nada acrescentaria ao filme, que trafega entre a erudição intelectual e a comédia popular com espantosa naturalidade.

Ainda uma vez, Pasolini retomou a idéia do Sagrado vinculada ao subproletariado, embora de uma forma irônica, na pequena obra-prima

La Terra vista dalla Luna (A Terra Vista da Lua), episódio do filme coletivo *Le streghe* (As Bruxas, 1966): dois marginais, pai (Totò) e filho (Ninetto Davoli), perdem a mulher ideal (Silvana Mangano), esposa dedicada e mãe zelosa, que morre ao despencar do Coliseu depois de tropeçar na casca de banana jogada por um displicente casal de turistas americanos que passeiam em Roma; inconsoláveis, pai e filho vão chorar em sua tumba, mas, ao retornar ao barraco, mais miseráveis que nunca, eles se deparam com a mulher ressuscitada: assustados, temem a princípio essa aparição, mas, ao perceber que o fantasma cozinha, passa a roupa, limpa a casa, faz amor, eles pulam de felicidade, não tendo que se preocupar com o pesadelo, mais atroz, dos afazeres domésticos. Com essa parábola surrealista, Pasolini quis provar a tese de que, para um pobre, não há diferença entre estar vivo e estar morto. Foi este o único filme que Pasolini desenhou, seqüência a seqüência, antes de filmar; suas imagens possuem uma plástica singular: uma espécie de *expressionismo cômico*.

Em 1966, depois de uma crise de úlcera que o reteve no leito por um mês, a única doença grave que teve em toda sua vida, Pasolini recuperou-se lendo Platão "com uma alegria indescritível". Ele encontrou, através desse mergulho na Grécia, uma nova maneira de abordar o Sagrado na literatura e no cinema, refundindo a realidade contemporânea na mitologia clássica e substituindo a dialética hegeliana da eterna superação pelo confronto de oposições irreconciliáveis. De um jato, escreveu seis tragédias em verso: *Orgia, Pilade, Affabulazione, Porcile, Calderón, Bestia da stile*[37]. Depois de suas leituras de Freud na juventude, Pasolini passara a pensar que toda sua vida erótica e emocional fora o resultado do exclusivo amor que dedicara à mãe. E como devotava ao pai um sentimento inverso e de igual intensidade, compreende-se porque todas as psicanálises de Pasolini, inclusive a sua própria autoanálise, insistam em situá-lo como um caso típico de Édipo. Vendo sua vida psíquica reduzida ao triângulo edipiano, Pasolini tendeu, até 1966, a reduzir suas constatações existenciais a meros reflexos do trauma infantil: assim, o profundo ódio que sentia contra o Estado pequeno-burguês parecia-lhe advir da infância, da imagem paterna, à qual se teriam identificado todos os símbolos de autoridade e ordem[38]. Identificações inconsistentes, não havendo necessidade de se recorrer à imagem paterna para odiar os símbolos de autoridade e ordem: eles podiam ser odiados pelo que eram: reduzir o ódio social ao ódio familiar era subestimar a própria generosidade. Ao escrever *Affabulazione*, um drama sobre as relações entre pai e filho, Pasolini percebeu

37. Cf. *Teatro: Calderón, Affabulazione, Pilade, Porcille, Orgia, Bestia da Stile*, p. 243-862.

38. Je hais l'état où je vis, *Écran* n. 42.

O CORPO VIVO

que, em criança, não havia realmente odiado seu pai; antes o amara sensualmente, porque Carlo era um homem bonito. Pasolini passou a rever sua vida, e decidiu enfrentar o "complexo de Édipo" em duas fases: uma histórica, traumática, e outra mítica, liberadora.

Depois de ler, encantado, as obras de Mircea Eliade, Pasolini empreendeu uma primeira tentativa órfica de descida ao inferno no breve relato hermético *La divina mimesis* (A Divina Mimesis, 1966), onde experimentou a técnica da miscelânea. Evocando a *Divina Comédia* de Dante e uma idéia de Platão que opunha a imitação perfeita (*mimesis*) à imperfeita (*diegesis*), Pasolini observava que uma imitação *perfeita* da realidade não seria mais uma imitação, mas a própria realidade; e, sendo perfeita, essa *mimesis* seria *divina*. Nesse estranho livro, o inferno é narrado sobre um modo autobiográfico: transfigurado em Dante e Virgílio, o personagem Pasolini atravessa a sociedade industrial perseguido por monstros medievais e mulheres demoníacas, recordando seu passado, abjurando os ridículos Anos Cinqüenta. As almas penam por pecado de Normalidade, Espírito de Redução, Conformismo e Vulgaridade. E Pasolini atacava os pequenos poetas que sonhavam com Rimbaud e engendravam Hitler, os intelectuais que se calavam nos momentos perigosos e os pequeno-burgueses que nada eram além de pequeno-burgueses. No meio do caminho, o poeta percebia que o inferno da Irrealidade que ele tentava descrever já fora realizado pelo Nazismo.

Depois de uma viagem a Nova York, onde tomou contato com a contracultura, foi ao Marrocos escolher as locações para seu novo filme: *Édipo Rei* (Edipo Re, 1967). Pasolini queria filmar o mito de Édipo perdido no tempo, numa cultura anterior à grega: "Pensou, inicialmente, nos astecas e em sua civilização. Pareciam-lhe suficientemente distantes, mas essa escolha dificultaria muito o filme, do ponto de vista da estética e da produção", declarou o figurinista Danilo Donati, que lhe sugeriu a África negra. Pasolini revisitou seu inferno pessoal pelo filtro da tragédia de Sófocles, e transformou o mito em filme autobiográfico. As suntuosas imagens recuperam sua vida mitificada, tornada épica pela lenda, através de recursos simbólicos como o de vestir Jocasta com roupas semelhantes às que sua mãe usava nos anos de 1920; e com referências à sublimação de seu complexo pela apresentação final de Édipo, como um poeta decadente, sentado nas escadarias da magnífica Igreja de São Petrônio na Praça Maggiore de sua Bolonha natal; depois se dirigindo para Milão, símbolo da sociedade industrial, para terminar seus dias num prado, como numa recordação de Casarsa della Delizia, da velha casa materna, e onde Édipo, redimido pela cegueira, conclui que tudo terminava onde havia começado. Logo Pasolini foi acusado de cair na nostalgia. Mas ele respondeu:

> Não sinto nem um pouco de nostalgia. Nunca, em nenhum momento, nem na minha vida pessoal, nem na vida do meu país. Não gostaria de reviver nem sequer cinco minutos desse passado. O passado me dá angústia, me dá uma sensação de encarceramento. No passado eu não sabia o que sei hoje.

Pasolini escolheu para encarnar Édipo o *accattone* Franco Citti, que assim – edipianamente – recordou sua relação com o diretor:

> Pasolini era como um pai. Tinha muito medo de mim. Porque eu podia desaparecer de um dia para outro, sem terminar o filme. Aconteceu quando rodávamos *Mamma Roma* com a Magnani. Tive uma desventura com a polícia e detiveram-me por injúria. Estive no cárcere por 20 dias e depois saí... (Para não interromperem as filmagens) puseram o meu irmão de costas, como duplo. E depois daquele episódio, quando fizemos *Édipo Rei*, Pier Paolo pôs dois guardas à paisana, para que eu não saísse [...] Pier Paolo foi a pessoa mais humana que encontrei. Ele era o pai de todos nós das *borgate*, e foi muito amado. [...] Dava esmola aos pobres e quando começou a ganhar um pouco, íamos sempre a comer, convidava a todos. Era uma família alegre. E creio que ficará para sempre, também para os que nunca o leram... Nunca encontrei outro assim, um que dizia aos figurantes: "Por favor, fica assim". Era de uma doçura extraordinária, e é dessa que sinto mais falta. Era um pai, percebe? Um guia de vida[39].

Che cosa sono le nuvole?, episódio do filme coletivo *Capriccio all'italiana* (1967), é uma farsa no estilo de *A Terra Vista da Lua*, e um dos melhores curtas de Pasolini, uma parábola cômica e grotesca que termina de maneira profundamente triste. Um teatro de fantoches encena o *Otelo* de Shakespeare para um público popular. Os fantoches são atores com cordas amarradas nos braços e pernas. Totò representa Iago, com um esquisito chapéu negro, uma roupa de bufão sinistro e a cara pintada de verde. Ninetto Davoli faz um jovem Otelo meridional, com trejeitos e dialeto de subproletário. Tem o rosto pintado de chocolate. Desdêmona é encarnada por Laura Betti, com voz esganiçada e rosto de boneca de porcelana. O popular comediante Franco Franchi, que foi parceiro de Cicio Ingrazia, faz um Cássio perfeito, um fantoche em cena e também nas mãos do maquiavélico Totò-Iago. Mas, na cena final, quando Otelo começa a estrangular Desdêmona, o público invade o palco e separa os bonecos, investindo contra aqueles personagens que, a seu ver, deveriam ser linchados, ou seja, Totò-Iago e Ninetto-Otelo. Os dois são estraçalhados pelo público e, assim inutilizados, são descartados pelo dono do teatro, que os atira ao lixo. O resto da troupe de bonecos chora a morte e o abandono dos dois parceiros. Totò e Ninetto,

39. S. Milioni, Pasolini, mio "padre": Franco Citti racconta il suo rapporto con Pasolini. *Cous Cous* n. 3.

O CORPO VIVO

descarregados pelo furgão numa montanha de entulho, estão quebrados, mas ainda vivem em seu estado de bonecos falantes. Ninetto vê, então, pela primeira vez, o céu, carregado de nuvens. Encantado, ele pergunta: "Que coisa são as nuvens?". E Totò, como sem resposta diante da imensidão da realidade, responde: "Maravilhosa beleza da criação!". Pasolini reescreve a tragédia de Shakespeare do ponto de vista do povo e de seu próprio ponto de vista. Para o povo, Otelo e Iago deveriam morrer para que Cássio e Desdêmona pudessem formar o "casal perfeito", branco, loiro, bom, normal. Mas Pasolini sacraliza os marginais. O verde Iago e o Otelo cor de chocolate já são diferentes dos outros bonecos por sua cor. Eles representam a alteridade que perturba a massa. Neles, as paixões (inveja, ciúme) são mais fortes que a razão e por isso são condenados e linchados pelo povo e atirados no lixo, fora da cidade, zona limite que marca o lugar que a sociedade reserva aos diferentes, aos marginais. Nessa extrema humilhação, contudo, eles descobrem o êxtase, a realidade que havia sido encoberta pelo teatro da sociedade, as nuvens que estão no céu, como uma força da natureza. O desaparecimento desses fantoches causa profunda tristeza: uma sociedade perde sua alma quando extermina seus antagonistas. Ao mesmo tempo, há uma promessa de alegria na morte, porque só ela dá, quando assumida, um sentido, ainda que póstumo, à vida de um indivíduo.

A Grande Recusa

Em 1968, Pasolini realizou sua primeira e única experiência como encenador teatral, dirigindo sua peça *Orgia* no Teatro Stabile de Turim. Escreveu o roteiro de *Appunti per un poema sul Terzo Mondo*, para um filme em cinco episódios localizados na Índia, na África, nos países árabes, na América do Sul e nos guetos norte-americanos, com sua visão das problemáticas do Terceiro Mundo, que não chegou a ser produzido. Realizou, contudo, *La sequenza del fiore di carta* (A Seqüência da Flor de Papel) para o filme coletivo *Amore e rabbia* (Amor e Raiva, 1968), com cinco episódios narrando parábolas do Evangelho em chave moderna. No episódio de Pasolini, um jovem (Ninetto Davoli) vai ao encontro de sua noiva atravessando Roma com a inocência estampada num inamovível sorriso; carrega uma enorme flor de papel, sem perceber as desgraças que ocorrem à sua volta, até que Deus (dublado por Bernardo Bertolucci) se revolta e culpa sua inocência pelos horrores da História, que aparecem nas imagens de documentários em sobreimpressão; no final, o "inocente" é punido por Deus, que o faz desaparecer. Uma crítica ao *flower power*, que se alienava alegremente da História (esse acúmulo de desgraças que inundam o mundo de dor)? Pasolini tivera contato com o movimento em sua viagem aos EUA; *A Seqüência da Flor de Papel* seria a sua reflexão sobre esse movimento de jovens sem cultura, pacifistas no pior sentido, merecendo ser "exterminados" por Deus. À sua maneira paradoxal, Pasolini adorava a inocência e a culpava pelo mal. É natural que não conseguisse resolver a contradição entre seu amor pela juventude primitiva, pela beleza tosca e pela rudeza sexual e seu profundo intelectualismo, sua implacável consciência política e sua constante preocupação ética. Também a forma do filme foi mal resolvida, com sua trilha sonora ruim e sua montagem pouco inspirada.

A morte era o tema fundamental de Pasolini. Mas não qualquer morte, e sim a sua própria, sempre imaginada como violenta, próxima ao linchamento e, perturbadoramente, ao ato do canibalismo. Desde 1943, Pasolini vislumbrara seu fim como um ato de devoração, confundido com o ato do prazer sexual; naquela data, caiu-lhe nas mãos um folheto cinematográfico que estampava uma imagem que passou a obcecá-lo: um personagem aparecia engolido por um tigre, apenas a cabeça para fora, mas sua expressão era como que de gozo. Sentiu estranho prazer ao ver essa imagem. Em *Notas para um Filme sobre a Índia* (*Appunti per un film sull'India*, 1968), que rodou para a RAI (Radiotelevisione Italiana), o cineasta recuperou aquela antiga imagem pulsional para desenvolver dois temas fundamentais do Terceiro Mundo: a religião e a fome. O ponto de partida para o filme seria a lenda de um marajá que oferecia seu corpo para saciar a fome de um tigre quase morto. Devorado o marajá pelo tigre, toda sua família – esposa, filho e filha –, sem meios de subsistência, peregrinava pela Índia contemporânea, vivenciando seus terríveis problemas, enfrentando a dura realidade do povo, até que, um a um, todos morriam de fome, como numa parábola dentro de outra: a fome do tigre simbolizaria a fome do Terceiro Mundo, e a morte do marajá, o sacrifício necessário do Primeiro Mundo. Preparando as filmagens, ele passou a investigar se haveria alguém disposto a fazer o mesmo na Índia contemporânea. Pasolini entrevistou homens do povo, religiosos e marajás propondo a seguinte questão: "Segundo uma lenda, um marajá encontrou um tigre faminto e, para saciar sua fome, deu-lhe seu próprio corpo para que o devorasse. Você daria seu corpo para saciar a fome de um tigre? Faria como aquele marajá?". Nenhum homem religioso, nenhum marajá mostra-se disposto a tal sacrifício, qualificado de mítico, de simbólico: não se podia tomar a história ao pé da letra! No

O CORPO VIVO

documentário, Pasolini também registrou, enquanto procurava os atores de seu filme, o maior problema que percebia na Índia: a superpopulação, combatida com esterilização em massa. Tentou, em vão, aproximar-se dos "intocáveis", e entrou em contato com membros do PC indiano. Finalmente, depois de muito procurar, Pasolini encontrou um jovem doce e masoquista, de rosto angelical, que, tomando a parábola do marajá ao pé da letra, declarou, com simplicidade, estar disposto a dar seu corpo para saciar a fome do tigre. Era o ator que o diretor procurava: ele o "nomeou" marajá do filme que, infelizmente, não pôde realizar.

Já para mostrar que a sociedade industrial formou-se em contraposição total com a civilização camponesa, e como a dimensão humana do sagrado foi institucionalizada pela Igreja, profanada pelo poder e substituída pela ideologia materialista do bem-estar, Pasolini escreveu o romance e realizou o filme *Teorema* (Teorema, 1968). No início, pensava em oferecer o papel do deus que destrói uma família burguesa ao ator norte-americano Lee Van Cleef, popular na Itália por seus *westerns spaghetti*. No entanto, sendo ele provavelmente caro demais, resolveu convidar o menos caro ator inglês Terence Stamp, que tinha acabado de filmar "Tobby Dammit", de Federico Fellini, episódio do filme coletivo *Histórias Extraordinárias*, e ainda se encontrava em Roma, ao lado do irmão, Chris. Lembrou Stamp:

> Estávamos andando pelas ruas e por acaso nos encontramos com Piero Tosi – ele sempre me chamava pelo meu nome traduzido para o italiano "Terencio Francobollo". Estava vendo uma vitrina de *shopping* com Silvana Mangano, a quem tinha 'cultuado' desde que vi sua interpretação em *Arroz Amargo*. Ele mencionou algo sobre um diretor chamado Pasolini que logo faria um filme, e disse a Silvana que eu caberia para o papel. Não pensei muito sobre o assunto; porém, mais tarde, meu irmão, que conhecia muito a obra de Pasolini, chamou-me de lado e disse que Pasolini era gay, poeta comunista muito brilhante, e que eu deveria aceitar o papel, não importa qual fosse... Minha recomendação por parte de Mangano foi o suficiente[40].

O produtor Rossellini contatou o agente de Stamp e marcou um encontro entre ator e diretor em Londres. Como se tivesse sido colocado na presença de um Alien, Stamp assim descreveu o diretor: "Lembro-me de Pasolini olhando-me fixamente através dos óculos escuros, estudando minha face. Lembro-me de pensar em sua cabeça parecendo-se com um crânio, sua pele desenhava-se tão apertadamente sobre esse. Era enervante". Pasolini parece não ter explicado nada aos atores sobre a "psicologia" de seus personagens, já que eram figuras simbólicas. E disse apenas a Stamp que seu

40. B. D. Schwartz, *Pasolini Requiem*, p. 518. Edição americana.

TODOS OS CORPOS DE PASOLINI

personagem não era Cristo: "É um visitante do Velho Testamento, não do Novo Testamento". Ignorando o universo de Pasolini, e cada vez mais preocupado com seu papel, Stamp pediu conselhos a Mangano. "Ele é somente um rapaz", ela explicou, "mas talvez um rapaz com uma natureza divina"[41]. Na primavera de 1968, esse misterioso rapaz hospeda-se na casa do rico industrial milanês Paolo (Massimo Girotti). Aos poucos, o estranho muda a vida de todos do lar, seduzindo cada um dos membros do núcleo familiar: a empregada (Laura Betti), a matriarca (Silvana Mangano), o filho (Andrès José Cruz Soublette), a filha (Anne Wiazemsky), o próprio patriarca. Romance e filme ilustram o que o filósofo Herbert Marcuse chamou de "irrupção dos instintos vitais"[42], aqui a serviço da subversão da ordem burguesa. Como indicam seus títulos, romance e filme fundamentam-se sobre uma hipótese que se demonstra matematicamente *per absurdum*: o que aconteceria se uma família burguesa fosse visitada por um deus? O visitante nada faz para seduzir seus membros. No entanto, fascinados por sua presença magnética, por sua beleza misteriosa, todos se entregam sexualmente a ele. Ao partir bruscamente, o deus opera uma *metamorfose* nas personagens. Elas tentam, em vão, responder à mensagem recebida: a filha, que mantinha um culto à família, percebendo que essa se desagrega, enlouquece e crava as unhas nos punhos, que se fecham para nunca mais abrir; o filho, pintor medíocre, abandona-se ao transe estético, mas incapaz de plasmar o divino, mascara sua falta de talento ("Ninguém deve saber que o artista é um idiota, um incapaz; cada ato, mesmo falho, deve se apresentar como perfeito") com experiências vanguardistas, urinando nas telas (executadas por Giuseppe Zigaina) sobre as quais derramara tintas a esmo; a mãe, que sempre fôra uma sombra vagando na mansão, demonstra avidez sexual e prostitui-se com estudantes caçados pelas ruas, jamais se satisfazendo; e o pai, depois de doar sua fábrica aos operários, tenta a sedução homossexual anônima na estação ferroviária de Milão, mas acaba optando pelo despojamento total, desnudando-se em público e partindo nu para o deserto, onde gritará de desespero. Só a humilde empregada saberá viver sua paixão como um sacrifício, provando que "em definitivo, neste mundo, não há necessidade, e viver não é uma obrigação". Ela abandona a grande cidade e retorna à sua aldeia, onde se alimenta apenas de urtigas até que seus cabelos ficam verdes; depois, levita e pede para ser enterrada viva, sendo toda coberta de terra, com exceção dos olhos, que derramarão lágrimas que formarão uma fonte miraculosa. Se, no romance, Emila enterrava-se num montículo de terra retirada por uma escavadeira – enquanto suas lágrimas incessantes faziam brotar

41. Idem, Ibidem.

42 Cf. H. Marcuse, *Eros e Civilização*.

O CORPO VIVO

a fonte miraculosa, na qual um operário acidentado nas máquinas lavava seu braço ensangüentado, não restando do corte sequer cicatriz – no filme, a santa recebe camponeses doentes; um pai pede que ela veja seu filho cheio de perebas; instantaneamente, ela restitui a pureza do rosto do menino, num autêntico milagre; e quem abre e fecha a cova na qual ela se deita, para se cobrir de terra, é uma aldeã idosa (talvez mãe de Emilia) interpretada pela própria mãe de Pasolini.

Segundo o cineasta, em entrevista concedida nas locações de San Ângelo Lodignano, *Teorema* era o primeiro filme que rodava em ambiente burguês, com personagens burgueses: "Até o momento, eu nunca tinha feito isso, porque de fato não suportaria ter de conviver com essas pessoas por meses a fio, eu nunca ficaria memorizando o roteiro e rodando o filme com elas". A um repórter da TV inglesa: "Escolhi pessoas que não são particularmente detestáveis, pessoas que escolhi por terem certo tipo de empatia – elas são típicas da burguesia, mas não da mera burguesia errante". E a um repórter do *L'Espresso* explicou que Laura Betti interpretaria uma empregada profundamente religiosa porque "nas profundidades da criada, há algo de apocalíptico... algo bíblico, capaz de poderosas maldições como também de bênçãos". Assim, em *Teorema* a aparição de Deus provocava nos burgueses casos de consciência enquanto que na empregada de origem camponesa, a epifania produzia um caso miraculoso. Para o mundo burguês – capitalista ou comunista – que substituíra a alma pela consciência, Pasolini não via salvação. O filme terminava com o grito primal do industrial no deserto, imagem evocadora, na visão de um desiludido marxista, do impasse atual do neocapitalismo:

> a fiel irracionalidade desse choro conduz à ausência de uma resposta... A burguesia está passando por uma mudança revolucionária, todos estão se assimilando à pequena burguesia. Toda a humanidade está se transformando em pequenos-burgueses. Então existem novos problemas, e esses terão de ser resolvidos pelos próprios membros da burguesia, não pelo operariado ou pela oposição. Nós, dissidentes dos burgueses, não podemos resolver esses problemas, e nem o pode a 'natural burguesia'. Esse é o motivo pelo qual o filme deixa esse ponto interrompido[43].

Como recordou Barth David Schwartz, entre outros prêmios *Teorema* ganhou, curiosamente, o Grande Prêmio do Ofício Católico Internacional do Cinema, em júri presidido pelo jesuíta canadense Marc Gervais, que mais tarde publicaria uma monografia sobre Pasolini, e que assim defendeu sua decisão e dos demais jurados: "Obviamente a atmosfera erótica do filme e, acima de tudo, certa sensibilidade homossexual, fazem desse um filme suspeito; mas

43. B. D. Schwartz, op. cit, p. 524. Edição americana.

TODOS OS CORPOS DE PASOLINI

o místico personagem é incontestável. É um juiz da condição humana. A obra fala da exigência do absoluto na recusa do modo de vida burguês que aliena os homens!". Contudo, um editorialista do *L'Observatore Romano* notou que o "anjo" de Pasolini era "quase um demônio", rotulando o filme de "negativo e perigoso"; a 13 de setembro, publicou-se o julgamento de uma comissão nacional de bispos recomendando que o filme fosse "excluído para todos" (os espectadores). Colocado na defensiva por uma avalancha de cartas de católicos indignados com a premiação, Gervais esquivou-se: "O fato de a OCIC ter premiado um filme não significa que os 500 milhões de católicos sejam obrigados a vê-lo". Pasolini ameaçou devolver o prêmio, mas foi convencido pelo produtor Rossellini a aceitá-lo. O cineasta não demoraria a sofrer novo processo por obscenidade, do qual seria absolvido, e seu filme, devido a seu conteúdo explosivo, seria proibido em diversos países.

Refletindo sem cessar sobre sua própria condição, Pasolini assumia, pouco a pouco, a recusa dos santos e dos eremitas: "Os homens pouco numerosos que fizeram a história foram os homens que disseram não". Mas, para funcionar, a recusa devia ser grande e não pequena; total, e não sobre tal ou tal ponto; "absurda", e não de bom senso. Lançando desde então seu corpo na luta, Pasolini denunciava a corrupção do governo, assinava manifestos contra a censura, participava de *meetings* antifascistas, liderava a contestação na Itália. Durante os movimentos estudantis de Maio de 1968, propôs a autogestão do Festival de Veneza e o desarmamento da polícia, mas percebendo o quanto de ignaro havia no protesto juvenil, Pasolini escreveu, após uma manifestação estudantil em Roma, um poema-panfleto intitulado "Il PCI al giovani!" ("O PCI aos jovens!", 1968):

> Vocês têm cara de filhos de papai.
> Odeio vocês como odeio seus pais.
> [...]
> São medrosos, inseguros, desesperados
> (ótimo!), mas também sabem como ser
> prepotentes, chantagistas, convencidos, descarados:
> prerrogativas pequeno-burguesas, meus amigos.
> Ontem, na Valle Giulia, quando vocês brigavam
> com os policiais
> eu simpatizava com os policiais!
> Porque os policiais são filhos de gente pobre.
> Vêm das periferias, rurais ou urbanas que sejam.
> Quanto a mim, conheço muito bem
> O jeito de terem sido crianças e rapazes,
> as preciosas mil liras, o pai que também continuou sendo um rapaz,

O CORPO VIVO

por causa da miséria, que não confere autoridade.
A mãe calejada como um carregador, ou delicada,
devido a alguma doença, como um passarinho;
os irmãos todos; o casebre
entre as hortas com a salva vermelha (em terrenos
alheios, loteados); o piso
sobre as cloacas; ou os apartamentos nas grandes
moradias populares etc.
Estamos obviamente de acordo contra a instituição da polícia.
[...] e vocês, meus amigos (embora do lado
da razão), eram os ricos,
enquanto os policiais (que estavam do lado
errado) eram pobres. Bela vitória, portanto,
a de vocês! Nestes casos,
aos policiais se dão flores, meus amigos.
Popolo e Corriere della Sera, Newsweek e Monde
puxam os sacos de vocês. Vocês são os filhos deles,
[...]
trata-se da velha luta intestina.
[...]
os tempos de Hitler estão voltando: a burguesia
gosta de punir com as próprias mãos.
[...]
só uma coisa os estudantes realmente conhecem:
o moralismo do pai magistrado ou profissional liberal,
a violência conformista do irmão mais velho
(seguindo naturalmente o mesmo caminho do pai),
o ódio pela cultura de sua mãe, de origem
camponesa, mesmo que remota.
[...]
e que aplicam através de dois sentimentos irrevogáveis:
a consciência dos seus direitos (como se sabe, a democracia
só leva em conta vocês) e a aspiração
ao poder.
Sim, as suas palavras de ordem versam sempre
sobre a tomada do poder.
[...]
Parem de pensar nos seus direitos,
parem de pedir o poder.
Um burguês redimido deve renunciar a todos os seus direitos
e banir de sua alma, de uma vez por todas,
a idéia do poder.
[...]
vocês pedem tudo com palavras,
ao passo que, com os atos, vocês pedem só aquilo
a que têm direito (como bons filhos da burguesia que são):
[...]

vocês deixam de lado o único instrumento realmente perigoso
para lutar contra seus pais:
ou seja, o comunismo.
[...]
Duvido muito que ele, entretanto, se decida a destruir
Aquilo que de burguês ele contém em si próprio,
Mesmo com a ajuda de vocês,
[...]
De qualquer maneira: o PCI aos jovens!
[...]
Peguei a estrada que leva ao mal menor,
que Deus me castigue. Não me escutem.
[...]
(Ó Deus! Terei que levar em conta
a eventualidade de fazer junto com vocês a Guerra Civil,
descartando a minha velha idéia de Revolução?)

Por essas sólidas reflexões, Pasolini foi acusado de alinhar-se com a direita, embora ele claramente exprimisse no poema uma posição *à esquerda* do movimento estudantil, que se iludia imaginando-se no extremo da esquerda. E foi também assimilado a Amendola, chefe da ala reformista do PCI, que via na ação dos estudantes a maior ameaça à sua linha. Mas Pasolini explicou que não era a sua intenção louvar a polícia, mas falar da vida de jovens de dezoito ou vinte anos que ganhavam uma miséria para defender os patrões e espancar o povo. De seu ponto de vista, os jovens estudantes estavam do lado da nova burguesia inimiga da memória, do passado, das contradições – tanto na cultura como na vida – e defensora do pragmatismo a qualquer custo. O aniquilamento de toda lembrança e de todos os mitos que atrapalham o projeto neocapitalista: este seria o resultado da revolução pretendida pelos jovens. Pois a juventude contestadora era somente *contestadora*, e sem interesse pela cultura, que rejeitava como coisa inútil e sem aplicação imediata – a maior parte dos jovens "sonhadores" sequer havia lido Proust. Com isso, aceitavam a estandartização e o utilitarismo que o neocapitalismo impunha a todo o planeta – neocapitalismo que os estudantes contestavam, mas somente em palavras. Terminada a festa, os jovens contestadores assumiriam as empresas de seus pais e se tornariam os futuros patrões. Pasolini preferia conviver com pessoas que nem haviam completado o primário, absolutamente simples, convencido de que a cultura pequeno-burguesa corrompia e poluía, enquanto um analfabeto possuía certa graça, perdida com a educação pequeno-burguesa – graça que Pasolini só reencontrava no grau mais elevado de cultura, sendo a cultura média sempre corruptora.

O CORPO VIVO

Pasolini publicou um "Manifesto por um Novo Teatro" na revista *Nuovi Argomenti*, e sintetizou suas novas reflexões sobre a política e a arte no ensaio "O Que é o Jdanovismo"; estava agora no centro de todas as polêmicas na Itália. Em decorrência, e apostando na capacidade de Pasolini de produzir debates acirrados, o semanário *Tempo* convidou-o para escrever uma coluna sob a rubrica *Il caos*. Pasolini não desapontou os editores: em sua coluna, visada pelos conformistas de todos os quadrantes, ele abordava os problemas mais candentes de um ponto de vista inteiramente pessoal e lúcido, causando verdadeiro mal-estar na sociedade italiana, acostumada ao palavrório inofensivo dos intelectuais acadêmicos:

> Se me preparo – nesta coluna, uma franja da minha atividade de escritor – para lutar como posso, e com toda a minha energia, contra qualquer forma de terror, é na verdade porque estou só. Meu caso não é de indiferentismo nem de independência: é de solidão. E é isso, de resto, o que me garante certa (talvez louca e contraditória) objetividade. Não tenho atrás de mim ninguém que me apóie e com o qual eu tenha interesses comuns a defender. O leitor ficará "desconcertado" [...] com minha fúria. Pois bem, a coisa ficará clara quando eu especificar que, por burguesia, não entendo tanto uma classe social quanto uma verdadeira doença. Uma doença muito contagiosa: tanto isso é verdade que ela contagiou quase todos os que a combatem: dos operários imigrados do sul aos burgueses de oposição e aos "solitários" (como eu). O burguês, digamos espirituosamente, é um vampiro, que não fica em paz enquanto não morde sua vítima no pescoço, pelo puro, simples e natural prazer de vê-la se tornar pálida, triste, feia, desvitalizada, disforme, corrompida, inquieta, cheia de sentimentos de culpa, calculista, agressiva, terrorista, tal como ele mesmo.

No cinema, Pasolini realizou uma nova descida ao inferno em *Pocilga* (*Porcile*, 1969), onde dois revoltados recusam a sociedade: um, a favor do canibalismo; outro, a favor dos porcos. O filme conta as duas histórias de maneira entrelaçada: na primeira, passada em época e local indeterminados, um bandido desesperado, perdido no deserto, decide valer-se do canibalismo para sobreviver; ele é descoberto, preso e condenado à morte; morre repetindo a frase: "Matei meu pai, comi carne humana e tremo de alegria!". Na segunda história, passada na Alemanha atual, o filho de um rico industrial comporta-se misteriosamente; despreza o amor de uma garota; entra em movimentos estudantis, mas não se engaja; cai durante meses em transes catatônicos; finalmente, um industrial rival ex-nazista descobre tudo e revela ao pai a tara do filho: sua irresistível atração sexual por porcos; os dois industriais unem-se, selando a aliança entre o paleocapitalismo e o neocapitalismo; mais tarde, camponeses informam ao ex-nazista que o filho de seu sócio foi devorado pelos porcos até o último botão: ele se rejubila e pede aos camponeses que mantenham o segredo. No filme, canibalismo e zoofilia são alegorias da homossexualidade pasoliniana: o herói canibal que assume sua tara (ao

TODOS OS CORPOS DE PASOLINI

contrário de outros canibais "por necessidade") tem o hábito de atirar as cabeças dos corpos que devora dentro da cratera de um vulcão; Pasolini filma obsessivamente essa cratera para que a imagem evoque um ânus insaciável; o herói zoofílico declara seu amor aos porcos como um eco distorcido daquele dedicado pelo próprio Pasolini aos jovens camponeses e subproletários, "porquinhos" selvagens e promíscuos. Segundo Pasolini, o filme expressa uma desobediência total, rompe definitivamente com a sociedade, com a moral e com a própria vida. A luta de classes está aquém da revolução pasoliniana que atravessa os corpos; os povos civilizados encontram-se no mesmo plano, ainda que se dividam em explorados e exploradores, em dominados e dominantes; o fato é que ambos excluem de comum acordo os não-civilizados, os que não abdicaram do prazer "inconcebível" do canibalismo e da zoofilia, isto é, da homossexualidade. Por isso, o enfrentamento entre o não-civilizado e o civilizado é muito mais rico em conseqüências que a mera luta de classes no interior da civilização. Pasolini não pensa mais em termos de classes, mas de civilizações: ele substitui a política pela antropologia. E refletindo sobre o canibalismo, Pasolini nota que certas pessoas *desejavam devorar* e que outras *desejavam ser devoradas*[44].

Nessa época, a TV alemã estava interessada em enviar jovens técnicos à Itália para entrevistar cineastas, exigindo para a tarefa bons conhecimentos sobre cinema e o domínio do italiano. Helma Sanders-Brahms não falava uma palavra do idioma, mas fez de conta que sim e foi escolhida; na mesma noite, desatou a estudar italiano, e parece ter conseguido aprender bastante nos quinze dias antes da viagem. Sua missão era contatar Pasolini; seu novo filme começara a ser rodado na Cinecittà e prosseguia numa praia do mediterrâneo a 50 km de Roma. Helma Sanders-Brahms foi buscada de carro às 4h da manhã; mas o tráfego era tão intenso que, ao chegar à praia, a rodagem tinha começado. Subiu sozinha até o cume de uma enorme duna, donde se avistava a praia inteira, tentando localizar Pasolini. Assim descreveu o que viu:

44. A observação de Pasolini foi confirmada em dois recentes casos de canibalismo ocorridos na Alemanha. No primeiro, em 2001, o especialista em computação Armin Meiwes publicou um anúncio na Internet procurando alguém que quisesse ser comido; respondeu o engenheiro berlinense de informática Bernd Juergen Brandes, cuja fantasia era ser devorado: "Eu me ofereço a você e o deixarei comer o meu corpo vivo", respondeu, partindo para encontrar-se com Meiwes, na casa deste em Rotemburgo. Os dois mantiveram relações sadomasoquistas, e Meiwes deu a Brandes uísque com soníferos; extirpou seu pênis para comer, mas achou indigesto, "mesmo depois de frito". Muito excitado, Meiwes deitou o companheiro num banco, esfaqueou-o e pendurou seu corpo em um gancho, no teto da cozinha. Então, esquartejou o corpo, retirando 30 quilos de carne para armazenar no freezer. Depois, comeu dois terços dessa porção. "A cada mordida, a memória dele ficava mais forte", disse Meiwes, que tudo gravou em vídeo. O caso permaneceu desconhecido até que um estudante austríaco deparou-se com outro anúncio de Meiwes na Internet e avisou à polícia. Meiwes disse ter encontrado outras pessoas que queriam ser comidas. Um queria ser decapitado, mas Meiwes não gostou dele porque o achou muito gordo. Outro desistiu quando Meiwes lhe disse: "se vier aqui, precisa saber que será pela última vez". Ao ser preso, admitiu estar procurando outra vítima, pois Brandes

O CORPO VIVO

o teria "desapontado", tendo 43 e não 36 anos, como anunciara na Internet. Meiwes afirmou que sua fantasia sobre o canibalismo começou durante sua infância solitária, entre os 8 e os 12 anos, quando se imaginou comendo colegas de escola. Sentia-se muito sozinho depois que seu pai e dois irmãos mais velhos abandonaram a família. Ele queria ter um irmão mais novo. "Então, um dia percebi que não era suficiente". Logo começou a imaginar um amigo que pudesse sempre manter consigo, comendo-o. Essa fantasia cresceu até se tornar uma obsessão. O clímax ocorreu quando devorou o engenheiro: "Eu o beijei de novo, rezei, pedi perdão por ele e por mim e, então, o fiz... Eu tinha a fantasia e no fim eu a realizei". Meiwes disse que teve a chance de saciar-se com outras vítimas consentidas e afirmou que "há centenas, milhares de pessoas lá fora querendo ser comidas", mas não do tipo certo. "Magro e loiro, este era o tipo". Filmes de terror e a observação de animais sendo abatidos alimentavam sua imaginação e o excitavam sexualmente. Negou ter matado Brandes por prazer sexual; sua satisfação estava em ver a amizade consumada até o fim. Como o canibalismo não é tecnicamente crime na Alemanha, os promotores acusaram Meiwes de assassinato para satisfação sexual e "perturbação da paz dos mortos" por ter esquartejado o cadáver. A defesa alegou que Meiwes é culpado apenas de "matar por encomenda", crime que prevê apenas cinco anos de prisão.

[...] Quatro homens nus montados a cavalo, esperando na zona de rebentação. O sol ia nascer. Um raio de luz tocava a água e fazia-a brilhar como ouro puro. Ouvi uma voz gritar "Motor!" e, depois, "Ação!" e os quatro cavaleiros galoparam mar dentro, chapinhando na água que refletia a luz do sol e os escondia com um véu de tal forma que pareciam apenas sombras cavalgando em direção ao nada. Pensei assim: Um ser humano capaz de inventar uma imagem destas – tão sensual e mitológica ao mesmo tempo – deve sentir-se como um Deus. Quando a cena acabou, lá desci a minha duna. Vi os técnicos a preparar a tomada seguinte, vi a Senhora Callas (Medéia), à espera que lhe acabassem a maquiagem, vestida com trajo bárbaro, belíssimo, e terrivelmente

No segundo caso, em 2004, um pintor de 41 anos, depois de uma noite de jogos sexuais sadomasoquistas, esfaqueou e esquartejou seu parceiro, um professor de 33 anos, que conheceu pela Internet. O próprio criminoso levou os policiais até sua casa: "Parecia um matadouro", disse um agente. No dormitório estava o torso; num canto do quarto, as pernas e braços do professor; no refrigerador, o coração e os pulmões... Depois desses casos surgiu na Internet um guia prático ensinando, passo a passo, como "cortar a carcaça humana para consumo humano". O autor afirmava: "Os miolos não são bons para comer". O chamado "site de carniçaria" concentrava-se na maneira de dividir um corpo em pedaços sob os seguintes tópicos: "Preparação do corpo", "Golpes duros e inesperados na cabeça são melhores", "Enforcamento", "Sangramento", "Decapitação e corte", "As costelas são o corte preferido". Uma receita sugerida de molho incluía os ingredientes uísque, molho inglês e alho picado. O autor ainda advertia que a carne humana perdia seu aspecto tenro com a idade: "Você obviamen-

te quer um ser humano jovem, mas maduro, fisicamente apto, com saúde aparentemente boa". Se nos países industrializados surgem esses casos esporádicos de canibalismo neurótico, na África a antropofagia ressurge em meio aos conflitos étnicos: entre 1993 e 1995, em Bornéu, os dayaks, habitantes ancestrais da ilha que praticam uma religião animista, após o assassinato de um jovem, iniciaram a matança dos madurenses, imigrantes da ilha de Madura; mais de 10 mil madurenses fugiram, mas os do interior, que não tinham para onde ir, exceto a selva, foram caçados como animais: "Nós os matamos e comemos por que odiamos os madurenses. Geralmente atiramos neles primeiro, depois retalhamos os corpos. A carne tem gosto de frango", explicou um dayak. Os guerreiros dayak aumentam seu prestígio colecionando cabeças dos "inimigos". Também entre 2000 a 2003, no Congo, na província de Ituri, outra guerra tribal provocou a morte de 50 mil pessoas e o deslocamento forçado de centenas de milhares; entre as atrocidades cometidas, estupros coletivos, torturas e canibalismo ritual. Em 2003, o

TODOS OS CORPOS DE PASOLINI

pesado. Mas onde estava Pier Paolo? De repente, apareceu à minha frente, vindo do nada, a olhar-me com seus olhos negros e ardentes. Perguntei-lhe: "O seu trabalho – o trabalho que aqui está a fazer – é obra de Deus ou do Demônio – é o Céu ou é o Inferno?". E ele replicou: "Você também há de fazer cinema". E em vez de responder à minha pergunta, convidou-me para ficar com ele durante toda a rodagem daquele estranho filme intitulado *Medéia*[45].

Em *Medea* (Medéia, 1969), Jasão, o líder dos argonautas, parte em busca do mágico Velocino de Ouro, cultuado pelo rei da ilha de Cólquida, para com ele reconquistar o trono de Iolcos, na Tessália, usurpado por seu tio Pelia. Ao aparecer diante da filha do rei de Cólquida, a feiticeira Medéia (Maria Callas, em seu único papel no cinema), que guarda o templo onde se encontra a preciosidade, vê-se ajudado por ela, que trai seus deuses por uma paixão súbita. Roubando o Velocino para entregá-lo ao estrangeiro, Medéia não hesita tampouco em massacrar o próprio irmão, disseminando os pedaços de seu corpo na rota de fuga. Os amantes exilam-se em Corinto, onde reina Creonte. Apenas ao chegar ao porto é que Medéia refaz-se do transe de apaixonada e percebe que embarcou numa nau inimiga: os marinheiros fincam suas tendas sem orar nem pedir a benção aos deuses; e ela se vê ridicularizada enquanto grita, em desespero: "Este lugar afundará porque não tem sustentação! Não rezaram para que Deus abençoasse essas tendas! Não cumprem o primeiro mandamento de Deus! Não procuraram o centro, não marcaram o centro!". Tarde demais ela percebe que o mundo no qual ingressou é um mundo racionalista e sem piedade; prostrada, ela tenta reatar com o divino a ligação privilegiada que possuía e se rompeu: "Fala comigo, Terra! Deixa-me ouvir Tua voz! Não recordo mais Tua voz! Fala comigo, Sol! Aonde ir para escutar Tua voz? Estão desaparecendo para nunca mais voltar? Não escuto o que dizem! Tu, Erva, fala! Tu, Pedra, fala! Onde está Teu sentido, Terra? Onde Te encontrarei?"

Alguns anos mais tarde, Medéia, mãe de dois filhos, acomoda-se ao seu papel de dona de casa, impotente e conformada; mas quando se vê traída por Jasão, que entrementes sucumbe à beleza de Glauce, filha de Creonte, rei de Corinto (sedução na qual, portanto, o poder joga seu papel), Medéia ouve uma de suas criadas, e dá vazão ao latente desejo de vingança, evocando seus deuses antigos. E ela sente, orando diante do Sol, renascer em si os dons mágicos. Obrigada por Creonte a exilar-se, Medéia pede apenas um dia, um dia que lhe bastará para armar a catástrofe: presenteando a rival com um

refugiado Sensi Momoh relatou ao jornal britânico *The Observer* que, depois de saquear a aldeia de Monróvia, na Libéria, os milicianos mataram seu irmão e extraíram seu coração, que foi assado e comido numa festa ao redor da fogueira.

45. Helma Sanders-Brahms fala de Pasolini. *Revista do Cine Clube da Figueira da Foz.*

O CORPO VIVO

vestido de bodas envenenado, faz a outra morrer de modo terrível. Depois, banha os dois filhos que teve com Jasão, adormece-os maternalmente e os apunhala em silêncio. Por fim, incendeia a própria casa e deixa-se queimar na fogueira. Quando Jasão tenta reaver os corpos dos filhos, é detido pelo grito terrível da Medéia em meio às chamas: – *No! Non insistere, ancora, é inutile! Niente è piu possibile ormai!* (– Não! Não insista ainda, é inútil. Nada mais é possível agora!)[46].

Com belíssima trilha sonora (que inclui cantos folclóricos japoneses, sugeridos por Elsa Morante, e coros búlgaros, indicados por Giuseppe Zigaina); locações exóticas (a Cólquida é recriada na Capadócia; o palácio de Corinto tem seus exteriores filmados em parte na Turquia e em parte na Praça dos Milagres de Pisa, e seus interiores em estúdio; a infância grega de Jasão transcorre na Laguna di Grado); figurinos finamente elaborados (por Piero Tosi); e fotografia esplêndida (de Ennio Guarnieri), Pasolini realizou uma versão brilhante e pessoal da tragédia de Eurípides. Sua direção estilisticamente consciente interpreta a realidade à luz de uma ideologia bem definida: técnicas de enquadramento (sacralização do corpo masculino através da ótica de Medéia que substitui o deus com o qual perdeu contato pelo macho que ganha o estatuto de deus após um coito bem sucedido), diálogos, músicas e silêncios associam-se à mensagem fundamental do filme. Trata-se de uma visão pessoal do mito, pois, afastando-se do texto de origem, o filme começa com o menino Jasão sendo educado pelo Centauro, que encarna e expressa a visão de mundo de Pasolini ("Mas *ser* é natural? Não, não acho; ao contrário, acho que é algo de grandioso, de misterioso e ainda de absolutamente inatural", ele escreveu[47]). Jasão aprende os ensinamentos do mestre Centauro, projeção mítica de sua própria subjetividade dividida entre o componente ancestral, mítico, irracional, inconsciente, e o componente moderno, racional, calculista, autoconsciente. O mundo mágico da infância de Jasão perde (aparentemente) a magia quando ele atinge a "maturidade"; Jasão torna-se materialista em sua busca pelo poder e o mundo que vê adulto é um mundo desmistificado, no qual não há mais deuses e a natureza tornou-se apenas um cenário. O filme mostra a oposição entre dois mundos: o universo misterioso, camponês e mítico, de Medéia; e a civilização grega, guerreira e racional, de Jasão, que aparentemente derrota a feiticeira e anula seus poderes mágicos, mas no fim amarga o "retorno do reprimido".

Inspirando-se nos estudos de antropologia de Mircea Eliade, James George Frazer e Lucien Lévy-Bruhl, Pasolini recriou, em *Medéia*, como bem observou

46. P. P. Pasolini. Medea, *Per il cinema*, p. 1288.

47. Essere è naturale?, *Empirismo eretico*, p. 244.

TODOS OS CORPOS DE PASOLINI

Simone de Beauvoir, o universo do sagrado através de cerimônias bárbaras de mutilações, decapitações e consumações tão magníficas que não chegam a inspirar nenhum horror[48]. Na primeira parte do filme, a dessacralização do sagrado aparece como a passagem de um estágio primitivo a um estágio evoluído, como um "progresso". Quando Jasão é incitado a roubar o Velocino, age sob a égide do *capitalismo sem valores*. Já a transformação de Medéia não tem o caráter de uma evolução gradual e natural: é traumática, pelo transe, uma "conversão ao contrário", como a define Pasolini, do sagrado ao desconsagrado, do mítico ao vazio do sagrado, causado pela irrupção do elemento externo e estrangeiro. Medéia apaixona-se por Jasão e vive essa paixão como algo de sobrenatural, ditada pelos deuses; segue a visão como pré-determinada pelas divindades, e não como escolha consciente. Se, por um lado, ela perde sua "antiga" identidade, adquire, no mesmo ato, uma nova dimensão do sagrado: a paixão amorosa substitui o objeto sagrado pelo objeto erótico; Medéia perde-se como sacerdotisa, mas reencontra-se como amante na contemplação divinizante do corpo nu de Jasão, saciado após o coito; ela se abandona ao seu novo "deus" tão completamente como antes se consagrara à divindade. Por isso ela não hesitou em roubar para ele o Velocino, trazendo a desgraça para sua pátria; em sabotar o reinado do pai; em despedaçar o irmão para atrasar os seus no encalço dos argonautas, obrigando-os a reverenciar cada pedaço do corpo sagrado que lançava ao chão.

A importância do sangue e das vísceras havia sido mostrada no início, na parte quase documental e antropológica do *rito de fertilidade* através de um sacrifício humano, fonte dos valores e tradições da civilização agrária. Aí, cada gota de sangue, cada bocado dos órgãos humanos são disputados como *mana* sagrado capaz de recuperar o mundo e fazer germinar as plantações, mantendo a comunidade viva; entendemos, então, o significado terrível do *desperdício* realizado por Medéia; *desperdício* intolerável para sua cultura, que deve realizar um ritual para recolher cada pedaço do corpo profanado. A feiticeira paga, contudo, um alto preço por sua traição: ela perde o contato com os deuses – a Terra, o Sol, as pedras, a erva, todos se calam às suas súplicas; a natureza fica sem voz, sem alma. Ela se apercebe disso, contudo, apenas ao chegar à Grécia, diante da impiedade dos gregos, que não procuram o centro ao aportar e armar suas barracas; desnorteada, clama por seus deuses, em vão. Finalmente, deixa-se desnudar dos seus hábitos sacerdotais para vestir roupas gregas.

48. S. de Beauvoir, *Tout compte fait*, p. 201.

O CORPO VIVO

Contudo, ao perceber que Jasão a trai seguindo uma lógica de cálculo econômico e político, planejando novas núpcias com Glauce, as palavras de uma criada permitem a Medéia recuperar sua dimensão mítica. A consciência de sua *catástrofe espiritual* é o ponto de partida para a nova conversão de retorno à dimensão sagrada ancestral da qual se havia apartado: "Talvez tenha razão", ela diz à criada, "fiquei aquilo que era: um vaso cheio de um saber que não é meu". Medéia, de vítima passiva, converte-se em agente subversiva, sua íntima catástrofe transforma-se em catástrofe exterior para destruir aqueles que a destruíram. Ressoam as palavras proféticas do Centauro, pronunciadas nas primeiras seqüências do filme:

> Tudo é santo. Tudo é santo. Tudo é santo. Não há nada natural na natureza [...] Quando a natureza parecer-te-á natural, tudo será terminado [...] Te parece que só um pedacinho não é inatural e não é possuído por um deus? [...] Em cada ponto em que teus olhos olham está escondido um deus e se por casualidade não há, ali deixou os signos da sua presença sagrada [...]. Mas a santidade é uma maldição. Os deuses que amam ao mesmo tempo odeiam.

Medéia arma sua vingança contra as injúrias sofridas e volta a adquirir hábitos sacerdotais; simula a reconciliação com o marido e a aceitação das núpcias, até consumar sua vingança. Na tragédia clássica, Glauce morre porque o vestido que Medéia lhe envia estava carregado de um *mana* que transformava o corpo da jovem numa tocha viva assim que ela o vestia; Creonte tenta em vão salvar a filha. Mas no filme há duas "versões" para a morte de Glauce, pois Pasolini filma essa morte duas vezes, sob duas diferentes perspectivas, sendo que uma delas constitui uma antevisão da morte, que pode ser tanto de Glauce (queimando viva dentro do vestido) quanto de seu pai (imolando-se após o suicídio da filha): uma imaginada e outra vivida. A imaginada é a mítica, com o vestido incendiando Glauce e envolvendo nas chamas um Creonte que tenta desesperadamente salvar a vida da filha; outra mais "realista", e de certo modo inverossímil, com Glauce não suportando o peso da culpa, fugindo do palácio e lançando-se da torre, seguida pelo pai – um duplo suicídio causado pela "astúcia psicológica" de Medéia.

Pasolini pretende mostrar que o contato entre duas culturas não produz integração, mas destruição da mais fraca e sua alienação na outra. Mas a racionalidade grega não resiste à irracionalidade destruidora de Medéia: o Ocidente moderno, burguês e industrializado está ameaçado de morte pelo Terceiro Mundo ao destruir sua cultura. O filme não comunica o desejo de um retorno ao antigo, mas insiste na necessidade de uma coexistência dos dois mundos, simbolicamente expressa no

TODOS OS CORPOS DE PASOLINI

momento em que Jasão, depois de abandonar Medéia, projeta ao exterior – os dois Centauros – a percepção profunda de uma realidade que sua consciência prefere ignorar: Jasão ama Medéia, e sente compaixão pela *cisão mortal* que produziu dentro dela. Neste momento de crise, ele vê os dois Centauros da sua formação: o Velho da infância e o Novo da idade adulta, o sagrado e o desconsagrado, aquele que não pode falar mais porque sua lógica é tão diferente da corrente que suas palavras seriam incompreensíveis; e aquele que comparte a lógica do mundo atual, e pode, através desta, dar voz aos sentimentos do outro: "O sagrado conserva-se ao lado de sua nova forma desconsagrada". Personagem mítico que representa o bloco parental, do pai e da mãe, o Centauro, símbolo andrógino da potência masculina e feminina, aparece ao menino Jasão como um animal fabuloso, cheio de poesia; depois, pouco a pouco, com a idade, torna-se razoável e sábio, e acaba por se tornar um homem, destituído de seu corpo de cavalo. Quando Jasão se dirige à casa de Medéia, é chamado por seu nome pelo Centauro, que lhe aparece, desta vez, desdobrado: um é o Centauro que Jasão via quando criança; o outro é o homem que ele vê na idade adulta. Segundo Pasolini, esse encontro dos dois Centauros significa que a coisa sagrada permanece justaposta ao ser dessacralizada: se vivendo se realizam algumas superações, o que se era antes não desaparece. No final, a superposição dos dois Centauros não os abole. Eles estão justapostos. Ou seja, *o progresso é uma ilusão*: nada se perde. Mas também aqui Jasão decide ignorar sua verdade mais profunda e seguir adiante com seu projeto racionalista. O epílogo só pode ser trágico: "Nada é mais possível agora". A "evolução" do sagrado ao desconsagrado, do primitivo ao tecnológico, do irracional ao racional, pela via da supressão do estágio inicial, é um grave erro psíquico e cultural, pelo qual o sobrevivente deverá pagar um alto preço em sofrimento[49].

Em 1969, viajando pela África (Quênia, Tanzânia) com Alberto Moravia, Dacia Maraini e Maria Callas, Pasolini tomou, com a câmara, uma série de "anotações", visando preparar o que seria seu próximo filme, uma transposição da *Oréstia* de Ésquilo para a África contemporânea: *Appunti per un'Orestiade africana* (Notas para uma Oréstia Africana, 1970). Rodado para a RAI, o tosco documentário não chegou a ser exibido na época. Com sua voz em *off*, Pasolini comentava as imagens em chave etnográfica, procurando por faces e lugares que serviriam ao seu projeto. A certa altura, interrompia a apresentação de suas intenções para o futuro filme, revelando uma idéia que acabava de ter: realizar uma *Oréstia* não mais recitada em versos, mas na forma de um musical trágico sobre a democratização

49. Cf. F. Ricci, La *Medea* di Pasolini, em: http://www.griseldaonline. it/formazione/medea_ricci. htm, acesso em 30 set. 2005.

O CORPO VIVO

do continente africano, no estilo do jazz, com um elenco de cantores, atores e esportistas afro-americanos, tornados míticos pela celebridade no *show business*. De volta à Itália, Pasolini apresentava suas primeiras imagens a um grupo de estudantes africanos da universidade de Roma, perguntando-lhes suas impressões. Os estudantes refletiam sobre a pertinência da comparação que Pasolini estabelecia entre a instituição da democracia em Atenas e a recente descolonização e independência adquirida em diversos países africanos. O filme terminava com uma sessão de jazz, com músicos acompanhados pelos cantores Yvonne Murray e Archie Savage. No documentário, o mundo antigo defrontava-se com o moderno, os africanos nativos com os aculturados, como a pobreza técnica da fotografia em preto e branco contrastava com a riqueza sonora da trilha de Gato Barbieri. Para Pasolini, importava destacar no filme nunca realizado, como já o destacara na sua tradução da *Oréstia*, a luta perene entre as forças racionais e as forças irracionais. As transformações em curso na África estariam prefiguradas no texto grego: "As terríveis e fantásticas divindades da pré-história africana devem sofrer o mesmo processo das Erínias, e tornarem-se Eumênides". Contudo, na África, as forças irracionais não seriam passíveis de representação sob um aspecto humano; Pasolini as via, ao contrário, na natureza misteriosa e selvagem, nas feras ocultas nas matas, nas árvores monstruosas perdidas no silêncio das florestas:

> O terrificante da África está na sua solidão, nas formas monstruosas que a natureza pode assumir, nos silêncios profundos e apavorantes. A irracionalidade é animal. As Fúrias são as deusas do momento animal do homem [...]. As Fúrias da *Oréstia* de Ésquilo estão destinadas a ser vencidas, a desaparecer. Com elas, desaparece, portanto, o mundo dos antigos, o mundo ancestral; e, no meu filme, está, portanto, destinada a desaparecer com eles uma parte da África antiga.

Ainda como militante político, Pasolini realizou o pouco conhecido curta-metragem *Appunti per un romanzo dell'immondeza* (1970), em que documentava uma greve de lixeiros. Seu engajamento radical manifestou-se mais visivelmente nas coletâneas *Il caos* (O Caos, 1970), que reuniu os artigos escritos para o semanário *Tempo* entre 1968 e 1970; e *Trasumanar e organizzar* (1971), que reuniu poemas publicados em diversas revistas, especialmente a *Nuovi Argomenti*, alguns deles dedicados ao anarcossindicalista Buenaventura Durruti, que combateu na Guerra Civil Espanhola; ao líder estudantil Rudi Dutschke, que organizou um congresso internacional contra a Guerra do Vietnã, sofrendo um atentado quase fatal da parte de um extremista de direita, desencadeando os protestos estudantis na Alemanha; e ao militante grego Alexandros Panagulis, autor do fracassado atentado de

1968 contra o coronel Papadopoulos e que, preso e condenado à morte, teve sua pena suspensa graças a uma campanha internacional de protesto[50].

Em sua nova fase militante, Pasolini ainda participou da realização de um filme em 16 mm, em preto e branco, sobre o caso Pino Pinelli, anarquista que teria cometido suicídio, atirando-se pela janela, enquanto estava detido na delegacia de polícia, suspeito de ter explodido um banco: *12 dicembre 1972* (1970-1972), de Giovanni Bonfanti. Além de ter dado idéias para o filme, Pasolini dirigiu algumas cenas, incluindo uma entrevista surrealista com um operário surdo-mudo cujo discurso exaltado não é absolutamente compreensível. O filme-reportagem foi produzido pelo grupo radical Lotta Continua, cujo jornal o escritor também dirigia oficiosamente, dando a palavra aos próprios proletários para que indicassem seus inimigos: os patrões, o Estado dos patrões, a Justiça dos patrões, todo o aparato repressivo do sistema burguês construído graças à exploração da classe operária. Foi por isso acusado de incitação ao desprezo das leis, em novo processo. Sempre engajado, Pasolini interveio novamente a favor do líder do Partido Radical, Marco Panella, quando de sua greve de fome de setenta dias para ser ouvido pelo governo[51]. E lançou, no jornal *Corriere della Sera*, uma verdadeira campanha contra os hierarcas e potentados democrata-cristãos, preconizando um processo contra esses dirigentes corruptos do Estado italiano, culpados de levar o país à bancarrota[52]. Para Pasolini, a palavra obediência indicava, na década de 1960, o mesmo sentimento que tinha significado

> durante séculos de contra-reforma, de clericalismo, de moralismo pequeno-burguês, de fascismo; ao passo que a palavra desobediência indicava ainda aquele maravilhoso sentimento que incitava a rebelião contra tudo isso. Tudo isso, entretanto, contrariando toda lógica que chamamos História, foi banido não pela rebelião dos desobedientes, mas por uma nova vontade dos obedientes.

Já na década de 1970, contra-reforma, clericalismo, moralismo pequeno-burguês, fascismo, tornaram-se "resíduos" de perturbação diante do novo poder: "É contra esses resíduos que nós lutamos? E são as normas desses resíduos que nós desobedecemos?", perguntava desafiadoramente Pasolini. Na verdade, o poeta sempre esteve só em suas desobediências, o que dá sentido à sua confissão de ser comunista por *instinto de conservação*. Intelectual marcusiano, aceitava as premissas da integração do proletariado nas sociedades avançadas, integração operada no terreno das necessidades controladas e satisfeitas, as quais, por sua vez, reproduzem o capitalis-

50. Panagulis continuou a ser torturado até 1973, quando foi beneficiado pela anistia; publicou, na Itália, em 1974, *Vi scrivo da un carcere in Grecia*, pouco antes de morrer em 1976, num suposto "acidente" automobilístico.

51. P. P. Pasolini, Le fascisme des antifascistes, *Écrits corsaires*, p. 113.

52. Le roman des massacres e Les Nixon italiens, em *Écrits corsaires*, p. 147-154; 215-222, respectivamente.

O CORPO VIVO

mo monopolista; da conjugação progressiva do capitalismo e do socialismo num sistema burocrático totalitário em que a técnica ordena e ajusta os indivíduos às necessidades prevalentes do sistema produtivista, onde a dominação introjetada elimina a necessidade subjetiva de subversão radical, cuja necessidade objetiva se torna, no entanto, cada vez mais urgente[53]. Se Pasolini pensava como idealista, não se envergonhava de dizê-lo: a realidade aí lhe aparecia como uma distorção da verdadeira realidade. Sonhava com uma utopia agrária, permissiva e matriarcal. A luta de classes pareceu-lhe, a princípio, um meio para atingir novos valores. Mas logo se desiludiu com os resultados das revoluções russa, chinesa e cubana. Por sua sensibilidade, identificava-se com a Nova Esquerda, a oposição que veio à tona com a Guerra do Vietnã – sem, contudo, estar de acordo com suas simplificações. Acima de tudo, para Pasolini, atrás de quem escreve devia encontrar-se a necessidade de escrever, a liberdade, a autenticidade, o risco. Seria aberrante pretender que alguma coisa de oficial e de social pudesse fixar sua autoridade, como se a verdade dependesse disto. Assim, a única autoridade que Pasolini reivindicava era a que lhe advinha de nunca ter querido uma; e do fato de se ter colocado em situação de não ter nada a perder e, portanto, de não ser fiel a nenhum pacto senão àquele que o ligava a um leitor, que julgava digno da pesquisa mais escandalosa.

Para Pasolini, a História tornara-se uma ilusão; e a Realidade (que ele escreve com letra maiúscula) não tinha outro indício além de sua brutal repetição. Ele demonstrava, contudo, um amor irrefletido por essa fantasia feita da psicologia dos homens, uma veneração por essa Realidade que definia como seu único ídolo (e não Cristo, Marx e Freud, como insistem os críticos). Sua filosofia se resumiria nesse alucinado, infantil e pragmático amor pela Realidade. O mundo lhe pareceria um conjunto de pais e mães em relação aos quais tinha uma admiração total, feita de um respeito venerante e da necessidade de violar tal respeito através de dessacralizações violentas e escandalosas.

O escândalo tornou-se mesmo o meio de sua existência, desde que, para ele, escandalizar era um direito e ser escandalizado, um prazer, sendo moralista quem recusava o prazer de ser escandalizado. O escândalo transferindo-se de sua obra para sua pessoa, Pasolini entendia que se tinha tornado, na Itália, um escândalo permanente, devido à conjugação do moralismo e do maquiavelismo degenerado. Não tendo feito a revolução liberal, a burguesia italiana tornara-se provinciana. Era para escandalizar essa burguesia que Pasolini mantinha uma estreita relação com o PCI, recomendando os desempregados napolitanos a votar neste partido, por ser aquele que satisfaria seus interes-

53. Cf. H. Marcuse, *Ideologia da Sociedade Industrial*.

ses imediatos, como trabalhar, comer e viver decentemente. Definindo-se como marxista, gramsciano, comunista, Pasolini permaneceu, contudo, um pensador independente, incapaz de sustentar qualquer dogma do Partido, que acusava, freqüentemente, de cair na hipocrisia, na intriga, no moralismo pequeno-burguês. Mas votou no PCI até o fim da vida, acreditando que nas últimas eleições o partido retornasse a uma prática democrática no sentido puro, ao mesmo tempo em que incitava os militantes do Partido Radical à blasfêmia e ao escândalo. Assim, Pasolini realizava um movimento em direção ao PCI e outro de fuga dele: o PCI seria um país limpo, honesto, inteligente, cultivado e humanista dentro de um país horrendamente sujo, desonesto, idiota, ignorante e consumista; contudo, sendo um país dentro de outro, o PCI se identificaria a um "outro" poder; os homens políticos dessa oposição não poderiam comportar-se senão como homens do poder.

Pasolini desprezava a contracultura, acusando o movimento *underground* de promover a falta de respeito. Os estudantes *enragés*? Tão odiosos quanto os seus pais, os chefes, os patrões, os burgueses. Os movimentos estudantis? Inúteis, na medida em que reivindicavam o poder e não a liberdade. A Universidade livre de Vincennes? Um lugar deprimente, onde só os bebês da creche davam um toque de alegria. O apostolado extremista dos militantes? A raiva inconsciente do burguês pobre e impotente contra o burguês rico e potente. Os anos do *flower power*? Uma época horrível, que se precisava fazer tudo para esquecer. O protesto dos jovens americanos? Irracional, histérico e exibicionista, ignorando tudo do marxismo. A moda dos cabelos compridos? Uma subcultura de protesto oposta a uma subcultura de poder e cuja linguagem se desloca, através dos anos de 1960, da extrema-esquerda para a extrema-direita, a ponto de não se poder mais distinguir um antifascista de um fascista, um estudante de um provocador. Carlos Castañeda? Um guru dos drogados. A droga? Algo que se tomava por falta de cultura, por terror primitivo à idéia da perda da própria presença, que se podia tomar até o suicídio, que não mudava nada. A pornografia? Aborrecida e vulgar. A vanguarda? Uma revolta puramente verbal, ligada ao neocapitalismo e levada a cabo por mortos vivos. O teatro da crueldade, o teatro de Grotóvski, o teatro do gesto e do grito, o Living Theater? Meros ritos sociais de confirmação de tendências antiburguesas, encenados para burgueses escandalizáveis.

Pasolini atacava não apenas a burguesia, as ditaduras militares, o fascismo; denunciava também o conformismo da esquerda, as atitudes fascistas dos antifascistas que nada faziam para impedir os jovens de se tornarem fascistas, como se eles estivessem predestinados, por sua raça, a serem fascistas. Responsabilizava os intelectuais de sustentarem o governo, a grande

O CORPO VIVO

propriedade e os monopólios, aceitando uma realidade inexistente, sendo que a realidade atual era a de um mundo sem poesia e sem poetas. Inclinado, por natureza, a ver as coisas de uma forma mítica, em termos de revelação ou redenção, Pasolini também insistia em que, quaisquer que fossem as crenças conscientes de um italiano, ele nunca poderia escapar do legado do catolicismo. Pessoalmente, Pasolini admirava João XXIII e sua pregação de caráter social. Mas acusava a Igreja de suprimir a caridade do comportamento cotidiano, dirigindo, a Pio XII, o seu mais célebre epigrama, "A um Papa":

> Não te pedíamos que perdoasses a Marx! Uma onda
> imensa que se refrata por milênios de vida
> separava-te dele, da sua religião:
> mas na tua religião não se fala de piedade?
> Milhares de homens sob o teu pontificado,
> perante os teus olhos, viveram em estábulos e pocilgas.
> Tu o sabias, pecar não significa fazer mal:
> não fazer bem, isto significa pecar.
> Quanto bem podias fazer! E não o fizeste:
> nunca houve um pecador maior do que tu.

Mas nada irritava mais a Pasolini que a subcultura do poder. Fazia o possível para fugir da Itália na época do Natal por não suportar essa festa pagã e neocapitalista, que tinha por um substitutivo da guerra: comparava as festas de Natal a um – a muitos – Vietnãs. Pior do que as comemorações do Natal só as viagens espaciais, nas quais a lua era consumida num ritual pequeno-burguês que reduzia o passado a nada. O nome da nave Apollo parecia-lhe um ridículo e hipócrita resíduo humanista pespegado a um objeto produzido pela mais avançada civilização tecnológica. Sentia uma estranha antipatia pelos três astronautas, tipos de homens médios e perfeitos, exemplos de como se deve ser; carentes de estética, mas funcionais; carentes de fantasia e paixão, mas impiedosamente práticos e obedientes; totalmente carentes da mínima capacidade crítica e autocrítica, verdadeiros homens do poder; sentia uma indizível repulsa em relação ao *pedigree* pequeno-burguês desses filhotes vermelhos, tão delicados e já tão determinados por um futuro totalmente condicionado; e de suas esposas, que representavam com candor pudoroso o papel encomendado de Penélopes leais e um pouco bruscas; que sabiam reduzir tudo, no momento oportuno, ao café e aos pasteizinhos que ofereciam à vizinha do lado, alimentando a íntima esperança, tão humana e reconfortante, de que seus maridos regressariam logo e deixariam de bancar os heróis. Detestava, ainda, toda a oficialidade que havia ao redor dessas empresas espetaculares do poder, que tendiam a reduzir-nos a um estado infantil, sob o paternalismo mais feroz de toda a história humana.

Pasolini escrevia, portanto, sob o impulso de uma capacidade enorme e desesperada de contestação, ressentindo a necessidade de se opor como uma necessidade original, sem precedentes, absolutamente significativa e carregada simultaneamente de morte e futuro. Porque a liberdade, para ele, era um atentado masoquista à conservação: ela não podia ser manifesta de outro modo senão através de um grande ou de um pequeno martírio. Liberdade era, sobretudo, liberdade de escolher a morte – conceito que ia contra os preceitos morais da religião e do comunismo, que celebravam a vida e a construção de um mundo melhor –, e contra a própria natureza, com seu "instinto de conservação". Mas, à diferença dos católicos e dos comunistas – afirmava Pasolini – a natureza era ambígua, pois nos dotou igualmente do instituto contrário, isto é, do desejo de morte. Morrer é absolutamente *necessário*: enquanto vivemos, falta-nos sentido e a língua de nossa vida permanece intraduzível: um caos de possibilidades, uma procura de continuidade. A morte realiza uma fulgurante montagem de nossa vida. Quer dizer: ela escolhe os momentos verdadeiramente significativos desta vida e os coloca lado a lado, fazendo de nosso presente, infinito, instável, incerto e, portanto, lingüisticamente não descritível, um passado claro, estável, seguro e, por conseqüência, perfeitamente descritível no quadro de uma semiologia geral, a opção fundamental da existência sendo: ser expressivo e morrer, ou ser inexpressivo e não morrer.

Interrogando-se à luz dos textos dos lingüistas Gerard Genette, Ferdinand de Saussure, Louis Hjelmslev; dos semiólogos Roland Barthes, Roman Jakobson, Christian Metz, sobre a natureza da linguagem cinematográfica e a particularidade de seus signos, que ele chama de "im-signos", para distingui-los dos signos lingüísticos, Pasolini concluiu que o cinema era "a língua escrita da ação". Quer dizer: a realidade é um cinema ao natural, que constitui uma linguagem reprodutível pela câmara, momento a momento, num plano-seqüência infinito, composto de monemas lingüísticos audiovisuais, que designa por "cinemas". Pasolini passou a vislumbrar a possibilidade de compor uma semiologia da Realidade, atingindo o Ur-código, o Código dos códigos, a Língua de Deus:

> Sempre me defini como não crente, desde a idade de 14 anos. Pela primeira vez nestes últimos meses concebi, de algum modo, uma idéia, seja puramente imanentista e científica, de Deus. Como cheguei a isto é muito curioso [...] ultimamente, apaixonei-me pelas pesquisas lingüísticas sobre cinema. E, naturalmente, não podia deixar de recorrer à semiologia: ciência para a qual o sistema dos signos são infinitos, e não apenas lingüísticos. Cheguei à conclusão de que o cinema, reproduzindo-a, faz uma perfeita descrição semiológica da realidade. E que o sistema dos signos do cinema é, na prática, o mesmo sistema dos signos na realidade. *Portanto, a realidade é uma linguagem!* É

O CORPO VIVO

necessário fazer a semiologia da realidade, além daquela do cinema! Mas se a realidade *fala*, quem é que fala? ... é Deus ... (um Ser que existe e não ama).

A fantástica semiologia da realidade de Pasolini é uma leitura viva do mundo, que não parte dos modelos ideológicos consagrados, mas dos próprios objetos e comportamentos que proliferam no cotidiano, dos seus efeitos menores ou minimizados. Ele detecta, na superfície das coisas, um epifenômeno do consumo e chega, aos poucos, alargando cada vez mais o campo de visão, à gigantesca estrutura de homologação. Consideradas "herméticas" pelo inculto Jean-Luc Godard, e ingênuas pelos semiólogos profissionais, que temiam que a contaminação política rompesse a abstração cientificista de sua disciplina, as análises semióticas de Pasolini permanecem brilhantes. Veja-se aquela que fez do *slogan* da publicidade do *jeans* da marca Jesus: "Nunca terás outro *jeans* como este" – no qual ele vê estampada a ruína da hegemonia moral da Igreja e a emergência de um novo poder, cínico a ponto de consumir o Sagrado, numa escalada triunfante que dispensava a instituição Igreja enquanto força política.

Pasolini percebia que o engajamento tornara-se um álibi inútil para a consciência da burguesia italiana, que triunfava da miséria e transpunha a primeira fase da industrialização. O declínio da noção do engajamento provocava o declínio da problematicidade em si: a contestação, o indivíduo que protesta, o anormal, o diferente, tendiam agora a desaparecer, enquanto seus estereótipos eram divulgados em massa. A nova consciência coletiva excluía os problemas; sua ideologia era o "fim da ideologia", o "fim da História". O marxismo, em crise, não tinha mais a autoridade necessária para tornar válidos os argumentos que, de direito, contestariam essas "mortes". O capitalismo ostentava uma saúde obscena. Nascia, com o consumo de massa, com o poder hedonista e com as novas técnicas, um novo homem, perfeitamente adaptado.

O Inferno do Consumo

Pasolini detestava tudo o que tocava o consumo, abominava-o no sentido físico do termo. Estampou esta náusea numa série de textos em que analisou o fenômeno do consumismo. No começo dos anos de 1960, Pasolini escreveu que o fascismo era uma ameaça permanentemente instalada no coração da sociedade italiana; e que toda a esperança repousava sobre a nova geração, que a classe dirigente impedia, por meios sutis, de se tornar antifascista desde que, para o poder, o fascismo ainda era uma alternativa. No decorrer dos anos de 1960, Pasolini observou que o capitalismo se restaurava, com possibilidades quase infinitas de renovação. Não falava ainda de um novo fascismo, mas alertava que a burguesia estava triunfando e transformando os operários em burgueses e os camponeses em colonos:

> a burguesia está se tornando a condição humana. Quem nasceu nessa entropia não pode, de nenhum modo, metafisicamente, estar fora. Acabou. Por isto provoco os jovens: esta é, presumivelmente, a última geração que vê os operários e os camponeses: a próxima geração não verá ao seu redor senão a entropia burguesa.

Aproximava-se a ruptura definitiva. No começo dos anos de 1970, Pasolini declarou que se abria um dos períodos mais violentos e talvez mais decisivos da história humana: o fascismo retornava sob todas as formas. A velha burguesia paleoindustrial cedia à nova, que compreendia cada dia mais a classe operária; a tradição humanista era destruída pela nova cultura de massa e pela nova relação que a tecnologia instituía – com perspectivas seculares – entre a produção e o consumo. A falsa expressividade do *slogan* constituía o *nec plus ultra* da nova língua técnica, que substituía o discurso humanista. Ela simbolizava a vida lingüística do futuro, quer dizer, de um mundo inexpressivo, sem particularismos nem diversidades de cultura, perfeitamente normalizado e aculturado. Um mundo que, para os últimos depositários de uma visão múltipla, magmática, religiosa e racional, aparecia como um mundo de morte.

Nesse mundo, a industrialização envolvia todas as dimensões da vida humana. Por trás dos poderes tradicionais aceitos ou combatidos, existia um poder consumista incontrolável, absoluto e totalitário, que operava uma verdadeira revolução antropológica. Nessa visão última e apocalíptica da eternidade industrial como reprodução do determinismo da natureza, a comunicação não tinha mais uma função humana. Para Pasolini, a diversidade cultural da Itália exprimia-se na diversidade dos dialetos que, com a industrialização total e a inexpressividade da nova língua difundida pelo jornalismo, pela publicidade, pela televisão, pela política e pelo falar comum do Norte, foram substituídos pelo italiano enquanto língua nacional. E, nesse triunfo da comunicação sobre a expressividade, até mesmo os escritores haviam assimilado o italiano técnico e abdicado de seu engajamento com a língua popular. O novo poder revelava-se uma forma total de fascismo, e o novo homem não estava mais ligado às tradições socialistas nem era propriamente um burguês, mas pertencia a uma massa despojada de cultura, totalmente manipulada e reificada, que Pasolini acreditava apta a todos os crimes:

O CORPO VIVO

> O homem dessa mutação, seja qual for sua reivindicação de autonomia e de individualismo, não se pertence mais. É um homem formal, cortado de todos os seus poderes. Sua única razão de ser é justificar a abstração do poder, que ele mantém no lugar graças à aposta de tolos do sufrágio universal. Esse homem já não tem mais raízes, é uma criatura monstruosa do sistema; eu o creio capaz de tudo[54].

Nesse fascismo completo, o poder não estava mais no Vaticano, nos notáveis da Democracia Cristã, nem no exército e na polícia onipresentes, escapando até mesmo à grande indústria: o poder estava na *totalização dos modelos industriais*, sendo uma espécie de possessão global das mentalidades pela obsessão de produzir e consumir. Era um poder histérico, que tendia a massificar a linguagem e o comportamento, a normalizar os espíritos através da simplificação frenética de todos os códigos, num pragmatismo que cancerizava toda a sociedade como um tumor central, que atacava a alma e não poupava ninguém. Seu sintoma mais perceptível era a febre do consumo, de obediência a uma ordem não enunciada. Cada um ressentia a ansiedade degradante de ser como os outros no ato de consumir, de ser feliz, de ser livre, porque tal era a ordem que cada um recebia inconscientemente e à qual "devia" obedecer se se sentia diferente.

Com a fossilização da linguagem, os estudantes passavam a falar como livros e as crianças do povo perdiam toda a inventividade argótica. Os jovens desprezavam os antigos valores e absorviam os novos modelos impostos pela classe dominante, arriscando uma forma de desumanidade, uma afasia atroz, uma brutal ausência de capacidade crítica e uma facciosa passividade que recordavam as formas típicas das milícias SS (*Schutzstaffel*) nazistas. Os jovens não cantavam mais nas estradas, não sentiam mais a necessidade de cantar. A alegria, agora, era sempre exagerada, ostensiva, agressiva, ofensiva. Advinha, então, uma espécie de tristeza, provinda da frustração social, uma tristeza física e profundamente neurótica. A condição camponesa e a condição subproletária sabiam exprimir, nas pessoas que as viviam, certa felicidade "real", que o desenvolvimento abolira. Isto significava que o desenvolvimento não era revolucionário; e mesmo quando do era reformista, ele só trazia angústia[55].

Pasolini preocupava-se, agora, em recuperar certa dimensão moral do corpo. Na sua peça *Calderón*, quando Rosária é transplantada para um hospital, ela grita, para evitar que a maltratem: "Meu corpo é sagrado!". A enfermeira supõe tratar-se de uma alucinação, tipicamente esquizofrênica, de identificação com Jesus Cristo. Pasolini sugeria que a superação racional do sagrado permitia todo tipo de alienação. E dentro desse espírito projeta uma série de filmes em que

54. Cf. J. Duflot, *As Últimas Palavras do Herege.*

55. P. P. Pasolini, Enrichessiment de l' 'essai' sur la révolution anthropologique en Italie, *Écrits corsaires*, p. 106-109.

tentará recuperar um clima de liberdade, de vida sem tabus, o natural de uma juventude que amava a vida mesmo se ela era inquieta e incompreensível. Essa libertinagem já estava presente em *Ostia* (1970), filme escrito com Sergio Citti, e por este dirigido: cinco amigos encontram uma mulher nua deitada num campo e decidiam levá-la para casa a fim de que ela fizesse amor com cada um deles. Nessa nova fase de sua vida e de suas obras, Pasolini abdicava momentaneamente do "cinema aristocrático"; mas como também não podia mais aceitar a realidade "popular" sob o neocapitalismo, que transformava povos em massas e revelava que o subproletariado só desejava ascender ao *status* da pequena burguesia, foi buscar na literatura popular do passado, na Idade Média e no Terceiro Mundo valores não contaminados pela civilização do consumo.

A Trilogia da Vida e sua Abjuração

O poder de Eros, dos instintos vitais do homem, é o tema central da *Trilogia della vita* (Trilogia da Vida, *1970-1974*). A série de três filmes compõe-se de episódios inspirados em escritos medievais, com um caráter metafórico exaltando a liberdade sexual do mundo pagão e camponês contra o obscurantismo da repressão cristã e da civilização industrial. O primeiro filme é uma livre adaptação do romance de Boccaccio escrito entre 1348 e 1358: *Il Decameron* (O Decamerão, 1970): isolados da cidade por uma epidemia de peste, senhores de Florença contam-se histórias eróticas religadas entre si por alguns personagens. Em sua adaptação, Pasolini transformou os burgueses de Boccaccio em proletários "porque os proletários me interessam mil vezes mais que os burgueses", servindo-se do mais grosseiro humor popular para renovar sua linguagem cinematográfica, sem perder a elegância ao dar vida ao povo medieval. Do texto de origem, trabalhou nove contos cuja ação transcorria em Nápoles, para enfatizar seu amor ao povo napolitano e seu dialeto. Entre as histórias mais picantes, havia a de um jardineiro que se finge de surdo-mudo para entrar num convento e seduzir as freiras, que uma a uma entregam-se a ele; e a da esposa que trai o marido com um jovem vigoroso e que, a ponto de ser flagrada, apresenta o amante como cliente que deseja comprar um grande jarro, obrigando o marido a entrar dentro dele para limpar a sujeira no fundo enquanto ela, de fora, vai sendo sodomizada. As histórias picarescas são emolduradas por dois contos modificados por Pasolini, que remetem à sua pessoa e se intercalam

O CORPO VIVO

entre os demais episódios. Em Bolzano, improvisou a história de seu duplo Ciappelletto, um homossexual refinado, elegante, amante dos escândalos e com fama de "bandido inteligente". Ciappelletto é enviado pelo pai para fazer negócios no norte da Europa. Lá, adoece mortalmente; no leito de morte, faz ao padre (Giuseppe Zigaina) uma longa e falsa confissão. O padre fica tão impressionado que beatifica o finado Ciappelletto. Num episódio mais sério, o próprio Pasolini interpreta um discípulo de Giotto que, junto a um amigo, viaja pelo campo quando cai uma tempestade; molhados e sujos, os dois procuram refúgio numa cabana, e são ajudados por um camponês que lhes dá um manto grosso com que se cobrem; partem rindo, pensando que ninguém imaginaria que sob aquela pobre aparência encontrava-se um gênio. O discípulo de Giotto chega a Nápoles, sendo recebido pelos frades da Igreja de Santa Clara; começa a pintar o afresco com verdadeira obsessão, parando apenas para comer ou, antes, devorar seu almoço rapidamente. Na pele desse personagem, Pasolini aparecia vestido como o Vulcano representado por Velásquez em *A Forja de Vulcano*. O diretor vira o quadro no Museu do Prado, que visitara em 1964, descobrindo-se "tal e qual". Entusiasmava-o que a tela fora pintada em Roma, tendo o espanhol utilizado "modelos saídos das *borgate*". Explicou Pasolini o significado desse duplo: "Interpretei o papel de um pintor da Alta Itália que procede da Itália histórica e desce a Nápoles para pintar um afresco nas paredes da Igreja de Santa Clara: sou um escritor da Alta Itália, da parte histórica italiana, que vai a Nápoles para fazer uma película realista". A analogia também revelava que, como cineasta, Pasolini inspirava-se nos grandes mestres da pintura. Assim, para a visão do discípulo de Giotto, Pasolini compôs um maravilhoso *tableau-vivant*, no centro do qual aparecem a Virgem (Silvana Mangano) e o Menino, ladeados por anjos; embaixo, o inferno e seus condenados. A visão é inspirada num afresco de Giotto, mas diferencia-se ao substituir o Cristo-Pai pelo mistério mariano, inserindo na composição o próprio mistério Susanna/Pasolini, já que, para Pasolini, a Mangano teria alguma semelhança com sua mãe Susanna.

Extasiado com a própria imaginação, o pintor conclui, após essa visão de seu futuro afresco: "Por que realizar uma obra, se já é tão formoso apenas sonhá-la?". E assim, o filme, que parecia tão descomprometido na apresentação de episódios picarescos, termina numa indagação metafísica onde afloram as mais profundas inquietações de um artista obcecado pelo Sagrado. *Decameron* obteve grande sucesso de público e conquistou da crítica o Urso de Prata em Berlim, mas a ousadia de Pasolini em mostrar, pela primeira vez, no cinema comercial, nus masculinos frontais, com falos em ereção, também transformou sua obra num escândalo nacional. O filme tornou-se objeto de intensa polêmica, sendo atacado à direita e à esquerda;

diariamente registravam-se queixas públicas nos tribunais italianos, em reações de histeria coletiva: um cidadão de Nápoles solicitou às autoridades judiciárias que vigiassem o filme cuidadosamente, pois se os espectadores não fizessem sexo até o dia seguinte à projeção poderiam ter o aparelho genital atrofiado, uma circulação sangüínea anormal, sintomas de desequilíbrio mental, disso tudo advindo até uma trombose cerebral incurável[56]. *Decameron* também sofreu queixas em Milão, Verona, Roma e Gênova; em outras cidades, os juízes conseguiram proibi-lo como "pornográfico". Finalmente, foi seqüestrado pela Justiça italiana em novembro de 1971. Em 2005, uma seqüência do filme descartada por Pasolini na edição final – o décimo conto de seu até então misterioso *Decameron* de nove contos – foi exibida pela primeira vez[57] após ter passado mais de 30 anos perdida: ela mostra a devoção de uma menina por um eremita que lhe ensina os prazeres da carne. Ousada demais para a época, o diretor decidiu cortá-la por considerar também que destoava do restante do filme[58].

Para *I racconti di Canterbury* (Os Contos de Canterbury, 1971), segundo filme da *Trilogia da Vida*, Pasolini tomou por base o romance medieval do inglês Geoffrey Chaucer, que comparece no filme encarnado pelo próprio diretor. O filme narra aventuras picarescas de oito peregrinos que viajam para Canterbury, onde pretendem render homenagens junto à tumba do santo Thomas Beckett. Alguns episódios ganharam conotações homoeróticas ausentes no texto original; cenas de coito homossexual são explicitadas, com sarcásticas observações sobre o comportamento eclesiástico, repressivo ou tolerante conforme as circunstâncias. Já as cenas camponesas foram inspiradas em quadros de Jeronimus Bosch e de Pieter Brueghel, com rodas de onde pendem esqueletos e corpos semidevorados por urubus, e camponeses embriagando-se sobre enormes barris de cerveja. Devido à atuação de um elenco internacional, o inglês autêntico das vozes misturou-se a acentos anacrônicos de falso *cockney* nos atores italianos; a dublagem de todo o elenco na pós-produção prejudicou as falas no filme.

Contudo, as cenas finais, que também compõem uma visão, esta escatológica, de Chaucer/Pasolini, que muito se diverte ao imaginá-la, surpreendem ao retomar uma tradição que vem diretamente de *O Cão Andaluz* (*Le chien andalou*, 1929) e *A Idade de Ouro* (*L'âge d'or*,1931), de Luis Buñuel e Salvador Dalí: no inferno, frades são expelidos como fezes por um gigantesco Satã, voando em jatos diretamente de seu ânus. Mas aqui também se sobrepõe, à tradição do cinema surrealista, uma tradição pictórica mais antiga, a das descrições escatológicas do

56. Cf. L. Betti (org.), *Chronique judiciaire, persécution, exécution.*

57. Na 21ª edição do Cinema Recuperado de Bolonha.

58. AGÊNCIA AFP. Exibido trecho inédito de *Decameron* de Pasolini, *O Estado de S. Paulo*, São Paulo, 4 de julho de 2005; Polêmica cena de *Decameron*, de Pasolini, é apresentada pela primeira vez, *Folha Online*, 4 de julho de 2005.

inferno pelos pintores medievais e renascentistas, como nesta notável pintura afixada numa igreja de Bolonha, e que o acadêmico Pasolini pode ter estudado com muita atenção, dela tomando emprestado seu grande Satã, que expele e devora simultaneamente os condenados, e a legião de pequenos demônios coloridos em verde e vermelho, também presentes na apoteose de *Contos de Canterbury*:

O Inferno (L'inferno, c. 1410), afresco de Giovanni da Modena, Capela Bolognini, Basílica de São Petronius, Bolonha.

Junto à escritora Dacia Maraini, Pasolini trabalhou no roteiro do terceiro filme da *Trilogia*. Entrementes, publicou *Il mestiere di scrittore* (1973) e sofreu um acontecimento traumático: o casamento de Ninetto Davoli, o grande amor de sua vida. Rodado no Oriente no verão e no outono de 1973, *Il fiore delle mille e una notte* (As Mil e Uma Noites de Pasolini, 1974), mergulha-nos no mundo mágico e sensual que as paisagens antigas, misteriosas, evocam. Acompanhamos as atribulações amorosas de diversos personagens ao longo de quinze narrativas inspiradas nas fábulas das *Mil e Uma Noites* árabes, tendo como fio condutor as desventuras do jovem Nured-Din e de sua amada escrava Zumurrud. Ela o escolhera como seu mestre durante o leilão em que foi vendida, divertindo-se depois em iniciá-lo sexualmente. Boa narradora, ela conta para ele a história de uma aposta entre Harum el Rashid e a Rainha Zobeida, que põem uma moça e um rapaz juntos para verificar qual dos sexos é o mais propenso ao desejo. A disputa termina num impasse. Na manhã seguinte, o malvado Bassum narcotiza o crédulo Nured-Din e rapta Zumurrud. Uma mulher ajuda Nured-Din a encontrar sua escrava, mas ele cai no sono e um dos Quarenta Ladrões a leva embora. Zumurrud consegue escapar travestida de homem, e tem a sorte de entrar numa cidade que estava justamente esperando o primeiro homem que chegasse para entronizá-lo. Como rei, Zumurrud é obrigada a desposar Hijat, filha mais velha do sacerdote, e a quem confidencia seu segredo: as duas mulheres tornam-se amigas e cúmplices. Enquanto isso, o caçador Taji conhece Aziz e ouve sua história: no dia de seu casamento com Aziza, Aziz se viu seduzido pela misteriosa Budur, que o enfeitiça com estranhos sinais. Aziza sacrifica-se ajudando Aziz a decifrar os sinais de Budur e consumar sua paixão pela rival; depois, ela se mata. Mas ao ser infiel a Budur, Aziz é castrado, e conclui sua triste história alertando Taji de que a Princesa Dunnia odiava homens por pensar que todos eram infiéis. Mas Taji está disposto a seduzir Dunnia, e contrata dois homens para ajudá-lo a restaurar um mosaico muito apreciado pela princesa. Enquanto restauram o mosaico, os dois homens contam a Taji a história de como eles escolheram viver uma vida de pobreza. Depois de restaurado o mosaico, a princesa Dunnia aceita o amor de Taji. Enquanto isso, Nured-Din, aprisionado por três garotas, diverte-se em jogos sexuais com elas; mas logo se cansa e foge para o deserto, onde conhece um leão que o conduz à cidade onde Zumurrud se encontra; travestida de homem, reinando no local, ela exige de Nured-Din um pagamento em sexo para não ser morto. O jovem aceita a proposta mesmo imaginando que terá de submeter-se aos desejos de um suposto macho cheio de energia. Zumurrud convoca Nured-Din ao seu quarto; contudo, ao chegar o momento temido, mas talvez secretamente ansiado, ela tira a máscara de guerreiro e revela ser a mulher que Nured-Din sempre desejou. Com essa narrativa labiríntica, com histórias que saem umas das outras, sempre regressando à trama central, *As Mil e Uma Noites de Pasolini* completa a *Trilogia* com o conteúdo mais erótico dos três filmes; e o mais plástico, graças às belíssimas locações – esplendidamente fotografadas – na Etiópia, no Iêmen, no Irã e no Nepal.

Num domingo em que se encontrava livre durante as filmagens, Pasolini teve a idéia de realizar o curta-metragem *Le mura di Sana'a* (Os Muros de Sana'a, 1974), rodado em 35 mm no deserto do Iêmen: esse documentário ainda pouco conhecido, rodado num dia apenas, constitui uma de suas melhores obras cinematográficas. Pasolini sempre se preo-

O CORPO VIVO

cupou com a conservação da forma da cidade, sobretudo da cidade antiga – orgânica, murada, depositária do humanismo e do historicismo. Na *Trilogia da Vida*, cantou a cidade antiga como ruína preciosa, palco de uma existência mais verdadeira cujos restos foram soterrados pela avalanche do consumismo. Aqui, porém, ele consegue, em apenas quinze minutos, demonstrar sua teoria do novo fascismo do consumo, a homologação de todas as culturas operada pela revolução industrial; o filme é um manifesto político, um apelo desesperado lançado à Unesco para que salve os muros de Sana'a, para que salve a cidade antiga, para que salve a história e a cultura de um povo ameaçado pela homologação.

A fotografia de *Os Muros de Sana'a* é assinada por Tonino Delle Coli, e a narração feita pelo próprio Pasolini, que observa que a industrialização do Iêmen dizimou sua juventude, transformando seus coetâneos em operários e soldados; que, nesse país, o desejo de progresso entrou de fora para dentro, não tendo sido algo que o povo tivesse desejado: essa revolução republicana (aí socialista) foi operada com o auxílio da China, sendo os chineses que, com sua presença carismática, com seus corpos que têm para os iemenitas a natureza de uma aparição, levam ao país os novos bens de consumo, as benesses da civilização industrial: das latarias aos calçados de couro; dos abajures aos bibelôs de plástico; das estradas de asfalto às casas populares de aparência horrenda. Trata-se, para Pasolini, de uma grande obra de corrupção, à qual nada pode ser oposto: pobres, os iemenitas vêem o progresso como algo de bom, mesmo que tudo o que consumam seja da pior qualidade e descaracterize para sempre sua cultura. Dentro dos muros da cidade antiga, nada ainda foi tocado. A câmara mostra, então, numa série de planos e panorâmicas sem qualquer comentário ou trilha sonora, as imagens de uma cidade esplendorosa, igual a si mesma desde a Idade Média, conservada intacta em sua beleza rude, mas perfeita e misteriosa, não contaminada pelas feias construções modernas. Pasolini conclui que a beleza de Sana'a pode ser comparada à de Veneza, mas que, como esta, também já está ameaçada de desintegração. A realidade do consumo começou em toda a parte a destruir o mundo antigo.

Pasolini tomava, então, o exemplo da cidade italiana de Orte. Ele a filma à distância, destacando sua forma arredondada, no alto de uma montanha, perfeitamente integrada, até em sua cor, à paisagem, numa arquitetura que se harmoniza com a natureza e a topografia. A panorâmica mostra, porém, à esquerda, fora dos muros da cidade, mas neles já se encostando, um prédio moderno, de aparência horrenda. Pasolini entrevista alguns populares e os incita a identificar no campo de visão delimitado pelo visor da câmara, algo que os irrite e incomode. Uns não se perturbam com nada, tudo o que é novo parece-lhes bom. Outros, porém, observam que até os turistas já reclamam dos novos prédios populares que estragam a visão de Orte, e um entrevistado atreve-se mesmo a dizer que aquilo ali até dá nojo. Pasolini conclui que, para a Itália, não há mais esperança: os italianos escolheram a via do progresso, do consumo e da industrialização, decretando a morte do passado. Na Itália, nenhuma beleza original poderá mais ser preservada em sua pureza. Mas para o Iêmen talvez houvesse ainda uma esperança. E Pasolini apela à Unesco para que preserve os muros de Sana'a, pois a única riqueza daquele país é a sua beleza. Que o Iêmen não cometa o erro da Itália, que os iemenitas permaneçam pobres, pois só a pobreza parece capaz de preservar os povos dos horrores da modernidade. Esse manifesto radical e desesperado de Pasolini contém tanta verdade que soa utópico e irrealista.

Ao ser convidado para apresentar *As Mil e Uma Noites de Pasolini* na Giornata del Cinema Italiano de 1973, Pasolini iniciou o debate observando a falta de respeito com que o público tinha assistido à projeção do filme, entrando e saindo do cinema e não mantendo o devido silêncio. Disse que qualquer obra feita com paixão e sacrifício, como eram feitos os seus filmes, deveria receber do público mais respeito e atenção. Declarou que essa irreverência era influência do cinema *underground* de Nova York e sugeriu que, na próxima Giornata, as portas fossem fechadas depois da entrada do último espectador na sala. Perguntado se não tinha vergonha de ter iniciado o filão erótico que se espalhou pelo cinema mundial; e porque não fazia filmes "politicamente mais concretos", Pasolini respondeu que não sabia se quem perguntava era de direita ou de esquerda, mas que não entendia essa inferioridade dada ao sexo. Para ele, o sexo era tão importante quanto qualquer outro tema. Perguntado se esses filmes eram de uma total descrença política ou se eles procuravam expressar alguma posição política, Pasolini respondeu dizendo que cada autor tem uma ideologia particular, fruto de uma ideologia pública e das experiências pessoais; e que essa ideologia passa por crises sucessivas e assim vai se reformulando. Depois da crise ideológica de 1964, sobre a qual ele realizara *Gaviões e Passarinhos* ainda sobreveio a crise de 1968, que permanecia, já que o extremismo de esquerda levara as pessoas a um conceito de vida irreal e de arte utilitarista. Para contrapor-se a esse extremismo, assim como à cultura oficial da TV, que deseducava e alienava o público, concebeu sua *Trilogia*, baseada na força existencial mais extremista e profunda que existia no homem: o sexo. Além disso, o problema sexual era político e querer afastar o sexo da vida cotidiana, da vida do homem, era uma espécie de fascismo contra os propósitos de Marx, que sonhava em libertar sexualmente as pessoas. Um espectador acusou-o de ser aristocrata e de

O CORPO VIVO

só fazer filmes para a burguesia. Pasolini afirmou não ter culpa se grande parte do povo italiano era analfabeta e que fazia filmes para um público de seu próprio nível cultural. Explicou que perdera a ilusão gramsciana de uma arte nacional-popular que atingisse todas as pessoas. Expressava-se, enfim, sem querer facilitar a mensagem, sem ser pedagógico, sem pretender educar o povo[59].

Pasolini concebeu a *Trilogia* tomando o sexo como um símbolo da liberdade, numa exaltação do mundo pagão anterior à revolução industrial, em radical oposição à sociedade burguesa do consumo e do desperdício, com sua sexualidade pré-fabricada e codificada. Sua intenção política era desvelar uma realidade autêntica e espontânea, contraposta à irrealidade com que o cinema consumista e a televisão haviam escravizado o público. Se ao se transformar biológica e psicologicamente, o homem perdia as ilusões que tinha aos vinte anos de poder mudar o mundo, Pasolini acreditava ser possível continuar lutando pelos ideais, sem esperar vencer: a *Trilogia* exprimia, a seu ver, essa pacificação da maturidade. Contudo, ao eleger como modelo de libertação sexual uma forma idealizada da heterossexualidade, sem doenças venéreas, engravidamentos, partos e abortos, Pasolini não conseguiu abalar o código moral das consciências normalizadas. Pelo contrário, a cultura oficial acabou assimilando a *Trilogia*: nunca antes Pasolini alcançou tanto sucesso. Os descontentes foram, agora, seus entusiastas: acusaram-no de ter se vendido ao sistema, iniciando o filão erótico que começava a poluir as telas do mundo. Pasolini respondeu que sim: seus filmes eram produtos capitalistas; aceitava isso e aceitava o jogo. Contudo, não pensava que os temas sexuais fossem inferiores ou superiores aos outros temas: a hierarquização dos interesses parecia-lhe racista. Seu objetivo era fazer filmes onde se encontraria o sentido existencial do corpo, do físico, este entusiasmo vital que estavam todos perdendo. Eram filmes fiéis à sua ideologia, desde que Marx falava em amor livre: o marxismo tornara-se moralista com a herança da repressão stalinista[60].

Segundo Pasolini, a repressão sexual fundava-se sobre a falsa idéia que o indivíduo tinha de si mesmo, de seus desejos, de sua própria libido, de suas necessidades eróticas, do amor que poderia lhe advir de direito: a sociedade explorava esse desconhecimento e tudo fazia para confirmar, nos indivíduos, a concepção errada que tinham do sexo. A maioria era resolutamente conformista e os jovens "contestadores" não andavam abraçados a amigos, que depois beijavam à vontade, mas eram prisioneiros do mesmo bom senso, da mesma moderação e do mesmo mito do

59. R. C. Silva, Giornata del Cinema Italiano, *Cinema* n. 2.

60. P. P. Pasolini, L'érotisme en question, *Cinéma d'Aujourd'hui* n. 4, p. 120.

"casal eterno" de seus pais. Na sociedade industrial, a anarquia autêntica era praticamente inexistente: nela, o modelo do casal heterossexual tornou-se uma compulsão à qual ninguém escapava impunemente, a prova mesma da existência normal. O tabu da homossexualidade aí permanecia um dos mais sólidos ferrolhos morais. De fato, ao colocar em contato dois pólos positivos e dois pólos negativos, a homossexualidade libera uma energia perigosa à sociedade de consumo-produção de capital. Ela se torna, então, como afirmou Pasolini, um estigma, o selo de uma abominável tara que condena seu portador e tudo o que ele é, sua sensibilidade, sua imaginação, seu trabalho, a totalidade de suas emoções, de seus sentimentos e de seus atos, reduzidos a camuflagens deste pecado fundamental. Contudo, *et pour cause*, a homossexualidade permanece um modo de viver sua sexualidade que desarranja e ameaça destruir a economia libidinal repressiva sobre a qual repousa o alicerce das sociedades industriais; e isso não apenas porque ela age contra a produtividade puramente humana da espécie, como também contra os modelos ideológicos secretados pela família, contra o produtivismo e o consumismo fundados sobre a repressão dos instintos[61].

Nos poemas friulanos que Pasolini reuniu numa antologia que abrangeu sua produção de 1941 a 1974 num bloco coerente e compacto, ele identificou seu sentimento difuso de tristeza e desânimo diante do novo mundo neocapitalista: uma tristeza que faria agora parte da própria língua e constituía um dos seus elementos, traduzível em quantidade e, em certo sentido, em densidade:

> O sentimento (quase um direito) de ser infeliz é tão preponderante que ofusca a própria alegria sensual (de que, aliás, o livro está cheio, mas, segundo parece, com um sentimento de culpa) e o idealismo civil. O que continua a surpreender-me, ao reler estes versos, é aperceber-me da enorme inocência da minha expansividade ao escrevê-los, como se estivesse a escrever para pessoas que só poderiam gostar muito de mim. Agora compreendo o motivo de tanta suspeita e de tanto ódio [62].

Sempre em movimento, Pasolini trabalhou, nestes anos, junto com Dacia Maraini, na dublagem, para os cinemas italianos, de dois filmes que abordavam o sexo de maneira diversa daquela dos filmes eróticos de consumo: *Trash* (1970), de Paul Morrissey; e *Sweet movie* (1974), de Dusan Makavejev. Como Pasolini não tinha tempo, a maior parte do trabalho prático foi feito por Dacia; mas o escritor ajudava-a a escolher as vozes, os personagens, e juntos corrigiam os diálogos. Faziam escolhas escrupulosas – ambos preferiam sub-

61. Cf. J. Duflot, *As Últimas Palavras do Herege*.

62. Ao Novo Leitor, em P. P. Pasolini, *La nouvelle jeunesse: poèmes frioulans, 1941-1974*, editado por Philippe Di Meo, Editions Gallimard, Du monde entier, Paris, 2003 (reedição).

O CORPO VIVO

títulos à dublagem, prática comum e popular na Itália, e geralmente feita de maneira mecânica; mas já que não havia como mudar essa prática, tentaram fazer um trabalho consciencioso, escolhendo vozes italianas que correspondessem às originais e soassem autênticas, convincentes, genuínas... Dacia pôde observar, durante sua convivência com Pasolini, que este tinha uma relação pouco real com as mulheres:

> via [uma amiga] freqüentemente como uma mãe: sucedeu no caso da Laura Betti, da Elsa Morante. E, ainda que eu fosse um pouco mais jovem que ele, aconteceu comigo um pouco esse tipo de relação. Assim, não amando as mulheres, não as conhecia, não as entendia, e era mesmo levado, por uma espécie de vezo sentimental, a vê-las através dos olhos de seus rapazes. E freqüentemente falava das mulheres, não tanto das mulheres inteligentes que conhecia e estimava, mas das garotas, como se estivesse falando um rapaz de *borgata*, isto é, com grande familiaridade, mas também com muito desprezo, com desinteresse. Pasolini via um mundo com homens reais e mulheres irreais. Assim, em certos momentos, intuía as mulheres como imagens da mãe, em outros momentos as via através dos olhos dos rapazes que amava, em outros momentos ainda as concebia como figuras poéticas e muito abstratas. Não conseguia nunca vê-las na realidade delas, de maneira problemática[63].

De fato, Pasolini nunca conheceu carnalmente uma mulher e pensava que aquilo que, nos outros, era a coisa mais simples do mundo, nele era, justamente, a mais difícil. Um bissexual não recusa as vantagens sociais da heterossexualidade. Só o homossexual demonstra que a homossexualidade lhe oferece mais que a heterossexualidade, desde que a ela se entrega não apenas despojado de incentivo, como ainda permanentemente difamado e perseguido. Pasolini gostava de sentir-se jovem entre os jovens; ao chegar à maturidade, confessou sentir ainda as torturas do amor sexual, que foram atrozmente agudas entre os dezesseis e trinta anos. Ele as descrevia como uma doçura terrível e ansiosa que se agarrava às entranhas, as consumia, as queimava e as torcia, como uma onda quente, diante do objeto do amor. Cuidava de seu físico, jogava futebol, usava calças justas, que lhe realçavam os genitais. Com o poeta Sandro Penna, cercava-se de rapazes e lhes fazia ditirambos elogiosos da homossexualidade. Sua atividade sexual, difícil na juventude, não conheceu interrupções na idade adulta. Preferia ter relações com jovens bissexuais e só ocasionalmente com outros homossexuais, porque sua homossexualidade era a expressão de uma virilidade voltada para o desejo de uma outra virilidade: "A vagina me dá nojo!", declarou em público[64]. E, ao desejar que todas as mulheres permanecessem virgens (isto é, sem contato com os homens), desejava, conseqüentemente, que to-

63. G. Ricci, *Salò e altre ipotesi*. Incontro con Dacia Maraini. Roma, 29 mar. 1976, em http://www.fucine.com/network/fucine-mute/core/index.php?url=redir.php?articleid=104, acesso em 31 out. 2006.

64. Cf. U. P. Quintavalle, *Giornate di Sodoma*.

dos os homens permanecessem virgens também (isto é, sem contato com as mulheres).

Para Pasolini, o homossexual teria mais o sentido da origem sagrada da vida do que aquele que se pretende estritamente heterossexual: o respeito da santidade da mãe predisporia a uma singular identificação com ela. No fundo do homossexual haveria, então, a reivindicação de sua castidade: o desejo da angelização. Obscuramente, o homossexual procura o mesmo no outro, o outro-mesmo, um parceiro com o qual o terrível poder do pai, do profanador, não arrisque reproduzir-se. Ele tenderia a preservar a vida, não acelerando o ciclo procriação/destruição, mas substituindo à perenidade da espécie a coerência de uma cultura, a continuidade de um conhecimento[65]. As mulheres têm um papel mítico na obra pasoliniana: supermães, santas, oráculos, amantes perfeitas... Acusado de misoginia, defendeu-se explicando que, em seus livros e filmes, procurava exprimir o lado angélico da mulher, "rafaelizando-a", e que também considerava a mulher como um ser excluído (como o negro, o pobre, o homossexual, o intelectual, o judeu). Nem por isso as feministas deixaram de odiá-lo. E a causa está no debate sobre o aborto na Itália, quando o cineasta ousou romper o consenso favorável demonstrando que essa prática era a última medida que se tomava para exterminar as minorias sexuais. Com efeito, a defesa do aborto pressupõe a consideração da naturalidade do acoplamento heterossexual, e sua legalização favorece a maioria, tornando a relação homem-mulher ainda mais fácil e, praticamente, livre. Mas essa "maravilhosa permissividade" do ponto de vista majoritário foi tacitamente desejada, promulgada e definitivamente introduzida nos hábitos pelo poder consumista, que se apoderou das exigências de liberdade dos democratas e, fazendo-as suas, as esvaziou e perverteu: no contexto político da tolerância, a liberdade sexual da maioria tornou-se uma obrigação social, uma característica inevitável da qualidade de vida do consumidor:

> O resultado de tal liberdade sexual "oferecida" pelo poder é uma verdadeira neurose geral. A facilidade criou a obsessão, pois se trata de uma obsessão "induzida" e imposta, que deriva do fato de que a tolerância do poder concerne unicamente a exigência sexual expressa pelo conformismo da maioria. Ele protege unicamente o casal e o casal acabou se tornando uma condição paroxística, em vez de ser um sinal de liberdade e de felicidade (como o era nas esperanças democráticas).
>
> Tudo o que é sexualmente "diferente" é, pelo contrário, ignorado e rejeitado, com uma violência somente comparável à dos nazistas dos *lagers* (ninguém se lembra, naturalmente, que as pessoas sexualmente diferentes terminaram lá). É verdade: em palavras, o poder estende sua falsa tolerância mesmo às minorias. Não é talvez para se excluir

65. Cf. J. Duflot, *As Últimas Palavras do Herege.*

O CORPO VIVO

a possibilidade de falarem delas publicamente na televisão. De resto, as "elites" são muito mais tolerantes a respeito das minorias sexuais de que até certa época, e o são sinceramente (também porque isso lisonjeia suas consciências). Em compensação, a enorme maioria (a massa: cinqüenta milhões de italianos) tornou-se de uma intolerância mais vulgar, violenta e infame que nunca em toda a história da Itália. É essa massa (pronta para a chantagem, o tumulto e o linchamento das minorias) que, por decisão do poder, ultrapassa a velha convenção clérico-fascista e se dispõe a aceitar a legalização e, portanto, a abolição de todos os obstáculos nas relações do casal consagrado.

Todo mundo, dos radicais até Fanfani, omite, falando do aborto, o fato que o precede logicamente, quer dizer, o coito.

Omissão extremamente significativa! Não se pode, contudo, falar concreta e politicamente do aborto sem considerar o coito como político.

Ora, o coito de hoje torna-se, politicamente, muito diferente do daquele de ontem. O contexto político de hoje já é o da tolerância (e, portanto, o coito é uma obrigação social), enquanto o de ontem era o da repressão (e, portanto, o coito, fora do casamento, era um escândalo).

Outrora, o casal era bendito, hoje ele é maldito. As convenções e os jornalistas imbecis continuam a se enternecer com o "belo casalzinho" (como eles o dizem abominavelmente) sem se aperceberem de que se trata aí de um pequeno pacto criminoso. E os casamentos: outrora eram festas, e seu caráter institucional, tão estúpido e sinistro, era menos forte pelo fato de que era instituído por, precisamente, um processo feliz e alegre. Hoje, pelo contrário, os casamentos parecem precoces ritos fúnebres. A causa de todas essas coisas terríveis que estou dizendo é clara: outrora, a "espécie" devia lutar para sobreviver e, por conseqüência, o número de nascimentos devia ultrapassar o de falecimentos. Hoje, pelo contrário, se a "espécie" quer sobreviver, deve se arranjar para que o número dos nascimentos não ultrapasse o dos falecimentos. E, portanto: cada criança que nascia, outrora, representando uma garantia de vida, era bendita, enquanto cada criança que nasce hoje, contribuindo para a autodestruição da humanidade, é maldita.

Chegamos, assim, a este paradoxo: o que se dizia ser contra a natureza é natural e o que se dizia natural é contra a natureza[66].

Pasolini afirmava que a permissividade tutelada concernia exclusivamente o casal heterossexual. Se, formalmente, o poder estendia sua falsa tolerância às minorias, e as elites mostravam-se mais esclarecidas a respeito da homossexualidade, a massa fora neurotizada de tal modo que se tornava intolerante como nunca. O aborto legalizado era apenas a última facilitação no caminho da massificação do coito heterossexual, que acelerava a marcha de autodestruição da humanidade pela via da superpopulação. Pasolini justificava o aborto apenas em casos particulares, por motivos ecológicos, ainda o considerando um delito, e reivindicava, antes de mais nada, um programa de contracepção racional, que incluiria uma nova ética sexual,

66. P. P. Pasolini, Le coït, l'avortement, la fausse tolerance du pouvoir, le conformisme des progressistes, *Écrits corsaires*, p. 161-171.

TODOS OS CORPOS DE PASOLINI

anticoncepcionais, práticas sexuais diferentes e homossexualidade em escala planetária – medidas essas a serem divulgadas pelos meios de comunicação de massa e recomendadas pelas autoridades.

Diante dessa intervenção, ninguém permaneceu indiferente. Até amigos íntimos de Pasolini, como Alberto Moravia e Natalia Ginzburg, tentaram aniquilar seus argumentos, através da razão ou do ridículo. Mas o escritor defendeu-se numa série de artigos; tratou aquele velho amigo de cínico, aquela de sonâmbula; demonstrou como os argumentos de Umberto Eco e os de um jornalista fascista, que também se haviam misturado ao debate, eram perfeitamente idênticos no conteúdo e na linguagem – ambos reduziam intenções e argumentos; isolando o "estado de alma" no qual escrevera seu artigo contra o aborto para, ao invés de prestar-lhe solidariedade, fazer dele um objeto de polêmica de tipo estudantil. Essas reações demonstraram para Pasolini que a compreensão das elites para com as minorias sexuais era puramente verbal; ela consistia, na realidade, em conceder-lhes um gueto para se dedicarem às suas práticas, mas de onde seria proibido exprimir publicamente uma opinião até vagamente influenciada pelo "estado de alma", que nasce fatalmente quando se vive uma experiência minoritária; ficava subentendido que o ponto de vista devia ser forçosamente majoritário[67].

Pasolini recordou a campanha difamatória da imprensa italiana contra Maria Schneider após ela se declarar bissexual, e reviu sua opinião de que a elite havia se tornado mais tolerante em relação à homossexualidade. Mas, como observou, "na repressão vivem-se as grandes tragédias, nascem a santidade e o heroísmo; na tolerância definem-se as diversidades, analisam-se e isolam-se as anomalias, criam-se guetos. Eu preferiria ser condenado injustamente a ser tolerado". A falsa tolerância da elite, também provada na condenação moralista das relações homossexuais nas prisões – onde a homossexualidade potencial dos heterossexuais se manifestava muitas vezes de forma violenta – e a instrumentalização do poder consumista, que tudo absorvia e voltava em seu benefício, operaram outra cisão na ideologia de Pasolini. Sua nova crise era paralela à crise do extremismo de esquerda, que levou as pessoas a um conceito utilitarista da arte. A visão de Pasolini sobre as novas questões lingüísticas colocadas pelo consumismo, dispersa em diversas publicações, foi por ele mesmo reunida num livro seminal: *Empirismo eretico* (1972), sua espantosa contribuição à semiologia teorizando sua própria experiência expressiva no meio cinematográfico.

Ao mesmo tempo, verificava os estranhos efeitos de sua *Trilogia da Vida*. Ele havia realizado essa série de

67. P. P. Pasolini, Sacer; Thalassa; Chiens; e Cœur, *Écrits corsaires*, p. 172-178; 179-185; 186-194; 195-203, respectivamente.

O CORPO VIVO

filmes para se contrapor ao extremismo da esquerda tanto quanto à cultura oficial, através da força existencial mais extremista e profunda que havia no homem: o sexo. Ao adaptar romances clássicos da literatura picaresca medieval, Pasolini havia retido de suas tramas apenas os aspectos propriamente *pasolinianos*: os olhares de desejo voltados para os meninos glabros, o desprezo pelas convenções, o fascínio pela genitália masculina (especialmente quando ostentada por jovens oriundos das camadas mais baixas da sociedade) e a violência estilizada. A *Trilogia* liberara a expressão dissimulada da sensibilidade homossexual: sua câmara demorava-se no enquadramento dos falos e as personagens femininas representavam o desejo do próprio diretor, ao escolher para amantes jovens sem barba. Se os poetas e santos homossexuais da *Trilogia* eram autocaricaturas, Pasolini recorria aos casais de amantes de Boccaccio, Chaucer e dos contos árabes para exprimir mais livremente sua *homossexualidade através da heterossexualidade*. Contudo, o sucesso desses filmes coincidiu com o fenômeno da pornografia, que explodiu nos circuitos comerciais com *Deep Throat* (Garganta Profunda, 1972), um *trash* pornográfico realizado em seis dias ao custo de 25 mil dólares e que, lançado nos circuitos comerciais, rendeu 600 milhões de dólares[68]. Subitamente, o erotismo mais vulgar transformou-se na máxima expressão estética da sociedade de consumo, e as telas da Itália e do mundo viram-se inundadas por "filmes eróticos" na esteira da *Trilogia da Vida* e de *Garganta Profunda* – propostas radicalmente opostas igualadas pelo consumismo. Pasolini reviu suas posições a respeito da pretensa força subversiva do sexo; e veio a público recusar qualquer participação na erotomania em que a TV, o cinema, a publicidade e todas as mídias agora mergulhavam o mundo:

> 1. Eu penso, em primeiro lugar, que não se deve nunca temer, em caso algum, a instrumentalização por parte do poder e da sua cultura. É preciso comportar-se como se esta eventualidade perigosa não existisse. O que conta é, acima de tudo, a sinceridade e a necessidade daquilo que se deve dizer. Não é preciso traí-la de nenhuma maneira e muito menos calando diplomaticamente por *parti-pris*.
>
> Mas penso também que, depois, é preciso saber dar-se conta de quanto se foi instrumentalizado, eventualmente, pelo poder integrador. E, então, se a própria sinceridade ou necessidade foram subjugadas ou manipuladas, penso que se deve ter mesmo a coragem de abjurá-lo.
>
> Abjuro a *Trilogia da Vida*, se bem que não me arrependo de tê-la feito. De fato, não posso negar a sinceridade e a necessidade que me impeliram para a representação dos corpos e do seu símbolo culminante, o sexo.
>
> Tal sinceridade e necessidade têm diversas justificações históricas e ideológicas.
>
> Antes de tudo, inserem-se na luta pela democratização do "direito de exprimir-se" e pela liberalização sexual que eram dois momentos fundamentais da tensão progressista dos anos de 1950 e de 1960.

68. Veja-se o documentário *Inside Deep Throat* (2005), de Fenton Bailey e Randy Barbato.

TODOS OS CORPOS DE PASOLINI

Em segundo lugar, na primeira fase da crise cultural e antropológica começada por volta do fim dos anos de 1960 – em que começava a triunfar a irrealidade da subcultura dos *mass media*, e portanto, da comunicação de massa –, o último baluarte da realidade pareciam ser os "inocentes" corpos; com a arcaica, tosca e vital violência dos seus órgãos genitais.

Enfim, a representação de Eros, visto num ambiente humano apenas superado pela História, mas ainda fisicamente presente (em Nápoles, no Oriente Médio), era algo que me fascinava pessoalmente, como autor e como homem.

Agora tudo se subverteu.

PRIMEIRO: a luta progressista pela democratização expressiva e pela liberalização sexual foi brutalmente superada e desvanecida pela decisão do poder consumista de conceder uma tão vasta quanto falsa tolerância.

SEGUNDO: mesmo a "realidade" dos corpos inocentes foi violada, manipulada, subjugada pelo poder consumista: mais, tal violência sobre os corpos tornou-se o dado mais macroscópico da nova época humana.

TERCEIRO: as vidas sexuais privadas (como a minha) sofreram o trauma quer da falsa tolerância quer da degradação corpórea, e aquilo que nas fantasias sexuais era dor e alegria, tornou-se desilusão suicida, informe acídia.

2. Porém, aos que criticavam, desgostosos ou desdenhosos, a *Trilogia da Vida*, não lhes passe pela cabeça que o fato de eu abjurar conduza-me aos meus "deveres".

A minha abjuração conduz a algo bem diferente. Tenho terror de o dizer: e procuro, antes de o dizer, como é meu real "dever", elementos que o atrasem. Que são:

a. O intransgredível dado de fato que, mesmo que quisesse continuar a fazer filmes como os da *Trilogia da Vida*, não o poderei: porque agora odeio os corpos e os órgãos sexuais. Naturalmente, falo destes corpos, destes órgãos sexuais. Isto é, dos corpos dos novos jovens e rapazes italianos, dos órgãos sexuais dos novos jovens e rapazes italianos. Ser-me-á objetado: "Tu, na realidade, não representavas na *Trilogia* corpos e órgãos sexuais contemporâneos, mas sim os do passado". É verdade: mas durante alguns anos foi-me possível iludir-me. O presente degenerante era compensado quer pela objetiva sobrevivência do passado, quer, por conseguinte, pela possibilidade do passado de revogá-lo. Mas, hoje, a degeneração dos corpos e dos sexos assumiu valor retroativo. Se aqueles que então eram assim e assim, quer dizer que o eram já potencialmente: portanto também o seu modo de ser de então é desvalorizado pelo presente. Os jovens e os rapazes do subproletariado romano – que depois são aqueles que eu projetei na velha e resistente Nápoles, e depois nos países pobres do Terceiro Mundo – se agora são imundície humana, quer dizer que também então o eram potencialmente: eram, portanto, imbecis obrigados a ser adoráveis; esquálidos criminosos obrigados a ser simpáticos malandrotes; vis ineptos obrigados a ser santamente inocentes etc. O desabar do presente implica também o desabar do passado. A vida é um molho de insignificantes e irônicas ruínas.

b. Os meus críticos, dolorosos ou desdenhosos, enquanto tudo isso acontecia, tinham cretinos "deveres", como diziam, a continuar a impor: eram "deveres" que diziam respeito à luta pelo progresso, pelo desenvolvimento, pela liberalização, pela tolerância, pelo coletivismo etc. etc. Não se deram conta de que a degene-

O CORPO VIVO

ração chegou precisamente através de uma falsificação dos seus valores. E agora têm o ar de estar satisfeitos! De achar que a sociedade italiana melhorou *indubitavelmente*, isto é, tornou-se mais democrática, mais tolerante, mais moderna etc. Não se dão conta da avalanche de delitos que submerge a Itália: relegam esse fenômeno para a crônica e removem dele qualquer valor. Não se dão conta de que não há outra solução de continuidade entre os que são tecnicamente criminosos e os que não o são: e que o modelo de insolência, desumanidade, desapiedade, é idêntico para toda a massa dos jovens. Não se dão conta de que na Itália existe mesmo o "recolher obrigatório", que a noite é deserta e sinistra como nos mais negros séculos do passado: mas isso não o experimentam, instalam-se em casa (quiçá a gratificar com modernidade a própria consciência com a ajuda da televisão). Não se dão conta de que a televisão e, talvez ainda pior, a escola primária degradaram todos os jovens e rapazes em insatisfeitos, complexados, racistas, burgueses de segunda série: mas consideram tudo isso como uma desagradável conjuntura, que certamente se resolverá – como se uma mudança antropológica fosse reversível. Não se dão conta de que a liberalização sexual, em vez de dar ligeireza e felicidade aos jovens e aos rapazes, os tornou infelizes, fechados e, por conseguinte, estupidamente presunçosos e agressivos: mas disso não se querem absolutamente ocupar, porque nada lhes interessam os jovens e rapazes.

c. Fora da Itália, nos países "desenvolvidos" – especialmente na França – agora os jogos são feitos de uma só peça. É uma peça que no povo antropologicamente já não existe. Para os burgueses franceses, o povo é constituído por marroquinos, ou por gregos, portugueses ou tunisianos. Os quais, desgraçados, nada mais têm a fazer do que assumir o mais rapidamente possível o comportamento dos burgueses franceses. E isto o pensam quer os intelectuais de direita, quer os intelectuais de esquerda, de uma mesma idêntica maneira.

3. Em suma, chegou o momento de enfrentar o problema: a que é que me conduz a abjuração da *Trilogia*?

Conduz-me à adaptação.

Estou escrevendo estas páginas a 15 de julho de 1975, dia das eleições. Sei que mesmo que – como é muito provável – se tenha uma vitória da esquerda, será um o valor nominal do voto, será outro o seu valor real. O primeiro demonstrará uma unificação da Itália modernizada em sentido positivo; o segundo demonstrará que a Itália – com exceção naturalmente dos tradicionais comunistas – é no seu conjunto hoje um país despolitizado, um corpo morto cujos reflexos não são senão mecânicos. Isto é, a Itália não está vivendo outra coisa senão um processo de adaptação à própria degradação, de que procura libertar-se apenas nominalmente. *Tout va bien*: não há no país massas de jovens criminosos ou neuróticos ou conformistas até a loucura e a mais total intolerância, as noites são seguras e serenas, maravilhosamente mediterrâneas, os raptos, as rapinas, as execuções capitais, os milhões de assaltos e furtos preenchem as páginas de crônica dos jornais etc. etc. Todos se adaptaram ou através de não querer dar-se conta de nada ou através da mais inerte desdramatização.

Mas devo admitir que também o ter-se dado conta ou ter dramatizado não preserva do fato da adaptação ou da aceitação. Portanto, estou-me adaptando à degradação e estou aceitando o inaceitável. Manobro para reordenar a minha vida. Estou esque-

101

cendo como eram antes as coisas. As amadas feições de ontem começam a empali-
decer. Tenho perante mim – cada vez mais sem alternativas – o presente. Readapto o
meu empenho numa maior legibilidade (*Salò*?)[69].

Pasolini alimentava ainda a fantasia de partir em auto-exílio para
o Marrocos. Mas como escapar de seu passado? Estava ligado culturalmente a essa Itália, que agora abominava. Restava-lhe a denúncia sem
esperança, a fria constatação de que o futuro havia acabado. Achava que
mesmo os mais inteligentes e interessantes escritores jovens eram frios,
sem sexo. Concluiu, pouco a pouco, que ninguém podia influir mini-
mamente no curso dos acontecimentos, que forças transcendentes ultra-
passavam os indivíduos. Sua esperança convertia-se em utopia. Desistia,
amargurado, de tudo o que poderia ser bom e que foi arrasado. Pasolini
tinha consciência de que a sua *Trilogia* fora o último hino à vida, o documentário de um mundo alegre e são que se desfazia. Já não podia mais
suportar olhar as pessoas em seus olhos: elas eram, agora, más em seu íntimo. Mesmo a esquerda via-se engolfada no novo fascismo do consumo:
Pasolini desafinou o coro dos contentes, que então celebravam a "obra-
prima" *Cem Anos de Solidão*, de Gabriel Garcia Márquez, qualificando
esse escritor amigo de Fidel Castro como um baixo autor de *best-sellers*:
incluía aquele livro na categoria da literatura feita para ser imediatamente consumida através de sua adaptação para o cinema: o novo "grande
escritor" apontado pelas mídias não passaria de um escritor indigno, a
submeter o texto literário aos clichês do consumo, permanecendo, junto
ao seu público, distante da grande literatura.

Pasolini sabia também que a revolução sexual promovida pelo fascismo do consumo era uma mistificação, que assim que a humanidade ter-
minasse de realizar a industrialização total do planeta, um moralismo feroz
ressurgiria a obrigar todos a fazer o amor dentro das normas produtivas e
sociais, através da distribuição de papéis. Mas, decidido a não se submeter,
a investir contra a massa bem pensante, começou a preparar uma resposta
global ao poder consumista e aos seus opositores imaginários. O tipo e
a medida dessa resposta já podiam ser avaliados em sua intervenção no
debate "Por uma cultura democrática contra a censura do Estado". Pasolini
subverteu o tema proposto para outro sentido e outra fórmula: "Por uma
censura democrática contra a permissividade do Estado":

> A realidade é que o Estado é hoje tão permissivo quanto pode
> ser um Estado. Sua tolerância, contudo, não é infinita, mas
> limitada – uma forma mascarada de repressão, quer dizer: uma
> repressão mais total – ainda que constitua um progresso em

69. P. P. Pasolini, Abjurei a *Trilogia da Vida*, *Últimos Escritos*,
p. 14-32.

O CORPO VIVO

relação à repressão declarada do regime fascista e de sua continuação, o regime demo-crata-cristão. Mas neste progresso está o perigo: tal permissividade do Estado é um dos elementos de poluição do homem, justamente porque ele é estatal, capitalista; ela é, portanto, um elemento da alienação e da neurotização dos indivíduos – um elemento de mercantilização que, em grande escala, coincide com um verdadeiro genocídio[70].

Pasolini tinha propostas concretas para fazer explodir a falsa permissividade do Estado. Primeiro, os artistas deveriam produzir, e os críticos defender, e todos os democratas apoiar, por uma luta decisiva desde a base, obras extremistas deliberadamente inaceitáveis mesmo às vistas mais largas do novo poder, desmascarando os fins puramente econômicos que prevêm uma liberalização do sexo dentro de limites rigorosos. Depois, seria preciso recolocar em discussão um dos pontos principais da luta democrática pela liberdade de expressão, a saber, a vontade de recusar a distinção reacionária, codificada precisamente no código fascista, entre obra ordinária e obra de arte. Segundo Pasolini, pensava-se que não havia limite na liberdade de expressão e que, por-tanto, as obras pornográficas e comerciais tinham também o direito de existir. Tinha-se razão em lutar por isto. Contudo, o que ocorria na prá-tica era que a tolerância de Estado tendia a se voltar para as obras por-nográficas e comerciais, quer dizer, vulgares, enquanto continuava a ser intolerante contra as obras de arte, onde o elemento erótico tinha sempre um significado cultural e político. Pasolini sugeria, então, que se devesse reassumir como válida (mas não no plano jurídico), a distinção entre obra pornográfica comercial, desejada em realidade pelo poder, e obra pornográfica poética. Seria sobre *essa* distinção que se poderia exercer, justamente, uma censura democrática.

Pasolini insistia em que o novo poder capitalista momentanea-mente ultrapassara a esquerda no caminho da realização de certa tolerân-cia, instituindo-a de maneira decisiva nas consciências; e difundindo-a de maneira decisiva nas massas, com os melhores efeitos, do seu ponto de vista, mas com resultados catastróficos do ponto de vista antropoló-gico. Jamais o erotismo fora tão obsessivo – justamente porque ele era visto exclusivamente como um comportamento social ou como um fim a atingir. Mas não havia nada mais frustrante que a obrigação de realizar uma liberdade que lhe concedem, estendida especialmente para os menos privilegiados. Sendo materialmente impossível realizar o casal radioso do consumo, a situação comportava uma série de inibições econômicas e de tabus reais que as épocas repressivas não conheciam, porque elas se esgotavam em uma série, por vezes atroz, de restrições

70. Pour une censure démocra-tique contre la permissivité d'État, *Écran* n. 42; Le génoci-de, *Écrits corsaires*, p. 293-301.

TODOS OS CORPOS DE PASOLINI

legais e de negações morais. Diante desse quadro, como voltar a ser senhor de sua liberdade e de sua consciência? Elas haviam escapado das mãos das forças progressistas – pelo menos parcialmente – e estavam solidamente seguras nas mãos do poder, salvo em caso de recessão grave. A única esperança, portanto, seria a radicalização total. Jamais como então, concluía Pasolini, os homens políticos e os intelectuais tinham o dever de ser, ao extremo, "anticonformistas, claros e duros".

Pasolini passou a investir toda sua energia moral contra o consumismo, que ele abominava no sentido físico do termo. Estampou essa náusea numa série de artigos escritos para jornais e revistas e que só depois de sua morte foram reunidos em livros. É fundamental, para a leitura desses textos, a compreensão de dois conceitos de Pasolini: o de clérico-fascismo e o de novo fascismo. O clérico-fascismo correspondia à velha aliança entre o Estado capitalista e a Igreja, gerando um totalitarismo agrário, artesanal e conservador. Esse seria um fascismo "superficial", que manteria intacta a estrutura psíquica do povo e suas tradições. Seriam exemplos de clérico-fascismo o salazarismo, o franquismo, o regime de Mussolini. Já o novo fascismo corresponderia a uma outra aliança: a da Empresa totalitária com o Estado, gerando um totalitarismo tecnológico, industrial, progressista. O novo fascismo seria mais profundo que o clérico-fascismo, penetrando até a alma dos indivíduos, roubando-lhes a humanidade. Exemplos desse novo fascismo seriam todos os "milagres econômicos". O que há de original nesses conceitos de Pasolini é que, vindo o novo fascismo sob a roupagem da democracia, após o triunfo do nazifascismo, ele ousava afirmar que o clérico-fascismo seria um mal menor. A sociedade de consumo seria um novo tipo de fascismo que transformava radicalmente os jovens, que os tocava no que eles tinham de mais íntimo, dando-lhes outros sentimentos, outras maneiras de pensar, de viver, outros modelos culturais. Não se tratava mais, como na época mussoliniana, de uma arregimentação exterior, superficial e cenográfica, mas de uma arregimentação real, física e total.

Para Pasolini, no centro da civilização ditatorial do consumo encontravam-se a exploração e a modificação mecânicas da natureza, ao cabo das quais nada mais permanecia intacto: o indivíduo médio da época de Leopardi podia interiorizar a natureza e a humanidade na pureza ideal objetivamente contida nelas; o indivíduo médio de hoje só podia interiorizar um Fiat, um refrigerador, um fim de semana na praia[71]. A tolerância das democracias burguesas seria falsa porque revogável cada vez que o poder sentia a necessidade disso; seria perigosa porque favorecia uma maioria que, em sua

71. La première vraie révolution de droite, *Écrits corsaires*, p. 50.

O CORPO VIVO

santidade, nunca tinha razão: porque seu conformismo era sempre, por sua própria natureza, brutalmente repressivo. Pasolini contestava a forma democrática como tudo ia sendo implantado, já que a participação das massas nas grandes decisões "formais" era, em realidade, desejada pelo poder; um poder que, precisamente, tinha necessidade de um consumo de massa e de uma cultura de massa. E a massa "participante", mesmo se ela era comunista ou progressista, era manipulada pelo poder através da imposição de "outros" valores e de "outras" ideologias; uma imposição que se operava no vivido, e no vivido se operava a adoção. Esse poder não realizava a aculturação através da violência, da guerra, do colonialismo, mas através da técnica, de forma permanente e sutil. Era um poder que necessitava, da parte dos consumidores, de um espírito completamente pragmático e hedonista, no qual o ciclo da produção e do consumo pudesse efetuar-se segundo sua própria natureza.

Não havia lugar, nesse quadro, para a religião, nem, sobretudo, para a Igreja. Mas se a nova sociedade não precisava de religião nem de Igreja, precisava de alguns valores exaltados pela religião e defendidos pela Igreja. A família era um deles. Um indivíduo podia não ser o consumidor que desejava o produtor; ele podia ser um consumidor irregular, imprevisível, livre em suas escolhas, surdo e, quem sabe, capaz de recusar, de renunciar a esse hedonismo que se tornara a nova religião. A noção de indivíduo era por essência contraditória e inconciliável com as exigências do consumo. Era preciso, portanto, destruir o indivíduo. Era preciso substituí-lo pelo homem-massa. Era no seio da família que o homem se tornava verdadeiramente consumidor: primeiro, pelas exigências sociais do casal; depois, por causa das exigências sociais da verdadeira família. Dessa forma, o capitalismo manipulador apropriava-se do tempo livre dos indivíduos, destituía suas vidas de sentido, incorporava os valores mais reacionários ao hedonismo de massa e estabilizava os padrões de gosto e entendimento no mais baixo nível, onde a manipulação podia exercer-se livremente. O resultado era a mutação antropológica dos povos e sua completa redução a um modelo único[72].

Pasolini responsabilizava a escola – que só ensinava às crianças coisas inúteis e estúpidas para adaptá-las à qualidade de vida pequeno-burguesa – e a televisão – que fazia o mesmo em escala infinitamente maior – pela degradação física e moral da humanidade. Segundo ele, a tolerância da ideologia hedonista desejada pelo novo poder, a pior das repressões de toda a história humana, pôde exercer-se através de duas revoluções, que tiveram lugar no interior da or-

72. Pas d'amour, pas de culture: un langage sans origine e Le véritable fascisme et donc le véritable antifascime, *Écrits corsaires*, p. 86-89.

TODOS OS CORPOS DE PASOLINI

ganização burguesa: a revolução das infra-estruturas e a revolução do sistema de informação. As estradas e a motorização uniram as periferias ao centro, abolindo toda distância material. Mas a revolução dos *mass media* foi ainda mais radical e decisiva. Por meio da televisão, o centro assimilou todo o país, que era historicamente muito diferenciado e muito rico em culturas originais. Uma grande obra de normalização perfeitamente autêntica e real começou e impôs seus modelos: modelos desejados pela nova classe industrial. Essa classe não se contentava mais com um "homem que consome"; ela pretendia, ainda por cima, que outras ideologias, além da de consumo, fossem inadmissíveis.

Com a massificação do casal pequeno-burguês, composto de dois indivíduos que davam valor à vida somente através dos bens de consumo, os jovens subproletários, humilhados, dissimulavam o nome de sua profissão em suas carteiras de identidades e o substituíam pela qualificação de estudante. Desde o momento em que haviam sentido vergonha de sua ignorância, puseram-se igualmente a desprezar a cultura (característica pequeno-burguesa que imediatamente adquiriram por mimetismo). Ao mesmo tempo, o jovem pequeno-burguês, em sua vontade de se identificar com o modelo "televisionado", tornava-se estranhamente grosseiro e infeliz. Se os subproletários se aburguesavam, os burgueses se subproletarizavam. A televisão era um dos principais instrumentos dessa revolução: não enquanto meio técnico, mas enquanto instrumento de poder e poder ela mesma. Porque ela não era somente um lugar onde circulavam as mensagens, mas também um centro de elaboração de mensagens. Ela constituía o ambiente onde se concretizava uma mentalidade que, sem ela, não poderia manifestar-se. Era através do espírito da televisão que se manifestava concretamente o espírito do novo poder. A televisão era tão autoritária e repressiva como jamais outro meio de informação o havia sido no mundo. O jornal fascista e as inscrições de *slogans* mussolinianos nas fazendas faziam rir em comparação: como a charrua diante do trator. O clérico-fascismo não conseguira, no fundo, arranhar a alma do povo italiano, enquanto o novo fascismo, graças aos meios de comunicação e de informação (sobretudo, justamente, a televisão), não somente arranhou, como também lacerou, violou e emporcalhou para sempre[73].

A razão disso, segundo Pasolini, era que as técnicas audiovisuais tomavam o homem no momento em que ele *dava o exemplo* (quer ele quisesse ou não). Não se fundando em primeiro lugar sobre a montagem, a televisão se limitava a ser uma técnica audiovisual em estado puro: ela

73. Acculturation et acculturation, *Écrits corsaires*, p. 55-57.

O CORPO VIVO

estava, portanto, muito próxima desse plano-seqüência ininterrupto que o cinema era virtualmente. Os "planos-seqüências" da televisão mostravam o homem de maneira naturalista: faziam falar sua realidade pelo que ela era. Mas desde que a única intervenção não-naturalista da televisão era o corte efetuado pela censura feita em nome da pequena-burguesia, a tela de TV transformava-se numa *fonte perpétua de representações de exemplos de vida e ideologia pequeno-burguesas*, quer dizer, de "bons exemplos". Por isso, a televisão era, para Pasolini, tão repugnante quanto os campos de extermínio. Seu mal estava em sua própria linguagem, por natureza físico-mimética: a televisão criava modelos de comportamento adequado e os heróis da propaganda televisionada proliferavam-se em milhões de heróis análogos na realidade. Os jovens que se distinguiam pertenciam à elite e estavam condenados a ser terrivelmente infelizes[74].

Em 1974, numa coletânea de poemas[75], Pasolini expressou sua perplexidade perante esse cataclismo: "Eu não sei nem como, nem quando, alguma coisa de humano acabou". Ele ressentia não poder mais sequer odiar a burguesia porque, agora, todo o mundo era burguês. Assim, como havia recorrido ao friulano para expressar-se sob o fascismo, reescreveu nesse dialeto seu primeiro livro de poemas à luz da política de industrialização total; e o dedicou ao primeiro jovem que cortasse seus cabelos e lhe trouxesse uma mecha como prova, em troca da qual prometia dar um exemplar do livro, tendo o jovem demonstrado, com este gesto, não ser um fascista *em seu corpo*. Pasolini afirmava ser preciso recusar o desenvolvimento capitalista, fundado sobre princípios errados, e até malditos, pois pressupunham uma sociedade melhor e, por isso, inteiramente burguesa. Pessimista em relação aos efeitos e às conseqüências do desenvolvimento, apostava na crise como uma forma de reverter essas tendências: "Se cinco anos de progresso fizeram dos italianos um povo de neuróticos idiotas, cinco anos de miséria podem restituir-lhes a humanidade, por miserável que ela seja". Na sua resistência desesperada e solitária à barbárie consumista, Pasolini propunha, de imediato, fechar as escolas e a televisão, isto é, mudar, mas tão drástica e desesperadamente quanto drástica e desesperada era a situação. Depois de confirmar sua constatação de 1963 de que "a Revolução não é mais que um sentimento"[76], decidiu arrastar seu público ao inferno, desencadeando ao seu redor um turbilhão de forças negativas que nenhum poder podia mais controlar, a não ser pelo crime.

---

74. Enrichessiment de l' "essai" sur la révolution anthropologique en Italie, *Écrits corsaires*, p. 104.

75. *La nuova gioventù*: Poesie friulane (1941-1974). Nessa coletânea, Pasolini refundiu uma outra, mais antiga, intitulada *La meglio gioventù*.

76. Progetto di opere future, em *Bestemmia:* tutte le poesie, vol. I, p. 809.

Salò

Em meio ao ódio coletivo que as polêmicas da "semiologia da realidade" empreendida por Pasolini levantaram na Itália, ele concebeu a obra que melhor se ajustava ao seu conceito de obra extremista; e que constituiu seu acerto de contas com o poder consumista, sua falsa tolerância e a ilusão que ele disseminava, mesmo entre os intelectuais de oposição, de que um homem podia tolerar ser tolerado: *Salò, o Le 120 giornate di Sodoma* (Salò, ou os 120 dias de Sodoma, 1975), adaptado por Sergio Citti, Puppi Avatti e Pasolini do romance *Les 120 Journées de Sodome* (Os 120 Dias de Sodoma), do Marquês de Sade. Sergio Citti escrevera o primeiro tratamento de um projeto de adaptação do romance de Sade, levando o texto a Pasolini para saber sua opinião; ele teria achado o roteiro extraordinário e Citti sugeriu que ele o dirigisse; Pasolini fez então o amálgama do romance com sua visão da República de Salò; quis ainda dar um enfoque com o qual Citti não concordou, preferindo que o filme assumisse o ponto de vista dos carrascos, e não o das vítimas já que, a seu ver, as vítimas procuravam seus próprios carrascos; Pasolini acabou, finalmente, realizando o filme sob essa ótica, anunciando-o como "um sonho louco, inexplicável, do que aconteceu no mundo durante os anos de 1940". Ao transpor em imagens o universo de Sade, Pasolini manteve-se fiel ao espírito e à psicologia dos personagens originais. Ao mesmo tempo, localizando a história no território concedido por Adolf Hitler a Benito Mussolini, na chamada República de Salò, onde o fascismo resistirá de 1943 a 1945, transformando os Senhores da decadente aristocracia francesa do século XVIII nos piores fascistas italianos do século XX, ele acentuou a dimensão política da obra pornográfica de Sade dando-lhe novos significados: "Todo o filme e suas atrocidades quase insuportáveis apresentam-se como uma enorme metáfora sádica do que foi a 'dissociação' nazifascista com seus crimes contra a humanidade", declarou. Contudo, a própria metáfora do fascismo em *Salò* apresenta-se desdobrável: visa tanto o clérico-fascismo como o novo fascismo, amalgamados na matriz sádica do sexo forçado e da violência gratuita.

Pasolini imaginava que Sade, escrevendo as jornadas de *Os 120 Dias de Sodoma*, havia pensado particularmente em Dante. Assim reestruturou o livro em três círculos dantescos. Mas a idéia de uma representação sacra era, a seu ver, um esteticismo; seria preciso preenchê-la com imagens e conteúdos. Os quatro Senhores sadistas tornaram-se quatro Senhores nazifascistas; o castelo para onde levavam os prisioneiros, uma espécie de *lager*. Interessava a Pasolini ver como agiam os poderosos dissociando-se da humanidade para transformá-la em objeto. O filme transcorreria em Salò e

O CORPO VIVO

Marzabotto. E mesmo descrevendo uma série de atrocidades, Pasolini faria ainda um filme poético, pois assim entendia a natureza do cinema:

> O cinema tem um caráter de sonho, porque está vizinho aos sonhos, porque uma seqüência cinematográfica é a seqüência cinematográfica de uma narrativa ou de um sonho e não apenas isso, mas as coisas em si mesmas são profundamente poéticas: uma árvore fotografada é poética, um vulto humano fotografado é poético; porque a fisicalidade é poética em si, porque é uma aparição, cheia de mistério, cheia de ambigüidade [...]. O cinema de poesia é o cinema que adota uma técnica particular, da mesma forma como o poeta adota uma técnica particular para escrever versos. Se se abre um livro de poesia, se reconhece imediatamente o estilo, o modo de rimar e todo o resto: vê-se a língua como um instrumento, contam-se as sílabas de um verso. O equivalente daquilo que se vê num texto poético pode-se encontrar num texto cinematográfico, através dos estilemas, ou seja, através dos movimentos de câmara e da montagem. Para aqueles para os quais fazer um filme é ser poeta.

Em meados de fevereiro de 1975, Pasolini iniciou as tomadas de *Salò* no campo em torno de Mantova. O filme foi rodado com dificuldade, entre freqüentes rebeliões dos atores, que tentavam recusar seguir os gestos obscenos e de pronunciar as falas de maneira tão crua e explícita como as havia imaginado Pasolini (seguindo Sade). Mas Pasolini tornou-se quase maníaco cuidando do realismo da representação: "Se alguém deve cair no chão, morto, faço-o repetir mil vezes até que pareça mesmo um corpo que cai morto. Em suma, um ponto de perfeição formal que me serve para fechar numa espécie de invólucro as coisas terríveis de Sade, do fascismo".

Segundo a detalhada análise do filme realizada por Serafino Murri, *Salò*, sempre fiel ao texto e ao espírito de Sade, autor que possuía estranha obsessão por números, monta ritualisticamente uma série de quartetos: quatro Senhores representam quatro Poderes (o Duque, o nobiliário; o Monsenhor, o eclesiástico; o Presidente do Tribunal, o judiciário; e o Presidente do Banco Central, o econômico); eles têm quatro Filhas; convocam quatro Meretrizes (três narradoras e uma pianista); fazem capturar jovens que são divididos em quatro grupos: vítimas, soldados, colaboradores, serviçais; e se fecham na enorme *villa* à margem de Salò por quatro meses, que transcorrem dentro de uma estrutura dantesca, à qual correspondem os quatro capítulos (um Anteinferno e três Círculos) da narrativa. O Anteinferno mostra a subscrição das regras da parte dos Senhores, seu pacto de sangue (cada Senhor desposa a filha do outro), o seqüestro dos jovens pela SS. O primeiro Círculo é o das Manias. Instruídos pela senhora Vaccari, os Senhores exercitam uma série de sevícias sobre os corpos dos adolescentes: os fiéis guardas republicanos os

TODOS OS CORPOS DE PASOLINI

prendem a coleiras, e os obrigam a andar de quatro, nus, como cães; os recalcitrantes são punidos: dão-lhes para comer pudins recheados com agulhas. O Círculo da Merda é ainda mais desagradável: conduzidos pela Senhora Maggi, os eruditos Senhores (que citam Klossowski, Baudelaire, Proust e Nietzsche de memória) lançam-se à coprofilia, obrigando todos a juntarem suas defecações para um grande banquete, numa espécie de perversão sádica da Santa Ceia. Finalmente, no Círculo do Sangue, culminam as torturas: depois de transformar os adolescentes em delatores das infrações alheias, as vítimas – todos os que não se tornaram colaboracionistas nas torturas – são mutilados e mortos, enquanto os Senhores observam tudo de binóculo. Depois de realizar uma patética dança da morte em travesti, os Senhores entregam-se à necrofilia, na apoteose do desprezo pela humanidade, pela vida, pelo mundo. Num Epílogo não anunciado, após o suicídio da pianista, em meio à carnificina geral, cansados de orgias e torturas, dois colaboracionistas mudam de estação na rádio que transmitia a *Carmina Burana* de Carl Orff, e, ao som da cançoneta dos anos de 1940, *Son tanto triste,* improvisam passos de valsa, dialogando: – "Sabe dançar?". – "Não.". – "Bem, vamos ver, vamos tentar…". – "Como se chama sua garota?". – "Margherita."[77].

Pasolini não viveu para ver seu filme editado. Quando *Salò* foi projetado em pré-estréia no Festival de Paris, no dia 22 de novembro de 1975, o diretor já estava morto há vinte dias. E aqui se coloca um problema não suficientemente esclarecido pelos estudiosos: até que ponto *Salò* – tal como se encontra editado – é o filme que Pasolini imaginou? Seguiu a edição final sua visão do que deveria ser o filme? Sobre esse ponto em particular, Pasolini escreveu:

> A acumulação obsessiva, até o limite do tolerável, dos fatos sádicos, ritualizados e organizados, é "corrigida" por um humor negro que explode às vezes em detalhes de um cômico declarado e sinistro, graças ao que tudo subitamente vacila e se apresenta como não verdadeiro, não crível, por causa, justamente, do satanismo "grandguignolesco" da própria autoconsciência. É nesse sentido que a *mise en scène* se exprime sobretudo na edição: é ali que se produz a dosagem entre um sinistro, sanguinolento Thanatos e um Baubon de bom mercado (sendo Baubon ou Bauba uma divindade grega de riso liberador, ou melhor, obsceno e liberador). A cada plano, pode-se dizer, eu me coloquei o problema de tornar o espectador intolerante e, logo em seguida, de desconcertá-lo. *Salò* será um filme cruel, tão cruel que (suponho) eu deverei forçosamente me distanciar dele, fingir não acreditar nele e adotar uma postura gelada.

Há, de fato, um sutil humor negro que banha o filme, mas não podemos afirmar com absoluta segu-

77. S. Murri, *Pier Paolo Pasolini.*

O CORPO VIVO

rança que a dosagem pretendida por Pasolini entre as cenas de horror e as cenas que o quebrariam pelo toque humorístico grotesco foi efetivamente realizada pelos editores. De qualquer modo, as reações da opinião pública atingiram o nível de escândalo ambicionado pelo diretor: "Este filme vai tanto além dos limites, que digo sempre que depois disso deverei me exprimir em outros termos. É um novo salto. Um novo diretor. Pronto para um mundo moderno", declarou Pasolini, irônica e enigmaticamente, numa de suas últimas entrevistas. Trata-se, sem dúvida, de um filme tão moderno, tão novo na apresentação do horror, que as interpretações sucedem-se, até hoje, com base no método de tentativa e erro.

Escreveu Serafino Murri, por exemplo: "Para o carrasco se põe o problema da repetitividade do ato em relação com a morte, o que o leva a procurar não uma, mas cem vítimas, porque de outro modo não poderia repetir-se senão perdendo, em última análise, seu poder" e: "a repetitividade do ato sodomita representa, pela sua mecanicidade, o paradigma que reassume as terrificantes imposições do neocapitalismo". Se a primeira asserção é correta, a segunda não o é: o ato sodomita não representa um paradigma pela sua repetitividade; seja anal, vaginal, oral ou masturbatório, *todo ato sexual* é repetitivo e poderia servir a mesmo título como *paradigma de repetitividade do exercício do poder*. A opção exclusiva pela sodomia vem do imaginário de Sade, que, como mostrou Simone de Beauvoir, apesar de toda sua "libertinagem", era um homossexual reprimido[78]. Foi o risco que Pasolini correu ao adaptar esse autor: ousou encenar um imaginário homofóbico por força de ser fiel às representações sadianas; e pior: colou ao homofóbico imaginário sadiano seu próprio imaginário traumatizantemente erotizado do fascismo. Pois o imaginário de Pasolini foi marcado indelevelmente por dois choques opostos e simultâneos ocorridos em 1943-1944: sua iniciação homossexual no quadro de uma idealizada e paradisíaca Casarsa, com sua cultura humanista e antifascista; e sua descoberta da opressão do poder nazista, com torturas e mortes atrozes em plena República de Salò. Esses choques opostos e simultâneos tornaram seu imaginário refratário à erotização involuntária do nazismo que o horrorizava, imaginário agravado em *Salò* ao ser colocado no quadro do imaginário sadiano. Somente assim podemos entender essa afirmação de Pasolini:

> Neste momento eu gostaria de ter feito um filme contra o poder atual, mas como fisicamente eu não suporto ter diante de mim os objetos dos bens de consumo atuais,

---

78. CF. Simone de Beauvoir, Faut-il brûler Sade?, *Privièges*.

os móveis de hoje, não poderia jamais fazer um tal filme, porque não se pode viver um ano em contato com coisas que detestamos[79].

Aqui, Pasolini, no afã de não perder sequer uma chance de abominar o consumismo, ofereceu, sem perceber, o próprio peito ao punhal da crítica: quer dizer então que ele *detestava* a TV, o liquidificador, o aspirador de pó, a faca elétrica; mas *não detestava* os uniformes nazistas, as metralhadoras, os casamentos pervertidos, o banquete de merda, as agulhas no pudim, os escalpos, as mutilações, os assassinatos, todo o sadismo com que teve de conviver durante as filmagens? É evidente que Pasolini detestava tudo isso, ainda que tudo isso, ao ser encenado, podia se transformar no *set* em um jogo divertido, do qual se poderia até rir, mas o ato falho revela, na verdade, aquilo que Pasolini não queria, talvez, explicitar até para si mesmo: seu profundo, irracional, sentimento de ter vivido sua "melhor juventude" durante a República de Salò – uma experiência de resto comum a toda sua geração, que viveu seus anos dourados, os de maior vigor erótico, sob a opressão do nazifascismo. Consciência disso Pasolini certamente tinha, como se pode deduzir por essa declaração:

Não se deve confundir ideologia com mensagem, nem mensagem com sentido. A mensagem pertence em parte (a da lógica) à ideologia, e em parte (a da alogia) ao sentido. A mensagem lógica é quase sempre esclerosada, mentirosa, pretextual, hipócrita, mesmo quando é muito sincera. Quem poderia duvidar da minha sinceridade quando digo que a mensagem de *Salò* é a denúncia da anarquia do poder e da inexistência da História? E, no entanto, assim enunciada, tal mensagem é esclerosada, mentirosa, pretextual, hipócrita, isto é, lógica da mesma lógica que não acha de fato anárquico o poder, e que acha a História existente, assim, como um dever. A parte da mensagem que pertence ao sentido do filme é imensamente mais real, por que inclui também tudo aquilo que o autor não sabe, isto é, a ilimitação de sua própria restrição social histórica. Mas tal parte da mensagem é inexprimível, não pode senão ser deixada ao silêncio e ao texto... A razão prática diz que durante a República de Salò era particularmente fácil e na atmosfera organizar o que organizaram os heróis de Sade: uma grande orgia numa villa guardada por S.S. Sade diz expressamente numa frase, menos célebre, entretanto, que muitas outras, que nada é mais profundamente anárquico que o poder: e isso vale para todo poder. De meu conhecimento, jamais houve na Europa um poder tão anárquico quanto o da República de Salò: era a desmesura mais mesquinha feita governo. O que vale para todo poder era, neste, particularmente claro. Além do fato de ser anárquico, o que caracteriza melhor o poder – qualquer poder – é sua capacidade natural de transformar os corpos em coisas. Nisso também a repressão nazifascista foi mestra. Um outro laço entre a obra de Sade é a aceitação e não aceitação da filosofia e da cultura da época. Assim como os heróis de Sade aceitavam o método, pelo menos mental ou lingüístico, da filosofia das luzes, sem aceitar absolutamente a

79. P. P. Pasolini, *Il Mondo*, 1º de abril de 1975.

O CORPO VIVO

realidade que a produzia, também os da República Social aceitavam a ideologia fascista fora de toda a realidade[80].

Também a análise que Dacia Maraini fez de *Salò* apresenta, a nosso ver, algumas observações acertadas e outras que podem ser questionadas:

> Pasolini é [...] extremamente claro, até demais, a tal ponto que se torna quase abstrato, simbólico. Essa metáfora sobre o Poder e a violência contra os oprimidos se diferencia do filme da [Liliana] Cavani [*Portiere di notte* (Porteiro da Noite)], que era todo baseado no envolvimento da vítima com o mal. Aqui há uma separação claríssima, maniqueísta: há os oprimidos e os opressores, e entre eles não se instauram relações a não ser de brutal violência. Talvez o que mais incomode não seja tanto a violência quanto a parte excrementícia: estávamos habituados a ver seja o sexo seja a violência, mas a parte excrementícia é nova, e produz certa impressão. Depois, uma coisa que diz Moravia e sobre a qual estou de acordo, é que o filme não é sádico, porque não foi feito por uma pessoa sádica: os filmes sádicos são os filmes americanos. São sádicos a ponto de não darem mais a impressão do sadismo que – como em *Mandingo* [1975, de Richard Fleischer] e em certos faroestes – se torna algo de absolutamente assimilado. *Salò*, ao contrário, é um filme sobre o sadismo de uma pessoa que não é de fato sádica[81].

De fato, o filme atinge a abstração conceitual e simbólica através do expressionismo da maquilagem e do rebuscamento dos vestidos das prostitutas; dos belos interiores, com arquitetura, mobiliário e pinturas *art déco*; das citações eruditas; da bibliografia final: os detalhes espalhafatosos e o fundo estetizante deslocam para um nível onírico e conceitual torturas e massacres típicos de campos de concentração cercados de arames farpados, fossas lamacentas e ásperas lajes de concreto aparente. E é certíssima a observação sobre a novidade que mais incomoda em *Salò*: a nauseante deglutição de excrementos – embora as agulhas no pudim, as órbitas oculares esvaziadas a colheradas e os insuportáveis escalpos sejam igualmente repugnantes. Já a separação entre opressores e oprimidos não seria tão nítida e maniqueísta quanto pode parecer à primeira vista: os jovens recrutados à força servem igualmente como seviciados e seviciadores, sendo assim divididos no Anteinferno; a maioria das vítimas acaba colaborando com o Poder, denunciando os colegas que não "respeitam as regras"; a pianista, uma das Meretrizes que participam do Poder, termina suicidando-se no auge da carnificina, num gesto impotente, mas ainda humano, de protesto e recusa; e dois dos torturadores readquirem a *aparência* humana na cena final, retomando uma espécie de normalidade cotidiana no meio do caos infernal que parece ter atingido seu último círculo.

80. Idem, ibidem.

81. G. RICCI, *Salò e altre ipotesi*. Incontro con Dacia Maraini. Roma, 29 de março de 1976, em: http://www.fucine.com/network/fucinemute/core/index.php?url=redir.php?articleid=104, acesso em 31 out. 2006.

TODOS OS CORPOS DE PASOLINI

Para Pasolini, todos os poderes – o Legislativo, o Judiciário, o Executivo – em seus códigos e em suas práticas apenas atualizariam a mais primitiva e cega violência dos fortes contra os fracos. Os poderosos de Sade limitar-se-iam, pois, a *escrever regulamentos e aplicá-los regularmente*. Em *Salò*, todas as relações são permitidas, menos as relações ditas "normais", que são pagas com a morte. E todo o horror que se vê no filme ocorre porque os Senhores dispõem, através de sua riqueza e de seu poder, dos meios de realizar seus sonhos impunemente. Para Pasolini, todo sexo presente (e do modo como aparece), além de ser metáfora da relação sexual (obrigatória e pavorosa) que a tolerância do poder consumista nos faz viver, seria também metáfora da relação de poder entre aqueles que se submetem a ele. Em outras palavras, seria uma representação onírica do que Marx definiu como a alienação do homem: a redução do corpo à coisa através da exploração[82]. Ao sobrepor dois imaginários diversos, Pasolini criou um filme repulsivo – difícil, portanto, de ser "estudado" – e que possui, ao mesmo tempo, como uma cebola, várias camadas de mensagens: a anarquia do poder (que transformava o homem numa mercadoria, passível de ser submetido a todo tipo de tratamento); a inexistência da História (a segunda revolução industrial, caracterizada pelo consumismo, à diferença da primeira revolução, examinada por Marx, não pode ser superada pela inexistência de uma classe revolucionária, devido à integração do proletariado); a equivalência entre carrascos e vítimas (os dois jovens corrompidos pelo poder que se tornam soldados e, depois da orgia escatológica, dançam, como inocentes, ao som de uma música tranqüilizante, enquanto seus companheiros, perto dali, acabam de torturar ou de serem torturados); a prevalência, sobretudo, da realidade econômica (o erotismo, de mão única, só se realiza no filme através do poder e do dinheiro que os libertinos detêm). Essas teses são demonstradas através da acumulação obsessiva, até o limite do suportável, dos fatos sádicos:

> Meus filmes jamais foram eróticos, infelizmente... Nem mesmo este, não, eu não creio que ele seja erótico, ele pode ser perturbador ou, bem, não sei, chocante, mas erótico não, jamais, talvez porque eu seja inibido e não saiba representar o erotismo enquanto erotismo... O Eros em meus filmes é sempre uma relação dramática, metafórica. Eu me apaixonei pelo filme justamente por essa idéia, mesmo se o conjunto seja um pouco enigmático porque há uma deformação dentro dele[83].

O enigmático de *Salò* resulta da deformação histórica da visão do fascismo, por um lado, e do consumismo, por outro, os quais ele havia representado

82. P. P. Pasolini, Autointervista, *Corriere della Sera*, Milão, 25 mar. 1975.

83. Idem, *Il Mondo*...

O CORPO VIVO

através de metáforas. Dessas metáforas, a menos importante é a falsa cultura dos Senhores Fascistas, tipos de intelectuais decadentes, que exercitam suas sensibilidades recitando de cor trechos de manifestos vanguardistas e frases de livros de filosofia protofascista, demonstrando seu "gosto" artístico com modernas pinturas ostentadas nas paredes de amplos quartos estilo *art déco*; e a mais importante seriam as normas sexuais que impõem aos jovens seqüestrados, metáfora da relação sexual obrigatória e corrompida, sob a falsa tolerância do poder consumista. Assim, para não fazer um filme histórico sobre o fascismo, e para não mostrar a República de Salò como a encarnação do universo sadiano, Pasolini deformou, ao mesmo tempo, a verdade histórica e a verdade literária. "Amo a realidade, mas não amo a verdade", ele escreveu certa vez.

Não havia nenhuma tensão durante as filmagens, apenas a que advinha das ameaças exteriores incessantes contra a vida de Pasolini. Rodado o filme, ele sentiu um pouco de remorso e, aos seus amigos e a muitos jovens dizia: "Não vão ver *Salò*, não é um filme para vocês". Segundo Bernardo Bertolucci, ele assim manifestava o medo que ainda experimentava de ver contaminada certa "inocência" que via, apesar de tudo, em alguns rapazes, sobretudo nos jovens comunistas. E, no entanto, Pasolini amava *Salò*: considerava-o um filme único, sensacional, um marco na história do cinema. "Se um poeta não é capaz de fazer medo", pensava, "não merece o nome de poeta". E o filme realmente apavorou o mundo: o Tribunal de Milão pronunciou uma sentença considerando-o atentatório do comum senso do pudor, acusando Pasolini de "obscenidade alucinante". Detestado e incompreendido, *Salò* teve os negativos seqüestrados, e foi censurado em toda Itália, só podendo estrear em 1976, em Milão; seus produtores foram acusados de obscenidade e corrupção de menores, em processos que correram até 1978. Na França, propôs-se a interdição total, mas as autoridades decidiram liberá-lo para um único cinema, em Paris, distante dos principais centros de atividade; proibiram-se cartazes com fotos de cenas e os interessados deveriam reservar seus ingressos por telefone[84]. No resto do mundo *Salò* sofreu censura sistemática, sendo exibido apenas em museus, cineclubes, cinemas de arte e cinematecas.

Depois da *Trilogia*, que participara involuntariamente da erotomania da sociedade de consumo, os menos informados esperavam que Pasolini oferecesse novas imagens digestivas do prazer sexual, mais exemplos picantes de luxúria para o gozo dos casais. Ele realizou a mais desesperada tentativa de arrancar o homem moderno da mecânica cega do gozo e do consumo inescrupuloso do outro, o *canto fúnebre do erotismo*. *Salò*

84. L. Z. Oricchio, A Arte Corsária de Pier Paolo Pasolini, O *Estado de S. Paulo*, p. D3.

TODOS OS CORPOS DE PASOLINI

foi considerado "o filme mais odiado do ano", e ainda hoje é citado como uma das obras mais perturbadoras da história do cinema. Pasolini procuraria a ostentação do negativo tão violenta e constantemente que resultava inaceitável, atingindo os limites do horror num filme inassimilável, irrecuperável, constrangedor, infernal. Um crítico angustiado chegou a perguntar quantas vezes teria Pasolini ficado doente para se entregar a tal encenação. Os críticos mais inteligentes foram quase unânimes em reconhecer a beleza gelada do filme e em condenar, nele, a desfiguração do sadismo e do fascismo: mesmo Barthes, que pretendeu que Sade não era figurável e que o fascismo só podia ser tratado à maneira de Brecht[85]. Todos incorriam num erro grave: não era o propósito de Pasolini figurar Sade, e apenas circunstancialmente situara sua história na República de Salò. Sua intenção era retratar *o mundo atual*. Mas confessando ser-lhe impossível conviver durante todo o tempo das filmagens num ambiente equivalente à realidade contemporânea, com seus ornamentos típicos, Pasolini decidiu recuar ao tempo de sua juventude e utilizar-se de suas próprias lembranças para criar uma metáfora da sociedade de consumo. As coordenadas históricas apenas reforçam a metáfora, revelando o que o consumismo tem de fascista e de sadista, embora não seja fácil percorrer o caminho inverso dessa metáfora.

Não há precedente histórico de uma época tão repressiva na sua permissividade quanto a nossa: a automação é desenvolvida ao lado da fome, e robôs são fabricados enquanto o desemprego alastra-se em todo o mundo. Para denunciar a esquizofrenização do neocapitalismo que Pasolini via nascer com as comunicações de massa, destruindo o mundo poético de sua juventude, ele inspirou-se num romance que era a perversão dos contos de Bocaccio. No livro de Sade, os corpos são quantificados e contabilizados como mercadorias, que se goza e se destrói sem conseqüências. O que caracteriza a vítima é, principalmente, o fato de não ter direito à palavra: mesmo seus gritos, sob as torturas, não são relatados ou mencionados – como se todos os males fossem infligidos a objetos inanimados.

Salò evidenciava que não havia mais nada de alegre no sexo, que os jovens eram feios ou desesperados, maus ou fracassados, que o sexo se tornara um rito de conformação ao sistema. Pasolini sabia do perigo que corria ao representar a heterossexualidade como antifascista e a homossexualidade como fascista: perigo de vida, na medida em que não encontraria nenhum heterossexual para exaltar a homossexualidade. O que ele não previra era que seu filme fosse consumido ao nível da sexualidade e da violência. Do lado do poder,

85. R. Barthes, Sade-Pasolini, *Le Monde.*

O CORPO VIVO

como notou Susan Sontag, as encenações sadistas dos torturadores de Abu Ghraib[86] foram prefiguradas nas orgias de tortura dos fascistas de *Salò*. Do lado dos marginais; *Salò* foi tomado como uma espécie de filme *cult* por *gays* sadomasoquistas, como exemplifica o curta-metragem *Talk Salò* (2002), de Shawn Postoff[87], e permitiu a irrupção de toda uma geração de cineastas extremistas do nível de Peter Greenaway, Quentin Tarantino, Oliver Stone, David Fincher, Todd Solondz, Darren Aronofsky, estilistas da violência pornográfica; ou do quilate de Bertrand Bonello, Catherine Breillat, Claire Denis e Gaspard Noé, autodeclarados *enfants de Salò*. O filme passou a ser apreciado nas sessões *trash* promovidas por adolescentes fascinados pela degradação do corpo. Como já o percebera Luis Buñuel no fim da vida, tornou-se cada vez mais difícil escandalizar a nova massa sem moral; até os bons cristãos de hoje vibram com o esfolamento do corpo de Cristo na *Paixão* anti-semita de Mel Gibson. O sadismo tornou-se um sucesso. E se, na Itália, como notou Murri, fitas videocassetes de *Salò* são vendidas, nas prateleiras dos *shoppings*, com "superpreço" durante as promoções de Natal, no mercado americano de discos usados o DVD da edição *Criterion* de *Salò*, esgotado desde 1998, atingiu, em 2005, o preço louco de US$965,00[88]. No mundo do consumo, o inferno é o limite…

Pasolini tampouco poderia prever que ele próprio seria comparado aos fascistas do filme por um Glauber Rocha e um Aurélio Grimaldi. Se vivesse para ver o mundo pós-*Salò* – cujas imagens prefiguraram com horror esse mundo, mas também se tornaram dele um dos modelos –, Pasolini teria feito com seu filme o mesmo que fizera com a *Trilogia da Vida*: ele o teria abjurado, denunciando mais essa instrumentalização do neocapitalismo que, em sua *fase sadomasoquista global*, como a definiu Marcuse[89], já tudo permite, tolera, consome e assimila, *consagrando* mesmo o que há de mais sórdido, torpe e insuportável.

Cabe, assim, observar, diante do imaginário de *Salò* – hoje assimilado por amplas camadas consumistas – que, se os fascistas históricos (apenas parcialmente retratados no filme) praticam a homossexualidade, isso não os impede de repudiá-la violentamente, assim

86. "O que antigamente era rechaçado como pornografia, exercício sadomasoquista – como no último e pouco visto de Pasolini, *Salò* (1975), que mostra orgias de tortura em reduto fascista no norte da Itália no fim da era Mussolini – está sendo normalizado pelos apóstolos da nova, belicosa e imperial América como brincadeiras altamente espirituosas". Cf. S. Sontag, Diante da Tortura dos Outros, *O Estado de S. Paulo*, p. D7.

87. O filme é assim resumido: "Quando Spencer incita o amigo Aaron a ver *Salò*, a horripilante experiência choca-se com seu senso de segurança e moralidade; confuso, traído e enojado, Aaron pergunta ao amigo porque lhe mostrou esse filme, mas os motivos de Spencer são complexos demais para serem colocados em palavras", em http://www.imdb.com/title/tt0365821/plotsummary, acesso em 28 set. 2005.

88. Salò – Criterion Collection. Used and news, em: http://www.amazon.com/gp/product/offer-listing/1559408855/ref=dp_pb_a//002-8256950-9388851?condition=all, acesso em 26 nov. 2005.

89. Cf. H. Marcuse, Protosocialisme et capitalisme avancé, *Les Temps Modernes*, n. 394, p. 1705-1730.

como repudiam aqueles que assumem a homossexualidade: os desejos heterossexuais da maioria dos fascistas – e com eles o aparato fascista – constituem-se na medida em que eles reprimem em si mesmos – e nos outros – os desejos homossexuais – e com isso tudo o que possa opor-se ao aparato fascista, que permanece, no entanto, carregado de desejos homossexuais sublimados; nessa estrutura, os desejos homossexuais só podem ser realizados inconscientemente, carregados de sentimentos de culpa e desejos de punição. No momento em que realizou *Salò*, Pasolini não poderia imaginar todas as conseqüências do imaginário extremista "inconsumível" que havia lançado. E, sem importar-se com a confusão que seu filme estava a causar, continuava a trabalhar em diversos outros projetos e a escapar à noite para furtivos encontros com subproletários disponíveis. E foi numa dessas noites, mais precisamente na madrugada do dia 2 de novembro de 1975, que a morte veio encerrar, com inusitada violência, todos os seus projetos.

2. O Corpo Massacrado: A Última Noite

Como sempre o fazia, e continuaria fazendo, mesmo sabendo dos riscos que corria, porque seu desejo de sexo era mais forte que seu instinto de conservação, a 1º de novembro de 1975, por volta das 22 horas, Pasolini dirigiu-se para a estação Termini em busca de rapazes. Havia três que esperavam clientes, e um quarto que tinha ido tomar chá no bar da esquina. Pasolini não se sentiu atraído por nenhum dos três e foi se afastando do ponto, quando percebeu o quarto, saindo do bar. Não havia ainda experimentado aquele corpo, aparentemente "virgem". Chamava-se Giuseppe (Pino) Pelosi, conhecido como a Rã. Tinha 17 anos; havia abandonado os estudos ainda na escola primária e conseguia dinheiro em contatos fortuitos. Depois de uma breve conversa, Pasolini o convenceu a subir em seu Giulia 2000 Alfa Romeo GT metálico. Os três companheiros de Pino gritaram ao ver o carro partindo: "Cuidado com esse, é Pasolini, passivo e ativo!". No mundo dos rapazes da vida, homossexual é apenas aquele que se deixa possuir, assumindo o papel que imaginam feminino. O jovem que vende seu corpo acredita-se másculo e viril, apenas proporcionando o prazer, nunca o experimentando em si próprio.

Pasolini levou primeiro Pelosi para jantar num bom restaurante em Ostia, um balneário a 30 km de Roma. Ao que parece, segundo os garçons que os serviam, o escritor fez para o prostituto uma pequena palestra sobre a sociedade industrial, o consumismo, a falsa tolerância das elites. Pelosi mos-

TODOS OS CORPOS DE PASOLINI

trou-se aborrecido e preferiu comer algo simples para desincumbir-se logo da tarefa. Dirigiram-se ao terreno baldio de Ostia, um campo de futebol perto do mar, deserto àquela hora, que Pasolini conhecia bem. A partir deste momento, existe apenas a versão de Pelosi para a reconstituição daquela noite. Se de fato tudo se passou apenas entre Pelosi e Pasolini, ninguém mais poderia dizê-lo. Podemos, no entanto, acompanhar o contraditório depoimento de Pelosi imaginando alternativas de realidade.

Estacionado o carro prateado, Pasolini tomou o pênis de Pelosi e o colocou na boca, sem completar o ato (ou completando-o). Depois, pediu que Pelosi descesse do carro e se apoiasse numa rede metálica. Pelosi obedeceu "assim, para ver" (ver o quê, na escuridão?). Depois de tentar abaixar as calças de Pelosi, Pasolini teria recolhido um pedaço de pau para enfiar-lhe no ânus (o que só seria concebível na imaginação de um Pelosi, para justificar sua ação de "legítima defesa", sem precisar admitir a conivência na relação anal). Pelosi teria se virado e dito: "Está louco?", Pasolini, sem óculos, teria revelado a Pelosi uma "cara de doido, de dar medo". Pelosi teria escapado na direção da estrada asfaltada, seguido por um Pasolini que lhe "golpeava com o bastão na cabeça e em várias partes do corpo" (Pasolini podia ter fantasias sadomasoquistas, mas jamais cometeria um ato de violência).

Então, Pelosi teria agarrado Pasolini pelos cabelos, dando-lhe dois socos na cara, batendo nele depois com uma tabuleta de madeira que teria encontrado no chão. Escapuliu até o carro, levando os tocos, que colocou junto à cerca. Fugiu com o carro e, aí, em estado de choque, teria passado "acidentalmente" pelo corpo de Pasolini (ou para evitar que Pasolini o reconhecesse, eliminando-o de uma vez, na tentativa de escapar à Justiça): esmagou seu tórax, quebrou suas costelas, lacerou seu coração. O médico legista precisou em seu laudo:

> Pasolini estava deitado sobre o ventre, de *jeans* e camiseta, um braço estirado e o outro sob o peito, os cabelos, empapados de sangue, caíam-lhe sobre a fronte. As faces, habitualmente vazias, estavam inchadas por uma inflamação grotesca. O rosto, deformado, estava enegrecido pelos hematomas e pelas feridas. As mãos e os braços estavam amortecidos e vermelhos de sangue. Os dedos da mão esquerda estavam cortados e fraturados. O maxilar esquerdo, quebrado. A orelha direita semicortada, a esquerda completamente arrancada. Feridas sobre os ombros, o peito: com as marcas de pneus de seu carro. Entre o pescoço e a nuca, uma horrível laceração. Nos testículos, uma equimose larga e profunda. Dez costelas quebradas, assim como o esterno, o fígado lacerado em dois pontos, o coração lacerado...

Pelosi tomou a estrada, dirigindo em alta velocidade e na contramão. Foi parado pela polícia e preso por furto de automóvel. Interrogado na prisão, não demorou a confessar o crime. A única coisa que o preocu-

O CORPO MASSACRADO

pava era ter perdido um anel com a inscrição United States of America, que ganhara de um comissário de bordo, e seu maço de cigarros. Sabia, porém, a quem tinha assassinado: "Matei Pier Paolo Pasolini", declarou a um detento, com orgulho, antes mesmo do interrogatório. A polícia encontrou o anel de Pelosi bem junto ao cadáver de Pasolini; o maço de cigarros estava no porta-luvas do carro.

Era domingo de sol, Oriana Fallaci telefonou a Pasolini, mas não o encontrou; foi então ter com Giancarlo Pajetta e Miriam Mafai à Praça Navona, onde encontraram Panagulis. Sentados no bar Tre Scalini começaram a falar do generalíssimo Franco que nunca morria na Espanha, e Fallaci pensava: "Gostaria de ouvir Pier Paolo falando de Franco que nunca morre". Logo se aproximou um garoto que vendia *L'Unità*: "Mataram Pasolini", disse sorrindo, como se anunciasse a derrota de um time de futebol. Pajetta não entendeu, ou não quis entender. Franziu o cenho e resmungou: "Quem? Quem é que mataram?". E o garoto: – "Pasolini". E Fallaci repetiu a pergunta, absurdamente: – "Pasolini quem?". E o garoto: – "Como quem? Como Pasolini quem? Pasolini, Pier Paolo". E Panagulis: – "Não é verdade". E Miriam Mafai: "É uma brincadeira", mas se levantou e correu para telefonar. Virou-se em seguida com o rosto pálido. "É verdade. Mataram-no de verdade... Mataram-no em Ostia na noite passada". Ninguém pôde almoçar. Pajetta e Mafai afastaram-se cabisbaixos, Panagulis e Fallaci caminharam sem rumo. Numa rua deserta havia um bar com a TV ligada. Entraram, seguidos por um jovem que perguntava transtornado: – "É verdade? É verdade?". E a dona do bar: "Verdade o quê?". E o rapaz: – "De Pasolini, Pasolini assassinado". A dona do bar gritou: "Pasolini, Pier Paolo? Jesus! Jesus e Maria! Assassinado? Jesus! Deve ser uma coisa política!". Logo, na tela da TV, Giuseppe Vannucchi deu a notícia oficial, e os dois homens do povo que descobriram o corpo, entrevistados, declararam que de longe nem parecia um corpo, tanto estava massacrado. Parecia um monte de lixo e só depois que olharam de perto viram que não era lixo, mas um homem[1]. Alberto Moravia visitou o local do crime logo após sua perpetração, e escreveu um texto belíssimo, onde pela primeira vez se sublinhava a semelhança do ambiente e das circunstâncias do assassinato com as obras do próprio Pasolini:

> Pier Paolo Pasolini não tinha previsto a própria morte, mas o modo desapiedado e atroz sim. Dizia, de fato, e escreveu-o mesmo, que a piedade morrera. Entendia a piedade no sentido da relação religiosa com o real, isto é, o contrário de impiedade, a impiedade que ele via triunfar no hedonismo de massa. Disse que previra o modo; acrescento que tinha mesmo previsto o lugar. Estive no lugar onde foi assassinado e reconheci-o como se já o tivesse visto

1. Cf. O. Fallaci (org.), *Dedicato a Pier Paolo Pasolini*.

TODOS OS CORPOS DE PASOLINI

outras vezes: ele já o descrevera quer nos seus dois romances *Ragazzi di vita* e *Una vita violenta* quer no seu primeiro filme *Accattone*. [...]

O lugar onde se dera o delito encontrava-se no interior de um daqueles recintos poeirentos, entre barracas espalhadas assimetricamente aqui e ali e ainda para mais desabitadas ou porque ainda em construção ou porque abandonadas. Um local próprio do Terceiro Mundo, de uma periferia do Oriente Médio, de um subúrbio africano e asiático. Pasolini foi morto numa clareira, diante de um cancelo escancarado pintado cor de rosa, para lá do qual se via uma barraca de um só quarto, de tijolos de cimento cinzento, sem reboco nem reforços. O seu corpo foi encontrado nesta clareira, a poucos metros do cancelo, precisamente onde ainda agora se podia ver um pedaço de pó e de areia, talvez para ali deitado esconder o sangue.

Pasolini fora atingido brutalmente com uma tábua arrancada àquele cancelo; talvez a tabuleta tivesse já sido despregada e estava ali por terra, de modo que o assassino mais não teve que fazer do que apanhá-la. Segundo as aparências, Pasolini teria sido agredido depois de uma alteração, lutou contra o assassino e libertou-se dele, pensando que tinha resolvido a briga; voltou as costas e dirigiu-se para o carro. Mas o assassino, sem que ele disso se desse conta, foi atrás dele, atingiu-o com uma tabuleta, deitou-o por terra, atingiu-o ainda mais vezes sobre o corpo e sobre a cara e, enquanto Pasolini estava portanto ainda vivo, atropelou-o com o carro em marcha à ré. Esta reconstituição explica, em minha opinião, como Pasolini pôde ser morto por um adolescente, mesmo enquanto preso num rapto. De outra maneira é preciso pensar num delito de grupo, político ou de outra natureza. Aliás, os motivos da agressão podem ser muitos e não os conhecemos. Mas a morte de Pasolini, na realidade psicológica que é a única que conta, foi certamente provocada pelo ódio do assassino para consigo próprio e pela sua identificação com Pasolini no momento do delito. Matando Pasolini o assassino quis punir-se; o homicídio foi, portanto, uma espécie de suicídio dissociado e objetivo.

Estes pormenores do delito, que para mim são os mais prováveis e verossímeis, talvez venham a ser alterados pelo inquérito da polícia, mas o que o inquérito não poderá mudar é o ar de violência secreta que emanava do local. Que era violento, precisamente porque esquálido, violento porque miserável, violento porque desesperado. Ora, esqualidez, miséria e desespero são por sua vez os efeitos de uma violência precedente e generalizada, da qual decorre depois, com lógica inflexível, a violência de que foi vítima Pasolini. Naquele lugar, em suma, a violência era caseira e no momento do encontro impôs-se ao assassino. O rapaz que o matou foi na realidade plagiado pelo próprio lugar em que cometeu o delito. Por que é que me detenho e insisto tanto na violência? Porque o assassino falou de legítima defesa, acrescentando assim à violência homicida, a violência de uma justificação que toda parte reprimida e intimamente violenta deste país está pronta para avaliar. Na realidade, Pasolini era inimigo da violência não só por temperamento, pois era um homem meigo, doce e gentil e eminentemente dotado daquela piedade cujo desaparecimento lamentava, mas também e, sobretudo, porque a descoberta da nova violência massificada estava no centro das suas mais profundas preocupações culturais e políticas. Pasolini fizera ultimamente a descoberta impressionante da criminalidade de massa como alienação total e automatismo irresistível. Esta descoberta não fora repentina e completa: infelizmente fora gradual e incompleta. De certo modo, Pasolini, mesmo afirmando a existência da violência de massa, não acreditava nela totalmente ou pelo menos suficientemente para a evitar e dela se precaver.

O CORPO MASSACRADO

> Ele reconstruíra os traços ainda enevoados e informes da violência de massa por certo modo de falar, de reagir, de vestir, de se comportar; mas nunca a vira em cheio, límpida e precisa. Adivinhara-a como se adivinha uma figura na noite; mas era para ele de todo uma violência não sofrida e conhecida. Rimbaud, numa famosa poesia, diz ter adivinhado a madrugada em cem indícios sem, porém, a ver inteiramente "com o seu corpo imenso", até ao fim. Para a violência, com Pasolini aconteceu como a Rimbaud para a madrugada. Entreviu-lhe "o corpo imenso", apenas no último momento quando já era demasiado tarde. Rimbaud diz que imediatamente depois de ter descoberto a madrugada caiu num sono profundo: "Quando acordou era meio dia". Pasolini viu a violência de massa na cara uma só vez, inteira e terrível. Tudo para ele foi, portanto, obscuridade, sem mais um acordar[2].

Durante o processo de Pelosi, Jean-Paul Sartre fez publicar um importante artigo no *Corriere della Sera*, intitulado *São Jorge e o Dragão*, no qual fez a psicanálise existencial do jovem assassino[3]. O filósofo concluía que, homossexual por dinheiro, o jovem Pelosi teria aprendido, desde cedo, os valores de uma sociedade machista na qual a sexualidade do macho se exprimia somente com moças, o "sexo inferior". Assim, Pelosi (homossexual por "necessidade"), se por um lado aprendera a ser normal, sentindo desejo pelo corpo da mulher, por outro, induzido pela condição subproletária a prostituir-se com homens, fato que não aceitava, sentia como violência as relações às quais se submetia; sua náusea foi se acumulando até voltar-se, subitamente, contra aquele que pensava ser a causa de sua infelicidade, o Mal encarnado: ao roubar o carro de Pasolini (o homossexual por desejo) e passar por cima dele, triturando seu corpo, teria se sentido como um São Jorge investido do dever de matar o dragão:

> Examinemos os fatos: o jovem Pelosi é um homossexual que já se prostituía. Quando sai no automóvel de Pasolini, não tinha dúvida do que sucederia depois [...] o jovem não superou o trauma das relações sexuais com homens. Instalou-se nele uma profunda contradição: se oferecia aos homens o seu "serviço", ao mesmo tempo detestava tudo o que tinha de sofrer. Um dia o seu ódio explodiu [...]. Mas será preciso procurar as explicações de sua violência no simples fato da prostituição recusada? É certo que o fato de ter de vender o próprio corpo é repugnante, todavia é raro encontrar-se tal fúria homicida nas mulheres que se prostituem. O crime de Pelosi não pode, portanto, ser atribuído unicamente à sua profissão. A prostituta sente que o ato sexual ao qual se abandona é normal: pode condenar-se – e o faz raramente – pensando que o cumpre com o primeiro que chega. [...] Mas o caso de Pelosi – homossexual unicamente por dinheiro – é bem diverso: ele se oferece às pessoas do mesmo sexo e aqui entra em jogo a opinião pública que desde sua infância o ensinou – na família, na escola, entre os companheiros – que há uma única sexualidade verdadeira à qual está destinado pelo sexo masculino a ter um papel preciso. Isso está na base de tudo o que ele aprendeu e assimilou em seu íntimo; ele é, pois, ao mesmo tempo, um rapaz normal, que experimenta desejo pelo corpo das mulheres, e um traidor, um monstro, que se compromete cedendo-se por dinheiro

2. A. Moravia, Como numa Violenta Seqüência de *Accattone*, *Últimos Escritos*, p. 57-61.

3. J.-P. Sartre su Pasolini, *Cinema Nuevo*, n. 240.

aos desejos dos danados. Este conjunto de princípios, de idéias, de comportamentos impostos por uma sociedade machista como é em particular a italiana, o leva a considerar que a autoridade é máscula e que a sexualidade do macho se exprime com as garotas, sexo inferior. O fato de ele pertencer ao subproletariado, o fato de que na verdade sua família não pode ajudá-lo a viver, o induz a prostituir-se com homens[...] Desfrutando e ao mesmo tempo recusando a homossexualidade, para alguns faz quase a figura do herói. Ele mesmo conta as particularidades de seu crime, enriquecendo-o de circunstâncias que não podem ser verdadeiras. [...] Pelosi toma a si mesmo por São Jorge e a sua vítima pelo dragão. Todos aqueles que querem ver em Pasolini o Mal serão levados a atribuir-lhe uma violência que, em tais situações, sequer podem ser concebidas. De resto, como se explica que o rapaz não tivesse reportado sequer um arranhão? É concebível que Pasolini, que era ainda forte, tenha se deixado abater sem opor a mínima resistência? Para Pelosi, portanto, trata-se de um acerto de contas consigo mesmo, ao qual Pasolini é estranho e do qual qualquer homossexual teria podido ser a vítima. Nesse processo, não me preocupo com o destino de Pelosi, que tinha seus problemas e não deve pagar pela sociedade que lhe impôs os seus preconceitos. O que me preocupa é que ele não se torne um processo contra Pasolini. [...] As tendências homossexuais se impõem no fim da infância e nas pessoas nas quais se manifestam criam uma sexualidade sem verdadeiras contradições que deve ser considerada normal tanto quanto a heterossexualidade. [...] Em conclusão, é de esperar que o tribunal se recuse a inspirar-se nos preconceitos de uma sociedade machista na qual a mulher é considerada um ser inferior feita para o amor e a maternidade, e que bane a homossexualidade como indigna do sexo superior[4].

Os móveis psicológicos do assassinato foram bem analisados por Sartre. Mas, tal como a de Moravia, sua análise descartou a possibilidade de que Pelosi pudesse ter servido apenas como uma isca para os verdadeiros executores do crime. Essa possibilidade foi apenas vagamente admitida (sem o devido aprofundamento) e logo abandonada pelos dois escritores ao observar que Pasolini ainda era fisicamente forte e não deixaria de reagir se Pelosi o atacasse. De fato, orgulhoso de sua musculatura, Pasolini freqüentemente pedia aos rapazes que tocassem em seus bíceps e sentissem sua força. É de se estranhar portanto que, caso Pelosi tivesse iniciado uma briga, Pasolini não tivesse reagido. E, no entanto: "Acreditem-me, eram muitos a bater nele", teria declarado um homem robusto, de cabelos brancos, chamado Salvetti, que vivia numa barraca próxima ao local do crime, acostumado com o que acontecia ali à noite, tendo ouvido como ladravam os cães. Mas seu depoimento ao jornalista Furio Colombo não foi levado em conta pela polícia. Outro jornalista, Moreno Marcucci, parece ter encontrado a testemunha, que se lhe apresentou sob o nome de Ennio Salvitti, e que apenas um dia depois afirmou nada ter ouvido durante toda a noite passada na barraca com a mulher e a filha. Ninguém se lembrou de interrogar a mulher e a filha, e nenhum Salvetti ou Salvitti foi convocado pelo tribunal.

4. Ibidem.

O CORPO MASSACRADO

Os investigadores não demoraram a encontrar pontos falhos no relato de Pelosi, que descrevia o crime em Ostia como uma série contínua de ações e reações encadeadas; mas a camisa de Pasolini foi encontrada ensangüentada, perto do carro: ele teria tido tempo de retirá-la, após uma primeira pancada na cabeça, limpado nela seu sangue, andando cerca de setenta metros, e aí então recebendo um violento chute nos testículos que o deixou prostrado, sendo finalmente coberto de golpes que laceraram diversas partes do seu corpo. A agressão teve duas fases bem distintas. A morte ocorreu, finalmente, quando Pelosi, embora tendo espaço suficiente para manobrar o carro e retomar a estrada, preferiu passar por cima de um Pasolini todo ferido, e de uma forma que só poderia ser qualificada de intencional. Que Pelosi tenha logo confessado o crime e chamado a atenção para o anel, encontrado junto ao corpo, pareceu uma indicação de que, não tendo agido sozinho, recebera a incumbência de inculpar-se.

Além disso, foram encontrados quatro pedaços de pau, com sangue e cabelo de Pasolini: por que Pelosi teria necessidade de quatro diferentes bastões para golpear a vítima, experimentando ou trocando sucessivamente suas armas? Finalmente, como explicar que o corpo de Pasolini estivesse todo ensangüentado e Pelosi sujo de sangue apenas na barra da calça e na sola do sapato? Como seria possível que um homem forte como Pasolini não tenha conseguido dominar um rapazinho, ou pelo menos lutado para defender-se? Até a direção do carro estava limpa, não continha nenhuma mancha de sangue, havia apenas alguns traços sobre o capô. As feridas do "agressor" Pasolini ainda sangravam doze horas depois de sua morte, seu corpo estava coberto de equimoses e lacerações, enquanto o "agredido" Pelosi tinha apenas uma pequena ferida na testa, proveniente, por certo, de uma batida contra o vidro do carro, ao ser parado pela polícia.

O que realmente aconteceu? Descartemos a "agressão" a Pelosi da parte de Pasolini, que escreveu certa vez: "Em toda minha vida jamais exerci uma ação violenta, nem física, nem moral. Não porque eu seja um fanático da não-violência, a qual se é uma forma de autoconstrição ideológica, também é violência. Nunca exerci em toda minha vida violência alguma, nem física, nem moral, simplesmente porque confiei em minha natureza, quer dizer, em minha cultura". A versão de Pelosi é o delírio de quem prefere participar de um massacre e confessar esse crime a assumir sua homossexualidade. Primeiro, ao contrário do que declarou em juízo, ele sabia quem era Pasolini (gabou-se disso ao colega de cela assim que foi detido), tal como os outros prostitutos, que o teriam advertido: "Esse é passivo e ativo!". Pasolini pode ter oferecido uma quantia maior a Pelosi para manter uma relação completa. Intriga, nesse ponto, e os autores que trataram do crime nunca o esclareceram, que Pelosi não tenha sido examinado pelos médicos legistas, em busca de vestígios do sêmen de Pasolini. É provável que o ato sexual tenha sido consumado. Talvez Pasolini tivesse, então, adormecido. Pelosi teria tido, nesse caso, uma boa ocasião para roubar o carro daquele "degenerado" que o havia feito de mulher. Bastava dar-lhe umas pauladas, e passar o carro em cima do corpo: foi o que fez. "Pino fez bem, estava em seu direito", diriam mais tarde seus amigos e colegas.

Tendo recebido uma primeira bastonada, Pasolini acordou abalado, já sem possibilidade de reagir. Cambaleou cerca de setenta metros, talvez arrastado pelos cabelos, levou um chute nos testículos que o fez ajoelhar de dor, e continuou sendo batido, até cair de bruços. Pelosi arrancou a camisa de Pasolini, limpou nela as mãos sujas de sangue, foi até o carro, jogou ali perto os pedaços de pau e passou o carro por cima do corpo, para ter a certeza de que aquele não se levantaria mais. Isto explicaria as duas fases da agressão, a ausência de sangue sobre Pelosi, a direção do carro sem manchas: teria sido o jovem assassino a usar a camisa de Pasolini como toalha, a ausência de luta sendo explicada pelo sono da vítima satisfeita após o coito. Todas as mentiras de Pelosi adviriam, então, do fato de não querer jamais admitir ter cedido ao ato. Isso no caso de Pelosi ter agido sozinho.

Mas teria sido Pelosi o único assassino? Dacia Maraini, que entrevistou Pelosi na prisão, saiu convencida de que ele era o assassino, mas não excluiu a possibilidade de mais agentes. No inventário dos objetos encontrados no carro de Pasolini havia uma palmilha para pé de sapato direito que não pertencia nem a Pasolini nem a Pelosi, além de uma malha verde, igualmente sem dono. Graziella Chiarcossi (a prima de Pasolini que morava com ele e Susanna, e os ajudava nas tarefas cotidianas) havia limpado o carro no dia anterior e nada havia encontrado, o que não exclui, porém, que Pasolini pudesse ter recolhido outro rapaz da vida entre a hora da limpeza e a noite do crime, e que aquele tivesse esquecido estes pertences no carro. O que intriga mais é o uso de quatro bastões, provenientes de uma tabuleta verde, partida em duas, e de dois pedaços de madeira, também originalmente apenas um. Uma explicação possível é que Pelosi tenha partido os dois pedaços em quatro no ato mesmo de espancar Pasolini – com as tabuletas inteiras, e não com bastões delas derivados. Outra é que ele não tenha agido sozinho, que o massacre tenha sido iniciado por terceiros, permanecendo Pelosi apenas um espectador da luta, ou dando alguns chutes, o que explicaria a ausência de sangue em seu corpo, com manchas apenas na barra da caça e nos sapatos.

Os últimos livros que Pasolini leu, ou ainda lia, foram encontrados em seu carro: *Sobre o Futuro de Nossas Escolas*, de Friedrich Nietzsche;

O CORPO MASSACRADO

e *1843 - Cartas do Jovem Marx aos seus Amigos.* O futuro da juventude, sua educação, a revolução da escola e da sociedade foram sempre suas preocupações, até o fim. O sexo era, para ele, muito mais que para outros homossexuais, um instrumento de conhecimento da realidade: graças aos contatos diários que mantinha com os jovens do povo, ele pôde perceber, antes de qualquer um, que aqueles jovens convertiam-se lentamente em criminosos sem esperanças ou escrúpulos, prontos para matar; que eles agora formavam uma camada social favorável a um sistema de terror, exércitos de reserva do novo fascismo que, unido ao clérico-fascismo, começava a chegar ao poder. O assassinato de Pasolini foi um crime político, cuja responsabilidade recai tanto sobre seus agentes diretos quanto sobre o modelo econômico adotado pela sociedade italiana, que seguiu – tal como outras sociedades agrárias e pouco industrializadas – o modelo do enriquecimento rápido através do genocídio.

Oriana Fallaci investigou para *L'Europeo* as circunstâncias misteriosas do crime numa série de reportagens[5], mencionando a existência de três assassinos: Pelosi e dois jovens que chegaram depois, montados numa motocicleta. Estes teriam espancado Pasolini, e deixado Pelosi sozinho: aflito, ele passou com o carro sobre o corpo e fugiu. Nas unhas de Pasolini foram encontrados resíduos de pele que não pertenciam a Pelosi: o escritor teria tentado desesperadamente defender-se. Fallaci chegou à conclusão de que a versão da ANSA não correspondia à verdade. Mas ninguém aceitou essas provas e essas conclusões: a televisão aceitou a versão da ANSA, que acatou a da polícia, que, por sua vez, aceitou a versão do assassino. A Justiça queria encerrar o caso, condenar Pelosi, contando ainda com o silêncio cúmplice da imprensa. Tratava-se de um homossexual, que havia "procurado" essa morte. Apesar de todos os indícios que apontavam que Pelosi não havia agido sozinho, o processo foi arquivado graças ao conformismo total da esquerda. O mistério permanece: por que Pelosi negou a cumplicidade de outros agentes, insistindo em ser o único assassino de Pasolini? (Mauro Volterra, o jovem jornalista que colaborou com Fallaci na famosa reportagem, especializado em investigar o neofascismo, morreu em 1989, precipitando-se de uma janela do seu apartamento, em circunstâncias nunca claramente esclarecidas).

Muito antes de ser linchado fisicamente, Pasolini já vinha sofrendo sistematicamente um linchamento moral por parte da sociedade italiana: difamado pela imprensa burguesa e fascista, incompreendido pelas feministas e pelas forças progressistas, isolado do público "comunicado" por uma radicalização total, Pasolini estava absolutamente só em sua recusa do

5. Em: http://www.pasolini.net/ processi_pelosi.htm, acesso em 03 nov. 2006.

existente e na vivência de seu erotismo condenado no mundo unidimensional. Ressentia-se dessa solidão e, em três versos belíssimos, expressou toda sua angústia: "A morte não está / em não poder comunicar / mas em não poder mais ser compreendido"[6]. Pasolini lastimava que, por um lado, fosse adulado e estimado e, por outro, marginalizado e banido: as pequenas concessões eram-lhe rebatidas com ferocidade através das agressões contínuas, das denúncias aos tribunais, da censura às suas obras e dos processos judiciários. Como disse o cineasta alemão Werner Schroeter, se se olha hoje Pasolini como um santo, enquanto estava vivo viam-no como um porco.

E se entre os intelectuais, com raras exceções, vigorava o desprezo a Pasolini, imaginem-se os sentimentos que ele despertava no meio governamental, nas camadas mais conservadoras e reacionárias, ignorantes e vulgares, católicas e fascistas, da Itália. Pasolini falava, nos últimos tempos, que tinha a verdade na boca e queria contá-la inteira: "Mas tenho medo, muito medo. Vão me matar". Ele via formar-se, ao seu redor, uma tempestade de ódio: pensou mesmo em organizar uma escolta, liderada por Ninetto, para seguir-lhe à distância, ao cair da noite. Mais que pressentir, ele podia *sentir* a ameaça: em sua última entrevista a um órgão da imprensa, lembrou que o insultavam na rua: "Eu sou como um negro. Eles querem me linchar". Um dos últimos artigos que escreveu intitulava-se "Mas por que me perseguem?"[7]. E, poucas horas antes de morrer, declarou numa entrevista ao jornalista Furio Colombo: "Talvez eu me engane, mas eu continuo a dizer que estamos todos em perigo"[8]. Para Félix Guattari, Pasolini devia ser o portador de uma carga subversiva de uma força excepcional para que potências ocultas decidissem – como elas o fizeram – suprimi-lo. "É por isso", escreveu Laura Betti, a melhor amiga de Pasolini, "que eu resolvi não aceitar, desobedecer, fazer escândalo; denunciar o que pode acontecer a um homem limpo num país horrendamente sujo. E comecei a reunir as condenações à morte que lhe haviam sido feitas"[9]. A atriz recolheu todas as citações de Pasolini nos tribunais italianos, todas as denúncias contra seus filmes, seus livros, seu comportamento sexual: esta impressionante crônica judiciária revela como Pasolini, que teve de responder a 33 processos, era cotidianamente linchado pela sociedade. E organizando um comitê, a atriz realizou oitenta debates por toda a Itália, apresentando as provas de que Pelosi não fora o único a matar Pasolini. Também o disseram sem cessar Franco e Sergio Citti: "É absolutamente impossível que

6. ["La morte non è / nel non poter comunicare / ma nel non poter più essere compresi"], do poema Una disperata vitalità, Poesia in forma di rosa, *Bestemmia*: tute le poesie, vol. 1, p. 728.

7. Ma perchè mi persiguitano?, *La Domenica del Corriere*.

8. F. Colombo, Siamo tutti in pericolo, *Nuovi Argomenti*, n. 59-60.

9. L. Betti, *Chronique judiciaire, persécution, exécution*.

O CORPO MASSACRADO

tenha sido Pelosi. Ali há 1 km² de massacre. Pasolini foi massacrado, e uma pessoa só não consegue fazer isso"[10].

Mesmo depois de massacrado, tentaram transformar Pasolini no verdadeiro autor do crime, no único culpado por sua própria morte. O poeta Edoardo Sanguineti assinou, em artigo publicado a 3 de novembro de 1975, ou seja, um dia depois do assassinato daquele que nunca o poupara de certas verdades, este sinistro epitáfio: "Finalmente nos livramos, aos pontapés, desse confusionista, resíduo dos anos cinqüenta"[11]. Entre outros, o escritor Enrico Filippini defendeu, no jornal *La Repubblica*, a tese de que o assassino Pelosi era uma vítima de Pasolini[12]. A agência de informações Stampa Internazionale Medica difundiu, junto aos jornais, o parecer psiquiátrico do professor Aldo Semerari, que mesmo sem nunca ter encontrado Pasolini, qualificou seu caso como o de um coprófilo, psicopata do instinto, anormal sexual, homofílico e homossexual exibicionista e fetichista, de instintos profundamente degenerados; portanto, o ato criminoso "cometido por Pasolini" (sic) teria sido apenas a expressão de sua enfermidade mental[13].

A culpa de Pelosi foi estabelecida em 26 de abril de 1976, e a pena foi de nove anos, sete meses e dez dias de prisão, com multa de 30 mil liras, por homicídio voluntário "em concurso com desconhecidos". Mas a Procuradoria Geral impugnou a sentença, estabelecendo a responsabilidade exclusiva de Pelosi, como forma de encerrar definitivamente o caso sem esclarecê-lo. Mais tarde, Pelosi teve sua pena reduzida para sete anos por bom comportamento. Após cumprir a pena e sair do cárcere, foi detido, outras vezes, por furtos, estupros, tentativas de assassinato, roubo de carro-forte, tráfico de drogas. Continuou a declarar não ser homossexual e nunca ter sido garoto de programa. Quando olhamos para o retrato de Pelosi, a Rã – sua figura esquálida e repugnante de adolescente –, concebemos tanto a possibilidade de um atentado fascista dirigido contra Pasolini, quanto a contingência de uma realidade fascista dirigida contra todo homossexual pasoliniano – a violência de massa, tão denunciada por Pasolini. Como ele o lamentou na sua abjura da *Trilogia da Vida*, seu erotismo degradara-se junto com seus parceiros: com a mutação do subproletariado operada pelo neocapitalismo, era com potenciais assassinos de homossexuais que sua vida sexual devia, no final, transcorrer. E ele não cessou de imaginar o próprio fim: dez anos antes de morrer, previu que cairia assassinado com um golpe de bastão.

10. S. Milioni, Pasolini, mio "padre", Franco Citti racconta il suo rapporto con Pasolini, *Cous Cous*, n. 3.

11. E. Sanguineti apud Rossana Rossanda, In morte di Pasolini, Il *Manifesto*.

12. E. Filippini, apud Giovanni Ricci, *Salò* e altre ipotesi. [Entrevista com Dacia Maraini], http://www.fucine.com/net-work/fucinemute/core/index.php?url=redir.php?articleid=104, acesso em 04 nov. 2006.

13. Em 1983, o criminalista Aldo Semerari, ligado à Máfia e aos meios neofascistas, foi encontrado decapitado num Fiat 128, em Ottaviano, num outro crime jamais esclarecido.

Os heróis de *Pocilga* – o canibal que tremia de alegria comendo carne humana e morria supliciado e devorado pelos cães; o jovem que preferia os porquinhos à namorada e morria devorado por aqueles animais sob o silêncio de todos – representavam Pasolini. Num de seus últimos poemas, Pasolini afirmava: "Olho com o olho de uma imagem / as propostas de linchamento. / Observo meu próprio massacre / com a coragem serena de um sábio". Assim, perpetrada por um grupo de assassinos fascistas ou por um único assassino representante da nova geração fascista, a morte de Pasolini inscrevia-se, como ele o havia intuído, numa tradição trágica na história da civilização, e cujas origens remontam a Orfeu.

Nascido da união do deus Eagro com Calíope (mãe das Sereias, musa protetora da poesia trágica, inspiradora da beleza das palavras), Orfeu foi, no mundo grego, o inventor da poesia e do canto. Seduzia homens, mulheres e os próprios deuses do Olimpo com a música que tirava da lira de sete cordas que Apolo lhe dera, e à qual acrescentara mais duas, em homenagem às Nove Musas. Quando tocava sua lira, as feras amansavam-se e rastejavam a seus pés, os rios suspendiam seu curso, os rochedos se aproximavam e os carvalhos se inclinavam para melhor escutá-lo. Era assim protegido pela natureza de todos os perigos. Junto aos argonautas, apenas dedilhando sua lira, Orfeu fazia a barca Argos deslizar sozinha das margens para o mar; se este se mostrava bravio, o canto do bardo tornava as ondas suaves como azeite; ele pôde assim amansar o feroz dragão que guardava o Velocino de Ouro, facilitando a tarefa de Jasão. Orfeu apaixonou-se por uma única mulher, a nereida Eurídice que, acossada por Aristeu, precipitou na fuga e tropeçou numa serpente, que a picou. Ao sabê-la morta, Orfeu aventurou-se a penetrar nas regiões subterrâneas do Tártaro. Lá, mesmo as Fúrias enterneceram-se com sua música dolorosa, que também comoveu o cão Cérbero. Ganhando desse a permissão de entrar nos domínios do Hades, Orfeu deleitou o terrível Plutão e rogou-lhe a saída de Eurídice do Tártaro. Obteve o favor com a condição de não olhar para trás, até que ambos se encontrassem fora do inferno. Faltando apenas um passo para deixar a região escura, Orfeu quis comprovar se a amada o seguia: voltou-se e viu Eurídice, com os braços estendidos em sua direção, dissolver-se em brumas. Sete dias inteiros chorou Orfeu nas margens do Aqueronte, sem querer alimentar-se. Tentou depois apaziguar sua dor confeccionando um guia dos lugares secretos de Plutão para alertar os mortais sobre os becos que desembocavam no rio infernal, cujas águas turvas só podiam ser atravessadas pela barca de Caronte. Fez outra tentativa, fracassada, de descer aos infernos; depois, vagou inconsolável, demente e silencioso, pelos penhascos da Trácia. Mas algumas mulheres deram com seu refúgio e

O CORPO MASSACRADO

pretenderam conquistá-lo. Como Orfeu tinha decidido nunca mais amar outra mulher, e instituíra os "mistérios de Ceres", cujo acesso era negado a elas, vivia cercado apenas de efebos. Sentindo-se rejeitadas e doloridas, as mulheres trácias decidiram esperar as datas em honra de Baco para vingar-se. Enviadas pelo próprio Baco, que temia a suplantação de seus mistérios pelos do rival, ou movidas pelo ciúme da preferência do poeta por rapazes, numa noite em que esses tinham se reunido com Orfeu para celebrarem seus mistérios, as bacantes os seguiram e mataram. O corpo de Orfeu foi estraçalhado e seus pedaços espalhados pelos campos. A cabeça foi arrojada às águas do rio Hebro, que a arrastou até Lesbos, o que converteu esse lugar num berço da poesia lírica. Mal Orfeu foi massacrado, sua lira voou para o espaço e converteu-se numa das constelações do cosmos; o dia tornou-se noite e uma grande tempestade abateu-se na região fazendo o Hebro transbordar e arrasar a cidade. As próprias Musas foram recolher os restos de Orfeu para sepultá-lo num lugar belíssimo situado ao pé do Olimpo. Nos adornos do mausoléu aninharam-se rouxinóis, trinando de maneira incomum. Depois da triste tarefa, as Musas retiraram-se para o mais escondido e inacessível dos lugares míticos e, em memória do herói que tanto tinham amado, apagaram-se. Do interior do templo silencioso, um melodioso canto emerge desde então, e ninguém é capaz de calá-lo[14].

Herbert Marcuse observou que, se Prometeu é o herói cultural do esforço laborioso, da produtividade e do progresso através da repressão, Orfeu, assim como Narciso, simboliza uma realidade muito diferente: esses não se converteram em heróis culturais do mundo ocidental, sendo a imagem deles a "da alegria e da plena fruição, a voz que não comanda, mas canta; o gesto que oferece e recebe; o ato que é paz e termina com a labuta da conquista; a liberdade do tempo que une o homem com deus, o homem com a natureza"[15]. A canção de Orfeu pacifica o mundo animal, reconcilia o leão com o cordeiro e o leão com o homem. A natureza é um mundo de opressão, crueldade e dor, tal como o mundo humano; à semelhança deste, aguarda também sua libertação. Essa libertação é a obra de Eros. A canção de Orfeu desfaz a petrificação, movimenta florestas e rochedos – mas o faz para que comunguem na alegria[16]. Orfeu é o arquétipo do poeta como *liberator* e *creator*. Estabelece uma ordem superior no mundo, uma ordem sem repressão. Na sua pessoa, arte, liberdade e cultura estão eternamente combinadas. É o poeta da redenção, o deus que traz a salvação e a paz mediante a pacificação do homem e da natureza, não através da força, mas do verbo[17]. Mas a ele também é creditada a criação de uma ordem diferente, que ele paga com a vida:

14. R. Ménard, *Mitologia Greco-Romana*, vol 2, p. 55-60.

15. H. Marcuse, *Eros e Civiliza-ção*, p. 148.

16. Idem, p. 151-152.

17 Idem, p. 154.

TODOS OS CORPOS DE PASOLINI

> Orfeu esquivara-se a todo o amor das mulheres, quer em virtude de seu insucesso no amor, quer porque jurara sua fidelidade de uma vez para sempre. Entretanto, muitas foram as mulheres que se apaixonaram pelo bardo; muitas as que prantearam seu amor repelido. Ele estabeleceu o exemplo para o povo da Trácia ao dar seu amor aos efebos, e ao desfrutar a primavera e a primeira flor a desabrochar[18].

Orfeu foi despedaçado pelas enlouquecidas mulheres trácias por ter, justamente, introduzido no mundo a homossexualidade – o Eros órfico que transforma o ser, domina a crueldade e a morte através da libertação e prefere o canto à guerra, a contemplação à ação. Assim como Orfeu, foi Pasolini um poeta da libertação; jurando fidelidade a uma única mulher – sua mãe –, introduziu, em sua vida e na vida italiana, a homossexualidade não apenas como uma forma mais plena da sexualidade, como também do conhecimento; em busca do pranteado paraíso perdido em Casarsa della Delizia, desceu aos infernos da prostituição romana, sem conseguir salvar seu Eros da perdição; tentou, contudo, alertar os homens para as terríveis descobertas que fazia em suas descidas ao inferno; incompreendido e desesperado, cada vez mais isolado, foi assassinado e despedaçado por uma reedição contemporânea das bacantes – os *ragazzi di vita* do subproletariado, degradados e enlouquecidos pelos meios de comunicação de massa. Também os pedaços de seu corpo foram espalhados pelas mídias sensacionalistas – em fevereiro de 1979, a revista *L'Espresso* exibiu as fotos do corpo mutilado de Pasolini inescrupulosamente obtidas nos gabinetes dos médicos legistas e da polícia – para garantir a perenidade dos mistérios de Baco, a erotomania e a corrupção generalizadas no neocapitalismo. Em 1960, Pasolini escreveu, para uma coletânea organizada por Elio Fillipo Accrocca, uma pequena ficha autobiográfica onde concluía um esboço de sua vida com uma confissão:

> Amo a vida tão ferozmente, tão desesperadamente, que não me pode advir daí nenhum bem; falo dos dados físicos da vida, o sol, a erva, a juventude: é um vício mais tremendo que o da cocaína, pois não me custa nada e existe com uma abundância desmedida, sem limites: e eu devoro, devoro, devoro... Como irá acabar não faço idéia[19].

Através das imagens de seu corpo despedaçado todos ficaram sabendo como acaba uma vida como a sua, isto é, a vida de um poeta que em seu próprio corpo, e não apenas em sua imaginação ou em sua produção intelectual e artística, transgride as normas da sociedade e persiste em dar vazão aos seus instintos mais verdadeiros e profundos. Mas os grãos que Pasolini plantou não morreram; e as musas que o amaram – Laura Betti em primeiro lugar – recuperaram, pouco a pouco, seu precioso

18 Ovídio, *Metamorfoses*, X, 79-83, apud H. Marcuse, op. cit., p 155.

19. P. P. Pasolini, Autobiografia, *Últimos Escritos*, p. 11-13.

O CORPO MASSACRADO

legado. Mas se o mito de Orfeu ajuda-nos a dar sentido à morte de Pasolini, não deve servir para mitificá-la. A "morte do poeta" é uma sinistra *tradição cultural* na civilização repressora de Eros: "A morte dos poetas realiza-se freqüentemente de um modo que se ajusta exatamente ao estilo de suas obras", escreveu Klaus Mann, anos antes de suicidar-se. Não é outro o tema do poema de Federico García Lorca, fuzilado pelos franquistas, sobre a formiga linchada pelas companheiras ao afirmar ter visto as estrelas, ou do ensaio que Antonin Artaud escreveu sobre Vincent Van Gogh, o "suicidado da sociedade", momentos antes de morrer, ele também, "suicidado pela sociedade".

* * *

Para compreender a mutação do povo italiano sob a industrialização total levada a cabo pela nova burguesia foi preciso que alguém o tivesse amado fora dos esquemas do poder, além do populismo e do humanismo: com os sentidos. Foi pela evidência concreta da mutação que o discurso órfico de Pasolini pôde assumir uma dimensão trágica no sentido próprio da tragédia grega, que contrapõe duas ordens de valores irreconciliáveis. Os valores antigos, substituídos pelos valores modernos, sobrevivem no corpo de uma figura mítica: o herói trágico, que não renuncia ao passado, movido por forças "irracionais", arriscando a vida para fazer valer os direitos da origem. No caso de Pasolini, foi o dialeto materno proscrito pelo fascismo e desprezado por seu pai, e no qual escreveu seus poemas mais líricos; foram os vaga-lumes, que a poluição matou, e que por um só ele daria toda uma multinacional; foram os corpos inocentes que o consumismo corrompeu irremediavelmente; foi a civilização agrária e mítica, regida pela noção do sagrado, soterrada pela civilização industrial e técnica, dominada pela noção do lucro; foram também a riqueza e a diversidade das culturas populares que floresciam na Itália como em nenhum outro lugar do mundo, e que foram conspurcadas e destruídas pela subcultura de massa.

Porque o conglomerado é um sistema de perdição e nele se entra como no inferno de Dante – deixando toda esperança de fora – que, para enfrentá-lo já não bastam as intuições e as experiências: o mal se infiltra em toda a parte, a ideologia não está mais nos "inofensivos" enunciados, desativados pela mente alertada, mas nas próprias coisas que nos cercam: nos *gadjets* em proliferação; nos milhões de casais que passeiam abraçados pelas ruas; nas imagens e nos sons que engolfam os espectadores numa estratégia telemática de possessão mental; no *jeans* que veste a massa da juventude; em sua linguagem e comportamento codificados; em toda a parafernália de estímulo à produção e ao consumo; nas máquinas eletrônicas que devoram o tempo livre dos indivíduos que não sabem mais o que fazer de sua folga; em toda a mística que penetra a socie-

TODOS OS CORPOS DE PASOLINI

dade tecnológica. Contra esse "universo horrendo", Pasolini elaborou um programa de resistência a partir da metade da década de 1960, quando renunciou ao cinema nacional-popular de filmes como *Desajuste Social, Mamma Roma, O Evangelho segundo S. Mateus*, optando por fazê-los herméticos, começando por *Gaviões e Passarinhos*. Logo, com a redescoberta da mitologia, criou um cinema impopular – *Édipo Rei, Teorema, Pocilga* e *Medéia* – dificilmente consumível pelo público padrão da sociedade emergente. Ao mesmo tempo, desenvolveu, na grande imprensa italiana, sua crítica radical da cultura e sua semiologia da realidade com intervenções diretas nos debates nacionais, sustentando pontos de vista insustentáveis. Em plena fase corsária, Pasolini redescobriu, por um momento, certa pureza sexual não contaminada no Terceiro Mundo, dedicando-lhe a *Trilogia da Vida*. Mas, ao perceber que a erotomania se instalava no centro do poder consumista e que a pureza que celebrara não passava de uma ilusão, abjurou essa tendência teorizando e realizando obras extremistas, deliberadamente intoleráveis, sem possibilidade de recuperação por parte do poder integrador, começando – e terminando, fatalmente – com *Salò*.

Esse programa de resistência, que alguns entenderam como um "projeto de suicídio", poderia ser mais bem interpretado como a consecução implacável e sem contradições de um projeto de vida revolucionário; a plena assunção de uma verdade que, por seu caráter explosivo, colocava em risco, em primeiro lugar, a própria pessoa do agente da revolução. Ao dilatar os limites da condição humana, Pasolini tornou irrelevantes as categorias psicológicas em que tentaram enquadrá-lo: identificando-se com o instinto de conservação, a normalidade proscreve, de fato, todo o bem e todo o mal que existem para além de sua esfera, os quais deixam de ser experimentados em benefício de uma idéia preconcebida da humanidade. Querer explicar Pasolini através da psicologia e da mitologia, é apenas uma forma de apaziguar a própria consciência. É porque os problemas levantados por Pasolini são objetivos e concernem a todos nós que nenhuma psicanálise e nenhuma mitologia, terão a palavra final.

Se muitos críticos viram *Salò* como o "filme-testamento" de Pasolini, interpretando sua morte como algo que ele teria procurado, e até planejado, a verdade é que ele não pretendia morrer. Apesar de seu pessimismo ter-se radicalizado, não estava inerte nem mergulhado na morbidez. Assim, ao terminar *Salò*, estava feliz como nunca ao recolher-se novamente em seu ninho medieval, a Torre de Chia[20], sonhado recanto em que podia isolar-

20. Pasolini amava a Tuscia, onde rodou, com muitos cidadãos da região como figurantes, entre Orte e Viterbo, num buraco escavado por uma torrente, o batismo de Cristo no "rio Jordão" em *O Evangelho Segundo São Mateus*. Nessa ocasião, descobriu, ao norte dos Montes Cimini, protegidas por uma pequena colina, as pitorescas e solitárias ruínas do antigo Castelo de Colle Casale, provavelmente erigido no século XIII, e que compreendia a Torre di Chia, em planta pentagonal, com 42 metros de altura. Apaixonou-se pela Torre e decidiu comprá-la, o que só conseguiu depois de muitos anos, em novembro de 1970. Atualmente, o castelo é propriedade dos herdeiros de Pasolini.

O CORPO MASSACRADO

se do mundo consumista para dedicar-se inteiramente a escrever, pintar e compor música em perfeita solidão: sua torre de marfim. Pasolini continuava a regurgitar de projetos: declarou à imprensa que *Salò* era apenas o primeiro filme de uma trilogia; depois de ter escrito o roteiro de *A História do Soldado* (1974), para Ninetto Davoli, que acabou não sendo rodado, preparava a publicação do roteiro de *San Paolo* (1968), sobre a vida de São Paulo que originalmente intitulava-se *Bestemmia* (Blasfêmia): "Sempre fiz filmes com sol [...] agora farei um filme todo de chuva". Seria uma violenta crítica à Igreja: "Evidentemente, essa minha violência contra a Igreja é profundamente religiosa, pois acuso São Paulo de ter fundado uma Igreja ao invés de uma religião. Eu não revivo o mito de São Paulo, eu o destruo". Projetava ainda um Sócrates, um São Francisco de Assis, e um outro filme tendo como tema a ideologia: "Um cometa (a ideologia) é seguido por um Rei Mago (que imaginava interpretado por Eduardo De Filippo) que, seguindo-o, viaja muito, fazendo a experiência de toda a realidade". O filme se chamaria *Porno-Teo-Kolossal*. Sempre escrevendo artigos explosivos para o *Corriere della Sera*, compunha novos poemas e dedicava boa parte de seu tempo ao romance *Petrolio*, que de todos os seus peojetos era o que lhe dava ultimamente as maiores alegrias. Embora Ruben Garbellini observe uma transformação no escritor ("a natureza virgem e profundamente pagã de seu primeiro romance, *Il sogno di una cosa*, transformou-se até no título químico de sua última obra, *Petrolio*"[21]), o pessimismo não retirara de Pasolini nem seu gosto pela vida nem sua enorme criatividade. De *Petrolio* também jorra alegria, pois alegre era a natureza de Pasolini, conforme o declarara num depoimento a Ferdinando Camon:

> O fundo de meu caráter não é o mal-estar, mas a alegria, a vitalidade, e isso eu manifesto não só na obra literária, mas na própria vida. Entendo por vitalidade aquele amor pela vida que coincide com o júbilo. A alegria vital, afetuosa, está no íntimo da minha natureza; são as contínuas angústias objetivas que tive de afrontar que exasperaram os aspectos do meu mal-estar[22].

21. R. Garbellini, L'anima e la carne, em http://www.italialibri.net/dossier/pasolini/animaecarne.html. Acesso em: 30 de set. de 2005.

22. Cf.: F. Camon, *Il mestiere di poeta*, [Intervista rilasciata a Ferdinando Camon, 1965] apud P. P. Pasolini, *Saggi sulla politica e sulla società*, p. 1588.

23. Cf. A. Elkann, *Vida de Moravia*.

Giuseppe Zigaina, apenas recebida a notícia da morte de Pasolini, correu a Roma para organizar seus funerais. Diante de uma multidão reunida no Campo dei Fiori, as orações fúnebres foram pronunciadas por Alberto Moravia: e este escritor, que não entendia a homossexualidade, mas amava aquele seu amigo como se fora um irmão, a ponto de alugar com ele uma casa só para passarem as férias juntos[23], elevou sua voz num clamor feroz contra a indiferença: "Mataram um poe-

TODOS OS CORPOS DE PASOLINI

ta! O maior poeta do século! Aquele que escreveu mais e sobre coisas mais importantes que qualquer outro na segunda metade do século XX. Um poeta como Pasolini nasce apenas a cada século!"[24]. Moravia falava com a emoção e a razão: nenhum poeta conseguiu como Pasolini agarrar o século XX pelo pescoço, nenhum cantou como ele a perda do mundo antigo, a destruição da Itália clássica e popular, renascentista e católica, humanista e pagã, antes de seu mergulho vertiginoso no universo horrendo do consumismo. Num último retorno às origens, o corpo de Pasolini foi transladado ao Friuli e, após os funerais na Santa Croce de Casarsa, enterrado no pequeno cemitério local, onde, depois de alguns anos, sua mãe juntou-se a ele; desde então, os dois repousam lado a lado, sob um arbusto de louros. Permanece sem resposta a pergunta que não quer calar: quem matou Pasolini? A razão última de tanta violência que envolve a morte do poeta – incluindo a exibição midiática do corpo estraçalhado pelo(s) assassino(s) e depois ainda retalhado pelo(s) legista(s) – espera, para o bem das aparências, permanecer ignorada, e essa vontade confere misteriosamente à vida de Pasolini o sentido trágico, mítico e sagrado que ele sempre procurou imprimir à sua obra.

[24] Em emocionantes cenas de arquivo gravadas no enterro de Pasolini, retomadas nos documentários *Whoever says the Truth shall die* (1985), *Pasolini: Um delito italiano* (1995) e *Pier Paolo Pasolini e a Razão de um Sonho* (2001).

3.

O Corpo em Testamento: Nudez e Cultura x Nudez e Consumo

Nas artes plásticas contemporâneas, o corpo humano foi sendo progressivamente torturado e deformado, de modo a destituir sua nudez de qualquer atrativo, até ser definitivamente abolido pela ditadura do abstracionismo. O erotismo, que a arte inspirava na representação de corpos tentadores, foi exorcizado pela neurose do sofrimento, que Salvador Dalí, Alberto Giacometti, Pablo Picasso, Francis Bacon e Lucien Freud representaram de forma genial. Tornaram-se raros os artistas que, como Carlo Maria Mariani, ousam inspirar-se nos modelos clássicos. O desejo bloqueado pela culpa é visível, por exemplo, nos nus masculinos de Sergio Ferro: corpos sem rostos, cuja sensualidade, proporcionada pela textura carnal, pela tensão muscular e pela luminosidade domada, é interrompida por esboços borrados de tinta, com cordas, pregos e travas a rompê-los. O corpo masculino vê-se sistematicamente exaltado e degradado em sua beleza viril. O nu torna-se tentação frustrada na raiz e o erotismo é castrado pelo gesto político ostensivo.

Nos alvores da fotografia, o nu masculino estava destituído de sentido erótico: as poses pioneiras de Thomas Eakins e F. Holland Day ou os estudos de movimento, com modelos masculinos, de Eadweard Muybridge, não tinham a intenção de inspirar o desejo. Foi Wilhelm von Plüschow quem criou um estilo afetado de encenação de *tableaux-vivants*, com garotos nus adornados como personagens da mitologia clássica. Um de seus discípulos, o barão Wilhelm von Gloeden, empreendeu uma pequena revolução na fotografia entre 1890 e 1914, produzindo cerca de 4 mil *tableaux-vivants* de jovens marginais de Taormina posando, numa nudez esquálida e inocente, como heróis greco-romanos[1]. Também o escritor George Bernard Shaw, posando como *O Pensador* de Auguste Rodin, em 1906, ou o pintor Edvard Munch, fotografando-se nu numa praia, em 1907, ajudaram a romper o tabu da nudez masculina na fotografia.

No cinema, à parte os nus exibidos nos filmes científicos, esportivos e olímpicos, muitas vezes em propagandas fascistas, como as de Leni Riefenstahl, o nu masculino aparecerá, associado ao desejo, apenas no filme experimental *Lot in Sodom* (1933), de James Sibley Watson e Melville Webber. Mais tarde, Kenneth Anger, simbolicamente, com *Fireworks* (1947), e Jean Genet, concretamente, com *Un chant d'amour* (1950), introduziram os primeiros falos eretos na tela grande. Nos anos de 1960 e 1970, os filmes *underground* de Gregory Markopoulos, Paul Morrissey e Andy Warhol consolidaram essas transgressões estético-eróticas, das quais a nudez do corpo perfeito de Joe Dalessandro tornou-se o símbolo mais atraente. Pasolini apenas continuou essa tradição secreta, introduzindo a nudez masculina integral no cinema italiano na *Trilogia da Vida*, logo abjurada em *Salò*.

Contudo, podemos dizer que toda a obra de Pasolini que, com muita razão, foi recentemente considerado pelo crítico Hervé Joubert-Laurencin como "o último poeta expressionista"[2], está construída sobre a sacralidade do corpo. Seus poemas, assim como seus romances, relatos autobiográficos, ensaios e filmes, são odes, hinos, cânticos e, finalmente, elegias ao corpo. Sua escritura é erótica no sentido mais puro da palavra, deixando-nos sempre uma sensação de concretude, mesmo quando a forma de seus textos e imagens os torna herméticos: ele jamais perde de vista a realidade última, física, do sexo.

Para incluir também seu próprio corpo na tradição do nu fotográfico, duas semanas antes de morrer, Pasolini, ao encontrar-se, casualmente, com o fotógrafo Dino Pedriali, na segunda semana de outubro de 1975, manifestou seu desejo de ser fotografado nu em sua Torre de Chia. Ao que parece, queria fixar para a posteridade a imagem de um corpo maduro, mas bem conservado pelos exercícios, numa espécie de testamento visual, pouco antes de seu massacre, mais de uma vez previsto e profetizado. Tencionava incluir estas fotos em anexo ao romance *Petrolio*, que estava escrevendo, sentindo grande alegria em retornar à literatura. O livro, inacabado, foi editado apenas em 1992,

1. Três quartos dessa coleção foram destruídos pelos nazistas e um quarto salvo pelo modelo Pancracio Bucini; depois de sua morte, as fotografias e negativos foram depositados no arquivo Lucio Amelio, em Nápoles.

2. Hervé Joubert-Laurencin, *Le Dernier Poète expressioniste*: écrits sur Pasolini.

O CORPO EM TESTAMENTO

pela Einaudi, sem incluir os nus. O trabalho de Dino Pedriali só veio a público num pequeno álbum de 4 mil exemplares, publicado na Holanda, em 1989, pelo Museu de Arnhem, sob o título de *Testamento del corpo*.

Dario Bellezza sugeriu que o poeta pretendia, com essas fotos, exibir seu corpo bem conservado pela prática do futebol, ainda capaz de agradar aos garotos, gozando de uma juventude fictícia aos 50 anos[3]. Parcial, essa interpretação suprime o sutil jogo visual que Pasolini nos propõe. Quem vê essas fotos, divididas em duas séries, *Nudi di giorno* e *Nudo di notte*, não sabe bem o que pensar. Teria sido Pasolini surpreendido por um *paparazzi*, enquanto lia, bem à vontade, no rústico aposento da Torre de Chia valorizado por uma ampla janela de vidro? Na primeira série, Pasolini parece notar um movimento estranho, que interrompe sua tranqüilidade: ele se levanta da cama, olha ao espelho e, subitamente, para a janela, da qual se aproxima; com as palmas das mãos sobre o vidro, tenta identificar o fotógrafo, que se afasta. Ele foi flagrado? Por quem? Esta impressão é logo substituída, na segunda série de fotos, pela dúvida, introduzida pela repetição dos mesmos gestos, agora à noite, quando os reflexos da vidraça são eliminados à luz forte que emana do interior do quarto, transformando a janela numa moldura negra. As fotos tornam-se mais nítidas, a nudez de Pasolini mais visível. Sim, Pasolini quer iludir o *voyeur* que existe em cada um de nós.

Mais: Pasolini não se mostrou apenas como um corpo esportivo, mas também como um leitor voraz, mergulhado em livros, sensual e culto a um tempo, alheio às distinções banais que o consumismo estabeleceu para dividir os homens em tipos intelectuais ou esportistas. Em 1965, Pasolini desenhara uma série de auto-retratos com óculos de aros negros e pesados[4]. Já era uma forma de protesto contra o padrão estético vigente nas sociedades de consumo, que repudiam os óculos como um apêndice indesejável, substituindo-os pelas lentes de contato, pelas operações corretivas ou, no mínimo, pelos aros leves, coloridos ou transparentes. Agora, Pasolini deixava que lhe tomassem estes nus, estudados como seqüências cinematográficas, como um depoimento silencioso contra as classificações discriminatórias.

Hoje, a nudez que Pasolini quis exibir, para escandalizar seus críticos e, quem sabe, atrair novos adeptos, não provocaria mais nenhum protesto ou censura. Essa nudez não é capaz de escandalizar uma sociedade que, se por um lado suprime os homossexuais, estigmatizando as transgressões à norma, por outro assimila as suas representações sexuais como provas de sua tolerância. Nos anos de 1970, o

3. Cf. *Mort de Pasolini*, p. 43.
4. Cf. *Pier Paolo Pasolini*: dibujos y pinturas, Instituto de la Cinematografia y las Artes Audiovisuales...

fotógrafo Duane Michaels ainda poderia ser considerado ousado ao apresentar seus anjos e espíritos como homens nus; mas logo o sucesso de antologias fotográficas como *Das Männer Foto Buch* retiraram o nu masculino do gueto das publicações pornográficas destinadas à minoria *gay*, revelando os talentos de Michael Doster, Bruce Webern e Robert Mapplethorpe. Em *Photographien*, Herbert Tobias exprimiu livremente o desejo homossexual, estimulado pela liberação dos controles sociais: de um recatado retrato masculino a nus exuberantes, e desses a felações explícitas, este fotógrafo foi carregando a representação da nudez masculina de signos cada vez mais singulares da tentação.

Por outro lado, a nudez ostensiva dos *hippies* em concertos e protestos foi consagrada pela imagem da nudez do casal *pop* John Lennon e Yoko Ono massificada em pôsteres. Casas de *strippers* masculinos (os *chippendales*) começaram a proliferar pelo mundo, e os atores passaram a aparecerem nus nas peças de teatro, nas produções de Hollywood, nas telenovelas da Globo. No Brasil, até Gerald Thomas posou em nu frontal para uma revista de cultura; e o ator Paschoal da Conceição, do grupo Uzyna Uzona, certa vez subiu nu, no palco do Teatro Dulcina, para receber o Prêmio Mambembe das mãos do Ministro da Cultura, Luiz Roberto do Nascimento e Silva, que definiu o gesto do ator como "uma expressão da pluralidade de cada um". O ator maranhense Uimar Júnior posou de "estátua viva" na Avenida Rio Branco, no Rio de Janeiro, com o corpo nu pintado e tapa-sexo, que acabou tirando a pedido do público; sua performance valeu-lhe um prêmio na Coletiva de Maio do Museu da Memória da República.

A nudez passou também a integrar o folclore político. Na Alemanha, mulheres marcharam completamente nuas, num protesto contra a visita do papa Paulo ii, que ali fora canonizar Edith Stein, judia convertida ao catolicismo, e que morreu como mártir dessa religião sob o nazismo. Na França, Pierrette Le Pen, ex-esposa do líder de direita, ofendida com a declaração de que, se a pensão que lhe dava era pouca, fosse fazer faxina, posou na revista *Playboy* como faxineira nua sob minúsculo avental, que por fim dispensava. Aproveitando o escândalo, que abalou a "nobre" campanha de Le Pen para a construção de campos de concentração para aidéticos, o jornal *Le Canard Enchaîné* publicou uma foto em que o próprio Le Pen aparecia nu, de costas, num campo de nudismo. Na Itália, a estrela pornográfica Cicciolina, do Partido Radical, depois de exibir os seios em frente ao Parlamento e divulgar seu programa de dar ao sexo uma liberdade sem limites, aliviando com beijos os reprimidos democrata-cristãos, foi eleita deputada, e declarou entusiasmada: "Gostaria de mostrar

O CORPO EM TESTAMENTO

de vez em quando os seios na Câmara". Ainda que tenha se mostrado uma nulidade política, Cicciolina continuou causando sensação como a estrela dos coitos artísticos de Keff Koons. Na Argentina, a deputada Maria Julia Alsogaray posou seminua para uma revista e sugeriu ter um caso com o presidente Carlos Menem, sendo chamada de Cicciolina dos Pampas. No Brasil, estudantes promoveram *strip teases* no campus da USP; em Israel, soldados israelitas apareceram nus no telhado de uma casa em Abu Dis, na Cisjordânia, acenando aos moradores palestinos, num gesto de provocação que incluiu um banho na caixa d'água.

Camponeses que protestam mostrando as nádegas, mundo afora; torcedores que atravessam nus os campos de futebol durante as partidas; modelos que se despem "escandalosamente" em sofisticados desfiles de moda; milhares de anônimos que acorrem nus para serem fotografados por Spencer Tunick, que os arregimenta em performances urbanas a transformar Londres, Tóquio ou São Paulo em cenários evocadores de holocaustos, revelam que a nudez, antes o fundo falso do corpo vestido, tornou-se o próprio conteúdo das representações. Campos de nudismo, *topless* nas praias, clubes e festinhas, nudez total nos carnavais, comunidade de mulheres, sexo público em boates, bissexualidade *fashion*, *swing*, orgias e bacanais tornaram-se formas perfeitamente integradas de dar vazão aos instintos sem afetar o modo alienado de produção, consumo e reprodução. Se a nudez era subversiva enquanto homens livres resistiam às representações sexuais, hoje os corpos podem ser despidos, exibidos e até penetrados publicamente sem abalar a ordem. E mais: eles demonstram, em sua nudez mesma, uma adaptação perfeita.

Neutralizada pela AIDS a subversão potencial de uma homossexualidade em expansão, a tentação pode ser cada vez mais utilizada pela publicidade para incrementar o consumo através do seu impacto nervoso. Depois que a mulher nua foi explorada até os limites da representação e normalizada como expressão artística das mais banais, o homem passa a ser, por seu turno, consumido no mercado das tentações. As marcas de sucesso – de *jeans* a perfumes – devem vir agora envoltas numa aura de sensualidade ao mesmo tempo fria e magnética, liberada pela exibição de modelos nus em poses de indiferença tentadora, revelando "força e beleza", como nos nus da arte nazista.

Na Espanha, a publicidade de um homem pelado dentro de uma cabine telefônica causou tumulto nos anos de 1980. Mas já naquela época Alasdair Foster organizava a exposição *Behold the man*, em Londres, com a mais ampla mostra fotográfica de nus masculinos. Na Itália, a revista *L'Espresso* publicou um anúncio sintomático da Associação Italiana de Doadores de Órgãos, com um homem em "nu viril integralmente os-

TODOS OS CORPOS DE PASOLINI

tentado", sob a legenda: "Há um tesouro em você, não o enterre. Pense bem: ofereça aos outros o que gostaríamos que fosse oferecido a nós". Em sua forma equívoca, a publicidade foi questionada por um crítico do *La Stampa*: "Nesse contexto, a palavra órgão não sugere o coração, o fígado, nem a córnea. Curiosamente, o que mais sobressai no anúncio é um órgão não transplantável". Não transplantável, mas reclamado como um tesouro que os autores do anúncio desejavam que lhes fosse oferecido. Desde então, o nu publicitário estimula em profundidade a libido sobrecarregada dos consumidores, para além do nu artístico, que inspirava "apenas" o desejo erótico.

O nu masculino publicitário, depois de angariar o subproduto de uma equívoca estimulação psíquica, tende a tornar os homens mais agressivos, porque os consumidores só podem reagir socialmente à tentação através de um reinvestimento da própria agressividade, estando qualquer resposta erótica bloqueada pelos tabus culturais, ainda mais reforçados pelo fantasma da AIDS. Parte da agressividade estimulada é convertida, com sucesso, no consumo dos produtos anunciados; outra parte, porém, explode, por exemplo, nas competições esportivas, onde as platéias vibram histéricas ou trocam socos e os próprios jogadores atracam-se como feras diante das câmaras, quando não se agarram aos beijos legitimados por vitórias, em expansões incontroláveis que as emissoras suprimem da edição para não confundir os telespectadores. Assim, se a sociedade mostra-se mais aberta que nunca em relação às manifestações dos homossexuais, é porque já os encara como condenados à morte, aos quais não se deve negar um último desejo. Por trás dessa benevolência aparente, ela aprende também a saquear suas vítimas, explorando a nudez masculina em imagens tantalizadoras, e incorporando seu impacto nervoso aos complexos mecanismos psicológicos que levam as massas a adotar, inconscientemente, os valores degradantes do consumo.

4.

O Corpo Marcado: Da Violência de Massa ao Extermínio Biológico

Se Pasolini não tivesse sido assassinado por um rapaz da vida, teria sido, provavelmente, vitimado pela AIDS. Seria, talvez, a primeira celebridade a morrer do "câncer *gay*", da "peste *gay*", como a doença era chamada com sarcasmo pelas mídias, antes de explodir em pandemia e atingir a todos: bissexuais e heterossexuais, militares e padres, prostitutas e prostitutos, presidiários e drogados, hemofílicos e acidentados, enfermeiras e médicos, mulheres e crianças. Pasolini talvez morresse antes dos filósofos Michel Foucault e Reiner Schuermann; dos escritores Reinaldo Arenas, Bernard Dort, Charles Ludlam, Copi, Jean-Paul Aron, Conrad Detrez, Caio Fernando Abreu, Pier Vittorio Tondelli, Gilles Barbedette, Herbert Daniel, Dario Bellezza, Randy Shilts, John Winkler; dos dramaturgos Bernard-Marie Koltès, Charles Ludlam, Vicente Pereira, Ricardo de Almeida, Daniel Más; dos cineastas Tony Richardson, Amos Gutman, Derek Jarman, Cyril Collard, Leon Hirzman, David Neves; dos atores Rock Hudson, Anthony Perkins, Brad Davis, Dieter Schidor, Kurt Raab, Mario Viegas, Luiz Roberto Galízia, Lauro Corona, Hugo Della Santa, Paulo Villaça, Caíque Ferreira, Carlos Augusto Strazzer, Emile Eddé, Paulo Cesar Bacelar, Carlos Leite, Mauro Faccio Gonçalves (o Zacarias dos Trapalhões); dos bailarinos Rudolf Nureyev, Dominique Bagouet, Walter Roines, Michael Bennett, Arnie Zane, Lenny Dale; dos críticos de cinema Vito Russo, Edmar Pereira; do fotógrafo Robert Mapplethorpe; do cenó-

TODOS OS CORPOS DE PASOLINI

grafo Flávio Império; dos cantores Klaus Nomi, Freddie Mercury, Cazuza; dos artistas plásticos Alex Vallauri, Jorge Guinle Filho, Darcy Penteado, Paulo Leal, José Leonílson Bezerra.

Pasolini estava marcado para morrer por seu estilo de vida, assim como Rainer Werner Fassbinder, que só escapou da AIDS através da overdose. A sociedade teria conseguido, de uma forma ou de outra, exterminá-lo enquanto "elemento indesejável". Para ter uma morte natural na nova era de terror anti-homossexual, que transformou os rapazes da vida em assassinos seriais e os encontros sexuais em cadeias de transmissão da peste, Pasolini teria que renunciar à essência mesma de sua vida pasoliniana. Mas como Pasolini poderia deixar de ser Pasolini? Entre morrer solitária e silenciosamente na sua Torre de Chia (aburguesando-se) e morrer pelas mãos de um rapaz da vida (pasolinianamente), ele preferiu, como sempre, jogar seu corpo na luta. Era a morte que lhe convinha, a morte que legitimava, em sua violência atroz, as denúncias desesperadas que fazia da mutação antropológica do povo italiano, nas quais ninguém parecia acreditar. O massacre do poeta pelo tipo de jovem que ele amava como ícone de pureza, e que via transformar-se, sem que nada pudesse impedi-lo, em delinqüente pela moral do consumo, deu pleno sentido à sua vida doutrinária. Este crime teve o mesmo caráter pedagógico que o suicídio forçado de Sócrates, que também poderia ter fugido à condenação, mas preferiu beber a cicuta, para confirmar a verdade de sua filosofia e a iniqüidade dos governantes de Atenas.

Tal como Pasolini havia profetizado, a sociedade de consumo impunha um totalitarismo mais radical que o dos movimentos fascistas dos anos 1920-1940 ("a charrua diante do trator"): depois de instaurar a violência de massa nas noites sinistras das grandes cidades, ela encontrou a solução final para seus "inimigos objetivos". Nunca saberemos se o vírus da AIDS foi introduzido ou não por medicamentos compostos por células renais de macacos africanos; por mutações genéticas de vírus que sempre existiram, mas que se tornaram virulentos após a erradicação da varíola; por combinações de vírus realizadas em centros experimentais de guerra bacteriológica espalhado acidental ou intencionalmente na África, de forma caótica ou como teste de genocídio; financiado por esse ou aquele governo; por essa ou aquela indústria farmacêutica. Tudo é possível num mundo onde biólogos ganham as capas das revistas científicas mais prestigiadas criando monstruosas abominações em seus laboratórios.

Os cientistas apressam-se em descartar as hipóteses políticas da origem da AIDS como lendas paranóicas; mas uma vez que não conseguem estabelecer como nasceu a doença, permanece o mistério que abarca qual-

O CORPO MARCADO

quer hipótese. Alguns sugerem que a doença nasceu na selva, como uma zoonose oriunda de tribos africanas que se alimentam de carne de macaco. Mas essas tribos não comiam carne de macaco antes? A História registra um sem número de experiências sádicas, torturas, genocídios e holocaustos conduzidos por médicos, cientistas e militares. A sociedade tecnológica apenas transformou a humanidade inteira em campo de provas: dos testes nucleares subterrâneos e na atmosfera aos novos vírus que surgem misteriosamente causando epidemias incontroláveis (Ébola, Vaca Louca, Gripe Asiática...) a distância não é grande. De resto, nada é natural na sociedade, e para que a AIDS irrompesse no mundo de repente, sem qualquer registro histórico anterior, foi preciso que algum código fosse quebrado, alguma lei fosse violada: "Eu não sei nem como, nem quando, alguma coisa de humano acabou", já havia pressentido Pasolini.

A AIDS produziu, na aldeia global, o mesmo efeito que os campos de concentração nazistas. Os que estão "dentro" experimentam a morte social antes da morte física. Por uma macabra coincidência, a aparência do aidético terminal assemelha-se à do prisioneiro de Auschwitz em seu estado mais crítico de sobrevivência; a tal ponto que alguns soropositivos começaram, espontaneamente, ou seguindo as instruções de uma chocante campanha publicitária da Benetton, a tatuar seu corpo, tal como os judeus eram tatuados pelos carrascos nazistas. Os que estão "fora" realinham-se automaticamente, pois desde que os mecanismos de ação do vírus HIV tornaram-se conhecidos, a AIDS passou a exercer um terror permanente, interiorizado até o ponto de nem ser mais percebido. As elites revolucionárias reprimem em si mesmas o Eros que se havia liberado nos anos 1960-1970; e assim são suprimidas, de forma radical, pelo extermínio biológico, as tendências libertárias da cultura, que, segundo Herbert Marcuse, poderiam fazer explodir as estruturas repressivas da sociedade industrial.

A síndrome assumiu a forma de um Holocausto crônico e "natural", regularmente noticiado, comentado, analisado, televisionado, propagado e aceito por todos com resignação, integrado como fato consumado ao cotidiano das pessoas. Desde 1981, quando o vírus HIV foi identificado, 28 milhões de pessoas já morreram, em todo o mundo, vitimadas pela doença e há, atualmente, cerca de 40 milhões de infectados[1]. Enquanto o extermínio biológico prossegue em todo o mundo, atingindo agora não tanto os homossexuais, esclarecidos pelo terror e pela propaganda, mas populações inteiras sem qualquer esclarecimento na África, cada facção parece preocupada apenas em marcar suas

1. Apenas um exemplo sinistro: em 1994, 43 dos 53 atores aidéticos que trabalharam em *Filadélfia* (*Philadelphia*, 1993), de Jonathan Demme, o primeiro filme de um grande estúdio de Hollywood a abordar o tema (doze anos depois da identificação do vírus), já estavam mortos.

145

TODOS OS CORPOS DE PASOLINI

posições ideológicas: a maioria continua a agir como se nada estivesse acontecendo; as vítimas prosseguem o contágio, ou buscam consolo em insuspeitados reservatórios espirituais; os progressistas tomam a firme decisão de não abrir mão da liberação sexual, propagando a panacéia dos preservativos, que a Igreja condena na esperança de reconduzir seu rebanho à castidade e ao casamento indissolúvel.

Um dos últimos representantes da sensibilidade revolucionária pré-AIDS, Pasolini vislumbrou o horror da unificação tecnológica do planeta em 1970, antes de ser imolado pela violência de massa que antecedeu o extermínio biológico. Contra quem, ou o quê, investiria Pasolini se estivesse vivo? Contra tudo e contra todos. É possível imaginá-lo lançando seus anátemas contra a Cicciolina e o Berlusconi, o Fini e a Mussolini; contra a sórdida corrupção dos socialistas e a honestidade sadomasoquista dos juízes da Operação Mãos Limpas; contra o leque que Karl Lagerfeld não pára de abanar com afetação, mesmo quando age como mini-*Führer* da moda tentando proibir na Alemanha o genial *Prêt-à-Porter* (1994), de Robert Altman. Pasolini não se calaria diante das tentativas descaradas dos revisionistas em negar o massacre dos judeus durante a Segunda Guerra Mundial para facilitar a promoção de um novo Holocausto; da vandalização de cemitérios judaicos em todo o mundo; da brutalidade crescente dos ataques neonazistas contra os estrangeiros na Europa; desistiria de uma vez por todas de tentar "converter" os jovens fascistas, reconhecendo neles apenas o mal encarnado; e se engajaria contra o pacifismo hipócrita da esquerda, junto aos que resistem e lutam contra o terror islâmico, cuja meta é implantar mundialmente um totalitarismo religioso que supera os horrores do nazismo, do comunismo e do consumismo.

Nesse mundo que mais parece uma lixeira a transbordar por todos os lados, Pasolini, que já denunciara os horrores do consumismo nas viagens espaciais; nas festas anuais de Natal; nos planos-seqüências da televisão; nos *slogans* da publicidade; no anúncio de um *jeans* Jesus; na moda dos cabelos compridos; no sentido da tosse do operário; ou no mistério do desaparecimento dos vaga-lumes, teria males piores ainda para catalogar: as toneladas de papel gastas pela imprensa para implantar na mente dos leitores, em devastadores "cadernos especiais", a informática e a telemática, com o celular, a TV a cabo, os games, os computadores e a Internet, com seus e-mails, sua comunidade *orkut*, seus *hackers*, seus vírus e *spams*; o contínuo pesadelo cibernético da CNN inoculando insônias de culpa paralisante, da MTV lobotomizando a juventude e de centenas de outros canais a jorrar a cabo porcarias 24 horas por dia. Pasolini teria rejeitado visceralmente a glorificação do crime nos filmes imorais do cinema independente e estaria mais sozinho que nunca no deserto da literatura contemporânea.

O CORPO MARCADO

Pasolini concentraria seu combate na denúncia da destruição física dos corpos dos rapazes e moças, cada vez mais sobrecarregados dos signos da barbárie, que ele continuaria chamando de neocapitalista. Não deixaria, assim, de atacar a peste da tatuagem, que hoje abole o erotismo transformando os corpos vitimados, mesmo os mais desejáveis, em algo entre a pedra e o lagarto, repugnantes por se oferecerem ao sexo como peças marcadas: vestimenta radical, a *tatoo* constitui uma cultura aderente à pele, socializando o corpo "para sempre". Aplastados pela idolatria de celebridades saídas da massa, cada indivíduo alienado de si mesmo ressente seu anonimato como vertigem: a marca corporal fornece-lhe um *Ersatz* de celebridade (ou individualização) imediata, acessível, que o destaca da multidão de nulidades por meio de um desenho único, ainda que escolhido entre os "padrões originais" de um *book*.

Já existem mesmo pessoas dispostas a oferecer seu corpo como veículo de divulgação, abrindo mão de partes específicas para tatuar a marca do anunciante de forma a atingir todos ao redor: o norte-americano Andrew Fisher ofereceu sua testa para a tatuagem de uma marca, leiloando-a no eBay; recebeu mais de 85 lances, sua testa sendo cotada a 2 mil dólares por 30 dias de exibição da marca; a norte-americana Amber Rainey leiloou sua barriga de grávida, o anunciante podendo ocupar o "espaço" até o dia do parto; ela recebeu 71 lances no eBay e fechou com a empresa de cassino *on-line* Golden Palace, que arrebatou ainda os seios da escocesa Angel Brammer, também leiloados como espaço publicitário. A imoralidade empresarial atingiu novo patamar quando a empresa de sorvetes Ben & Jerry doou a mendigos agasalhos estampados com seu logotipo, com o intuito de fazer com que eles, vagando pelas ruas, divulgassem em suas costas a publicidade da marca.

Hoje, ornados de cabeleiras espetadas, trançadas, tingidas; tendo seus corpos esburacados aqui e ali por alfinetes, ganchos e correntes; vestidos de trapos e apetrechos sadomasoquistas, os jovens infelizes experimentam suas mutilações como uma liberação da cultura, regredindo milênios em direção ao tribalismo. A paixão pelas drogas, pelo jogo, pelos audiovisuais e pela violência que explode nas "guerras civis moleculares"[2], são tantas outras manifestações do neoprimitivismo que a técnica totalitária gerou ao unificar o planeta. Pasolini não pôde ver suas profecias apocalípticas realizarem-se, a despeito de todas as tentativas de engodo, levantadas como objeções racionais, pelos intelectuais integrados que lhe sobreviveram. Mas enquanto estes perdem pouco a pouco suas convicções (o filósofo da sociedade aberta, Karl Popper, cogitou, no fim da vida, em censurar a

2. Cf. H. M. Enzensberger, *Guerra Civil*.

televisão[3]; e até Umberto Eco assumiu, com considerável atraso, um tom levemente apocalíptico na denúncia do neofascismo e da intolerância[4]), os escritos de Pasolini permanecem, sem nada perder de seu vigor, iluminados pela denúncia da homologação, lançada no momento da revelação, como um testemunho de seu poder visionário.

3. Cf. K. Popper; J. Condry, *Cattiva maestra televisione*.Cf. também K. Popper; G. Bosetti, Sì, la televisione corrompe l'humanità: È come la guerra, *Corriere della Sera*.

4. Cf. U. Eco, *Cinco Escritos Morais*.

5. O *Corpus* da Obra: Um Escritor Póstumo

Pode parecer surpreendente, mas quase toda a obra escrita de Pasolini, editada em forma de livro, é póstuma. Escritor prolixo, ele publicava em jornais e revistas de toda a Itália, desde jovenzinho. Depois de sua morte, seus textos foram sendo recolhidos e organizados por temas, fases e veículos. Somente aos 30 anos de sua morte é que podemos avaliar a verdadeira dimensão do *corpus* pasoliniano. Se não pudemos mais ver, desgraçadamente, novos filmes de Pasolini, fomos, depois de sua morte, anualmente regalados com novas edições de poemas e críticas inéditas, coletâneas de ensaios e artigos esparsos, romances, peças, novelas e contos inacabados.

Ao longo das últimas três décadas, saíram sucessivamente diversas coletâneas com textos importantes de Pasolini, que só haviam atingido, quando ele vivia, um número restrito de leitores. *La divina mimesis*, escrito em 1966, só veio à luz em 1975, logo após sua morte, assim como a coletânea *Le poesie*, o roteiro não-filmado *Il padre selvaggio* (O Pai Selvagem) e os roteiros originais da *Trilogia da Vida* (Trilogia della vita, 1975). Em seguida foram publicadas as *Lettere agli amici (1941-1945)* (1976) e outro de seus roteiros não-filmados, *San Paolo* (1977). Nos anos subseqüentes foram compiladas as edições de *Scritti corsari* (1975), com artigos originalmente publicados em *Corriere della Sera, Tempo, Il Mondo, Rinascita,*

Paese Sera, Epoca, Panorama, Europeo, entre 1973 e 1975; de *Lettere luterane* (1976), com artigos do *Corriere della Sera* e *Il Mondo*, escritos em 1975; de *Le belle bandiere* (1977), com artigos de *Vie Nuova*, escritos entre 1960 e 1965; de *Descrizioni di descrizioni* (1979), com críticas literárias publicadas no semanário *Tempo*, entre 1972 e 1975.

Na França, de fontes compostas, saiu um volume de cartas de Pasolini, intitulado *Lettres aux amis* (1980). Na Itália, saíram as coletâneas *Poesie e pagine ritrovate* (1980) e *Poesie dimenticate* (1980); Michele Mancini e Giuseppe Perrella lançaram um inventário com 1.802 fotogramas de filmes de Pasolini, ilustrando suas obsessões pessoais e uma coleção de textos escritos pelo cineasta durante as viagens de locação para a rodagem de seus filmes, com uma filmografia e uma bibliografia bastante completas: *Corpi e luoghe* (1981). A revelação da vida erótica de Pasolini, sublimada nas narrativas *Amado mio* e *Atti impuri*, veio a público em 1982. Neste ano um número especial da *Revue d'Esthétique* foi dedicado a Pasolini e a Filmoteca Espanhola lançou um belo álbum com seus desenhos e pinturas.

Em 1984, Nico Naldini lançou *Nei campi del Friuli: La giovinezza di Pasolini*, pequeno mas importante livro em que este primo de Pasolini recordava suas memórias de adolescência em Casarsa, baseado num diário inédito, onde o futuro poeta revelava os conflitos morais em que a descoberta de sua homossexualidade o havia lançado: "Pedia a Deus que me permitisse pecar", escreveu Pasolini, que se manteve virgem até os 21 anos de idade. Entre os livros póstumos de Pasolini, destacam-se as cartas editadas pela Einaudi em dois volumes organizados por Naldini, com cerca de mil e quinhentas páginas: *Lettere (1940-1954)* (1986) e *Lettere (1955-1975)* (1988). Na sua correspondência aos amigos, Pasolini descrevia o inferno em que o pai transformava o lar durante suas crises paranóides; sua própria relutância em aceitar-se como homossexual, até descobrir uma felicidade erótica vivida sem remorsos; suas constantes preocupações morais e políticas; sua paixão pela literatura e pela cultura popular; sua vulcânica atividade intelectual.

Na Alemanha, a editora Wolke publicou textos que haviam aparecido em dois volumes na Itália anos antes, contendo artigos de Pasolini e de seus produtores, roteiristas, atores, colaboradores e amigos sobre os filmes que rodou: *Lichter der Vorstaedte* (1986). No mesmo ano saiu *Dialogo con Pasolini*, com textos diversos sobre e de Pasolini originalmente publicados na revista *Rinascita*. Na França, a Presses Universitaires de Lyon lançou outra importante coletânea de artigos, organizada por Hervé Joubert-Laurencin, inteiramente dedicada às reflexões de Pasolini sobre o cinema: *Écrits sur le cinéma* (1987).

O *CORPUS* DA OBRA

Na Itália, saíram o inédito *Volgar'eloquio* (1987) e a importante coletânea *Il Portico della Morte* (1988) editada pelo Fondo, contendo resenhas, críticas e ensaios que Pasolini escreveu para diversas revistas entre 1942 e 1971. As peças em versos que Pasolini escreveu em 1966 foram reunidas no volume *Teatro* (1988). Depois da *Vita di Pasolini* (1978), de Enzo Siciliano, a mais importante biografia de Pasolini foi escrita por Nico Naldini: *Pasolini: Una vita* (1989), que contém a quase totalidade dos *Cadernos Vermelhos* (1946), os diários íntimos que o jovem poeta escreveu de um só jato em cinco cadernos escolares quadriculados cujas capas tinham essa cor[1], descrevendo suas primeiras intuições poéticas e aventuras amorosas no Friuli de sua melhor juventude. Naldini acompanha a trajetória de Pasolini com detalhes sobre suas posturas políticas, suas amizades, sua sexualidade vivida e descrita com total franqueza, sua complexa e exclusiva relação com a mãe.

Depois da publicação dos esparsos de Pasolini sobre cinema em *Le regole di un'illusione* (1991) numa edição do Fondo; e da coletânea *I dialoghi* (1992), reunindo os artigos de Pasolini para *Vie Nuove* e os artigos polêmicos de *Tempo*, já editado em *Il caos*, em 1992 a primeira edição do romance *Petrolio* trouxe uma nova dimensão à obra de Pasolini. Esse livro que ele se obcecava em escrever nos últimos anos, assumiu, com sua morte, a estatura de um testamento intelectual. Na verdade, Pasolini criava uma nova forma, compondo, segundo suas próprias palavras, uma "obra monumental, um *Satyricon* moderno". Das previstas 2 mil páginas, concluiu cerca de seiscentas que documentam seu grandioso projeto de pintar um afresco da sociedade italiana da segunda metade do século XX usando cartas suas e de amigos, recortes de jornal, canções populares, ilustrações e fotografias. Imaginando o romance como mosaico de fragmentos, Pasolini desejava-o metalingüisticamente inacabado e póstumo; havia mesmo escrito, em 1973, uma página de indicações para um futuro organizador do material, tarefa que o filólogo Aurelio Roncaglia cumpriu fielmente. Todos os temas pasolinianos encontram-se agregados a essa obra *in progress*, que Pasolini desenvolvia como um epitáfio para a humanidade, descrevendo argutamente o povo italiano com as transformações catastróficas introduzidas pelo consumismo.

O personagem principal cai morto nas primeiras páginas. Um anjo e um demônio chegam para disputar sua alma. Como o anjo não abre mão dela, o demônio reivindica o corpo que vive dentro da alma e que o anjo desconhecia: rasgado o corpo da alma, de dentro dele sai um pequeno ser que cresce,

---

1. Cf. N. Naldini, *Pier Paolo Pasolini*, p. 11.

semelhante ao seu invólucro. O protagonista desdobra-se, assim, em dois personagens. O primeiro, Carlo Di Polis, é um católico de esquerda pertencente à alta burguesia de Turim, engenheiro de prospecção de petróleo, em constantes viagens ao Kuwait, a serviço do *holding* público Ente Nazionale Idrocarburi (ENI), a companhia que coordena a política energética italiana: indiferente, ele comparece a uma reunião literária em Roma ou janta com parlamentares mafiosos e neofascistas para acelerar sua ascensão profissional. O segundo, Carlo Di Tetis, é um sedutor incestuoso e bissexual, que assume, ao longo da narrativa, diferentes identidades sexuais e políticas; possui um segredo terrível que tenta transmitir por anos a fio, sem sucesso, a uma criatura que não quer ouvi-lo, como se fosse esse o destino que escolhera.

Como o deus de *Teorema*, Tetis é um ser pansexual, mas dotado de uma potência incontrolável: mantém relações completas – em geral repetidas vezes – com sua mãe, com suas irmãs (que no manuscrito ora são três, ora quatro), com sua avó, com uma amiga desta, com a empregada da família, com a filha de quatorze anos da empregada, com duas dúzias de garotas daquela idade e até mais jovens e com uma dúzia de mulheres do círculo da mãe; além disso, tem relações exibicionistas (acabadas ou não, com certa cumplicidade ou acompanhadas de uma relação sexual incompleta, como a masturbação) com pelo menos uma centena de garotas menores ou no máximo com vinte anos; ainda se masturba (interrompendo a ejaculação ao infinito) cada vez que se encontra só, e mesmo em público. Certa feita, depois de presenciar uma passeata de jovens neofascistas fardados, sofre uma mutação hermafrodita, e adquire também o órgão sexual feminino. Inebriado pelos cheiros campestres, participa de uma orgia com vinte rapazes da periferia romana, que convoca e paga para o penetrarem na relva ressecada de um terreno baldio, um após outro. Pietro é o vigésimo:

> O rosto de Pietro não tinha a mínima expressão: estava concentrado e hostil como sempre, olhando para baixo. Então Carlo, além de lhe beijar, como que por gratidão começou também a metê-lo na boca, tornando a sentir com uma aplicação concentrada e quase religiosa aquelas formas graves e maciças: a nodosidade da glande coberta pela pele espessa, a delicadeza da parte descoberta com o filete esticado, e o seu cheirinho de esperma – o seco do dia anterior, e o ainda fresco de agora – misturado com o cheiro de óleo e do ferro da oficina. Carlo recomeçou a mover a boca para baixo e para cima, como se estivesse ainda tudo por fazer. Temia ainda que Pietro lhe desse outro empurrão e o afastasse; mas o rapaz bruscamente lhe pôs uma mão na nuca, e depois a outra, entrelaçando os dedos e apertando com força para si a cabeça de Carlo. Com este gesto exteriorizava a sua concordância em recomeçar, e, ainda mais

O *CORPUS* DA OBRA

que a concordância, a pretensão. Como que obedecendo, Carlo lançou-se conscienciosamente ao trabalho: exultava, mas desta vez era ele a ocultar seu prazer. Quanto mais a felicidade lhe apertava o coração como uma angústia, mais diligente e firme era o trabalho que Pietro exigia dele.

> *S'ils n'ayment fors que pour l'argent*
> *On ne les ayme que pour l'heure.*
>
> Villon

Era mais ou menos isto que Carlo pensava enquanto estava inclinado, a contentar o rapaz: se só se deixam amar por dinheiro, a gente só os ama por aquela hora. Mas talvez – pensava, com volúpia, que não eliminava a outra volúpia que sentia intensamente procurando não se distrair – não fosse verdade. Talvez se amem para sempre. Uma hora é um buraco. Onde se acumula um tempo que não tem sucessão. Não amava Pietro só por aquele gigantesco pedaço de carne que tinha na boca, liso e duro, com as suas formas quase criadas por um molde, embora fossem tão impressionantemente elas mesmas, novas, nunca vistas: com aquele seu calor, aquele seu odor, e aquele tanto de lívido, quase abjeto – ou seja, de não inocentemente animalesco – que ressumavam. Ele amava aquele rapaz até pelo que ele não lhe dava nem podia dar-lhe: por exemplo, aquele seu não se deixar gozar por completo, sem outros pensamentos que procuravam a razão do gozo. Aquele seu estar ali só pelo tempo puramente necessário para obter o prazer que aos rapazes parece tão importante e ao qual não podem resistir. Aquele seu funcional ir-se embora e desaparecer para sempre, levando consigo tudo o que tinha dado. Assim que aquele bocado de carne saísse da boca de Carlo e, ainda inchado e gotejante, fosse reposto obliquamente dentro das cuecas, e depois fechado dentro das calças apertadamente abotoadas, se tornaria aquela coisa intocável e misteriosa que é por natureza, por decisão da sociedade. O reentrar de Pietro, daí a pouco, na sua vida, era o voltar a selar um pacto social. Para onde reentrava Pietro era a pobreza, o mundo do trabalho. Por isso a Carlo agradava, nele, além do seu sexo, nu, potentemente revelado, o cheiro de ferro da oficina que trazia consigo, a absoluta e inocente familiaridade das suas roupas, a força expressiva daquele macacão de mecânico, e especialmente aquele estar ali por pouco tempo, aquele estar pronto a desaparecer: porque tudo isto, embora sendo tão óbvio e irrelevante, tão transparente em si mesmo, era afinal símbolo de uma profunda diferença social: o mundo da outra classe, que era quase o mundo de outra vida. Era o que tornava querido Pietro, e todos os outros; e o seu amar por dinheiro, embora esse dinheiro não fosse senão um pretexto, derivava de todo um modo de estar na vida, de toda uma economia. Em que se inscrevia também o não ter outro modo de se aliviar – numa hora análoga àquela, e em geral em toda a sua vida de pobres – do que ir ter com uma puta, pagando-lhe. Era isto mais ou menos que Carlo pensava, tentando distrair-se o menos possível do profundo prazer que lhe dava o apertar na boca o caralho de Pietro, quando Pietro gozou: quase de repente, e com uma abundância que nunca deixaria supor que ele gozara cinco minutos antes. Pietro sentiu-o quase como uma fraqueza e um pouco como uma vergonha. De fato, tirou o caralho quase apressadamente da boca de Carlo e deixou-o enxugar impacientemente. No rosto tentava não deixar transparecer nenhum sentimento senão o que derivava da conclusão de qualquer coisa. Não ficou parado nem o tempo necessário para puxar para cima a braguilha das calças. Fez isso correndo apressado para o pequeno grupo dos companheiros[2].

A certa altura, Carlo Di Teti desaparece. Carlo Di Polis, desgovernado com a perda de seu duplo erótico, abjura o carreirismo, castra-se e ingressa em misteriosas seitas orientais; acaba por tornar-se um santo. Pasolini ainda descreve o jovem do povo, antes objeto de seu amor e desejo, como O Merda. Sempre carregando uma garota a tiracolo, ele aparece transformado, pelo efeito da homologação, num tipo de soldado das tropas SS. O genocídio do subproletariado foi, para Pasolini, completado pela adoção, por parte dos jovens, de uma "inocente" bestialidade:

> Linchadores e sanguinários [...] voltam para casa à noite com um pedaço de carne humana entre os dentes arreganhados, deixam-no cair, esfregam a boca com o antebraço, mas os lábios continuam sujos de sangue, e nos olhos a luz de uma exaltação vagamente cômica.

Pasolini conhecia intimamente aqueles que haviam sido seus objetos de desejo e agora assumiam formas degeneradas, adquirindo as feições de seus próprios carrascos. Todo o universo de Pasolini – da santidade da pobreza à vilania burguesa, com seus casais heterossexuais em multiplicação – encontra-se em *Petrolio*, essa "bíblia pasoliniana", como alguém definiu o romance, narrado como um conto de fadas perverso. A realidade aí descrita é atravessada pelos mitos (no Irã contemporâneo, Jasão e os argonautas são petroleiros que fazem perfurações para o moderno Velocino de Ouro); por personagens plasmados de seus romances prediletos; por anjos e demônios, estes chamados de Porsh e Geladeira. As referências literárias multiplicam-se: Antigo Testamento; *Os Argonautas*, de Apolônio de Rhodes; *A República*, de Platão; a *Política*, de Aristóteles; a *Divina Comédia*, de Dante; as obras de Swift e Hobbes; os poemas de Pound; os ensaios de Propp; os romances do Marquês de Sade; *Os Irmãos Karamazov* e *Os Possessos*, de Dostoiévski; *Thalassa*, de Ferenczi; as *Memórias de um Doente dos Nervos*, de Schreber; *Inferno*, de Strindberg; *Piero della Francesca*, de Roberto Longhi; *D. Quixote*, de Cervantes; *Tristram Shandy* e *Almas Mortas*, de Gogol; *Ulisses* e *Finnigans Wake*, de Joyce; *L'écriture et l'expérience des limites*, de Philippe Sollers; *Sterna i teoriya romana*, de Chklovski. O escritor queria plasmar em seu texto todo o magma

2. P. P. Pasolini, Apontamento 55: O Campo da Casilina, tradução anônima feita a partir de duas edições de *Petróleo*, Turim, 1993; Lisboa, 1996, em: http://www.operaprima. art.br/index.html, acesso em 12 jun. 2006.

O *CORPUS* DA OBRA

da realidade vivida caoticamente em seu dia a dia; o livro dava-lhe a "maravilhosa ilusão de uma história que se desdobrava por conta própria"[3].

Curiosamente, parte do mundo intelectual italiano acusou os herdeiros de Pasolini de agir com "cinismo comercial" ao permitir a publicação do manuscrito que estava há anos em posse de Graziella Chiarcossi. Muitos consideravam a obra obscena, pornográfica, de duvidoso valor literário. Até Alberto Moravia havia opinado, antes da publicação do livro, que ele nada acrescentaria à obra de Pasolini. E para Hector Bianciotti, essa publicação não apenas nada acrescentava àquela obra, como também a diminuía: "A publicação desse amontoado de fragmentos temerários, religados por uma espécie de talagarça truncada [...] contamina de um tolo pedantismo toda a obra romanesca de Pasolini"[4]. Pôde-se, assim, constatar que, mesmo morto, Pasolini continuou perturbando os intelectuais integrados.

Continuando com as publicações póstumas, a editora Garzanti reuniu *Tutte le poesie* (1993) em dois volumes organizados por Graziella Chiarcossi e Walter Siti, com duas mil e quatrocentas páginas, mas que, segundo Naldini, ainda não incluíam a totalidade das poesias de Pasolini. Naldini, por seu turno, organizou a edição de dois romances inacabados: *Un paese di temporali e di primule* (1993) e *Romàns* (1994). E, por iniciativa da associação dos graduados da Universidade de Bolonha, sob a organização de Marco Antonio Bazzocchi, foi publicada a tese de láurea que Pasolini escreveu entre 1944 e 1945, *Antologia della lírica pascoliana* (1994). Seguiram-se *Vita attraverso le lettere* (1994) e *Interviste corsare* (1995). A nova biografia de Pasolini por Barth David Schwartz, *Pasolini Requiem* (1995), desacreditada pela crítica italiana por estar "cheia de erros", escrita à moda da literatura jornalística, não deixa de ser uma leitura absorvente. E em *Mio cugino Pasolini* (2000) Naldini voltou a recordar a figura do primo desde os anos juvenis no Friuli, até sua trágica morte em Ostia, realizando uma síntese feliz dos acontecimentos que marcaram a tormentosa vida do escritor.

O último passo para a recuperação do *corpus* literário de Pasolini foi dado com a edição, iniciada em 1998 e concluída em 2004, pela Mondadori, de *Tutte le Opere* organizadas por Walter Siti e Silvia De Laude, com cronologia de Naldini: dez volumes em papel bíblia encadernados em pelica, ocupando o maior número dentro das obras da coleção "I Meridiani" – a edição definitiva, ou quase –, totalizando cerca de 16 mil páginas: *Romanzi e racconti*, em dois volumes; *Saggi sulla politica e sulla società*, em um volume; *Saggi sulla letteratura e sull'arte*, em dois volumes; *Teatro*, em um volume; *Per il cinema*, em dois volumes; e *Poesie*, em dois volumes. Eis, finalmente, o *corpus* pasoliniano – na

---

3. Cf. M. B. Amoroso, *A Paixão pelo Real*: Pasolini e a crítica literária.

4. H. Bianciotti, Pasolini trahi?, *Le Monde*.

verdade, sua obra escrita, sem incluir sua produção audiovisual – em toda sua impressionante dimensão. Contudo, como observou Gianni Scalia, dessa edição ficaram ainda excluídas as traduções que Pasolini fez – alguns de seus trabalhos mais importantes; a transcrição das inúmeras entrevistas que concedeu à imprensa, sobretudo à RAI (Radiotelevisione italiana); e os trechos de *Ragazzi di vita* que a Rizzoli exigiu que ele suprimisse para que o livro fosse publicado. Assim, uma parte significativa do *corpus* pasoliniano ainda continua submersa...

6. O Corpo da Cidade: Fortuna Crítica

Nas três últimas décadas a fortuna crítica de Pasolini avolumou-se desmesuradamente, em progressão geométrica, tornando quase impossível a tarefa de registrar a quantidade de novas publicações. Os amigos de Pasolini – Alberto Moravia, Dacia Maraini, Enzo Siciliano, Franco Fortini, Gianni Scalia, Giuseppe Zigaina, Laura Betti, Maria Antonietta Macchiocchi, Nico Naldini, Roberto Roversi, entre outros – dedicaram-lhe entrevistas, relatos e artigos comoventes, memórias e retratos de sua personalidade complexa. Os estudos críticos e biográficos são inumeráveis, como o de Hervé Joubert-Laurencin, Lino Micciché, Gian Carlo Ferretti, Luciano De Giusti, Philippe Di Meo, Ferdinando Camon, entre outros autores importantes. Contudo, Pasolini não é uma unanimidade e se sempre foi contestado pelos chamados conservadores e reacionários, continua a receber críticas violentas também dos ditos progressistas e revolucionários. Não caberia defender Pasolini dos ataques dos católicos e dos fascistas, pois, para esses, Pasolini era um demônio, na qualidade de "comunista" e "pederasta", estando esses vícios na natureza dele, não cabendo qualquer argumentação. Mas caberia defender Pasolini das acusações infundadas dos esquerdistas e dos antifascistas que vão estranhamente irmanar-se àqueles. O cineasta brasileiro Glauber Rocha e, depois dele, o italiano Aurélio Grimaldi, projetaram de Pasolini a imagem de um "gênio cafajeste" que, se, por um lado, atacava os fascistas e os capitalistas, por outro era exatamente como eles em relação aos *ragazzi di vita*: "explorando o cu do subproletariado" (Glauber); "pagando por um sexo *sporco*, agindo como capitalista com os rapazes da periferia" (Grimaldi).

Essas acusações já haviam sido formuladas por Italo Calvino: num artigo para o *Corriere della Sera*, o escritor afirmara que *Salò* fracassara devido à "pouca clareza de posições [...], pois Pasolini não se deu conta de que qualquer denúncia – ou, como dizia o próprio Pasolini, qualquer processo – requer, antes de tudo, que passe por si mesmo antes de envolver os outros". Pasolini não o fizera porque não teria tido a coragem de "falar do tema fundamental de seu drama: a parte que havia tomado o dinheiro na sua vida desde o momento em que se tornara um cineasta de sucesso"[1]. Moravia respondeu a Calvino e ao que estava implícito em suas alusões, observando que Pasolini

> descobriu à sua custa que a sociedade italiana não era a sociedade livre e grandiosa do Renascimento [...], antes era uma sociedade pequeno-burguesa reprimida e repressiva; e, além do mais, muito diversa daquela que deveria ser e daquela que declarava ser. [...] Assim, a tragédia de Pasolini não é aquela de um homem corrompido pelo dinheiro, mas aquela do patriota traído por seu país[2].

Contudo, o tema havia sido lançado antes mesmo pela velha comunista Rossana Rossanda, quando o cadáver de Pasolini ainda estava quente:

> [Pasolini] procurava uma relação autêntica, e não estabelecia, ao invés disso, uma relação mercantilizada? Procurava uma relação livre e ele mesmo não repetia – o intelectual rico chegando com seu Alfa e pagando o rapaz diante dele, social e pessoalmente tão mais frágil – uma relação entre opressor e oprimido? Nem as humilhações que devia receber em troca (quantas provas, terminadas menos tragicamente, dessa sua morte deve ter vivido; a irrisão do companheiro ocasional, a recusa, a resistência de quem se deixa usar, mas se sente usado, e, portanto, se revolta) podiam absolvê-lo do fato de que ele mesmo entrava nesse mecanismo alienante. No qual o interlocutor tornava-se sempre mais dissimulado, mais "objeto". Diferente daquele tempo, quando o rapaz vinha com ele, mas mantendo a sua figura, a sua dimensão não integrada, não servil, como o Tommaso de *Una vita violenta*. Hoje não era mais assim: o rapaz que o matou tem pouco em comum com o *borgataro* de outros tempos. Deveria ser solto amanhã, segundo os valores que regem essa sociedade (outros que de uma humanidade elementar) porque não se pode duvidar do testemunho de sua *borgata*, isto é, de que não tinha muita vontade de trabalhar – e quem a tem? – mas estava pronto e próximo a reingressar na ordem da família, só provisória e venalmente violada. Nada, nessa história, é realmente o que parece. Não o rico vicioso que procura amores escondidos entre os marginais, já que ninguém como Pasolini vivia mais simplesmente sua inclinação homossexual e teria podido satisfazê-la, numa sociedade agora mais permissiva, sem riscos desse tipo. Não o jovem vicioso, que não o é: nem vicioso, nem delinqüente, e sequer voluntariamente desviante, rebelde às normas. Morte acidental na perseguição de um fantasma, se poderia dizer[3].

1. B. Pinian; L. De Giusti (org.), *Pier Paoli Pasolini*: "...avec les armes de la poésie..."

2. A. Moravia, Sade per Pasolini: una pietra contro la società, *Corriere della Sera*.

3. R. Rossanda, In morte di Pasolini. *Manifesto*.

O CORPO DA CIDADE

Nessas acusações caiadas de marxismo ao "capitalista" Pasolini, o âmago da questão reside na relação "alienante e mercantilizada" de um *comprador de sexo*. Na visão dos moralistas marxistas ou derivados, a prostituição se constituiria numa relação de exploração capitalista que degrada, sobretudo, o comprador, equiparado ao patrão, cabendo absolver o trabalhador, no caso o prostituto explorado. Examinemos mais de perto essas temerárias aplicações de conceitos marxistas às relações sexuais venais para se verificar se são ou não procedentes. Para Marx, o trabalhador, que detém apenas sua mão-de-obra, vende-a ao empresário capitalista que detém os meios de produção e paga, em troca, um salário; os resultados da produção dos operários são comercializados no mercado com uma mais-valia sobre o custo real da produção da mercadoria, e que constitui o lucro; a exploração advém do fato de que o lucro é apropriado inteiramente pelo empresário, enquanto o trabalhador não vê nenhuma parcela dessa mais-valia incorporada ao seu salário, que permanece sempre o mesmo, de modo que o patrão enriquece acumulando a mais-valia enquanto o operário continua pobre.

Para os marxistas amadores que aplicaram o conceito de exploração capitalista às escapadas de Pasolini junto aos rapazes da vida, estes seriam apenas os detentores de seu corpo enquanto instrumento de prazer, "vendendo-o" (prostituindo-se) ao rico "patrão" (o cliente), detentor dos meios de produção (o automóvel, o capital); este pagaria, em troca do "trabalho" (do sexo), um "salário" (o michê). Contudo, a partir do momento em que entra em cena efetivamente o ato sexual, a analogia não consegue mais sustentar-se, porque a "produção" (o prazer) do ato não é apenas o resultado do "trabalho" (dos amplexos) do "operário" (do prostituto); mas igualmente do "trabalho" (dos amplexos) do "patrão" (do cliente) e os "produtos" (as sensações) dessa verdadeira "co-produção" (o coito) *não podem ser comercializados*, sendo "consumidos" (sentidos, experimentados) inteiramente no ato da realização do "trabalho" (do sexo).

Assim, o sexo, comprado ou ganho, é um trabalho que se consome enquanto se produz, e o máximo que pode resultar dessa produção, ou co-produção, são uns respingos de esperma aqui e ali. Ou seja, na relação de produção *improdutiva* do coito, o prazer resultante é uma *menos-valia* – um dispêndio, um consumo – à qual não se pode adir qualquer mais-valia, ou lucro passível de ser acumulado, a não ser a memória do prazer ou desprazer em graus os mais variados e imprevistos, que cada um dos parceiros experimenta: os clientes não se transformam em homens ricos a manter seus prostitutos na pobreza. Não há exploração do prostituto da parte do cliente, que não estabelece vínculos empregatícios nem precisa ser rico ou possuir um Alfa. O cliente tampouco se apropria do prazer na relação,

TODOS OS CORPOS DE PASOLINI

que é apropriado simultaneamente pelo prostituto, quer ele o admita ou não. Assim, o trabalhador do sexo obtém parcelas da *menos-valia* (do prazer), incorporadas em sua subjetividade tanto quanto na de seu cliente, de modo que da relação ninguém sai "prejudicado" financeira ou socialmente; ou, antes, é o cliente quem sai mais pobre e socialmente arruinado, tendo seu dinheiro embolsado pelo prostituto e sua fama agravada pela sociedade moralista.

Em suma, se o cliente não enriquece pagando "operários do sexo" em relações sem compromisso de parte a parte, e antes "empobrece", a analogia da exploração capitalista do corpo do prostituto não passa de uma metáfora vazia. A verdade é que essa metáfora tenta mascarar outra, muito mais produtiva, do ponto de vista marxista, que é a metáfora feminista da exploração da mulher pelo homem no relacionamento tradicional. De fato, é a opção da maioria dos homens, por razões de economia afetiva e também capitalista, possuir *uma operária do sexo em trabalho fixo*, chamada de esposa, através de uma relação estável, com autenticidade ou humilhações a gosto (estilo de vida burguês cada vez mais *imitado* pelos *gays*, com os quais Pasolini não tinha nenhuma identificação). Aqueles que preferem manter sua liberdade pagam um preço mais alto que os que se *autenticam* ou se *humilham* com a mesma pessoa. Trata-se de uma *opção de vida*, tal qual o metafórico "operário do sexo", infinitamente mais livre que o operário da realidade, que precisa cumprir um rígido horário de trabalho, seguir os duros regulamentos da empresa, viver num ambiente opressivo, mostrar-se sempre produtivo, em troca de uma vida dentro das normas que inclui diversos benefícios compensatórios. Mas tampouco é a prostituição uma condição social necessariamente ligada à pobreza, como o provou *A Bela da Tarde* (*La Belle de Jour*, 1967), de Luis Buñuel. Enfim, se a analogia prostituição masculina / exploração capitalista não se sustenta (analogia mais aplicável à exploração cotidiana da mulher pelo homem no casamento tradicional que à relação livre e descompromissada do prostituto com seu cliente), porque ela vem sendo repetida contra Pasolini, de Rossanda a Glauber, de Calvino a Grimaldi? A razão é uma só, e sempre a mesma: homofobia. Jamais essa acusação é assacada contra escritores heterossexuais que "exploram o cu" e outras partes das subproletárias em suas escapadas noturnas. Quando escritores heterossexuais adotam esse estilo de vida, ainda que apenas na fase "irresponsável" de sua juventude, são mistificados como grandes amantes e libertários sexuais, à maneira de Don Juan, Casanova e Henry Miller[4]. E suas parceiras prostitutas nunca são descritas como "pobres operárias do sexo" cujas "conas" são exploradas pelo "macho capitalista", mas

4. Leia-se a equivocada avaliação de C. Bordoni, Um coraggio a meta, em O. Fallaci (org.), *Dedicato a Pier Paolo Pasolini*.

O CORPO DA CIDADE

como "mulheres vividas", "amantes sensuais", "doces libertinas" e "musas inspiradoras".

Uma outra forma – muito mais erudita – da homofobia a Pasolini foi estruturada magnificamente por um velho amigo seu. Em 1984, no Museum of Modern Art da Berkeley University, o pintor Giuseppe Zigaina apresentou pela primeira vez sua teoria conspiratória acerca do planejamento obsessivo que Pasolini teria feito de sua própria morte com o objetivo de converter-se em mito. O ensaio "Total Contamination in Pasolini" foi publicado na *Stanford Italian Review*. Mais tarde, Zigaina aprofundou a tese[5] em três ensaios, concebidos como a "Trilogia da Morte" de Pasolini, e reunidos em *Hostia*[6]. Zigaina pretendeu demonstrar, com muita erudição, a tese estapafúrdia de que Pasolini organizou a própria morte como rito cultural, escolhendo data, local e assassino-cúmplice, na primeira experiência do tipo em toda a história da humanidade; e que, portanto, a "abjuração da Trilogia da Vida" do poeta nada mais seria que o anúncio da sua "abjuração da vida", tudo sendo transmitido em linguagem cifrada ao longo de seus poemas, ensaios, peças e filmes, para ser decifrado, como também previsto, por ninguém menos que o próprio Zigaina.

Sim, pois o perturbador projeto lingüístico-existencial de Pasolini, anunciado em *Petrolio* pelo subtítulo provisório – "Mistério e Projeto" – e através de diversos outros textos "cifrados", teriam sido concebidos para um futuro decifrador. Este seria um espectador definido por Pasolini não como aquele que "não compreende, que se escandaliza, que odeia, que ri; mas que compreende, simpatiza, ama, se apaixona. *Tal espectador é tão escandaloso quanto o autor*: ambos rompem a ordem da conservação que pede ou o silêncio ou a relação numa linguagem comum e média". O espectador "que simpatiza e que ama", o espectador que no futuro terá de "reinserir no dizível" a mensagem, ou seja, transmiti-la aos outros homens, "não é senão – diz Pasolini – um outro autor". E a relação entre autor e espectador, não podendo não ser "senão uma dramática relação entre singular e singular, democraticamente pares", que "acontece sob o signo ambíguo dos instintos e sob o signo religioso (não confessional) da caridade. [...] *Um ato em realidade indefinível, porque santo*", foi assumida por Zigaina porque ele fora secretamente incumbido por Pasolini desse papel, sendo ele um amigo, um par e um autor; e, mais ainda, um "santo", papel que interpretara em *Decameron*. Dessa maneira, desde há muito teria Pasolini designado a Zigaina a missão secreta (até mesmo para ele) de decifrar, na sua obra, o proje-

5. Ao livro *Pasolini e la morte* seguiram-se mais dois volumes: *Pasolini tra enigma e profezia* e *Pasolini e l'abiura*.

6. Cf. *Hostia*: Trilogia della morte di Pier Paolo Pasolini.

to anunciado sob a forma de enigmas de seu auto-assassinato encenado como rito cultural, com data e local assinalados e assassino previamente escolhido.

Para Zigaina, ao ser morto na noite entre o dia dos Santos e o de Finados, Pasolini cumpriu o *Mysterion* anunciado em *Petrolio* como "ato místico, decisivo, vital, plenamente positivo e orgíaco [...] que se põe como epígrafe" de toda sua obra. O auto-revelado missionário desacredita a versão de que o massacre do Pasolini seria um crime político. Seu exame atento ao *corpus* pasoliniano revelou-lhe que as fases preparatórias e conclusivas do trágico fim – tempos, lugares e modos – haviam sido antecipados de maneira unívoca e coerente: o dia, o ano, o campinho de futebol, a idade do rapaz assassino, o uso do bastão, as margens do mar de Ostia, por fim o Domingo (que coincide a cada seis anos com o dia dos Mortos): tudo teria sido minuciosamente planejado. Zigaina aponta o "Manifesto per un nuovo teatro"; o texto "Manifestar"; o poema "Coccodrilli"; a conferência de imprensa imaginada em *Bestia da stile*; a falsa "Nota dell'editore" de *La divina mimesis*; a contaminação com os versos do *Apocalipse* de João em "Patmos" e a série de nove poemas intitulados "Comunicato all'Ansa" como provas do crime que Pasolini teria cometido contra si mesmo. Para Zigaina, Pasolini deu corpo e substância à sua idéia da morte especialmente ao escrever:

> *Liberdade.* Depois de muito refletir, compreendi que esta palavra misteriosa não significa outra coisa senão, enfim, no profundo dos profundos... *liberdade de escolher a morte* [...]. Tal liberdade não pode ser *manifestada* de outra maneira senão através de um grande ou de um pequeno martírio. E cada mártir martiriza a si mesmo através de um carrasco conservador. [...] A liberdade é, pois, um atentado autodestrutivo à conservação [...] cada infração ao código – operação necessária à invenção estilística – é uma infração à Conservação: e assim é a *exibição* de um ato autodestrutivo: por quem alguma coisa de trágico e de ignoto é escolhida, no lugar de alguma coisa de cotidiano e de conhecido (a vida)[7].

Zigaina reporta o que chama de *antecipação*, acima detectada, na peça autobiográfica *Bestia da stile*, nesta passagem irônica e cruel:

> Justamente porque é festa [o diretor foi assassinado num domingo].
> E para protestar quero morrer de humilhação.
> Quero que me encontrem morto com o sexo de fora,
> com calças manchadas de sêmen branco, entre
> os sorgos envernizados com líquido cor de sangue.

"O cadáver do escritor foi encontrado exatamente nessas condições", observou Zigaina. Mas essa visão não deve, ele nos alerta, ser entendida como ante-

7. P. P. Pasolini, Il cinema impopolare, *Nuovi Argomenti*, n. 20. Grifos de Zigaina.

O CORPO DA CIDADE

visão de um poeta-vidente, e sim como "ato criativo absolutamente novo, tão novo que faz decair toda já experimentada idéia de novidade". Zigaina quer dizer que Pasolini não previu, antecipou, pressentiu a possibilidade de sua morte durante uma de suas escapadas noturnas, mas sim que a forjou, a planejou passo a passo e a executou conscientemente, perversamente, maquiavelicamente, na forma de um suicídio público planejado, usando-se de Pelosi como de um mero instrumento, como um coadjuvante de sua performance. Ele ainda encontra outras pistas da sua teoria em *Petrolio*, onde Pasolini escreveu:

> No mesmo tempo no qual projetava e escrevia o meu romance, eu procurava o sentido da realidade e tomava possessão dele, no exato ato criativo que tudo isto implicava, eu desejava *mesmo libertar-me de mim mesmo, isto é, morrer. Morrer na minha criação: morrer como, de fato, se morre de parto...*

Aqui, ao invés de interpretar o "morrer na minha criação" como a experiência de fundir-se no livro que escrevia, mergulhando na escritura para anular o "eu" como num orgasmo, ou num parto, sensação experimentada por todo escritor apaixonado pelo ato de escrever, Zigaina prefere ler outra coisa: a confissão de que Pasolini planejava morrer dando à luz uma *coisa*, ou seja, morrer exprimindo-se através de seu assassinato, tal como ainda o comunicara pondo como epígrafe da segunda versão da poesia "Il giorno della mia morte" (1974) os versos do Evangelho de São João: "Se o grão de trigo, caído no chão, não morrer, ficará sozinho, mas se morrer dará muitos frutos". Zigaina imagina – e ele o afirma mesmo – que Pasolini acreditava na realidade e na eficácia do mito (confundindo todas as metáforas desse escritor), como um cristão católico crê no milagre da eucaristia. Para Zigaina, Pasolini teria criado um mito para si mesmo ao escolher a modalidade de sua morte, e o local em que ela deveria dar-se, em Ostia, que significa "vítima consagrada". Concebendo toda coincidência como uma predeterminação, Zigaina avança e afirma que a "morte como projeto" de Pasolini era algo arriscado, pois uma doença grave, um simples acidente de carro, poderia ameaçar a sua execução da forma prevista e prefixada...

A péssima teoria de Zigaina encontra sua síntese na interpretação do poemeto "Progetto di opere future", em que Pasolini reflete: "Se milagrosamente o Caos chegar a uma plástica claridade [...] Se tiver câncer e deverei morrer, significa que terá vencido aquela realidade de coisas [o fato]". Os versos, depois de truncados e justapostos, são superinterpretados por Zigaina: aqui, a "plástica claridade" é a do horizonte de seu futuro projeto de matar-se por assassinato; enfrentando o risco de uma morte natural ou acidental, Pasolini jogaria tudo, mas se ganhasse a partida e conseguisse encenar a pró-

TODOS OS CORPOS DE PASOLINI

pria morte e dela morresse da maneira planejada, seu nome ficaria luminoso na "vida somente verdadeira que chegar"; caso contrário, seu nome desapareceria para sempre. Mais versos assacados de Pasolini por Zigaina para reforçar sua teoria: "Na primeira metade da minha vida plantei a Planta da Paixão [...] na segunda metade a Planta do Jogo". Assim, observado com suspeita "por quem aposta pouco para ganhar muito", Pasolini teve que "apostar muito para ganhar muito". Segundo a mórbida teoria, a obra inteira de Pasolini – toda a poesia que escreveu, todos os livros que publicou, todos os filmes que realizou, todas as polêmicas que travou, todos os tabus que quebrou, todas as paixões que viveu, não significariam absolutamente nada: apenas a morte como rito cultural planejado daria ao nome de Pasolini uma sobrevida na futura memória dos homens... E ele perseguiria essa morte como única forma de mitificar-se, de projetar-se no futuro... Zigaina chega a datar a decisão de Pasolini: "Em março de 1969, no pleno da sua 'desesperada vitalidade', Pasolini concebeu sua morte violenta". Mas Zigaina não é preciso em suas datações, pois em outro momento data a concepção de Pasolini em 1964; em outro ainda, localiza-a "em 1958, ou talvez antes". Mas ele prossegue:

[Pasolini] a prefigura, organiza e teoriza como linguagem com a mesma função estilizadora que a montagem tem no cinema: aquela de transformar a obra-vida de um artista num "conto vivido" com o corpo e o sangue. [...] Numa entrevista que concedeu a Jean Duflot em 1969, Pasolini resumiu tudo isso no aforismo: "O fonema sem gesto é outro semantema". Mas aqui *gesto* substitui *morte*; como *fonema*, parte por tudo, significa totalidade da obra. Pasolini afirma que a sua obra (o fonema), redefinida pela estilização operada com a morte (o gesto), toma outro significado (converte-se em outro semantema). Em outro aforismo recita: "Também um santo fala, em silêncio, com o seu corpo e com o seu sangue". O aforismo pasoliniano que mais resume a teoria da morte como linguagem é o seguinte: "Expressar-se e morrer ou ficar inexpressos e imortais"; um sistema estilístico que tem este valor asseverativo: "Eu, Pier Paolo Pasolini, expressar-me-ei com a morte". A vontade de Pasolini de "ser poeta" chega a fazer de sua morte um signo que testemunhe sua Heresia. *Salò* teve a função de fazer conhecer ao mundo o significado do "difícil amálgama" que ele operou entre a totalidade da sua obra e a morte. [...] É com uma fórmula de Barthes ("*thrilling* da inteligibilidade") que Pasolini define a própria obra (a narrativa mítica), "um policial puramente intelectual". Em "La reazione stilistica" (1960), Pasolini escreve: "Não sabem que é mesmo a morte / (o álibi deles de católicos servis) / que desagrega, corrói, torce, distingue: / até a língua. / A morte não é ordem, soberbos / monopolistas da morte, / o seu silêncio é uma língua demasiado diversa / para que possais fortalecer-vos: / justamente em torno desse vórtice / a vida [...]. E a língua [...] se integram, ninguém o esqueça, / com aquilo que será, e que ainda não é". Pasolini fala de uma cerimônia psicagógica, na qual antigas civilizações mediterrâneas conduziam a alma do defunto aos infernos. Quando ele escreve que "Agora é o tempo da Psicagógica", pretende dizer que é chegado para ele o tempo de pensar concretamente sua morte. [...] A outra face da *transumanização*, ou seja, da ascese espiritual, é a organização. O verbo intransitivo transumanar (a palavra é de Dante, e significa executar uma ação além

O CORPO DA CIDADE

da possibilidade humana) se faz verbo substantivado e se submete a organizar. A mensagem de Pasolini seria: "organizar o transumanar". Dedicaria a segunda metade de sua vida a este programa. [...] Pasolini sabia que a recitação do mito comporta sempre um longo ritual. [...] Mircea Eliade diz que a recitação do mito pode ser feita apenas entre o outono e o inverno, numa recorrência sacra, e à noite. O escritor foi assassinado entre o outono e o inverno; na noite entre o dia dos Santos e o dos Mortos e no domingo, dia no qual foi morto também seu irmão Guido. E em Ostia, lugar que possui significado de vítima sacrificial: a hóstia que o sacerdote consagra (com a palavra) na missa cristã. A escolha de Ostia, lugar sagrado por excelência, faz parte do rito. Assim como fazem parte do rito o campo de futebol às margens do mar delimitado de uma cerca e de uma rede metálica (o "recinto sagrado"); a tábua, o arame, o bastão (a arma mítica com a qual Caim, o primeiro agricultor, mata Abel, o velho coletor); o esmagamento do tórax da vítima (exemplificado em *Medéia*) como operação homóloga àquela da moedura do grão (Frazer); o "Deus Rapaz com os cachinhos na fronte [...] que vem para ocupar o lugar da mãe" (para matar-te e fazer-te nascer numa outra vida). Todos esses aspectos do rito foram anunciados por Pasolini na sua obra [...]. No "Poema per un verso di Shakespeare" Pasolini profetiza: "Ir-te-ás embora num verso", querendo dizer: "Morrerá fazendo poesia; exprimir-te-á com a morte". No segundo capítulo de *Una Disperata Vitalità*, Pasolini anuncia: "apresento-me em um ato – privado de precedentes históricos – de indústria cultural"; afirmação que, decifrada, significa: "apresento-me num rito cultural (exclusivo e bem distinto da atual indústria cultural) que no plano lingüístico-expressivo está privado de precedentes históricos". No seu "Comunicato all'Ansa", respondendo a uma ideal jornalista que lhe pergunta que coisa está fazendo, o escritor responde:

> Versos, versos, escrevo versos!
> maldita cretina [ele pensa em silêncio consigo mesmo],
> versos que não entenderá, privada como está
> de cognições métricas! Versos!
> [e depois em alta voz] versos NÃO MAIS EM TERCINAS!
> Compreende?
> Isso é o que importa: não mais em tercinas!

Aqui, os versos "não mais em tercinas" (aquelas, remotas, de *Le Ceneri di Gramsci*) querem, de um lado, sublinhar a escandalosa novidade formal do evento, e, de outro, reforçar o significado do verso como metáfora da morte. Pasolini não faz outra coisa senão representar o seu sacrifício através dos signos icônicos e verbais de seus personagens, que morrem invariavelmente de morte violenta: de *Desajuste Social* a Cristo, do Homem-Mulher de *Orgia* a Julian de *Pocilga*, do Corvo de *Gaviões e Passarinhos* a Jan de *Bestia da stile*. Mesmo a protagonista de *Medéia*, contrariamente ao que sucede no texto de Eurípides, suicida-se no fogo que ela mesma ateia em sua casa. [...] A narrativa mítica de Pasolini pode ser definida como uma *mímesis* da realidade que se avizinha sempre mais da realidade que está representando e com a qual finalmente deverá coincidir. A *mímesis* operada por Pasolini [...] cessou de ser imitação quando coincidiu [...] com o extremo rito cultural. E referindo-se à sua morte com humor: "A *diegesis* perde terreno para a *mímesis*", entendendo dizer que a *diegesis* enquanto narrativa das suas experiências literárias e humanas perde sempre mais terreno para a importância que adquire a *mímesis* enquanto sempre mais próxima da perfeição.

Achille Bonito Oliva exaltou e reafirmou a teoria de Zigaina no artigo "Pasolini e a morte", afirmando que o cineasta teria realmente adotado seu jovem assassino não como carrasco que o elimina do espaço da vida, mas como aliado que lhe consentia em abrir uma passagem além da vida. Pasolini e Pelosi seriam como o Homem e a Mulher de *Orgia*:

> A Mulher ao Homem (as duas metades de Pasolini): "Eu, como vítima, tu como carrasco. Vítima que quer matar tu; carrasco que quer morrer eu". Essa sublime contaminação pressupõe uma grande pulsão narcisista. ("Até que eu esteja morto, ninguém poderá dizer que me conheceu verdadeiramente"). Através da exibição da sua morte violenta, Pasolini desejaria instituir uma ordem que lhe pertenceria: Pasolini Agnus Dei, deixando-se assassinar como quem organiza a própria morte. Sua famosa frase "O mundo não me quer mais, e não o sabe" o indicaria. [...] A morte natural está fora desta escolha estóica: é um evento súbito, não é desejada e organizada e, portanto, não pode ser teatro de nenhuma representação. De outra parte, até "o suicídio - como diz o próprio Pasolini — cria um vazio súbito preenchido da qualidade pior de vida". Somente "martírio por autodecisão" determina aquele curto-circuito que consente ao poeta colocar-se "na luz lancinante daquele mar onde recomeça a vida".

Contudo, o que a teoria de Zigaina, reforçada por Oliva, não conseguiu captar é que a teoria da montagem de Pasolini é válida para qualquer um: Zigaina quer limitá-la à morte de Pasolini quando ela diz respeito a toda a humanidade. Ele cita erradamente, como uma das "frases cifradas" de Pasolini que ele decifra à sua maneira particular para comprovar sua tese, a referência a John Kennedy em "Observações sobre o Plano-Seqüência": "Kennedy, morrendo, expressou-se com a sua extrema ação"[8]. Ora, essa frase não soma às supostas provas de sua tese, apenas ilustra a tese de Pasolini de que *toda morte* realiza uma edição da vida de uma pessoa. Da mesma forma, Kennedy não foi ao encontro de seu assassino; não encenou sua morte como rito cultural, ele jamais imaginaria que seria assassinado da forma e no momento em que o foi. Ele não procurou a morte ao receber ovações populares num carro conversível, nem foi morto *por causa disso*, como tantos dirão de Pasolini, apenas por homofobia, que teve o "fim que mereceu", pagando com a morte sua fome de sexo com rapazes. E, no entanto, Pasolini diz de Kennedy o mesmo que antecipa para si mesmo e poderia dizê-lo de todo aquele que coloca sua existência em risco; desrespeitando o princípio de conservação; encarando o desafio da mortalidade – a escolher, como seu modo de existir no mundo, as atividades de bombeiro, guerrilheiro, intelectual, mergulhador, militar, papa, poeta, policial, presidente, prostituta, subversivo, travesti – ou qualquer outra *profissão de risco*.

8. P. P. Pasolini. "Osservazioni sul piano-sequenza", *Empirismo eretico* [1964-1971], em: *Saggi sulla letteratura e sull'arte*, vol. 1, p. 1557.

O CORPO DA CIDADE

Contudo, cabe uma nota à margem da teoria da montagem de Pasolini: diversamente do que ele afirmou, não é a morte que realiza uma edição da vida, selecionando os momentos mais significativos dela; a morte só concede uma moldura e um caixão, dentro dos quais os fatos da vida do personagem deverão ajeitar-se para aí encontrar seu devido lugar. Enquanto vive, o indivíduo tem milhares de possibilidades abertas à sua frente: pode aprender uma nova língua, ler toda uma biblioteca, plantar uma árvore, vender tudo o que possui para dar uma volta ao mundo, casar-se ou descasar-se, fazer sexo com qualquer um, com apenas alguns, com uma pessoa ou com ninguém, matar um inocente, um crápula, ou matar-se... Mas ao morrer, de todas as possibilidades apenas imaginadas, ele só realizou algumas, e mais nada pode fazer; sua vida "grandiosa" em potência vê-se imediatamente reduzida ao conjunto das obras que ele conseguiu assinar com seu corpo e que devem, agora, ser revistas e interpretadas, valorizadas ou não, preservadas ou não pelos vivos, se eles sentirem a necessidade disso. Assim, são os vivos os verdadeiros "autores" da edição da vida alheia que a morte apenas libera para tal.

Deste modo, ao contrário do que afirmou Pasolini (que estava em essência correto em sua teoria) não é a morte que realiza uma edição da vida do sujeito; a morte apenas informa aos vivos que o fim da película do sujeito acabou. Acabado o material filmado de suas ações, palavras e obras, que o sujeito foi imprimindo na realidade ao viver, aquele fica, com sua morte, liberado para a mesa de edição. E os editores serão os parentes e amigos, conhecidos e biógrafos, todos aqueles que tomarão para si a tarefa de recolher o vasto material "gravado no real" (de palavras proferidas a gestos inesquecíveis, de realizações pessoais a projetos apenas esboçados, de diários e cartas íntimas a obras tornadas públicas em vida). E os vivos começarão, inevitavelmente, a editar, cada qual a seu modo, segundo seus pontos de vista, o "filme" da vida do sujeito, em sucessivas gerações, até sua consagração histórica ou seu completo esquecimento. Um pouco como mostrou *The Final Cut* (2004), de Omar Naim, um filme desagradável, mas que serve como exemplo metafórico da tese sobre a vida enquanto material editável. Ou, como escreveu Sartre ao iniciar sua imensa e inacabada "edição" da vida do escritor Gustave Flaubert: "Entra-se num morto como num moinho"[9].

Seguindo um viés diverso do de Zigaina, mas igualmente equivocado, Dario Bellezza, redator da revista *Nuovi Argomenti*, que Pasolini dirigiu até o fim da vida, tentou demonstrar, em *Morte di Pasolini*, porque essa morte

9. J.-P. Sartre, *L'idiot de la famille*, vol. I: Gustave Flaubert de 1821 à 1857, p. 8.

167

TODOS OS CORPOS DE PASOLINI

não se tratava de crime político, e sim de um drama tipicamente homossexual. Na introdução ao livro, Alberto Moravia escreveu que Bellezza havia resolvido o problema numa chave existencial, no sentido de que procurou viver outra vez a tragédia de Pasolini como autobiografia, já que compartilhava do mesmo estilo de vida do cineasta. De fato, Bellezza exagerou na projeção ao declarar que a morte de Pasolini foi

> muito pasoliniana, completamente sua, até o delírio de uma encenação perfeita, porque parece que ele verdadeiramente a quis até o final. Pelosi é demasiado pasoliniano para não ser o assassino, maravilhoso e soberbo; numa emboscada armada por uma mente diabólica, nunca se encontraria tão perfeito o triunfo da sensualidade como naquele rapaz encaracolado idêntico a Ninetto Davoli[10].

Por sua vez, Rossana Rossanda chegou aos limites da distorção ao escrever: "Se tivesse sobrevivido, Pasolini ficaria ao lado do garoto que o havia tentado matar a pauladas. Maldizendo-o, mas com ele. E assim até o inevitável, talvez previsto e temido incidente mortal"[11]. Estatísticas de crimes vitimando travestis e homossexuais confirmam, em aparência, essas interpretações simplistas: no Brasil, o antropólogo Luiz Mott, do Grupo Gay da Bahia, denunciou que, a cada quatro dias, um homossexual é assassinado no país, num total de 2115 casos registrados entre 1980 e 2000. Os homossexuais são mortos, na maioria dos casos, por garotos de programa, espécies de ladrões sem identidade sexual, que alegam ter praticado o crime porque seus clientes os teriam forçado a ser passivos, com o que conseguem obter absolvição da Justiça por "legítima defesa"[12]. Contudo, ser assassinado não é um elemento constitutivo da condição homossexual. Não se pode naturalizar uma situação historicamente criada: seria reduzir ao silêncio as denúncias de Pasolini sobre a mutação antropológica do povo italiano, sua massificação, comum a todos os povos em processo de industrialização e globalização, incluindo o Brasil: é essa mudança social catastrófica que gera a violência de massa, da qual os homossexuais tornam-se apenas as primeiras vítimas, ao entrarem em contato físico com os mutantes que antes haviam constituído seus objetos de desejo – marginais compassivos que se tornam criminosos intolerantes com a homologação. Pasolini não morreu "porque quis", como pretenderam seus críticos, e mesmo alguns de seus "amigos". O *drama homossexual* não é um absoluto sem história. Pasolini morreu violentamente porque a nova sociedade industrial, antes de inventar a "solução final" da AIDS, degradou o erotismo ao qual Pasolini não queria renunciar, a despeito de todos os

10. S. Schimperna, *Blue*, n. 57.

11. Cf. R. Rossanda, op. cit.

12. D. Castro, Um Homossexual é Morto no Brasil a Cada 4 dias, *Folha de S. Paulo*.

O CORPO DA CIDADE

riscos que esse passou a implicar, e os quais ele não cessou de prever e denunciar. A paixão de Pasolini pelos corpos dos jovens pobres e marginais permaneceu a mesma até o fim: foram os jovens pobres e marginais que, ao adotarem os novos valores do consumismo, se transformaram em delinqüentes perigosos e sem escrúpulos, capazes de todos os crimes para ser como os modelos da TV e dos *outdoors*. Contudo, o próprio Dario Bellezza, alguns anos depois de publicar seu livro, ao tomar conhecimento da revelação das atividades anticomunistas dos serviços secretos italianos, voltou atrás em sua interpretação:

> Foram os serviços secretos, fica claro. Não foi Pelosi, nem sequer os fascistas. Sim, dever-se-ia voltar a abrir o caso. [...] Somente começando pela sua morte se poderá entender *Petrolio,* o romance "total", o romance que esgota todos os romances. Devia chegar a 2 mil páginas e revelar os segredos não só da Itália, mas do capitalismo também, superando as setecentas páginas da sua ex-amiga Elsa Morante, que de maior teve um grande êxito comercial com *La Storia*. Alberto Moravia, que leu o livro (passando-o a mim às escondidas) afirmava, já que era um grande entendedor do romance, que Pier Paolo Pasolini queria competir com *Os Possessos* de Dostoiévski: um romance ideológico, enfim. Eu, como Alberto Moravia, preferia as partes eróticas – mas pela razão que não só eram realísticas (como gostava Moravia), mas também libertariamente homossexuais. Pier Paolo Pasolini queria superar a Jean Genet, que não amava, mas considerava um modelo com quem se enfrentar. Alberto Moravia ao contrário criticava o resto. A mim, em Chia, aonde ia muitas vezes acompanhado da sua fiel Betti, Pasolini mostrava a mesa onde escrevia o seu tesouro. Numa outra escrevia a sua condenação à morte, os "scritti corsari" do diário *Corriere della Sera*[13].

O assassínio de Pasolini, que não foi, definitivamente, um mero "drama homossexual", pode também não ter sido tampouco fruto de uma conspiração neofascista, de uma armadilha montada por extremistas de direita ou um crime executado por profissionais do serviço secreto do governo a mando de grupos poderosos, incomodados por suas denúncias. Mas foi, independentemente de seus agentes, político no sentido de envolver um crítico da sociedade, que, ainda por cima, era homossexual, não interessando aos poderosos que o caso fosse devidamente investigado. Foi político também no modo como demonstrou, por si mesmo, a verdade das coisas horríveis que Pasolini havia descoberto em suas experiências físicas com os jovens pobres e marginais. E foi político, enfim, no sentido de que tornou legível para todo o mundo o que Pasolini havia lido em sua intimidade, como nenhum outro intelectual havia ousado ler, isto é, *com seu corpo*: as monstruosas mutações pelas quais passava a sociedade italiana, impressas *no corpo* das novas gerações. Pasolini amava tanto a juventude

13. D. Belezza, *Panorama.*

TODOS OS CORPOS DE PASOLINI

não-integrada nos valores burgueses, antes de seu massivo aburguesamento, que não podia suportar a mutação que nela operava a nova economia política, até a degradação de sua intimidade que, de excitantemente "proibida", se tornou sadomasoquisticamente deliqüescente.

Deste ponto de vista, dentre as inúmeras publicações sobre Pasolini, a obra mais recente a acrescentar algo de significativo foi o livro de Marco Tullio Giordana[14], verdadeiro romance policial, contendo todas as versões do assassínio, as atas do processo, os relatórios das perícias, os laudos médicos, os depoimentos contraditórios, as dúvidas levantadas pelos jornalistas, as diferentes sentenças e a condenação de Pelosi, que assumiu sozinho a responsabilidade do crime. Por tudo o que foi encoberto no caso, Giordana qualificou o assassínio de Pasolini como um crime político, um "delito italiano", típico de seu país (talvez também do nosso), com as seguintes características:

1. Significante, que exprime uma mensagem, gera informações, sintetiza uma situação;
2. Semi-impune, que se investiga e se castiga apenas parcialmente, ocultando-se os verdadeiros responsáveis;
3. Fartamente interpretado, pois devido às próprias falhas do processo, ele se torna aberto às especulações;
4. Mediático, transformado em espetáculo, como uma execução pública que os espectadores devem tomar como exemplo[15].

Giordana observou que nem o governo nem a Presidência da República enviaram qualquer mensagem de condolências à mãe de Pasolini. Somente o Presidente do Conselho, Aldo Moro, enviou um telegrama, a título pessoal[16]. Ironicamente, Pelosi recebeu, durante sua prisão, centenas de cartas de admiradores anônimos, algumas cheias de dinheiro, mensagens de solidariedade e até propostas de casamento.

Na esteira do livro de Giordana, saiu, em junho de 1995, o relato que o assassino havia escrito em 1988 na prisão de Rebibbia, quando pagava por crimes diversos. A data redonda foi a oportunidade que encontrou para interessar uma pequena editora – a Sinnos – na publicação de suas "confissões":

> Volto a escrever, depois de muito tempo, o último capítulo da minha história verdadeira. Encontrei finalmente uma casa editora, pequena, mas importante, que publicará esta minha autobiografia sem dela nada suprimir e sem mudar

14. *Pasolini*: Un delitto italiano.

15. Cf. M. T. Giordana, op. cit.

16. Três anos mais tarde, Aldo Moro morreu assassinado nas mãos das Brigadas Vermelhas, depois de permanecer 55 dias seqüestrado.

O CORPO DA CIDADE

> a realidade dos fatos... Está-se falando tanto de Pasolini nestes dias, seja pelo filme que sairá, seja pelo livro que saiu há pouco... Como sempre, aludem a certos velhos fantasmas inexistentes... Penso já ter pago com o cárcere abundantemente e espero que os mass media não se encarnicem de novo contra mim[17].

Assim escreve Pelosi no último capítulo, único composto para a ocasião, e que resume o espírito de suas confissões, que retomam o mesmo discurso de defesa durante o processo. Reafirma que, para "defender-se" de Pasolini, maior e mais forte, pegou uma madeira que estava por perto e com ela bateu nele. Ao ser preso, disse calmamente que acabara com a vida de um grande homem. Mas "como é possível que Pelosi tivesse apenas duas pequenas manchas vermelhas no corpo enquanto Pasolini estava banhado em sangue?", perguntou Alberto Moravia. Apesar de uma série de hipóteses que levaram à suspeita de que havia uma armadilha para matar Pasolini, nada ficou provado; e Pelosi nunca deixou de afirmar ser o único autor do crime. O Tribunal de Menores chegou a reconhecer, em sua primeira sentença, que a morte fora produzida por mais de uma pessoa, mas as investigações a nada levaram. Pelosi foi condenado a sete anos de reclusão, mas cumpriu apenas cinco, conseguindo passar os outros dois em liberdade vigiada, favorecido pelo diagnóstico dos psiquiatras que acompanhavam seu caso. Assim que foi posto na rua, em 1983, retornou à vida de assaltos, venda e consumo de drogas. Novamente preso, alegou ser viciado e conseguiu ser transferido para uma comunidade fundada pelo padre Pietro Gelmini, espécie de clínica para tratamento de toxicômanos, em Amelia, no norte da Itália; um desses tratamentos incluía o artesanato e a pintura: Pelosi passava os dias pintando flores em pequenos vasos. Em 1988, Pelosi foi novamente detido por policiais, acusado de falsificar cheques bancários no valor de meio milhão de dólares[18].

A leitura de *Io, angelo nero* não deixa de fascinar, pelo que revela da mente de um delinqüente juvenil saído das periferias pobres de Roma. Pelosi era um personagem de Pasolini, talvez o mais pasoliniano de seus personagens. Mentiroso e violento, ele era capaz de fingir uma inocência que o purificava de tudo. Degradado, pronto a cometer todos os crimes, deixava-se assombrar por terrores ancestrais, que o reconduziam subitamente à frágil aparência de um anjo. Com incrível cinismo, Pelosi descreveu-se, tal como Zigaina o via, como um simples instrumento da morte escolhida por Pasolini e lamentou ter sido assim *usado* por ele. Haveria como que um destino traçado entre Pasolini e Pelosi, um destino trágico a ser cumprido. E por mais que Pelosi ten-

17. P. Pelosi, *Io, Angelo Nero*, p 141-142.

18. Cf. Assassino de Pasolini Volta à Prisão, *Veja*; Assassino de Pasolini em Cana Novamente, *O Estado de S. Paulo*, Caderno 2.

TODOS OS CORPOS DE PASOLINI

tasse fugir a esse destino, acusando Laura Betti, Alberto Moravia, Oriana Fallaci e Marco Tullio Giordana de inventar conspirações, criar fantasias e aludir a fantasmas, ele mesmo sucumbia ao mistério por recusar-se a dizer toda a verdade. Até que seu corpo manifestou-se contra sua vontade consciente: entre 1988 e 1989, no cárcere de Rebibbia, Pelosi ouviu vozes que o chamavam do além, e passou a acreditar, cheio de culpa, que pertenciam a uma única pessoa, que seu nome estava sendo chamado pelo fantasma de Pasolini. O universo mítico, sagrado, que Pasolini atribuía ao subproletariado revelou-se a Pelosi sob a forma de uma loucura que seria tratada brutalmente pelos psiquiatras da prisão, através de injeções com doses cavalares de neurolépticos. Aqui se perdeu mais uma chance para a irrupção da verdade toda, aquela que poderia conter a epifania de Pelosi. Os psiquiatras, assistentes sociais e padres transformaram a aparição sagrada em distúrbio psicológico: exorcizado com a ajuda das drogas injetadas em Pelosi, o fantasma de Pasolini foi devolvido ao silêncio e à escuridão, deixando de atormentar a consciência do jovem criminoso, que retomou seu discurso "racional" de justificativas e mentiras, deixando o teorema da morte de Pasolini sem solução. *Io, angelo nero* veio a público acompanhado de um prefácio de Gaetano di Leo que, na melhor tradição assistencialista, procura compreender, com todo seu amor, os desvios do "pobrezinho" do Pelosi. Mas também continha um pequeno ensaio necessário escrito por Dacia Maraini, no qual ela observou:

> Se Pasolini tivesse querido arquitetar uma vingança póstuma, não teria podido inventar nada de mais inquietante e romanesco: seu assassino, de rapaz indiferente, indolente, semi-analfabeto, violento, embusteiro, apático e egoísta, transformou-se, através da familiaridade com o fantasma de sua vítima, como ele mesmo conta, num jovem homem inquieto, pensativo, capaz de sofrer e mesmo compreender o que antes lhe era estranho, desejoso de aprender e até de escrever. O assassino Pino Pelosi tornou-se, por osmose com a recordação atormentadora do doce poeta Pasolini, também ele escritor e poeta. Não é estupefaciente?[19]

Não se pode dizer de Pelosi que se tenha tornado, de fato, um poeta e um escritor. Através de um *ghost-writer*, ele apenas tentou livrar-se da culpa que o perseguirá até a morte, tanto mais que nunca ousará assumir a verdade sobre o crime, sobre si próprio, sobre o que realmente experimentou, junto a Pasolini, em Ostia. Por outro lado, há algo de literário e poético no livro assinado por Pelosi, e é justamente o momento da contaminação: quando uma amiga o presenteia no Natal com o livro *La religione del mio tempo*. Pelosi começa a ler os poemas de Pasolini e passa, subitamente, a amar o poeta, que tão bem com-

19. D. Maraini, Pino Pelosi scrittore, em P. Pelosi, *Io, Angelo Nero*, p. 11-13.

O CORPO DA CIDADE

preendeu a condição de rapazes como ele. E escreve uma carta a Pasolini, uma carta em que lhe pede perdão, e em que espera

> que estejas no Paraíso, cercado de pessoas boas, como freqüentemente o foste. Ali encontrarás aquela felicidade que as pessoas, não obstante tenhas partido, sempre te negaram, falando mal de ti enquanto estavas vivo, e como morto. Como de resto fazem comigo. Eu, Pier Paolo, te recordarei sempre, mas não mais com o ódio inicial, mas com tanto amor, aquele que sempre procuraste[20].

Aqui Dacia Maraini tem razão: Pelosi faz-se por um instante poeta, e concede a Pasolini uma revanche sobre a morte. A escritora tampouco deixa enganar-se pelo retrato "racional" de Pelosi, e afirma:

> Quando Pelosi diz que Pasolini, no momento da escaramuça, tornou-se um outro, "uma besta irreconhecível", na realidade fala de si mesmo. Como aprendemos avançando na leitura. Não é mesmo ele que em certas situações transforma-se de maneira surpreendente, tornando-se feroz e cego, acabando por brutalizar mesmo as pessoas que o querem bem? Não fez isso com seu companheiro de cela só porque o olhava torto? Não fez isso com sua amada Maria Pia, porque suspeitava que não era mais amado? Cobriu-a de socos e pontapés. Para arrepender-se logo depois e escrever "não sei como pude fazê-lo, não o sei, e basta..." Não custamos a crer que a mesma coisa tenha acontecido com Pasolini, o qual, provavelmente, sem querer, o tenha ferido (com palavras) em seu orgulho viril[21].

Dacia Maraini faz uma sutil reflexão sobre o erotismo de Pasolini, um masoquismo confesso, dado ao teatro da luta, ao jogo do sofrimento, mas jamais ao desejo de ser assassinado. Dacia olhou nos olhos de Pelosi depois do crime, e convenceu-se de que Pasolini fora mesmo assassinado por ele. Mas essa intuição não descarta outras hipóteses.

Ainda por ocasião dos vinte anos da morte de Pasolini, entre novembro e dezembro de 1995, Roma foi o palco de uma série de homenagens a Pasolini, promovidas por diversos órgãos públicos em associação com o Fondo Pier Paolo Pasolini. O tema da homenagem, intitulada "As Regras de uma Ilusão", foi a relação intensa que o poeta manteve com Roma, a

> estupenda e mísera cidade, que me fez fazer
> a experiência daquela vida
> desconhecida, até fazer-me descobrir
> aquilo que, em cada um,
> era o mundo...

20. P. Pelosi, op. cit., p 124-126.

21. D. Maraini, Pino Pelosi scrittore, em P. Pelosi, *Io, Angelo Nero*, p. 11-13.

Os organizadores da manifestação não pretenderam erigir uma estátua ao poeta, mas realçar a atualidade de sua obra, e recordar um crime que ainda não havia sido esclarecido, como uma ferida aberta na consciência coletiva. E como Pasolini, em suas facetas contraditórias, era um fanático do futebol, a celebração teve início em Ciampino, com uma partida de "Magistrados" *versus* "Políticos"… O Palácio de Exposições exibiu a mais completa retrospectiva dos filmes de Pasolini, pontuada por encontros com críticos e estudiosos italianos e estrangeiros. Foram incluídos os filmes nos quais Pasolini atuou como roteirista. Também se fez uma mostra com filmes de autores que ele costumava citar como formadores de sua cultura cinematográfica: Carl Dreyer, Buster Keaton, Charles Chaplin, Friedrich Murnau, Jean Renoir, Jacques Tati, Roberto Rossellini, Kenji Mizoguchi, Ken Ichikawa e Robert Bresson. A 2 de novembro, Laura Betti recitou *Una disperata vitalità* no Teatro Argentina. Na Universidade de Roma, diversos prêmios foram concedidos a monografias, ensaios e filmes realizados sobre a vida e a obra multifacetada de Pasolini. E a 28 de dezembro, no Teatro Valle, estreou a peça *L'histoire du soldat*, realizada a partir de apontamentos inéditos de Pasolini, com direção cênica de Giorgio Barberio Corsetti, Gigi Dell'Aglio e Mario Martone, com Ninetto Davoli e Renato Carpentieri. Foi ainda programado o lançamento de novas coletâneas, como o disco *Le canzioni di Pier Paolo Pasolini*, organizado por Luciano Ceri; e o volume *Un poeta d'opposizione*, na coleção I Quaderni Pier Paolo Pasolini. Entre as mostras, a dos maravilhosos figurinos de *Medéia*, organizada por Piero Tosi; e a de colagens do grande cineasta pasoliniano russo Sergej Paradjanov. Foi um reconhecimento da eterna juventude de um artista que assim desejava permanecer na memória de Roma e do mundo: "Adulto? Jamais… Jamais… Como a existência que não amadurece…".

No programa *Pasolini e noi*, transmitido pelo Canale 5, em 1995, Federico Zeri avançou um paralelo entre Pasolini e Caravaggio, e pintou do escritor um retrato ambíguo, entre o repelente e o admirativo:

> Pasolini era um homem bifronte: de uma parte, era encantador, tinha uma voz incrivelmente bonita, a mais bonita que já ouvi, a voz de um anjo; de outra, ao lado dessa voz havia particularidades repelentes, as mãos, por exemplo, frias, suadas, não sei, me impressionava muito tocá-las e, além disso, tinha o aspecto […] de uma belíssima estátua grega em bronze caída de um caminhão na estrada, e machucada, tinha algumas coisas machucadas, mas era um personagem incrivelmente… único, eu diria. Para mim parece-se muito com a figura de Caravaggio. Para mim, há uma forte afinidade entre o fim de Pasolini e o de Caravaggio, porque nos dois casos parece que esse fim se inventou, se encenou, foi dirigido e interpretado por eles mesmos.

Em 1996, Laura Betti recordou Pasolini num recital de poesia e canções no Théâtre Molière, em Paris, para calar os que tentavam recu-

O CORPO DA CIDADE

perar a obra do poeta *enragé*[22] e recordar os anos de 1960, sobre os quais comentara com o amigo cineasta Ettore Scola: "Não acha que é melhor nos calarmos, ou só falarmos disso ao telefone? Poderiam nos dar um tiro na cabeça, se soubessem a que ponto nos divertíamos". A Roma de então era uma cidade aberta a tudo e o cinema italiano vivia seu momento de esplendor, numa verdadeira sociedade de centenas de pessoas que se encontravam nos bares depois da meia-noite onde a literatura borbulhava e idéias novas surgiam a cada instante. Laura, que chegava de Bolonha, fez ali sua explosão pessoal; como queria cantar, pedia a todos os escritores que encontrava, e que ela mal conhecia, para escreverem canções para ela: "Foi uma idade de ouro. Tinha-se uma possibilidade infinita de aprender, sim, de aprender tudo, e fazer provisões para o futuro"[23]. Em 1997, outra cantora, Giovanna Marini, ligada aos movimentos de esquerda em Roma, homenageou Pasolini, em Paris, no espetáculo *Départs*, uma cantata onde se misturavam árias antigas, recordações de Pasolini e alguns poemas seus musicados; pouco antes da morte de Pasolini, em 1974, a cantora criou um curso de cantos "de trabalho e de luta" na escola de música de Testaccio, num bairro popular da cidade. Fora Pasolini quem a fizera conhecer a canção popular quando acabava de sair do universo da música clássica[24].

Roberto Calabretto analisou exaustivamente, por mais de quinhentas páginas, a presença da música no universo literário e cinematográfico de Pasolini[25]. Sem uma verdadeira formação musical, Pasolini teve com a música uma relação livre, donde o grande ecletismo de seu gosto musical: de Rita Hayworth a Mozart, de Bach à música folclórica oriental. Laura Betti já havia observado: "A música o intimidava e o possuía completamente. Freqüentemente a chamava Sua Majestade". E é com majestade que a música pontua as imagens de seus filmes, quer sacralizando o subproletariado ao som de Bach e Mozart, quer dessacralizando as falsas idéias da religião e as falsas autoridades com o iê-iê-iê dos anos de 1960. Pasolini também procurava obter, realizando a direção musical de seus filmes ao lado de seu constante colaborador Ennio Morricone, um efeito quase brechtiano de estranhamento: Domenico Modugno "canta" os créditos de *Gaviões e Passarinhos*; e os argonautas de *Medéia* entoam, ao som da lira de Orfeu, cantos folclóricos japoneses, recriando, de modo inesperado e sensacional, um mundo mítico paralelo ao mundo histórico.

Entre as inúmeras avaliações do *corpus* pasoliniano, aquele esquematizado pelo velho amigo Roberto Roversi aponta quatro obras como basilares: *Poesie a*

22. B. Salino, Laura Betti chante, à Paris, son indéfectible amitié pour Pasolini, *Le Monde*.

23. Une conversation avec Ettore Scola. Article, *Le Monde*.

24. *Le Monde*, Paris, 25 de janeiro de 1997.

25. Cf. *Pasolini e la musica*.

TODOS OS CORPOS DE PASOLINI

Casarse (1942), *Le ceneri di Gramsci* (1957), *Teorema* (1968) e *Scritti corsari* (1975), tanto pela importância implícita nelas quanto por corresponderem aos quatro momentos capitais da vida de Pasolini, vida não conforme aos outros e à sociedade, mas contrastada com os outros e a sociedade com uma violência progressiva[26]. Contudo, como deixar de lado *Meninos da Vida, O Evangelho segundo São Mateus, Empirismo eretico, A Trilogia da Vida, Salò* e *Petrolio*, que também possuem grande valor intrínseco e também correspondem a momentos capitais da vida de Pasolini? Em outra tentativa de síntese, o crítico Hervé Joubert-Laurencin escreveu sobre as fases da carreira cinematográfica de Pasolini: "Realista no princípio, ele roda 'como marxista' um filme sobre o Cristo, depois 'como poeta' um filme político, torna-se um cineasta hermético, depois comercial, enfim maldito ('impopular')"[27]. Outro crítico dividiu o cinema de Pasolini em períodos: filmes romanos (*Desajuste Social, Mamma Roma, A Ricota*), filmes ideológicos (*O Evangelho segundo São Mateus, Gaviões e Passarinhos*), filmes alegóricos (*A Terra Vista da Lua, Che cosa sono le nuvole?, Teorema, Pocilga*), filmes mitológicos (*Édipo Rei, Medéia*), filmes-contos (*Decameron, Os contos de Canterbury, As Mil e Uma Noites de Pasolini*) e o inclassificável *Salò, ou os 120 dias de Sodoma*. Num congresso internacional sobre Pasolini como pensador da modernidade, o professor Tonko Maroevic revelou um "Pasolini esloveno"; o cineasta Constantino Dadinakis aproximou a recusa de Pasolini à de Konstantinos Kavafis; o romancista René de Ceccatty revisitou *Salò* à luz de Sade; o poeta Ferenz Parez "desinterpretou" Pasolini; e a crítica Ruby Rich reivindicou a herança de Pasolini no *new queer cinema*. Mas todas as tentativas de síntese e classificação da obra de Pasolini falham aqui e ali.

No campo das especializações acadêmicas, que recortam o *corpus* pasoliniano com instrumentos metodológicos cada vez mais precisos, um dos melhores estudos a trazer novas luzes sobre a obra do escritor e cineasta foi *Pasolini. Il corpo della città* (2001), do arquiteto e escritor Gianni Biondillo: segundo este autor, nenhum poeta ou escritor italiano do pós-guerra – nem o Pavese das colinas e das cidades, nem o Vittorini de *A Cidade do Mundo*, nem o Calvino de *As Cidades Invisíveis* foram tão "arquitetos" como Pasolini; nenhum intelectual sofreu e protestou como ele contra a destruição da grande beleza italiana, desse país transformado numa "Atenas de cimento". Pasolini, como o demonstrou Biondillo, é um poeta da cidade, um leitor da metrópole; o espaço urbano não é apenas um entorno em sua obra; os personagens pasolinianos só vivem graças ao ambiente no qual se movem[28].

26. R. Roversi, L'urlo di Pasolini, *Carte di cinema*, n. 5, p. 42.

27. *Pasolini*: Portrait du poète en cineaste.

28. G. Biondillo, *Pasolini il corpo della cittá*, p. 42-18.

O CORPO DA CIDADE

Nos 30 anos da morte do poeta, relembrada a 2 de novembro de 2005, as homenagens multiplicaram-se: em Roma, num campo da periferia, escritores, cineastas, filósofos e jornalistas organizaram nova partida de futebol, desta vez de "Pasolinianos" contra "Filósofos"; e no coração da Prenestina, a prefeitura deu a um parque o nome de Pasolini, único poeta a inspirar-se na periferia da capital italiana. Berlim dedicou a Pasolini uma programação de dois meses com seus principais filmes[29]. Em Lisboa, João Grosso organizou, com seis intérpretes, a leitura de poemas de Pasolini no Teatro Nacional D. Maria II[30]. E a Cinemateca de Quebec apresentou a Integral Pasolini. Assim, a cada década, a fortuna crítica do poeta expande-se, de cidade em cidade, por vários continentes.

29. ANSA. Itália lembra os 30 anos da morte de Pasolini, 1º de novembro de 2005. On line: http://www.ansa.it/ansalatinabr/notizie/fdg/2005110113242 18909/20 0511011324218909.html, acesso em 10 nov. 2005.

30. E. França, 'Desesperada Vitalidade' Matou Pasolini há 30 anos. *Global Notícias*, 2 nov. 2005.

7. O Corpo Imaginário: Imagens de Imagens

O cinema tem-se ocupado, ao tratar de Pasolini, sobretudo com sua morte, desde *Ostia* (1991), de Julian Cole, que reconstituiu o último dia de sua vida. Neste curta-metragem, Pasolini foi interpretado pelo cineasta inglês Derek Jarman, que viria logo a morrer vitimado pela AIDS, e que tinha em comum, com o colega italiano, o orgulho de sua homossexualidade; a influência da pintura renascentista na composição das imagens cinematográficas, com especial obsessão por Pontormo e Caravaggio; e o inconformismo político manifestado em polêmicas contra Margaret Tatcher. Mas sem a profunda cultura de seu personagem, Cole e Jarman realizaram uma leitura *Kitsch* e pequeno-burguesa do comportamento de Pasolini, ao mesmo tempo em que fizeram uma reconstituição fiel das teses conspiratórias que supõem que mais pessoas, além de Pelosi, o teriam matado. No filme, o garoto é usado como uma isca para atrair Pasolini até o local onde seria massacrado, tendo sua morte sido encomendada pelas forças da ordem, ou por elas favorecida, por conta das posições políticas cada vez mais radicalizadas que o escritor assumia.

No filme *Caro Diario* (Caro Diário, 1993), Nanni Moretti percorre de motoneta as ruas de Roma e termina fazendo uma peregrinação ao triste, melancólico – medonho mesmo – monumento erguido no local onde mataram Pasolini: um bloco de cimento esculpido por Gaetano Gizzi na Praça Gasparri do hidroporto de Ostia. O fotógrafo Piero Lucarelli retratou

TODOS OS CORPOS DE PASOLINI

a feia escultura de cimento, que ainda por cima se danificou no abandono. Chegou-se a noticiar um projeto de recuperação da área para a criação do grandioso "parque Pasolini"[1]. O parque parece um sonho distante. Contudo, depois de uma campanha pela conservação da escultura, ela foi restaurada e reinaugurada a 2 de novembro de 2002[2].

O filme semidocumentário que Marco Tullio Giordana fez, a partir das próprias pesquisas, também intitulado *Pasolini: Um delito italiano* (Pasolini: Un delitto italiano, 1995), escrito por Steffano Rulli e Sandro Petraglia, questiona as conclusões do processo que inculpou apenas Pino Pelosi pela morte de Pasolini; toma depoimentos de advogados e juízes que contestam a versão do assassino aceita pela polícia e pelo tribunal para encerrar o mais depressa o escandaloso e perturbador *affaire*, envolvendo homossexualidade e neofascismo numa Itália que queria preservar sua falsa imagem de país decente. O filme conseguiu comover a opinião pública, levando a uma revisão do processo, com base na declaração do policial Renzo Sansone de que os irmãos Franco e Giuseppe Borsellino teriam confessado que eles e Giuseppe Mastini, conhecido como Johnny, o cigano, haviam participado do crime. Recentemente, o poeta Ferdinando Camon argumentou que a busca de um vilão neofascista seria uma maneira de não encarar a homossexualidade de Pasolini; e Nico Naldini considerou o motivo sexual bastante plausível, não sendo possível minimizar a vida sexual de Pasolini. O isolamento da sexualidade pasoliniana do contexto social, político e histórico em que ela se realizava é uma armadilha na qual Giordana não se deixou cair. Numa entrevista ao jornal *O Estado de S. Paulo*, o diretor esclareceu seu ponto de vista sobre o assassinato de Pasolini:

> Eu acho que foi um roubo e não um crime político. Mas a razão pela qual a magistratura não quis investigar foi de ordem política. Por isso o crime se tornou político. Em certo modo, o *establishment* italiano se vingou de Pasolini ao negar-lhe justiça. Vingou-se do profundo menosprezo que Pasolini sentia por eles não se preocupando de seu caso. Foi a vingança do *establishment* italiano de 1975. [...] Não defendo a idéia de que o crime tenha sido necessariamente político. Não digo que foi um complô; levanto todos os erros do processo. Interessa-me provar que, ao contrário da conclusão a que chegou a magistratura, Pasolini foi morto por mais de uma pessoa. Isso eu tenho certeza, outras pessoas participaram, o que foi abafado. [Hoje] esquerda e direita tentam se apossar do seu espólio. Políticos que ele combatia, como Giulio Andreotti, vieram a público escrever sobre o filme dizendo que Pasolini era "um dos nossos". A esquerda, que tinha problemas para conviver com seu homossexualismo assumido, também. Pasolini não pertencia a nenhum grupo; era Pasolini, esse é seu legado. O engajamento do artista com a realidade não passa pelo alinhamento com esse ou aquele

1. Cf. http://www.pasolini.net/idroscalo_progettoparcoppp.htm, acesso em 4 nov. 2006.

2. Cf. http://www.orneli.it/stampa/20021103b_00.jpg, acesso em 4 nov. 2006.

O CORPO IMAGINÁRIO

grupo. Pasolini era altivo e independente. Um solitário. É o que faz sua grandeza. A coragem de ter ido contra todos em defesa de suas convicções.

Já *Nerolio* (1995), de Aurelio Grimaldi, prestou um desserviço ao conhecimento da vida e da obra de Pasolini: nem cinebiografia, nem ensaio poético, nem documentário, mal chega a ser uma ficção; trata-se de um novo tipo de produção: um "filme revisionista" que procura, nas próprias palavras do diretor, "desconstruir um mito da cultura italiana contemporânea". Grimaldi mostra Pasolini como cafajeste autoritário, arrogante, violento, vulgar, vítima merecida de um prostituto. Já ao declarar que tinha há muito a idéia de "fazer Pasolini relacionar-se com um jovem escritor que também queria utilizar sua homossexualidade para escrever livros", Grimaldi demonstra nada compreender das motivações de Pasolini, assim como dos processos de criação de *qualquer* escritor. Seu ponto de partida foi o fascínio que experimentava imaginando as noites de Pasolini, o hábito do intelectual de deixar seus amigos depois do jantar para encontrar-se com jovens marginais: "Pasolini todas as noites saía sempre sozinho em busca de rapazes; todas as noites, em qualquer lugar do mundo. Não era necessidade de satisfação sexual, era necessidade existencial", declarou. Deduzindo que, por trás de cada noite de Pasolini havia um risco de assassinato, quis contar a vida de um homem que, "buscando a vida, poderia encontrar a morte". Grimaldi interpreta as escolhas de Pasolini, que não era atraído por rapazes burgueses, preferindo rapazes pobres das periferias, como um meio de corrompê-los, "levando-os aos melhores restaurantes e pagando por um sexo que os italianos chamam de *sporco*, sujo". Para Grimaldi, como para Glauber Rocha, Pasolini usaria seu dinheiro para seduzir e corromper os garotos do povo: "Ele era um crítico feroz do capitalismo, mas agia como um capitalista com eles". Partindo dessa visão o filme naturalmente resultou em algo de fascista: seu Pasolini é um homem que odeia a humanidade; na única cena de sexo de *Nerolio*, entre o jovem escritor Valerio e Pasolini, os atores não fecham os olhos para significar "que não tiravam do ato nenhum prazer": Grimaldi quis assim conotar a "violência de classe". Limitou-se a encenar a mais grosseira alegoria das supostas preferências sexuais de Pasolini. Seu filme disfarça em compreensão um ódio velado a Pasolini, que emerge de *Nerolio* como degenerado mentalmente enfermo.

Lo zio di Brooklyn (1995), de Daniele Ciprì e Franco Maresco, utilizou atores amadores vestidos de mulher para narrar aventuras surrealistas, com um tipo de humor negro e *non-sense*, palavrões e escatologia que a crítica associou ao universo de *Salò*; seus diretores, naturais de Palermo, desde 1986 trabalhando juntos na TV, foram qualificados de "herdeiros de Pasolini" por seu "niilismo". Contudo, o cineasta italiano mais pasoliniano permanece Sergio Citti. Ele havia escrito com Pasolini uma história intitulada *Il re magio randagio* (O Rei Mago Mambembe) que deveria ser produzida por De Laurentis por volta de 1966. O roteiro não filmado bifurcou-se: Pasolini transformou-o no esboço de um romance que desejava também filmar, intitulado *Porno-Teo-Kolossal*, que não chegou a concluir, mas que está entre seus projetos mais fascinantes; e Citti, trinta anos depois, rodou *I maggi randagi* (1996), obra picaresca que retornou à simplicidade da história original: a saga de três saltimbancos de um circo mambembe. Em seu espetáculo poético, um deles, como apresentador-domador, anuncia "os animais mais ferozes da face da Terra", momento em que entram em cena os outros dois: um travestido de soldado alemão, outro de mafioso. O público não entende; queria ver tigres, onças, leões; os saltimbancos são apedrejados. Eles se vêem como animais acuados num zoológico sem grades – o mundo –, escorraçados pelos espectadores, verdadeiras feras. O circo acaba, e os saltimbancos erram pelo país até chegar a um vilarejo onde um pároco os escolhe para representar os Três Reis Magos num presépio. Eles eram os únicos seres vivos do presépio, o próprio Menino Jesus era um boneco: há vinte anos não nasciam crianças no vilarejo, pois seus habitantes achavam melhor comprar um carro que ter um filho, pois dava menos trabalho. Após a encenação, os saltimbancos zombam do presépio e lançam impropérios contra Cristo, até que um cometa rasga o céu. Extasiados, cada um deles guarda para si a visão, vagando solitários em busca da estrela. Após uma longa travessia por amores e montanhas, reencontram-se, concluindo que haviam sido escolhidos para procurar, juntos, o novo Messias. Encontrarão? O certo é que estão juntos novamente, retomando o sonho comum[3].

O vídeo francês *Les fioretti de Pasolini* (1997), de Alain Bergala, foi outro filme a refletir sobre a morte de Pasolini, em nove quadros passados entre o cemitério de Casarsa – onde Pasolini foi enterrado ao lado da mãe – e as imediações de Ostia, onde o corpo foi encontrado. E os palermitanos Daniele Ciprì e Franco Maresco retornaram às páginas dos jornais com *Totò che visse due volte* (Totò Que Viveu Duas Vezes, 1998), que chocou a Itália talvez nem tanto pelas suas blasfêmias, quanto pela volta da censura, uma instituição que se acreditava morta e enterrada. A escritora Dacia Maraini, integrante

3. Logo depois da estréia de *I magi randagi*, em 1997, o ator Franco Citti sofreu um acidente vascular, em seguida mais dois, que o deixaram semiparalisado; dispunha, para sobreviver, de 400 euros de aposentadoria por invalidez. Vários artistas – entre eles os cineastas Bernardo Bertolucci, Mimmo Calopresti e Mario Martone e as atrizes Laura Betti e Ida di Benedetto – mobilizaram-se para pedir a concessão de uma pensão vitalícia ao governo italiano, que acatou o pedido.

O CORPO IMAGINÁRIO

da comissão que concedeu apoio para a produção do filme por considerar o projeto de interesse cultural, protestou, com outros intelectuais, contra essa proibição; Bernardo Bertolucci, que fora condenado a 2 meses de prisão e 5 anos de perda de direitos civis por *O Último Tango em Paris*, disse que se tratava de um amargo retorno ao passado; e o diretor Mario Monicelli lembrou que o Estado só podia tutelar menores, não podendo reduzir à menoridade *todos* os espectadores italianos. A comissão que proibiu o filme, que faz referências ao drama do Gólgota, com a Virgem sendo representada por um homem travestido, declarou que não havia possibilidade de cortes, sendo o filme "irremediavelmente blasfemo e perverso". Segundo o professor de Psicologia Leonardo Ancona, "da primeira até a última imagem, o filme carece totalmente de mensagem, é inútil, perverso, totalmente negativo. Fala mal do ser humano, é um hino à falta de cultura". Claudio Sorgi, no *Avvenire*, jornal da Conferência Episcopal Italiana, falou de "nível de demência e loucura nunca alcançado antes por um filme". Os diretores declararam:

> Nós mesmos sofremos quando representamos essa humanidade e continuaremos a fazer e dizer o que pensamos. Não podemos encontrar nem valores, nem Deus, porque este, hoje, está muito zangado. O filme não dá esperanças. Deus existe, mas não se preocupa conosco.

Por seu lado, Laura Betti realizou *Pier Paolo Pasolini e la raggione di un sogno* (Pier Paolo Pasolini e a Razão de um Sonho, 2001) porque, segundo ela, "não agüentava mais": os debates provocados por seu documentário, um "delírio são", como ela o definiu, reuniram milhares de jovens, aos quais ela tentou mostrar a lucidez de Pasolini, sua imensa cultura e coragem, vivendo até as últimas conseqüências suas idéias sobre sexo e política. Por isso todos os reacionários, incluindo os de esquerda, tentaram silenciá-lo. Mas ele nunca esteve tão vivo na Itália: seus artigos proféticos são lidos e estudados, seus livros vendidos numa ordem de 30 mil exemplares por ano. "Pasolini venceu; tentaram destruí-lo, mas ele permanece uma dessas vozes indispensáveis que introduzem, no coro dos submissos, a altivez dos descontentes", declarou a diretora aos jornalistas. Seu filme foi apresentado no Festival de Veneza com a esquerda, presente, sabendo estar a viver, na Itália de Berlusconi, o contrário do sonho de Pasolini. Na abertura do documentário, Bertolucci, Sergio Citti e Ettore Scola fazem um minuto de silêncio, demonstrando sua indignação pelo assassinato de Pasolini. Seguem-se depoimentos de Bertolucci, Mimmo Calopresti, Francesca Archibugi, e cenas de arquivo recuperadas, como a filmagem de uma partida de futebol com o elenco e o diretor de *Salò*. Essa homenagem bem intencionada, contudo, nada acrescentou; e mesmo agravou o retrato de Pasolini com a infeliz imagem metafórica final, focada num lixão, remetendo à conclusão poética, e profundamente triste, de *Che cosa sono le nuvole?*, alusão que se desejava impactante, mas que no contexto de um documentário acabou desmerecendo o poeta.

Aurélio Grimaldi voltou à carga com *Un mondo d'amore* (2002), onde aborda os eventos em torno do processo sofrido por Pasolini quando acusado de seduzir três garotos numa festa em Ramuscello, no Friuli, em 1949. Em seu obsessivo revisionismo pasoliniano, o diretor fixa-se naquele escândalo sexual: a expulsão de Pasolini do PCI, a proibição de nunca mais lecionar numa escola pública, seu afastamento do pai e fuga com a mãe, sem dinheiro, para Roma, a dificuldade e culpa de ser homossexual. Já ao delimitar seu filme a este episódio, Grimaldi traz uma visão parcial, deformada, do escritor.

La meglio giuventù (2003), de Marco Tullio Giordana, escrito por Sandro Petraglia e Stefano Rulli, inspirou-se, para seu título, no nome da coletânea de poemas friulanos de Pasolini. Misto de autobiografia e viagem sentimental, o filme conta a história de dois irmãos tendo como pano de fundo a história recente da Itália. Com seis horas e meia de duração, o filme recorda os movimentos estudantis, a escalada do terrorismo, a luta contra a máfia na Sicília e as crises atuais, num épico que emocionou os italianos, mas que não se relaciona com o universo de Pasolini. No mesmo ano de 2003, a casa de 70m², próxima ao presídio de Rebibbia, onde Pasolini, então "pobre como um gato do Coliseu", viveu, num bairro popular de Roma, entre 1951 e 1953, abriu suas portas para recitais de jovens poetas e locação de filmes; o filme *Il corvo corsario*, de Luca Alzani e Andrea D'Ambrosio, foi o primeiro projeto de ficção cinematográfica a utilizá-la[4].

Vie et mort de Pier Paolo Pasolini (2003), de Cyril Legann e Antoine Soltys, é uma produção da TV francesa sobre a peça de Michel Azama, que fez algum sucesso nos anos de 1980. Traz Michel Derville como Pasolini, Salim Kechiouche como Pelosi, Cyrille Romoli como Ninetto e Jean Menaud encarnando diversas autoridades. A encenação da vida de Pasolini, assombrado pela morte que Pelosi simboliza, resume-se à paixão desesperada por Ninetto, às vésperas do casamento deste. O teledrama peca por reducionismo e *miscasting*: Pasolini é encarnado por um ator de feições desagradáveis que não evocam o rude rosto camponês e másculo do escritor; e o assassino, representado por um jovem ator que, embora não deixe de corresponder ao tipo pasoliniano, é um pouco belo demais para o papel, evocando o simbolismo da "Morte sedutora".

O curta-metragem *Médée Passion, souvenirs d'un tournage* (2004) tomou depoimentos dos atores

4. *EFE*, Casa de Pasolini Vira Centro de Poesia, *O Estado de S. Paulo*.

O CORPO IMAGINÁRIO

Laurent Terzieff e Giuseppe Gentile, do cenógrafo Dante Ferretti, do figurinista Piero Tosi e do fotógrafo Ennio Guarnieri, evocando os bastidores de *Medéia*, documentados pela equipe numa série de filmes super-8. Gentile recordou sua aventura como ator sem experiência, escolhido por Pasolini para viver Jasão a partir de uma fotografia de jornal que o destacava como vencedor numa competição dos Jogos Olímpicos no México; permaneceu inseguro durante toda a filmagem, pois não imaginava que, no cinema, as cenas eram rodadas sem ligação direta umas com as outras, a ligação das mesmas, que dá sentido ao filme, sendo realizada apenas na edição. Terzieff explicou a maneira como Pasolini contava inteiramente com sua equipe, a ponto de deixá-la filmar sozinha algumas cenas sem precisar acompanhá-la. Ferretti, no seu primeiro trabalho no cinema, recordou que Pasolini obrigava-o, junto ao fotógrafo, a percorrer áridas paisagens por quilômetros, sob um calor sufocante, em locais já conhecidos do diretor em viagens anteriores, até chegar aonde ele queria que a cena fosse rodada; explicou ainda como eles compuseram os mundos do filme amalgamando diferentes espaços cênicos na Turquia, em Aleppo (Síria), na Praça dos Milagres em Pisa, em Marechiaro di Anzio, na Laguna di Grado, em Viterbo. Inspirando-se em culturas arcaicas (Grécia, África, Índia, México), o figurinista Tosi trabalhou em três cores diversas a identidade visual dos trajes de cada um dos três mundos que aparecem no filme, usando todo tipo de material (conchas buscadas em praias; cornos, chifres e ossos recolhidos de matadouros etc.), e manufaturando as vestes e adereços: em tons de branco para os costumes usados na Cólquida; de amarelo em Iolcos; e de vermelho em Corinto. Tosi revelou, mais tarde, que a idéia de fazer Maria Callas interpretar a Medéia do filme partiu do produtor Franco Rossellini, amigo da diva, que havia representado magnificamente o papel, diversas vezes, na encenação da ópera de Luigi Cherubini. Pasolini fez restrições, a princípio, pois preferia trabalhar com atores amadores, mas, ao ter um primeiro contato com Callas, em Paris, ambos sofreram um *coup-de-froudre*, uma paixão recíproca à primeira vista. Durante as filmagens, Callas provou mais uma vez que era um soldado no trabalho, suportando, sem reclamar, as pesadas roupas do figurino, o sol inclemente, as difíceis locações; recusando, inclusive, ser substituída por uma dublê na cena arriscada em que Medéia atravessava, arrastando-se, as brasas de uma fogueira, condição para ascender ao templo: ela vestiu uma bata de amianto por dentro do traje e rodou a cena, dispensando a dublê que já estava a postos para tomar seu lugar. O fotógrafo Guarnieri, que tivera que assinar um contrato que permitia a Maria Callas destruir quantas fotos tomadas dela no *set* ela achasse conveniente, surpreendeu-se

TODOS OS CORPOS DE PASOLINI

com a doçura da diva, e atreveu-se a guardar por vários anos as fotos que tirou da Callas desfalecida, depois de perder os sentidos e cair batendo a cabeça nas pedras – por causa do calor e dos cinqüenta quilos de vestes e acessórios que devia carregar, deixando toda a equipe em pânico, e sendo socorrida pelo próprio Pasolini.

Finalmente, que dizer das obsessivas investigações do "amigo" Giuseppe Zigaina? Esse curioso personagem de pintor, que se tornou escritor por força de obcecar-se há anos com sua própria tese sobre Pasolini, a expõe mais uma vez na produção de TV *Pasolini e la morte: un giallo puramente intellettuale* (2005), de Massimo Guglielmi. Ele aqui reelabora a fantasia que transforma a vítima do crime em seu verdadeiro autor: Pasolini teria planejado e encenado seu assassinato, escolhendo o fim que deveria ter para converter-se em mito, segundo sua teoria da montagem (equivalente para o filme à morte para o homem, enquanto doadora do sentido de sua vida). Zigaina procede a uma erudita releitura do *corpus* literário, poético e cinematográfico de Pasolini sob a perspectiva de sua tese delirante, e nela encontra códigos cifrados, sinais reveladores, chaves secretas que provariam que o escritor organizou com extrema lucidez sua morte como rito cultural para permanecer vivo na memória dos homens. Com um amigo assim, Pasolini não precisa mais de inimigos…

8. O *Corpus* Submerso: Mergulhando no Fondo

1. *Breve studio sulla pittura de Lorenzo Tornabuoni;* Prefácio a *Il cinema è il cinema – Jean-Luc Godard; Storia Indiana; Bestemmia; Appunti per un poema sul Terzo mondo; La lingua scritta dall'azione; L'ex vita; Dialogo I; L'usignolo della Chiesa cattolica; La rabbia; E l'Africa; Affabulazione; Porcile* – argumento e roteiro do segundo episódio; *Sopralluoghi per un lungometraggio da realizzarsi in India; La vita quotidiana dell'Africa Nuova; Polenta e sangue;* carta de Pasolini a Laura Betti.

2. Notifica della Soprintendenza Archivistica per il Lazio n. 100867, Roma, 29 jan. 1997, em: http://www.whitefox.net/pasolini/default.htm, acesso em 4 nov. 2006.

A 31 de janeiro de 1983, Laura Betti criou, com um vasto material que havia conseguido reunir, a Associazione Fondo Pier Paolo Pasolini, que funcionava na Praça Cavour, perto do Castelo de Sant'Angelo, em Roma, num prédio vetusto, que também abrigava uma delegacia de polícia. O núcleo do acervo constituía-se de dezoito manuscritos originais[1]; duzentas pastas de escritos de e sobre Pasolini, em originais e em cópia, publicados em jornais nacionais e estrangeiros; duzentos videocassetes de sua produção cinematográfica e áudios de entrevistas; 5 mil fotografias de Pasolini ou de seus filmes; seiscentos livros, muitos em primeiras edições, incluindo as mais raras, das primeiras publicações friulanas, inencontráveis nem em antiquários, além de grande número de teses. A 6 de março de 1998, a Prefeitura de Roma incorporou, ao seu patrimônio, o arquivo recolhido pelo Fondo, que foi declarado, em 1997, de notável interesse histórico[2]. Crescendo sempre a produção sobre Pasolini e o interesse em sua obra, também o núcleo do acervo do

Fondo expandiu-se. Hoje, há pouca coisa importante de e sobre Pasolini que o Fondo não possua e disponibilize aos pesquisadores.

O Fondo também se ocupa da restauração dos filmes, da publicação dos inéditos, da organização de eventos: a obra de Pasolini é assim preservada e difundida por apaixonados fãs, apoiados pelo Ministério da Cultura. Quando visitei o Fondo, em 1995, Laura Betti encontrava-se em São Petersburgo, promovendo a primeira grande retrospectiva de Pasolini na Rússia; fui recebido pelo pesquisador Giuseppe Iafrate, que me introduziu ao material do arquivo: centenas de livros, teses, revistas, inéditos e publicações do mundo inteiro, do Brasil à China, tanto de Pasolini quanto de estudiosos de sua obra. Iafrate lamentava que não houvesse sido possível ainda reunir todas as entrevistas dadas por Pasolini à televisão italiana:

> A RAI [Radiotelevisione italiana] é um labirinto, uma torre de Babel, nem eles sabem o que existe e o que não existe mais lá dentro. Há um debate importante de Pasolini com o sociólogo Franco Ferraroti, que critica as teses da homologação como mística, a partir de uma visão clássica da sociedade, intitulado *Os Italianos, Hoje*, que nunca mais foi encontrado. Tampouco pudemos conseguir ainda todos os filmes rodados por outros diretores cujos roteiros foram escritos por Pasolini, porque nosso sistema de vídeo não é compatível ou porque não foram lançados em VHS. E mesmo as poesias, reunidas em *Bestemmia* como "poesias completas" não estão completas. Nunca se acaba de reunir toda a obra de Pasolini...

O essencial, contudo, está no Fondo, cujo acervo já basta para ocupar uma vida inteira de estudos. Nele há, por exemplo, uma série de vídeos raros, alguns realizados por Pasolini, outros pela RAI, que documentam a carreira do escritor e cineasta com reportagens e entrevistas, além de outra série de filmes de curta-metragem dirigidos por ele ou inspirados em sua obra. Ali pude assistir às entrevistas que Pasolini concedeu às TVs européias, seus maravilhosos curtas-metragens e cenas suprimidas das montagens finais de alguns de seus filmes. Algumas dessas imagens merecem ser comentadas e destacadas. *La canta delle marane* (1959), por exemplo, é um curta-metragem de extraordinária beleza, intensamente pasoliniano. Dirigido por Cecilia Mangini, com fotografia de Giuseppe de Mitri, o filme ilustra um texto de inspiração autobiográfica, escrito e narrado por Pasolini. Garotos da periferia de Roma banham-se no Tibre, nos anos de 1950, quando isso era ainda possível. As imagens mostram um grupo de meninos pobres, esfaimados e selvagens, que brigam, lutam, esfregam-se: amigos inseparáveis e brigões. A polícia mostra-se impotente contra a esperteza deles. Os garotos fazem o que querem alheios às regras da boa

O *CORPUS* SUBMERSO

sociedade. No final, imprecam contra a câmara, contra o público, contra o mundo.

Na importante reportagem da TV francesa *Pasolini l'enragé* (1966), de Jean-André Fieschi, Pasolini fala em francês de seu amor pelo subproletariado e de sua concepção do cinema. Afirma que gostaria de renunciar à cidadania italiana em protesto contra a pequena-burguesia. O francês de Pasolini é macarrônico, com forte acento, vocabulário pobre e inseguro: "É assim que se fala?". "É esta a palavra?". "Existe... *Dificulté?*". Era a dificuldade que tinha em *falar* outros idiomas, pois dominava o francês escrito, tendo traduzido textos e poemas daquela língua. Tampouco sabia Pasolini algo da técnica de cinema ao iniciar sua carreira de cineasta, sequer sabia que a palavra panorâmica existia. Ao entrevistador, Pasolini declara ver a realidade como aparição sagrada. Sua declaração é ilustrada com a seqüência da briga em *Desajuste Social*. Pasolini distancia-se da Nouvelle Vague – para ele uma versão francesa do neo-realismo italiano. Se partiu do "marxismo cinematográfico" de Rossellini e De Sica, cujos filmes exprimiam uma viva esperança no futuro do homem comum, nos seus há poucos planos-seqüências e uma conjunção de planos gerais com planos médios; a prevalência de grandes planos frontais exprime a sacralidade característica do desespero. Pasolini é sem esperança e sem amor pelos homens comuns. Só acredita nos excepcionais: "Sou como um escultor que faz o retrato de um favelado – uma estátua enorme...". Ao mesmo tempo, sente-se incapaz de fazer qualquer discriminação entre um homem e outro – todos os homens diante de si são pais e mães dignos de respeito. Influenciado por Lucien Goldmann, aprofundou sua teoria da homologação denunciando o genocídio promovido pela industrialização da Itália. Pasolini sabia do que falava, não tinha vindo a Roma como turista, mas como desocupado. Percebeu como as *borgate* foram construídas pelos fascistas como verdadeiros campos de concentração para os pobres das periferias. As pessoas viviam aí como na África, na Argélia, na Índia précapitalista. Pasolini também explica os estranhos personagens de *Gaviões e Passarinhos*: o Corvo é o intelectual marxista, seu *alter ego*, alguém que duvida sempre, uma consciência crítica, que está sempre acordada, cheio de nostalgia pela vida que não vive. Em contraposição, os dois vagabundos representam a inocência e a graça dos pobres que vivem "religiosamente", desprovidos, contudo, de consciência ética. Eles não conhecem a vida, apenas a vivem, enquanto o Corvo só conhece a vida, sem viver. Ninetto Davoli encarnava alguém justamente como ele, era um artesão que fazia janelas e nunca lera um livro de poesia. O único poema que sabia era o que um Pasolini apaixonado fizera para ele – Ninetto declara gostar mui-

TODOS OS CORPOS DE PASOLINI

to desse poema. Compreendia seu personagem no filme porque representava a si próprio. Ninetto, ao brincar de entrevistar Pasolini, revela o profundo respeito que sentia por ele, chamando-o de "Senhor Professor". Pasolini sabia haver uma grande distância entre ele e seus amantes: "Sou infelizmente um filho de papai", confessa a certa altura. O cineasta Vittorio Cottafavi observou que, na obra de Pasolini, o sofrimento é a condição normal do universo e mesmo quando seus personagens gozam, eles antes sofrem o gozo. Há um sentimento em Pasolini de exclusão da vida, uma nostalgia que não o faz desamá-la, mas amá-la ainda mais, excessivamente. Seus romances e filmes refletem o êxtase e o sofrimento da criação. É o único *enragé* da Itália contemporânea, no sentido em que Sócrates o era, e não um revolucionário, pois toda a esquerda saída da Resistência ao fascismo oficializou-se e aburguesou-se. Num outro depoimento, a atriz Adriana Asti, que filmava com Pasolini, censurou a seriedade do diretor: "Ele é muito sério, o mais sério de todos os diretores. Usa palavras difíceis, palavras ridículas, que só ele e uns poucos entendem, mas ele as explica para nós e acabamos entendendo tudo".

Em *Primo Piano – Pier Paolo Pasolini: Cultura e società* (1967), de Carlo Di Carlo, Pasolini faz um giro pelas favelas italianas, com seus meninos que adoram jogar futebol. O escritor diz que a história de sua vida é a de seus livros; e que ele odeia tão profundamente o Estado pequeno-burguês italiano que não consegue descrevê-lo, ocupando-se apenas do subproletariado. Pasolini confessa só manter contato com o povo e com os intelectuais; declara desejar abandonar a língua italiana e fazer-se internacional pelo cinema; e lamenta que a pequena-burguesia consiga ter relações com ele através de seus meios costumeiros: processos, magistratura e polícia.

No brilhante documentário *Le confessioni di un poeta* (1967), Fernaldo di Giammatteo entrevista Pasolini e sua mãe, Susanna, na casa em que moravam na Via Eufrate, situada no EUR, o bairro construído pelo regime fascista. Não deixa de ser estranho que Pasolini, mesmo podendo morar em outro bairro, preferisse viver ali, ao invés de morar no centro antigo de Roma, ou, caso buscasse apartamentos mais amplos e confortáveis, na Villa Borghese. Talvez preferisse permanecer a meio caminho de Ostia, que tanto freqüentava em suas noitadas, a despeito da arquitetura fascista do bairro, que, como sabemos, desagradava-o menos que a arquitetura do mundo contemporâneo. O fascismo era, pelo menos, algo de horrendamente humano, enquanto o consumismo parecia a Pasolini desprovido de qualquer humanidade, mesmo aquela, carregada de medo, que marcou sua adolescência. Pasolini começa a entrevista lendo um poe-

O *CORPUS* SUBMERSO

ma de seu livro *Le ceneri di Gramsci*, e termina lendo o poema "Supplica alla madre", diante de sua mãe, Susanna. Esta, por sua vez, comenta que tanto ela como Pasolini sofreram sob o jugo de seu marido, um soldado que desejava impor uma férrea disciplina dentro de casa. Ainda segundo Susanna, Pasolini sempre foi sério e fechado, enquanto seu irmão Guido era exatamente o oposto, aberto e alegre. Pasolini confessa que Guido era o tipo de homem que desejava ser. No documentário são ainda entrevistados alguns amigos subproletários de Pasolini: Franco Citti, Renato Capogna, Aldo Negri, Roberto Allessandrini, que o conheceram quando eram muito jovens, em banhos no Tibre, nas *borgate* romanas, nos bares e cafés. Um deles diz que Pasolini sentia-se à vontade entre eles, como que protegido. Outro contesta, dizendo que eles não protegiam Pasolini. Todos se mostram contentes por poder participar de seus filmes, como figurantes, às vezes como atores principais, e que era sempre bom quando do Pasolini iniciava um novo filme, pois novas oportunidades surgiam para que pudessem se ver empregados. O documentário deixa ainda clara a maneira como Pasolini sacralizava o profano e profanava o sagrado através da trilha sonora. Na seqüência do massacre dos inocentes de *O Evangelho Segundo São Mateus*, Pasolini usa a mesma música que Sergei Prokofiev compusera para *Aleksandr Nevskiy* (Alexandre Nevski, 1938), de Sergei Eisenstein, e o efeito é de uma violência trágica impressionante: os soldados romanos são assimilados aos fascistas, de faces duras, sem expressão, e o uso do *zoom* é eficaz na apresentação de uma cena que se desenvolve em vários planos, quase como citação da seqüência da escadaria de Odessa de *Bronenosets Potyomkin* (O Encouraçado Potemkim, 1925). Quando João Batista batiza os pagãos, a música que ouvimos é um *blues* cantado por uma cantora afro-americana, religando o ritual antigo ao sagrado contemporâneo. Quando chega Jesus, o *blues* confunde-se com uma composição de Mozart, em nova combinação de sagrado e profano; e na cena da crucificação, palavras, gritos e gemidos são substituídos pela música, que sublima todo o horror que o espectador presencia. Essas técnicas de Pasolini encontravam seu fundamento na maneira de ser do poeta, que carregava a dor de não poder ser completamente alguma coisa: nem cristão, nem marxista; nem totalmente materialista, nem totalmente religioso; dividido entre o poder do sagrado e a liberdade da razão, entre a revolução e a tradição, entre a paixão e a ideologia.

Em *Pasolini e il pubblico* (1970), Pasolini discute *Medéia* na RAI. Antes da gravação do programa, o filme fora exibido para operários da Alfa Romeo para que se apurasse, depois, o que eles teriam entendido da mensagem. Muitos se aborreceram, outros dormiram no meio da sessão, mas alguns se mostraram encantados com a magia do filme. Pasolini explica que a personagem de Maria Callas representaria o subproletariado e sua religiosidade arcaica, sacrifical, pré-histórica. Jasão seria o burguês racional, o homem histórico, sensato, símbolo de uma civilização opulenta.

S.P.Q.R. (Alemanha, 1972), de Volker Koch, é um filme de feitio *underground*. Uma estudante de Arte Dramática desempregada pede a Pasolini que ele a empregue num de seus filmes. Pasolini leva o pedido a sério e faz uma digressão socrática:

> Você me pede uma coisa absurda. É como ir à Casa Lotérica e pedir um bilhete premiado para ganhar o prêmio, desprezando milhões de possibilidades negativas. Seu pedido me espanta. Você teria mais chances com Fellini… Na Itália, os atores também vão mal. Não acredito em Arte Dramática, isto já é um ponto negativo para você. Procuro atores em qualquer parte. Empreguei Totò, Anna Magnani, Maria Callas, Orson Welles, Silvana Mangano, Julian Beck, mas prefiro em geral atores amadores, não profissionais. Escolho personalidades autênticas e não ficções.

Segue-se, então, um diálogo cada vez mais surrealista, com Pasolini tentando desesperadamente entender a lógica (inexistente) por trás do discurso da jovem estudante. O efeito é quase cômico. Discute-se a vitalidade da arte e do artista, e Pasolini afirma que o artista é mais forte que o poder, citando o exemplo de Mozart: o poder de sua época desapareceu, mas a obra do compositor permanece. A arte é política, sempre. Age na pólis e fala ao cidadão. O infantilismo dos alemães da jovem geração assusta Pasolini, que neles percebe o mesmo senso de dever, o mesmo culto do pai dos tempos do nazismo. Pasolini tenta, então, explicar à garota sua visão apocalíptica: "Vivemos num presente eterno, o fim do progresso fundado na História e no otimismo estúpido de Hegel", mas a estudante conclui a entrevista com a mais tola das acusações: "Você, Pasolini, é que vive na integração e reforça o poder com sua poesia!". É um retrato vivo da anarquia fascista de maio de 68. O filme termina com um episódio de ficção, onde um turco é quase assassinado numa praia, a socos e pontapés, por um marginal interpretado por Ninetto Davoli, numa nova premonição da morte de Pasolini em Ostia.

O mesmo discurso sobre a homologação das culturas de *Os Muros de Sanaà* foi retomado na reportagem *La forma della città* (1974), dirigida para a RAI por Paolo Brunatto; de todas as entrevistas de Pasolini, talvez seja esta a melhor. Uma pequena obra-prima que deve ser creditada a Pasolini, pois ele consegue provar, com apenas dois movimentos de câmara, tudo o que havia dito e escrito sobre o mundo antigo, o clérico-fascismo e o novo fascismo. Pasolini torna-se didático, explicando a Ninetto Davoli

O *CORPUS* SUBMERSO

o processo irreversível da destruição da beleza pela civilização industrial. É Orte novamente o exemplo privilegiado, a cidade humana em sua forma mais acabada. Pasolini realiza duas panorâmicas da cidade: uma da esquerda para a direita e outra da direita para a esquerda, focalizando o prédio de habitação popular que arruína a forma perfeita da cidade medieval, como elemento estranho na massa arquitetônica, envolta em azul e cinza, céu e bruma, no alto do monte, como algo de necessário. Já o prédio de habitação popular parece aposto, ridículo, ele não respeita nem a arquitetura de Orte nem a natureza à sua volta, ele simplesmente ofende a sensibilidade. Mais que horrível, ele é pobre, medíocre, suas formas indicam que pertence a um mundo inteiramente outro, a um mundo sem humanidade.

Em agosto de 2004, pouco antes da morte de Laura Betti, o Fondo Pier Paolo Pasolini foi transferido de Roma para Bolonha, cidade natal de Betti e Pasolini, segundo o desejo da atriz, força maior que impediu que a obra de Pasolini caísse no esquecimento, se dispersasse e desaparecesse pouco a pouco. O Fondo encontra-se numa sala especial da biblioteca da poderosa Cineteca, que pertence à prefeitura de Bolonha. A proximidade do Fondo com a Cineteca é mais uma garantia de que os filmes de Pasolini poderão sempre ser recuperados, revistos e apreciados pelas jovens gerações de cinéfilos. E sem os vícios da geração homofóbica dos críticos contemporâneos de Pasolini, para os quais esse "pederasta" deveria, como o Julian de *Pocilga*, desaparecer da face da Terra sem que dele sobrasse sequer um botão[3].

3. Mesmo no cinema americano podemos encontrar algumas "homenagens" a Pasolini como cineasta *cult* por excelência: em *Cecil Bem Demente* (*Cecil B. DeMented*, EUA, 2000), de John Waters, a primeira seqüência do filme-manifesto do cineasta terrorista Cecil B. DeMented, rodada na garagem-estúdio da gangue, se passa numa bilheteria de cinema que exibe um "Festival Pasolini"; o gerente constata que já estava na hora da sessão começar, mas a sala estava vazia, ao que a bilheteira responde não ter vendido nem um único ingresso, o público tendo preferido assistir ao *remake* de *Os Flintstones*. E em *S1m0ne* (Simone, EUA, 2002), de Andrew Niccol, quando o diretor de cinema decide "arruinar" a carreira de sua estrela virtual, ele a faz "interpretar" um filme de arte em preto e branco, intitulado *I am pig* (Sou Porca), no qual a atriz é apresentada chafurdando de quatro na lama de um chiqueiro, comendo na baia dos porcos, disputando os restos com os animais, numa evocação de *Pocilga* e de *Salò*, de Pasolini. Mesmo causando asco e repulsa no público, *Sou Porca* torna-se um sucesso de crítica, um verdadeiro *cult-movie* na "realidade" desta ficção.

9. O Corpo Estranho: Pasolini no Brasil

Uma das primeiras resenhas dignas de nota escrita no Brasil sobre uma obra de Pier Paolo Pasolini foi assinada pelo poeta Afrânio Zuccolotto, analisando, em 1967, o filme *O Evangelho segundo São Mateus* (1964)[1]. A *Revista de Poesia e Crítica* republicou a resenha, pois, segundo um dos editores, Domingos Carvalho da Silva, também poeta, ela mereceria ser conservada, não sendo "uma apreciação impressionista e subjetiva, mas uma análise de quem se preparou exaustivamente para fazê-la, análise que tem, por isso, a força de um julgamento". O "julgamento" de Zuccolotto baseava-se na sentença de São Mateus, VI, 24: "Ninguém pode servir a dois senhores". Para o poeta brasileiro, Pasolini pecara ao servir ao mesmo tempo a dois senhores, e mesmo a três: a Deus, ao cinema e ao Partido Comunista. Pasolini teria sido, segundo Zuccolotto, o primeiro a tentar, na sétima arte, o que já haviam tentado, sem sucesso, na literatura, outros comunistas melancólicos e de consciência pesada, cujo ânimo doutrinário vergava ao peso de uma forte nostalgia do Cristo. Não se contentando com a idolatria comunista, o túmulo sagrado de Lenine e as piedosas peregrinações a Moscou, Pasolini teria caído na tentação de inscrever Jesus no Partido Comunista. Assim,

depois de [...] meditar alguns minutos sobre o problema da alienação do homem no regime capitalista, Pasolini deve ter-se apegado com fervor

1. *O Estado de S. Paulo*, Suplemento Literário, São Paulo, 9 de setembro de 1967.

TODOS OS CORPOS DE PASOLINI

à idéia de também realizar a sua Vida, Paixão e Morte de Nosso Senhor Jesus Cristo. [...] Qual o seu mérito perante a cúpula partidária se pusesse em relevo, pela palavra de Jesus, a espoliação praticada pelo imperialismo em Roma!

Para Zuccolotto, Pasolini também pecaria cinematograficamente ao recorrer à escola do neo-realismo que, avessa aos efeitos especiais, barateava tudo o que ultrapassasse os estreitos planos de sua ótica parcial, especialmente na hora de reproduzir os milagres descritos no *Evangelho*:

Pasolini, presumivelmente, haveria de preferir evitar o milagre. Não sendo isso possível [...] imaginou dar ao milagre "um novo sentido". E aqui naufragou. Os milagres de seu filme são toscos e deficientemente realizados. Além disso, logo na primeira cena, somos postos em presença de uma Virgem Maria de filme mexicano [...]. Os apóstolos e figurantes nada mais fazem que exibir feições fortemente marcadas, como é do gosto neo-realista. O Satanás [...] não passa de um pobre diabo que nem de longe transmite a idéia de perigoso agente do imperialismo romano [...] A própria figura de Jesus é tristemente inexpressiva. É um Jesus de máscara parada, que não se torna aceitável nem como santo nem como homem, e muito menos como chefe de rebelião. E Maria, sua mãe? Ter-nos-ia tornado mais convincente a sua dor por se nos apresentar como uma velha senhora na cena da crucificação?[2]

Finalmente, depois de observar que, na trilha sonora concebida por Pasolini, ao contrário das músicas de Bach e Mozart, as de Prokofiev e Webern não se enquadravam no contexto, Zuccolotto conclui seu *julgamento* com uma condenação: "pelas heresias e pecados cometidos, esta Vida, Paixão e Morte de Nosso Senhor Jesus Cristo há de levá-lo ao inferno. Sim, é mais fácil passar um camelo pelo fundo de uma agulha do que Pasolini entrar no reino dos Céus". A resenha não se limitava a criticar o filme e, a despeito da boa acolhida de *O Evangelho segundo São Mateus* pela Igreja[3], condenava Pasolini ao inferno. A fortuna crítica brasileira de Pasolini nascia, assim, revestida de uma crueldade incomum, mesclada à ignorância do tema. Zuccolotto pintava Pasolini como um militante comunista ortodoxo desejoso de agradar a cúpula do Partido, como se este não o tivesse expulso há décadas; confundia seu cinema com o neo-realismo, que desde *Desajuste Social* ele superara pela sacralização do subproletariado; acusava *O Evangelho* de politização barata que a representação dos milagres como realidades e a humanização de Jesus e Satanás contradiziam, atacando então o filme em seu nível técnico, de "realização tosca", como se o Sagrado se tornasse menos sagrado sem efeitos especiais de Hollywood; e as composições de Bach e Mozart soassem mais adequadas à Palestina romana que as de Prokofiev e Webern. Finalmente, Zuccolotto parecia

2. Idem.

3. O filme recebeu o Grande Prêmio do Ofício Internacional Católico do Filme quando de sua estréia em 1964, e essa boa acolhida foi confirmada em 1996, com a inclusão do filme na lista dos melhores filmes da Filmoteca Vaticano.

O CORPO ESTRANHO

não demonstrar saber que a "velha senhora" que encarnava Maria ao pé da cruz era a mãe de Pasolini, escolhida para o papel por uma decisão que transcendia qualquer critério técnico, tornando o projeto pasoliniano sobre Jesus algo de íntimo e pessoal.

Ainda no campo do pensamento reacionário, uma resenha destaca-se na fortuna crítica negativa de Pasolini no Brasil: em *Perversões Sexuais: um estudo psicanalítico*, o psiquiatra A. Carlos Pacheco e Silva Filho descreveu o filme *Teorema* como um *"conceito manifesto de fantasias inconscientes"*. Escorado em sua prática clínica, o psiquiatra percebeu, em cada personagem de *Teorema*, uma representação da "voracidade sexual de Pasolini":

> (na fantasia ele era cada um). Através de cada um, recebia os favores sexuais do desconhecido (objeto ideal) endeusado [...] Pasolini também seria "deus" que [...] distribuía suas dádivas entre todos. Poeta e cineasta homossexual, Pasolini revela nessa simples estória toda a psicodinâmica da homossexualidade masculina... A experiência clínica revela como os homossexuais possuem uma fraca auto-imagem de sua própria masculinidade [...] sentindo-se homens deficientes. Devido a isso, tendem a procurar imagens (objetos) ideais de masculinidade, espécie de deuses por si, a fim de se relacionarem com os mesmos [...] podem ser militares [...], ou jovens altos e louros, ou figuras do clero [...] conforme a fantasia inconsciente de cada um [...]. Muitas vezes, a própria pessoa é desprezível, só valendo o tamanho e a firmeza de seu pênis, adorado como verdadeiro fetiche ou objeto sagrado, o que explica a atração dos homossexuais por mictórios e saunas (além de cinemas), onde se expõem e observam os genitais em ereção. Explica também como sentem atração pela felação, pois pela boca podem sugar a seiva masculina e [...] colocá-la dentro de si. Aliás, o próprio coito anal, na fantasia, pode ser considerado como uma recepção oral, como indica a imagem de um paciente que, quando excitado sexualmente, dizia sentir "água no ânus" [...]. Nos seus trejeitos bucais, os homossexuais mais bem instalados na parafilia procuram seduzir aqueles que julgam como "machões" (objetos idealizados). Temporariamente, após a união sexual, sentem um revigoramento de sua identidade, embora muito fugaz, pois, tal qual os toxicômanos, precisam de mais e mais na sua voracidade por um objeto idealizado masculino. Por isso, a grande promiscuidade a que se entregam desgraçadamente contribuindo para o alastramento do vírus da AIDS. [...] A imaginação de Pasolini, com toda sua voracidade por um objeto idealizado, criou o "rapaz-deus" de *Teorema*, representando toda sua própria voracidade, identificando-se com ele, ser onipotentemente poderoso e dadivoso, mas ao mesmo tempo levando todos à loucura quando se ausenta. Nesse ponto, Pasolini também intui como o relacionamento homossexual é uma defesa contra a paranóia, conforme primeiro assinalou o psicanalista kleiniano Herbert Rosenfeld, contrariando a fórmula freudiana pela qual a paranóia é que seria defesa contra a homossexualidade – embora, em ciclo vicioso, novos delírios paranóides possam surgir nos impulsos homossexuais[4].

Aqui cabe lembrar o que o próprio Pasolini observou a respeito do tratamento que lhe dispensavam os jornalistas italianos:

4. A. C. Pacheco e Silva Filho, *Cinema, Literatura, Psicanálise*, p. 59-60.

> Há vinte anos a imprensa italiana, e em primeiro lugar a imprensa escrita, contribuiu para fazer de minha pessoa um contratipo moral, um réprobo. Não há dúvida de que nesta condenação da opinião pública entra a homossexualidade que me censuraram a vida inteira; como se se tratasse de uma marca de ignomínia particularmente emblemática, o selo mesmo de uma abominação humana que me marcaria e condenaria a ser apenas uma camuflagem deste pecado fundamental, de um pecado e de uma danação[5].

De fato, para o psiquiatra Pacheco e Silva Filho, todos os personagens de *Teorema* são camuflagens da homossexualidade de Pasolini, o filme se limitaria a gritar essa homossexualidade, a qual revelaria apenas vícios patológicos e potencialidades paranóides. Em outro estudo, intitulado *Perversões Sexuais*, o mesmo autor analisou o "caso Pasolini", concluindo:

> Era o tipo do homossexual com fortes tendências transexuais decorrentes da idealização da figura materna, com mãe provavelmente muito sedutora e "devoradora" da masculinidade do filho, junto com pai ausente, indiferente ou despótico, de onde faltar ao filho um "modelo de masculinidade", que neutralizasse a influência feminizante materna. Além disso, como muitos homossexuais, mostrava fortes tendências sadomasoquistas, de onde se excitar maltratando ou sendo maltratado por jovens desclassificados, colocando-se em situações de perigo (o que é comum na homossexualidade masculina) que resultam muitas vezes em serem torturados e mesmo mortos[6].

Nesta visão psiquiátrica, a homossexualidade explica tudo: não apenas a vida e a obra de Pasolini, como também seu linchamento e morte, procurados e obtidos pelas pulsões sadomasoquistas atribuídas ao tipo "transexual" desejoso de ser torturado e morto nas mãos de "jovens desclassificados".

Contudo, não apenas à direita Pasolini foi objeto de condenação moral e censura no Brasil (a ditadura militar proibiu *Salò* por quase uma década[7]): também a nossa esquerda, moralista e homofóbica, rejeitou-o. Entre os mais destacados críticos de Pasolini no meio intelectual brasileiro encontrava-se o cineasta Glauber Rocha. Em 1981, no ano mesmo da morte de Glauber, a revista *Careta* publicou um artigo seu sobre o colega italiano, transcrevendo a longa entrevista paranóica concedida a 15 de março daquele ano ao crítico Serge Daney, para a revista *Cahiers du Cinéma*:

> (Glauber Rocha) já estava um pouco gordo, um pouco doente, um pouco delirante. Nós (o) [...] chamamos [...] para fazer

5. Cf. E. F. Accrocca (org.), *Ritratti su misura*.

6. Resumo escrito pelo autor em carta endereçada a Luiz Nazario, datada de 11 de julho de 1995.

7. Antes de ser liberado para exibições comerciais, o filme foi apresentado numa sessão excepcional, em 1981, no MASP, dentro da 5ª Mostra Internacional de Cinema em São Paulo, organizada por Leon Cakoff. Para obter a liberação do filme nessa sessão, o organizador lançou mão de um mandado de segurança, recurso que as distribuidoras não usavam por medo de retaliação. *Salò* pôde ser visto então por um público culto que formou longas filas ao redor do museu.

O CORPO ESTRANHO

com ele uma entrevista sobre Pasolini, a quem tinha conhecido bem. Glauber acertou conosco de vir à redação. O que foi que ele fez? Primeiro, pegou um gravador. Depois, ficou trancado, sozinho, numa sala. E falou durante uma hora, sozinho, diante do gravador. Isto soou estranho para nós, porque não podíamos entrar na sala onde ele tinha se trancado. Do lado de fora, ouvíamos aquele homem falando francês com um belo sotaque brasileiro e acertando as contas com Pier Paolo Pasolini, como se Pasolini estivesse ali. O que ele fez foi um verdadeiro acerto de contas com Pasolini[8].

Em seu "acerto de contas" com Pasolini, Glauber revelou-se homofóbico, a despeito do cuidado que teve de revestir este moralismo pequeno-burguês num linguajar marxista, associando o estilo de vida pasoliniano à exploração capitalista e à dominação fascista:

Pasolini foi aquilo que chamo o produto do milagre do Plano Marshall na Itália. Após a geração da fome – os neo-realistas Rossellini, De Sica, Visconti, Antonioni, Fellini – o cinema italiano tornou-se uma indústria, o neo-realismo perdeu completamente o sentido revolucionário e criador de novas formas. O momento de Pasolini representa a passagem da fome à gulodice e penso que o escândalo Pasolini era uma "mais-valia", um luxo para essa Itália que queria ser desenvolvida [...] mas que era na verdade uma Itália desagregada, arcaica, selvagem, bárbara, anárquica. Contudo, a selvageria, a barbárie, a anarquia pasoliniana eram dominadas pela disciplina marxista, pelo misticismo católico, tornando-se então uma barbárie maquilada. O que me choca no seu cinema é a ausência de poder, nunca é convincente, os seus personagens são fracos, e penso se por isso ele não sincroniza os diálogos [...]. No seu cinema, tudo é muito frio: são adjetivos que tentam valorizar substantivos estéreis. Pasolini tinha a razão, a inteligência, a cultura de um intelectual civilizado [...]. Ele rejeitava a sociedade capitalista, mas aceitava-a no sentido em que se tornou um profissional da indústria editorial e cinematográfica. Ele passou do "estatuto" de cineasta marginal (realizando filmes que não davam dinheiro) a cineasta que fazia filmes comerciais [...]. Assim penso que salvo o filme inicial *Accattone* e o último, *Salò*, todos os outros filmes dele demonstram toda essa ambigüidade [...] para ele, a homossexualidade não era uma prática sexual normal, mas uma religião, uma ideologia, um mecanismo de fetiche, um misticismo. É o que se vê nos seus filmes, essa dialética entre o Cristo e o Édipo [...]. Esta fusão Cristo-Édipo leva-o ao desespero, à irrisão, à infelicidade permanente. Então ele fala sempre de sexo [...]. Os personagens são frios, teóricos, a violência é programada, o sexo é sempre "dublado" pelo cérebro [...] e ele vai em direção à tragédia, ao sacrifício, à autopunição edipiana e cristã [...]. O último filme de Pasô é o processo sobre o intelectual burguês revolucionário que passou a vida explorando o cu do subproletário, e acabou vítima de sua própria culpa [...]. Em Godard há o amor, a paixão, não o sexo; em Pasolini há o contato sexual, mas não o amor, não a paixão. Há somente a paixão teórica, o que interessa a Pasolini é o irrisório, é a perversão [...].

Salò é o filme de Pasolini que prefiro [...] porque em *Salò* ele diz a verdade ao afirmar: "aqui está, sou pervertido, a perversão é o fascismo, gosto dos rituais fascistas, fiz *Salò* porque é o teatro dessa perversão e o meu personagem, o meu herói ama os torcionários como eu amo o meu assassino", e após o filme ele morreu numa aventura de exploração do

8. Cena 1. Local: Paris. Glauber Invade a Redação do "Cahiers" e Briga com um Cineasta Morto. *Jornal do Brasil*, p. 9.

TODOS OS CORPOS DE PASOLINI

sexo proletário. Pasolini, intelectual comunista, revolucionário, moralista, era agente da prostituição, quer dizer que ele pagava aos rapazes, os *ragazzi di vita*, pelo sexo. Ele procurava os pobres, os ignorantes, os analfabetos e tentava seduzi-los como se a perversão fosse uma virtude [...]. Penso que o sadismo, que se tornou um mito da cultura contemporânea, sobretudo para a geração de Pasolini, é o renascimento do espírito fascista nessa geração e é também uma mais-valia sofisticada das sociedades que não têm verdadeiramente problemas de sofrimento. Sade na sua época, Sade na Bastilha, é uma coisa, mas o neo-Sadismo como fetiche, como mito, é o delírio da fascinação fascizante [...]. Pasolini, em *Salò*, aceita a sua verdadeira personalidade. Mesmo se a morte de Pasolini é um atentado fascista, eles aproveitaram a encenação pasoliniana para o matarem segundo os seus próprios ritos... No meu último filme *A Idade da Terra*, falo de Pasolini, digo que desejava fazer um filme sobre o Cristo do Terceiro Mundo no momento da morte de Pasolini. Pensei nisso porque queria fazer a verdadeira versão dum Cristo Terceiro-Mundista que não teria nada a ver com o Cristo pasoliniano. Pasolini procurava no Terceiro Mundo um álibi para a sua perversão. Para mim o conceito de subversão é muito diferente do conceito de perversão, porque a perversão culturalmente constituída pelos intelectuais sadianos não é a minha. Para mim a subversão é inverter verdadeiramente essa perversão por um fluxo amoroso que não exclui a homossexualidade [...]. O problema não é a homossexualidade ou heterossexualidade, é o problema da fascinação pela herança fascista, os grandes ballets contorcionistas de um homem vindo do campo, de uma civilização arcaica, e que utiliza várias linguagens (a literatura, o cinema) para sublimar, disfarçar e enfim, com *Salò*, atingir a sua verdadeira personalidade que não era nem Cristo nem Édipo, mas que era qualquer coisa de muito misterioso, o prazer fascista [...]. Ele assume a tragédia, punido pelas falsas máscaras de Édipo e de Cristo. Os prazeres fascistas conduzem à tragédia[9].

Haveria aqui muito a contestar: praticamente cada linha desse confuso texto. Por exemplo, o fato de Pasolini representar, para Glauber, o "momento da gulodice" na sociedade italiana, sendo que esse momento poderia, dentro dessa visão das coisas, ser muito mais bem representado pelo cinema de excessos de um Fellini ou pelo cinema de tédios de um Antonioni. A associação Pasolini-gulodice é apenas um sintoma da homofobia de Glauber, que mascarava seu moralismo com uma obscura distinção entre homossexualidade normal e homossexualidade ideológica, salvando a primeira (que permanece abstrata) para melhor condenar a segunda, concretamente encarnada em Pasolini. Glauber usava a retórica marxista para reafirmar os mesmos preconceitos expressos pelo psiquiatra Pacheco e Silva Junior: foi a homossexualidade ideológica que matou esse burguês explorador do "cu do subproletariado", esse fascista perverso travestido de intelectual comunista.

Em março de 1970, quando da exibição de *Medéia* no Festival de Mar del Plata, na Argentina, Pasolini fez, em companhia de Maria Callas, uma via-

9. Cf. G. Rocha, Pasolini, le Christ-Œdipe, Pasolini Cinéaste, *Cahiers du Cinéma*, n. 9, Pasolini, o Cristo-Édipo, *Fogo Cerrado*, n. 2.

O CORPO ESTRANHO

gem quase secreta ao Rio de Janeiro. Tendo conseguido esgueirar-se dos fotógrafos a fim de conhecer a "realidade profunda" do Brasil, visitou uma favela carioca em companhia de três prostitutos. Não há vestígios, na imprensa, desse passeio exótico de Pasolini: perambulando, anônimo, pelo Rio, não confiou aos jornalistas suas impressões do Brasil, em sua única passagem pelo país, mas plasmou-as no poema "Hierarquia", publicado em *Transumanar e organizzar* (1971). Como observou Michel Lahud[10], Pasolini dedicou ao Brasil um verdadeiro poema cívico, no sentido que deu Alberto Moravia a essa expressão ao definir a importância de Pasolini na cultura italiana. "Hierarquia" é um poema de quem se aflige com a história e os destinos de sua pátria e que a vê de um modo como não podem vê-la os donos do poder. Pasolini destaca a "ambigüidade" antropológica do brasileiro, que luta indiferentemente como facínora ou subversivo, arrancando olhos ou tendo os olhos arrancados, pelo fascismo ou pela liberdade, o que nos faz evocar a cena final de *Salò*.

Depois de visitar um casal de amigos judeus, o célebre fotógrafo argentino Anatole Saderman[11] e sua velha esposa, Pasolini entrega-se à aventura sexual nas praias cariocas. Na hierarquia de Pasolini, três jovens ascendem: Josué Carrea [José Correia?], o baiano Harudo [Haroldo?] e Joaquim. Ele os escolhe por seus corpos, indiferente à ideologia que deles [se] dissocia; a hierarquia que ele segue, no Brasil como na Itália, é a de seus objetos de desejo, e por isso sente-se também brasileiro, identificado com os destinos do país. A utopia política que emana da homossexualidade de Pasolini é transnacional. Os jovens pasolinianos existiam também no Brasil, e o poeta do subproletariado logo os encontrou em Copacabana, não hesitando em ir conhecer a família deles numa favela do Rio. Mas esse [re]conhecimento dos tipos pasolinianos no Brasil da ditadura militar não é vivido sem angústia: o primeiro em sua hierarquia, José Carrea, revela a Pasolini ser um soldado numa divisão especialmente treinada para torturar subversivos. Se fosse brasileiro, Pasolini – que revelou ser comunista a esse potencial torturador de comunistas –, talvez tivesse sido denunciado, aprisionado e torturado até a morte por aquele que ele mais desejava fisicamente. Já então nascia em Pasolini

10. M. Lahud, O Poema de Pasolini para o Brasil, *Folha de S. Paulo*, p. 50.

11. Anatole Borísovich Saderman nasceu em Moscou, em 1904. A fome obrigou sua família a emigrar para a Alemanha durante a revolução. Com a ascensão de Hitler, a família foi obrigada a emigrar novamente: primeiro, no Paraguai, depois no Uruguai, até se fixarem, em 1932, em Buenos Aires. Como fotógrafo, Saderman era dono de um estilo pessoal, criador de climas sem iguais, o introdutor da fotografia artística na Argentina. Retratou centenas de personalidades das letras e das artes: Jorge Luis Borges, Emil Ludwig, Pier Paolo Pasolini, Pablo Neruda, Pablo Casals, Nicolás Guillen... Seu arquivo, junto ao de Grete Stern, converteu-se num dos mais importantes do mundo na área. Em 1984, foi nomeado Cidadão Ilustre da Cidade de Buenos Aires; e ali morreu, em 1993, deixando memórias escritas ainda não publicadas.

a angústia política do desejo: via-se tentado pelo corpo de um jovem que poderia ser seu carrasco. Muito concretamente, Pasolini pode ter concebido no Brasil, mesmo que de maneira ainda inconsciente, a idéia básica de *Salò*: jovens capazes de torturar e de serem torturados com a mesma "inocência" corporal – o pior cenário para um homossexual pasoliniano, que se tornava vítima potencial dos seus objetos de desejo – os jovens mutantes – no Brasil da ditadura militar modernizadora, assim como na Itália do consumismo neofascista.

No Brasil, os filmes de Pasolini foram exibidos regularmente, mas apenas dois de seus livros foram publicados antes de sua morte[12]. Somente após o assassinato do poeta é que sua obra literária começou a ser publicada, com mais regularidade, pela editora Brasiliense[13]. Essa divulgação foi interrompida com a morte do editor Caio Graco Prado e, desde então, nenhum outro editor brasileiro lembrou-se da existência do *escritor* Pasolini.

Em 1982, escrevi o primeiro livro sobre Pasolini publicado no Brasil, pela editora Brasiliense, que teve três edições consecutivas[14]. Onze anos depois, foi editada, postumamente, uma boa coletânea de ensaios de Michel Lahud sobre Pasolini[15], seguida, anos mais tarde, pelo belo estudo de Maria Betânia Amoroso[16] sobre a crítica literária de Pasolini reunida em *Descrizioni di descrizioni*. A segunda biografia brasileira[17], da mesma autora, foi lançada na 26ª Mostra Internacional de Cinema em São Paulo, que exibiu a Integral do diretor com o apoio do Fondo Pier Paolo Pasolini.

Em 1992, o Centro Cultural Banco do Brasil expôs a obra de Pasolini pintor e a USP montou a exposição estranhamente intitulada *Pier Paolo Pasolini: Quase uma Vida*, reunindo mais de cem obras do autor e sobre o autor, disponíveis em coleções públicas e particulares. Na ocasião, a USP realizou o seminário *Indagações sobre Pier Paolo Pasolini*, cujas comunicações foram publicadas no primeiro número da *Revista de Italinística* daquela universidade.

A recepção da obra pasoliniana sofreu, nas últimas décadas, grande mudança no Brasil, sendo lida e comentada com acuidade por inúmeros acadêmicos, como Alfredo Bosi[18], Ismail Xavier[19], Mariarosario Fabris[20],

12. *A Hora depois do Sonho* (Il sogno di una cosa, 1964); e *O Pai Selvagem* (Il padre selvaggio, 1977).

13. *Il caos* (O Caos, 1979); *Les dernières paroles d'un impie* (As Últimas Palavras do Herege, 1983); *Teorema* (1984); '*Amado mio', precceduto da 'Atti impuri'* ('Amado Meu', Precedido de 'Atos Impuros', 1984); *Ragazzi di vita* (Meninos da Vida, 1985); *Os Jovens Infelizes* (edição de *Scritti corsari* que inclui o texto de abertura de *Lettere luterane*, 1990).

14. Cf. *Pasolini*: Orfeu na sociedade industrial. As outras duas edições são de 1983 e 1986.

15. *A Vida Clara*: linguagens e realidade segundo Pasolini.

16. *A Paixão pelo Real*: Pasolini e a crítica literária.

17. *Pier Paolo Pasolini*.

18. Paixão e ideologia, *Céu, Inferno*: ensaios de crítica literária e ideológica, São Paulo: Ática, 1988.

19. O Cinema Moderno Segundo Pasolini, *Revista de Italinística*, n. 1.

20 A Margem da Redenção: considerações sobre *Accattone*, *Revista de Italianística*, n. 1.

21. A Tragédia do Século XX e o Teatro de Pier Paolo Pasolini, *Revista de Italianística*, n. 1.

O CORPO ESTRANHO

Vilma de Katinszky Barreto de Souza[21], Julia Marchetti Polinésio[22], Aurora Fornoni Bernardini[23], Annateresa Fabris[24], Tereza Virgínia Ribeiro Barbosa[25], entre outros. Sobretudo os filmes de Pasolini tornaram-se objeto de dissertações de mestrado, entre as quais as de Érika Savernini[26], Erly Vieira Jr.[27], Adao Fernandes[28]. Ainda na academia tiveram continuidade nossos estudos sobre Pasolini: desde 2001 coordenamos, na Escola de Belas Artes, o projeto *Pier Paolo Pasolini: Vida e Obra*, numa linha de pesquisa que já produziu diversas monografias, ilustrações, curtas-metragens e animações em torno da obra do cineasta[29]. Em 2003, *Orgia* (1966) foi a primeira peça de Pasolini a estrear no Brasil, com direção de Roberto Lage, protagonizada por Cássio Scarpin, Vanessa Bruno e Inês Aranha[30]. Em 2006 estreou no Rio de Janeiro a primeira montagem brasileira da peça *Pocilga* (1966), com direção de Alessandra Vannucci. E desde 2003 os filmes de Pasolini vêem sendo lançados em DVD no Brasil: primeiro pela empresa Versátil, depois pelas distribuidoras MGM e Multi Media.

Em 2005, participei do debate *Glauber x Pasolini: Poéticas do Real. Mitos, Contrastes e Conexões*, dentro da mostra *O Cinema segundo Glauber e Pasolini*, com curadoria do cineasta Joel Pizzini. A atriz Helena Ignez, uma das mais importantes e aclamadas do Cinema Novo e do Cinema Marginal, apareceu primeiro na tela, em cenas de um filme inusitado, depois no palco, lendo poemas de Glauber e Pasolini, construindo um diálogo imaginário entre os dois artistas. Para o curador, os dois diretores guardariam muitas características em comum: "realizadores de filmes, foram também teóricos, poetas e pintores que souberam como poucos provocar as sociedades em que viveram"[31]. Pizzini destacou que Glauber manteve convivência criativa com Pasolini, celebrou seu cinema, contestou suas idéias e homenageou-o dando a um filho seu o nome de Pedro Paulo. A mostra objetivou chamar a atenção sobre afinidades e tensões que marcaram o diálogo entre ambos. O catálogo do evento trazia desenhos, fotos e declarações emblemáticas dos dois artistas, e um artigo do diplomata brasileiro Arnaldo Carrilho, que os colocara certa feita em contato. Durante

---

22. A Ciranda da Malandragem em *Ragazzi di Vita* de Pasolini e *Malagueta, Perus e Bacanaço* de João Antônio, *Revista de Italianística*, n. 1.

23. O Mortuário na Ficção de Pier Paolo Pasolini, *Revista de Italianística*, n. 1.

24. O Olhar de Pier Paolo Pasolini: questões visuais, *Revista de Italianística*, n. 1.

25. Sófocles, Sêneca e Pasolini, *Alletria*, p. 99-108.

26. Cf. *Buñuel, Kieslowski, Pasolini*: índices para um cinema de poesia.

27. *Recortes e Rasuras no Corpo do Sagrado*: sagrado e erotismo no *Teorema* de Pasolini, Universidade Federal Fluminense, 2005.

28. *Pier Paolo Pasolini*: a escritura cinematográfica, Universidade Federal de Minas Gerais, 2007.

29. Como as belas animações de Alex Queiroz de Souza e Eduardo Ferreira dos Santos.

30. Cf. M. Salomão, Orgia Evoca a Diversidade de Pasolini, *O Estado de S. Paulo*.

31. Em 1988 foi montada. em Minas Gerais. a peça *Pasolini, vida e morte*. Em 1992, duas peças baseadas em filmes de Pasolini foram apresentadas em São Paulo: *Lactolove*, inspirada em *A Terra Vista da Lua*; e *As Mil e Uma Noites*, com base em um dos contos de *As Mil e Uma Noites* de Pasolini.

TODOS OS CORPOS DE PASOLINI

o debate, Pizzini defendeu sua tese de que Glauber e Pasolini pertence-riam à mesma família espiritual, de que seriam visionários que romperam tabus, inovaram a linguagem e transgrediram na política, assumindo po-sições que subverteram os padrões comportamentais de seu tempo, tendo ambos ainda falecido no auge de suas carreiras, vítimas de "assassinato cultural".

Coube-me contestar essas afinidades. A meu ver, o cinema de Pasolini era obra de um escritor culto, erudito, que traduzia obras clássicas do latim e do grego; também seus filmes eram cultos, eruditos, repletos de citações e referências conscientemente dirigidas a uma elite intelectual; ao mesmo tempo, esse cinema desejava constituir-se num registro antropo-lógico do povo que o diretor via desaparecer, seja na Itália devorada pelo consumismo, seja no Terceiro Mundo que optara pelo caminho sem volta do desenvolvimento; um cinema impopular na medida em que era todo feito de metáforas e analogias associadas ao seu universo pessoal – o de um poeta homossexual que se orgulhava de sua homossexualidade. Já o cinema de Glauber seria um cinema de poesia, vanguardista, formalista; um cinema "encenado" e quase improvisado, onde o povo e a elite eram fisicamente representados por atores saídos da pequena-burguesia; um ci-nema que carregava as marcas de uma influência anacrônica do leninismo; um cinema épico sem revolução, feito por um Eisenstein latino-americano à procura de massas revolucionárias para se comunicar e que encontrava apenas críticos de cinema mais ou menos entediados e fãs enternecidos oriundos das odiadas "elites no poder há quinhentos anos". Glauber afir-mava não conseguir gostar dos filmes de Pasolini, considerando-os frios e cerebrais. Mas era a sexualidade, ausente em seu cinema, abundante no de "Pasô" (como ele o chamava pejorativa ou "carinhosamente", conforme o ponto de vista), que Glauber rejeitava, já que seus filmes também eram frios e cerebrais; por isso o acusou de "gozar prazeres fascistas" e de "ex-plorar o cu do subproletariado" (expressões homofóbicas ou "carinhosas", conforme o ponto de vista).

Raquel Gerber contestou-me observando que os dois artistas apresentaram, sim, trajetória comum: ambos foram engajados e idealistas; agitadores de consciências que, ao pintar, escrever e fazer cinema abri-ram as mentes da humanidade para os problemas do Terceiro Mundo; embora Pasolini se encontrasse num mundo decadente e Glauber fosse o porta-voz de um mundo emergente, cheio de energia e vigor, ambos deixaram uma obra de grande criatividade, cuja luz se irradiava sobre nós; ambos morreram igualmente sacrificados, como mártires de seus ideais. Já Helena Ignez observou que, em sua convivência com Glauber, nunca

204

O CORPO ESTRANHO

observou nele traços de homofobia, muito pelo contrário (deixando os entendidos curiosos a respeito deste "muito pelo contrário"). Por outro lado, ela também via pouca coisa em comum entre os filmes de Glauber e os de Pasolini. E destacou que Glauber não era inculto, pois embora não soubesse latim ou grego, vivia lendo, apaixonado pelo conhecimento. Mais importante que "ser culto", seria sua sede de saber.

Corrigindo o mal-entendido, esclareci que não havia me referido à pessoa de Glauber, mas a seu cinema. Os filmes de Pasolini eram "naturalmente" cultos enquanto projeções da personalidade que ele assumia como intelectual: *Salò*, por exemplo, era o único filme da história do cinema a possuir uma bibliografia. Pasolini adaptava clássicos da literatura e construía uma verdadeira teoria do cinema, embasada em sólidos estudos de lingüística. O seu era um cinema que se desejava intelectual e destinado a intelectuais, enquanto o de Glauber repudiava o intelectualismo. Finalmente, contestei a similitude das mortes de Pasolini e Glauber: este morreu num leito de hospital, vítima de uma doença misteriosa; aquele foi massacrado numa cilada homossexual provavelmente armada por um grupo de fascistas.

Nesse momento, um senhor da platéia levantou-se em sinal de protesto, insistindo em aproximar as duas mortes: "Glauber foi assassinado, sim. Ele foi culturalmente assassinado!". Respondi que Pasolini, além de ter sido culturalmente assassinado, o foi também fisicamente, e querer igualar sua morte à de Glauber seria negar a própria *realidade fascista*. Nesse momento, Paloma Rocha exaltou-se: "É um absurdo comparar as duas mortes para saber quem sofreu mais – meu pai expelia pus!". Enquanto Paloma voava, furiosa, para fora do auditório, lembrei-me de que Glauber havia escrito no leito de morte um "Manifesto do Catarro"[32]. Sim, *toda morte* é horrível; mas igualar uma morte natural a um assassinato, com todas as repercussões judiciárias, políticas e culturais que um crime dessa dimensão produz na sociedade, é reduzir a realidade humana a um único padrão, tomando a metáfora do "assassinato cultural" ao pé da letra. Pizzini retomou, então, sua tese de que, apesar das diferenças, Glauber e Pasolini foram "artistas completos":

32. Cf. "Manifesto do Catarro", último texto de Glauber Rocha, escrito em sua agonia, na cama do hospital em Lisboa, publicado a 28 de agosto de 1981, na revista *Careta*, n. 2740 e parcialmente reproduzido em: http://www.tempoglauber.com.br/glauber/textos/eztetyka.htm, acesso em 4 nov. 2006.

Além de cineastas, foram também teóricos, poetas e pintores que souberam como poucos provocar as sociedades em que viveram; eles tocaram em temas atemporais e anteviram muitas coisas da política atual; Glauber tinha formação protestante, era profundo conhecedor da *Bíblia*, com uma sensibilidade afro-indiana; assim como Pasolini, que era cristão-marxista anticlerical; eram anarco-comunistas – um ponto crucial de convergência, afinal os dois filmavam por metáforas, anunciando o Cristo do Terceiro Mundo. A primeira interseção aconteceu em 1962, quando Glauber e Pasolini

TODOS OS CORPOS DE PASOLINI

lançaram seus primeiros filmes e foram premiados no festival de Karlovy Vary, na antiga Tchecoslováquia: *Barravento* e *Desajuste Social*. Em 1965, o italiano divulgou seu manifesto de cinema de poesia, listando o brasileiro como exemplo, ao lado de Jean-Luc Godard e Michelangelo Antonioni. No primeiro encontro entre os dois, quando Pasolini quis assistir a *Deus e o Diabo na Terra do Sol* e conhecer o diretor, este afirmou que o seu era um filme de *mise-en-scène*, e não de estilo indireto livre. Mais tarde, Pasolini fez no ensaio "O Cinema Impopular" restrições a *O Dragão da Maldade contra o Santo Guerreiro* e Glauber ficou ressentido. Isso não impediu que semelhanças estilísticas aparecessem em suas obras: o Cristo de *O Evangelho segundo São Mateus* evocaria o de *Deus e o Diabo na Terra do Sol*; a África de *Notas para uma Oréstia Africana* seria visitada um ano depois por Glauber em *O Leão de Sete Cabeças* [...]; finalmente, na conclusão de *A Idade da Terra*, Glauber, comentando em *off* a morte de Pasolini, propôs uma filosofia política do amor universal.

Convém recordar a abertura de *A Idade da Terra*, onde Glauber evoca Pasolini, o Cristo do Terceiro Mundo e sua proposta para o novo Milênio:

No dia em que Pasolini, o grande poeta italiano, foi assassinado, eu pensei em filmar a vida de Cristo no Terceiro Mundo. Pasolini filmou a vida de Cristo na mesma época em que João XXIII quebrava o imobilismo ideológico da Igreja Católica em relação aos problemas dos povos subdesenvolvidos do Terceiro Mundo e também em relação à classe operária européia. Foi um renascimento. A ressurreição de um Cristo que não era adorado na cruz, mas um Cristo que era venerado, revivido, revolucionado num êxtase da ressurreição. Sobre o cadáver de Pasolini, eu pensava que o Cristo era um fenômeno novo, primitivo numa civilização muito primitiva, muito nova [...]. É necessária uma revolução econômica, social, tecnológica, cultural, espiritual, sexual, a fim de que as pessoas possam realmente viver o prazer. O Brasil é um país grande, a América Latina, África, não se pode pensar num só país. Temos que multinacionalizar, internacionalizar o mundo dentro de um regime interdemocrático, com a grande contribuição do cristianismo e de outras religiões, todas as religiões. O cristianismo e todas as religiões são as mesmas religiões. Entre o entendimento dos religiosos e dos políticos convertidos ao amor [...][33].

Pasolini estava, nos últimos anos, desiludido com a esperança que despositara no subproletariado e no Terceiro Mundo, convertidos à violência de massa, longe da filosofia comunista-cristã de amor universal, como o prova seu amargo desespero expresso em *Salò* e sua constatação do "nada social" em *Petrolio*. É verdade que, forçada por um jornalista brasileiro, também Laura Betti considerou uma aproximação entre Glauber e Pasolini enquanto provocadores e agitadores culturais:

Glauber também era um homem muito culto e inteligente; tinha grandes afinidades com Pier Paolo. Pier Paolo e ele, com certeza, estariam hoje na linha de frente do debate contra a

33. Cf. Discurso Final em *off* de *A Idade da Terra*, em http://www.tempoglauber.com.br/glauber/Entrevistas/grito2.htm, acesso em 4 nov. 2006.

O CORPO ESTRANHO

> globalização, formatada para favorecer as grandes potências com base na exclusão social. É uma situação intolerável, insuportável, que mais cedo ou mais tarde nos levará ao colapso,

declarou numa entrevista por telefone ao *Estado de S. Paulo*. No caos contemporâneo parece de bom tom eliminar as profundas diferenças internas no seio das correntes de esquerda, e reduzir toda a gama de visões de mundo num único viés "antiglobalização". Também as profundas diferenças estéticas, associadas às diversas visões de mundo, tendem a ser niveladas. Assim, Maria Betânia Amoroso pôde escrever:

> O cinema de Pasolini, que foi feito de 1961 a 1975, surgiu, e até hoje se mantém, como singular. Nesses anos em que diretores como Godard, Bresson, Straub são cinéfilos e amantes de filmes que estarão na origem de seus projetos cinematográficos, Pasolini terá como fonte inspiradora para suas imagens os quadros da pintura do Trecento italiano. Uma forma arcaica de representação servirá, portanto, como base para a concepção do cinema moderno de Pasolini. Essa primeira característica manteve-o a uma certa distância do cinema-verdade ou do cinema-realidade tão fortemente presente na Itália e fora dela. A câmara não é jamais usada para extrair a verdade do mundo, mas, sim, para devolver os objetos, os rostos e corpos a uma poeticidade original, "à sua inocência de poema". A força que emana desses filmes não é fruto de um olhar naturalista ou naturalizador: Pasolini insiste na sacralização ou dessacralização das coisas do mundo, decorrência do professado amor e respeito religioso pela vida. Por este princípio, os atores são gente anônima, capazes de produzir, quando focalizados pela câmara, certo estranhamento justamente por serem homens e mulheres impregnados de cotidianidade. Da mesma forma, as locações transmitem estranheza. Elas são, em geral, em países distantes, de culturas diversas ou em áreas menos urbanizadas do Ocidente. As fontes e os modelos selecionados podem vir de todas as partes: da pintura primitiva, dos mitos e tragédias gregas, da literatura, dos dialetos, das discussões lingüísticas. Na forma, nas opções e nos recursos, o cinema de Pasolini configura um cinema moderno particular, esboçado na sua teoria do cinema de poesia e compartilhado com cineastas de diversas nacionalidades, como o também italiano Bertolucci e o brasileiro Glauber Rocha, nos primeiros anos 60[34].

Na primeira parte do texto, a pesquisadora afirmou, com razão, a singularidade do cinema de Pasolini; na segunda, porém, reinscreveu esse cinema singular na tendência-padrão do "moderno cinema de poesia", de Bertolucci a Glauber. Igualmente Érika Savernini aproximou o cinema de Pasolini ao de Buñuel e de Kieslowski, como "índices de um cinema de poesia". Em 2003, a revista *Cinemais* n. 33 trouxe um debate entre Ruy Guerra, Julio Bressane e Joel Pizzini sobre Pasolini e Glauber sob a rubrica comum de "Cinema de Poesia". Diversas retrospectivas, incluindo uma organizada pelo Fondo Pier Paolo Pasolini, anunciaram "O Cinema de Poesia de Pier Paolo Pasolini" – e

34. Cf. Mostra e Cosac & Naify Edições fazem acordo para lançar livros de cinema, *Jornal da Mostra*, n. 154, em: http://mostra.uol.com.br/27/exib_jornal.php?language=pt&jornal=154, acesso em 4 nov. 2006

eu mesmo assim intitulei um seminário que coordenei na UFMG, ainda influenciado pela forte tradição dessas hermenêuticas. Contudo, ao reler os ensaios que Pasolini escreveu sobre o cinema de poesia, percebi o equívoco generalizado: o conceito deveria ser colocado entre parêntesis no que se refere à própria obra de quem o criou: Pasolini fez um cinema que exprimia seu universo mitopoético, mas evitou inscrever-se na tendência da nova indústria cultural que ele identificava como cinema de poesia. Não é possível, senão distorcendo o conceito, aproximar seu cinema ao de Glauber, que tinha mais pontos em comum com o de Godard. A escritura cinematográfica do arauto do Cinema Novo era voluntarista, anti-intelectual, populista, messiânica – um estilo de cinema nacionalista e épico que pressupunha repressão, fé, liderança e hierarquia; a de Pasolini era culta, estilizada, reflexiva, subversiva – um estilo de cinema antropológico mergulhado no humanismo secular libertário. Se os filmes de Glauber ignoravam a sexualidade e celebravam o *poder do povo*, os de Pasolini evocavam o erotismo pré-industrial e exaltavam os *corpos populares*. Se Glauber entregava-se a uma cansativa verborragia de protesto, Pasolini caminhava silenciosamente em direção ao escatológico, ao mítico, ao trágico. O cinema de Glauber é anárquico, folclórico e acadêmico, o predileto dos universitários de esquerda, dos revolucionários festivos, dos militantes machistas; o de Pasolini é aristocrático, impopular e inconsumível, avesso à heterossexualidade dominante.

Mas o equívoco apenas começou: no curta-metragem *Dramática* (2005), Ava Rocha, outra filha de Glauber Rocha, inspirou-se livremente no poema "Hierarquia" para contar a história de um romance heterossexual em pleno carnaval carioca: Poliana, uma dançarina de balé que vem do Sul, persona simbólica com "traços de Pasolini", conhece o mulato Joaquim, "personagem" citado no poema, e que no filme é um misto de prostituto e militante, que corre pela Avenida Rio Branco agitando uma improvisada bandeira vermelha. "O que me interessa fazer é um cinema poético, de fluxos, de deriva. Não quero fazer um cinema realista, mesmo que eu esteja tratando de questões da realidade", explicou a diretora à reportagem do *Jornal do Brasil*, que acompanhou o primeiro dia das filmagens. Assim evocado por Ava Rocha, nunca Pasolini foi tão *corpo estranho* entre nós.

10. O Corpo Devorado: Conversas em Torno de Pasolini

Dacia Maraini

Dacia Maraini nasceu em Florença, em 1938. Quando tinha apenas um ano sua família levou-a para o Japão. Durante a Segunda Guerra, passou dois anos num campo de concentração. Tinha dez anos quando voltou à Itália e foi com esta idade que começou a aprender sua língua materna. Leu muito, fora da escola. Com sua experiência internacionalista, chegou facilmente ao feminismo. Militando em grupos de mulheres desde 1967, escreveu poemas, peças, romances e roteiros, tendo sempre a mulher como figura central. Esta entrevista foi feita em São Paulo, em 1983, durante o primeiro Festival das Mulheres nas Artes, organizado por Ruth Escobar, entre a realização de *Storia de Piera* e *Il futuro è donna*, os dois filmes de Marco Ferreri escritos por Dacia Maraini.

Não a desanima ver os partidos políticos instrumentalizando o movimento feminista?

DACIA MARAINI Todas as atividades humanas correm o risco de ser instrumentalizadas. É normal. Pasolini, por exemplo, era todo o tempo instrumentalizado. Quando houve o choque dos estudantes com a polícia, ele escreveu um poema belíssimo contra os estudantes e a favor dos

TODOS OS CORPOS DE PASOLINI

policiais. Naturalmente isto foi instrumentalizado ferozmente pela direita. Mas creio que vale a pena correr este risco. É preciso ser mais forte que a instrumentalização. Se o movimento das mulheres tem grandes problemas de dinheiro e de organização, e se há um partido que põe seu dinheiro e sua organização a serviço das mulheres, elas podem instrumentalizar o partido, porque a instrumentalização pode ser dupla.

Qual é a sua relação pessoal com o movimento das mulheres, os partidos políticos e os mass media?

Entrei para o movimento feminista em 1967, quando se começaram a formar grupos e, desde então, participei de todas as atividades políticas do movimento com alegria, porque suas estruturas eram muito móveis, elásticas e não-rígidas como acontece num partido. Mesmo se os grandes grupos na Itália desapareceram, existem pequenos grupos de mulheres que trabalham com a arte, o teatro, a pesquisa, as leis, o cinema, tudo isto. Trabalho com as mulheres pelo teatro. Politicamente, estou muito perto do Partido Comunista, mas nunca me inscrevi em qualquer partido porque sou um pouco anarquista demais. Não gosto que me digam o que fazer. Assim, fiquei fora. Fora, mas perto do Partido Comunista e algumas vezes também do Manifesto. É disto que gosto: ser livre para escolher. Sempre fui, por exemplo, contra o PCI e o Manifesto quando se tratava de "compromisso histórico". Jamais acreditei no "compromisso histórico". Quanto aos *mass media*, aí também estou dentro, mas não por minha escolha. Desde que tenho uma atividade pública – eu escrevo livros e intervenho na vida política – é normal que os *mass media* se ocupem de mim. E, naturalmente, a imagem que fazem de mim é sem nuances, muito simples: a feminista, a agressiva, a violenta, a rebelde. É mais complicado que isto. Só sei que cada vez que alguém me conhece, diz: "Ah, eu pensava que você fosse completamente diferente". É uma espécie de lugar comum. Quer dizer: os *mass media* dão de mim uma imagem que não corresponde à realidade. Se as pessoas lêem apenas o que os jornais e as revistas dizem de mim, têm idéias falsas.

Você fez uma das melhores entrevistas com Pasolini[1], viajou com ele pela África e, com ele também, escreveu o roteiro de As Mil e Uma Noites *de Pasolini. Como era Pasolini no trabalho e na vida?*

Eu era muito amiga dele. Pasolini era um homem muito doce, muito gentil, bom amigo, generoso e muito silencioso também. No trabalho, era muito exigente. Tinha um senso muito forte do trabalho e esperava o mesmo dos outros. Trabalhava doze horas por dia e isto para ele era normal.

1. D. Maraini, Pier Paolo Pasolini, *E tu chi eri?*: Interviste sull'infanzia, p. 259-269.

O CORPO DEVORADO

Você estava com Pasolini quando ele teve uma crise de úlcera. Durante a convalescença, ele escreveu seis tragédias muito interessantes, mas desconhecidas fora da Itália. Falou-se pouco deste teatro. Você o aprecia? Tem a mesma concepção teatral de Pasolini – um teatro de palavra, dirigido para os intelectuais?

É verdade que eu estava com ele quando teve a crise de úlcera. Como soube?

Está no livro de Enzo Siciliano.

Ah! É verdade... Eu fiquei mal, porque ele caiu no chão com sangue por toda a parte e ninguém ousava tocá-lo. Fiquei sozinha, não havia médico. Tomei-o nos braços e ele disse: "Estou morrendo, morrendo! Ajude-me!". Mas o que eu podia fazer? Eu o segurei e depois ele desmaiou, ele desmaiou três vezes em meus braços. Depois o doutor chegou, depois de 45 minutos. Foi para mim uma experiência de ternura, porque ele era uma criança em meus braços e, ao mesmo tempo, alguma coisa de chocante, de terrível, porque pensava que ele ia morrer. Por três dias não pude comer, não pude fazer nada. Estava bloqueada. E, depois, sim, ele escreveu as seis tragédias. A que acho bela é *Calderón*. Gosto muito dela. Eu a vi montada por Luca Ronconi e creio que ele fez um ótimo trabalho, mas infelizmente não por toda a Itália, porque isto custava caro. Li todas as outras peças, mas aquela é a melhor para mim. Ele realizou muito bem a passagem de *A Vida é Sonho* para a vida moderna de Roma. As personagens do rapaz, dos pais, da filha, são bem construídas. Mas se o cinema é simples de circular, para montar uma peça é preciso traduzir o texto, encontrar atores, é muito mais difícil. Estou de acordo com o teatro de palavra, sou escritora, trabalho com a palavra e, portanto, acredito na importância da palavra. Mas penso que o teatro deve ser para todos, sem perder nada de sua complexidade e de sua complicação. Por exemplo: Shakespeare e Molière têm uma comunicação direta com o público e, ao mesmo tempo, suas peças podem ser estudadas durante anos nas escolas.

Como soube da morte de Pasolini?

Estava, em novembro de 1975, num congresso de mulheres de toda a Itália numa pequena cidade da Costa Adriática. Era muito interessante: elas falavam de violência, falavam de tudo. No dia seguinte, chamaram-me ao telefone. Era Alberto Moravia, que me disse: ele morreu. Tomei um carro, voltei para Roma, fui ver o lugar em que foi assassinado, participei do funeral. No primeiro momento, não senti nada. As coisas graves que me acontecem, no primeiro momento, é quase um vazio. Não sinto nada. Numa espécie de defesa, fico paralisada. Depois, começo a sofrer, a ter reações. Isto começa nos sonhos, é sempre assim. Comecei a sonhar com Pasolini. Sonhei que ele estava vivo, porque ele estava comigo e me dizia: "Eu estava morto, mas agora não estou mais. Esta morte me custou bastante. Veja como emagreci uns dez quilos! Por causa desta morte... Sofri muito. Mas agora retomo o trabalho". Então, havia produtores de cinema que eu conhecia e que me olhavam perguntando: "O que ele está dizendo? Como vamos explicar-lhe que ele está morto?".

Ele não se convencia!
Sim, é incrível! Era angustiante. Eu não compreendia bem se ele estava morto ou vivo. Os outros pensavam que ele estava morto, que deviam convencê-lo disto e que ele não poderia mais trabalhar. Mas ele queria trabalhar. Foi um sonho que me impressionou.

Há alguma relação entre este sonho e o que os mass media *fizeram com o cadáver de Pasolini, todas aquelas fotografias...?*
Felizmente, quando eles publicaram as fotos de seu corpo nu, quando ele foi seccionado para a autópsia, eu estava na América. Fiquei contente de não ter visto as fotos. Não desejo vê-las jamais. Acho que isto foi uma crueldade, de um sensacionalismo e de uma vulgaridade atrozes. Já era alguma coisa de terrível ver as fotos de seu cadáver coberto de sangue, mas ainda assim era ele, sua morte, e eu compreendo o testemunho. Mas não quando ele estava na mesa para ser cortado. Verdadeiramente aí os *mass media* são ferozes, cruéis, vulgares.

Pasolini era contra a lei do aborto, porque sua liberação era desejada pelo poder consumista. As feministas consideravam a lei do aborto um progresso, uma conquista. Como superou essa contradição sendo feminista e amiga de Pasolini?
Jamais estive de acordo com ele sobre este ponto. Para Pasolini, a criança tinha todos os direitos, e ele se identificava com a criança. Jamais com a mãe. Os problemas da mãe não o interessavam. Concordava com ele que não era preciso matar um feto. Mas quando nos batemos pela lei do aborto não era por que o desejássemos. Eu detesto o aborto, não o quero. Mas a alternativa à lei do aborto é aborto clandestino. Não há uma alternativa de não-aborto. É a única coisa que Pasolini não queria compreender. Pois para eliminar o aborto é preciso torná-lo, primeiro, público e legal. O governo italiano jamais se ocupou da contracepção. A Igreja sempre proibiu falar-se no assunto. Isto pode levar cinqüenta anos. Durante este tem-

O CORPO DEVORADO

po, continuará a haver médicos que se enriquecem abortando mulheres. E mulheres que morrem ou ficam mutiladas para sempre por causa de um aborto mal feito. Fiz uma pesquisa num quarteirão pobre de Roma sobre o aborto, e constatei que a maioria era de mulheres que já tinham cinco, seis filhos e que não queriam mais. Não tinham educação sexual, nada sabiam sobre contracepção. Faziam o aborto com o que chamamos de *la mammana*, com perigos de septicemia etc. É preciso parar este horror.

Pasolini condenava o triunfalismo com que se conduzia essa luta.
Era um gênio e um homem extraordinário, mas tinha contradições, como todo mundo. Uma delas era certa insensibilidade em relação aos problemas da mulher. Talvez por causa de sua relação com a mãe, que permaneceu fixada, sempre a mesma.

Parece que Susanna não soube como Pasolini morreu.
Não. Ou talvez ela tenha sabido, não sei. Esconderam-lhe.

Li que, certa vez, ela pegou um jornal velho e viu a manchete: "Pasolini Assassinado". Esperavam que ela gritasse, mas disse apenas: "Pobrezinho. Tinha o mesmo nome que nós".
Ah! Não sabia disto. De fato, ela pensava que ele tivesse morrido num acidente. Mas depois ela ficou louca, porque falava o tempo todo com ele, e ele não estava lá. Quando a visitava, ela me dizia: "Espere um momento, vou chamar o Pier Paolo. Fique aí, vou chamá-lo no jardim". Ela estava louca. Depois, ela morreu. Esta mulher teve, acredito, uma das vidas mais trágicas, porque seus dois filhos foram ambos assassinados de uma maneira brutal.

Massacrados...
Massacrados, é isto. E ela amava demais Pasolini. Ele era tudo para ela. E Pasolini também tinha por ela um amor...

Monstruoso.
Exato. Quando seu pai morreu, eles fizeram festa. Não porque ele tinha morrido, mas porque eles estavam livres. Porque Carlo era um homem muito violento, muito triste, muito tirânico. Um peso. Então sua morte foi uma libertação. Pela primeira vez Susanna pintou a boca e eles foram juntos ao cinema. Eles fizeram a vida de dois amantes. Ele o diz num poema à mãe. Quando fomos para a África, ele telefonava todos os dias a Susanna. Havia lugares em que não pudemos ir porque

ele queria estar em relação permanente com a mãe. E quando falava ao telefone com ela era como um noivo. "Como está amorzinho? Como está se sentindo? Está com um pouco de dor de cabeça?". Era assim, eles se falavam durante horas, ele era muito terno com a mãe. Mas, ao mesmo tempo, sua mãe era a mulher tradicional, a mulher que ficava em casa, que não se ocupava nem de política nem de literatura, que era completamente disponível para servir ao filho. E se Pasolini era orgulhoso de sua homossexualidade, tinha prudência, porque não queria que sua mãe fosse perturbada. Ele tomava cuidado, todos sabiam, menos ela.

Macchiocchi escreveu que, ao contrário do que diziam, Pasolini via as mulheres como seres reais e os homens como seres irreais. Isto me surpreendeu, já que ele não fazia amor com as mulheres e, como ele mesmo dizia, tentava apresentar da mulher uma imagem idealizada. Como você sentia as relações dele com as mulheres?

Não estou de acordo com Macchiocchi. Penso que, como você diz, ele idealizava a mulher. Ele via a mãe, mas uma mãe completamente abstrata, como a Nossa Senhora, a Virgem Maria. Este problema do aborto, dos direitos das mulheres, isto não o interessava e mesmo o chocava. Escrevi um livro de poemas chamado *Donne mie*, positivamente feminista, e ele detestou este livro. Gostava dos outros, mas sobre este escreveu um artigo mau. Ele não gostava absolutamente do que era o movimento das mulheres, não queria falar disto e dizia que a mulher devia ficar em casa, ser doce e amar o homem. É incrível que alguém de gênio pudesse ter essas idéias. Eram suas contradições. Sobre outras questões estávamos de acordo. Mas sobre este ponto era sempre a guerra.

E Pasolini a influenciou?

É difícil dizer. Talvez seja algo que só se compreenda mais tarde. Sua amizade, sua ternura, me enriqueceram. E, depois, sua inteligência, naturalmente. Quando ele falava, tinha um sentido muito grande do paradoxo. Ele adorava chocar os outros, dizer-lhes o contrário do que pensava. Sobre as obras… Talvez a poesia, sim. Não os primeiros, como *Le ceneri di Gramsci*, que tinham uma forma clássica, mas os últimos, mais modernos, desestruturados.

Qual foi sua formação?

Sou dez anos mais jovem que Pasolini, tenho uma formação diferente. Ele partiu da poesia dialetal, de uma cidade pequena de Friuli e chegou ao internacionalismo depois de muito trabalho. Eu, ao contrário,

O CORPO DEVORADO

parti do internacionalismo porque, com um ano de idade, fui para o Japão, onde fiquei oito anos. Aprendi cedo o inglês, o japonês, o francês... Lia em outras línguas além da italiana, que só aprendi aos dez anos, quando voltei para a Itália. Minha família viajava muito, meu pai era orientalista. Não há aí nenhum juízo de valor, porque há internacionalistas que têm a cabeça deste tamanhinho. E havia confusões, também. Nunca tive uma educação sistemática, tinha uma péssima relação com a escola, enquanto Pasolini era um estudante modelo, brilhante.

Mas você também lia muito.
Sempre, enormemente. E continuo a ler muito. Não é por dever, mas por paixão. Leio sobretudo romances. Os autores que mais me influenciaram foram Conrad, que adoro, Balzac, Henry James, Jane Austen, Proust...

E os modernos? Kafka, Joyce, Sartre...
Kafka, muito, Joyce, só o conheci mais tarde. Li todo o existencialismo. Os primeiro livros que escrevi são influenciados pelo existencialismo e por Camus. E há Beckett, não o do teatro, mas os seus romances.

Que interesse especial tem pela infância?
É o interesse de uma pessoa sem memória. Platão diz que há dois tipos de memória: há uma memória gravada na pedra, como um baixo relevo. E, depois, há uma memória que é como uma árvore onde pousam pássaros. É absolutamente perfeito para mim. Minha memória são pássaros que chegam quando querem e, depois, vão embora.

É uma imagem muito bonita.
Sim, para mim há momentos em que há memórias demais, de lembranças que aparecem, mas que não posso reter. E elas vão, com um sopro do vento... Desaparecem. Então, sou sem memória. E me sinto um pouco vazia, como se me faltasse alguma coisa. Tenho então que chamar os pássaros de volta, evocá-los.

Talvez por causa de seu desenraizamento na infância?
O que sei é que tenho problemas com a memória e, por isso, escrevo livros sobre a memória, desde o título. Há um romance chamado *La memoria*; há outro que se chama *Memorie di una ladra*; há um livro de poemas chamado *Dimenticato di dimenticare*. É uma obsessão para mim.

TODOS OS CORPOS DE PASOLINI

E você se lembra de sua infância?

Sim, quando os pássaros estão lá... É estranho. Até hoje só escrevi alguns poemas sobre ela. Mas sinto a necessidade de contá-la. Estou tomando notas de coisas que acreditava ter perdido para sempre. No meu último romance falei muito da infância, e acho que continuarei falando.

Você se referiu, em sua intervenção na abertura do Festival, à necessidade de um amor entre as mulheres que não exclua nem privilegie o amor sensual. Esse amor não será impotente enquanto não se manifestar entre os homens também?

Penso que deve haver, naturalmente, amor entre os homens. Absolutamente. Mas já que sou uma mulher ocupo-me do mundo feminino. Penso que, historicamente, as mulheres não se encontraram, não viveram juntas, não se amaram bastante. Houve sempre a sombra do homem. Penso que antes do século XVIII, e até o século XIX, houve mais momentos de vida em comum para as mulheres: grandes amizades, que duravam toda a vida, momentos em que as mulheres se reuniam para falar, viver juntas. Enquanto os homens iam à caça, à guerra, ao trabalho, as mulheres ficavam dentro das grandes casas – e mesmo nas casas do povo, dos camponeses – trocando experiência. Era muito importante. Depois, acabou. A família se tornou menor: é a família nuclear, composta pelo pai, mãe e filho. Aí, a mulher é demasiadamente só. É o resultado da revolução industrial. Há uma terrível solidão da mulher. Agora, em todas as pequenas cidades, e também nas grandes, há lugares em que os homens se encontram depois do trabalho, vão jogar cartas ou bilhar, vão conversar e passear. Eles se encontram, têm necessidade de estar entre homens. E não se trata de sexo. Isto não existe entre as mulheres. Se uma mulher sai, vai com seu marido ou com sua família – nunca com outras mulheres. Seria fundamental que sentissem que existe um universo feminino, uma identidade cultural que precisa encontrar expressão. Não contra os homens. Mas pelas mulheres.

Os homens também sofrem com o jogo da sedução praticado pelas mulheres...

É verdade. Mas é uma questão de educação. Se as mães continuam a educar suas filhas neste sistema, isto não mudará nunca.

Marcuse atribui às mulheres o papel de novos sujeitos revolucionários da História...

É um fato.

216

O CORPO DEVORADO

Ele observa que os movimentos que privilegiam o trabalho como meio de emancipação da mulher geralmente confundem a igualdade com a liberdade...

É uma idéia feminista, e não apenas de Marcuse. Nos países onde há uma ilusão de emancipação, onde as mulheres trabalham, como na França, na Alemanha, na Inglaterra, há um imenso sentimento de liberdade e menos impulso para a libertação. Enquanto que em países como a Itália, o Brasil, creio, no Terceiro Mundo, onde as mulheres trabalham menos fora de casa, sente-se mais este problema. Não é com o trabalho, assumindo os valores da sociedade atual – tornando-se piloto, militar, operária ou cirurgiã, por exemplo – que a mulher terá a libertação. Ao contrário, pode ser um perigo. As mulheres podem se tornar como os homens, ou pior, caricaturas deles. É preciso encontrar os valores femininos e tentar exaltá-los.

E libertar os homens, também, das atividades degradantes.

De acordo. Há esta idéia monstruosa da produtividade, da rivalidade, da concorrência, que é terrível.

Marcuse escreve, ainda, que as mulheres devem transformar a sociedade a partir de suas qualidades específicas, adquiridas durante sua opressão milenar e que se tornaram uma "segunda natureza" como a ternura e a passividade...

Não concordo com esta idéia, a ternura deve ser conservada, mas não a passividade. As mulheres foram educadas para serem passivas, e não tomo isto como um valor positivo.

A passividade, como uma força contra a produtividade, é positiva.
Neste caso, sim.

As feministas em geral não gostaram muito destas teses que acabamos de examinar.

Não sei por que. Talvez elas tenham divergido de outras teses de Marcuse. Estas são, mais ou menos, as mesmas do nosso movimento.

Falou-se muito, nestes últimos debates, que as mulheres formam uma nação. Aceita este conceito sem problematizá-lo?

Creio que as mulheres formam, antes, uma população. O conceito de nação está ligado a uma imagem de território, de espaço geográfico. Sim, existem laços que ligam as mulheres de todo o mundo: uma psicolo-

217

gia, uma história... A História mudou muita coisa, mas o que ela mudou muito pouco foi a família. Na China, houve uma grande revolução, mas a família permaneceu muito forte. Já que a opressão da mulher se faz dentro da família e que a família mudou tão pouco, em todo o mundo, o que liga todas mulheres é esta imobilidade da história da família.

Sou partidário da abolição da família. Mas o que virá depois?
É o que me perguntam sempre, porque vivo dizendo: "Chega de família". Não sei. Creio que se possa pensar numa forma comunitária. Cheguei a isto quando conheci a maneira de viver dos africanos. Fiz muitas viagens à África, documentei em filmes estas viagens e tentei conhecer os povos mais arcaicos. Encontrei ali certa felicidade porque cada criança tinha cinco ou seis pais, dez mães... Ou seja, a comunidade oferecia a possibilidade para as pessoas se exprimirem mais. A família nuclear encerra tudo em três pessoas, e é a morte. Há só dependência, um amor muito violento, mas dependente e, em conseqüência, o ódio. Não há liberdade, é uma tragédia.

Há ainda a dependência econômica dos filhos em relação aos pais.
Sim, mas falo, sobretudo, da dependência afetiva. Uma criança deve ter muitas pessoas com as quais possa se confrontar. É aberrante acreditar que uma criança possa crescer num ambiente com duas pessoas. É doentio. Penso que é preciso voltar, com o enriquecimento de todas as experiências modernas, a formas comunitárias.

Mas as sociedades primitivas são extremamente repressivas. Há nelas rituais de iniciação que funcionam como uma verdadeira castração coletiva.
É verdade. Para os povos arcaicos, ou primitivos, como você diz, o perigo externo era tão terrível que foi preciso criar uma força comunitária e para isso foi necessário, de algum modo, eliminar a personalidade das pessoas. A pessoa foi sacrificada para a comunidade. Mas hoje, com o domínio do homem sobre a natureza, pode-se organizar uma sociedade comunitária com mais "indulgência" pela pessoa. Pode-se obter um compromisso entre o individualismo e o comunitarismo. É difícil, reconheço.

Fellini, em A Cidade das Mulheres, *apresentou melhor que ninguém o inferno de uma dona-de-casa, mas não soube representar a liberação feminina fora de seus fantasmas pessoais. Seu herói, na seqüência final, sai do túnel/vagina aliviado, como se despertasse de um pesadelo. Percebi ainda que os homens presentes ao Festival das Mulheres nas Artes gostaram, sobre-*

tudo, dos testemunhos das mulheres que não pensam como mulheres. Será que os homens, mesmo os mais sensíveis, só se solidarizam com as mulheres enquanto elas sofrem?

Isto é muito inteligente! Não estou de acordo com o filme de Fellini, ainda que eu veja coisas belas nele. Não é o seu melhor filme. São os fantasmas de medo de um homem que quer escapar da mulher, porque ela não é mais feita à imagem daquela que ele amou na infância; a bela mulher gorda, de seios grandes, disponível, que não é apenas a mulher de Fellini, mas de toda a Itália católica, burguesa, de origem camponesa, patriarcal. É o fantasma difundido. Fellini o reconstruiu com todo o seu gênio e sua capacidade visionária. Mas o modelo de mulher que ele ama é amada pelos italianos em geral – maternal, sensível, passiva e um pouco prostituta. Esta mulher, com o movimento feminista, está desaparecendo. E ele fez este filme para se vingar. Há imagens ferozes nele, de mulheres castradoras…

A guerrilheira atirando contra a mulher-balão, o ideal de Fellini…
Sim. Conheço muito bem Fellini e lhe disse: "Este é mesmo o seu sonho, mas não tem nada a ver conosco". Depois, você disse uma coisa muito sutil sobre os homens. E é verdade. Mas não é um sentimento relativo somente às mulheres. É um sentimento político. Quando os povos sofrem, todos estão com eles. Esperam até que eles morram, para os socorrerem e darem seu amor. Com a mulher, o mesmo. Se ela é espancada, considerada burra ou incapaz, então há uma participação de sofrimento. Mas assim que elas começam a dizer: "Chega, vou embora, vou viver", isto não vai mais.

Muitas militantes de esquerda desprezam a singularidade da condição feminina. Algumas prestam uma solidariedade formal às mulheres enquanto seres criadores e engajam-se de corpo e alma em movimentos coletivos, como o do povo palestino ou latino-americano. Não são os estereótipos da mãe e da esposa exemplares que elas representam?
É o perigo da política de esquerda que se conheceu bem em 1968: a criação de um mito simplista, a retórica feita de chavões. Fala-se da "lucha", da "lucha"… São palavras-bandeiras, com as quais todo mundo está de acordo. É algo que há por toda a parte: a tentação das coisas simples. Hoje na Europa há uma grande onda da palavra "paz". Todos falam da paz. Lê-se nos jornais que os movimentos estudantis acabaram; que o feminismo acabou; que os movimentos de esquerda acabaram; mas que há a "paz". É uma grande bandeira sob a qual todos marcham. Mas quando as pessoas se falam entre si, cada uma tem uma idéia completamente diferente da paz. Naturalmente, hoje, ninguém é contra a paz. Nem mesmo os

TODOS OS CORPOS DE PASOLINI

fascistas. É simples demais. Quem é contra a paz? Criança, eu passei dois anos num campo de concentração: sei bem o que é a guerra. E detesto a maneira abstrata com que algumas pessoas tratam os problemas. Há, por trás das bandeiras, muitas coisas ruins.

Acredita numa linguagem e numa estética femininas?
Não acredito numa linguagem feminina como estilo, como sintaxe. Mas creio que há um sistema simbólico feminino, sim, uma mitopoética feminina.

Já observou a psicologia de um militante de esquerda, seja ele comunista, trotskista, ou maoísta? Que pensa dessas pessoas que Félix Guattari chamou de "militantes profissionais crônicos"?
Em *Donna in guerra* conto justamente a história de uma mulher que participa da experiência da extrema-esquerda, de uma fase não sangrenta do terrorismo. Ela participa de um rapto e, durante este tempo, aprende muita coisa: a violência, o forte princípio de hierarquia dentro do grupo e, sobretudo, o machismo. Os problemas das mulheres para eles não existem, ou, então, serão resolvidos com a "libertação". Sim, há problemas de classe, mas há também os de sexo. E ambos se interpenetram.

E, então, as mulheres são passadas para trás. Mesmo as que participam da "libertação". As combatentes iranianas, por exemplo, que usavam o véu simbolicamente, foram obrigadas, depois da vitória, a usá-lo literalmente.
Exato.

Em nosso primeiro encontro você me perguntou onde poderia comprar máscaras. Mas os índios brasileiros – cujos remanescentes estão sendo atualmente exterminados sob um governo que finge protegê-los – não usam máscaras. Qual era o seu conhecimento do Brasil?
Esta é uma observação muito justa. Tem toda razão. De fato, eu pouco conhecia do Brasil: Josué de Castro, Cecília Meireles e Clarice Lispector, que foram traduzidas, muitos artigos, muitos filmes, naturalmente. Mas na África, e também no México, encontrei máscaras muito bonitas... Esperava encontrá-las aqui... Mas desde que cheguei aprendi muita coisa. Por exemplo: a influência muito positiva da cultura negra neste país.

Este desconhecimento do Brasil é geral na Europa.
Sim.

O CORPO DEVORADO

O que há de novo e de bom na cultura italiana contemporânea?
Num sentido antropológico, há o feminismo. No campo das artes, há muitas mudanças. Para ficar apenas no cinema: houve um período de realismo, depois um período de esteticismo – o dos filmes de Visconti, por exemplo...

Que são maravilhosos...
E, depois, um retorno ao realismo, mas a um realismo diferente. Não são mais os grandes afrescos, mas as imagens da vida cotidiana, como em *Comincio da tre* de Maximo Troisi, que conta a vida de um jovem casal. Em determinado momento, a moça descobre que está grávida e seu companheiro pergunta: – "De quem"? E ela responde: – "Não sei". As pessoas ficam um pouco chocadas, mas esta promiscuidade é uma coisa que se vive efetivamente.

E esses filmes não são pobres quanto à forma?
Sim, mas os jovens os adoram, porque tratam de seus problemas.

Pelo que me consta, eles não são críticos em relação à sociedade.
Não são críticos num sentido tradicional, ideológico. Mas existe neles uma crítica das relações pessoais.

E onde fica o desespero?
Ele existe, mas não é mais o desespero metafísico, a angústia diante da morte... É um desespero mais concreto, mais cotidiano, diante do desemprego, por exemplo. Existe neles muita ironia, também.

Que livro seu recomendaria a um leitor que desconhece suas obras?
Lettere a Marina. É a história de uma mulher que escreve um romance, e troca cartas com uma amiga. O livro é narrado através desta correspondência. Estas cartas se tornam, para a personagem, mais importantes que o romance que ela tenta escrever. Ela percebe, finalmente, que são as cartas o verdadeiro romance. Embora tenha vendido trinta mil exemplares só na Itália, é um livro mais difícil que *Donna in guerra*, por exemplo, que fez muito sucesso.

Em resumo, você não acredita em "heroínas positivas"?
Isto nós deixamos para os stalinistas.

TODOS OS CORPOS DE PASOLINI

Gian Maria Volonté

Em 1983, no salão nobre do Hotel Cad'Oro, em São Paulo, Mário Covas e Novella Sansoni assinaram una carta de intenções que restabeleceu o antigo convênio cultural entre as cidades de São Paulo e Milão. O convidado de honra era Gian Maria Volonté. O salão estava repleto. Todos queriam ver, falar, tocar Volonté. Prematuramente envelhecido, o ator mantinha um ar distante e benevolente. Apesar dos belos olhos verdes, seu encanto parecia agora provir mais da fama granjeada em anos passados. Imediatamente percebi aquele ator como um curioso paradoxo: uma vedete de esquerda. A vedete é uma prostituta da imagem. Ela vende, através de filmes, fotos, entrevistas e aparições, seu próprio ser convertido em objeto de interesse. Estrela militante, Gian Maria lutava contra o fetichismo da mercadoria tentando, como ator politizado, resolver a contradição básica entre estrelismo e engajamento: como vedete, vendia a imagem do contestador; como contestador, colhia os frutos do vedetismo. Quando o entrevistei, com intervenções de Sônia Goldfeder e Walkiria Ribeiro, a conversa transcorreu tensa, com Volonté respondendo com evasivas, num tom agressivo.

SÔNIA GOLDFEDER Você é um ator ou um político?
GIAN MARIA VOLONTÉ Sou um ator, mas como cidadão sou levado a falar de política. Tenho este direito. Não há uma lei do silêncio a este respeito.

Você também foi deputado pelo PCI...
Sim, em 1975, mas por pouquíssimo tempo. Depois de dois meses pedi demissão. Estive ligado ao PCI por muitíssimos anos, porque me formei numa tradição política de raízes operárias. Mas em 1977 fiz, por minha conta, a descoberta de outros sujeitos sociais, a descoberta carcerária, dos refugiados políticos em Paris.

O cinema político italiano teve seu grande momento na década de 1970, com Investigações sobre um Cidadão acima de Qualquer Suspeita, A Classe Operária Vai ao Paraíso, Sacco e Vanzetti, Giordano Bruno, O Caso Mattei, Lucky Luciano, Cadáveres Excelentes... *E você representou este cinema, porque foi o ponto em comum de muitos desses filmes.*

Creio que não há ponto em comum. São filmes diferentes de autores diferentes; com diferentes linguagens, com desenhos diferentes, não creio que exista um ponto em comum entre este e aquele. Era uma cinematografia que tinha o social como ponto de referência.

Eram filmes de denúncia?
Hum... Fico um pouco desconfiado quando ouço falar de etiquetas, de fórmulas, etc. Não creio que haja um cinema político e outro... Enquanto linguagem e imagem, o cinema é um fato político. Não sei o que você entende por política. Não sei se há uma parte do cinema que é política e outra que não é...

Há filmes que são ostensivamente políticos, intencionalmente políticos.
Porque são filmes que se referem mais diretamente ao social, que têm um discurso mais definido nesse sentido.

São estes os filmes que o interessam mais?
São coisas que fiz na minha carreira. Eram os que me interessavam pela minha experiência.

Seu último trabalho, La mort de Mario Ricci, *é ainda um filme político.*
Mas insisto que você se obstina a chamar de cinema político tudo o que assim lhe parece. Não estou de acordo com esta definição. Todo o cinema é político, todos os filmes são políticos. Então, o filme de Goretta é político. Por outro lado, não podemos imaginar nossa vida, neste século, sem o cinema, sem a linguagem da imagem. O cinema faz parte da memória coletiva e, portanto, é político.

Você é conhecido aqui, e mesmo na Europa, como um ator que escolhe seus filmes.
Todos os atores do mundo escolhem seus filmes.

SG *Mas você escolhe por temática, não?*
Como todos.

SG *Você fez também um* western-spaghetti.

Eu quis fazer o filme de Sergio Leone. Não fui obrigado a fazer o filme de Sergio Leone. Ninguém me condenou a fazer o filme de Sergio Leone. Apenas eu quis fazer o filme de Sergio Leone. Para mim, naquele momento, havia uma razão para fazer o filme de Sergio Leone. E hoje ele é um clássico do faroeste.

SG Você criou quase um estigma de ator-de-operário.
Todos os atores escolhem seus filmes.

SG Por temática?
Mas que temática?

Todos os filmes em que você trabalhou têm pelo menos um ponto em comum: o realismo.
Não, o realismo é o do neo-realismo, este não.

Ora, estes não são filmes surrealistas, nem underground, *nem poéticos no sentido dos de Pasolini...*
Depende. Vejo uma grande poesia no cinema de Francesco Rosi e Elio Petri. Se você não vê... Não sei qual é o seu conceito de poesia.

Penso no conceito de Pasolini, que divide o cinema em cinema de poesia e cinema de prosa narrativa.
A mim me agrada muitíssimo o cinema de Pasolini, mas é diferente do cinema de Rosi e Petri, assim como o de Petri é diferente do de Rosi. Em Petri, por exemplo, há um desenho expressionista, que Rosi não tem. Rosi é mais dado a reconstruções históricas através de fragmentos de crônica ou do imaginário coletivo que se refere diretamente à crônica. Não se pode colocar todos juntos.

WALKIRIA RIBEIRO O cinema italiano tinha uma grande efervescência há alguns anos. E agora, como está?
Agora vivo mais na França, não vi muitos filmes italianos. Os que vi achei bonitos. Vi o filme de Troisi, vi *Colpire al Cuore*, de Gianni Amelio, *La Notte di San Lorenzo*, dos Taviani. Todos bons.

Viu Scherzo, de Lina Wertmüller?
Não, não vi.

O CORPO DEVORADO

É uma fábula sobre um automóvel inventado por japoneses, imune a qualquer atentado. Mas uma pane nos controles automáticos trancafia dentro do veículo o Ministro do Interior. Sob sigilo, tentam de tudo para libertá-lo: maçarico, picareta, raio laser... Nada, nem a fórmula mágica ditada pelo fabricante do Japão. O fator ômega, que ocorre uma vez a cada cinco milhões, faz com que aquele carro nunca mais possa ser aberto... Que pensa de Lina Wertmüller?

Não sei, não sou particularmente atraído pelas produções de Lina Wertmüller, mas enfim no cinema tudo me agrada.

WR Você não pode dizer por que não gosta de Lina Wertmüller?

Não disse que não gostava. Prefiro ver um filme de Wim Wenders ou de Woody Allen, ou de Bodansky. O cinema de Lina Wertmüller é bonito, divertido, mas não sou muito atraído por ele.

SG Você fez algum contato político aqui no Brasil?

Não, não represento nenhum partido, apenas exprimo o conteúdo do trabalho de um grupo de iniciativa pela anistia, sediado em Paris, que se bate pela anistia de todos os prisioneiros políticos italianos, mas não é uma organização política.

SG A propósito, acompanhou o caso Toni Negri?

O PC e os socialistas fizeram uma proposta de reenvio à sentença de primeira instância. Essa proposta de discussão do processo não passou e era para mim uma proposta que tomava muito tempo e que, na prática, já vinha sendo feita pela imprensa e pela televisão, nos quatro anos em que ele ficou em detenção preventiva. Naquela altura, toda a Câmara votaria sem dúvida pela prisão de Toni Negri, o que não aconteceu porque os radicais não votaram; por sete vezes não passou o projeto dos comunistas e socialistas e em minha opinião isto foi uma coisa boa. Toni Negri está desaparecido. O Parlamento encarregou a Magistratura e a Polícia de prendê-lo e continuar o processo.

E o que mudou na Itália com o terrorismo?

Bem... É preciso fazer uma análise complexa a partir de 1968 até 1982; hoje não há mais organizações armadas. Fala-se de terrorismo, mas não se tem idéia da diversidade do movimento.

SG Não se sabe se os brigadistas estão à direita ou à esquerda.

Mas que coisa você está dizendo? É surpreendente! Há, há... As Brigadas Vermelhas são muito bem definidas ideologicamente. O movimento, na sua complexidade, é muito bem articulado.

Os brigadistas não pretendiam provocar o fascismo para fazer ressurgir a resistência popular?

Ah, sim? Não sei que opinião tem do terrorismo. Creio que seja uma carência de informação que não posso suprir. É muito difícil fazer com vocês uma análise de um grande momento histórico articulado e complexo. Isto requereria um mínimo de compreensão do fenômeno. Mas se você parte deste tipo de pressuposto...

Não é um pressuposto, é um fato. A repressão elevou-se com os brigadistas a níveis até então desconhecidos.

A repressão subiu em todos os níveis. Foram feitas quatro mil detenções políticas, quatrocentos refugiados políticos no exterior, com os quais a repressão foi duríssima... Constituiu-se um clima de emergência, com leis especiais para os arrependidos. Foram construídos cárceres especiais, foi aplicado o artigo 90 nos cárceres especiais... A unidade nacional foi invocada para fazer frente ao fenômeno e a 7 de abril levaram para as prisões centenas de pessoas que tinham uma relação com um movimento dialético e político que estava numa fase de elaboração e reflexão compreensiva dos fenômenos. É certo que existia nesta época muita repressão na Itália e daí se passou a uma lógica, a uma cultura de pacificação. Se se pensa, por exemplo, que um dos líderes das Brigadas Vermelhas, Renato Curcio, nunca disparou um tiro na sua vida, e se perguntassem às pessoas, ver-se-ia que estavam convencidas de que ele era um perigoso assassino... A contradição é que o Estado italiano liberou os arrependidos, entre os quais alguns acusados de crimes idênticos aos dos que continuam presos.

Portanto, nos seus efeitos, o terrorismo foi negativo para a libertação da sociedade.

Não gosto de fazer juízos tão elementares e esquemáticos, com suas repartições entre o bem e o mal. Houve uma grande repressão... E para mim foi um fenômeno que produziu uma série de repercussões e até de aprofundamento em muitos aspectos de nossa sociedade.

O CORPO DEVORADO

Carla Berlati

Integrante do grupo Teatro degli Audaci, de Taranto, que se baseia nas técnicas do *clown* e da animação de objetos para criar o chamado teatro-imagem, Carla Berlati participou de *Vinte mile leghe sotto il mare, Sogno del mare, Viaggio di Isabela del Balso in Terra di Otranto* e *Sogno di una notte di mezzi-estate*. Entrevistei-a em São Paulo, em 1983, com Regina Tirello, durante um *workshop* com estudantes de teatro.

O que é o Teatro degli Audaci?
CARLA BERLATI É um grupo formado em 1965, com indivíduos de profissões diversas que acham importante participar de uma experiência direta. Primeiro, paramos em Bolonha, depois fomos para Roma; finalmente, por uma série de movimentos políticos em transformação, decidimos nos estabelecer no Sul da Itália, em Taranto, onde abrimos uma oficina teatral com 150 lugares, porque recusávamos, como tantos outros, o método daqueles que seguiam a regra de mercado, de produzir e vender espetáculos como se produz e vende sabonete. Taranto é uma ilha abandonada que em vinte anos sofreu uma pauperização de 80%. Lá ficaram cem mil pessoas, quase que só pescadores, velhos, mulheres e crianças. Nossa idéia era fazer um teatro para as pessoas e com as pessoas, um teatro onde não existisse um texto escrito para atores que aprenderiam a recitá-lo, um diretor que organizaria os trabalhos e um público que deveria assistir de maneira ausente ao espetáculo. Vínhamos de uma experiência de teatro-imagem e de pesquisas sobre a *Commedia dell'Arte*, sobre a máscara, a tipologia em voga nos séculos XVII e XVIII, que Goldoni levou ao máximo; assim, buscamos descobrir no Sul a origem de certos movimentos do corpo e de certas passagens da história que a industrialização estava destruindo. Taranto era há vinte anos uma cidade marítima; agora, lá está instalado o maior centro siderúrgico de todo o Mediterrâneo. Isto comportou uma mudança de vida global, e por isso quisemos pesquisar a história desses habitantes.

Que vem a ser o teatro-imagem?
Teatro-imagem é um movimento que nasceu na Itália por volta de 1965, mas que teve seu momento de explosão em 1968. É um tipo de teatro que recusa um texto escrito, um ator que recita e um diretor que organiza tudo; é um trabalho coletivo, que pode ser feito com pessoas que não fazem teatro. Nele se dá o mesmo valor da linguagem teatral à música, à cenografia, aos objetos e aos atores.

Depois da montagem a peça não pode ser transformada em tex-
to? Assisti, em 1976, à montagem de A Morte da Geometria *pelo grupo*
Ouroboros, de Florença; era uma peça inteiramente estruturada em jogos de
objetos e efeitos de luz, sobre um poema que Giuliano Scabia escreveu após a
morte de um amigo, pintor abstrato. À saída, o autor explicou ao público o
sentido da peça que, embora monótona e fria, possuía certa beleza.

Sim, Giuliano Scabia, um dos representantes deste movimento, escreveu verdadeiros roteiros teatrais, onde estão anotados até os rumores. Mas este será sempre um trabalho de grupo.

REGINA TIRELLO *É preciso passar pelo corpo das pessoas?*
Sim, fazê-lo com outros.

Mas este privilégio do grupo contra o indivíduo não é um pressu-
posto ideológico?
Sim, não, sim... Já não se pode entender a realidade apenas com a palavra, quando uma criança vai à escola com 5 mil horas de televisão em seu cotidiano. Não queremos abandonar a palavra, que é a origem do teatro, mas adequá-la aos novos tempos, com suas novas tecnologias. Também Shakespeare é importante. Nós fizemos *Sonhos de uma Noite de Verão* tomando a melhor tradução em versos, a de Mario Praz, procuran-do mediá-la e construí-la sobre a realidade dos habitantes de Taranto. Na Itália, em 1970, Franco Basaglia abriu os hospícios. Então, com um grupo de doentes mentais de uma clínica psiquiátrica, seguidos por seus médicos e enfermeiros, com um grupo de deficientes, um grupo de mulheres do quarteirão onde trabalhamos, um grupo de meninos favelados e com os estudantes do mais importante liceu experimental da cidade, conseguimos construir um grande acontecimento do qual a TV se ocupou bastante, por-que foi realizado por toda a comunidade.

Estes grupos eram autônomos ou estavam integrados?
Em alguns momentos integrados, em outros autônomos, dando a cada um a liberdade de exprimir-se. Por exemplo: os doentes mentais só podiam tornar-se atores depois de um longo tratamento, mas tinham uma grande capacidade de expressão pictórica: construíram todos os cenários, desenharam tudo. Taranto, que é uma cidade velha, barroca, belíssima e abandonada, foi transformada no bosque encantado, onde havia uma história de magia. Com material recuperado do lixo, os loucos montaram os cenários, fecharam as travessas e ruelas com sacos de juta, encheram as passagens com archotes de fogo até o Palazzo D'Aquino, e construíram

O CORPO DEVORADO

árvores gigantescas como fundo. Um bosque que deixava a todos estupefatos, e todos eram obrigados a entrar neste labirinto.

Os loucos sentiam-se menos angustiados com esta atividade?
Sim, eles disseram que foi uma experiência de vida comum não construída sobre o falso, mas realmente motivada.

RT O trabalho teve continuidade?
Na Itália, onde a junta de esquerda tomou o poder, houve uma grande abertura para este tipo de proposta cultural. Para nós de Taranto deram toda possibilidade de trabalho e continuam a dar, porque fazemos um teatro de raízes. Outras vezes, o espetáculo pode entrar no circuito normal de elite. Nosso sonho, porém, é transformar a periferia num lugar que produza cultura. Mas cultura como um modo diverso de vida, de ficar junto.

E não há preocupações com a estética?
Para nós a estética é muito importante, mas não só entendida no sentido iluminista, de um produto feito num laboratório fechado, que é belo porque feito por um gênio. A beleza também pode estar fora, no Sul da Itália, no Terceiro Mundo... Uma das causas do fracasso do teatro político está no desprezo da estética; a única exceção é Dario Fo, que era um grande ator que lia até notícias de jornal de maneira dramática. Devem-se respeitar os códigos, mas adaptando-os à época em que vivemos.

Assistiu à peça de Roberto Lerici, Pranzo di famiglia, *pelo grupo C. Belli, dirigido por Tinto Brass, tendo à frente Magda Mercatali?*
Vi apenas as fotos.

Ela se enquadra no seu conceito de estética iluminista? Para mim, é a vanguarda.
Roberto Lerici, Vittorio Gassman e principalmente Carmelo Bene, que descobriu as possibilidades da voz, inovaram o teatro italiano. Mas as duas coisas não estão separadas entre nós. Neste momento, todos os teatros da Itália estão cheios, em toda parte se faz teatro, em todo canto a que se vai se encontra um teatro.

Não há o perigo da separação – um teatro de grupo feito para a periferia e um teatro de autor para o centro?
Já passamos por isso há quinze ou vinte anos. Agora há uma lei que permite a todas as regiões criarem núcleos de teatro. E os grupos cir-

TODOS OS CORPOS DE PASOLINI

culam por toda a Itália. Antes, o público preferia o teatro de bolso, ligeiro. O teatro político mudou a situação.

Quando você fala em teatro político, qual é a referência?
O teatro feminista, o teatro proletário, o teatro estudantil, o teatro de fábrica... Era político no sentido em que se dividia em tantas pequenas realidades. No entanto, o teatro é o teatro. Para nós, não existe um teatro infantil e um para adultos. O teatro é um acontecimento coletivo que deve ser dado a todos, sem distinções.

RT Aqui no Brasil há o teatro oficial e o teatro popular. Os grupos que trabalham com o teatro popular têm uma linguagem absolutamente empobrecida, é a mesma linguagem da mídia, o repertório criativo é limitado. A produção de arte popular se repete há anos. O teatro-imagem pode vir a aumentar a percepção e o repertório cultural das pessoas?
Sim, com um trabalho bastante longo. Por enquanto é possível mudar a percepção das pessoas sobre os utensílios de uso cotidiano, dando-lhes outra interpretação, inserindo-os num contexto dramático, manipulando-os de outra forma. No final, temos um produto de comunicação estética. Os objetos trocam de função e se animam. As pessoas também: elas acabam obtendo uma visão das coisas diferente daquela que o sistema capitalista está dando a todos, triturando. O cotidiano deve ser transformado.

Que diferença notou de imediato entre a Itália e o Brasil?
A Itália é hoje um país muito consumista. Estou descobrindo aqui coisas que na Itália nós perdemos: os valores próprios dos objetos...

Mas estamos em pleno consumismo.
Não imagina como estamos na Itália. Quando Pasolini o dizia, tinha perfeitamente razão. Era um profeta que ninguém ouvia. A realidade que ele denunciava era dramática. Pasolini dizia que estava para acontecer uma coisa pavorosa e as pessoas se trancavam, não queriam ver. E o consumismo entrou na cabeça das pessoas. Agora não existe mais limite. Não existe mais limite.

Vejo duas situações muito parecidas, dois momentos muito semelhantes: aquele que Pasolini viveu na Itália e aquele que vivemos hoje no Brasil.
De fato. Isto se percebe especialmente em São Paulo, mas já na Bahia é diferente. Aqui, o modelo americano se impõe. Mas a moeda brasi-

O CORPO DEVORADO

leira ainda é um valor de fome, porque as pessoas se sacrificam para comprar um passe de ônibus, um maço de cigarros... Já na Itália compra-se de uma maneira louca.

O que não existe aqui é a possibilidade do consumo, mas o desejo é o mesmo.
A impressão externa da cidade é de moderação; ainda não existem vitrines delirantes que incitam ao consumo.

Presentemente em São Paulo houve uma série de saques praticados por desempregados, que assaltaram lojas de calçados, de eletrodomésticos, enfim de coisas que não supriam suas necessidades imediatas. Interpretei este episódio como um fenômeno de consumismo.
Penso que este fenômeno é universal, talvez apenas os países do Oriente escaparam... Mas aqui também se salvou uma espécie de humanidade; por exemplo, o respeito que vocês têm pelas crianças... Na Itália, há leis magníficas, mas são leis que se esvaziam, porque as pessoas se fecharam em suas caixas de consumo.

Mas você sabe quantos menores abandonados nós temos? Milhões...
RT Você deve ter se impressionado com as campanhas oficiais.
De fato, nunca me defrontei tanto com a fome quanto aqui no Brasil; só no Peru, em 1975. Em termos políticos é terrificante.

E se na Europa há este consumismo desvairado, há também os movimentos que a ele se opõem... Aqui, não existe nada que se oponha ao consumismo.
Eu falava como turista. Na Itália felizmente os serviços essenciais estão assegurados para todos. É espantoso aqui o sentido do privado.

O teatro hoje não se defronta mais apenas com o cinema, mas com todas as formas de lazer de massa. As pessoas que vão ao teatro querem testemunhar um evento que se estrutura de modo diverso a cada noite, feito à medida do homem, sob seu controle, sem a intermediação da máquina. Quanto à imagem registrada, ela é organizada e fixada de uma vez por todas para uma platéia uniforme. A forma do espetáculo muda a relação do público e o próprio público. No cinema estou mais massificado que no teatro; nunca vou ao teatro sozinho, mas vou freqüentemente só ao cinema. O teatro tem um caráter de cerimônia, é algo que acontece aquela noite e talvez nunca mais. Quero ter ao meu lado uma testemunha. Quanto ao cinema, ele é – como disse Sartre –, ação em conserva. Também as diversões eletrônicas são estruturadas como programas. O teatro é diferente, é artesanal, por isso os trechos filmados ou televisionados de uma peça são insuportáveis. Não estaremos próximos do fim do teatro pelo fato de não existir mais um público disposto a "sofrer" uma experiência que traz a marca do tempo que passa? O novo público quer preencher vazios, divertir-se com enlatados...

Não se pode ignorar a mudança dos tempos. Vivemos numa era tecnológica. Não podemos recusar estes instrumentos, podemos humanizá-los, contudo. No teatro-imagem fizemos um grande uso destes instrumentos. Não é possível se fechar à realidade.

Aquilo que você chama de realidade, Pasolini chamava de irrealidade.

Sim, mas Pasolini era um nostálgico que falava de uma sociedade agrária, onde era possível realizar determinadas formas de vida. Isto é uma utopia, uma demagogia. O importante é que as pessoas participem. Nosso sonho é ensinar as crianças pequenas a ler as imagens que não são muito claras, decifrar as mensagens subliminares que são próprias da tecnologia avançada. Dando a chance para as pessoas entenderem as formas instituídas da linguagem, talvez cheguemos a uma sociedade que possa opor-se a este capitalismo avançado. Senão, estaremos nas mãos de poucos. No Japão, na América ou na Rússia, as crianças vêm se educando desde os três anos com computadores, enquanto os favelados ou os pobres do Sul da Itália estudam ainda o abc. Se não lhes ensina a relação entre a linguagem e o trabalho eles se tornarão escravos dos que estudaram em laboratórios eletrônicos. Por isso não há mais lugar para o artista romântico, fechado em si mesmo. Gente como Thomas Mann não faz mais sentido. Ele e escritores como ele são importantíssimos, porém temos de reconhecer que escreveram para poucos.

Seria o caso, então, de mudar a sociedade.

Milani, um sacerdote italiano, fez uma grande experiência de escola conduzida por autogestão com um grupo de crianças pobres. Ele dizia que os patrões vencem sempre porque estudam em escolas melhores; e que era preciso saber sempre uma palavra a mais que os patrões para não ser explorado. Agora vivemos num mundo de imagem e as pessoas precisam entender as imagens para se defrontarem com o mundo.

O CORPO DEVORADO

Não há o perigo de se ficar a meio caminho, este ensinamento sendo utilizado pela própria realidade das pessoas para reproduzir o estado de coisas?

Se isto se faz num sistema conservador, que tende a coisificar todo mundo para produzir mais. Mas se isto é feito num sistema que dá os instrumentos críticos, não há perigo.

No entanto a tecnologia provoca uma transformação antropológica.

Creio que meu filho, que vê muita televisão, é antropologicamente, e mesmo biologicamente, diferente de mim; tem uma capacidade mental diversa daquela que tinham as pessoas que viviam numa sociedade onde a palavra tinha outro valor. Há uma mutação antropológica e se não a estudarmos não a entenderemos jamais.

Mas o que me parece é que se está mergulhando nisto enquanto se estuda.

Pasolini criticava muito o PC e outros partidos de esquerda porque não se colocavam diante deste perigo. Mas agora isto começa a ser levado a sério. Na Itália, por exemplo, não existe mais proletariado, mas uma classe média que é feita de televisão.

E em seu trabalho não existe a tentação de se nivelar as diversas linguagens, dando a todas o mesmo valor?

A história humana está cheia de momentos em que o homem demonstrou sua capacidade de renascer apesar de tudo. Apesar da massificação, temos uma grande necessidade do belo, da cor, da vida. Assisto a uma transformação maravilhosa das pessoas quando elas entendem onde estão. No campo agora se trabalha com instrumentos sofisticados e nas cidades temos o *videogame*, que entre nós não é proibido às crianças, que ficam jogando durante horas, é terrível. Mas existindo uma boa escola pública não-fascista é provável que essas coisas se modifiquem. A Itália assegurou a assistência sanitária a todos; assegurou escolas gratuitas em todos os níveis; o aborto e maternidade têm direito às estruturas públicas. É uma sociedade que liberou as mulheres de uma série de opressões cotidianas, embora ainda existam as pessoais. É uma sociedade na qual é possível pensar o perigo da tecnologia avançada.

O mundo está todo devassado, não existe mais privacidade, não existe mais natureza. Hoje a contaminação atômica, que é invisível, que ninguém percebe, existe em toda parte...

Você é pessimista!

Apenas cético em relação ao processo histórico.

Mas temos um espaço infinito a defender. Eu acredito numa revolução cultural: só a partir do momento em que a cada um caiba decidir sobre a própria vida pode-se começar a raciocinar em termos mais globais de liberdade. Eu vi uma transformação inacreditável; eu sou filha de proletários.

Giuseppe Cassieri

Giuseppe Cassieri publicou romances, peças de teatro e ensaios. Obras suas foram traduzidas na Alemanha, Inglaterra, Polônia, Tchecoslováquia, URSS e Estados Unidos. Entre as principais: *Il calcinaccio, L'amore glaciale, Kulturmarket* e *L'uomo in cuffia*. Cassieri define-se como um laico da área socialista, pois não se identifica politicamente com nenhum partido, acreditando que o intelectual deva manter sua liberdade para engajá-la nos grandes debates sociais. Como animador cultural, organizou durante toda a década de 1970 uma série de encontros com os nomes mais importantes da cultura italiana, que foram publicados em três volumes. Em 1980, com a peça *Un asino al patibolo*, produzida pela televisão italiana, recebeu o prêmio Flaiano. Esta entrevista foi feita em São Paulo, em 1984.

Apesar de sua formação filosófica, prefere expressar-se mais através da ficção?

GIUSEPPE CASSIERI Nutro minha imaginação com todas as novas descobertas científicas e tento, através da ironia, da caricatura e do grotesco, descobrir os vícios e os mecanismos da realidade. Interesso-me pelas terminações nervosas do indivíduo, por suas manias, suas deformações, suas neuroses, por todos os desgastes e ruindades que a sociedade industrial provoca nas pessoas. A sociedade de consumo, o neocapitalismo, produz uma série de ruindades no ser humano, das quais ele nem sequer se dá conta.

Onde percebe esta alienação?

Em toda parte: na família, nos grupos, nos indivíduos, nas relações pessoais. Basta ver a reunião de uma massa contente num estádio de futebol aos domingos. É uma forma total de alienação. A sociedade de massa transformou o lúdico em uma coação de repetição, num condicio-

O CORPO DEVORADO

namento absoluto. Também as telenovelas são um exemplo fictício, sem nenhuma relação com a realidade, achatando todo senso de responsabilidade e liberdade.

Mas na medida em que as pessoas vivem essas ficções elas não se transformam em realidade?

A fantasia é um componente da esfera criativa do homem, mas o devanear é um aspecto patológico que altera o quadro: o caso dos discos voadores é um exemplo típico de sugestionamento. Também o *E. T.*, que é um filme horrendo, apresenta um monstro, uma criatura asquerosa, que ganhou a simpatia de mulheres e crianças, que se comoveram com sua aventura. Isso só se explica porque durante anos a televisão acostumou as pessoas ao aspecto horrendo de criaturas deformadas, monstruosas. O homem é um ser que se acostuma a tudo.

Vê alguma saída dessa situação?

Não, porque a massificação está estreitamente ligada a um modelo de civilização técnica que está triunfando em toda parte, esmagando as culturas particulares, espalhando-se por todo o planeta como uma mancha de óleo... Não há nenhuma esperança de que essa tendência se reverta. Nenhum movimento de oposição é hoje bastante forte para deter esse processo. É esse sentimento trágico que invade agora o homem que mantém sua consciência. Mesmo quando declaramos nossa esperança, sabemos que pouco ou nada podemos fazer. Apenas uma catástrofe nuclear poderia determinar uma mudança, mas a humanidade talvez não sobreviva para constituir uma nova civilização.

Você me parece muito próximo de Pasolini.

Temos um ponto em comum: a idéia de homologação da sociedade de consumo, que transforma a todos em burgueses. Mas quanto à vida que ele levava... Bem, isso não é um ponto discordante, apenas ele se interessava pelo subproletariado, pelo mundo das *borgate*, enquanto que para mim esse mundo, que está em vias de integração, é muito limitado. Prefiro descrever as neuroses da burguesia. É o terreno mais vulnerável, o das pessoas conformadas. O conceito de luta de classes para mim é um conceito datado e não acredito que uma classe possa exercer a liderança da condição humana. Entendo a luta política, mas não acredito em luta de classes. Hoje os problemas são de ordem planetária, não há mais lugar para componentes míticos. A sociedade tecnológica unificou tudo.

Só os intelectuais escapam à massificação?

É preciso entender que os intelectuais não são apenas os escritores, os poetas, os artistas, mas também os médicos, os advogados, os técnicos... Todos aqueles que mantêm nível de crítica, certa sensibilidade... Que estão em confronto com a realidade. Não acredito na separação entre uma cultura humanista e outra científica. Nisto concordo com o pensador inglês Snow. Por outro lado, a única função prática do intelectual é modificar a situação corrente, difundindo a consciência crítica. Na verdade, é um trabalho de Sísifo.

Dacia Maraini (II)

Quando *Io, angelo nero*, de Pino Pelosi, foi publicado, em junho de 1995, eu estava em Roma, e li o livro de uma sentada, na esperança de ver revelado algum fato novo sobre o mistério que cercava a morte de Pasolini. Nenhuma revelação importante, e de interessante, apenas uma epifania do assassino, assombrado pelo fantasma de Pasolini – epifania logo reprimida pelos psiquiatras da prisão. Sim, também havia uma introdução crítica escrita por Dacia Maraini. Agora, vinte anos depois do assassinato de Pasolini, como ela veria esse caso que jamais terminava? Disquei seu número de telefone...

DACIA MARAINI Luigi, come stai?

Bene, e lei? Gostaria de entrevistá-la para um artigo sobre os vinte anos da morte de Pasolini.

Peccato! Parto amanhã para os Estados Unidos, onde participarei de um seminário sobre literatura, numa universidade de Los Angeles. *Che facciamo?*

Façamos a entrevista por telefone... Que pensa da reabertura do processo de Pasolini?

Não creio que outros autores tenham participado do crime. Depois de vinte anos, alguma coisa deveria ter escapado, vindo à tona. Como é possível que ninguém tenha descoberto nada, nem dado com a língua nos dentes?

Acabo de ler o livro de Pelosi. Penso que ele deformou o depoimento por mecanismos machistas de defesa, para justificar-se diante do fato de ter

O CORPO DEVORADO

cedido ao desejo homossexual. Creio que Pelosi fez sexo com Pasolini e, por não admitir isso, sequer a si mesmo, forjou uma história cheia de contradições, na qual passou a acreditar piamente, a ponto de escrever um livro para fixar sua versão como a única verdadeira. Que pensa?

Sim, sou da mesma opinião. Penso realmente que tenha havido sexo entre eles. Mas Pelosi não o admite, insiste que jamais foi um prostituto. E, ao mesmo tempo, escreve que viveu "todo aquele inferno" por 20 mil liras...

Os corpos de Pasolini e de Pelosi não foram examinados em busca de traços de sêmen?

Não, esse exame nunca foi feito.

Não teria sido importante, não poderia trazer algum esclarecimento sobre a natureza do crime?

De fato, mas lamentavelmente o corpo de Pelosi não foi examinado pelos médicos, nem se cogitou de fazer um tal exame no corpo de Pasolini. E, agora, não dispomos mais dessas provas.

Em seu prefácio ao livro de Pelosi você atribui o crime, de certa forma, ao caráter do assassino. É certo?

Sim, conheci Pelosi pessoalmente, tive um breve encontro com ele, quis vê-lo depois da morte de Pasolini. Mas não cheguei a entrevistá-lo. Bastou-me vê-lo cara a cara. Tornou-se evidente para mim que Pelosi possui um caráter brutal; é um tipo que por vezes perde a consciência do que faz e se entrega à violência sem dar-se conta, numa espécie de explosão de fúria, passada a qual se encontra como um inocente, que nada tem a ver com aquilo. Ele é o assassino, e isso ele o diz no livro, sem querer dizer, isto é, ele revela tudo o que de fato aconteceu apenas descrevendo seu próprio caráter, através das justificativas que dá para seu comportamento e das imagens falsas que faz de si próprio.

Comecei a ler o livro de Pelosi cheio de esperança, pensando encontrar finalmente uma confissão, a verdade final, a descrição fiel do que ocorrera em Ostia, naquela noite de novembro. Fiquei desapontado, e quase tive raiva de Pelosi, porque ele se limita a repetir tudo o que já havia dito no tribunal e nas entrevistas à imprensa, reiterando a versão "oficial" do crime.

Também estou de acordo em que o livro de Pelosi nada acrescenta ao que já se sabia. Ele não fez nenhuma revelação nova, não trouxe nenhum dado inédito. Vinte anos depois, a morte de Pasolini permanece misteriosa. Talvez ela deva permanecer assim, cercada de noite e névoa...

Gianni Scalia

Foi Veronica Bridi quem me introduziu, em Bolonha, em 2002, ao grande crítico literário Gianni Scalia, velho amigo de Pasolini, com o qual fundou a revista literária *Officina* (1955-1959). Minha identificação com Scalia foi imediata: era um homem da "velha geração de esquerda", formada pelo humanismo. O crítico vivia num *palazzo* do século XVI, no número 1517 da via Castiglioni, e editava a belíssima revista *In Forma di Parole*, reunindo poesias do mundo inteiro. A idéia dessa revista nascera nos anos de 1970, quando o terrorismo das Brigadas Vermelhas indignou-o: ele sentiu a necessidade de "fazer alguma coisa". Pensava ser preciso recuperar a dimensão da palavra, criando um *objeto*, mas, para um intelectual, um objeto só poderia ser uma revista ou um livro. O nome da revista veio-lhe de repente. Depois, suspeitou que a expressão usada para dar nome ao objeto pertencesse a algum poeta clássico. Pôs-se a reler todo Petrarca, todo Virgílio, até que, um dia, por acaso, ao reler Dante, deparou-se com os versos:

> *Fecesi voce quivi, e quindi uscissi*
> *per lo suo becco in forma di parole,*
> *quali aspettava il core ov'io le scrissi.*
> (Dante, Paradiso, XX, 28-30)

De fato sua "invenção" era uma lembrança reprimida. Desde então, estes versos aparecem na epígrafe da revista que, no começo, tinha o formato de um pequeno livro de bolso, aumentando depois de tamanho até adquirir a forma atual: "É o último formato, não vai crescer mais", garantiu-me, presenteando-me com um pesado volume sobre poesia albanesa. Enquanto a esposa, advogada, saía para trabalhar, Scalia, aposentado pela universidade, mergulhava em suas leituras e atividades de produção – chegou a convidar-me, então, para ser o curador de um número da revista sobre poesia brasileira. Mas e as traduções? Todas eram feitas pelos colaboradores da revista, uma rede de intelectuais que dominavam muitas línguas, do romeno ao grego, do chinês ao russo. Já os jovens que participavam da revista dominavam o computador, que Scalia nem conseguia

O CORPO DEVORADO

abrir. Todos os sábados, até as quatro da tarde, eles se reuniam num outro apartamento de Scalia, em outro andar do mesmo prédio, organizando cada novo número, numa produção que podia custar de um a seis anos. Todos trabalhavam voluntariamente, com amor e dedicação. O contato com os jovens era essencial para Scalia, um homem alegre, feliz com as relações humanas que construiu, embora politicamente, como marxista que perdera a fé na transformação da sociedade, se sentisse traído e desiludido, tendendo a concordar com a idéia heideggeriana da técnica, que hoje tudo domina: "O homem deseja tudo conquistar, apossar-se da natureza, fazer da terra seu objeto de poder". Scalia, que sempre só escreveu à mão, que não dirige nem possui automóvel, percebia na máquina algo de diabólico e de malsão. No final desse nosso primeiro encontro, Veronica chegou para levar-me, e Scalia marcou um jantar na noite seguinte. Voltamos na hora combinada ao *Palazzo* Guastavillani, e Scalia nos conduziu até o restaurante Ercoleto, perto de sua casa, e do qual ele parecia ser assíduo freqüentador: "O dono é um Hércules", observou-me, apontando um senhor troncudo que veio recebê-lo com intimidade, trazendo os cardápios. Escolhi *gnochi* com gorgonzola, *scaloppine* ao vinho, *baldacchino* ao amareto.

GIANNI SCALIA Pasolini foi o poeta que percebeu os males da modernização, a modernização como maldição. Sugeri a Pasolini o título original de seu romance *Il sogno di una cosa* a partir da estranha citação de Marx. Ao contrário do que muitos pensam, não estudei com Pasolini, ele era alguns anos mais velho que eu. Poucos sabem também que Pasolini tinha um aluno a quem desejava legar sua obra. Era um aluno particular, porque depois do escândalo sexual, nenhuma escola mais o contratava como professor. Esse aluno o seguiu pela vida afora e seria interessante encontrá-lo...

Pasolini falava aos amigos sobre sua vida íntima?
Não. Era muito discreto. Jamais falava sobre sua sexualidade. Levava uma vida dupla. De dia era o intelectual sério, compenetrado. À noite se transformava, ia para o seu "inferno". Bem, a *última noite* foi realmente um inferno. Você não quer um pouco de vinho? Curioso, Pasolini não bebia vinho...

Também não bebo... O que Pasolini bebia?
Água... A maravilhosa água italiana, que ele depois, como escreveria num poema, descobriu estar envenenada...

A mãe de Pasolini sabia da vida dupla que o filho levava?
A mãe não sabia, quer dizer, sabia, mas fingia que não sabia. E Pasolini acreditava que ela não sabia de nada.

E Graziella Chiarcossi?
Sabia de tudo. Ela era uma espécie de secretária de Pasolini, que organizava sua correspondência, seus papéis. Quando Pasolini morreu, Susanna não entendeu bem o que tinha acontecido. Escondiam-lhe a verdade. Diziam-lhe que Pasolini estava fazendo um filme na Índia, filmando na África, e ela não entendia, porque Pasolini sempre lhe telefonava de onde estivesse. Depois, subitamente, entendeu o que tinha acontecido, e nunca mais tocou no assunto. Ficou um pouco louca. Graziella, a prima de Pasolini, que conheci como camponesa simpática, que só cuidava da casa onde ele vivia com a mãe, depois da morte de Pasolini, Chiarcossi – que era aquela camponesa simpática, silenciosa – tornou-se ambiciosa como um abutre e fincou suas garras sobre a obra de Pasolini. Ele havia deixado seu legado em testamento à mãe; mas como Susanna estava fraca da cabeça, ela não conseguiu mais controlar nada. Graziella internou a mãe de Pasolini num asilo e a fez assinar um termo de doação pelo qual assumiu todos os direitos sobre a obra do primo. Ela agora controla todo o espólio de Pasolini.

Ninetto Davoli e Franco Citti eram realmente ragazzi di vitta?
Sim, Ninetto e Citti eram *ragazzi di vita*. Citti era mesmo *ragazzo da vita*, como se diz no dialeto romanesco. Quando Ninetto se casou, Pasolini ficou arrasado, e escreveu um belíssimo poema de amor no estilo dos poemas shakespearianos. Já o ator que interpreta o ladrão crucificado em *A Ricota* era um velho aluno de Pasolini.

Ninetto foi mesmo o único grande amor de Pasolini?
Parece-me que sim. E a mãe, a única mulher que ele amou. Curioso… Ninetto, Citti, todos o chamavam de mestre, e mesmo de papai.

Que pensa da edição das obras completas de Pasolini pela Mondadori?
Está cheia de erros. Erros de datas, de fatos…

Parece que foi publicada com pressa…
Sim, deviam ter sido mais cuidadosos. Para uma edição realmente completa, com base crítica, uma edição definitiva. Pasolini disse certa vez, numa entrevista à RAI, uma frase extraordinária: "O sucesso é

O CORPO DEVORADO

uma forma de perseguição". Essas entrevistas gravadas de Pasolini deveriam ser reunidas e publicadas, mas Graziella controla avidamente os direitos da obra de Pasolini. Certa vez, uma aluna minha tentou pesquisar as traduções que Pasolini havia feito. Sim, Pasolini traduziu dezenas de obras clássicas do latim e do grego, e essas traduções deveriam também formar um volume das *Obras Completas* – para mim é o que de mais importante falta publicar. Graziella disse à minha aluna que os manuscritos estavam dentro de uma caixa. A estudante encontrou a caixa com uma etiqueta: "Traduções de Pasolini". Mas Graziella advertiu-a: "Essas caixas não podem ser abertas". Graziella nada faz sem consultar Nico Naldini, pois é uma ignorante. A editora que publicou *Ragazzi di vita* cortou dos originais cerca de oitenta páginas. Essas páginas censuradas estão sob a posse de Naldini. Pedi-lhe diversas vezes que me deixasse publicá-las. Mas há sempre o problema da Graziella. Assim, a obra de Pasolini será, ainda por muito tempo, ignorada na sua integridade.

[Depois do jantar delicioso, despedi-me de Veronica e seu marido, Mario, pois Scalia insistia em levar-me até a porta do Colégio Erasmus, onde eu estava hospedado. Caminhamos lentamente pelas ruas vazias de Bolonha. Gianni, que deve ter percorrido esse mesmo trajeto milhares de vezes, ainda se encantava com a beleza da Corte Isolana, como se a estivesse vendo pela primeira vez através de meus olhos. E como eu também não me cansava de encantar-me com a forma da cidade, Scalia explicou-me que os pórticos de Bolonha eram a continuação das casas, como se toda a cidade tendesse a ser uma só casa...].

Os Estados Unidos só têm história nos museus. Nós italianos temos tudo na rua, ao ar livre... Veja... *[fazendo um gesto largo de admiração].*

Sim, mas é uma pena que os italianos não dêem valor às suas maravilhas. Estão arruinando essa beleza com seus automóveis, suas lambretas, como na cena final de Roma, *de Fellini, onde as motocicletas parecem encarnar a morte.*
É verdade...

E ao mesmo tempo, os italianos são um povo antigo...
Antigo?... *[ele refletiu um pouco]*... Antes um povo velho, sem ser antigo. Velho, cínico e decadente.
[Lambretas e automóveis avançam sobre nós. Previdente, Scalia diz-me: "Stai fermo!". E estanca no lugar, como uma estátua, preservando-

se de um atropelamento. Andávamos, e estancávamos, a cada máquina que avançava, enquanto tecíamos considerações sobre o presente e o passado].

Vivi a Segunda Guerra e vi com prazer quando os nazistas foram levados prisioneiros. Hoje vivemos uma nova opressão...

O neoliberalismo triunfa em todo mundo, mas esse triunfo é uma catástrofe...
A unicidade do Partido Comunista na Itália terminou. O presente é um horror. A cidade nasceu com a pólis grega, e agora, depois das Duas Torres, vivemos o fim da cidade. Nos Estados Unidos falam até do pós-humano. A América quer colonizar tudo em nome da civilização. Encontro muitos americanos. E mesmo os intelectuais muito cultos e simpáticos que conheci – como Harold Bloom –, e que são muito modestos no jeito de se trajarem, nunca fazem a grande pergunta da Filosofia: "Por quê?" Só se preocupam com o "Como?". Querem resolver problemas. E resolvendo os problemas à sua maneira, só criam novos problemas para resolver...

O celular maravilha a todos, e glorifica a maior paixão dos italianos, que é falar: li que a média para cada italiano é de trinta ligações por dia, chegando a cinqüenta em Milão. Espantei-me aqui, ao chegar, vendo muitas mulheres andando de bicicleta e falando sozinhas pelas ruas. Quantas loucas vivem em Bolonha, pensei. Só mais tarde percebi que elas tinham um fone enfiado na orelha e estavam falando ao celular...
É uma solidão de massa, ou melhor, é uma solidão *em* massa.

Constatação sombria, mas de uma admirável precisão!
Sou pela filologia a mais preciosista, pela filologia a mais radical. Ou então, pela fantasia total. Deixo o meio termo para os acadêmicos. Hoje os jovens trocam mensagens de amor pelo *telefonino*, imagine! Observo isso, e fico espantado... Ultimamente tornei-me uma pessoa bastante *casalinga*, vivo cercado de livros e lembranças. Ia muito ao cinema antigamente. Toda tarde. Agora, só quando me arrastam. Vi o filme da Laura Betti sobre Pasolini, *La raggione di un sogno*, um documentário muito ruim, não vi nada de novo nele, as entrevistas eram aborrecidas. Gostaria de ver *O Pianista*, o último filme de [Roman] Polanski.

[Scalia andava com certa dificuldade, devido à forte umidade em Bolonha: "Somos todos reumáticos. A umidade me faz muito mal", explicou-

O CORPO DEVORADO

me. À porta do Colégio Erasmus, no momento da despedida, mostrou-se emocionado; emocionei-me também, pois algo de muito profundo nos unira, para além das diferenças das gerações. E selamos com um forte abraço nossa instantânea amizade].

11. O *Corpus* Arquivado: Um Legado Inesgotável

A obra de Pasolini é múltipla em seus formatos e conteúdos, abarcando diversas fases de uma vulcânica criação artística e intelectual: da poesia às artes plásticas, da literatura ao cinema, da teoria lingüística ao jornalismo político, da crônica ao rádio, do teatro à televisão. Procuramos montar um acervo sistemático dessa vasta produção em todos os seus suportes, incluindo sua imensa fortuna crítica em livros, filmes, revistas, jornais e nas mais recentes mídias que Pasolini não conheceu a Internet e o DVD, que hoje divulgam, em textos, sons e imagens, sua mensagem em todo o mundo.

Neste arquivo encontra-se praticamente toda a filmografia de e sobre Pasolini e as obras escritas e traduzidas por Pasolini publicadas na Itália e no Brasil, além de algumas traduções das mesmas, mundo afora. Encontram-se também listadas as principais obras de referência publicadas sobre Pasolini em livros e em artigos de jornais e revistas, assim como os números especiais de periódicos que lhe dedicaram dossiês e os catálogos de mostras de seus filmes e de exposições de suas pinturas. Como nem todos os autores são precisos ao elaborar suas bibliografias, este arquivo é passível de ausências significativas, assim como de erros e enganos: agradecemos futuras colaborações para o aprimoramento do mesmo.

Para as fichas dos filmes e vídeos, utilizei os catálogos publicados pelo Fondo Pier Paolo Pasolini, diversas filmografias anexadas a livros de

TODOS OS CORPOS DE PASOLINI

especialistas e as fichas do melhor banco de dados eletrônico sobre cinema em todo o mundo, o Internet Movie Data Base, no endereço: http://www.imdb.com. Confrontando informações às vezes desencontradas, procurei deixar as fichas completas; a variação das minutagens é devida às diferentes fontes, que tiveram acesso a cópias diversas, com cenas a mais ou a menos; os títulos que aparecem entre colchetes são meramente descritivos de produções sem título definido. Não foram incluídos os vídeos caseiros que hoje proliferam na Internet (Google, Yahoo, You Tube, etc.), em edições de cópias de matrizes de empresas produtoras saqueadas por fãs internautas de Pasolini. São edições às vezes bem feitas, mas de origem duvidosa e sem crédito. Para os sítios, páginas e textos de e sobre Pasolini na Internet; assim como para arquivos de áudio e vídeo aí disponíveis, as pesquisas foram realizadas entre setembro de 2005 e novembro de 2006. Neste período, todos os endereços citados encontravam-se ativos.

Para as fichas dos DVDs (geralmente incompletas por descuido das distribuidoras e dos sítios de referência para o mercado) utilizei, além da Internet Movie Data Base, as seguintes fontes do *e-commerce*: Itália: http://www.rarovideo.com; http://www.dvd.it; http://www.dvd-store.it; http://www.ita-bol.com; http://www.bol.it; http://www.internetbookshop.it; http://www.culturalianet.com; http://it.kelkoo.com; http://www.dvdoasi.it; França: http://www.amazon.fr; http://www.fnac.com; http://www.alapage.com; http://www.mk2.com; http://www.carlottafilms.com; http://www.glowria.fr; http://www.dvdfr.com; http://www.dvdclassik.com; http://www.films-sans-frontieres.fr; http://www.au-cinema.com; Brasil: http://www.2001video.com.br; http://www.submarino.com.br; http://www.americanas.com.br http://www.cdpoint.com.br; https://www.laserland.com.br; http://www.dvd-versatil.com.br; EUA: http://www.amazon.com; http://www.olivefilms.com; http://www.dvdtalk.com; http://www.geocities.com; Inglaterra: http://www.amazon.co.uk; http://www.moviemail-online.co.uk; Alemanha: http://www.amazon.de; Áustria: http://www.amazon.at; Canadá: http://www.amazon.ca; Japão: http://www.amazon.co.jp.

Enfim, como escreveu Hervé Joubert-Laurencin, a imensa obra de Pasolini assemelha-se a uma teia de aranha, no interior da qual tudo se mantém e se religa[1]. Foi com esta imagem em mente que organizei este arquivo: como uma exaustiva rede de referências, numa estrutura imitada da própria Internet, possibilitando todo tipo de busca e de leitura, assim como periódicas atualizações e reajustes, contendo não apenas as obras de nossa "grande aranha", mas também as das inúmeras "moscas" que, seduzidas por ela, caíram na sua teia.

1 Hervé Joubert-Laurencin, *Le Dernier Poète Expressionniste*, p. 9.

O *CORPUS* ARQUIVADO

I. Filmografia de Pasolini

DIRETOR

1961

Desajuste Social (Accatone). Itália, 1961, p&b, 116 ou 120 minutos. Direção: Pier Paolo Pasolini. Roteiro: Sergio Citti, Pier Paolo Pasolini. Assistência de direção: Leopoldo Savona. Fotografia: Tonino Delli Colli. Música: Johann Sebastian Bach. Cenografia: Flavio Mogherini. Elenco: Franco Citti (Vittorio Cataldi, o Accattone, dublado por Paolo Ferrari), Franca Pasut (Stella), Silvana Corsini (Maddalena), Paola Guidi (Ascenza, dublada por Monica Vitti); Adriana Asti (Amore); Romolo Orazi (sócio de Accattone), Massimo Cacciafeste (cunhado de Accattone), Adriano Mazzelli (cliente de Amore), Francesco Orazi (um bronco), Mario Guerani (comissário), Stefano D'Arrigo (juiz). Outros: Enrico Fioravanti, Nino Russo, Emanuele Di Bari, Franco Marucci, Carlo Sardoni, Adriana Moneta, Polidor, Sergio Citti, Elsa Morante. Amigos de Accattone: Alfredo Leggi, Galeazzo Riccardi, Giovanni Orgitano, Giuseppe Ristagno, Leonardo Muraglia, Luciano Conti, Luciano Gonini, Mario Cipriani, Piero Morgia, Renato Capogna, Roberto Giovannoni, Roberto Scaringella, Silvio Citti, Edgardo Siroli, Renato Terra. Os napolitanos (dublados pelos atores da Companhia de Eduardo De Filippo): Adele Cambria, Amerigo Bevilacqua, Dino Frondi, Franco Bevilacqua, Mario Castiglione, Sergio Fioravanti, Tommaso Nuovo, Umberto Bevilacqua. Produção: Alfredo Bini, Cino Del Duca. Filmagens: março a maio de 1962. Primeira exibição: 31 de agosto de 1961 na Seção Informativa do XXI Festival de Veneza. Prêmios: Melhor Direção no Festival de Karlovy Vary em 1962.

1962

Mamma Roma. Itália, 1962, p&b, 105 ou 110 minutos. Direção, roteiro: Pier Paolo Pasolini. Assistência de direção: Gianfrancesco Salma. Fotografia: Tonino Delli Colli. Música: Luigi Cherubini. Elenco: Anna Magnani (Mamma Roma); Ettore Garofolo (Ettore); Franco Citti (Carmine); Silvana Corsini (Bruna); Luisa Orioli (Biancofiore); Paolo Volponi (padre); Luciano Gonini (Zaccarino); Vittorio La Paglia (Senhor Pellissier); Piero Morgia (Piero); Leandro Santarelli (Begalo); Emanuele di Bari (Gennarino); Antonio Spoletini (bombeiro); Nino Bionci (pintor); Roberto Venzi (vendedor); Nino Venzi (cliente); Maria Bernardini (esposa); Santino Citti (pai da esposa). Outros: Lamberto Maggiorani, Franco Ceccarelli, Marcello Sorrentino, Sandro Meschino, Franco Tovo, Pasquale Ferrarese, Renato Montalbano, Enzo Fioravanti, Elena Cameron, Maria Benati, Loreto Ranalli, Mario Ferraguti, Renato Capogna, Fulvio Orgitano, Renato Troiani, Mario Cipriani, Paolo Provenzale, Umberto Conti, Sergio Profili, Gigione Urbinati. Produção: Alfredo Bini. Filmagens: abril a maio de 1962. Primeira exibição: 31 de agosto de 1962 no XXII Festival de Veneza. Prêmios: FICC (Federazione Italiana dei Circoli del Cinema) no Festival de Veneza de 1962.

1963

A Ricota (La ricotta). Itália, 1963, p&b e cor, 35 minutos, episódio do filme coletivo *Relações Humanas* (Ro.Go.Pa.G.), de Roberto Rossellini, Jean-Luc Godard, Pier Paolo Pasolini e Ugo

Gregoretti. Direção, roteiro: Pier Paolo Pasolini. Assistência de direção: Sergio Citti, Carlo di Carlo. Fotografia: Tonino Delli Colli. Cenografia: Flavio Mogherini. Figurino: Danilo Donati. Direção musical: Carlo Rustichelli. Montagem: Nino Baragli. Elenco: Orson Welles (diretor, dublado por Giorgio Bassani); Mario Cipriani (Stracci); Laura Betti (a diva); Edmonda Aldini (outra diva); Vittorio La Paglia (o jornalista de "Tegliesera"); Maria Bernardini (a atriz *stripper*); Rossana Di Rocco (a filha de Stracci). Outros: Tomas Milian, Ettore Garofolo, Lamberto Maggiorani, Alan Midgette, Giovanni Orgitano, Franca Pasut, Giuseppe Berlingeri, Andrea Barbato, Giuliana Calandra, Adele Cambria, Romano Costa, Elsa de' Giorgi, Carlotta Del Pezzo, Gaio Fratini, John Francis Lane, Robertino Ortensi, Letizia Paolozzi, Enzo Siciliano. Produção: Arco Film (Roma)/Cineriz (Roma)/Lyre Film (Paris). Produtor: Alfredo Bini. Película: Ferrania P 30, Kodak Eastman Color. Câmara: Arriflex. Laboratório: Istituto Nazionale Luce. Dublagem: CID-CDC. Sincronização: Titanus. Distribuição: Cineriz. Filmagens: outubro a novembro de 1962. Estúdio: Cinecittà. Locações: periferia de Roma. Primeira Exibição: 21 de fevereiro de 1963 em Milão. Prêmios: Grolla d'oro de Melhor Direção em Saint Vincent/1964.

Comícios de Amor (Comizi d'amore). Itália, 1963, p&b, 90 minutos. Direção, roteiro, entrevistas, comentários: Pier Paolo Pasolini. Fotografia: Mario Bernardo, Tonino Delli Colli. Assistência de direção: Vincenzo Cerami. Montagem: Nino Baragli. Narração: Lello Bersani. Intervenções: Alberto Moravia, Cesare Musatti. Em ordem de aparição: Camilla Cederna, Oriana Fallaci, Adele Cambria, Peppino di Capri, time de futebol do Bolonha, Giuseppe Ungaretti, Antonella Lualdi, Graziella Granata, Ignazio Buttitta. Filmagens: agosto a novembro de 1963. Locações: Nápoles, Palermo, Cefalù, Roma, Fiumicino, Milão, Florença, Viareggio, Bolonha, aldeias de Reggio Emilio, Lido em Veneza, Catanzaro, Crotone. Primeira exibição: 27 de julho de 1965 no XVII Festival de Locarno.

La Rabbia: Prima parte. Itália, 1963, p&b, 50 minutos. Direção, roteiro: Pier Paolo Pasolini. Assistência de direção: Carlo di Carlo; Comentários: Pier Paolo Pasolini, lidos por Giorgio Bassani (voz em poesia) e Renato Guttuso (voz em prosa). Montagem: Pier Paolo Pasolini, Nino Baragli, Mario Serandrei. [*La Rabbia: Seconda parte*. Direção, roteiro: Giovanni Guareschi]. Filmagens: janeiro a fevereiro de 1963. Primeira exibição: 14 de abril de 1963 em Roma.

Locações na Palestina (Sopraluoghi in Palestina per il Vangelo Secondo Matteo). Itália, 1963, p&b, 55 minutos. Direção, roteiro, direção musical: Pier Paolo Pasolini. Intervenções: Pier Paolo Pasolini, Don Andrea Carraro. Produção: Arco Film (Roma). Produtor: Alfredo Bini. Filmagens: junho a julho de 1963. Locações: Tiberíades, Monte Tabor, Nazaré, Cafarnaum, Baram, Jerusalém, Bersabea, Belém, Damasco. Primeira Exibição: 11 de julho de 1965 no Festival dos Dois Mundos em Spoleto. Como cineasta que veio da literatura, Pasolini realizou filmes que eram apontamentos para obras (no caso, filmes) futuras, que não chegaram a concretizar-se. *Locações na Palestina* consiste nos estudos de locação em Israel e na Jordânia para *O Evangelho Segundo São Mateus*, que Pasolini decidiu posteriormente filmar na Itália.

1964

O Evangelho Segundo São Mateus (Il Vangelo secondo Matteo). Itália, 1964, p&b, 137 minutos. Direção, roteiro, direção musical: Pier Paolo Pasolini. Assistência de direção: Maurizio Lucidi, Paul Schneider, Elsa Morante. Fotografia: Tonino Delli Colli. Cenografia: Luigi Scaccianoce. Figurino: Danilo Donati. Trilha sonora original: Luis Bacalov. Montagem: Nino Baragli. Elenco:

O *CORPUS* ARQUIVADO

Enrique Irazoqui (Jesus Cristo, dublado por Enrico Maria Salerno). Margherita Caruso (Maria jovem); Susanna Pasolini (Maria anciã); Marcello Morante (José); Mario Socrate (João Batista); Rodolfo Wilcock (Caifás); Alessandro Clerici (Pôncio Pilatos); Paola Tedesco (Salomé); Rossana Di Rocco (Anjo); Renato Terra (fariseu); Eliseo Boschi (José de Arimatéia); Natalia Ginzburg (Maria da Betânia); Ninetto Davoli (pastor); Amerigo Bevilacqua (Herodes i); Francesco Leonetti (Herodes ii); Franca Cupane (Herodíade); Apostoli Settimio Di Porto (Pedro); Otello Sestili (Judas); Enzo Siciliano (Simão); Giorgio Agamhen (Felipe); Ferruccio Nuzzo (Mateus); Giacomo Morante (João); Alfonso Gatto (André); Guido Gerretani (Bartolomeu); Rosário Migale (Tomás); Luigi Barbini (Jacó de Zebedeu); Marcello Galdini (Jacó de Anfeu); Elio Spaziani (Tadeu). Produção: Arco Film (Roma)/Lux Compagnie Cinématographique de France (Paris). Produtor: Alfredo Bini. Película: Ferrania P 30, 35 mm. Câmara: Arriflex. Laboratório: SPES. Gravação: Nevada. Dublagem: CDC. Mixagem: Fausto Ancillai. Distribuição: Titanus. Filmagens: maio a julho de 1964. Primeira exibição: 4 de setembro de 1964 no XXIV Festival de Veneza. Prêmios: Grande Prêmio do Ofício Católico Internacional do Cinema; Prêmio Especial do Júri no Festival de Veneza/1964; Prêmio Cineforum; Prêmio da Crítica Internacional; *Nastro d'Argento* de Melhor Diretor/1965; três indicações ao Oscar.

1966

A Terra Vista da Lua (La Terra vista dalla Luna). Itália, 1966, cor, 30 minutos, terceiro episódio do filme coletivo *As Bruxas* (Le Streghe, Itália, cor, 121 minutos), de Mauro Bolognini, Vittorio De Sica, Pier Paolo Pasolini, Franco Rossi, Luchino Visconti. Direção, roteiro: Pier Paolo Pasolini. Assistente de direção: Sergio Citti, Vincenzo Cerami. Fotografia: Giuseppe Rotunno. Cenários: Mario Garbuglia, Piero Poletto. Figurino: Piero Tosi. Trilha sonora: Ennio Morricone. Montagem: Nino Baragli. Esculturas: Pino Zac. Elenco: Totò (Ciancicato Miao), Ninetto Davoli (Baciù Miao), Silvana Mangano (Assurdina Caì), Mario Cipriani (padre), Laura Betti (esposa do turista), Luigi Leoni (turista). Produção: Dino Di Laurentiis Cinematografica, Roma/Les Productions Artistes Associés. Filmagens: novembro de 1966. Locações: Roma, Ostia, Fiumicino. Primeira exibição: 23 de fevereiro de 1967 no XVII Festival de Berlim.

Gaviões e Passarinhos (Uccellacci e uccellini). Itália, 1966, p&b, 89 minutos. Direção, roteiro: Pier Paolo Pasolini. Assistência de direção: Sergio Citti, Carlo Morandi, Vincenzo Cerami. Fotografia: Tonino Delli Colli, Mario Bernardo. Cenografia: Luigi Scaccianoce. Figurino: Danilo Donati. Música: Ennio Morricone. Montagem: Nino Baragli. Elenco: Totò (Ingênuo Totò, Frei Ciccillo), Ninetto Davoli (Ingênuo Ninetto, Frei Ninetto), Femi Benussi (prostituta Luna), Francesco Leonetti (voz do Corvo). Outros: Gabriele Baldini, Riccardo Redi, Lena Lin Solaro, Rossana di Rocco, Cesare Gelli, Vittorio La Paglia, Flaminia Siciliano, Alfredo Leggi, Renato Montalbano, Mario Pennisi, Fides Stagni, Giovanni Tarallo, Umberto Bevilacqua, Renato Capogna, Vittorio Vittori, Pietro Davoli. Mixagem: Emilio Rosa. Produção: Alfredo Bini. Filmagens: setembro a outubro de 1965. Primeira exibição: 5 de maio de 1966 em Milão. *Prêmios:* Menção Especial a Totò no XX Festival de Cannes; Nastro D'Argento de Melhor Tema Original a Pier Paolo Pasolini e de Melhor Protagonista a Totò.

Totò al circo. Itália, 1966, p&b, 7 minutos, episódio originalmente rodado com Totò e montado por Pier Paolo Pasolini para *Gaviões e Passarinhos,* mas não inserido no filme. Uma versão integral de *Gaviões e Passarinhos,* com 99 minutos, incluindo *Totò no Circo,* foi exibida por Laura Betti pela primeira vez ao público no dia 14 de fevereiro de 1988 no Festival de Berlim.

TODOS OS CORPOS DE PASOLINI

1967

Édipo Rei (Edipo Re). Itália, 1967, cor, 104 minutos. Direção: Pier Paolo Pasolini. Roteiro: Pier Paolo Pasolini, com base na tragédia de Sófocles. Assistência de direção: Jean-Claude Biette. Fotografia: Giuseppe Ruzzolini. Cenário: Luigi Scaccianoce. Figurino: Danilo Donati. Montagem: Nino Baragli. Elenco: Silvana Mangano (Jocasta), Franco Citti (Édipo), Alida Valli (Merope), Carmelo Bene (Creonte), Julian Beck (Tirésias), Luciano Bartoli (Laio), Ahmed Belhachmi (Pólibo), Pier Paolo Pasolini (Alto Sacerdote), Giandomenico Davoli (pastor); Ninetto Davoli (Anghelos). Outros: Francesco Leonetti, Jean-Claude Biette, Ivan Scratuglia. Produção: Arco Film, de Roma, com a participação de Somafis, de Casablanca. Produtor: Alfredo Bini. Filmagens: maio a julho de 1967. Locações: Vêneto, Baixa Lombardia, Sant'Angelo Lodigiano, Bolonha; Marrocos: It'ben addu, Ouarzazate; Zagora. Primeira Exibição: 3 de setembro de 1967 no XXVIII Festival de Veneza. Prêmios: Indicação ao Leão de Ouro no Festival de Veneza/1967; Prêmio CIDALC (Confédération Internationale pour la Diffusion des Arts et des Lettres par le Cinema) no Festival de Veneza/1967; Grolla D'Oro em Saint Vincent/1968; Nastro D'Argento de Melhor Produtor e Melhor Cenografia/1968; Prêmio de Melhor Filme de Língua Estrangeira Kinema Junpo/1970.

1968

A Seqüência da Flor de Papel (La sequenza del fiore di carta). Itália, 1968, p&b, 12 minutos, terceiro episódio do filme coletivo *Amor e Raiva* (Amore e rabbia, Itália, p&b, 98 minutos), de Marco Bellocchio, Bernardo Bertolucci, Jean-Luc Godard, Carlo Lizzani, Pier Paolo Pasolini. Direção, roteiro: Pier Paolo Pasolini. Assistência de direção: Maurizio Ponzi, Franco Brocani. Fotografia: Giuseppe Ruzzolini. Música original: Giovanni Fusco. Montagem: Nino Baragli. Elenco: Ninetto Davoli (Riccetto), Rochelle Barbieri (garota), Bernardo Bertolucci (voz de Deus), Graziella Chiarcossi, Pier Paolo Pasolini, Aldo Puglisi. Mixagem: Renato Cadueri. Produção: Castoro Film (Roma), Anouchka Film (Paris). Produtor: Carlo Lizzani. Filmagens: verão de 1968. Locações: Roma. Primeira Exibição: 30 de maio de 1969 em Roma.

Che cosa sono le nuvole? Itália, 1968, cor, terceiro episódio do filme coletivo *Capriccio all'italiana* (Itália, cor, 95 minutos), de Mauro Bolognini, Mario Monicelli, Pier Paolo Pasolini, Steno, Pino Zac e Franco Rossi (não creditado). Direção, roteiro: Pier Paolo Pasolini. Assistência de direção: Sergio Citti. Fotografia: Tonino Delli Colli. Cenário, figurino: Jurgen Henze. Música original: "Che cosa sono le nuvole?" de Domenico Modugno e Pier Paolo Pasolini, cantada por Modugno na abertura como forma original de créditos do filme. Montagem: Nino Baragli. Elenco: Totò (Jago), Ninetto Davoli (Otelo), Laura Betti (Desdemôna), Franco Franchi (Cássio), Ciccio Ingrassia (Rodrigo), Adriana Asti (Bianca); Francesco Leonetti (marionetista), Domenico Modugno (lixeiro), Carlo Pisacane (Brabanzio). Outros: Luigi Barbini, Mario Cipriani, Piero Morgia, Remo Foglino. Produção: Dino Di Laurentiis Cinematografica, Roma. Produtor: Dino Di Laurentiis. Filmagens: fevereiro a março de 1967. Locações: periferia de Roma.

Notas para um Filme sobre a Índia (Appunti per un film sull'India). Itália, 1968, p&b, 35 ou 32 minutos. Direção, roteiro, fotografia, comentário: Pier Paolo Pasolini. Colaboração: Gianni Barcelloni Corte. Montagem: Jenner Menghi. Produção: RAI (Radiotelevisione italiana);

250

O *CORPUS* ARQUIVADO

Gianni Barcelloni Corte, BBG Cinematográfica. Filmagens: dez. 1967 a jan. 1968. Locações: Maharashtra (Bombaim), Uttar Pradesh (Rajastão), Nova Delhi. Primeira Exibição: 5 de julho de 1968 na TV 7 e 18 de agosto de 1968 no XXIX Festival de Veneza.

Teorema (Teorema). Itália, 1968, cor, 98 ou 104 minutos. Direção, Roteiro (com base em seu romance homônimo): Pier Paolo Pasolini. Assistência de direção: Sergio Citti. Fotografia: Giuseppe Ruzzolini. Cenografia: Luciano Puccini. Figurino: Marcella Di Marchis. Música original: Ennio Morricone. Montagem: Nino Baragli. Elenco: Terence Stamp (o hóspede); Andrès José Cruz Soublette (o filho Pietro), Anne Wiazemsky (a filha Odetta), Massimo Girotti (o patriarca Paolo); Silvana Mangano (a matriarca Lucia), Laura Betti (a criada Emilia), Adele Cambria (a outra criada), Ninetto Davoli (o carteiro Angelino), Susanna Pasolini (a velha camponesa), Luigi Barbini (o rapaz da estação), Carlo De Mejo (outro rapaz), Cesare Garboli (entrevistador do prólogo), Alfonso Gatto (o médico), Ivan Scratuglia. Mixagem: Fausto Ancillai. Produção: Aeros Film (Roma). Produtores: Franco Rossellini, Mauro Bolognini. Filmagens: março a maio de 1968. Primeira Exibição: 4 de setembro de 1968 no XXIX Festival de Veneza. Prêmios: Grande Prêmio do Ofício Católico Internacional do Cinema, Coppa Volpi de Melhor Interpretação Feminina para Laura Betti e Navicella D'Oro no Festival de Veneza/1968.

1969

Medéia (Medea). Itália/França/Alemanha, 1969, cor, 110 minutos. Direção, Roteiro (com base na tragédia de Eurípides): Pier Paolo Pasolini. Assistência de direção: Sergio Citti, Carlo Carunchio. Fotografia: Ennio Guarnieri. Cenografia: Dante Ferretti. Arquitetura: Nicola Tamburro. Figurino: Piero Tosi. Montagem: Nino Baragli. Elenco: Maria Callas (Medéia), Laurent Terzieff (Centauro), Massimo Girotti (Creonte), Giuseppe Gentile (Jasão). Outros: Margareth Clementi, Sergio Tramonti, Anna Maria Chio. Produção: San Marco SpA (Roma), Le Films Number One (Paris), Janus Film und Fernsehen (Frankfurt). Produtores: Franco Rossellini, Marina Cicogna, Pierre Kalfon, Klaus Helwig. Filmagens: verão de 1969. Locações: Turquia, Aleppo (Síria), Pisa, Marechiaro di Anzio, Laguna di Grado, Viterbo. Primeira Exibição: 27 de dezembro de 1969 em Milão. Exibição de Gala: 28 de janeiro de 1970 na Ópera de Paris.

Notas para uma Oréstia Africana (Appunti per un'Orestiade africana). Itália, 1969, p&b, 65 minutos. Direção, roteiro: Pier Paolo Pasolini. Fotografia: Pier Paolo Pasolini, Giorgio Pelloni, Mario Bagnato, Emore Galeassi. Música original: Gato Barbieri. Som: Franco Savina. Montagem: Cleofe Conversi. Produção: IDI Cinematografica (Roma). Produtor: Gian Vittorio Baldi. Filmagens: verão de 1969. Primeira Exibição: 16 de abril de 1970 no MIDEM em Cannes.

Pocilga (Porcile). Itália/França, 1969, cor, 98 minutos. Direção, Roteiro (com base em suas peças *Porcile* e *Orgie*): Pier Paolo Pasolini. Assistência de direção: Sergio Citti, Fabio Garriba, Sergio Elia. Fotografia: primeiro episódio: Armando Nannuzi, Tonino Delli Colli (interiores); segundo episódio: Giuseppe Ruzzolini. Câmara: Francisco di Giacomo. Figurino: Danilo Donati. Música Orginal: Benedetto Ghiglia. Tema Musical: *Horst Wessel Lied,* a marcha das tropas de choque nazistas. Montagem: Nino Baragli. Elenco: Episódio renascentista: Pierre Clementi (primeiro canibal), Franco Citti (segundo canibal), Luigi Barbini (soldado), Ninetto Davoli (Maracchione, a testemunha), Sergio Elia (criado); Episódio alemão: Jean-Pierre Léaud (Julian), Alberto Lionello (o industrial Senhor Klotz, pai de Julian), Margherita Lozano (Senhora Klotz, dublada por Laura Betti), Anne Wiazemsky (Ida), Ugo Tognazzi (Herdhitze,

TODOS OS CORPOS DE PASOLINI

o industrial rival), Marco Ferreri (Hans Günther, dublado por Mario Missiroli). Produção: Episódio renascentista: Gianni Barcelloni Corte, BBG; Episódio alemão: Gian Vittorio Baldi e IDI Cinematografica (Roma), I Film dell'Orso, CAPAC Filmédis (Paris). Direção de Produção: Rodolfo Frataioli. Película: Kodak Eastmancolor. Dublagem: CID. Sincronização, sonorização: NIS Film. Distribuição: INDEFF. Filmagens: Episódio renascentista: novembro de 1968. Locações: Vale do Etna, Catânia e Roma; Episódio alemão: fevereiro de 1969. Locações: Verona, Stra, Villa Pisani. Primeira Exibição: 30 de agosto de 1960 no XXXI Festival de Veneza.

1970

Appunti per un romanzo dell'immondeza. Itália, 1970. Direção, roteiro: Pier Paolo Pasolini. Documentário de curta-metragem.

Decameron (Il Decameron). Itália/França/Alemanha, 1970, cor, 110 minutos. Direção, Roteiro (com base no romance de Giovanni Boccaccio): Pier Paolo Pasolini. Assistência de direção: Sergio Citti, Umberto Angelucci, Paolo Andrea Mettel. Fotografia: Tonino Delli Colli. Desenho de produção: Dante Ferretti. Figurino: Danilo Donati. Montagem: Nino Baragli, Tatiana Casini Morigi, Enzo Ocone. Trilha musical: Ennio Morricone, Pier Paolo Pasolini. Elenco: Franco Citti (Cepparello, Ciappelletto), Ninetto Davoli (Andreuccio de Perugia), Jovan Jovanovic (rústico), Angela Luce (Peronella), Pier Paolo Pasolini (discípulo de Giotto), Giuseppe Zigaina (frade), Vincenzo Amato (Masetto da Lamporecchio), Guido Alberti (rico mercador), Gianni Rizzo (frade superior), Elisabetta Genovese (Caterina), Silvana Mangano (Nossa Senhora). Produção: PEA (Roma), Les Productions Artistes Associés (Paris), Artemis Film (Berlim). Produtores: Alberto Grimaldi, Franco Rossellini. Filmagens: setembro a novembro de 1970. Locações: Nápoles, Amalfi, Vesúvio, Ravello, Sorrento, Caserta, periferia de Roma e Viterbo, Nepi, Bolzano, Bressanone, Sana'a (Iêmen do Norte), Vale do Loire (França). Primeira Exibição: 29 jun. 1971 no XXI Festival de Berlim. Prêmios: Urso de Prata no Festival de Berlim/1971.

1971

Os Contos de Canterbury (I racconti di Canterbury). Itália/França, 1971, cor, 121 minutos. Direção, Roteiro (com base no romance de Geoffrey Chaucer): Pier Paolo Pasolini. Assistência de direção: Umberto Angelucci, Peter Shepherd. Fotografia: Tonino Delli Colli. Cenografia: Dante Ferretti. Figurino: Danilo Donati. Montagem: Nino Baragli. Música: Ennio Morricone. Elenco: Hugh Griffith (Sir January), Laura Betti (mulher de Bath), Ninetto Davoli (Perkin, o bufão), Franco Citti (Diabo), Alan Webb (velho), Josephine Chaplin (May), Pier Paolo Pasolini (Geoffrey Chaucer). Mixagem: Gianni D'Amico. Produção: PEA Produzioni Europee Associate, Roma. Produtor: Alberto Grimaldi. Filmagens: inverno de 1971. Locações: Safa Palatino, Roma, Etna (Itália); Canterbury, Abadia de Battle, Warwick, Maidstone, Cambridge, Bath, Hastings, Lavenham, Rolvenden (Inglaterra). Primeira exibição: 2 de julho de 1972 no XXII Festival de Berlim. Prêmios: Urso de Ouro no Festival de Berlim/1972.

1972

12 *dicembre 1972*. Itália, 1970-1972, p&b, 104 minutos. Direção: Giovanni Bonfanti, Pier Paolo Pasolini (não creditado). Assistência de direção: Fabio Pellarini. Som: Bruno Nappa, Pasquale Rostolo. Roteiro: Giovanni Bonfanti, Goffredo Fofi, a partir de uma idéia de Pier Paolo Pasolini.

O *CORPUS* ARQUIVADO

Montagem: Lamberto Mancini. Fotografia: Giuseppe Pinori, Sebastiano Celeste, Enzo Tosi, Roberto Lombardi. Música: Pino Masi. Produtor: Roberto Angelucci. Produção: Lotta Continua.

Gli episodi inediti. Itália, 1972, cor. Episódios que Pasolini suprimiu de *As Mil e Uma Noites de Pasolini* por razões de metragem excessiva.

Os Muros de Sana'a (Le mura di Sana'a). Itália, 1972, cor, 16 minutos. Direção, comentários, narração: Pier Paolo Pasolini. Fotografia: Tonino Delli Colli. Montagem: Tatiana Casini Morigi. Produção: Rosina Anstalt Ltd. Italy. Produtor: Franco Rossellini. Filmagens: 18 de outubro de 1973. Locações: Sana'a (Iêmen do Norte), Adramaut (Iêmen do Sul). Primeira exibição: 20 de junho de 1974 em Milão.

1974

As Mil e Uma Noites de Pasolini (Il Fiore delle Mille e una Notte). Itália/França, 1974, cor, 148 minutos. Direção: Pier Paolo Pasolini. Roteiro: Pier Paolo Pasolini, Dacia Maraini, com base em *As Mil e Uma Noites.* Assistência de direção: Umberto Angelucci, Peter Shepherd. Fotografia: Giuseppe Ruzzolini. Música: Ennio Morricone. Cenários: Dante Ferretti. Figurino: Danilo Donati. Montagem: Nino Baragli, Tatiana Casini Morigi. Elenco: Ninetto Davoli (Aziz), Tessa Bouché (Aziza), Franco Citti (gênio). Outros: Franco Merli, Ines Pellegrini, Abadit Ghidei, Giana Idris, Alberto Argentino, Francesco Paolo Governale, Salvatore Sapienza, Fessazion Gherentiel. Mixagem: Fausto Ancillai. Produção: PEA (Roma) e Les Productions Artistes Associés (Paris). Produtor: Alberto Grimaldi. Filmagens: fevereiro a maio de 1973. Locações: Nepal, Índia, Etiópia, República Árabe do Iêmen, República Democrática Popular do Iêmen, Irã. Primeira Exibição: 20 de maio de 1974 no Festival de Cannes.

1975

Salò ou os 120 Dias de Sodoma (Salò o Le 120 Giornate di Sodoma*)*. Itália/França, 1975, cor, 114 minutos. Direção: Pier Paolo Pasolini. Assistência de direção: Umberto Angelucci, Fiorella Infascelli. Roteiro: Pier Paolo Pasolini, Sergio Citti, Pupi Avati, com base no romance *Os 120 Dias de Sodoma,* do Marquês de Sade. Direção musical: Pier Paolo Pasolini. Música original: Ennio Morricone. Fotografia: Tonino Delli Colli. Cenografia: Dante Ferretti. Figurino: Danilo Donati. Montagem: Nino Baragli, Tatiana Casini Morigi. Elenco: Paolo Bonacelli (Duque de Blangis), Uberto Paolo Quintavalle (Juiz), Giorgio Cataldi (Bispo, dublado por Giorgio Caproni), Aldo Valletti (Presidente Durcet, dublado por Marco Bellocchio), Caterina Boratto (Senhora Castelli), Hélène Surgère (Senhora Vaccari, dublada por Laura Betti), Elsa de' Giorgi (Senhora Maggi), Sonia Saviange. Outros: Sergio Fascetti, Antonio Orlando, Claudio Cicchetti, Franco Merli, Bruno Musso, Umberto Chessari, Lamberto Book, Gaspare di Jenno, Giuliana Melis, Faridah Malik, Graziella Aniceto, Renata Moar, Dorit Henke, Antinisca Nemour, Benedetta Gaetani, Olga Andreis, Tatiana Mogilanskij, Susanna Radaelli, Giuliana Orlandi, Liana Acquaviva, Rinaldo Missaglia, Giuseppe Patruno, Guido Galletti, Efisio Erzi, Claudio Troccoli, Fabrizio Menichini, Maurizio Valaguzza, Ezio Manni, Anna Maria Dossena, Anna Recchimuzzi, Paola Pieracci, Carla Terlizzi, Ines Pellegrini. Mixagem: Fausto Ancillai. Produção: PEA (Roma) e Les Productions Artistes Associés (Paris). Produtores: Alberto De Stefanis, Antonio Girasante, Alberto Grimaldi. Filmagens: março a maio de 1975. Locações: Salò, Mantova, Gardelletta, Bolonha. Primeira exibição: 22 de novembro de 1975 no I Festival de Paris.

TODOS OS CORPOS DE PASOLINI

ROTEIRISTA

1955

A Mulher do Rio (La donna del fiume). Itália/França, 1955, cor, 105 minutos. Direção: Mario Soldati. Roteiro: Antonio Altoviti, Giorgio Bassani, Basilio Franchina, Pier Paolo Pasolini, Mario Soldati, Florestano Vancini, Ben Zavin (diálogos), com base numa história de Alberto Moravia e Ennio Flaiano.

1956

Il prigionero della montagna. Itália/Alemanha, 1956, cor, 87 ou 101 minutos. Direção: Luis Trenker. Roteiro: Giorgio Bassani, Pier Paolo Pasolini, Luis Trenker, com base no romance *Die Flucht des Giovanni Testa*, de Gunther C. Bienek.

1957

As Noites de Cabiria (Le notti di Cabiria). Itália, 1957, p&b, 110 ou 117 minutos. Direção: Federico Fellini. Roteiro: Ennio Flaiano, Tullio Pinelli, Pier Paolo Pasolini (diálogos adicionais), sobre uma idéia de Federico Fellini.

1958

Ignoti Alla Città. Itália, 1958, cor, 13 minutos. Direção: Cecilia Mangini. Curta-metragem.

Os Jovens Maridos (Giovani mariti). Itália/França, 1958, p&b, 98 minutos. Direção: Mauro Bolognini. Roteiro: Mauro Bolognini, Enzo Curreli, Pasquale Festa Campanile, Pier Paolo Pasolini.

Os Namoros de Marisa (Marisa la civetta). Itália, 1958, p&b, 86 minutos. Direção: Mauro Bolognini. Roteiro: Mauro Bolognini, Tatina Demby, Pier Paolo Pasolini.

1959

A Longa Noite de Loucuras (La Notte Brava). Itália/França, 1959, p&b, 95 minutos. Direção: Mauro Bolognini. Roteiro: Pier Paolo Pasolini, Jacques-Laurent Bost, com base no romance *Meninos da Vida*, de Pasolini. Com Jean-Claude Brialy, Anna Maria Ferrero, Franco Interlenghi, Laurent Terzieff. Pasolini considerava o argumento de *La Notte Brava* como o primeiro argumento "inteiramente" seu. O filme transpõe um capítulo de *Meninos da Vida*, em que um grupo de jovens, depois de um roubo bem sucedido, passa a noite a percorrer Roma usufruindo do produto do roubo.

La canta delle marane. Itália, 1959, cor, 10 minutos. Direção: Cecilia Mangini. Roteiro: Pier Paolo Pasolini.

Morte de um Amigo (Morte di un amico). Itália, 1959, p&b, 95 minutos. Direção: Franco Rossi. Roteiro: Ugo Guerra, Franco Riganti, Franco Rossi, com base numa história de Giuseppe Berto, Oreste Biancoli e Pier Paolo Pasolini.

O *CORPUS* ARQUIVADO

1960

A Doce Vida (La dolce vita). Itália, 1960, p&b, 165 ou 174 ou 177 ou 180 minutos. Direção: Federico Fellini. Roteiro: Federico Fellini, Ennio Flaiano, Tullio Pinelli, Brunello Rondi, Pier Paolo Pasolini (não creditado), com base numa história de Fellini, Flaiano e Pinelli.

A Moça na Vitrina (La ragazza in vetrina). Itália/França, 1960, p&b, 90 minutos. Direção: Luciano Emmer. Roteiro: Emanuele Cassuto, Luciano Emmer, Vinicio Marinucci, Luciano Martino, Pier Paolo Pasolini, com base numa história de Cassuto, Emmer e Rodolfo Sonego.

A Noite do Massacre (La lunga notte del '43). Itália/França, 1960, p&b, 110 minutos. Direção: Florestano Vancini. Roteiro: Ennio De Concini, Pier Paolo Pasolini, Florestano Vancini, com base no romance homônimo de Giorgio Bassani.

Il carro armato dell'8 settembre. Itália, 1960, p&b. Direção: Gianni Puccini. Roteiro: Bruno Baratti, Elio Bartolini, Goffredo Parise, Pier Paolo Pasolini, Giulio Questi, com base numa história de Puccini, Ugo Guerra, Elio Petri e Rodolfo Sonego.

O Belo Antonio (Il bell'Antonio). Itália/França, 1960, p&b, 95, 102 ou 105 minutos. Direção: Mauro Bolognini. Roteiro: Mauro Bolognini (não creditado), Pier Paolo Pasolini, Gino Visentini, com base no romance homônimo de Vitaliano Brancati.

Um Dia de Enlouquecer (La giornata balorda). Itália/França, 1960, p&b, 84 minutos. Direção: Mauro Bolognini. Roteiro: Alberto Moravia, Pier Paolo Pasolini, Marco Visconti, com base no romance homônimo de Moravia.

1961

Milano Nera. Itália, 1961, p&b, 84 minutos. Direção: Gian Rocco, Pino Serpi. Roteiro: Pier Paolo Pasolini, Gian Rocco, Pino Serpi.

1962

A Morte (La commare secca). Itália, 1962, p&b, 88 minutos. Direção: Bernardo Bertolucci. Roteiro: Bernardo Bertolucci, Sergio Citti, Pier Paolo Pasolini, com base numa história de Pasolini.

1970

Ostia. Itália, 1970, cor. Direção: Sergio Citti. Roteiro: Sergio Citti, Pier Paolo Pasolini, com base numa história de Citti e Pasolini.

1973

Storie cellerate. Itália, 1973, cor. Direção: Sergio Citti. Roteiro: Sergio Citti, Pier Paolo Pasolini.

ATOR

1960

O Corcunda de Roma (Il Gobbo). Itália, 1960, p&b e cor, 103 minutos. Direção: Carlo Lizzani. Como Monco.

1963

Comícios de amor. Como Pier Paolo Pasolini.

Locações na Palestina. Como Pier Paolo Pasolini.

1967

Édipo Rei. Como um Alto Sacerdote.

Réquiem para Matar (Requiescant). Itália, 1967, cor, 105 minutos. Direção: Carlo Lizzani. Como Don Juan.

1968

A Seqüência da Flor de Papel. Como Pier Paolo Pasolini.

Notas para um Filme sobre a Índia. Como Pier Paolo Pasolini.

1970

Decameron. Como um discípulo de Giotto.

1971

Os Contos de Canterbury. Como Geoffrey Chaucer.

1972

s.p.q.r. Alemanha, 1972, cor, 126 minutos. Direção: Volker Koch. Como Pier Paolo Pasolini.

O *CORPUS* ARQUIVADO

II. Filmografia Sobre Pasolini

1962

Una vita violenta. Itália, 1962, p&b, 115 minutos. Direção: Paolo Heusch, Brunello Rondi. Roteiro: Paolo Heusch, Brunello Rondi, Franco Solinas, baseado no romance de homônimo de Pasolini.

1966

[*Pasolini e Totò*]. Itália, 1966, p&b, vídeo, 6 minutos. Direção: Pietro Pintus. Elenco: Pier Paolo Pasolini, Totò. Produção: RAI (Radiotelevisione italiana). Entrevista no *set* de *Gaviões e Passarinhos*.

Cinéma de notre temps: Pasolini, l'enragé. França, 1966, p&b, vídeo, 65 minutos. Direção: Jean-André Fieschi. Elenco: Adriana Asti, Bernardo Bertolucci, Alfredo Bini, Franco Citti, Sergio Citti, Vittorio Cottafavi, Ninetto Davoli, Pier Paolo Pasolini, Totò. Produção: ORTF (Channel 2) para a série "Cinéma de notre temps", de Jeanine Bazin e André Labarthe. Primeira Exibição: 15 nov. 1966. Propriedade: INA (Institut National de l'Audiovisuel). Um dos principais críticos dos *Cahiers du Cinéma* realizou para a célebre série da televisão francesa "Cinéastes de Notre Temps", este documentário que aborda as idéias de Pasolini, sem nada de anedótico, acompanhando-o na periferia romana, onde passou a juventude, em conversas com os irmãos Franco e Sergio Citti e numa paródia de entrevista com Ninetto Davoli.

Film in Rom [*Set di La Terra vista dalla Luna*]. Alemanha/Itália, 1966, p&b, vídeo, 5 ou 19 minutos. Direção: Alois Kolb. Elenco: Gideon Bachmann, Pier Paolo Pasolini. Produção: Bayerischer Rundfunfk (Studio Rom). Gideon Bachmann entrevista Pasolini no *set* de *A Terra Vista da Lua*.

Il cinema della realtà. Itália, 1966, p&b, 47 minutos. Direção: Gianni Amico. Elenco: Totà, Ninetto Davoli. Produtor: Gina Vittorio Baldi. Produção: IDI Cinematografica/Office National du Film, Canada.

Il cinema di Pasolini: Appunti per un critofilm. Itália, 1966, p&b, 13 ou 15 minutos. Direção: Mauricio Ponzi. Elenco: Ninetto Davoli. Produção: Corona Cinematografica.

Roma 4. Itália, 1966, p&b, vídeo, 4 minutos. Direção: Bernardo Zapponi, Stefano De' Stefani. Elenco: Claudio Villa. Produção: RAI (Radiotelevisione italiana).

1967

[*A proposito dell'opera teatrale*]. Itália, 1967, p&b, vídeo, 9 minutos. Elenco: Pier Paolo Pasoloni. Produção: rai (Radiotelevisione italiana) DUE.

TODOS OS CORPOS DE PASOLINI

Pasolini intervistato da Pietro Pintus su Edipo Re. Itália, 1967, p&b, vídeo, 5 minutos. Elenco: Pietro Pintus, Pier Paolo Pasolini. Produção: RAI (Radiotelevisione italiana). XXVII Festival de Veneza. Entrevista com Pasolini sobre *Édipo Rei*.

Pier Paolo Pasolini: Cultura e società. Itália, 1967, p&b, vídeo, 17 ou 19 minutos. Direção: Carlo Di Carlo. Elenco: Pier Paolo Pasolini. Dentro da série: *Primo Piano –Personaggi e problemi dell'Italia d'oggi.* Produção: Unitelefilm.

Pier Paolo Pasolini: Le confessioni di un poeta. Itália, 1967, p&b, vídeo, 45 minutos. Direção: Fernaldo di Giammatteo. Elenco: Pier Paolo Pasolini, Susanna Pasolini, Franco Citti. Produção: RTSI (Radio Télévision Suisse Italienne/Radiotelevisione della Svizzera italiana).

1968

[Ezra Pound]. Itália, 1968, p&b, 23 minutos. Edição de Un'ora con Ezra Pound realizada pelo Fondo Pier Paolo Pasolini.

[Pasolini e il linguaggio nazionale]. Itália, 1968, p&b, vídeo, 4 minutos. Produção: rai (Radiotelevisione italiana). Pasolini é entrevistado por Bartolo Ciccardini dentro do programa "Sapere", a 19 fev. 1968.

Un'ora con Ezra Pound. Itália, 1968, p&b, vídeo, 50 minutos. Direção: Vanni Ronsisvalle. Elenco: Pier Paolo Pasolini, Ezra Pound. Programa "Incontri", de Gastone Favero. Produção: RAI (Radiotelevisione italiana). Pasolini entrevista o poeta Ezra Pound e lê alguns de seus poemas.

1969

Discorso 'aperto-chiuso' con Pier Paolo Pasolini. Itália, 1969, p&b, vídeo, 55 minutos. Direção: [Mesa-redonda coordenada por] Sandro Zambetti. Elenco: Pier Paolo Pasolini, Laura Vergerio, Enrico Maggi, Bernardo Bertolucci, Mario Milesi. Produção: RAI (Radiotelevisione italiana). Dentro da série: Controcampo. Primeira Exibição: 31 dez.1969.

Intervista a Maria Callas su "Medea" a Roma. Itália, 1969, p&b, 4 minutos. *Elenco*: Maria Callas. *Produção*: RAI (Radiotelevisione italiana).

Parla Pasolini [Colloquio]. Suíça, 1969, p&b, vídeo, 6 minutos. Direção: Marco Blaser. Elenco: Pier Paolo Pasolini. Produção: RTSI (Radio Télévision Suisse Italienne e Radiotelevisione della Svizzera italiana) para o programa "Lavori in corso"/"Work in progress".

Pasolini e Maria Callas sul set di "Medea". Inglaterra, 1969, p&b, 3 ou 4 minutos. Elenco: Pier Paolo Pasolini, Maria Callas. Produção: BBC (British Broadcasting Company) para o programa "Omnibus". Primeira Exibição: 28 jun. 1969.

Pasolini parla della sua opera teatrale. Itália, 1969, p&b, vídeo, 9 minutos. Produção: RAI (Radiotelevisione italiana).

O *CORPUS* ARQUIVADO

Pier Paolo Pasolini. Ein Portrait. Alemanha, 1969, p&b, 50 ou 60 minutos. Direção: [Karina Ehret] ou [Karin Thome], [Frank Fielder] ou [Frank Fiedler], Balz Raz. Elenco: Pier Paolo Pasolini, Bernardo Bertolucci, Luigi Nono, Maurizio Rotundi, Franco Citti, Sergio Citti. Produção: WDR (Westdeutscher Rundfunk, Colônia).

1970

Ostia. Itália, 1970, cor. Direção: Sergio Citti. Supervisão de Direção: Pier Paolo Pasolini. Roteiro: Sergio Citti, Pier Paolo Pasolini, com base numa história escrita pelos dois.

Pasolini e il pubblico. Itália, 1970, p&b, vídeo, 42 minutos. Direção: Alberto Luna, Oreste Del Buono. Elenco: Pier Paolo Pasolini. Produção: RAI (Radiotelevisione italiana), dentro da série: Cinema '70. *Medéia* é discutida com Pasolini e operários da Alfa Romeo que viram o filme numa sessão organizada para a ocasião. Primeira Exibição: 20 jan. 1970.

Pasolini talks about his films. [Pasolini parla dei suoi film]. Inglaterra, 1970, p&b, 16 minutos. Elenco: Pier Paolo Pasolini. Produção: BBC (British Broadcasting Company), para o programa "Film Night". Primeira Exibição: 23 ago. 1970.

1971

Pier Paolo Pasolini: A film maker's life. Inglaterra, 1971, cor, 29 minutos. Direção: Carlo Hayman-Chaffey. Documentário sobre a vida e obra de Pasolini, com depoimentos de Pasolini, Ninetto Davoli, Sergio Citti, Franco Citti, Giancarlo Arnao, Cesare Zavattini, Alberto Moravia.

Terza B: Facciamo l'appello. Itália, 1971, p&b, vídeo, 11 ou 60 minutos. Direção: Enzo Biagi. Elenco: Odoardo Bertani, Agostino Bignardi, Carlo Manzoni, Nino Pittani, Sergio Telmon. Produção: RAI (Radiotelevisione italiana). Não foi exibido na época. Primeira Exibição: 19 set. 1989.

1972

S.P.Q.R. Alemanha, 1972, cor, 126 minutos. Direção, roteiro: Volker Koch. Produção: Koch – SDR (RFA). Elenco: K.P. Alfaenger, Ninetto Davoli, Anthony Del Visco, Carla Egerer, Lydia Mancinelli, Ondine, Pier Paolo Pasolini, Eva Henriette Rossner, Lynn Ruby, Louis Walden.

S.P.Q.R. [Versão italiana]. Itália, 1972, cor, 32 minutos.

1974

Pasolini e il cinema: Al cuore della realtà. Itália, 1974, cor, vídeo, 55 minutos. Direção: Mario Novi. Produção: RAI (Radiotelevisione italiana), para o programa "Settimo Giorno", de Francesca Sanvitale e Enzo Siciliano. Elenco: Morando Morandini, Giorgio Bassani, Vittorio Sermonti e Pier Paolo Pasolini, entrevistado por Francesco Savio.

Pasolini e... "La forma della città". Itália, 1974, cor, vídeo, 15 ou 20 minutos. Direção, Roteiro: Paolo Brunatto; Pier Paolo Pasolini. Produção: RAI (Radiotelevisione italiana) DUE, para o

TODOS OS CORPOS DE PASOLINI

programa "Io e", de Anna Zanoli. Primeira Exibição: 7 fev. 1974. Conversa sobre o urbanismo e a arquitetura, e sobre o fato de que o consumismo opera, de fato, uma aculturação muito mais ampla que a tentada pelo fascismo.

1975

Pasolini intervistato da Philippe Bouvard. França, 1975, cor, vídeo, 6 ou 7 minutos. Produção: ORTF (Antenne 2), para o programa "Dix de der". Gravação: 31 out. 1975 [Última entrevista televisiva de Pier Paolo Pasolini]. Primeira Exibição: 8 nov. 1975. Propriedade: INA (Institut Nationale de l'Audiovisuel).

1976

Il silenzio è complicità. Itália, 1976, cor, 40 minutos. Direção: Laura Betti, Bernardo Bertolucci, Mauro Bolognini, Mario Monicelli, Ettore Scola, Enzo Siciliano. Produção: Associazione "Fondo Pier Paolo Pasolini".

Il sogno di una cosa 1943-1949: Pasolini in Friuli. Itália, 1976, cor, vídeo, 45 minutos. Direção: Francesco Bortolini. Produção: RAI (Radiotelevisione italiana) DUE.

1977

Laboratorio teatrale di Luca Ronconi. Itália, 1977, cor, vídeo, 76 minutos. Direção: Miklòs Jancsò. Documentário sobre a peça *Calderón*, de Pasolini, montada em Prato, Florença, jul. 1977. Produção: RAI (Radiotelevisione italiana) DUE.

1981

Whoever says the truth shall die. Holanda, 1981, p&b e cor, vídeo, 59 minutos. Produção: Connoisseur/Academy Video/Argos Films/BFI. Versão em VHS de *Wie de waarheid zegt moet dood*, com legendas em inglês e italiano.

Wie de waarheid zegt moet dood. Holanda, 1981, p&b e cor, vídeo, 57 minutos. Direção: Philo Bregstein. Produção: VARA, para o programa "De Onderste Steen". Câmara: Michel Pensato, Alan Jones, Vincent Blanchet, Ali Movahed, Richard Laurent. Edição: Mario Steenbergen. Apoio: Istituto Gramsci, Roma. Produtores: Harry Prins, Franl Diamond. Primeira Exibição: 31 ago. 1981. O diretor entrevista Pier Paolo Pasolini pouco antes de sua morte e mais tarde realiza o documentário, tomando depoimentos de Bernardo Bertolucci, Laura Betti, Alberto Moravia, Maria Antonietta Macciocchi. Poemas de Pasolini são lidos por Laura Betti.

1984

Prodotto Intelletuale. Genesi, struttura, storia, *Accattone* di Pasolini. Itália, 1984, p&b. Direção: Pasquale Misuraca. Produção: RAI (Radiotelevisione italiana).

260

O *CORPUS* ARQUIVADO

1985

Laboratorio cinematografico di Pier Paolo Pasolini. Itália, 1985, p&b e cor, vídeo, 51 minutos. Produção: Associazione Fondo Pier Paolo Pasolini. Montagem de material de arquivo da RAI (Radiotelevisione italiana) e do Istituto LUCE.

Pasolini inszeniert seinen Tod. Áustria, 1985, cor, vídeo. Direção: Houchang Allahyari. Documentário sobre a absurda teoria que Giuseppe Zigaina apresentou, em 1984, no Museum of Modern Art da Berkeley University, acerca do planejamento obsessivo que Pasolini teria feito da própria morte com o objetivo de converter-se em mito.

Pier Paolo Pasolini: Una disperata vitalità. Itália, 1985, p&b e cor, vídeo, 54 minutos –primeira parte; 57 minutos –segunda parte. Direção: Paolo Brunatto. Produção: RAI (Radiotelevisione italiana).

Roma e il mondo letterario 1950-1960. Itália, 1985, p&b e cor, vídeo, 34 minutos. Produção: Associazione Fondo Pier Paolo Pasolini. Montagem de material de arquivo da RAI (Radiotelevisione italiana) e do Istituto LUCE.

1986

A futura memoria: Pier Paolo Pasolini. Itália, 1986, cor, 115 minutos. Direção: Ivo Barnabò Micheli. Documentário biográfico com cenas de arquivo com entrevistas de Pier Paolo Pasolini, muitas retomadas de *Confessione di un poeta* (1967), de Fernaldo di Giammatteo. Prêmios: Prêmio Golden Mikeldi de Documentário no Festival Internacional do Documentário e do Curta-Metragem de Bilbao de 1986.

1987

Angelus Novus. Itália, 1987, cor e p&b, 80 minutos. Direção: Pasquale Misuraca. Elenco: Domenico Pesce, Tomaso Ricordy, Stefano Valoppi, Eliana Cifa, Ignazio Fenu. Produtor: Francesca Noè. Música: Vittorio Gelmetti. Fotografia: Paolo Carnera, Bruno Di Virgilio. Edição: Roberto Perpignani. Direção de Arte: Alexandra Zampa. Figurino: Alexandra Zampa. Produção: Istituto Luce-Italnoleggio Cinematográfico/Libra Film/Ministero del Turismo e dello Spettacolo.

1990

Ennio Morricore: le musiche per Pier Paolo. Itália, 1990, cor, vídeo. Produção: Virgin.

1991

Ostia. Inglaterra, 1991, cor, 26 minutos. Direção, roteiro: Julian Cole. Elenco: Derek Jarman (Pier Paolo Pasolini), David Dipnall (Pino Pelosi). Reconstituição fictícia da última noite de Pasolini, avançando a tese do massacre do poeta por mais de um assassino, com objetivos políticos.

261

TODOS OS CORPOS DE PASOLINI

1993

Un uomo fioriva: Pier Paolo Pasolini. Itália, 1993, p&b e cor. Direção, roteiro: Enzo Lavagnini. Elenco: Andrea David Quinzi (Pier Paolo Pasolini), Anna Macci (Mariella). Depoimentos: Attilio Bertolucci, Vincenzo Cerami, Franco Citti, Sergio Citti, Ennio De Concini, Paolo Volponi. Cenografia: Stefano Pica. Desenho de figurino: Carlo Serafin. Produção: Fondo Pier Paolo Pasolini, Istituto Luce. Produtor: Diego D'Innocenzo. Docudrama sobre os primeiros anos de Pasolini em Roma (1951-1954); sua experiência como professor numa escola da periferia, a *borgata* onde encontrou os personagens e as situações de seus romances e filmes romanos.

1994

Les cendres de Pasolini. Itália, 1994, cor. Direção: Pasquale Misuraca. Montagem feita com filmes de arquivo com entrevistas de Pasolini. Prêmio Planeta Cabo no Festival do Filme Documentário de Marselha em 1994.

1995

Lo zio di Brooklyn. Itália, 1995, p&b, 98 minutos. Direção: Daniele Ciprì, Franco Maresco. Com atores amadores vestidos de mulher e narrativa surrealista, o filme foi considerado niilista e seus diretores qualificados de "herdeiros de Pasolini".

Nerolio. Itália, 1995, p&b, 90 minutos. Direção, roteiro: Aurelio Grimaldi. Elenco: Cast (in credits order). Elenco: Marco Cavicchioli (o poeta), Lucia Sardo (a criada), Vincenzo Crivello (Valerio Varzo), Piera Degli Esposti (Mãe de Valerio), Franco Mirabella (Daniele), Mauro Lenares (Rocco), Salvatore Lazzaro (Marco), Antonietta Carbonetti (mulher no trem), Saro Miano (homem no trem). Os prostitutos: Maurizio Nicolosi, Enzo Di Martino, Fabio Lo Bello, Giancarlo Scuderi, Marco Spicuglia.

Ninetto le Messager. França, 1995, cor, vídeo, 25 minutos. Direção: Jean-André Fieschi. Entrevista gravada em Parma com Nino Davoli, dito Ninetto, o ator *pasoliniano* por excelência, que aí evoca a figura do realizador e do seu trabalho.

Pasolini: Um Delito Italiano (Pasolini: Un delitto italiano). Itália, 1995, cor, 100 minutos. Direção: Marco Tullio Giordana. Roteiro: Marco Tullio Giordana, Sandro Petraglia, Stefano Rulli, com base na biografia *Vita di Pasolini*, de Enzo Siciliano, e no livro homônimo de Giordana. Elenco: Carlo DeFilippi (Giuseppe "Pino, a Rã" Pelosi), Nicoletta Braschi (Graziella Chiarcossi), Toni Bertorelli (Ispettore Pigna), Andrea Occhipinti (Furio Colombo), Victor Cavallo (Antonio Pelosi), Rosa Pianeta (Maria Pelosi), Giulio Scarpati (Nino Marazzita), Francesco Siciliano (agente), Biagio Pelligra (funcionário), Umberto Orsini (Alto Magistrado), Krum De Nicola (Adolfo De Stefanis), Claudio Amendola (Trepalle), Enzo Marcelli (Braciola), Antonio Petrocelli (Tommaso Spaltro), Ivano Marescotti (cliente Spaltro), Claudio Bigagli (Guido Calvi), Antonello Fassari (Rocco Mangia), Massimo De Francovich (Faustino Durante), Ennio Coltorti (Juiz de Menores), Adriana Asti (Professora Casal del Marmo), Paolo Graziosi (Luigi Canerini), Giacomo Piperno (Alfredo Carlo Moro), Maurizio Di Carmine (Giuseppe Salme),

O *CORPUS* ARQUIVADO

Claudia Pozzi (jornalista), Raffaele Serao (Appuntato Curzupe), Eduardo Cuomo (*Carabiniere* Guglieimi), Mimmo Mignemi (*Brigadiere*), Giorgio Crisafi (*Ufficiale Carabinieri*), Alessandro Carlone (companheiro de cela), Maria Gradi (Maria Teresa Lollobrigida), Romano Iannelli (Ennio Salvitti), Renato Campese (Juiz Tranfo), Vanni Fois (*Colonnello Carabinieri*), Gaetano Sersale (jornalista), Emilia Marra (jornalista), Simona Ferraro (jornalista), Dino Gentili (jornalista), Paolo Bonanni (jornalista), Marco Caporali (jornalista), Elisa Lancione (Susanna Pasolini). Outros: Claudio Alfonsi, Claudio Parise, Walter Da Pozzo, Franco Mescolini, Walter Piretti, Massimiliano Petrucci, Giovanni Marsala, Riccardo Calvani, Augusto Vacca, Fabrizio Vitale, Daniele Taffone, Simone Melis, Franca Scagnetti, Vito Passeri, Valentino Simeoni, Vittorio De Bisogno, Mattia Osti, Antonio Ferrante, Costantino Meloni, Paolo De Giorgio, Roberto Accornero, Clarizio Di Ciaula, Maurizio Greco, Giorgio Colangeli, Alessandra Vanzi, Antonio Falvo.

Pier Paolo Pasolini. Itália, 1995, cor, 60 minutos. Direção: Ivo Barnabò Micheli. Roteiro: Ivo Barnabò Micheli, Gianni Rondolino. Fotografia: Luigi Verga. Edição: Giuliano Mattioli. Produção: Istituto Luce. Documentário sobre a carreira de Pasolini.

1996

Os Três Reis Vagabundos/Os Magos Mambembes (I maggi randagi). Itália/França/Alemanha, 1996, cor, 94 minutos. Direção, roteiro: Sergio Citti, com base numa história originalmente escrita com Pier Paolo Pasolini. Elenco: Silvio Orlando (Melquior), Patrick Bauchau (Baltazar), Rolf Zacher (Gaspar), Laura Betti, Franco Citti, Ninetto Davoli.

1997

Les fioretti de Pasolini. França, 1997, cor, vídeo, 52 minutos. Direção: Alain Bergala. Nove quadros passados entre o cemitério de Casarsa – onde Pasolini foi enterrado ao lado de sua mãe – e as imediações de Ostia, onde seu corpo foi encontrado.

1998

Totò que Viveu Duas Vezes (Totò che visse due volte). Itália, 1998, p&b, 93 minutos. Direção: Daniele Ciprì, Franco Maresco. Os dois diretores palermitanos citam Pasolini num filme que foi proibido, como desde *Salò* um filme não era na Itália, por ser considerado "blasfemo e perverso".

2000

Nel paese dei temporali e delle primule. Itália, 2000, cor. Direção: Andrea D'Ambrosio. Documentário de curta-metragem.

Pasolini, el poeta en la playa. Espanha, 2000, cor, vídeo, 55 minutos. Direção: Jorge Ortiz de Landázuri Yzarduy; Pite Piñas. Roteiro: Álvaro del Amo. Elenco: Laura Betti, Ninetto Davoli, Nico Naldini, Enzo Siciliano. Produção: Isabel Lapuerta. Documentário gravado para o Canal+ España.

2001

Pier Paolo Pasolini e a Razão de um Sonho (Pier Paolo Pasolini e la raggione di un sogno). Itália, 2001, cor, 90 minutos. Direção: Laura Betti, Paolo Costella. Roteiro: Laura Betti, Pasquale Plastino. Assistência de Direção: Antonio Cecchi. Fotografia: Fabio Cianchetti. Edição: Roberto Missiroli, Paolo Petrucci. Música Original: Bruno Moretti. Som: Fabio Cerretti. Depoimentos: Francesca Archibugi, Bernardo Bertolucci, Mimmo Calopresti, Mario Cipriani, Franco Citti, Sergio Citti, Pappi Corsicato, Ninetto Davoli, Andrea De Sica, Virgilio Fantuzzi, Giacomo Marramao, Mario Martone, Soo Min Choul, Michela Noonan, Pier Paolo Pasolini, Tullia Perotti, Enzo Siciliano, Paolo Volponi. Documentário sobre a vida e obra de Pasolini. Primeira exibição: Festival de Veneza de 2001.

Salò Documentary. Inglaterra/Candá/Itália, 2001, cor. Direção e roteiro: Mark Kermode.

2002

Bernardo Bertolucci: A cosa serve il cinema?. Itália/Suíça, 2002, cor, 57 minutos. Direção: Sandro Lai. Documentário com Bernardo Bertolucci e Pier Paolo Pasolini, entre outros.

Talk Salo. Canadá, 2002, cor, 10 minutos. Direção, roteiro: Shawn Postoff. Elenco: Matt Austin (Aaron), Moti Yona (Spencer). Produção: Brett Hendrie, Shawn Postoff. Edição: Brett Hendrie. Som: John Hazen. Curta-metragem de ficção onde a visão de *Salò* desempenha um papel na trama psicológica.

Un mondo d'amore/A world of love. Itália, 2002, p&b, 86 minutos. Direção: Aurelio Grimaldi. Roteiro: Anna Maria Coglitore, Aurelio Grimaldi. Elenco: Arturo Paglia (Pier Paolo Pasolini), Gaetano Amato (Marechal), Loredana Cannata, Sandra De Falco, Mariolina De Fano, Guia Jelo, Fernando Pannullo, Teresa Pascarelli (Signora Pestardi). Produção: Leonardo Giuliano, Caterina Nardi. Trilha original: Mario Soldatini. Fotografia: Massimo Intoppa. Edição: Giuseppe Pagano. Desenho de produção: Ivana Gargiulo. Som: Luca Bertolin. Primeira exibição: Toronto International Film Festival. Prêmios: Indicação para o Golden Rose no Sochi International Film Festival. Ficção abordando os eventos de 1949 quando o jovem professor de literatura e poeta Pasolini foi acusado de ter seduzido três rapazes menores numa festa no Friuli; despedido da escola, expulso do PCI e de casa pelo pai, sem qualquer processo, ele parte com a mãe para Roma.

2003

Il corvo corsário. Itália, 2003, cor. Direção: Luca Alzani, Andrea D'Ambrosio. Projeto de longa-metragem sobre a vida de Pasolini.

La meglio giuventù. Itália, 2003, cor, 366 minutos. Direção: Marco Tullio Giordana, escrito por Sandro Petraglia e Stefano Rulli, inspirou-se em Pasolini apenas no título que retoma o de uma coletânea de poemas friulanos do escritor.

Mil Nuvens de Paz Cercam o Céu, Amor, jamais Deixará de Ser Amor (Mil nubes de paz cercan el cielo, amor, jamás acabarás de ser amor). México, 2003, p&b, 83 minutos.

O *CORPUS* ARQUIVADO

Direção: Julián Hernández. Elenco: Salvador Alvarez, Gloria Andrade, Llane Fragoso, Martha Gómez, Rosa María Gómez, Manuel Grapain Zaquelarez, Marcos Hernández, Salvador Hernández, Perla De La Rosa, Miguel Loaiza, Pablo Molina, Mario Oliver, Juan Carlos Ortuño, Clarissa Rendón, Pilar Ruiz, Martin Solís, Juan Carlos Torres. Produção: Roberto Fiesco. Fotografia: Diego Arizmendi. Edição: Emiliano Arenales Osório, Jacopo Hernández. Desenho de produção: Carolina Jiménez. Maquiagem: Elvia Romero. Som: Aurora Ojeda, Enrique L. Rendón Jaramillo. Prêmio Teddy de Melhor Filme no Festival de Berlim 2003. Após o fim do relacionamento com Bruno, o jovem Gerardo, de 17 anos, vaga pelas ruas da cidade. Cada corpo masculino que observa o faz relembrar de seu amante. Gerardo agarra-se a uma carta e, ainda que não seja ele o destinatário, tenta nela decifrar a última mensagem de seu amor. Roteiro inspirado no poema "Perseguição", de Pasolini.

Vie et mort de Pier Paolo Pasolini. França, 2003, cor, 104 minutos. Direção: Cyril Legann, Antoine Soltys. Roteiro: Jean Menaud, com base na peça de Michel Azama. Elenco: Michel Derville (Pier Paolo Pasolini), Salim Kechiouche, Jean Menaud, Cyrille Romoli. Gravação para a TV de uma peça de teatro inspirada em fatos da vida e da morte de Pasolini.

2004

Médée Passion, souvenirs d'un tournage. França, 2004, cor, vídeo, 29 minutos. Elenco: Laurent Terzieff, Giuseppe Gentile, Dante Ferretti, Piero Tosi, Ennio Guarnieri. Documentário sobre os bastidores de *Medéia*.

2005

Morte di un poeta. Itália, 2005, cor, vídeo. Direção: Carlo Lucarelli. Produção: RAI 3. Nesta reportagem, Pino Pelosi desdiz o que repetira cinco vezes sobre ser o único a matar Pasolini, imputando o crime a "três pessoas com sotaque do Sul, napolitanos ou calabreses", explicando suas mentiras pelo terror das ameaças que agora já não temeria. A reabertura do processo visa reconstituir o crime ouvindo testemunhas antes não ouvidas no julgamento presidido pelo juiz Alfredo Moro (irmão do primeiro-ministro democrata-cristão Aldo Moro, vítima das Brigadas Vermelhas); os habitantes do bairro degradado próximo ao local do crime sempre disseram ter visto mais pessoas, e mais de um carro.

Pasolini e la morte – un giallo puramente intellettuale. Itália, 2005, cor, vídeo, 50 minutos. Direção, produção, montagem: Massimo Guglielmi. Idéia, organização: Enrico Candeloro, Gianluca Perilli. Música original: Ludovico Einaudi. Som: Alessandro Bianchi. Produção: E/CO Cinematografica Srl. Produtores: Paolo Bonaldi, Francesca Nesler. Elenco: Giuseppe Zigaina. Documentário sobre a fantasiosa teoria do pintor Giuseppe Zigaina sobre o assassinato de Pasolini como um "rito cultural" de sua própria criação.

Pasolini Requiem. Itália, 2005, 6 minutos. Direção: Mario Verger. Anunciado no Festival di Genzano em 2005 como o primeiro longa-metragem de animação sobre a vida e a obra de Pasolini, foi apresentada apenas a primeira seqüência, do assassinato do poeta em Ostia, segundo a versão de Sergio Citti, que sustentava que Pasolini não fora agredido somente por Pelosi, mas por um grupo organizado.

2006

Dramática. Brasil, 2006, cor, 15 minutos. Direção: Ava Rocha. Fotografia. Pedro Urano. Elenco: Simone Spoladore (Poliana), Godofredo Quincas (Joaquim), Cristiano Lima (Cristiano). Curta-metragem muito livremente inspirado por uma leitura do poema "Hierarquia", sobre a passagem de Pasolini pelo Brasil em 1970.

Pasolini Prossimo Nostro. Itália, 2006, cor, 58 minutos. Direção: Giuseppe Bertolucci. Elenco: Franco Merli, Pier Paolo Pasolini, Gideon Bachman, e o elenco e a equipe de *Salò.* Produção: Angelo S. Draicchio. Trilha: F. Ansaldo, Cesare A. Bixio, Frédéric Chopin, A. Moretti, Carl Orff. Edição: Federica Lang. Stills: Deborah Imogen Beer. Neste documentário, o diretor procurou, segundo suas palavras, "dar voz ao material de arquivo", sobretudo o das filmagens de *Salò,* quando Pasolini deixou uma pequena câmara e equipe por conta do jornalista Gideon Bachmann para que ele fizesse o "makinf of" do filme, concedendo-lhe uma longa e extraordinária entrevista, onde ataca a sociedade.

III. Filmografia de Pasolini em DVD

DIRETOR

Desajuste Social

[2003]. *Accattone.* DVD zona 1. Extras: *Pier Paolo Pasolini: A film maker's life* (29 minutos). Idiomas: Italiano, com legendas em inglês. Formato: Widescreen 1.85:1. Som: Dolby Digital 2.0. Fotografia: P&B. Duração: 116 minutos. Editora: Water Bearer Films.

[2004]. *Accattone: Desajuste Social.* DVD zona 0 em cópia remasterizada e restaurada. Extras: 1. *Trailer* original. 2. Galeria de fotos e pôsteres. 3. Vida e obra de Pasolini. 4. Biografia de Franco Citti. Idiomas: Italiano, com legendas em português. Formato: Fullscreen 1.33:1. Som: Dolby Digital 2.0. Fotografia: p&b. Duração: 120 minutos. Editora: Versátil Home Vídeo.

Mamma Roma

[2003]. *Mamma Roma.* DVD zona 2. Idiomas: Italiano, com legendas em italiano. Formato: Widescreen anamórfico 1.85:1. Som: Dolby Digital 1.0. Fotografia: p&b. Duração da cópia: 93 minutos. Editora: Medusa Home Entertainment.

[2003]. *Mamma Roma.* DVD zona 2. Idiomas: Italiano, com legendas em grego. Formato: Letterbox anamórfico 1.66:1. Som: Dolby Digital 2.0 Mono. Fotografia: p&b. Duração da cópia: 110 minutos. Editora: Artfree.

[2004]. *Mamma Roma.* DVD DUPLO zona 1 em cópia remasterizada e restaurada digitalmente. Extras: 1. Três entrevistas inéditas: com o fotógrafo Tonino Delli Colli, o diretor Bernardo Bertolucci e um biógrafo. 2. *Pier Paolo Pasolini* (1995, 55 minutos), de Ivo Barnabo Micheli: documentário sobre a carreira do controvertido diretor. 3. *A Ricota* (1963, 35 minutos), de Pier Paolo Pasolini, episódio de *Relações Humanas.* 4. Galeria de pôsteres. 5. Livreto com

O *CORPUS* ARQUIVADO

32 páginas apresentando um ensaio exclusivo do escritor e crítico cultural Gary Indiana. Idiomas: Italiano, com legendas em inglês. Formato: 1.33:1. Som: Dolby Digital 2.0 Mono. Fotografia: p&b. Duração: 110 minutos. Editora: Criterion.

[2004]. *Mamma Roma*. DVD zona 4 em cópia remasterizada e restaurada digitalmente. Extras: 1. Vida e obra de Pasolini. 2. Biografias. 3. Filmografias. Idiomas: Italiano, com legendas em português. Formato: Widescreen. Som: Dolby Digital 2.0. Fotografia: p&b. Duração da cópia: 106 minutos. Editora: Versátil Home Vídeo.

[2005]. *Mamma Roma*. DVD zona 2 em cópia restaurada. Extras: 1. Apresentação de Maurizio Porro. 2. Documentário: *Cinema Forever*. 3. Entrevistas. Idiomas: Italiano, com legendas em italiano. Formato: Widescreen anamórfico 1.85:1. Som: Dolby Digital 1.0. Fotografia: p&b. Duração: 106 minutos. Editora: Medusa Home Entertainment.

[2006]. *Mamma Roma*. DVD zona 2. Extras: 1. *La Ricotta*, 1963, 35 minutos; 2. Trailer original. Subtítulos: francês. Som: italiano (Dolby Digital 2.0 Mono). Editora: Carlotta Films.

[s/d]. *Mamma Roma + Carnet de Notes pour une Orestie Africaine*. DVD DUPLO zona 2. Extras: Nenhum. Idiomas: Italiano, com legendas em francês. Formato: 4/3. Som: Mono. Fotografia: p&b. Duração: 70 minutos + 106 minutos.

A Ricota em ROGOPAG: *Relações Humanas*

[2004]. ROGOPAG: *Relações Humanas*. DVD zona 0. Extras: 1. Biografia dos diretores. 2. Biografia dos atores. Língua: Italiano, com legendas em português. Formato: Widescreen 1.66:1. Som: Dolby Digital 2.0. Fotografia: cor e p&b. Duração: 122 minutos. Editora: Versátil Home Vídeo.

[2006]. *RO.GO.PA.G.* DVD zona 2. Extras: 1. Introdução de Mario Sesti. Formato: 1.85:1 Anamórfico. Áudio: Italiano, Dolby Digital 5.1, Dolby Digital 1.0. Duração: 117 minutos. Editora: Medusa Italia.

Comícios de Amor

[2003]. *Love meetings*. DVD zona 1. Extras: *Pier Paolo Pasolini: A film maker's life* (29 minutos). Língua: Italiano, com legendas em inglês. Formato: Widescreen 1.85:1. Fotografia: p&b. Duração: 90 minutos. Editora: Water Bearer Films.

[s/d]. *Ερωτίκές Συνελεύσείς*. DVD zona 2. Extras: 1. *A Ricota* (episódio de *Relações Humanas*). 2. *A Seqüência da Flor de Papel* (de *Amor e Raiva*). 3. *Che cosa sono le nuvole?* (de *Capriccio all'italiana*). Língua: Italiano, com legendas em grego. Formato: Widescreen anamórfico 1.85:1. Som: Dolby Digital 2.0 Mono. Fotografia: p&b e cor. Duração: 85 minutos.

La Rabbia: Prima Parte

[2004]. *La Rage*. DVD zona 2. Extras: 1. *Preface: Le contexte historique* (7 minutos). 2. *La Rabbia* (42 minutos), de Giovani Guareschi: segunda parte do filme, apresentando ponto de vista oposto ao de Pasolini, com um tipo de humor fascista. 3. *Trailers*. 4. *Pasolini, poète de la réalité* (22 minutos): uma análise de *La Rabbia* pelo crítico Hervé Joubert-Laurencin. 5. *Pasolini, documentariste* (6 minutos). 6. *Les Murs de Sanaa* (16 minutos). 7. Quadro histórico. Língua: Italiano, com legendas em francês. Formato: 1.66:1. Som: Mono original. Fotografia: p&b e cor. Duração: 59 minutos. Duração do DVD: 149 minutos. Editora: mk2.

[2004]. *La Rage*. DVD zona 2. Língua: Italiano, com legendas em francês. Formato: 1.33:1. Som: Mono original. Fotografia: p&b e cor. Duração: 101 minutos. Editora: mk2.

TODOS OS CORPOS DE PASOLINI

Locações na Palestina

[2005]. *Sopralluoghi in Palestina.* DVD zona 2. Extras: 1. Entrevistas. 2. Galeria de fotos. 3. Documentário. 4. Documentos. 5. Livreto. Língua: Italiano, com legendas em italiano e inglês. Formato: Widescreen 1.66:1. Som: Dolby Digital 1.0 Mono. Fotografia: p&b. Duração: 55 minutos. Editora: Sony Pictures Home Entertainment.

O Evangelho Segundo São Mateus

[1999]. *The Gospel according to St. Matthew.* DVD zona 0. Extras: 1. *Pier Paolo Pasolini: A film maker's life* (29 minutos). Língua: Italiano, com legendas em inglês. Formato: 1.85:1. Som: Dolby Digital 2.0 Mono. Fotografia: p&b. Duração: 129 minutos. Editora: Image Entertainment.

[2002]. *The Gospel according to St. Matthew.* DVD zona 2. Extras: 1. Filmografias. 2. Notas do crítico Wally Hammond. Idiomas: Italiano, com legendas em inglês. Formato: Widescreen anamórfico 1.85:1. Som: Dolby Digital. Fotografia: p&b. Duração: 129 minutos. Editora: Tartan Video.

[2003]. *L'Evangile selon Saint-Matthieu.* DVD zona 2. Extras: 1. Pasolini, un religieux sans foi (10 minutos). 2. Pasolini face à l'Eglise (15 minutos). 3. Un Christ à Cadaquès (22 minutos). 4. Trailer original (5 minutos). Idiomas: Italiano e Francês, com legendas em francês. Formato: Widescreen anamórfico 1.85:1. Som: Dolby Digital 2.0 Mono. Fotografia: p&b. Duração: 127 minutos. Editora: G.C.T.H.V.

[2003]. *The Gospel according to St. Matthew.* DVD zona 1. Versão original sem cortes. Extras: *Pier Paolo Pasolini: A film maker's life* (29 minutos). Língua: Italiano, com legendas em inglês. Formato: Widescreen 1.85:1. Som: Dolby Digital 2.0. Fotografia: p&b. Duração: 142 minutos. Editora: Water Bearer Films.

[2004]. *Das Evangelium nach Matthäus.* DVD zona 2. Língua: Italiano, com legendas em alemão. Formato: Widescreen Letterbox 1.66:1. Som: Dolby Digital 1.0. Fotografia: p&b. Duração: 131 minutos.

[2004]. *Il Vangelo secondo Matteo.* DVD zona 2 de dupla camada. Extras: 1. Documentário. 2. Comentários críticos. Língua: Italiano, com legendas em italiano. Formato: Widescreen 1.66:1. Som: Dolby Digital 1.0 Mono. Fotografia: p&b. Duração: 145 minutos. Editora: Medusa Home Entertainment.

[2004]. *Il Vangelo secondo Matteo.* DVD zona 2. Extras: 1. Filmografias. 2. Notas do crítico David Parkinson. Língua: Italiano, com legendas em grego e inglês. Formato: Widescreen anamórfico 1.85:1. Som: Dolby Digital 2.0 Mono. Fotografia: p&b. Duração: 131 minutos. Editora: Silvermedia.

[2004]. *O Evangelho Segundo São Mateus.* DVD zona 0 em cópia remasterizada e restaurada. Extras: 1. *Pier Paolo Pasolini: A film maker's life* (29 minutos). 2. *Trailers* de Cinema. 3. Vida e Obra de Pasolini. 4. A vida de São Mateus. 5. Lista dos 100 melhores filmes segundo o Vaticano. Idiomas: Italiano, com legendas em português. Formato: Widescreen Letterbox 1.66:1. Som: Dolby Digital. Fotografia: p&b. Duração: 132 minutos. Editora: Versátil Home Video.

[2004]. *The Gospel according to St. Matthew.* DVD zona 1. Extras: 1. Documentário. 2. Comentários críticos. Idiomas: Italiano, com legendas em inglês. Fotografia: p&b. Duração: 134 minutos. Editora: Brentwood Home Vídeo.

[2004]. *To Kata Matθaion Eyλiteλio.* DVD zona 2. Extras: 1. *Trailer* original. 2. Galeria de fotos. Idiomas: Italiano, com legendas em grego. Formato: Widescreen anamórfico 1.85:1. Som: Dolby Digital 2.0 Mono. Fotografia: p&b. Duração: 129 minutos. Editora: Artfree.

268

O *CORPUS* ARQUIVADO

Gaviões e Passarinhos

[2003]. *The Hawks and the Sparrows.* DVD zona 1. Extras: *Pier Paolo Pasolini: A film maker's life* (29 minutos). Língua: Italiano, com legendas em inglês. Formato: Widescreen 1.85:1. Som: Dolby Digital 2.0. Fotografia: p&b. Duração: 88 minutos. Editora: Water Bearer Films.

[2004]. *Uccellacci e Uccellini.* DVD zona 0. Extras: 1. *Totò al circo* (episódio cortado de *Gaviões e Passarinhos*). 2. *Pasolini l'enragé*, de Jean-André Fieschi. Idiomas: Italiano e Francês, com legendas em grego. Formato: Widescreen 1.85:1. Som: Dolby Digital 2.0 Mono. Fotografia: p&b. Duração: 85 minutos.

[2004]. *Uccellacci e Uccellini.* DVD zona 2. Língua: Italiano. Fotografia: p&b. Duração: 88 minutos. Editora: Medusa Home Entertainment.

[2005]. *Gaviões e Passarinhos.* DVD zona 0 em cópia restaurada. Extras: 1. Filmografias. 2. Biografia de Pasolini. 3. Apresentação de Mario Sesti. 4. Informações sobre a restauração. 5. Especial Totò. 6. Cinejornal. 7. *Pier Paolo Pasolini: a film maker's life* (29 minutos). 8. *Trailer* original. 9. Palavras da imprensa. 10. *Web links.* 11. Galeria de fotos. Idiomas: Italiano, com legendas em português. Formato: Widescreen 1.85:1. Som: Dolby 5.1 e 2.0. Fotografia: p&b. Duração: 88 minutos. Editora: Multimedia Group.

Édipo Rei

[2003]. *Oedipux Rex.* DVD zona 0. Língua: Italiano, com legendas em inglês. Formato: Widescreen 1.85:1. Fotografia: cor. Duração: 110 minutos. Editora: Water Bearer Films.

[s/d]. *Œdipe Roi.* DVD zona 2. Língua: Italiano, com legendas em francês. Fotografia: cor.

[s/d]. *Oedipux Rex.* DVD zona 0. Idiomas: Italiano, com legendas em inglês. Formato: Widescreen 1.85:1. Fotografia: cor. Duração: 100 minutos. Ano: 2003. Editora: Tartan Video. Fora de catálogo.

[s/d]. *Oedipux Rex.* DVD zona 0. Língua: Italiano, com legendas em inglês. Fotografia: cor. Duração: 119 minutos.

A Seqüência da Flor de Papel em Amor e Raiva

[2005]. *Amore e Rabbia.* DVD zona 2. Língua: Italiano, com legendas em italiano. Formato: 2.35:1. Som: Dolby Digital 2.0 Stereo. Fotografia: p&b. Duração: 98 minutos. Editora: Istituto Luce/Mondo Home Entertainment.

[2005]. *Love and anger.* DVD DUPLO zona 1 em cópia restaurada. Extras: 1. *Behind Love and anger* (80 minutos): entrevistas com os diretores Marco Bellocchio e Carlo Lizzani, o assistente de direção Maurizio Ponzi, o editor Roberto Perpignani. 2. Pôster. 3. Galeria de imagens. 4. Livreto. 5. Notas de produção. Língua: Italiano, com legendas em inglês. Formato: 2.35:1. Som: Dolby Digital 2.0 Stereo. Fotografia: p&b. Duração: 120 minutos. Editora: NoShame Films.

Che Cosa Sono le Nuvole? em Capriccio All'Italiana

[2005]. *Capriccio all'italiana.* DVD zona 2. Língua: Italiano, com legendas em italiano. Formato: Widescreen 1.85:1. Som: Dolby Digital 5.1. Fotografia: cor. Duração: 84 minutos. Editora: DNC Home Vídeo Entertainment.

[2005]. *Capriccio all'italiana.* DVD zona 2. Língua: Italiano, com legendas em italiano. Formato: Widescreen anamórfico 2.35:1. Fotografia: cor. Duração: 95 minutos.

Teorema

[2004]. *Teorema.* DVD zona 0 em cópia restaurada. Extras: 1. Filmografia ilustrada. 2. Galeria de pôsteres e fotos de todos os filmes de Pasolini. 3. Apresentação do roteiro. 4. Biografias.

5. Prêmios de Pasolini. 6. Biografia e obra. Idiomas: Italiano, com legendas em português. Formato: Widescreen 1.66:1. Som: Dolby Digital 2.0. Fotografia: p&b e cor. Duração: 100 minutos. Editora: Versátil Home Vídeo.

[2004]. *Teorema*. DVD zona 2 em cópia restaurada. Extras: 1. "Pílulas" de cinema. 2. Biografia do diretor. 3. Filmografia do diretor. 4. Biografia dos intérpretes. 5. Galeria de imagens cedidas pela Associazione Fondo Pier Paolo Pasolini. 6. Novidades. Idiomas: Italiano, com legendas em inglês e italiano. Formato: Widescreen 1.66:1. Som: Dolby Digital 2.0. Fotografia: p&b e cor. Duração da cópia: 105 minutos. Ano: 2004. Editora: Mondo Home Entertainment.

[2004]. *To Θεωρημα*. DVD zona 2. Extras: 1. Biografias. 2. Filmografias. Idiomas: Italiano, com legendas em grego. Formato: Widescreen anamórfico 1.85:1. Som: Dolby Digital 2.0. Fotografia: p&b e cor. Duração: 95 minutos.

[2005]. *Teorema*. DVD zona 1 em cópia restaurada. Língua: Italiano, com legendas em inglês. Fotografia: p&b e cor. Editora: Koch Lorber Films.

[s/d]. *Teorema*. DVD zona 2. Língua: Italiano, com legendas em francês. Fotografia: p&b e cor. Fora de catálogo.

Medéia

[2004]. *Medea + I Muri di Sana'a*. DVD DUPLO zona 2. Extras: 1. *Sul set di Medea:* tomadas em super 8 de Ennio Guarnieri nos *sets* de filmagens. 2. *Incontro com Carlo Lizzani*: entrevista com o historiador e diretor de cinema. 3. *Medea: prima e dopo il restauro.* 4. Biografia do diretor. 5. Filmografia do diretor. 6. Antologia crítica. Idiomas: Italiano e Inglês, com legendas em inglês, francês e espanhol. Formato: 1.33:1. Som: Dolby Digital Mono. Fotografia: cor. Duração: 124 minutos. Editora: Medusa Home Entertainment.

[2004]. *Medea*. DVD zona 1. Idiomas: Italiano, com legendas em inglês. Som: Dolby Digital Mono. Fotografia: cor. Duração: 110 minutos. Editora: Vanguard Cinema.

[2004]. *Médée*. DVD DUPLO zona 2 em cópia magnificamente restaurada. Extras: 1. *Le mythe de Médée et Jason* (5 minutos): documentário que reconta o mito grego sobre o fundo de cenas do filme, fotos de pinturas e estátuas, facilitando o entendimento da seleção dos episódios filmados efetuada por Pasolini. 2. *Médée Passion, souvenirs d'un tournage* (29 minutos). Importante documentário sobre os bastidores de *Medéia*. 3. *Visions de la Médée* (27 minutos): Vinte "visões", ou leituras do texto, de Pasolini, esclarecendo o mito de Medéia e Jasão, completando certas passagens do filme e trazendo informações sobre o trabalho do diretor. 4. *Médée, le choc des cultures* (12 minutos): Christophe Mileschi, tradutor e autor da introdução do livro *Medea*, de Pasolini, evoca a natureza e o tema do filme: o centauro como "voz" de Pasolini, a nostalgia do arcaísmo, o conflito entre Jasão e Medéia e o sentido do sacrifício final. 5. *Cenas Cortadas* (35 minutos): uma dezena de seqüências inéditas, suprimidas por Pasolini da montagem final; cada cena é introduzida por uma legenda explicativa de seu sentido e onde deveriam inserir-se na montagem: juventude de Jasão; primeira aparição "alternativa" de Medéia; cenas de sacrifício estendidas; cena final (tirada de Eurípides), na qual Medéia e seus filhos (ou antes as almas deles), filmados em *contre-plongée* através de uma placa de vidro, seguem em direção à charrete de ouro ao reencontro do Sol, significando que a feiticeira reencontrou, a um preço terrível, sua divindade perdida. 6. *Trailer* da época, estranhamente experimental, onde as imagens do filme são fragmentadas, arranhadas, copiadas e mal coladas, e que retoma o tema da fratura, mas sob uma forma não condizente com o tom contemplativo de *Medéia*. Idiomas: Italiano, com legendas em francês. Formato: 1.85:1 –16/9 compatível 4/3. Som: Dolby Digital 2.0. Fotografia: cor. Duração: 107 minutos. Editora: Carlotta Films.

O *CORPUS* ARQUIVADO

[2004]. *Medéia.* DVD zona 4 em cópia restaurada e remasterizada. Extras: 1. Vida e obra de Pasolini. 2. Galeria de fotos & pôsteres: 3. A tragédia de Eurípides. 4. Biografia ilustrada de Maria Callas. Idiomas: Italiano, com legendas em português. Formato: Widescreen anamórfico 1.66:1. Som: Dolby Digital Mono. Fotografia: cor. Duração: 110 minutos. Editora: Versátil Home Vídeo.

[s/d]. *Mhδeia.* DVD zona 2. Língua: Italiano, com legendas em grego. Formato: Letterbox 1.66:1. Som: Dolby Digital 2.0 Mono. Fotografia: cor.

Notas para Uma Oréstia Africana

[s/d]. *Carnet de Notes pour une Orestie Africaine + Mamma Roma.* DVD DUPLO zona 2. Extras: Nenhum. Idiomas: Italiano, com legendas em francês. Formato: 4/3. Som: Mono. Fotografia: p&b. Duração: 70 minutos + 106 minutos.

Pocilga

[2003]. *Porcile.* DVD zona 1. Idiomas: Italiano, com legendas em inglês. Formato: Widescreen. Som: Dolby Digital 2.0. Fotografia: cor. Duração: 99 minutos. Editora: Water Bearer Films.

[2006]. *Porcile.* DVD zona 2. Duração: 98 minutos. Editora: Medusa Italia.

[s/d]. *Pocilga.* DVD zona 2. Extras: 1. Biofilmografias. 2. *Trailer* original. 3. Galeria de fotos. 4. Informação e *trailers* de outros títulos. Idiomas: Italiano e Espanhol, com legendas em espanhol e italiano. Formato: Fullscreen 1.33:1. Som: Dolby Digital 2.0. Fotografia: cor. Duração: 94 minutos.

[s/d]. *Porcile.* DVD zona 1. Língua: Italiano, com legendas em inglês. Fotografia: cor. Duração: 100 minutos.

Decameron

[1998]. *The Decameron.* DVD zona 0 feito a partir da melhor cópia disponível nos EUA, pertencente ao Museum of Modern Art. Extras: 1. *Trailer* original. 2. Biografia dos diretores. 3. Biografia dos atores. Idiomas: Italiano, com legendas em inglês. Formato: Widescreen 1.85:1. Som: Dolby Digital 1.0. Fotografia: cor. Duração: 116 minutos. Editora: Image Entertainment 2.-Water Bearer Films.

[2002]. *El Decameron.* DVD zona 2. Extras: 1. Biofilmografias. 2. Entrevista com Ninetto Davoli. 3. *Trailer* original. 4. Galeria de fotos. Idiomas: Italiano e Espanhol, com legendas em italiano e espanhol. Formato: Widescreen. Som: Dolby Digital 2.0. Fotografia: cor. Duração: 106 minutos. Editora: MGM.

[2002]. *The Decameron.* DVD zona 1. Extras: 1. *Trailer* original. 2. Biografia dos diretores. 3. Biografia dos atores. Idiomas: Italiano, com legendas em inglês. Formato: Widescreen anamórfico 1.85:1. Som: Dolby Digital 2.0. Fotografia: cor. Duração: 110 minutos. Editora: MGM.

[2002]. *The Decameron.* DVD zona 2. Língua: Italiano, com legendas em inglês. Formato: Widescreen 1.66:1. Fotografia: cor. Duração: 106 minutos. Editora: BFI Video Publishing.

[2003]. *Le Decameron.* DVD zona 2. Extras: 1. *Trailer* original. 2. *L'ami pasolinien* (10 minutos). Entrevista com Ninetto Davoli. 3. Galeria de fotos. Idiomas: Italiano e Francês, com legendas em francês. Formato: Widescreen anamórfico. Fotografia: cor. Duração: 106 minutos. Editora: G.C.T.H.V.

[2004]. *Decameron.* DVD zona 2. Extras: 1. Entrevista com Ninetto Davoli. 2. Trailer original. 3. Trailer americano. 4. Galeria de imagens. 5. Livreto. Idiomas: Italiano, com legendas em alemão. Formato: Widescreen anamórfico 1.85:1. Som: Dolby Digital 1.0. Fotografia: cor. Duração: 107 minutos.

[2005]. *Il Decameron*. DVD zona 2 em cópia restaurada digitalmente. Idiomas: Italiano, com legendas em italiano. Formato: Widescreen anamórfico 1.85:1. Som: Dolby Digital 5.1 – Dolby Digital 1.0. Fotografia: cor. Duração: 106 minutos. Editora: Eagle Pictures.

Os Contos de Canterbury

[1998]. *The Canterbury Tales*. DVD zona 0. Idiomas: Inglês. Formato: Letterbox 1.75:1. Som: Dolby Digital 1.0. Fotografia: cor. Duração: 121 minutos. Editora: Image Entertainment 2.

[2001]. *Los Cuentos de Canterbury*. DVD zona 2. Extras: 1. Entrevistas. 2. Galeria de fotos. Idiomas: Inglês, com legendas em espanhol. Formato: Widescreen 1.66:1. Fotografia: cor. Duração: 106 minutos. Editora: MGM.

[2001]. *The Canterbury Tales*. DVD zona 2. Língua: Inglês. Formato: Widescreen 1.66:1. Som: Mono –Dolby Digital 5.1. Fotografia: cor. Duração: 107 minutos. Editora: BFI Video Publishing.

[2003]. *Les Contes de Canterbury*. DVD zona 2. Extras: 1. *Trailer* original. 2. *L'ami pasolinien* (10 minutos): entrevista com Ninetto Davoli. 3. Galeria de fotos. Idiomas: Italiano, Francês e Inglês, com legendas em francês. Formato: Widescreen anamórfico. Som: Mono –Dolby Digital 5.1. Fotografia: cor. Editora: G.C.T.H.V.

[2004]. *The Canterbury Tales*. DVD zona 2. Língua: italiano, com legendas em inglês e alemão. Formato: Widescreen 1.85:1. Som: Dolby Digital 1.0. Fotografia: cor. Duração: 106 minutos.

[2004]. *The Canterbury Tales/Os Contos de Canterbury*. DVD zona 4. Extras: *Trailers* de outros títulos. Idiomas: Italiano, com legendas em inglês e português. Formato: Widescreen. Som: Dolby Digital 2.0. Fotografia: cor. Duração: 110 minutos. Editora: Playarte.

[2005]. *I racconti di Canterbury*. DVD zona 2. Língua: italiano. Formato: 1.85:1. Som: Dolby Digital 5.1 –Dolby Digital 1.0. Fotografia: cor. Duração: 110 minutos. Editora: Eagle Pictures.

Os Muros de Sana'a

[2004]. *I Muri di Sana'a + Medea*. DVD DUPLO zona 2. Extras: 1. *Sul set di Medea:* tomadas em super 8 de Ennio Guarnieri nos *sets* de filmagens. 2. *Incontro com Carlo Lizzani*: entrevista com o historiador e diretor de cinema. 3. *Medea: prima e dopo il restauro.* 4. Biografia do diretor. 5. Filmografia do diretor. 6. Antologia crítica. Idiomas: Italiano e Inglês, com legendas em inglês, francês e espanhol. Formato: 1.33:1. Som: Dolby Digital Mono. Fotografia: cor. Duração: 124 minutos. Editora: Medusa Home Entertainment.

As Mil e Uma Noites de Pasolini

[1998]. *Arabian nights*. DVD zona 0. Idiomas: italiano, com legendas em italiano. Formato: Widescreen 1.85:1. Som: Dolby Digital 1.0. Fotografia: cor. Duração: 133 minutos. Editora: Image Entertainment 2.

[2001]. *Arabian nights*. DVD zona 2. Língua: inglês. Formato: Widescreen 1.66:1. Som: Mono –Dolby Digital 5.1. Fotografia: cor. Duração: 125 minutos. Editora: BFI Video Publishing.

[2003]. *Les mille et une Nuits*. DVD zona 2. Extras: 1. *Trailer* original. 2. *L'ami pasolinien* (10 minutos): entrevista com Ninetto Davoli. 3. Duas seqüências inéditas do filme (20 minutos), que foram suprimidas da edição final; originalmente mudas, foram ilustradas musicalmente para o DVD. 4. Galeria de fotos inéditas dos *sets* de filmagem. Idiomas: italiano e francês, com legendas em francês. Formato: Widescreen anamórfico. Som: Mono –Dolby Digital 5.1. Fotografia: cor. Editora: G.C.T.H.V.

O *CORPUS* ARQUIVADO

[2004]. *Arabian nights*. DVD zona 4. Língua: italiano, com legendas em português e inglês. Formato: Widescreen 16:9. Som: Dolby Digital 2.0. Fotografia: cor. Duração: 130 minutos. Editora: Playarte Home Vídeo.

[2004]. *Geschichten aus 1001 Nacht*. DVD zona 2. Extras: 1. Entrevista com Ninetto Davoli. 2. Trailer original. 3. Dois trailers americanos. 4. Galeria de imagens. 5. Livreto. Idiomas: Italiano, com legendas em alemão. Formato: Widescreen 1.85:1. Som: Dolby Digital 1.0. Fotografia: cor. Duração: 125 minutos.

[2004]. *Il Fiore delle Mille e una Notte*. DVD zona 0. Língua: italiano e russo, com legendas em russo. Formato: Widescreen. Som: Dolby Digital 2.0 Surround. Fotografia: cor. Duração: 125 minutos. Editora: Film Prestige.

[2005]. *Il Fiore delle Mille e una Notte*. DVD zona 2. Língua: Italiano, com legendas em italiano. Formato: 1.85:1. Som: Dolby Digital 5.1 –Dolby Digital 1.0. Fotografia: cor. Duração: 125 minutos. Editora: Eagle Pictures.

Salò, ou os 120 Dias de Sodoma

[1998]. *Salò o los 120 días de Sodoma*. DVD zona 2. Extras: 1. Biofilmografias. 2. Fotos da filmagem. 3. Pasolini nas filmagens. 4. Influências de Pasolini nas filmagens. 5. *Trailer* original. 6. Galeria fotográfica. 7. Informação e trailers de outros títulos. Língua: italiano e espanhol, com legendas em italiano e espanhol. Formato: Fullscreen 1.33:1. Som: Dolby Digital 2.0. Fotografia: cor. Duração: 110 minutos. Editora: MGM.

[1998]. *Salò*. DVD zona 1. Extras: 1. Biofilmografias. 2. Fotos da filmagem. 3. Pasolini nas filmagens. 4. Influências de Pasolini nas filmagens. 5. *Trailer* original. 6. Galeria fotográfica. 7. Informação e trailers de outros títulos. Idiomas: italiano, com legendas em inglês. Formato: Widescreen Letterbox 1.85:1. Som: Dolby Digital 1.0. Fotografia: cor. Duração: 115 minutos. Editora: The Criterion Collection/Home Vision Entertainment.

[2001]. *Salò o le 120 giornate di Sodoma*. DVD zona 2. Extras: 1. Introdução do diretor, lida por Nickolas Grace. 2. Biografia do diretor. 3. Weblink. 4. Galeria de pôsteres. Idiomas: italiano, com legendas em inglês. Formato: Widescreen 1.85:1. Fotografia: cor. Duração: 112 minutos. Editora: BFI Video Publishing.

[2002]. *Salò ou les 120 jours de Sodome*. DVD zona 2 com dupla camada em cópia magnificamente restaurada a partir de nova matriz. Extras: 1. Versão francesa dita "oficial" do filme, supervisionada por Jean-Claude Biette, e dublada por Michel Piccoli, Micheline Boudet e Anouck Ferjac. 2. *Salò d'hier et d'aujourd'hui* (32 minutos): documentário inédito com entrevistas e depoimentos de Pier Paolo Pasolini, Ninetto Davoli, da atriz Hélène de Surgere e do colaborador Jean-Claude Biette. 3. *Trailer* original. 4. Galeria de *stills*. 5. *Enfants de Salò* (20 minutos): documentário inédito com entrevistas com quatro cineastas franceses marcados e influenciados pelo filme: Bertrand Bonello, Catherine Breillat, Claire Denis e Gaspard Noé, que consideram *Salò* um filme iniciático e pedagógico. 6. Livreto de 48 páginas contendo um instrutivo dossiê de imprensa da época. Idiomas: italiano com opção de dublagem em francês, e legendas em francês. Formato: 1.66:1. Som: Mono original. Fotografia: cor. Duração da cópia: 113 minutos. Editora: Carlotta Films.

[2005]. *Salò o le 120 giornate di Sodoma*. DVD zona 2. Língua: italiano, com legendas em italiano. Formato: 1.85:1. Som: Dolby Digital 5.1 –Dolby Digital 1.0. Fotografia: cor. Duração: 115 minutos. Editora: Eagle Pictures.

Coleção Anos 1960

[2003]. *Coffret Pier Paolo Pasolini les années 60*. Caixa com 3 DVDS zona 2 com dupla camada dos filmes *Desajuste Social*, *Comícios de Amor*, *Gaviões e Passarinhos*, *Édipo Rei*, e dos episódios *A*

TODOS OS CORPOS DE PASOLINI

Ricota (de *Relações Humanas*), *A Seqüência da Flor de Papel* (de *Amor e Raiva*), *Che cosa sono le nuvole?* (de *Capriccio all'italiana*). Extras: 1. *Totò al circo* (episódio eliminado da montagem final de *Gaviões e Passarinhos*) 2. *Pasolini l'enragé*, de Jean-André Fieschi. 3. *Trailers* originais. Idiomas: italiano, com legendas em francês. Som: Dolby Digital 2.0 Mono. Fotografia: p&b e cor. Editora: Carlotta Films/G.C.T.H.V.

[2003]. *Pier Paolo Pasolini Collection I*. Caixa com 3 DVDs zona 1 dos filmes *Comícios de Amor*, *Édipo Rei* e *Pocilga*. Idiomas: italiano, com legendas em inglês. Formato: Widescreen. Fotografia: p&b e cor. Duração: 299 minutos. Editora: Water Bearer Films.

[2003]. *Pier Paolo Pasolini Collection II*. Caixa com 3 DVDs zona 1 dos filmes *Desajuste Social*, *Gaviões e Passarinhos* e *O Evangelho Segundo São Mateus*. Extras: Pier Paolo Pasolini: a film maker's life (29 minutos). Idiomas: Italiano, com legendas em inglês. Formato: Fullscreen 1.33:1/Widescreen Letterbox 1.85:1. Som: Dolby Digital 2.0. Fotografia: p&b. Duração: 346 minutos. Editora: Water Bearer Films.

[2005]. *Coleção Pier Paolo Pasolini I*. Caixa com 4 DVDs multizonais em cópias restauradas e remasterizadas dos filmes *Desajuste Social, Mamma Roma, O Evangelho Segundo São Mateus* e *Medéia*. Extras: 1. *Pier Paolo Pasolini: A film maker's life* (29 minutos). 2. *Trailers* originais. 3. Vida e obra de Pasolini. 4. A tragédia de Eurípides. 5. Galeria de fotos e pôsteres. 6. Biografias. 7. Filmografias. 8. A Vida de São Mateus. 9. Lista dos 100 melhores filmes segundo o Vaticano. Língua: italiano, com legendas em português. Formato: Fullscreen 1.33:1; Widescreen Letterbox 1.66:1; Widescreen Anamórfico 1.85:1. Som: Dolby Digital 2.0. Fotografia: cor e p&b. Duração: 468 minutos. Editora: Versátil Home Vídeo.

Trilogia da Vida

[2003]. *Coffret Pier Paolo Pasolini: La Trilogie de la vie*. DVD zona 2 com dupla camada em cópias remasterizadas dos filmes *Decameron, Os Contos de Canterbury* e *As Mil e Uma Noites de Pasolini*. Extras de *Il Decameron*: 1. *Trailer* original. 2. *L'ami pasolinien* (10 minutos). Entrevista com Ninetto Davoli. 3. Galeria de fotos. Extras de *I racconti di Canterbury*: 1. *Trailer* original. 2. *L'ami pasolinien* (10 minutos): entrevista com Ninetto Davoli. 3. Galeria de fotos. Extras de *Il Fiore delle Mille e una Notte*: 1. *Trailer* original. 2. *L'ami pasolinien* (10 minutos): entrevista com Ninetto Davoli. 3. Duas seqüências inéditas do filme (20 minutos), que foram suprimidas da edição final; originalmente mudas, foram ilustradas musicalmente para o DVD. 4. Galeria de fotos inéditas dos *sets* de filmagem. Língua: Italiano com opção de dublagem em francês, legendas em inglês e francês. Formato: 1.85:1. Som: mono original. Fotografia: cor. Editora: Carlotta Films.

[2004]. *A Trilogia da Vida*. Caixa com 3 DVDs zona 4. Cópias remasterizadas. Extras: *Trailers* de outros títulos. Língua: Italiano e Inglês, com legendas em inglês e português. Formato: Widescreen 1.85:1. Som: Dolby Digital 2. Fotografia: cor. Duração: 351 minutos. Editora: Playarte Home Vídeo.

Trilogia da Vida + Salò, ou os 120 Dias de Sodoma

[2003]. *Pier Paolo Pasolini Box Set*. Caixa com 5 DVDs zona 2. Extras: 1. *Pasolini: Um Delito Italiano* (94 minutos). Língua: Italiano. Fotografia: cor. Editora: Eagle Pictures/CDE Itália.

[2005]. *Collezione Pier Paolo Pasolini*. Caixa com 5 DVDs zona 2 em cópias remasterizadas. Extras: Disco extra dedicado a materiais especiais. Língua: Italiano e Inglês, com legendas em inglês e italiano. Formato: Widescreen anamórfico 1:94:1 –Widescreen 1.85:1. Som: Dolby Digital 1.0 –Dolby Digital 5.1. Fotografia: cor. Duração: 351 minutos. Editora: Eagle Pictures.

O *CORPUS* ARQUIVADO

[2005]. *Pier Paolo Pasolini Collection.* Caixa com 4 DVDs zona 2 em cópias remasterizadas. Língua: Italiano, com legendas em grego. Formato: Widescreen 1.85:1. Som: Dolby Digital 1.0 –Dolby Digital 5.1. Fotografia: cor. Duração: 351 minutos. Editora: Alpha.

ROTEIRISTA

As Noites de Cabíria

[1999]. *Nights of Cabiria.* DVD zona 1 em cópia remasterizada e digitalmente restaurada em alta definição. Extras: 1. Seqüência do Homem com o Saco (7 minutos), reinserida na cópia restaurada relançada nos cinemas e que não era vista no filme desde a première de 1957 no Festival de Cannes. 2. Entrevista em vídeo com Dominique Delouche, ex-assistente de Fellini. 3. Entrevista em áudio com o produtor Dino de Laurentiis. 4. Trechos do filme *O Sheik Branco*, de Fellini, no qual Giuletta Masina faz sua primeira aparição como Cabiria. 5. *Making of* da restauração do filme. Língua: Italiano, com legendas em inglês. Formato: 1.33:1. Som: Dolby Digital 2.0 Mono. Fotografia: Cor e P&B. Duração: 117 minutos. Editora: The Criterion Collection.

A Doce Vida

[2004]. *La Dolce Vita.* DVD DUPLO zona 1 em cópia remasterizada e digitalmente restaurada em alta definição. Extras: 1. *Fellini TV*: coleção de anúncios de TV realizados por Fellini. 2. *Remembering the Sweet Life*: entrevistas com Marcello Mastroianni e Anita Ekberg. 3. *Cinecittà: The House of Fellini*: montagem musical do amado estúdio de Fellini. 4. *Fellini, Roma and Cinecittà*: entrevista com Fellini. 5. Audiocomentário do crítico e historiador do cinema Richard Schickel. 6. Livreto com 8 páginas com raras fotos dos *sets*, introdução de Alexander Payne e notas de Dennis Bartok. 7. *Making of* da restauração. 10. Biografias. 11. Filmografias. 12. Galeria de fotos. Idiomas: Italiano, com legendas em inglês e espanhol. Formato: Widescreen 2.35:1. Som: Mono restaurado/Dolby Digital 5.1. Fotografia: p&b. Duração: 117 minutos. Editora: Koch Lorber.

Milano Nera

[2005]. *Milano nera.* DVD zona 2 em cópia restaurada a partir dos negativos originais. Formato: 2.35:1 Anamórfico. Áudio: Italiano: Dolby Digital 5.1, Dolby Digital 1.0. Legendas: Italiano. Produção: Amaray, Itália. Fotografia: p&b. Duração: 79 minutos. Editora: Mondo TV/Alan Young Home Video Italia 1961. Nota: o filme *Milano nera*, de Gian Rocco e Pino Serpi, foi pouco visto, mesmo em sua época, distribuído apenas por poucos dias em Milão, permanecendo fora de circulação até a La Alan Young Home Video relançá-lo neste DVD.

A Morte

[2005]. *La Commare Secca.* DVD zona 1 em cópia remasterizada e digitalmente restaurada em alta definição. Extras: 1. Entrevista com Bernardo Bertolucci. 2. Ensaio inédito do crítico David Thompson. Idiomas: Italiano, com legendas em inglês. Formato: 1.66:1. Som: Dolby Digital 2.0 Mono. Fotografia: p&b. Duração: 93 minutos. Editora: The Criterion Collection.

[2006]. *A Morte.* DVD zona 4 em cópia remasterizada e digitalmente restaurada em alta definição. Extras: 1. Entrevista com Bernardo Bertolucci. 2. Vida e obra de Bertolucci. Idiomas:

Italiano, com legendas em inglês e português. Formato: 1.66:1. Som: Dolby Digital 2.0 (Italiano). Fotografia: p&b. Duração: 94 minutos. Editora: Versátil Home Vídeo.

Ostia

[2004]. *Pasolini Scénariste: Une Vie Violente + Ostia.* DVD DUPLO zona 2. Idiomas: Italiano, com legendas em francês. Formato: 16/9. Som: stereo. Fotografia: cor. Editora: Carlotta Films.

ATOR

Réquiem para Matar

[2004]. *Requiescant.* DVD zona 2. Idioma: Italiano. Som: Dolby Digital 1.0. Fotografia: p&b. Duração: 105 minutos. Editora: Cinema Network/Terminal Video.

IV. Filmografia Sobre Pasolini em DVD

[2004]. *Un Mondo d'amore.* DVD zona 2. Dupla camada. Duração: 83 minutos. Formato: 9. Editora: CVC Italia 2002/Amaray. Fóra de catálogo.

[2004]. *Vie et mort de Pier Paolo Pasolini.* DVD zona 0. Extras: 1. Entrevistas com os atores e o autor. 2. *En coulisse*: um *making of.* 3. Clipe da sessão de fotos com os fotógrafos Pierre & Gilles. 4. Filmografias. Idiomas: francês. Formato: 1.85:1. Som: Stereo 2.0. Fotografia: cor. Duração: 105 minutos. Editora: Eklipse.

[2005]. *Pasolini –un delitto italiano.* DVD zona 2 do filme. Língua: Italiano. Fotografia: Cor. Duração: 98 minutos. Editora: Cecchi Gori.

[2005]. *Via Pasolini.* DVD zona 2 do Programa de A. Salerno sobre a vida de Pasolini. Direção: I. Skofic. Música: Banda Osiris. Duração: 70 minutos Som: 2.0.

[2006]. *Whoever Says the Truth Shall Die (1981).* DVD zona 1. Direção: Philo Bregstein. Formato: p&b e cor, full screen. Áudio: Inglês e italiano. Duração: 58 minutos. Extras: 1. Subtítulos em inglês. 2. Áudio em italiano. 3. Livreto. 4. Entrevista em áudio com Philo Bregstein e Bernardo Bertolucci. Distribuição: Facets.

V. Bibliografia de Pasolini

OBRAS COMPLETAS

PASOLINI, Pier Paolo. *Tutte le opere.* 10 v. Organização de Walter Siti e Silvia De Laude. Cronologia de Nico Naldini. I. *Romanzi e racconti.* 2 v. Organização de Walter Siti e Silvia De Laude. Dois

O *CORPUS* ARQUIVADO

ensaios de Walter Siti. Volume i: 1946-1961. Milão: Mondadori, 1998; 1999, 1744 p. Volume II: 1962-1975. Milão: Mondadori, 1998; 1999, 2035 p. **II.** *Saggi sulla letteratura e sull'arte.* 2 v. Organização de Walter Siti e Silvia De Laude. Ensaio de Cesare Segre. Milão: Mondadori, 1999, 3189 p. **III.** *Saggi sulla politica e sulla società.* Organização de Walter Siti e Silvia De Laude. Ensaio de Piergiorgio Bellocchio. Cronologia de Nico Naldini. Milão: Mondadori, 1999, 1899 p. **IV.** *Teatro.* Organização de Walter Siti e Silvia De Laude. Com duas entrevistas de Luca Ronconi e Stanislas Nordey. Cronologia de Nico Naldini. Milão: Mondadori, 2001, 1266 p. **V.** *Per il cinema.* 2 v. Organização de Walter Siti e Franco Zabagli. Com dois escritos de Bernardo Bertolucci e Mario Martone. Ensaio introdutório de Vincenzo Cerami. Milão: Mondadori, 2001, 3357 p. **VI.** *Tutte le poesie.* 2 v. Organização de Walter Siti. Milão: Mondadori, 2003, 2809 p. Milão: Mondadori, "I Meridiani", 1998-2003, 16299 p.

ENSAÍSTICA

PASOLINI, Pier Paolo. *Contre la télévision at autres textes sur la politique et la société.* Versão de Hervé Joubert-Laurencin e Caroline Michel. Paris: Les Solitaires Intempestifs, 2003.

_____. *Descrizioni di descrizioni (1972-1975).* Organização de Graziella Chiarcossi. Turim: Einaudi, 1979; 1994; 1995; Prefácio de Giampaolo Dossena. Milão: Garzanti, 1996, 622 p. Na Espanha: *Descripciones de descripciones (1972-1975).* [s.n.]: Península, 1997. Na França: *Descriptions de descriptions (1972-1975).*Versão e prefácio de René de Ceccatty. Paris: Rivages, 1984; 1995, 270 p.

_____. *Dialogo con Pasolini.* Scritti (1957-1984). [Íntegra das colaborações à revista *Rinascita*]. Introdução de Gian Carlo Ferretti. Nota sobre os textos de Alberto Cadioli. Roma: L'Unità, 1985. No Brasil: *Diálogo com Pasolini.* Escritos (1957-1984). Organização de José Luiz Goldfarb. São Paulo: Nova Stella Editorial, 1986, 208 p.

_____. *Écrits sur la peinture (1942-1975).* Versão e apresentação de Hervé Joubert-Laurencin. Ligugé-Poitiers: Éditions Carré, 1997, 96 p.

_____. *Freibeiterschriften.* Apresentação de Maria Antonietta Macciocchi. Biografia e notas de Agathe Haag. Berlim: Klaus Wagenbach, 1981.

_____. *I Dialoghi.* [Íntegra das colaborações aos semanários *Vie Nuove* e *Tempo*]. Organização de Giovanni Falaschi. Prefácio de Gian Carlo Ferretti. Roma: Editori Riuniti, 1992, 803 p.

_____. *Il Bambino: Oggi.* Senigallia: Tipografia Marchigiana, 1981.

_____. *Il Canto Popolare.* Milão: Edizioni Della Meridiana, 1954.

_____. *Il Caos (1968-1970).* Seleção das colaborações ao semanário *Il Tempo*, 6 ago.1968 –24 jan. 1970. Organização de Gian Carlo Ferretti. Roma: Editori Riuniti, 1979; 1981; 1991. 253 p.; 1995; 1999. 274 p. No Brasil: *Caos: crônicas políticas.* Versão: Carlos Nelson Coutinho. São Paulo: Brasiliense, 1982. 232 p.

_____. *Je suis vivant.* Paris: Nous, 2001.

_____. *L'Academiuta friulana e le sue riviste.* Organização de Nico Naldini. Nota de Gianfranco Folena. Vicenza: Neri Pozza Editore, 1994, 30 p.

_____. *L'Odore dell'India.* Milão: Longanesi, 1962; 1974; 1979, 112p; Entrevista de Alberto Moravia por R. Paris. Parma: Ugo Guanda Editore, 1989; 1990; 1992. Na França: *L'Odeur de l'Inde (1962).* Versão de René de Ceccatty. Paris: Denoël, 1974; 1984, 145 p. Na Espanha: *El Olor de la India: Crónica de una Fascinación.* [S.l.]: Península, 1996.

_____. *La poesia popolare italiana.* Milão: Garzanti, 1960, 245 p.

_____. *Le belle bandiere*. Dialoghi 1960-1965. [Seleção das colaborações ao semanário *Vie Nuove*, 14 jun. 1960 –20 set. 1965]. Organização de Gian Carlo Ferretti. Roma: Editori Riuniti, 1977; 1978; 1991, 253 p.; 1996. Na França: *Dialogues en public (1960-1965)*. Versão de François Dupuigrenet-Desroussilles. Introdução de Gian Carlo Ferretti. Paris: Éditions du Sorbier, 1980.

_____. *Les Dernières paroles d'un impie*. Entretiens avec Jean Duflot. Paris: Belfond, 1969; Paris: Belfond, 1970; 1981. Na Espanha: *Conversaciones con Pier Paolo Pasolini*. Barcelona: Editorial Anagrama, 1971. Na Itália: *Il sogno del centauro*. Organização de Jean Duflot. Introdução de Gian Carlo Ferretti. Roma: Editori Riuniti, 1983, 181 p.; 1993, 188 p. No Brasil: *As Últimas Palavras do Herege*. Entrevistas com Jean Duflot. Versão de Luiz Nazario. São Paulo: Brasiliense, 1983, 239 p. Na Alemanha: *Der Traum des Centaur*. Dialoge 1968-1975. Interview mit Jean Duflot. Organização de Siegfied Heinrichs. Oberbaum: Coccodrillo, 2003.

_____. *Lettere luterane*. [Colaborações nos jornais *Corriere della Sera* e *Il Mondo* em 1975]. Turim: Einaudi, 1976, 210 p.; 1980; 1991. Na Alemanha: *Lutherbriefe*. Aufsätze, Kritiken, Polemiken. 1996. Na Espanha: *Cartas luteranas*. Barcelona: Trotta, 1997. Na França: *Lettres luthériennes, petit traité pédagogique (1976)*. Versão de A. Rocchi Pullberg. Paris: Seuil, 2000. Em Portugal: *Escritos Corsários –Cartas Luteranas*: uma antologia. Lisboa: Assírio & Alvim, 2006.

_____. *Passione e ideologia (1948-1958)*. Milão: Garzanti, 1960; Prefácio de Alberto Asor Rosa, 1969; 1977; 1994, 561p; Ensaio introdutório de Cesare Segre, Turim: Einaudi, 1985; 1994.

_____. *Scritti Corsari*. Milão: Garzanti, 1975; 1977; 1981, 302 p.; Prefácio de A. Berardinelli, 1990; 2003. Na Espanha: *Escritos Corsários*. Madri: Monte Avila Editores, 1978. Na França: *Écrits Corsaires (1975)*. Versão de Philippe Guilhon. Paris: Flammarion, 1976, 317p; LGF Poche, 1979; 1987. No Brasil: *Os Jovens Infelizes*. Antologia de Ensaios Corsários. Versão de Michel Lahud e Maria Betânia Amoroso. Organização de Michel Lahud. São Paulo: Brasiliense, 1990, 252 p. Em Portugal: *Escritos Póstumos*. Versão de Helena Ramos. Lisboa: Moraes Editores, 1979, 289 p.

_____. *Scrittori nella realtà dall'VIII al XIX secolo*. Milão: Garzanti, 1961.

_____. *Stroligut di cà da l'aga (1944), Il Stroligut (1945-1946), Quaderno romanzo (1947)*. [Reprodução facsímile das revistas da Academiuta Friulana dirigidas por Pasolini. Contém os ensaios de Pasolini: "Dialet, lenga e stil"; "Academiuta di Lenga Furlana"; "Alcune regole empiriche d'ortografia"; "Volontà poetica ed evoluzione della lingua"]. Circolo Filologico Linguistico Padovano, Pádua, 1983.

_____. *Tetis*. [Intervenção no congresso *Erotismo, eversione, merce*, Bolonha, 15-17 dez. 1973]. In: BOARINI, V. (org.). *Erotismo, eversione, merce*. Bolonha: Casa Editrice L. Cappelli, 1973. [Retomado em *Revue d'Esthétique*, nº 3, "Pasolini", Toulouse, Éditions Privat, 1982, reeditada em 1992, 176 p., p. 5-8; e em PASOLINI, Pier Paolo et al. *Erotismo y destrucción*. Madri: Editorial Fundamentos, 1983.]

_____. The Catholic Irrationalism of Fellini. In: BONDANELLA, Peter; DEGLI ESPOSTI, Cristina (org.). *Perspectives on Federico Fellini*. Nova York: G. K. Hall, 1993, p. 101-109.

_____. *Últimos Escritos*. Organização de Filipo Acrrocia. Coimbra: Centelha, 1977; Lisboa: Fora do Texto, 1995.

_____. *Un pomeriggio con Pasolini*: il cinema, la politica, il senso religioso in un dialogo inedito tra il grande intellettuale e un gruppo di studenti. Castel Bolognese: Itacalibri, 2005, 48 p.

_____. *Volgar' eloquio*. Nápoles: Athena, 1976; Prefácio e organização de Gian Carlo Ferretti. Roma: Editori Riuniti, 1987, 79 p.

PASOLINI, Pier Paolo; D'ARONCO, Gianfranco. *Pasolini riveduto e corretto*. Tricesimo: Vattori, 1990, 230 p.

O *CORPUS* ARQUIVADO

FICÇÃO

PASOLINI, Pier Paolo. *'Amado mio' preceduto da 'Atti impuri'*. Organização de C. D'Angeli. Com um ensaio de Attilio Bertolucci. Milão: Garzanti, 1982. No Brasil: *'Amado meu', precedido de 'Atos impuros'*. Versão de Elizabeth Braz, Luiz Nazario e Rosa Petraitis. São Paulo: Brasiliense, 1984. Na França: *Actes impurs, suivi de 'Amado mio' (1980)*. Versão de René de Ceccatty. Edição de Concetta d'Angeli. Paris: Gallimard, 1983; 1984.

_____. *Alì dagli occhi azzurri (1950-1965)*. Milão: Garzanti, 1965; 1989. No Brasil: *Alì dos Olhos Azuis*. São Paulo: Berlendis & Vertecchia, 2006.

_____. *Come è nato l'universo*. Roma: Città Nuova, 1965.

_____. *Dans le coeur d'un enfant (1953)*. Versão de Vigji Scandella. Paris: Actes Sud, 2000.

_____. *Douce et autres textes (1946-1949)*. Versão de Marguerite Pozzoli. Paris: Actes Sud, 2000.

_____. *Dov'è la mia patria*. Com 13 desenhos de Giuseppe Zigaina. Casarsa: Edizioni dell'Academiuta, 1949. Na França: *Où est ma patrie? (1949)*. Versão de Luigi Sandella. Paris: Castor Astral, 2001; 2002; 2005.

_____. *Il re dei giapponesi*. Pistoia: Via del vento, 2003.

_____. *Il sogno di una cosa*. Milão: Garzanti, 1962; Organização de Attilio Bertolucci, 1970; 1982, 212 p.; 1987. Na França: *Le Rêve d'une Chose (1962)*. Versão de Angélique Levi. Paris: Gallimard, 1965; 1988. No Brasil: *A Hora Depois do Sonho*. Versão de Edílson Alkmin Cunha. Rio de Janeiro: Bloch, 1968, 170 p.

_____. *La divina mimesis*. Introdução de Walter Siti. Turim: Einaudi, 1975, 96 p.; Introdução de Walter Siti, 1993. Na França: *La Divine Mimesis (1975)*. Versão de Danièle Sallenave. Paris: Flammarion, 1980, 111 p.

_____. *La longue route de sable (1959)*. Versão de Anne Bourguignon. Paris: Arléa, 1999; 2004.

_____. *Les anges distraits et autres nouvelles et récits inédits (1946-1950)*. Versão de M. Pozzoli. Paris: Actes Sud, 1995; Gallimard, 2001.

_____. *Petrolio*. Organização de M. Careri e Graziella Chiarcossi. Nota filológica de Aurelio Roncaglia. Turim: Einaudi, 1992, 591 p.; 1993. Na França: *Pétrole (1992)*. Versão de René de Ceccatty. Edição de Aurelio Roncaglia. Paris: Gallimard, 1995. Em Portugal: *Petróleo*. Lisboa: Editorial Notícias, 1996. Nos EUA: *Petrolio*. Versão de Ann Goldstein. Nova York: Pantheon Books, 1997.

_____. *Promenades romaines (1955-1965)*. Versão e organização de Jean-Michel Gardair. Paris: LGF, 1989.

_____. *Raccontini romani*. Turim: Einaudi, 1992.

_____. *Ragazzi di vita*. Milão: Garzanti, 1955; 1963, 285 p.; Apêndice contendo "Il metodo di lavoro" e "I parlanti", Turim: Einaudi, 1979; 1981; 1988; 1989; Organização de M. Morazzoni e A. Parisi, Milão: Archimede Edizioni, 1994. Em Portugal: *Vadios*. Versão de Virgilio Martinho. Lisboa, 1955. Na França: *Les ragazzi (1955)*. Versão de Claude Henry. Paris: Buchet-Castel, 1958; 1974; LGF, 1976; U. G. E. 1982; 1998. No Brasil: *Meninos da Vida*. Versão de Luiz Nazario e Rosa Petraitis. São Paulo: Brasiliense, 1985; Círculo do Livro, 1987, 207 p. Nos EUA: *The Ragazzi*. Versão de E. Capouya. Paladin Books, 1989. Na Espanha: *Chicos del arroyo*. [Sl.: s.n.]: Cátedra, 1990.

_____. *Romàns*; seguito da *Un articolo per il "Progresso"* e *Operetta marina*. Organização de Nico Naldini. Parma: Ugo Guanda Editore, 1994, 161 p.

_____. *Storie della città di Dio*. Racconti e cronache romane (1950-1966). Organização de Walter Siti. Turim: Einaudi, 1995, 178 p. Na Alemanha: *Geschichten aus der Stadt Gottes*.

Berlim: K. Wagenbach, 1996. Na França: *Histoires de la cité de Dieu*: nouvelles et chroniques romaines (1950-1966). Versão de René de Ceccaty, Walter Siti. Paris: Gallimard, 1998. Nos EUA: *Stories from the City of God*: sketches and chronicles of Rome, 1950-1966. Versão de Marina Harss. Organização de Walter Siti. Nova York: Other Press, 2003, 272 p.

_____. *Teorema*. Milão: Garzanti, 1968; 1969; 1988; 1991; 1995. Na França: *Théorème (1968)*. Versão de J. Guidi. Paris: Gallimard, 1978; 1988; Leitura gráfica de Edmond Baudoin, Futuropolis, 1992. No Brasil: *Teorema*. Versão de Fernando Travessos. São Paulo: Brasiliense, 1982; Revisão e copidesque de Luiz Nazario e Rachel Holzhacker, 1984, 175 p.; Círculo do Livro, 1991.

_____. *Un paese di temporali e di primule*. Organização de Nico Naldini. Biblioteca della Fenice. Parma: Ugo Guanda Editore, 1993. 315 p.; Milão: Tea, 1995, 315 p.

_____. *Una vita violenta*. Milão: Garzanti, 1959; 1963, 390 p.;1972; Turim: Einaudi, 1979. [Prefácio de Alberto Moravia], Milão: Garzanti, 1975; 1989; [Organização de M. Morazzoni e A. Parisi.]. Milão: Archimede Edizioni, 1993. Turim: Einaudi, 1979; 1988; 1989. Na França: *Une vie violente (1959)*. Versão de Michèle Breitman. Paris: Buchet-Castel, 1961; U. G. E., 1982; 1998. Nos EUA: *A Violent Life*. Versão de William Weaver. Nova Cork: Carcanet Press; New Ed Edition, 1996, 320 p. Em Portugal: *Uma Vida Violenta*. Lisboa: Assírio e Alvim, 2004.

PASOLINI, Pier Paolo; WAAGENAAR, Sam. *Donne di Roma*. Introdução de Albero Moravia. Sete histórias de Pier Paolo Pasolini. Fotografias de Sam Waagenaar. Milão: Il Saggiatore, 1960, 120 p.

POESIA

PASOLINI, Pier Paolo. *20 poesie*. Milão: Mondadori, 1997.

_____. *Bestemmia*. Tutte le poesie. 2 v. Organização de Graziella Chiarcossi e Walter Siti. Prefácio de G. Giudici. Milão: Garzanti, 1993, 2406 p.

_____. *Bestemmia*. Tutte le poesie. 4 v. Organização de Graziella Chiarcossi e Walter Siti. Prefácio de G. Giudici. Milão: Garzanti, 1996, 3639 p.

_____. *Dal diario (1945-1947)*. Introdução de Leonardo Sciascia. Ilustrações de Giuseppe Mazzullo. Caltanissetta: Sciascia, 1954; 1979, 35 p.

_____. *Diarii*. Casarsa in Friuli: Edizioni dell'Academiuta, 1945; [Prefácio de Nico Naldini], 1979.

_____. *I pianti*. Casarsa: Edizioni dell'Academiuta, 1946.

_____. *L'Usignolo della Chiesa Cattolica*. Milão: Longanesi, 1958; Turim: Einaudi, 1976, 131 p.; 1982.

_____. *La Meglio Gioventù (1941-1953)*: poesie friulane. Organização de Antonio Arveda, Roma: Salerno, 1998.

_____. *La Nuova Gioventù*. Poesie friulane (1941-1974). Turim: Einaudi, 1975, 271 p.; 1981; 1992. Na França: *La Nouvelle Jeunesse*. Poèmes frioulans (1941-1974). Versão e apresentação de Phillipe di Meo. Paris: Les Lettres Nouvelles/Maurice Nadeau, 1979; Paris: Gallimard, 2003.

_____. *La religione del mio tempo*. Milão: Garzanti, 1961; 1976, 170 p.; 2001; Turim: Einaudi, 1982; 1993; 1995.

_____. *Le Ceneri di Gramsci*. Milão: Garzanti, 1957, 176 p.; Ensaio crítico de Walter Siti. Turim: Einaudi, 1976; 1981; 1992; 1993.

_____. *Le Dada du Sonnet*. Versão de Hervé Joubert-Laurencin. Paris: Les Solitaires Intempestifs, 2005.

O *CORPUS* ARQUIVADO

_____. *Le poesie: Le ceneri di Gramsci; La religione del mio tempo; Poesia in forma di rosa; Trasumanar e organizzar*; poesie inedite. Milão: Garzanti, 1975; 1976.

_____. *Pasolini, Poeta*. Lisboa: Platano, 1978.

_____. *Poemas*. Versão de Maria Jorge Vilar de Figueiredo. Lisboa: Assírio e Alvim, 2005.

_____. *Poèmes de jeunesse et quelques autres (1941-1964)*. Versão de Nathalie Castagné e Dominique Fernandez. Organização e prefácio de Dominique Fernandez. Paris: Gallimard, 1995.

_____. *Poèmes oubliés (1965)*. Versão de V. Scandella. Paris: Actes Sud, 1996.

_____. *Poems*. Versão de Norman Macafee e Luciano Martinengo. Apresentação de Enzo Siciliano. Farrar Straus Giroux, 1996, 231 p.

_____. *Poesia in forma di rosa (1961-1964)*. Milão: Garzanti, 1964, 223 p.; 1976; 1980.

_____. *Poesie a Casarsa*. Bolonha: Libraria Antiquaria Mario Landi, 1942.

_____. *Poesie dimenticate (1943-1953)*. Organização de L. Ciceri. Udine: Società Filologica Friulana, 1965; 1976; 1992, 63 p.

_____. *Poesie e pagine ritrovate (1946-47)*. Organização de Nico Naldini e Andrea Zanzotto. Desenhos de Pier Paolo Pasolini e Giuseppe Zigaina. Roma: Lato Side, 1980, 212 p.

_____. *Poesie scelte*. Organização de Nico Naldini e F. Zambon. Introdução de F. Zambon. Milão: Tea, 1997.

_____. *Poesie*. Milão: Garzanti, 1970.

_____. *Poesie*. San Vito al Tagliamento: Primon, 1945.

_____. *Poésies (1943-1970)*. Seleção e prefácio de René de Ceccatty, versão de N. Castagné, René de Ceccatty, J. Guidi e Jean-Charles Vegliante. Bibliografia de J. Guidi. Paris: Gallimard, 1990.

_____. *Poésies (1953-1964)*. Versão de J. Guidi. Paris: Gallimard, 1973; 1980.

_____. *Poeta delle Ceneri*. *Nuovi Argomenti*, nº 67-68, Roma, jul.-dez. 1980. Na França: *Qui je suis: Poeta delle Ceneri (1980)*. Versão e apresentação de Jean-Pierre Milelli. Évreux: Arléa, 1994; Arléa Poche, 1999, 60 p. Na Espanha: *Who is me. Poeta de lãs Cenizas*. Barcelona: DVD Ediciones, 2002.

_____. *Poetry*. Versão, seleção e introdução de Antonio Mazza. LPC Group, 1992.

_____. *Roma 1950*: diário. Milão: Scheiwiller/All'insegna del pesce d'oro, 1960.

_____. *Roman poems*. Versão de Lawrence Ferlinghetti e Francesca Valente. Nova York: City Lights Publishers, 1986, 128 p.

_____. *Selected poems*. Introdução de Enzo Siciliano. Riverrun Press, 1988.

_____. *Sette poesie e due lettere*. Organização de Rienzo Colla. Roma: La Locusta, 1985.

_____. *Sonetto primaverile (1953)*. Milão: Scheiwiller, 1960.

_____. *Transumanar e organizzar*. Milão: Garzanti, 1971; 1976, 198p; 1989.

ANTOLOGIA

PASOLINI, Pier Paolo (org.). *Antologia della lirica pascoliana*. Introdução e comentários de Pier Paolo Pasolini. Organização de Marco Antonio Bazzocchi e Ezio Raimondi. Turim: Einaudi, 1993, 241 p.

_____ (org.). *Canzoniere italiano*: antologia della poesia popolare. Milão: Garzanti, 1955; Parma: Ugo Guanda Editore, 1955, 454 p.; 1972; 1992.

PASOLINI, Pier Paolo; DELL'ARCO, Mario. (org.). *Poesia dialettale del Novecento*. Introdução de Pier Paolo Pasolini. Parma: Ugo Guanda Editore, 1952; Prefácio de G. Tesio. Turim: Einaudi, 1995.

TODOS OS CORPOS DE PASOLINI

ROTEIRO

PASOLINI, Pier Paolo. *Accattone, Mamma Roma, Ostia.* Introdução de U. Casiraghi. Milão: Garzanti, 1993.

_____. *Accattone.* Prefácio de Carlo Levi. Roma: FM, 1961. *Edipo re.* Milão: Garzanti, 1967.

_____. Appunti per un poema sul Terzo Mondo. In: MANCINI, Michele; PERRELLA. Giuseppe. *Pier Paolo Pasolini*: corpi e luoghi. Prefácio de Paolo Volponi. Roma: Theorema, 1981; 1982, 613 p., p. 35-44.

_____. *Appunti per un"Orestiade' africana.* Organização de Antonio Costa. Copparo: Quaderni del Centro Culturale di Copparo, 1983, 86 p.

_____. Comizi d'amore. In: DE GIUSTI, Luciano. (org.). *Pier Paolo Pasolini*: il cinema in forma di poesia. Pordenone: Cinemazero, 1979, p. 123-127.

_____. Ignoti alla città. In: DE GIUSTI, Luciano. (org.). *Pier Paolo Pasolini*: il cinema in forma di poesia. Pordenone: Cinemazero, 1979, p. 117-118.

_____. *Il Padre Selvaggio.* Turim: Einaudi, 1975, 61 p.; 1981. No Brasil: *O Pai Selvagem.* Versão de Silvana S. Rodrigues. Rio de Janeiro: Civilização Brasileira, 1977, 64 p. Na França: *Le Père Sauvage (1975).* Versão de J. Guidi. Paris: Les Formes du Secret, 1980.

_____. *Il Vangelo secondo Matteo. Edipo re. Medea.* Milão: Garzanti, 1989; 1998; Introdução de M. Morandini, 1991.

_____. *Il Vangelo secondo Matteo*: un film di Pier Paolo Pasolini. Organização de G. Gambetti. Milão: Garzanti, 1964, 308 p.

_____. *L'Évangile selon saint Matthieu.* Versão de Stéphane Bouquet. *Cahiers du Cinéma/ Scréen,* 2003.

_____. La canta delle marane. In: DE GIUSTI, Luciano. (org.). *Pier Paolo Pasolini*: il cinema in forma di poesia. Pordenone: Cinemazero, 1979, p. 119-120.

_____. Le dernier poète expressionniste. [1962]. Versão de Hervé Joubert-Laurencin. In: Catálogo do XI Festival *Théâtres au Cinema,* Bobigny, mar. 2000, p. 66-68. [Retomado em JOUBERT-LAURENCIN, Hervé. *Le Dernier Poète Expressionniste*: écrits sur Pasolini. Paris: Les Solitaires Intempestifs, 2005. 255 p., p. 219-226.]

_____. *Mamma Roma.* Milão: Garzanti, 1962.

_____. *Medea*: un film di Pier Paolo Pasolini. Milão: Garzanti, 1970. Na França: *Médée.* Apresentação de Christophe Mileschi. Paris: Arléa, 2002.

_____. *Oedipus Rex.* Lorrimer Publishing, 1971.

_____. *Orgia. Pocilga.* Versão de Olinda Gil e Pedro Marques. Lisboa: Artistas Unidos, 2006, 160 p.

_____. *Porcile, Orgia, Bestia da stile.* Apresentação de Aurelio Roncaglia. Milão: Garzanti, 1979, 314 p.

_____. *San Paolo.* Turim: Einaudi, 1977, 170 p. Na França: *Saint Paul (1977).* Versão de Giovanni Joppolo. Paris: Flammarion, 1980, 201 p.

_____. Storia indiana. In: DE GIUSTI, Luciano. (org.). *Pier Paolo Pasolini*: il cinema in forma di poesia. Pordenone: Cinemazero, 1979, p. 134-135.

_____. *Trilogia della vita. (Il Decameron, I racconti di Canterbury, Il Fiore delle Mille e una Notte).* Organização de Giorgio Gattei. Milão: Garzanti, 1975; Bolonha: Casa Editrice L. Cappelli, 1975, 165 p.; 1977; Milão: Mondadori, 1987; 1990; Introdução de Gianni Canova, Milão: Garzanti, 1995. Na Espanha: *Trilogia de la vida.* Prólogo de José Luis Guarner. Bio-filmografia por Enric Ripoll-Freixes. Barcelona: Aymá, 1977, 260 p.

_____. *Uccellacci e Uccellini*: un film di Pier Paolo Pasolini. Milão: Garzanti, 1966; 1975, 257 p.

282

O *CORPUS* ARQUIVADO

PASOLINI, Pier Paolo; CITTI, Sergio. *Ostia*: un film di Sergio Citti. Soggetto e sceneggiatura di Sergio Citti e Pier Paolo Pasolini. Milão: Garzanti, 1970, 222 p.

PASOLINI, Pier Paolo. Appostilla al *"cine de poesia"*. In: AA.VV. *Cine de poesía contra cine de prosa*. Barcelona: Cuadernos Anagrama, 1976, p. 81-88.

FILMOLOGIA

PASOLINI, Pier Paolo et al. *Cine de poesía contra cine de prosa*. Barcelona: Cuadernos Anagrama, 1976.

_____. *Erotismo y destrucción*. Madrid: Editorial Fundamentos, 1983.

PASOLINI, Pier Paolo. *Écrits sur le cinéma (1959-1974)*, précédé de "Genèse d'un penseur hérétique" par Hervé Joubert-Laurencin. Versão de Hervé Joubert-Laurencin. Lyon: Presses Universitaires de Lyon/Institut Lumiàre, 1987. 264 p.

_____. *Empirismo eretico*. Milão: Garzanti, 1972; 1977; 1981; Prefácio de Guido Fink, 1991., 296 p.; 2000. Na França: *L'Expérience hérétique. Langue et cinéma (1972)*. Versão de Anna Rocchi Pullberg. Prefácio de Maria Antonietta Macciocchi. Paris: Payot, 1976; Ramsay Poche, 1989. Em Portugal: *Empirismo herege*. Lisboa: Assírio & Alvim, 1981; 1982. Na Espanha: *Empirismo herético*. Introducción, traducción y notas de Esteban Nicorte. Córdoba: Brujas, 2005. Nos EUA: *Heretical Empiricism*. Organização de Louis Barnett. Bloomington/Indianápolis: Indiana University Press, 1972; New Academia Publishing, LCC, 2005. 368 p.

_____. *Confessioni tecniche in "Uccellacci e uccellini"*. Milão: Garzanti, 1966.

_____. *Da "Accattone" a "Salò"*: 120 scritti sul cinema. di Pier Paolo Pasolini. Apresentação de Vittorio Boarini, Pietro Bonfiglioli e Giorgio Cremonini. Bolonha: Edizioni della Tipografia Compositori, 1982.

_____. *Discurso sobre el plano secuencia o el cine como simbología de la realidad*. In: *Comunicación 1*: Ideología y Lenguaje cinematografico. Madri: Alberto Corazón, 1967.

_____. *Écrits sur le cinema (petits dialogues avec les films 1957-1974)*. Paris: Éditions de l'étoile-Cahiers du Cinéma, 2000.

_____. *I film degli altri*. Organização de Tullio Kezich. Parma: Ugo Guanda Editore, 1996.

_____. Il 'Cinema di Poesia'. *Filmcritica*, nº156-157, abr.-maio 1965. [Retomado em *Marcatré* nº 19-20-21-22, Pesaro, abr. 1966; em *Uccellacci e uccellini*. Un film di Pier Paolo Pasolini. Milão: Garzanti, 1966, p. 7-31; em *Empirismo eretico*. Milão: Garzanti, 1972. Na França: Le 'Cinéma de Poésie'. *Cahiers du Cinéma*, nº 171, Paris, out., 1965. Em Portugal: O Cinema de Poesia. Versão de João Bernard da Costa. *Ciclo Pasolini Anos 60*. Lisboa: Fundação Calouste Gulbenkian, 1985. 100 p., p. 21-50.]

_____. *Lichter der Vorstädte*: Die abenteuerliche Geschichte seiner Filme. Organização de Franca Faldini e Goffredo Fofi. Versão de Karl Baumgartner e Ingrid Mylo. [Seleção de textos de FALDINI, Franca; FIFI, Goffredo. *L'Avventurosa Storia del Cinema Italiano, racontata dai suoi protagonisti (1960-1969)*. Milão: Feltronelli, 1981; e FALDINI, Franca; FIFI, Goffredo. *Il Cinema Italiano D'Oggi, racontata dai suoi protagonisti (1970-1984)*. Milão: Arnaldo Mondadori Editore, 1984]. Frankfurt: Wolke, 1986, 202 p.

_____. *Nei panni di un ragazzo di vita*. In: LIZZANI, Carlo. *Il Gobbo*: un film di Dino De Laurentiis. Caltanissetta: Sciascia, 1960.

PASOLINI, Pier Paolo; ROCHA, Glauber; JOUBERT-LAURENCIN, Herve. Indian Story. In: DAVID, Catherine; CHEVRIER, Jean-Francois (org.). *Documenta X: The Book*: politics poetics. Ostfildern: Cantz, 1997, p. 234-237.

283

TODOS OS CORPOS DE PASOLINI

TEATRO

PASOLINI, Pier Paolo et. al. *Potentissima signora*: canzoni e dialoghi scritti per Laura Betti. Milão: Longanesi & C., 1965, 203 p.

PASOLINI, Pier Paolo. *Théâtre*. Paris: Actes Sud, 1995.

_____. *Affabulazione. Nuovi Argomenti*, Roma, jul.-set. 1969; Com uma nota de G. Davico Bonino. Turim: Einaudi, 1992. Em Portugal: *Afabulação*. Lisboa: Cotovia, 1999.

_____. *Affabulazione. Pilade*. Apresentação de Attilio Bertolucci. Milão: Garzanti, 1977. *Calderón: Lager Borghese*. Quaderni del Teatro Stabile del Friuli. Veneza Giulia, sem data; Milão: Garzanti, 1973, 182 p.; 1974. Em Portugal: *Besta de estilo*. Versão de Clara Rowland. Lisboa, 2006.

_____. *I Turcs tal Friul (I Turchi in Friuli)*. Organização de L. Ciceri. Udine: Rivista "Forum Juli", 1976; Introdução de Giancarlo Boccotti. Quaderni dell'Istituto Italiano di Cultura di Monaco di Baviera, 1980. Organização de A. Noferi Ciceri. Udine: Società Filologica Friulana, 1995.

_____. *Italie magique*. In: PASOLINI, Pier Paolo et. al. *Potentissima signora*: canzoni e dialoghi scritti per Laura Betti. Milão: Longanesi & C., 1965, p.187-203.

_____. *Pílades*. Versão de Mário Feliciano e Luíza Neto Jorge. Lisboa, 2006.

_____. *Porcile. Orgia. Bestia da stile*. Nota de Aurélio Roncaglia. Milão: Garzanti, 1973.

_____. *Tal cour di un frut*. Tricesimo: Edizioni di Lingua Fiulana, 1953; ganização de L. Ciceri. Udine: Forum Juli, 1974.

_____. *Teatro: Calderon, Affabulazione, Pilade, Porcile, Orgia, Bestia da stile*. Prefácio de Guido Davico Bonino. Milão: Garzanti, 1988, 731 p.; 1995, 733 p.

_____. *Théâtre (1938-1965)*. Versão de Hervé Joubert-Laurencin, Caroline Michel e Luigi Sacandella. Paris: Les Solitaires Intempestifs, 2005.

TRADUÇÃO

ESCHILO, *Orestiade*. Tradução de Pier Paolo Pasolini. Organização do Istituto Nazionale del Dramma Antico per le Rappresentazioni Classiche nel Teatro Greco di Siracusa: 19 maio-5 jun. 1960, 173 p. Turim: Einaudi, 1960; [Com uma "Carta do tradutor"], 1988. [Do grego para o italiano].

PASOLINI, Pier Paolo. Andre Frenaud, *Esortazzione ai poveri. L'Europa letteraria*, dez. 1960. [Do francês para o italiano].

_____. Giuseppe Ungaretti, *Luna. Il Stroligut*, nº 2, abr. 1946, p. 19. [Do italiano para o friulano].

_____. Jean Pellerin, *La Romanza del Ritorno*. In: BERTOLUCCI, Attilio (org.). *Poesia straniera del Novecento*. Milão: Garzanti, 1958, p. 88-93. [Do francês para o italiano].

_____. Niccolo Tommaseo, *A la so Ptssula Patna. II Stroligut*, nº 1, ago. 1945, p. 19. [Do italiano para o friulano].

_____. Plauto, *Il Vantone*. Milão: Garzanti, 1963. 151 p.; Apresentação de Umberto Todini, 1994, 158 p. [Do grego para o italiano].

_____. Roger Allard, *Storia di Yvonne*. In: BERTOLUCCI, Attilio (org.). *Poesia straniera del Novecento*. Milão: Garzanti, 1958, p. 82-87. [Do francês para o italiano].

_____. Saffo, *Tre frammenti*. In: ESCHILO, *Orestiade*. Organização do Istituto Nazionale del Dramma Antico per le rappresentazioni classiche nel teatro greco di Siracusa, Urbino, 1960. [Do grego para o italiano].

O *CORPUS* ARQUIVADO

_____. Virgilio, [Dall'] *Eneide*. In: TODINI, Umberto. *Virgilio e Plauto*: ineditie manoscritti d'autore tra antico e moderno. [Retomado em DE MAURO, Tullio; FERRI, Francesco (org.). *Lezioni su Pasolini*. Ripatransone: Sestante, 1997, p. 56.] [Do latim para o italiano].

CORRESPONDÊNCIA

PASOLINI, Pier Paolo. *Correspondance générale (1940-1975)*. Versão e seleção de René de Ceccatty. Edição de Nico Naldini. Paris: Gallimard, 1991, 338 p.

_____. *Lettere agli amici (1941-1945)*. *Nuovi Argomenti* nº 49, jan.-mar. 1976; Organização de Lucinano Serra. Parma: Ugo Guanda Editore, 1976. Na França: *Lettres aux amis (1941-1945)*. Versão e prefácio de Philippe Di Meo. Paris: Les Formes du Secret, 1980, 141 p.

_____. *Lettere*. 2 v. Organização e cronologia de Nico Naldini. Turim: Einaudi, 1986-1988. Volume I: Lettere 1940-1954, 738 p. Volume II: Lettere 1955-1975, 805 p.

_____. *Pasiones heréticas*: correspondencia 1940-1975. Organização de Diego Bentivegna. Buenos Aires: El Cuenco de Plata, 2005.

_____. *The Letters of Pier Paolo Pasolini*. Volume I: 1940-1954. Versão de Stuart Hood. Organização de Nico Naldini. Nova York: Quartet Books, 1992, 526 p.

_____. *Vita attraverso le lettere*. Organização de Nico Naldini. Turim: Einaudi, 1994, 375 p.

ARTIGOS

PASOLINI, Pier Paolo. Lettera a un comunista. *Il Cerchio di Gesso*, out. 1949.

_____. Droga, società e politica. *Nuova Generazione*, nº 180, out. 1975.

_____. "Che cosa sono le nuvole?". *Cinema e Film*, 1969.

_____. "Je hais l'état où je vis". *Écran*, nº 42, Paris, dez. 1975.

_____. "L'expérience me donne comme une espèce de mort". Extraído dos *Cadernos Vermelhos*. Versão de René de Ceccaty. *Cahiers du Cinéma*, nº 451, p. 79.

_____. "La Commare Secca". *Filmcritica*, Roma, out. 1965.

_____. "Le mura di Sana'a". *Epoca*, 27 mar. 1988.

_____. "Ora tutto è chiaro, voluto, non imposto dal destino". *Cineforum*, nº 68, out. 1967.

_____. "Salò": l' "intolleranza" dello spettatore per cogliere l'anarchia del fascismo e del potere. *Roma Giovani*, nº 8, Roma, out.-nov. 1975.

_____. "Salò": l'intolleranza dello spettatore per cogliere l'anarchia del fascismo e del potere. *Roma Giovani*, nº 8, out.-nov. 1975.

_____. 10 domande su "neocapitalismo e letteratura". *Nuovi Argomenti*, nº 67-68, Roma, jun. 1964.

_____. A Poesia do Cinema Novo. *Revista Civilização*, nº 7, maio 1966.

_____. Abiura della "Trilogia della Vita". *Corriere della Sera*, Milão, 9 nov. 1975.

_____. Ancora il linguaggio della realità. *Filmcritica*, nº 214, Roma, p. 126-130, 1971.

_____. C'est le "Décameron" qui m'a choisi. *La Galerie*, nº 111, dez. 1971, p. 88.

_____. Ce phare de moto. *Tempo Illustrato*, 22 nov. e 6 dez. 1969.

_____. Che cos'è dunque il Friuli?. *Libertà*. Udine, 6 nov. 1946

_____. Ciò che è neo-zdanovismo e ciò che non lo è. *Nuovi Argomenti*, nº 12, Roma, out.-dez. 1968.

_____. Civiltà tecnologia e lingua nazionale. *Ulisse*, set. 1968.

_____. Contro la permissività di Stato. *Circolo ARCI "Cesare Pavese"*, dez. 1974.

_____. Dal diario di un insegnante. *Il Mattino del Popolo*, fev. 1948.

_____. Dalla lingua al friulano. *Ce Fas-Tu?*, nº 5-6, dez. 1947.

_____. Dialetto e poesia popolare. *Mondo Operaio*, abr. 1951.

_____. Dialetto nella poesia e nel romanzo. *La Fiera Letteraria*, Roma, out. 1956.

_____. Gabriel Garcia Márquez: uno scritore indigno. *Il Tempo*, 22 jul. 1973.

_____. I dialettali. *Paragone*, abr. 1952.

_____. I sintagmi viventi e i poeti morti. *Rinascita*, nº 33, 25 ago. 1967.

_____. Il cinema impopolare. *Nuovi Argomenti*, nº 20, Roma, out.-dez. 1970.

_____. *Il Giorno*, 20 mar. 1970.

_____. *Il Mondo*, 1º abr. 1975.

_____. Il neo-sperimentalismo. *Officina*, nº 5, fev. 1956.

_____. Il sentimento de la storia. [Carta de Pasolini a Carlo Lizzani]. *Cinema Nuovo*, nº 205, maio-jun. 1970, p. 172-173.

_____. Il sesso come metafora del potere: autointervista. *Corriere della Sera*, Milão, 25 mar. 1975.

_____. Il treno di Casarsa. *FMR*, nº 28, nov. 1984, Milão, Franco Maria Ricci, p. 122.

_____. Il Vangelo secondo Pasolini. *Il Giorno*, 6 jun. 1963.

_____. In margine all'esistenzialismo. *Libertà*, jun. 1946.

_____. Incrontro sulla cultura. *Realtà Sovietica*, abr. 1962.

_____. Intervento sulla critica letteraria. *Il Contemporaneo*, nº 25, ano III, jun. 1956.

_____. L'érotisme en question. *Cinéma d'Aujourd'hui*, nº 4, Paris, 1975-1976, p. 120.

_____. L'uomo borghese non è tutto l'uomo. *L'Espresso*, jun. 1962.

_____. La lingua scrita dall'azione. *Nuovi Argomenti*, nº 2, Roma, abr.-jun. 1966.

_____. La Nebbiosa. *Filmcritica*, nº 459-460, Roma, nov.-dez. 1995.

_____. La necessità di combattere la desumanizzazione operata dal neocapitalismo. *Energie nuove*, nº 8-9, set. 1964.

_____. La Notte Brava. *Filmcritica*, Roma, nov.-dez. 1959.

_____. La parola orale: meravigliosa possibilità del cinema. *Cinema Nuovo*, nº 201, set.-out. 1969, p. 363-367.

_____. La paura del naturalismo (Osservazioni sul piano-sequenza). *Nuovi Argomenti*, nº 6, Roma, abr.-jun. 1967, p. 11-23.

_____. La pazzezca razionalità della geometria religiosa. *Cinema Nuovo*, nº 229, maio 1974.

_____. La poesia e il dialetto. *Il Contemporaneo*, out.-nov. 1958.

_____. La poesia popolare. *Il Contemporaneo*, nº 25, ano III, jun. 1956

_____. La prima ora di libertà. *L'Unità*, 15 jul. 1962.

_____. La sua gloria: Drama in 3 atti e 4 quadri (1938). [Manuscrito encontrado no Archivio di Stato di Bologna durante pesquisa de alunos do colégio científico Righi X]. *Rendiconti*, nº 40, Bolonha, Pendragon, mar. 1996, p. 43-70.

_____. La sventura di non conoscere nè Freud nè Marx. *Il Tempo*, nº 51, dez. 1972.

_____. La tentazione di parlare. *Rivista di Cinematografo*, nº 5, maio 1971.

_____. La Terra vista dalla Luna. Roteiro, Quadrinhos. Apresentação de Serafino Murri. *Micro-Mega*, nº 4, Paris, out.-nov. 1995.

_____. Le ambigue forme della ritualità narrativa. *Cinema Nuovo*, nº 231, set/out. 1974, p. 342-347.

O *CORPUS* ARQUIVADO

———. Lettera aperta a Silvana Mangano. *Il Tempo*, nº 47, 16 nov. 1968.

———. Manifesto per il nuovo teatro. *Nuovi Argomenti*, nº 9, Roma, jan. 1968, p. 6-22.

———. Marxismo e cristianesimo. *L'Eco di Brescia*, jan. 1964.

———. Noite na Piazza di Spagna. Versão e notas de Amir Brito Cadôr. *Suplemento Literário*, Belo Horizonte, dez. 2002, p. 21-23.

———. *Oedipe Roi (1967)*. Versão de Jean-Claude Biette. *L'Avant-Scène du Cinéma*, nº 97, Paris, nov. 1969.

———. Omagio a Giotto. *Il Belli*, nº 4, ano III, dez. 1954.

———. Pagine introdutive alla poesia popolare italiana. *Nuovi Argomenti*, nº 12, Roma, jan. 1955.

———. Pamphlet dialettale (1). *Il Belli*, nº 1, dez. 1952.

———. Pamphlet dialettale (2). *Il Belli*, nº 2, fev. 1953.

———. Pamphlet dialettale (3). *Il Belli*, nº 3, jun. 1953.

———. Pamphlet dialettale (4). *Il Belli*, nº 4, nov. 1953.

———. Parole senza calcole. *Ombre Rosse*, nº 7, abr. 1969.

———. Per una censura democratica contro la permissività di stato. [Intervenção no evento *Per una cultura democratica contro la censura di stato*, Bolonha, 14 dez. 1974]. *Cinema Nuovo*, nº 289, jan.-fev. 1976.

———. Perché ho fatto "le 120 giornate di Sodoma". *Corriere d'Informazione*, 7 nov. 1975.

———. Perché siamo tutti borghesi. *L'Espresso*, nº 26, jun. 1968.

———. Pilade. *Nuovi Argomenti*, nº 7, Roma, jul.-dez. 1967.

———. Poesia di sinistra e di destra. *Libertà*, jun. 1946.

———. Poesia nella scuola. *Il Mattino del Popolo*, jul. 1948.

———. Poesia popolare e colta. *La Fiera Letteraria*, Roma, mar. 1955.

———. Poesia popolare e cultura di massa. *Il Radiocorriere TV*, dez. 1951.

———. Poesia popolare e poesia d'avanguardia. *Paragone*, abr. 1955.

———. Porcile (argumento do primeiro episódio, título original: *Orgia*). *ABC*, 10 jan. 1969.

———. Porcile o no: intervista con Piero Sanvio. *Il Drama*, nº 12, ano 45, set. 1969, p. 83.

———. Porno-Teo-Kolossal. *Cinecritica*, abr.-jun. 1989.

———. Porque digo que meu Calderon não tem peso político? *Tempo Illustrato*, 18 nov. 1973.

———. Pour une censure démocratique contre la permissivité d'État. *Écran*, nº 42, Paris, dez. 1975.

———. Res sunt nomina. *Stanford Italian Review*, nº 2, Saratoga, 1982, p. 75-79.

———. Romanesco 1950. *Il Quotidiano*, maio 1950.

———. Saint-Beuve: teoria e critica. *La Fiera Letteraria*, Roma, dez. 1947.

———. Sant'Infame. *Cinecritica*, abr.-jun. 1989.

———. Scolari e libri di testo. *Il Mattino del Popolo*, nov. 1947.

———. Scuola senza feticci. *Il Mattino del Popolo*, dez. 1947.

———. Sul doppiaggio. *Filmcritica*, nº 208, Roma, jul.-ago. 1970, p. 268-270.

———. Sulla lingua sette riposte a sette punti interrogativi. *Il Giorno*, mar. 1965.

———. The Catholic Irrationalism of Fellini. *Film Criticism*, Meadville, 1984, 9:1, p. 63-73.

———. The End of the Avant-Garde. *Stanford Italian Review*, nº 2, Saratoga, 1982, p. 8-26.

———. Travestiti da poveri. *Il Tempo*, nº 25, 21 jun. 1969.

———. Una moderna forma di evasione. *Nuova Generazione*, nº 41, nov. 1959.

———. Una nozione di realismo, la critica marxista e l'irrazionale. *Ulisse*, nº 38, set. 1960.

———. Vagisce appena il nuovo italiano nazionale. *Il Giorno*, fev. 1965.

———. Voluntà poética ed evoluzione della língua. *Stroligut di Cà de l'Aga*, nº 2, abr. 1946.

287

TODOS OS CORPOS DE PASOLINI

ENTREVISTAS

[Sobre o fascismo e o novo fascismo]. *Il Mondo*, 11 jun. 1974.

"I RACCONTI" di Pasolini alle "Giornate del cinema democratico". *L'Unità*, 13 ago. 1972.

"MA PERCHÉ mi persiguitano?". *La Domenica del Corriere*, Milão, nov. 1975.

"SALÒ o le 10 giornate di Sodoma" è un film sul potere. *Tutto Quatidiano*, 11 maio 1975.

ABBASSO il congiuntivo!. *Panorama*, nº 362, 29 mar. 1973.

ABRUZZESE, A. Boccaccio come il Vangelo. *Paese Sera*, 22 set. 1970.

ACCATTONE: Cinque domande a Pier Paolo Pasolini. *Nuova generazione*, 30 abr. 1961.

ACCONCIAMESSA, M. Pasolini pensa alle "Mille e una Notte". *L'Unità*, 14 dez. 1971.

ADORNATO, F.; CARACCIOLO, L.; BARCA; F. Il buio oltre il presente. *Romagiovani*, nº 1, I, 15 nov. 1974.

ALESSIO, C. Pasolini spiega il film "Salò-Sade". *Giornale di Brescia*, 6 jun. 1975.

ARGENTIERI, M. Nella perifena romana nasce il film di Pasolini. *L'Unità*, 7 abr. 1961.

ARGENTO, Dario. Opera "ideo-comica" con tema religioso su *Uccellacci e uccellini*. *Paese Sera*, 29 out. 1965.

_____. "Mamma Roma": una prostituta che aspira al decoro borghese. *Paese Sera*, 1º-2 set. 1962.

_____. Pasolini e Moravia girano un film contro il tabu del sesso. *Paese Sera*, 3 jul. 1963.

_____. Veddo Gesu Cristo come "Accattone". *Paese Sera*, 9 fev. 1963.

ASCANIO, S. Pasolini ci parla del suo nuovo film. *Il Gazzettino*, Veneza, 21 ago. 1962.

_____. Pier Paolo Pasolini promette di rispettare il Vangelo. *Il Gazzettino*, 25 fev. 1964.

ASPESI, N. Dialogo armato con Pasolini. *Il Giorno*, 31 jan. 1973.

ATTINELLI, L. Pier Paolo Pasolini: celui qui est arrivé par le scandale. *Le Figaro*, 3 set. 1972.

AUGIAS, C. Contestatori di tutto il mondo, sparite. *L'Espresso*, nº 42, XIX, 21 out. 1973.

BABY, Y. Un cinéma de poesie. *Le Monde*, 12 out. 1969.

BACHMANN, Gideon. Cara Tuscia. *Il Messaggero*, 22 set.1974.

_____. De Sade e l'universo dei consumi. [Entrevista realizada em 2 de maio de 1975 no *set* de *Salò*]. *Azimut*, nº 3, v. II, jan.-fev. 1983.

_____. En tant que marxiste, je vois le monde sous un angle sacré. *Les Lettres Françaises*, Paris, 23 set. 1965.

_____. Ideologia e poetica. [Roma, 14 dez. 1972]. *Filmcritica*, nº 232, Roma, mar. 1973, p. 88-91.

_____. Il passato è soversivo. *Il Messaggero*, 24 ago. 1973.

_____. La perdita della realtà e il cinema inintegrabile. [Entrevista realizada em 13 de setembro de 1974]. *Azimut*, nº 3, v. II, jan.-fev. 1983.

_____. Pasolini on De Sade. An interview during the filming of "120 Days of Sodom". [Entrevista realizada em 2 de maio de 1975 no *set* de *Salò*]. *Film Quarterly*, nº 2, Berkeley, 1975-1976.

_____. Poetisch und realistisch zugleich. *Der Tagesspiel*, 6 jan. 1966.

BACHMANN, Gideon; GALLO, Donata. Conversazione con Pier Paolo Pasolini. [Entrevista realizada em 2 de maio de 1975 no *set* de *Salò*]. *Filmcritica*, nº 256, Roma, ago. 1975.

BARBATO, A. Pasolini non vuole firmare *La Rabbia*. *Il Giorno*, 13 abr. 1963.

BARBERIS, A. Anna Magnani sarebbe stata un buon profeta. *Il Giorno*, 26 mar. 1962.

_____. Si, il romanzo è possibile. *Il Giorno*, 2 dez. 1964.

BARIGAZZI, G. È un delitto anche uccidere una lingua. *Il Giorno*, 23 dez. 1974.

BASTONI, R. Anche nel sesso il potere è violenza. *Lo Speciale*, 29 abr. 1975.

O *CORPUS* ARQUIVADO

BELLEZZA, Dario. Io e Boccaccio. *L'Espresso*, 22 nov. 1970.

BENELLI, S. Sogna una vita tranquilla. *Il Punto*, 16 jul. 1963.

BERENICE. Mille e una pagina, mille e una faccia. *Paese Sera*, 7 jan. 1973.

_____. Napoletano e popolaresco il "Boccaccio" di Pasolini. *Paese Sera*, 19 jun. 1970.

_____. Pasolini cerca la donna del Vangelo. *Paese Sera*, 5 abr. 1964.

_____. Pasolini riconocce nel missionario l'ex-compagno di scuola. *Paese Sera*, 25 jan. 1963.

_____. Pasolini: "San Paolo" dopo *Le mille e una notte*. *Paese Sera*, 10 mar. 1974.

_____. Sedici domande a Pier Paolo Pasolini. *Paese Sera*, 14 nov. 1970.

_____. Tutte le strade portano alla poesia. *Paese Sera*, 25 jun. 1971.

_____. *Uccellacci e uccellini* e il "signor Bestemmia". *Paese Sera*, 22 maio 1965.

BERGAGNA, L. Intervista sincera con Pasolini sul mondo, l'arte, zu marxismo. *La Stampa*, 12 jul. 1968.

BERTINI, Antonio. La morale delle favole. *Vie Nuove*, 25 nov. 1965.

BIAGI, Enzo. L'innocenza di Pasolini. *La Stampa*, 27 jul. 1971.

_____. Pasolini: dicono di lei. *La Stampa*, 4 jan. 1973.

BIAMONTE, L. S'intitola "Il padre selvaggio": il film africano di P. P. Pasolini. *Il Paese*, 25 fev. 1962.

BIANCHI, P. Con il cinema non ho respiro e... l'ulcera è roba passata. *Il Giorno*, 1º abr. 1969.

_____. Dalla poesia al "Decameron"e. *Il Giorno*, 4 jun. 1971.

BIETTE, Jean-Claude. Sur "Salò", estratti da interviste com Pier Paolo Pasolini. *Écran 75*, nº 42, dez. 1975.

BLUE, James. Pier Paolo Pasolini. *Film Comment*, 1965.

BOGLIETTI, L.; CABUTTI, L.; COLOMBO, G.; DODERO, C.; PACI, A. Le opinioni di PPP su... *Sirena*, dez. 1961.

BONAFINI, U. Pier Paolo Pasolini parla del film che girerà a Mantova. *Gazzetta di Mantova*, 28 fev. 1975.

BONGARZONI, O. Pasolini: nostalgia di "Accattone". *Paese Sera*, 8 out. 1975.

BRAUCOURT, Guy. Theorème: la demonstration de Pasolini. *Cinéma 69*, nº 136, maio 1969.

BRUNETTA, Gian Pietro; VETTIMO, Marianne di (trad.). *Cahiers du Cinéma*, nº 212, Paris, maio 1969, p. 14-15.

BUTTITTA, P. A. Intervista esclusiva all'*Avanti!* di Pier Paolo Pasolini. *Avanti!*, 23 fev. 1962.

CALDERÓNI, F. L'addio di Pasolini alle borgate. *Il Tempo*, 12 maio 1962.

CALDIRONI, F. Pasolini alle prese con il mito di Edipo. *Avanti!*, 16 jul. 1967.

CALUM, P. Samtale med Pasolini. *Kosmorama*, nº 89, mar. 1969.

CAMBRIA, A. 'L'onestà è faziosa'. *aut-aut*, nº 4, IV, 9 fev. 1975.

_____. Intervista con Pasolini. *Stasera*, Roma, 29 nov. 1961.

_____. Nella irreligione del mio tempo. *aut-aut*, nº 25, III, 4 ago. 1974.

_____. Nelle mani di Cutolo i ragazzi di Pasolini. *Telesera*, 4-5 maio 1960.

_____. Pasolini: "Il neocapitalsimo esige un'arte impegnata". *Telesera*, 29-30 jun. 1960.

CAMPBELL, M. Pasolini et la religion. *Séquences*, nº 64, abr. 1972.

CANCOGNI, Manlio. Se nasci in un piccolo Paese sei fregato. *La Fiera Letteraria*, nº 50, Roma, 14 dez. 1967.

CARIOTI, G. Intervista con Pier Paolo Pasolini. *La nuova voce*, nº 4, II, maio 1964.

CASTALDINI, P. Razionalità e metafora in P. P. P. *Filmcritica*, nº 174, Roma, jan.-fev. 1967.

CECERE, M. Pasolini: "sono morali i racconti di Canterbury". *L'Unità*, 20 jun. 1973.

CEDERNA, C. Tra le braccia dell'Arcangelo. *L'Espresso*, 21 abr. 1968.

CERATTO, P. Intervista a Pier Paolo Pasolini. *Avanti!*, 23 out. 1975.

289

CERCO il Cristo fra i poeti. *Italia-Notizie*, nº 18, 20 nov. 1963.

CHIESA, Adolfo. A colloquio con il poeta delle *"Ceneri di Gramsci"*; un nuovo romanzo di Pier Paolo Pasolini. *Paese Sera*, 25-26 maio 1959.

_____. Come Pasolini concilla cinema e letteratura. *Paese Sera*, 20-21 set. 1961.

_____. Ho tradotto Plauto alla lettera. *Paese Sera*, 27 dez. 1963.

_____. Nel nuovo romanzo racconterò l'episodio. *Paese Sera*, 4-5 jul. 1960.

_____. Nuovo romanzo di P. P. Pasolini. *Paese Sera*, 6 abr. 1962.

_____. Pasolini: "C'è un abesso tra Nehru e gli indian". *Paese Sera*, 25-26 fev. 1961.

CIATTAGLIA, C. Colloquio sul *Vangelo*. *Il Popolo*, 19 jun. 1971.

CLUNY, C. M. Pasolini: "C'est le 'Decameron' qui m'a choisi". *La Galerie*, dez. 1971.

_____. Rencontre avec Pasolini. *Cinema 72*, nº 164, mar. 1972.

CODELLA, L. Intervista su *Edipo re*. *Occhio Critico*, nº 7, jul. 1967.

COLOMBO, Furio. [Entrevista realizada em 1º de novembro de 1975]. *Nuovi Argomenti*, nº 59-60, Roma, jul.-dez. 1978.

_____. "Siamo tutti in pericolo" [Entrevista realizada em 1º de novembro de 1975]. *La Stampa*, 8 nov. 1975.

CONTI, A. Il futuro è già finito. *Panorama*, 8 mar. 1973.

CORNAND, A.; MAILLET, D. Entretien avec Pier Paolo Pasolini. *Image et Son*, nº 267, jan. 1973.

CORNELL, P. Enlight Pasolini. [Entrevista sobre *O Evangelho Segundo São Mateus* e *A Ricota*]. *Chaplin*, nº 75, 1967.

CORRADINI, A. Pasolini: "mi dichiaro innocente". *Grazia*, 28 jan. 1973.

_____. Pasolini: "moi, pornographe? C'est plutôt la télevision qu'il faudrait censurer et interdire". *Ciné-Revue*, 3 maio 1973.

COSTA, R. L'India di Pasolini. *Vie Nuove*, nº 4, 25 jan. 1968.

COSTANZO, M. Incontri con lo sport. *Paese Sera*, 23-24 mar. 1956.

_____. Pasolini con il "mai" maiusculo/Le ceneri (recenti) di Boccaccio e di Chaucer. *Il Giorno*, 6 fev. 1973.

COURNOT, M. L'Evangile selon Pasolini. *Le Nouvel Observateur*, 4 mar. 1965.

COVA, S. Il benzenaro sogna o mi confonde con un altro. *Il Giorno*, 30 nov. 1961.

CRISTALLIZAZIONE dei misteri infantili. *Il Gazzettino*, Veneza, 24 maio 1968.

CROSTI, G. Il principe Monzon alla corte di Pasolini. *Paese Sera*, 4 fev. 1973.

_____. Il principe Monzon alla corte di Pasolini. *Paese Sera*, 4 fev. 1973.

D. S. "Così mi venne l'idea di farei l "Decamerone". *Voce Adriatica*, 5 jan. 1971.

D'ARPE, G. Pasolini manderò i nemici all'inferno. *Corriere lombardo*, 28 mar. 1963.

D'AVACK, M. Il "Teorema" di Pasolini. *Vita*, 7 dez. 1967.

DAVOLI, I. Gazzarra fascista contro Pasolini. [Sobre *O Evangelho segundo S. Mateus*]. *Paese Sera*, 5 set. 1964.

DE GRAMONT, S. Interview with Pasolini. *The New York Herald Tribune*, 22 nov. 1964.

DE MONTICELLI, R. Non ho campanile, dice Pier Paolo Pasolini. *Il Giorno*, 16 dez. 1958.

DE NUSSAC, S. La Callas apprivoisée. *L'Express*, 28 jul. 1969.

DEL BUONO, Oreste. Pasolini. *L'Europeo*, 17 abr. 1975.

DEL FRA, L. Pasolini cerca ancora. *L'Italia Che Scrive*, out. 1957.

DEL RE, G. Pasolini rivendica a "La ricotta" un contenuto rigorosamente morale. *Il Messaggero*, 15 out. 1962.

DELATI, A. Achouba. A l'heure des "Mille et une Nuits". *Combat*, 28 ago. 1974.

DELFINI, M. Ecco Pasolini: il ricco "maledetto". *Il Tempo*, 1º set. 1962.

DOVE sono i "pericoli per la società". *Vie Nuove*, nº 36, XIV, 12 set. 1959.

O *CORPUS* ARQUIVADO

DRAGADZE, P. "Questo è il mio testamento". Intervista a Pier Paolo Pasolini. *Gente*, 17 nov. 1975.

DUE DOMANDE a Pier Paolo Pasolini. [Sobre *A Atenção*, de Alberto Moravia, e sobre *Ali dagli occhi azzurri*]. *Avanti!*, 26 dez. 1965.

E ORA Pasolini? *Jet*, n⁰ 2, maio 1969.

È UNA VERA persecuzione, dice Pier Paolo Pasolini. *Il Giorno*, 4 set. 1962.

ENCUENTRO con P. P. P., con filmografia fino al "Decameron". *Hablemos de Cine*, n⁰ 53, 1970.

FACCINI, L.; PONZI, Maurizio. Intervista con Pier Paolo Pasolini. *Filmcritica*, n⁰ 156-157, Roma, abr.-maio 1965

FALLACI, Oriana. Un marxista en New York. *L'Europeo*, 13 out. 1966.

FERRERO, N. "Mamma Roma", ovvero dalla responsabilità individuale alla responsabilità collettiva. *Filmcritica*, n⁰ 125, Roma, set. 1962.

FERRETTI, Gian Carlo. Pasolini ci parla del suo nuovo romanzo. *L'Unità*, 27 nov. 1959.

_____. Pasolini tra poesia e cinema. *L'Unità*, 5 set. 1962.

FIESCHI, Jean-André. Pier Paolo Pasolini: *Edipo re*. *Cahiers du Cinéma*, n⁰ 195, Paris, nov. 1967, p. 13-31.

FINI, Massimo. Eros e cultura. *L'Europeo*, 19 set. 1974.

FOGLIETTI, M. Pasolini: "Ritroviamo il senso del metafisico". *Il Popolo*, 3 maio 1968.

GALVANO, F. Non sono più un arrabbiato. *Grazia*, 21 nov. 1971.

GAMBETTI, G. Popolare, erotica, libera. *Sipario*, n⁰ 300, maio 1971.

GARDAIR, Jean-Michel. Entretien avec Pasolini. *Le Monde*, 26 fev. 1970.

_____. Entretien avec Pier Paolo Pasolini. *Le Monde*, 26 fev. 1971.

GARDAIR, Jean-Michel. Un discorso di Pasolini su teatro e poesia. *Corriere del Ticino*, n⁰ 19, III, 13 nov. 1971.

GATTA, G. Signor Pasolini: ma è proprio sicuro di essere ancora comunista? *Oggi*, 22 out. 1964.

GENNARI, A. Conversazione con Pier Paolo Pasolini. *Filmcritica*, n⁰ 247, Roma, ago.-set. 1974.

GEROSA, Guido. La guerra di Troia continua. *L'Europeo*, 31 dez. 1970.

GIOVANNI, G. di. "Do il mio momento gaio". *Il Tempo*, 24 out. 1970.

GIOVANNINI, M. Pasolini mille e uno. *Panorama*, 30 maio 1974.

GIOVETTI, C. Tra polvere e stracci le facce del Terzo Mondo. *Il Giorno*, 19 maio 1973.

GODARD, C. Le passé est la seule critique globale du présent. *Le Monde*, 5 dez. 1972.

GOLINO, Enzo. Pasolini: terra gia sommersa. *Il Giorno*, 29 dez. 1973.

GRANZOTTO, E. Lo scandaloso Pier Paolo Pasolini. *Panorama*, 8 ago. 1974.

GRASSI, G. Il Decamerone dei guaglioni. *La Domenica del Corriere*, n⁰ 47, Milão, 24 nov. 1970.

_____. Stavolta tocca al Boccaccio inglese. *La Domenica del Corriere*, n⁰ 5, Milão, 11 fev. 1972.

GRIECO, D. Giudizio Universale alla napoletana per Pasolini. *L'Unità*, 7 nov. 1970.

_____. Il Boccaccio di Pasolini senza "messaggi". *L'Unità*, 23 set. 1970.

_____. Pasolini porta Sade a Salò tra i repubblichini. *L'Unità*, 19 jan. 1975.

HENNEBELLE, G. A Paris Pasolini déclare: "la porcherie symbolise pour moi la societé bourgeoise". *Revue du Cinéma International*, n⁰ 2, abr. 1969.

I MILANESI contro l'abuso del romanesco. *L'Espresso mese*, n⁰ 1, maio 1960.

IL MEDIOEVO visto con allegria. *Panorama*, 30 dez. 1971.

IL MIO lungo viaggio. *Tempo Illustrato*, n⁰ 19-22, 31 maio 1974.

IL PIACERE dello scandalo. *Paese Sera*, nov. 1975.

INCONTRO con Pasolini sul set del Decameron. *Palermo Sport*, 25 out. 1970.

JACOB, Véronique; CAMON, Ferdinando. La Deuxième mort de Pasolini: On refuse son homosexualité, donc on réinvente sa mort. *Courrier international*, n⁰ 239, 1⁰ jun. 1995, p. 15.

KEZICH, Tullio. Pasolini diventa regista. *Settimo giorno*, n⁰ 43, 16 out. 1960.

L. M. Pasolini ha copiato Giotto per il Giudizio Universale. *La Stampa*, 7 nov. 1970.

LA ROCHELLE, R. Entretien avec Pier Paolo Pasolini. *Séquences*, nº 40, fev. 1965.

LA TENTAZIONE di parlare. *Rivista del cinematografo*, nº 5, maio 1971.

LAJOLO, D. Botta e risposta sui fatti che scottano. *Giorni-Vie Nuove*, 30 jun. 1971.

LANGLOIS, G. Un drôle d'uccello pour Pasolini. [Sobre *Os Contos de Canterbury*]. *Les Lettres Françaises*, 1º mar. 1972.

LE MIE *"Mille e una notte"*. *Playboy*, 9 set. 1973.

LECHAT, J. L. Pasolini: Marx et Jesus. *Le Journal de Bruxelles*, jun. 1974.

LIBERTÀ e sesso secondo Pasolini. *Corriere della Sera*, Milão, 4 fev. 1973.

LIVERANI, M. Pier Paolo Pasolini retira la firma dal film *"La Rabbia"*. *Paese Sera*, 14 abr. 1963.

LO SCRITTORE-REGISTA a Torino: *"Ora posso lavorare tranquillo"*. *La Stampa*, 24 nov. 1968.

LOMAX, R.; STACK, Oswald. Interview with Pasolini on the set of *"The Canterbury Tales"*. *Seven Days*, Londres, 17 nov. 1971.

MACCIOCCHI, Maria-Antonietta. Cristo e il marxismo. *L'Unità*, 22 dez. 1964.

MADEO, L. Pasolini, da Chaucer alle *"Mille e una notte"*. *La Stampa*, 24 jun. 1972.

MAHAINI, Nabil Reda. Decameron. Intervista con Pasolini. *Cinema 60*, nº 87-88, jan.-abr. 1972, p. 62-70.

MANCEAUX, M. Rencontre avec P. P. Pasolini. *L'Express*, 14 dez. 1961.

MAINGOIS, Michel. Interview. Pier Paolo Pasolini. *Zoom*, nº 26, out. 1974.

MARABINI, C. Chiediamo a Pasolini. *Il Resto del Carlino*, 22 abr. 1975.

MARAINI, Dacia. Ma la donna non è una *"slot-machine"*. *L'Espresso*, nº 43, 22 out. 1972.

_____. Pier Paolo Pasolini. *Vogue Italia*, 6 maio 1971. [Retomado em MARAINI, Dacia. *E tu chi eri?* 26 interviste sull'infanzia con persone del mondo letterario e artistico raccolte tra il 1968 e il 1972. Milão: Bompiani, 1973, p. 259-269; Rizzoli, 1998.]

MARTINI, D. L' *"Accattone"* di Pier Paolo Pasolini. *Cinema Nuovo*, nº 150, mar.-abr. 1961.

MARTINI, S. La Mangano mi ricorda mia madre. *Il Tempo*, 16 abr. 1968.

MASSARI, G. L'idea delle *"Mille e una notte"*. *Il Mondo*, 31 maio 1973.

MAURIAC, C. Ma rencontre a Venice avec Pasolini. *Le Figaro*, 24 ago. 1974.

MAURIN, F. L'un des chefs de file du jeune cinéma italien en visite à l'Humanité Dimanche, Pier Paolo Pasolini. *Humanité Dimanche*, 1º abr. 1962.

MAZZI, C. E. Pasolini in TV. *La Fiera Letteraria*, Roma, 24 jan. 1965.

MELLI, G. Un giovane missino e l'eroe del nuovo romanzo di Pier Paolo Pasolini ('I ragazzi di vita' diventano uomini). *La Gazzetta di Parma*, 11 jan. 1958.

MERCATO del Trecento per il *"Decamerone"*. *Il Fiorino*, 7 out. 1970.

MIDA, M. *"Ogni film ha la sua grammatica"*. *Paese Sera*, 2 jan. 1973.

MILLO, Achille. *Conversazioni con Montale e Pasolini*. [Entrevistas de rádio com Eugenio Montale e Pier Paolo Pasolini, publicadas pela primeira vez no semanário *Mercurio*, suplemento do jornal *La Repubblica*.]. Roma: Edizioni dell'Oleandro, 1996.

_____. La poesia secondo Pier Paolo. [Entrevista realizada em 20 de setembro de 1967]. *Mercurio*, suplemento de *La Repubblica*, 24 fev. 1990.

MINUZZO, N. Lo sconfitto. Anche Moravia ne capisce poco. [Sobre o Festival de Veneza]. *L'Europeo*, 21 set. 1967.

MONDO, L. Pasolini ricomincia. *La Stampa*, 10 jan. 1975.

MONELLI, P. Pasolini. *Successo*, nov. 1961.

MONICELLI, F. Rabbla e ingenuidad. *Paese Sera*, 16 abr. 1963.

MONTALBÁN, Oscar John. El mito y la mitología no me interesan. [S.l.], fev. 1970.

MORANDINI, M. Pasolini regala a Edipo la Mangano per madre. *Il Giorno*, 29 jun. 1967.

O *CORPUS* ARQUIVADO

MOREAUX, G. Pasolini répond a huit questions. *Le Journal du Dimanche*, Paris, 26 nov. 1972.

MORI, A. M. "Ma perché sempre tutti così brutti?". *Annabella*, 1º fev. 1972.

MUCCI, Egidio. "Ho fatto della pornografia? Bè mi sono sbagliato". *Giorni-Vie Nuove*, nº 2, 16 jan. 1974.

NARBONI, Jean; VETTIMO, Marianne di (trad.). Rencontre avec Pasolini. [Sobre *Édipo Rei*]. *Cahiers du Cinéma*, nº 192, Paris, jul.-ago. 1967.

NON voglio avere a che fare con i letterati d'oggi. *Il Giorno*, 15 set. 1966.

OSMANI, S. Un mostro di poesia. *Il Messaggero*, 19 jul. 1974.

PADOVANI, Marcelle. Moi, Pino la Grenouille meurtrier de Pasolini. *Le Nouvel Observateur*, nº 1513, 4 nov. 1993, p. 94-96.

PADRE UGOLINI. Pasolini si confessa. *Telegrafo*, 24 jun. 1973.

PAGANINI, P. Pasolini parla del suo Sodoma e Salò. [Entrevista realizada em 28 de setembro de 1975]. *La Notte*, 18 nov. 1975.

PALADINI, A. De Sade secondo Pier Paolo Pasolini. *ABC*, nº 9, 6 mar. 1975.

PANCORBO, Luis. Es atroz estar solo. [Entrevista realizada em maio de 1975]. *Revista de Occidente*, nº 4, fev. 1976.

PAOLOZZI, Letizia. Adesso vi parlo di Pasolini. *Vie Nuove*, 23 dez. 1970.

_____. E adesso metto nudo San Paolo. *Giorni-Vie Nuove*, 18 ago. 1974.

_____. La verità continua a essere nuda. *Giorni-Vie Nuove*, 19 jul. 1972.

PASOLINI a domanda risponde sulla "morale" di "Accattone". *L'Unità*, 15 dez. 1960.

PASOLINI all'inferno. *Il Tempo*, nº 48, XXII, 26 nov. 1960.

PASOLINI au Nepal. *Le Soir*, Paris, 18 out. 1973.

PASOLINI come Giotto. *Epoca*, Milão, 18 out. 1970.

PASOLINI denunciato per tentata rapina da un 'benzenaro' di dizanove anni. *La Stampa*, 1º dez. 1961.

PASOLINI è addolorato ma continua a lavorare. *Il Messaggero*, 3 mar. 1963.

PASOLINI e il nostro futuro. *Paese Sera*, 5 jan. 1974.

PASOLINI girerà a Bolzano. *Alto Adige*, 4 set. 1970.

PASOLINI ne triche pas avec le public. *Jeune Cinéma*, nº 74, nov. 1973.

PASOLINI racconta con rabbia l'assurda rovina di una città/A poche ore dalla proiezzone a Milano di "Le mura di Sana'a". *Corriere della Sera*, Milão, 20 jun. 1974.

PASOLINI risponde. *L'Espresso*, 21 mar. 1971.

PASOLINI si batte contro il consumismo ma il suo film "consuma" gli spettatori. *Giorni-Vie Nuove*, 18 set. 1974.

PASOLINI sul 'set' del film di Lizzani. *L'Unità*, 28 dez. 1966.

PASOLINI sul comune senso del pudore. *Gazzetta di Parma*, 1º fev. 1975; *Paese Sera*, 1º fev, 1975.

PASOLINI sur son film. [Coletiva de imprensa no Festival de Berlim, em junho de 1972]. *Jeune Cinéma*, nº 68, fev. 1973.

PASOLINI Theorème. *Jeune cinéma*, nº 33, out. 1968.

PASOLINI. *Il Giornale dello Spettacolo*, nº 43, 15 nov. 1975.

PASOLINI: "Conosco di piu gli arabi che i milanesi". *Stampa sera*, 24 ago. 1974.

PASOLINI: "Voglio il siero della verità". *Paese Sera*, 18-19 abr. 1962.

PEDULLA, W. L'italiano non è la lingua dei poveri. A colloquio con Pasolini. *Mondo nuovo*, 22 nov. 1959.

_____. Un pizzico di irrazionalità. *Mondo nuovo*, 18 dez. 1960.

PERCHÉ in Africa. *Vie Nuove*, 6-7 fev, 1963.

PEREGO, F. Con Pasolini alla ricerca delle "Mille e una notte". *Il Tempo*, 11 mar. 1973.

PERONI, L. Incontro con P. P. Pasolini. *Inquadrature*, n° 15-16, 1968.

PESCATORI, V. Quelli del Vangelo di Pasolini. *Le Ore*, 5 dez. 1963.

PIER PAOLO Pasolini par lui-même. *L'Avant-Scène du Cinéma*, n° 97, Paris, nov. 1969.

PIER PAOLO Pasolini, regista. *Il Settimanale*, 3 set. 1975.

PIER PAOLO Pasolini, sourcier et sorcier. *Le Figaro Littéraire*, 9-15 fev. 1970.

PIER PAOLO Pasolini. *Progresso fotografico*, n° 9, set. 1970.

PIER PAOLO Pasolini: "la vera pornografta la fa la TV italtana". *La Notte*, 4 maio 1973.

PIER PAOLO Pasolini: Tornato giorni fa dalla Russia, esordirà come autore teatrale; commedia monologo *Il pesciolino*, Compagnia dei Satiri. *L'Espresso*, 18 ago. 1957.

PONZI, Maurizio. Datemi una strega tutta colorata. *Vie Nuove*, 15 dez. 1966.

PORRO, M. Pasolini e Delli Colli ancora insieme per il *Decamerone*. *Photo 13*, jan, 1971.

POTREI fare un'altra "Trilogia della Vita"... *Notiziario Cinematografico Ansa*, 22 fev. 1975.

POVERI ma fascisti. Entrevista sobre *Fascista*, de Naldini. *Il Messaggero*, 17 out. 1974.

PUGLISI, G. Pasolini sfugge alla realtà d'oggi. *La Fiera Letteraria*, n° 16, Roma, 16 abr. 1972.

QUINSON, R. Pasolini: "Tous mes films sont rêves de réalisateur". *Combat*, 29 nov. 1972.

ROCCA, G. Non voglio essere un caso letterario. *Il Punto*, 14 nov. 1959.

ROMI, Y. Censure. *Nouvel Observateur*, 23 dez. 1968.

RONCHETTI, P. "Ho paura di morire di una morte violenta". Entrevista realizada em 21 de setembro de 1975. *Il Tempo*, 21 nov. 1975.

RONDI, G. L. Pasolini per esorcizzare un futuro di intolleranza. *Il Tempo*, 28 abr. 1974.

_____. Pasolini: "L'Italia è una fossa di serpenti". *Il Tempo*, 24 ago. 1975.

_____. Sette domande a quarantanove registi. *SEI*, Turim, 1975.

RONFANI, U. Parigi "digerisce" amabilmente il film "Accattone" di P. P. Pasolini. *Il Piccolo*, 10 dez. 1961.

ROSSI, F. A colloquio con Pasolini. *Política e Territorio*, n° 5, jul. 1974.

_____. A colloquio con Pier Paolo Pasolini. *Politica e Territorio*, n° 3, jul.-set. 1974.

ROSSI, M. "Il sesso è allegria", dice Pasolini. *Giorni-Vie Nuove*, n° 38, 20 set. 1972.

RUSCONI, M. Pier Paolo Pasolini, un uomo mistico-epico-lirico. *Sipario*, n° 222, XIX, out. 1964.

SADE e "Salò". *La Província pavese*, 12 abr. 1975.

SANAVIO, P. Porcile o no. Tiriamo le somme su Pasolini. *Il Dramma*, n° 12, set. 1969.

SANTUARI, A. Pasolini fantasticherà sull'ideologia. *Paese Sera*, 28 abr. 1974.

_____. Pasolini passato e futuro. *Paese Sera*, 14 dez. 1971.

SCAGNETTI, A. L' 'ultima scena' di P. P. Pasolini. *Paese Sera*, 7 nov. 1970.

_____. Pasolini allievo di Giotto. *Paese Sera*, 7 nov. 1970.

SCARDOCCHIA, G. Il tavolo di lavoro di Pier Paolo Pasolini. *Il Giorno*, 18 abr. 1962.

SCHAR, Robert. Interview mit Pasolini, Orsini und Bertolucci. *Suddeutsche Zeitung*, 23 nov. 1970.

SCHAWARZ, A. Colloquio con Pasolini. *Teatro dei giovani*, 1965.

SERAFIN, R. Il mio *Accattone* fà ancora paura: il film di Pasolini domani in TV. *Corriere d'informazione*, 7 out. 1975.

SERENELLINI, Mario. L'Italia è ancora fascista. *La Gazzetta del Popolo*, 11 maio 1975.

SERROU, Robert. Pasolini, le diable au service de Dieu. *Paris Match*, n° 810, 17 out. 1964.

SERVADIO, E. Pasolini: un mostruoso testamento. *Il Settimanale*, 3 dez. 1975.

SICILIA, S. Armistizio tra lo scrittore marxista Pasolini e la Calabria, Entrevista. *Artiglio*, II, 3, 9 mar. 1960.

SICILIANO, Enzo. L'odiato Pasolini. *Il Mondo*, 14 jul. 1972.

SIMSOLO, Noel. Entretien avec Pasolini. *Image et Son*, n° 238, abr. 1970.

SOKOLOWICZ, J. El Evangelio de la rebeldia. *Analisis*, 22 abr. 1968.

O *CORPUS* ARQUIVADO

SOMMARUGA, L. "Quant'eri bella Roma". *Il Messaggero*, 9 jun. 1973.

SPAGNOLI, L. Divido Sade per quattro e lo porto a Salò. *Il Mondo*, 10 abr. 1975.

SPRIANO, P. Pasolini: "Voto PCI per contribuire a salvare il futuro". *L'Unità*, 20 abr. 1963.

STABILE, V. Pisanelli. Intervista con Pasolini. *La Rassegna*, nº 1, jan. 1970.

STAJANO, C. Pasolini all'inferno. *Il Tempo*, 3 fev. 1965.

SUR 'LES CONTES de Canterbury'. *Jeune Cinéma*, nº 68, fev. 1973.

TOURNÈS, A.; ROUQUET, R. Entretien avec Pasolini. *Jeune Cinéma*, nº 45, mar. 1970.

UNA CARICA di vitalità. *Il Giorno*, 6 mar. 1963.

VALENTINI, L. A quattr'occhi con Pasolini. *Lui*, nº 1, Roma, jun. l970. Na França: Tête-à-tête avec Pier Paolo Pasolini. *Lui*, nº 1, Paris, abr. 1970.

_____. Le bombe secondo Pasolini. *Panorama*, nº 246-247, 31 dez. 1970.

VEN, N. Van Der. Le cinéma est l'expression de la réalité. *Journal de Teheran*, nº 8, maio 1973.

VERGANI, L. "Cari amici: avete torto". Pier Paolo Pasolini risponde alle accuse. *Il Mondo*, 11 jul. 1974.

_____. Pasolini: dall'eros a San Paolo./Incontro con il regista scrittore a Cannes *Corriere della Sera*, Milão, 21 maio 1974.

VOGLINO, B. Incontro con Pier Paolo Pasolini. *Filmcritica*, nº 116, Roma, jan. 1962.

WOLFOWICZ, Eugenia. Cinéma et litterature. [Entrevista realizada em Roma em junho de 1975 quando Pasolini colaborava na montagem de "Salò"]. *La Quinzaine litteraire,* Paris, 1º fev. 1984].

_____. [Entrevista realizada em Roma em junho de 1975 quando Pasolini colaborava na montagem de "Salò"]. *Folha de S. Paulo*, São Paulo, 10 nov. 1985, Folhetim.

_____. [Entrevista realizada em Roma em junho de 1975 quando Pasolini colaborava na montagem de "Salò"]. Cinema e letteratura. *L'Europeo*, 9 fev. 1990.

_____. "Je n'ai jamais abandonné la litterature". [Entrevista realizada em Roma em junho de 1975 quando Pasolini colaborava na montagem de "Salò"]. *La Quinzaine Litteraire*, Paris, nov. 1984, 1-15, p. 8-10.

_____. Cinema and literature. [Entrevista realizada em Roma em junho de 1975 quando Pasolini colaborava na montagem de "Salò"]. *Antaeus*, 20 dez. 1976.

_____. Nunca abandono la literatura: La ultima entrevista de Pier Paolo Pasolini. [Entrevista realizada em Roma em junho de 1975 quando Pasolini colaborava na montagem de "Salò"; na verdade, a última entrevista é a de Furio Colombo, realizada no dia 1º de novembro de 1975]. *Quimera*, nº 48, Barcelona, 1985, p. 51-54.

ZANNIER, I. Due domande a Pier Paolo Pasolini, con foto di Pasolini. *Fotografia*, nº 12, dez. 1959.

PROPAGANDA

PASOLINI, Pier Paolo. [Reprodução de seus cartazes políticos de 1949]. *Il Confronto*, Friuli-Veneto, dez. 1975.

_____. [Reprodução de seus cartazes políticos de 1949]. *La Battana*, nº 39, Fiume, maio 1976.

TODOS OS CORPOS DE PASOLINI

VI. Programas de Rádio

1961

Pier Paolo Pasolini fala sobre *Desajuste Social*. Fonte: Audiovideoteche RAI. Duração: 3 minutos e 25 segundos, 11 de novembro de 1961.

Pier Paolo Pasolini, Federico Fellini, Giulio Carlo Argan, G. Vigorelli, G. Biraghi, F. Carnelutti e Del Monaco falam sobre *Desajuste social*. Fonte: Audiovideoteche RAI. Duração: 15 minutos e 15 segundos, 19 de novembro de 1961.

1962

Pier Paolo Pasolini e Anna Magnani entrevistados por Lello Bersani. Fonte: Audiovideoteche RAI, março-abril de 1962.

Pier Paolo Pasolini, Alfredo Bini, E. De Giorgi, Anna Magnani, A. Trombadori e G. Ungaretti falam sobre *Mamma Roma*. Fonte: Audiovideoteche RAI. Duração: 16 minutos, 3 de setembro de 1962.

1964

Pier Paolo Pasolini e Anna Magnani entrevistados por Giorgio Fubiani. Radio Svizzera Italiana, 5 de fevereiro de 1964.

1965

Pier Paolo Pasolini fala sobre a anatomia de um personagem. *Il mestiere del regista*, n⁰ 2. Fonte: Audiovideoteche RAI, novembro de 1965.

1966

Pier Paolo Pasolini entrevistado por Fernaldo Di Giammatteo sobre: "Come si gira un film" no programa "Il mestiere del regista", n⁰ 18. Fonte: Audiovideoteche RAI, outubro de 1966.

Pier Paolo Pasolini fala de idéias e previsões: "Idee e previsioni a piu voci". *Il mestiere del regista*, n⁰ 12. Fonte: Audiovideoteche RAI, abril de 1966.

Pier Paolo Pasolini fala sobre o estruturalismo e o roteiro cinematográfico. Fonte: Audiovideoteche RAI. Duração: 2 minutos e 5 segundos, 21 de março de 1966.

1967

Pier Paolo Pasolini entrevistado por Achille Millo: "La Poesia secondo Pier Paolo Pasolini". Fonte: Audiovideoteche RAI, 20 de setembro de 1967.
Pier Paolo Pasolini, Alfredo Bini, Sergio Citti falam sobre *Édipo Rei*. Fonte: Audiovideoteche RAI. Duração: 8 minutos e 20 segundos, 5 de setembro de 1967.

O *CORPUS* ARQUIVADO

1968

Pier Paolo Pasolini entrevistado por R. Costa: "In India con Pier Paolo Pasolini". *Serata a soggetto*. Fonte: Audiovideoteche RAI, fevereiro de 1968.

Pier Paolo Pasolini fala sobre *Pocilga* e *Medéia*. Fonte: Audiovideoteche RAI. Duração: 7 minutos e 45 segundos, 12 de novembro de 1968.

Pier Paolo Pasolini fala sobre *Teorema*. Fonte: Audiovideoteche RAI. Duração: 3 minutos e 50 segundos, 6 de setembro de 1968.

1969

Pier Paolo Pasolini fala sobre *Medéia*. Fonte: Audiovideoteche RAI. Duração: 2 minutos e 40 segundos, 19 de abril de 1969.

Pier Paolo Pasolini fala sobre o cinema italiano e seus próprios filmes. Fonte: Audiovideoteche RAI. Duração: 4 minutos e 25 segundos, 8 de março de 1969.

Pier Paolo Pasolini, Giuseppe Zigaina, Ninetto Davoli e G. V. Baldi entrevistados por M. Giacomini. Fonte: Audiovideoteche RAI. Duração: 8 minutos e 50 segundos, 5 de setembro de 1969.

1970

Pier Paolo Pasolini fala sobre *Decameron*. Fonte: Audiovideoteche RAI. Duração: 14 minutos e 40 segundos, 18 de fevereiro de 1970.

1971

Pier Paolo Pasolini fala sobre *Decameron* e *San Paolo*. Fonte: Audiovideoteche RAI. Duração: 1 minuto e 47 segundos, 10 de março de 1971.

Pier Paolo Pasolini fala sobre *Os Contos de Canterbury*. Fonte: Audiovideoteche RAI. Duração: 2 minutos e 20 segundos, 1971.

1972

Pier Paolo Pasolini fala sobre a atividade cinematográfica. Fonte: Audiovideoteche RAI. Duração: 1 minuto e 32 segundos, 18 de maio de 1972.

1973

Pier Paolo Pasolini entrevistado por L. Barbutas sobre Cristo: "Che ne pensate di Gesu". Fonte: Audiovideoteche RAI, dezembro de 1973.

TODOS OS CORPOS DE PASOLINI

VII. Performances, Mostras, Exposições

1965

Potentissima signora. Espetáculo de Mario Missiroli, estrelado por Laura Betti, recitando textos, poemas e canções escritas por intelectuais italianos, especialmente para ela, incluindo o esquete *"Italie Magique"*, de Pier Paolo Pasolini, uma *"pequena história da Itália contemporânea"* do fascismo ao neocapitalismo, em quadros grotescos que prefiguram *Pocilga*.

1975

Intellettuale. Performance realizada por ocasião da inauguração da Galleria d'Arte Moderna di Bologna, 31 maio 1975. A instalação do cineasta Fabio Mauri incluía projeções de filme sobre objetos e corpos de intelectuais. Retornando à sua Bolonha natal, poucos meses antes de ser assassinado, Pier Paolo Pasolini participou do *happening* sentado numa cadeira, de camiseta branca, mantendo o rosto na sombra, deixando projetar em seu peito *O Evangelho Segundo São Mateus*.

1984

L'Univers Esthétique de Pasolini. Exibição de fotos, exposição de desenhos e pinturas de Pier Paolo Pasolini na Maison des Cultures du Monde, Chapelle de la Sorbonne, 26 nov.-31 dez. 1984.

1985

Ciclo Pasolini Anos 60. Mostra de filmes apresentada pela Fundação Calouste Gulbenkian no Grande Auditório, Lisboa, out. 1985.

Pier Paolo Pasolini, una vita futura. Mostra organizada pela Associazione Fondo Pier Paolo Pasolini em lembrança aos 10 anos da morte do poeta, Roma, nov.-dez. 1985.

1988-1989

Pier Paolo Pasolini: Testamento del Corpo. Fotografias de Dino Pedrialli. Schauspielhaus, Düsseldorf, 1988; Schauspielhaus, Berlim, 1988; Gemeente Museum Arnheim, Arnheim, 1989.

1992

Una disperata vitalità. Recital de Laura Betti. Textos poéticos de Pier Paolo Pasolini. Roma, 1992.

2000

Dipinti e disegni dall'Archivio Contemporaneo del Gabinetto Vieusseux. Florença: Edizioni Polistampa, 2000.

O *CORPUS* ARQUIVADO

2002

Integral Pasolini, com 26 filmes em cópias novas na Mostra Internacional de São Paulo, out.-nov. 2002, em convênio com a Associazone Fondo Pier Paolo Pasolini, em São Paulo.

2005

Pasolini e noi. Relazioni tra arte e cinema. Archivio di Stato, Turim, 2 nov. –4 dez. 2005.

2005-2006

Pasolini e noi. Relazioni tra arte e cinema. Archivio di Stato, Roma, Istituto Nazionale per la Grafica, Roma, 15 dez. 2005 –12 fev. 2006.

Pasolini e Roma. Museo di Roma in Trastevere, 21 out. 2005 –22 jan. 2006.

2006

Pier Paolo Pasolini, o Sonho de uma Coisa. Com a *Integral Pasolini* na Cinemateca Portuguesa, em Lisboa, mar.-abr. 2006, com a presença de Ninetto Davoli, Jean-André Fieschi, Roberto Chiesi e Graziella Chiarcossi; e exposição de *stills* de *O Evangelho Segundo São Mateus* por Angelo Novi; e de fotos da performance *Intellettuale* por Antonio Masotti.

Pier Paolo Pasolini, un Cinema in Poesia. Mostra organizada por Roberta Basano e Roberto Chiesi, com o apoio de Cineteca del Comune di Bologna, Facoltà di Lettere e Filosofia dell'Università di Bologna, Scuola Nazionale di Cinema-Cineteca Nazionale, Istituzioni di Storia del Cinema del DAMS, Artefiera, Associazione Fondo Pier Paolo Pasolini, RAI SAT e Archivi RAI, com a exibição de documentos televisivos de e com Pasolini no Cine Lumière de Bolonha, de 15 jan. a 11 fev. 2006, e a exposição de fotos de Angelo Novi no *set* de *O Evangelho Segundo São Mateus* e de Antonio Masotti durante a performance *Intellettuale*, de 26 jan. a 22 fev. 2006.

Pier Paolo Pasolini. Il Cinema in Forma di Poesia. Mostra organizada pela Cineteca del Comune di Bologna e pelo Centro Sperimentale di Cinematografia/SNC –Cineteca Nazionale di Roma, com a Integral de Pier Paolo Pasoloni e a Mostra fotográfica *Pier Paolo Pasolini. Il Cinema in Forma di Poesia*, na Mole Antonelliana, 14 jun.-24 set. 2006, incluindo as fotos de *Intellettuale*, e *stills* dos fotógrafos de cena Angelo Novi, de *O Evangelho Segundo S. Mateus;* Angelo Frontoni, de *Teorema*; Marilù Parolini, de *Pocilga*; Mario Tursi, de *Medéia* e *Decameron*; e Angelo Pennoni, de *As Mil e Uma Noites de Pasolini*. Destinadas a publicações da época, as imagens são quase todas em preto e branco. Destacam-se ainda as imagens de Anna Magnani, em *Mamma Roma* (1962); de Orson Welles, em *A Ricota*; de Maria Callas, em *Medéia*; e de Totò, em diversos *sets* pasolinianos; e ainda uma foto que reúne Moravia, Pasolini e Dacia Maraini durante as filmagens de *Appunti per un'Orestiade africana*.

VIII. Internet

BACHMANN, Gideon. Conversazione con Pier Paolo Pasolini. [Entrevista realizada em 2 de maio de 1975 no *set de Salò*]. Em http://www.opsonicindex.org/Salo/sagid.html.

PASOLINI, Pier Paolo. A Mad Dream [Notas de Pier Paolo Pasolini sobre Salò]. *Euroscreenwriters*. Em: http://zakka.dk/euroscreenwriters/interviews/pier_paolo_pasolini.htm.

_____. Apontamento 55: O campo da Casilina, tradução anônima feita a partir de duas edições de *Petróleo*, Turim, 1993; Lisboa, 1996. *Em*: http://www.operaprima.art.br/index.html.

_____. Autopresentación. *Adversus*, nº 4, dez. 2005. Publicado em *Nuestro Cine*, nº 46, 1965, Madri, p. 13-19. Versão e montagem de textos de Ricardo Diaz-Delgado. Em: http://www.adversus.org/indice/nro4/dossier/dossier_autorrepresentacion.htm.

_____. Foreward (1974). Em: http://www.opsonicindex.org/Salo/bfiforw.htm.

_____. Self Interview: il sesso come metafora del potere. *Corriere della Sera*, Milão, 25 mar. 1975. Em http://www.opsonicindex.org/Salo/salself.html.

XI. Bibliografia Sobre Pasolini

LIVROS

ACCROCCA, Elio Filippo (org.) *Ritratti su misura*. Veneza: Sodalizio del Libro, 1960.

AGOSTI, Stefano. *Cinque analisi*: Il testo della poesia. Milão: Feltrinelli, 1982.

_____. Ebbro d'erba e di tenebre. In: ZIGAINA, Giuseppe. *Pasolini, tra enigma e profezia*, Veneza: Marsilio Editori, 1989, 255 p. Introdução, p. VII-XXVII.

_____. *La parola fuori di sé*: scritti su Pasolini. San Cesario di Lecce: Manni, 2004.

_____. Opera interrotta e opera interminabile. In: BENEDETTI, Carla; GRIGNANI, Maria Antonietta (org.). *A partire da 'Petrolio'*: Pasolini interroga la letteratura. Ravena: Longo, 1995, p. 113-120.

_____. Pasolini: la parola fuori di se. In: *Cinque analisi*. Milão: Feltrinelli, 1982, p. 127-154.

AICHELE, George. *Translation as De-canonization: Matthew's Gospel According to Pasolini*. Cross Currents, 2002.

ALBUM PASOLINI. Milão: Mondadori, 2005, 310 p.

ALLEN, Beverly. *Pier Paolo Pasolini*: the poetics of heresy. Saratoga: Anima Libri, 1982.

AMENGUAL, Barthélémy. "Les Milles et une Nuits" ou les nourritures terrestres. In: AMENGUAL, Barthélémy; ARISTARCO, Guido; ESTÈVE, Michel; FARGES, Joël; MAGNY, Joël (org.). Pier Paolo Pasolini. Un "cinéma de poésie". *Études Cinématographiques*, nº 112-114, Paris, Lettres Modernes, out. 1977, 219 p.

AMENGUAL, Barthélémy; ARISTARCO, Guido; ESTÈVE, Michel; FARGES, Joël; MAGNY, Joël (org.). Pier Paolo Pasolini. Un "cinéma de poésie". *Études Cinématographiques*, nº 112-114, Paris, Lettres Modernes, out. 1977, 219 p.

AMOROSO, Maria Betânia. *A Paixão pelo Real*: Pasolini e a crítica literária. São Paulo: Edusp, 1997, 168 p.

_____. Pasolini: reformulações do mito trágico. In: FINAZZI-AGRÒ, Ettore; Roberto VECCHI (org.). *Formas e Mediações do Trágico Moderno*: uma leitura do Brasil. São Paulo, 2004, p. 127-132.

_____. *Pier Paolo Pasolini*. São Paulo: Cosac & Naify, 2002, 128 p.

ANDRADE, Eugênio de. *Réquiem para Pier Paolo Pasolini*. Porto: Editorial Inova, 1977.

O *CORPUS* ARQUIVADO

ANGELINI, Franca. *Pasolini e lo spettacolo*. Roma: Bulzoni, 2000.

ANSELMI, Gian Mario. Il Novecento spezzato di Pier Paolo Pasolini. In: TASSONI, Luigi (org.). *Come interpretare il Novecento?* Una memoria per il futuro. Pécs: Imago Mundi, 2001, p. 69-72.

ANZOINO, Tommaso. *Pier Paolo Pasolini*. Entrevista, 1970. Florença: La Nuova Itália, 1972, 101 p.

ARBASINO, Alberto. *Sessanta posizioni*. Milão: Feltrinelli, 1971.

ARECCO, Sergio. *Pier Paolo Pasolini*. Roma: Partisan, 1972.

ARISTARCO, Guido. Pasolini: le cinéma comme langue. In: AMENGUAL, Barthélémy; ARISTARCO, Guido; ESTÈVE, Michel; FARGES, Joël; MAGNY, Joël (org.). Pier Paolo Pasolini. Un "cinéma de poésie". *Études Cinématographiques*, nº 112-114, Paris, Lettres Modernes, out. 1977, 219 p.

ARMES, Roy. Pier Paolo Pasolini. In: ARMES, Roy. *The Ambiguous Image*. Narrative style in modern european cinema. Indiana: Indiana University Press, 1976, 255 p.; Londres: Jecker & Warburg, 1976; Londres: Cinema Two, 1976.

AUMONT, Jacques. A Realidade Auto-escrita: Pasolini. In: AUMONT, Jacques. *As Teorias dos Cineastas*. São Paulo: Papirus, 2004, 191 p., p. 68-70.

_____. Pasolini e o 'rema'. In: AUMONT, Jacques. *As Teorias dos Cineastas*. São Paulo: Papirus, 2004, 191 p., p. 27-31.

AUMONT, Jacques. Pasolini: a poesia como utopia. In: AUMONT, Jacques. *As Teorias dos Cineastas*. São Paulo: Papirus, 2004, 191 p., p. 122-126.

_____. Pasolini: o cinema de poesia. In: AUMONT, Jacques. *As Teorias dos Cineastas*. São Paulo: Papirus, 2004, 191 p., p. 92-94.

AYDIN, H. *Pier Paolo Pasolini*. Hepimitz tehlikedeyiz. Istambul: Sehir, 1992.

BACHMANN, Gideon. Conversazione con Pier Paolo Pasolini. [Entrevista realizada em 2 de maio de 1975 no *set* de *Salò*]. In: DE GIUSTI, Luciano. (org.). *Pier Paolo Pasolini: il cinema in forma di poesia*. Pordenone: Cinemazero, 1979.

BALDELLI, Pio. Il "caso" Pasolini e l'uso della morte. In: DE SANTI, Gualtiero; LENTI, Maria; ROSSINI, Roberto (org.). *Perché Pasolini*. Ideologia e stile di un intellettuale militante. Florença: Guaraldi, 1978, p. 153-168.

BALDO, Renzo. *Pasolini poeta civile*. Brescia: Fondazione Calzari Trebeschi, 1986.

BANKS, M. Which Films are the Ethnographic Films?. In: CRAWFORD, P.; TURTON, D. (org.). *Film as Ethnography*. Manchester: Manchester University Press, 1992, p. 116-129.

BARACETTI, Sabrina (org.). *100 anni di cinema*: da Lumière a Pasolini: Grado, 4-10 set. 1995: [a cura di Sabrina Baracetti, Thomas Bertacche; con la collaborazione di Maria Vittoria Aucone; consulenza scientifica Cinemazero, Pordenone]. Fiume Veneto: Edizioni Grafiche GEA, 1995.

BARANSKI, Zygmunt (org.). *Pasolini Old and New*: surveys and studies. Dublin: Four Courts Press, 1999, 420 p.

_____. Introduction: the importance of being Pier Paolo Pasolini. In: BARANSKI, Zygmunt (org.). *Pasolini Old and New*: surveys and studies. Dublin: Four Courts Press, 1999, 420p, p. 13-40.

_____. Pasolini, Friuli, Rome (1950-51). In: BARANSKI, Zygmunt (org.). *Pasolini Old and New*: surveys and studies. Dublin: Four Courts Press, 1999, 420p, p. 253-80.

_____. Pier Paolo Pasolini: culture, Croce, Gramsci. In: BARANSKI, Zygmunt; LUMLEY, R. (org.). *Culture and Conflict in Postwar Italy*: essays on mass and popular culture. Houndmills/Basingstoke/Hampshire: Macmillan, 1999, p. 139-159.

_____. Pier Paolo Pasolini: teoremi e teorie. In: DE MAURO, Tullio; FERRI, Francesco (org.). *Lezioni su Pasolini*. Ripatransone: Sestante, 1997, p. 99-112.

_____. The Texts of *Il Vangelo secondo Matteo*. In: BARANSKI, Zygmunt (org.). *Pasolini Old and New*: surveys and studies. Dublin: Four Courts Press, 1999, 420 p., p. 281-320.

TODOS OS CORPOS DE PASOLINI

BARANSKI, Zygmunt; LUMLEY, R. (org.). *Culture and Conflict in Postwar Italy*: essays on mass and popular culture. Houndmills/Basingstoke/Hampshire: Macmillan, 1999.

BARATTO, M. *Realtà e stile nel Decameron*. Veneza: Neri Pozza, 1970.

BARILLI, R. *La barriera del naturalismo*. Milão: Mursia, 1970, p. 223-233.

BARSAM, R. *Non-Fiction Film*: a critical history. Bloomington/Indianapolis: Indiana University Press, 1992.

BASILE, Jean. *Iconostase pour Pier Paolo Pasolini*: discours poétique sur les gays, le féminisme et les nouveaux mâles. Agence de Distribution Populaire, 1983, 111 p.

BAZZOCCHI, Marco Antonio (org.). *Autobiografie in versi*. Bolonha: Pendragon, 2002, 180 p.

_____. *L'immaginazione mitologica*: Leopardi e Calvino, Pascoli e Pasolini. Bolonha: Pendragon, 1996.

_____. Pasolini: autorittrato in forma di poesia. In: SVOCA, Giuseppe (org.). *Contributi per Pasolini*. Florença: Leo S. Olschki Editore, 2002, 221 p.

_____. Pasolini: il corpo in scena. In: SVOCA, Giuseppe (org.). *Contributi per Pasolini*. Florença: Leo S. Olschki Editore, 2002, 221 p.

_____. *Pier Paolo Pasolini*. Milão: Mondadori, 1998, 240 p.

BELLEZZA, Dario. *Il carnefice, con uno scritto di Pier Paolo Pasolini*. Milão: ES, 1996.

_____. *Il poeta assassinato*: una riflessione, un'ipotesi, una sfida sulla morte di Pier Paolo Pasolini. Veneza: Marsilio Editori, 1996, 99 p.

_____. *Morte di Pasolini*. Milão: Mondadori, 1981, 163 p.; 1995. Na França: *Mort de Pasolini*. Clamecy: Persona, 1983, 142 p.

BELLOCCHIO Letizia; GIORI Mauro; SUBINI, Tommaso. *Guarda bene, fratellino, guarda bene*: Kubrick, Pasolini, Visconti. Editore CUEM, 2005, 68 p.

BENEDETTI, Carla. *Pasolini contro Calvino*: per una letteratura impura. Turim: Bollati Boringhieri, 1998, 203 p.

_____. Per una letteratura impura. In: BENEDETTI, Carla; GRIGNANI, Maria Antonietta (org.). *A partire da Petrolio*: Pasolini interroga la letteratura. Ravena: Longo, 1995, p. 9-13.

BENEDETTI, Carla; GRIGNANI, Maria Antonietta (org.). *A partire da Petrolio*: Pasolini interroga la letteratura. Atas do congresso organizado pela Università di Pavia, entre 4 e 6 nov. 1993 no Collegio Ghislieri. Ravenna: Longo, 1995.

BENHAMOU, Anne Françoise. Celui qui croyait aux nuages (A propos de 'Che cosa sono le nuvole?'): Une Vision d'*Othello* par Pier Paolo Pasolini. In: MARIENSTRAS, Richard; GOY-BLANQUET, Dominique (org.). *Autour d'Othello*. Colóquio organizado pelo C.E.R.L.A. no Institut Charles V, 5, 6, 7 fev. 1987. Picardie: Presses de l'UFR Clerc, Universidade de Picardie, sem data, p. 124-128.

BERARDINELLI, A. Pasolini e la classe dirigente italiana. In: PASOLINI, Pier Paolo. *Lettere luterane*. Turim: Einaudi, 2003, Prefácio.

_____. Pasolini, stile e verità. In: *Tra il libro e la vita*: situazioni della letteratura contemporanea. Turim: Bollati Boringhieri, 1990, p. 149-169.

BERTELLI, Pino. *Pier Paolo Pasolini*: il cinema in corpo: atti impuri di un eretico. Roma: Edizioni Libreria Croce, 2001.

BERTINI, Antonio. *Teoria e tecnica del film in Pasolini*. Roma: Bulzoni, 1979, 214 p.

BERTOLUCCI, Attilio. *Aritmie*. Milão: Garzanti, 1991.

_____. Due frammenti biografici e um envoy a PPP. In: PASOLINI, Pier Paolo. *'Amado mio' preceduto da 'Atti impuri'*. Organização de C. D'Angeli. Com um ensaio de Attilio Bertolucci. Milão: Garzanti, 1982.

302

O *CORPUS* ARQUIVADO

BETTARINI, Mariella. Pasolini, le culture e noi. In: DE SANTI, Gualtiero; LENTI, Maria; ROSSINI, Roberto (org.). *Perché Pasolini*: ideologia e stile di un intellettuale militante. Florença: Guaraldi, 1978, p. 215-223.

BETTI, Laura (org.). *Chronique judiciaire, persécution, exécution*. Paris: Seghers, 1979, 300 p.

_____ (org.). *Pasolini*: cronaca giudiziaria, persecuzione, morte. Milão: Garzanti, 1977, 404 p.

_____. "Une vitalité despérée": lecture du poème, vie et mort de Pasolini. In: MACCIOCCHI, Maria Antonietta (org.). *Colloque Pasolini*. Paris: Bernard Grasset, 1980, 349 p., p. 269-276.

BETTI, Laura; GULINUCCI, Michele (org.). *Pier Paolo Pasolini*. Le regole di un'illusione: il cinema, i film. Roma: Associazione Fondo Pier Paolo Pasolini, 1991; 1996. 441 p.

BIANCOFIORE, Angela (org.). *Pier Paolo Pasolini*: pour une anthropologie poétique. Colóquio internacional, 8-9 mar. 2002. Universidade Paul Valéry, Montpellier III, 2002.

_____. *Pasolini*. Palermo: Palumbo, 2003.

BICEGO, V.; BRUNI, G. (org.). *Un cinema per l'uomo*. Milão: Guaraldi, 1978.

BINI, Luigi. *Pier Paolo Pasolini*. Milão: Letture, 1978.

BIONDILLO, Gianni. *Pasolini*: il corpo della città. Apresentação de Vincenzo Consolo. Milão: Edizioni Unicopli, 2001, 144 p.

BLUME, Thomas. *Pier Paolo Pasolini Bibliographie, 1963-1994*. Essen: Verlag Die Blaue Eule, 1994.

BOARINI, Vittorio (org.). *Erotismo, eversione, merce*. Bolonha: Casa Editrice L. Cappelli, 1973.

_____ (org.). *Da Accattone a Salò*: 120 scritti sul cinema di Pier Paolo Pasolini. Bolonha: Tipografia Compositori, 1985.

BOHLER, Olivier (org.). *Pasolini e l'antico*. Atas do colóquio realizado pelo Institut de l'Image em 19-20 abr. 1996. Aix-em-Provence, 1997.

BONDANELLA, Peter. *Italian Cinema*: from Neorealism to the Present. Nova York: Frederick Ungar, 1978; Nova York: Continuum, 1995.

_____. Myth and Marx: Pier Paolo Pasolini and Bernardo Bertolucci. In: BONDANELLA, Peter. *Italian Cinema*: from Neorealism to the present. Nova York: Continuum, 2001.

BONGIE, Chris. A Postscript to Transgression: the exotic legacy of P. P. Pasolini. In: *Exotic Memories*: literature, colonialism, and the fin de siècle. Stanford: Stanford University Press, 1991, p. 188-228.

BOONE, Joseph. Rubbing Aladdin's Lamp. In: DORENKAMP, Monica; HENKE, Richard (org.). *Negotiating Lesbian and Gay Subjects*. Nova York: Routledge, 1995, p. 149-177.

BORDONI, Carlo. Un coraggio a meta. In: FALLACI, Oriana (org.). *Dedicato a Pier Paolo Pasolini*. Milão: Gammalibri, 1976.

BOREK, Johanna. *Gramsci, Pasolini*: ein imaginarer Dialog. Viena: Sonja Puntscher Riekmann/ Birgit Wagner, 1987.

BOREK, Johanna; PUNTCHER, Sonja Riechmann; WAGNER, Birgit. *Gramsci, Pasolini*: ein imaginarer Dialog. Wien: Verlag für Gesellschaftkritik, 1987.

BORGHELLO, Giampaolo (org.). *Interpretazioni di Pasolini*. Ensaios de E. Cecchi, G. De Robertis, Gianfranco Contini, S. Solmi, Giorgio Barberi Squarotti, C. Varese, C. Salinari, Gian Carlo Ferretti, Alberto Asor Rosa, Franco Fortini, Edoardo Sanguineti, Cesare Garboli, M. Forti, Fausto Curi. Roma: Savelli, 1977, 278 p.

_____. *Il simbolo e la passione*. Aspetti della linea Pascoli-Pasolini. Milão: Mursia, 1986, 237 p.

BORGHELLO, Giampaolo; VOLPONI, Paolo (org.). *Pasolini nel dibattito culturale contemporaneo*. Amministrazione Provinciale di Pavia e Comune di Alessandria, 1977.

BORGNA, Gianni. Pasolini e il cinema (o della corporeità). In: DE SANTI, Gualtiero; LENTI, Maria; ROSSINI, Roberto (org.). *Perché Pasolini*: ideologia e stile di un intellettuale militante. Florença: Guaraldi, 1978, p. 121-135.

TODOS OS CORPOS DE PASOLINI

BORSELLINO, Nino. A partire da Affabulazione. In: BENEDETTI, Carla; GRIGNANI, Maria Antonietta (org.). *A partire da Petrolio*: Pasolini interroga la letteratura. Ravena: Longo, 1995, p. 121-129.

BORTOTTO, Cesare. *Con Pasolini nel tempo di Casarsa-Tavagnacco*. Arti Grafiche Friulane, 1995, p. 331-338.

BOSETTI, Gilbert. Il romanzo impossibile?. In: BENEDETTI, Carla; GRIGNANI, Maria Antonietta (org.). *A partire da Petrolio*: Pasolini interroga la letteratura. Ravena: Longo, 1995, p. 27-38.

BOYER, A. M. *Pier Paolo Pasolini*: qui êtes-vous?. Lyon: La Manufacture, 1987.

BREGSTEIN, Philo. *Over smaak valt best te twisten*. Schoten: Uitgeverij de Prom, 1991.

BREVINI, Franco (org.). *Per conoscere Pasolini*. Atas do congresso realizado no Teatro Tenda de Roma em 1978. Milão: Mondadori, 1981, 624 p.

_____. La lingua che più non si sa: Pasolini e il friulano. *Belfagor: Rassegna di Varia Umanità*, nº 4, Florença 31 jul. 1979, p. 397-409.

_____. Pasolini prima delle *Poesie a Casarsa*. *Belfagor: Rassegna di Varia Umanità*, nº 1, Florença, 31 jan. 1981, p. 23-46.

BRIA, Camillo. *Pier Paolo Pasolini*. Milão: Cetim, 1973.

BRUGNOLO, F. Il sogno di uma forma. Métrica e poética del Pasolini friulano. In: PASOLINI, Pier Paolo. *La nuova gioventù*. Poesie friulane 1941-1974. Turim: Einaudi, 2002, Prefácio.

BRUNETTA, Gian Pietro. *Forma e parola nel cinema*: il film muto, Pasolini, Antonioni. Pádua: Liviana, 1979.

_____. *Storia del cinema italiano (1960-1993)*. Roma: Editori Riuniti, 1993.

BRUNO, Giuliana. The Body of Pasolini's Semiotics: a sequel twenty years later. In: RUMBLE, Patrick Allen; TESTA, Bart (org.). *Pier Paolo Pasolini*: contemporary perspectives. Toronto: University of Toronto Press, 1994, 258 p., p. 88-105.

BRUSINI, Alan. *Mans vueidis*. Prefácio de Pier Paolo Pasolini. Posfácio de Andreina Ciceri. Udine: Campanotto, 1988, 111 p.

BUCI-GLUCKSMANN, Christine. Pasolini, Gramsci: lecture d'une marginalité. In: MACCIOCCHI, Maria Antonietta (org.). *Colloque Pasolini*. Paris: Bernard Grasset, 1980, 349 p., p. 245-264.

CADEL, Francesca. *La lingua dei desideri*. Il dialetto secondo Pier Paolo Pasolini. San Cesario di Lecce: Manni, 2002.

CADIOLI, Alberto. *Dialogo con Pasolini*: scritti 1957-1984. Introdução de Gian Carlo Ferretti. Roma, 1985.

CALABRESE, Giuseppe Conti. *Pasolini e il sacro*. Prefácio de Gianni Scalia. Milão: Jaca Books, 1994, 157 p.

CALABRETTO, Roberto. *Pasolini e la musica*. Pordenone: Cinemazero, 1999.

CALVI, Guido. Il processo. In: DE SANTI, Gualtiero; LENTI, Maria; ROSSINI, Roberto (org.). *Perché Pasolini*. Ideologia e stile di un intellettuale militante. Florença: Guaraldi, 1978, p. 35-60.

CALVINO, Italo. Les romans de Pasolini. In: MACCIOCCHI, Maria Antonietta (org.). *Colloque Pasolini*. Paris: Bernard Grasset, 1980, 349 p., p. 61-68.

CAMAROTTO, Valerio (org.). *Il mestiere di poeta*. Milão: Lerici, 1965; Garzanti, 1973, 1982.

_____. *Il mestiere di scrittore*. Milão: Garzanti, 1973.

_____. *La moglie del tiranno*. Roma: Lerici, 1969.

_____. *Letteratura e classe subalterne*. Veneza: Marsilio Editori, 1974.

_____. *Pasolini, Morante, Moravia*: guida alla lettura. Editore Alpha Test, 2006, 192 p.

CAMPOREALE, Cosimo (org.). *Pier Paolo Pasolini*: testimone problematico del nostro tempo; il poeta, il narratore, il regista, il giornalista. Bari: Ladisa, 1994.

CAÑIZAL, Eduardo Peñuela. Cinema e Poesia. In: XAVIER, Ismail (org.). *O Cinema no Século*. São Paulo: Imago, 1996.

O *CORPUS* ARQUIVADO

CANOVA, Gianni. Prefazione. In: PASOLINI, Pier Paolo. *Trilogia della vita. (Il Decameron, I racconti di Canterbury, Il Fiore delle Mille e una Notte).* Milão: Garzanti, 1995.

CANTARUTTI, Novella (org.). *Pasolini, Pier Paolo:* lettere friulane di Pier Paolo Pasolini. Udine: Arti Grafiche Friulane, 1975, 204 p.

CANZIANI, Alfonso (org.). *Incontri pasoliniani.* Roma: Bulzoni, 1996.

CAPODARCA, Donatella. *Il bestiario pasoliniano.* Ferrara, 1986.

CAPPELLI, Silvio. *Pier Paolo Pasolini:* dalla Torre di Chia all'Università di Viterbo. Manziana: Vecchiarelli, 2005.

CARCHIA, Gianni. Il mistero e l'iniziazione. In: BENEDETTI, Carla; GRIGNANI, Maria Antonietta (org.). *A partire da Petrolio:* Pasolini interroga la letteratura. Ravena: Longo, 1995, p. 101-104.

CARDILLO, Giuseppe. *Pasolini rilegge Pasolini.* Milão: Archinto, 2005.

CAROTENUTO, Aldo. *L'autunno della coscienza:* ricerche psicologiche su Pier Paolo Pasolini. Turim: Bollati Boringhieri, 1985, 118 p.

CASI, Stefano (org.). *Cupo d'amore:* l'omosessualità nell'opera di Pasolini. Bolonha: Il Cassero, 1987.

_____ (org.). *Desiderio di Pasolini:* omosessualità, arte e impegno intellettuale. Milão/Turim: Sonda Edizioni, 1990, 195 p.

_____. *I teatri di Pasolini.* Milão: Ubu Libri, 2005.

_____. *Pasolini:* un'idea di teatro. Udine: Campanotto, 1990, 188 p.

CASOLI, Giovanni. *Maestri perduti da ritrovare:* Silone, Pasolini, Manzoni, Leopardi, Foscolo: cinque Italie possibili, rimosse, urgenti. Roma: Città Nuova, 1990, 228 p.

CASSANO, F. *Il pensiero meridiano.* Bari: Laterza, 2003.

CASTELLARIN, Giovanni (org.). *Quaderni Casarsesi,* nº 2. Casarsa della Delizia: CI.D.I.C Circolo di Informazione culturale, 1994, 68 p.

CATANIA, Enzo. *Giallo Pasolini.* Editore Agar, 2006, 300 p.

CAVALLUZZI, Raffaele. *Il limite oscuro:* Pasolini visionario, la poesia, il cinema. Fasano: Schena, 1994.

CECCATTY, René de. *Pasolini.* Paris: Gallimard, 2005.

_____. *Sur Pier Paolo Pasolini.* Le Faouet: Editions du Scorff, 1998; Paris: Éditions du Rocher, 2005.

CERAMI, Vincenzo. Le "Ceneri di Gamsci" di Pier Paolo Pasolini. In: ROSA, Alberto Astor (org.). *Letteratura italiana.* Le opere, IV/2, Il Novecento. II. La ricerca letteraria. Turim: Einaudi, 1996.

CERQUIGLINI, Enrico. *Pier Paolo Pasolini:* Uccellacci uccellini: dalla sceneggiatura alla realizzazione cinematográfica. Udine: Campanotto, 1996.

CESARO, Gennaro. *Dossier Pasolini:* tutto quello che avreste voluto sapere su di lui. Pompéia, 1979.

CHELLI, Carlo. *Gaetano L'eredità Ferramonti.* Com um escrito de Pier Paolo Pasolini. Cava de' Tirreni: Avagliano, 2000.

CHIARINI, L. *Pier Paolo Pasolini, cinema e film.* Roma: Bulzoni, 1972.

CHIESA, Adolfo. *Pasolini segreto:* I libri dell'Altritalia. Suplemento de *Avenimenti,* nº 36, 27 set. 1995, 60 p.

CHIESI, Roberto. Un mistero medioevale: "Salò o le 120 giornate di Sodoma". In: REGOSA, M. *Cinema e psicoanalisi.* Il sogno e la memoria. La vita e la morte. Milão: Comune di Milano, 1996.

CIARLETTA, Nicola. Osservazioni sulla presenza del tragico in Pasolini. In: DE SANTI, Gualtiero; LENTI, Maria; ROSSINI, Roberto (org.). *Perché Pasolini:* ideologia e stile di un intellettuale militante. Florença: Guaraldi, 1978, p. 137-146.

TODOS OS CORPOS DE PASOLINI

CIMATTI, P. *Le cenere di Pasolini*. Roma: Magma Editrice, 1975.

CITATTI, P. Ritratto di Pasolini. *L'Approdo Letterario*, nº 6, abr. 1959. [Retomado em CITATTI, P. *Il te del cappellalo matto*. Milão: Mondadori, 1972, p. 224-232.]

CITTI, Franco; VALENTINI, Claudio. *Vita di un ragazzo di vita*. Carnago: SugarCo, 1992, 158 p.

CLÉMENT, Catherine. La cantatrice muette ou le maître chanteur démasqué. In: MACCIOCCHI, Maria Antonietta (org.). *Colloque Pasolini*. Paris: Bernard Grasset, 1980, 349 p., p. 265-268.

COCCO, Franco. *Pasolini un mito dentro lo scisma*. Sassari: Libreria Dessi, 1984. 89 p.

COLINO, E. *Tra lucciole e palazzo*: il mito di Pasolini dentro la realtà. Palermo: Sellerio, 1995.

COLOMBO, Furio; FERRETTI, Gian Carlo. *L' ultima intervista di Pasolini*. [Inclui a Entrevista realizada em 1º de novembro de 1975]. Editore Avagliano, 2005, 64 p.

COLUSSI, Ovidio; PASOLINI, Pier Paolo. *Nei giorni dell'Academiuta*: versi e prose (1944- 1952). Organização de Rienzo Pellegrini. Udine: Campanotto, 1994, 123 p.

COLUSSO, Paolo Federico; DA GIAU, Fabrizia; VILLA, Angelo (org.). *Le città del cinema*: Pier Paolo Pasolini. Pordenone: Istituto universitario di architettura/Archivio progetti Angelo Masieri/Veneza: Edizioni Biblioteca dell'Immagine, 1995, 67 p.

CONTINI, Gianfranco. Pasolini, Pier Paolo. In: CONTINI, Gianfranco. *Schedario di scritton italiani moderni e contemporanei*. Florença: Sansoni, 1978, p. 149-153.

_____. Dieci anni di letteratura 1945-1955. In: CONTINI, Gianfranco. *Altre sere 1942-1971*. Turim: Einaudi, 1972.

_____. *Letteratura dell'Italia unita 1961-1968*. Florença: Sansoni, 1968, p.1025-1026.

CORBO, P. *Il mondo non sà nulla*: Pasolini poeta e "diseducatore". Cosenza: Jonia, 1996.

CORTELLA, Roberta. *Percorsi romanzi nell'opera di Pier Paolo Pasolini*. Pordenone: Presenza e Cultura, 1998.

COSTA, Antonio (org.). *Pier Paolo Pasolini*: "Appunti per un'Orestiade africana". Copparo: Quaderni del Centro Culturale di Copparo, 1983.

_____. Immagine di um'immagine. In: COSTA, Antonio. *Pasolini; eresia semiológica e scrittura trágica*. Turim: UTET, 1993.

_____. Nota del curatore. In: COSTA, Antonio (org.). *Pier Paolo Pasolini*: "Appunti per un'Orestiade africana". Copparo: Quaderni del Centro Culturale di Copparo, 1983, p. 20-21.

_____. *Pasolini; eresia semiológica e scrittura trágica*. Turim: UTET, 1993.

_____. Pier Paolo Pasolini: la scrittura tragica. In: COSTA, Antonio (org.). *Pier Paolo Pasolini*: "Appunti per un'Orestiade africana". Copparo: Quaderni del Centro Culturale di Copparo, 1983, p. 3-17.

_____. *Teorie e metodi di analisi de linguaggio cinematográfico*. Feltre: Facoltà di Lingue e Letteratura Straniere, 1974.

CULOS, Silvia. *Il paesaggio pasoliniano tra evocazioni letterarie e pratica territoriale*. Università degli Studi di Padova, Facoltà i Lettere e Filosofia, Dipartimento di Geografia, 1997-1998. Relatori: Marcello Zunica e Francesco Vallerani.

D'ARONCO, Gianfranco. *Pasolini, riveduto e corretto*. Udine: R. Vattori, 1990, 230 p.

D'ELIA, Gianni. *Il petrolio delle stragi*. Postille a "L'eresia di Pasolini". Milão: Edizioni Effigie, 2006, 73 p.

_____. *L'eresia di Pasolini*: l'avanguardia della tradizione dopo Leopardi. Milão: Edizioni Effigie, 2005, 168 p.

_____. Verso la poesia incivile. In: PASOLINI, Pier Paolo. *La religione del mio tempo*. Milão: Garzanti, 2001, Prefácio.

D'ORSI, A. Intelettuali e ética della responsabilità. In: *Intelettuali nel Novecento italiano*. Turim: Einaudi, 2001.

306

O *CORPUS* ARQUIVADO

DADOUN, Roger. Lieux pour une hérésie?. In: MACCIOCCHI, Maria Antonietta (org.). *Colloque Pasolini.* Paris: Bernard Grasset, 1980, 349 p., p. 217-244.

DARBOUSSET, Francis (org.). *Pier Paolo Pasolini poète.* Direção de Guy Chambelland, com uma introdução de Alberto Moravia. *Le Pont de l'Epée,* nº 56-57, 1976.

DAVID, M. *La psicoanalisi nella cultura italiana contemporanea.* Turim: Boringhieri, 1966, p. 556-562.

DE BENEDICTIS, Maurizio. *Linguaggi dell'aldilà:* Fellini e Pasolini. [S.l.: s.n.], 2000.

_____. *Pasolini:* la croce alla rovescia: i temi della vita e del sacrifício. Anzio: De Rubeis, 1995, 100 p.

DE GIUSTI, Luciano (org.). *Pier Paolo Pasolini in Friuli.* Tipolitografia Sartor, 1990, 23 p.

_____ (org.). *Pier Paolo Pasolini:* il cinema in forma di poesia. Pordenone: Cinemazero, 1979, 188 p.

_____. *I film di Pier Paolo Pasolini.* Prefácio de Enzo Siciliano. Roma: Gremese, 1983; 1985; 1990, 158 p.

_____. *Pier Paolo Pasolini:* una vita futura. Milão: Garzanti, 1985.

DE LAURETIS, Teresa. *Technologies of gender:* essays on theory film and fiction. Bloomington: Indiana University Press, 1989.

DE MARTINO, E. *Sud e magia.* Milão: Feltrinelli, 1959.

DE MATTEIS, Tiberia. *La tragedia contemporanea:* Pirandello, Pasolini e Testori. Roma: Linea Grafica, 2005.

DE MAURO, Tullio. Pasolini: dalla stratificazione delle lingue all'unità del linguaggio. In: DE MAURO, Tullio. *Le parole e i fatti.* Roma: Editori Riuniti, 1977, p. 247-253.

DE MAURO, Tullio; FERRI, Francesco (org.). *Lezioni su Pasolini.* Textos de L. Serianni, Maurizio Ponzi, Umberto Todini, B. Frabotta, A. Ludovico, F. Angelini, Zygmunt Baranski, N. Borsellino, L. E. Rossi, A. M. Cirese, Guido Aristarco, L. M. Lombardi Satriani, M. Prampolini, N. Siciliani de Cumis, S. Peloso, L. Mariti, R. Antonelli, G. Patrizi, M. C. Morrone, P. Fasano, L. Stegagno Picchio, M. Zancan, L. Gamberale, Alberto Asor Rosa, M. Serri, B. Zannini Quirini. Ripatransone: Sestante, 1997.

DE NARDIS, Luigi. *Roma di Belli e di Pasolini.* Ilustrações de Bruno Di Giorgio. Roma: Bulzoni, 1977, 127 p.

DE SANTI, Gualtiero. Il teatro di parola. In: DE SANTI, Gualtiero; LENTI, Maria; ROSSINI, Roberto (org.). *Perché Pasolini:* ideologia e stile di un intellettuale militante. Florença: Guaraldi, 1978, p. 79-90.

DE SANTI, Gualtiero; LENTI, Maria; ROSSINI, Roberto (org.). *Perché Pasolini:* ideologia e stile di un intellettuale militante. Florença: Guaraldi, 1978

DE SANTI, Gualtiero; PULIANI, Massimo (org.). *I mistero della parola:* capitoli critici sul teatro di Pier Paolo Pasolini. Roma: Il Cigno Galileo Galilei, 1995.

DE SANTI, Marco; MANCINI, Andrea. *Il diaframma di Pasolini.* Editore Titivillus, 2005, 224 p.

DE SIMONE, Antonio. Lavoro critico e dialettica dell'urbanità. In: DE SANTI, Gualtiero; LENTI, Maria; ROSSINI, Roberto (org.). *Perché Pasolini:* ideologia e stile di un intellettuale militante. Florença: Guaraldi, 1978, p. 175-186.

DEL GIUDICE, Saverio. *Pier Paolo Pasolini:* saggio critico. Nápoles, 1962.

DELLA TERZA, Dante. (org.). *Pasolini in periferia.* Cosenza: Periferia, 1992.

DENARDO, Vincenzo. Christ's Divine Nature and Film Maker's Temptations. In: RADCLIFF-UMSTEAD, Douglas (org.). *Varieties of Filmic Expression.* Kent (Ohio): Romance Langs. Dept., Kent State University, 1989, p. 6-12.

DI STEFANO, Giuseppe. *Cercando Pasolini trent'anni dopo.* Editore La Città del Sole, 2006.

DOI, Hideyuki. Pasolini e la poesia haikai. In: *Cultura Italo-Giapponese*. Annali del Centro Studi e Ricerche dell'Università di Tokyo in Firenze. Florença: Franco Cesati Editore, 2004, p. 137-161.

DOLLÉ, Jean-Paul. Le risque du poète. In: MACCIOCCHI, Maria Antonietta (org.). *Colloque Pasolini*. Paris: Bernard Grasset, 1980, 349 p., p. 277-280.

DORIGO, Ermes. *Le ceneri di Pasolini*. Udine: Campanotto, 1993.

_____. *Nello specchio incrinato*: Paolo Volponi e Pier Paolo Pasolini: nove quadri teatrali. Udine: Campanotto Editore, 1996.

DUFLOT, Jean. *Pasolini*. Paris: Éditions Albatros, 1977.

ELIAN, Smaranda Bratu. Pasolini e la spettacolarizzazzione della letteratura. In: TASSONI, Luigi (org.). *Come interpretare il Novecento?*: una memoria per il futuro. Pécs: Imago Mundi, 2001, p. 61-68.

ELLERO, Gianfranco; MICHELUTTI, Manlio (org.). *"Il me pais al e colour smarit"*: dentro il Friuli di Pasolini; Inside the Friuli of Pasolini; Dentro del Friul de Pasolini; Dans le Frioul de Pasolini. Udine: Società Filologica Friulana, 1996, 359 p.

ESCOBAR, Roberto. Il Triunfro dell'esserci: l'utopia ambígua de Pier Paolo Pasolini. In: CANSIANI, Alfonso. *Incontri Pasoliniani*. Roma: Bulzoni, 1996.

ESPOSITO, E. Poesia in forma di rosa. In: PASOLINI, Pier Paolo. *Poesia in forma di rosa*. Milão: Garzanti, 2001, Prefácio.

ESTÈVE, Michel (org.). *Pier Paolo Pasolini, le mythe et le sacré*. Paris: Minard, 1976.

EVTUSENKO, Evgenij. *Le betulle nane*. Organização de Giovanni Buttafava. Introdução de Pier Paolo Pasolini. Milão: Mondadori, 1987, 206 p.

FALASCHI, Francesco (org.). *Scrittori e cinema tra gli anni '50 e '60*. Florença: Giunti, 1997.

FALCHI, Francesca Juanero. *Pasolini e la cultura spagnola*. Florença: Firenze Atheneum, 2003.

FALDINI, Franca; FIFI, Goffredo. *Il cinema italiano d'oggi, racontata dai suoi protagonisti (1970-1984)*. Milão: Arnaldo Mondadori Editore, 1984.

_____. *L'avventurosa storia del cinema italiano, racontata dai suoi protagonisti (1960-1969)*. Milão: Feltronelli, 1981.

FALLACI, Oriana (org.). *Dedicato a Pier Paolo Pasolini*. Milão: Gammalibri,/Kaos Edizioni, 1976.

FANTUZZI, Virgilio. *Cinema sacro e profano*. Roma: Civiltà Cattolica, 1983.

FARANI, Piero. *Atelier Farani*: Pasolini, il costume del film. Milão: CSAC-Università di Parma Atelier Farani/Skira, 1996.

FARGES, Joël; MAGNY, Joël. "Salò o les 120 journées de Sodome". In: AMENGUAL, Barthélémy; ARISTARCO, Guido; ESTÈVE, Michel; FARGES, Joël; MAGNY, Joël (org.). Pier Paolo Pasolini. Un "cinéma de poésie". *Études Cinématographiques*, n⁰ 112-114, Paris, Lettres Modernes, out. 1977, 219 p.

FERNANDEZ, Dominique. L'Italie virgilienne de Pier Paolo Pasolini. In: PASOLINI, Pier Paolo. *Poèmes de jeunesse et quelques autres (1941-1964)*. Versão de Nathalie Castagné e Dominique Fernandez. Organização e prefácio de Dominique Fernandez. Paris: Gallimard, 1995, Prefácio.

_____. *Nella mano dell'angelo*. Milão: Bompiani, 1983, 442 p.

_____. *Pela Mão do Anjo*. [Biografia de Pasolini em forma de romance]. Versão de Marta Calderaro. Rio de Janeiro: Rocco, 1985, 520 p.; 1989.

FERRARI, Davide; SCALIA, Gianni (org.). *Pasolini e Bologna*. Bolonha: Pendragon, 1998, 239 p.

FERRERO, Adelio. *Il cinema di Pier Paolo Pasolini*. Milão: Mondadori, 1973; Veneza: Marsilio Editori, 1977; Milão: Mondadori, 1978, 168 p.; 1994, 162 p.

O *CORPUS* ARQUIVADO

FERRETTI, Gian Carlo. Introduzione. In: PASOLINI, Pier Paolo. *Il Caos (1968-1970)*. Seleção das colaborações ao semanário *Il Tempo*, 6 ago.1968 –24 jan. 1970. Organização de Gian Carlo Ferretti. Roma: Editori Riuniti, 1995; 1999. 274p, Introdução.

_____. Introduzione. In: PASOLINI, Pier Paolo. *Le belle bandiere*. Dialoghi 1960-1965. [Seleção das colaborações ao semanário *Vie Nuove*, 14 jun. 1960 –20 set. 1965]. Organização de Gian Carlo Ferretti. Roma: Editori Riuniti, 1996, Introdução.

_____. *L'autocritica dell'intelletuale*. Pádua: Marsilio, 1970.

_____. La "disperata vitalità" di Pasolini. In: FERRETTI, Gian Carlo. *La letteratura del refiuto e altri scritti sulla crisi e sulla trasformazione dei ruoli intellettuali*. Milão: Mursia, 1968; [Nova edição ampliada] 1981, p. 204-220.

_____. La contrastata rivolta di Pasolini. In: *Letteratura e ideologia*: Bassani, Cassola, Pasolini. Roma: Editori Riuniti, 1964; [Nova edição ampliada] 1974, p.163-356.

_____. *Letteratura e ideologia*: Bassani, Cassola, Pasolini. Roma: Editori Riuniti, 1964, 381 p.

_____. *Officina*: cultura, letteratura e politica negli anni cinquanta. Turim: Einaudi, 1975.

_____. Pasolini e i autopunizione borghese. In: FERRETTI, Gian Carlo. *La letteratura del refiuto e altri scritti sulla crisi e sulla trasformazione dei ruoli intellettuali*. Milão: Mursia, 1968; [nova edição ampliada] 1981, p. 313-320.

_____. *Pasolini*: l'universo orrendo. Roma: Editori Riuniti, 1976, 126 p.; 1996.

_____. Un dibattito su "Officina". In: FERRARI, Davide; SCALIA, Gianni (org.). *Pasolini e Bologna*. Bolonha: Pendragon, 1998, 239 p.

FERRI, Francesco. *Linguaggio, passione e ideologia*: Pier Paolo Pasolini tra Gramsci, Gadda e Contini. Roma: Progetti Museali Editore, 1996.

FINKIELKRAUT, Alain. Du bord extrème d'un age enseveli. In: MACCIOCCHI, Maria Antonietta (org.). *Colloque Pasolini*. Paris: Bernard Grasset, 1980, 349 p., p. 195-216.

FLAMIGNI, Sergio. *La tela del ragno*. Milão: Kaos Edizioni, 1993.

FOFI, Goffredo. *Capire con il cinema*. 200 film prima e dopo il '68. Milão: Feltrinelli, 1977; 1978.

_____. *Il poeta*. In: FOFI, Goffredo. *Il cinema italiano*: servi e padroni. Milão: Feltrinelli, 1971.

FORTINI, Franco. Al di là della speranza (Risposta a Pasolini). [artigo de 1956]. In: FORTINI, Franco. *Attraverso Pasolini*. Turim: Einaudi, 1993, 258 p., p. 319-323.

_____. *Attraverso Pasolini*. Turim: Einaudi, 1993, 258 p.

_____. *Dieci inverni*. Bari: Laterza, 1973.

_____. Pasolini. In: FORTINI, Franco. *Le poesie italiane di questi anni*. Turim: Il Menabo di Letteratura, 1960.

_____. Su *Officina*. In: FORTINI, Franco. *Questioni di frontiera*: scritti di politica e di letteratura (1965-1977). Turim: Einaudi, 1977.

FRANCESE, Joseph-Louis. *Il realismo impopolare di Pier Paolo Pasolini*. Foggia: Bastogi, 1991.

_____. Pasolini's Roman Novels, the Italian Communist Party, and the Events of 1956. In: RUMBLE, Patrick Allen; TESTA, Bart (org.). *Pier Paolo Pasolini*. Contemporary Perspectives. Toronto: University of Toronto Press, 1994. 258 p., p. 22-39.

_____. The Latent Presence of Crocean Aesthetics in Pasolini's Critical Marxist. In: BARANSKI, Zygmunt (org.). *Pasolini Old and New*: surveys and studies. Dublin: Four Courts Press, 1999, 420 p., p. 131-162.

FRANZONI, Giovanni. Pasolini e la violenza di classe nelle borgate di Roma. In: DE SANTI, Gualtiero; LENTI, Maria; ROSSINI, Roberto (org.). *Perché Pasolini*: ideologia e stile di un intellettuale militante. Florença: Guaraldi, 1978, p. 169-173.

FREITAG, Gretel. *Metaphern von Musik und Stille als Erkenntnismittel in den Filmen Pasolinis*. Frankfurt: Peter Lang Verlag, 1999. 431 p.

TODOS OS CORPOS DE PASOLINI

FRIEDRICH, Pia. *Pier Paolo Pasolini*. Boston: Twayne, 1980; 1982.

_____. *Pier Paolo Pasolini*. Twayne Pub, 1982, 151 p.

FRISCH, Anette. *Francesco Vezzolini: Pasolini Reloaded*. New Brunwick: Rutgers University Alexander Library, 2006.

FRODON, Jean-Michel. Derrière chez Paso, savez-vous quoi qui y a? Un miracle de Pasolini: capturées, ses images gardent intacte leur liberte. *Cahiers du Cinéma*, nº 587, Paris, fev. 2004, p. 80-81.

FURFARO, Amedeo. *La Calabria di Pasolini*. Prefácio de Vito Barresi. Cosenza: Edizioni Periferia, 1990.

FUSILLO, Massimo. *La Grecia secondo Pasolini*: mito e cinema. Florença: La Nuova Italia, 1996, 273 p.

GALLI, Giorgio. Un delitto político. In: AA.VV. *Omicidio nella persona di Pasolini Pier Paolo*. Milão: Kaos Edizioni, 1992. Prefácio.

GALLUZZI, Francesco. *Pasolini e la pittura*. Roma: Bulzoni, 1994, 201 p.

GARBOLI, Cesare. Poesia. In: GARBOLI, Cesare. *La stanza separata*. Milão: Mondadori, 1969, p.11-18.

GARCÍA, Fernando González. *El tiempo de lo sagrado en Pasolini*. Salamanca: Ediciones Universidad Salamanca, 1997.

GARCÍA-GUILLEN, Mario. *Viva Pasolini!*. São Paulo: Editora Soma, 1985.

GARDAIR, Jean-Michel. *Narciso e il suo doppio*: saggio su *"La nuova gioventù"* di Pasolini. Roma: Bulzoni, 1996.

GAROFALO, Paolo (org.). *Omaggio a Pier Paolo Pasolini*. Casarsa Della Delizia, 21 jul. 1993. Villa de Concina, 1993, 36 p.

GATT-RUTTER, John. Pier Paolo Pasolini. In: CAESAR, Michael; HAINSWORTH, Peter (org.). *Writers & Society in Contemporary Italy*. Nova York: St. Martin's, 1984, p. 143-165.

GEADA, Eduardo. Pasolini: o real e a morte. In: GEADA, Eduardo. *O Poder do Cinema*. Lisboa: Livros Horizonte, 1985.

GELARDI, Mario. *Idroscalo 93. Morte di Pier Paolo Pasolini*. [Texto teatral]. Editore Guida, 2006, 56 p.

GENOVESE, Rino. Manifesto per *Petrolio*. In: BENEDETTI, Carla; GRIGNANI, Maria Antonietta (org.). *A partire da Petrolio*: Pasolini interroga la letteratura. Ravena: Longo, 1995, p. 79-91.

GERARD, F. S. Le toile et l'écran. In: *L'Univers Esthétique de Pasolini*. Alençon: Persona, 1994, 111 p.

GERARD, Fabien. *Pasolini ou le mythe de la barbarie*. Bruxelas: Éditions de l'Universitè de Bruxelles, 1981.

GERVAIS, Marc. *Pier Paolo Pasolini*. Paris: Seghers, 1972; Capítulo suplementar de Claude Beylie, 1973.

GIORDANA, Marco Tullio. *Pasolini, mort d'un poète*. Paris: Seuil, 2005.

_____. *Pasolini*: un delitto italiano. Milão: Mondadori, 1994, 289 p.; Ronsel, 2004. Na França: *Pasolini, mort d'un poète, un crime italien*. Paris: Seuil, 2005.

GIOVANNETTI, Giovanni. *Pier Paolo Pasolini*. Fotografie. Milão: Edizioni Effigie, 2005, 7 p.

GODARD, Jean-Luc. *Il cinema è il cinema*. Apresentação, seleção de textos e traduções de de Adriano Apra. Introdução de Pier Paolo Pasolini. Milão: Garzanti, 1981, 418 p.

GOLINO, Enzo (org.). *Poeti d'Italia*: Pasolini e i moderni: Novecento. Milão: Bompiani, 1989; Gruppo Editoriale Fabbri/Bompiani Sonzogno/Etas, 1991.

_____. L'esperienza di 'Officina'. In: GOLINO, Enzo. *Letteratura e classi sociali*. Bari: Laterza, 1976.

_____. L'ultimo luogo in cui abitava la realtà. In: BETTI, Laura; GULINUCCI, Michele (org.). *Pier Paolo Pasolini*. Le regole di un'illusione: il cinema, i film. Roma: Associazione Fondo Pier Paolo Pasolini, 1991; 1996. 441 p.

O *CORPUS* ARQUIVADO

_____. *Pasolini, il sogno di una cosa*: pedagogia, eros, letteratura dal mito del popolo alla società di massa. Bolonha: Il Mulino, 1985, 270 p.; Milão: Bompiani, 1992, 268 p.; 2005, 291 p.

_____. *Tra lucciole e palazzo*: il mito Pasolini dentro la realtà. Palermo: Sellerio, 1995, 171 p.

GONZALEZ, Fernando. *El tiempo de lo sagrado en Pasolini*. Salamanca: Ediciones Universidad de Salamanca, 1997.

GORDON, Robert. *Pasolini*: forms of subjectivity. Oxford: Oxford University Press/Nova York: Clarendon Press, 1996, 336 p.

GOZZANO, Guido. *Poesie e prose*. Introdução de Pier Paolo Pasolini. Organização de Luca Lenzini. Milão: Feltrinelli, 1995, 476 p.

GRAMIGNA, Giuliano. *Le forme del desideno*: il linguaggio poetico alla prova della psicoanalisi. Milão: Garzanti, 1986, p. 117-134.

_____. *Petrolio*, il feticcio e l'infinibile. In: BENEDETTI, Carla; GRIGNANI, Maria Antonietta (org.). *A partire da Petrolio*: Pasolini interroga la letteratura. Ravena: Longo, 1995, p. 51-56.

GRASSO, Mirko. *Pasolini e il Sud*: poesia, cinema, società. Modugno: Edizioni dal Sud, 2004.

GRATTAROLA, Franco. *Pasolini una vita violentata*: pestaggi fisici e linciaggi morali: cronaca di una via Crucis laica attraverso la stampa dell'epoca. Roma: Coniglio Editore, 2005, 347 p.

GRAZZINI, Giovanni. "Decameron", "I Racconti di Canterbury", "Salò". In: GRAZZINI, Giovanni. *Gli anni Settanta in cento film*. Roma-Bari: Laterza, 1976; 1978.

_____. *Gli anni Settanta in cento film*. Roma-Bari: Laterza, 1978.

GREEN, Martin. *The Dialectic Adaptation*. New Brunswick: Rutgers University Alexander Library, 2006.

GREENE, Naomi. *Pier Paolo Pasolini*: cinema as heresy. Princeton: Princeton University, 1990.

_____. *Salò*: The refusal to consume. In: RUMBLE, Patrick Allen; TESTA, Bart (org.). *Pier Paolo Pasolini*: contemporary perspectives. Toronto: University of Toronto Press, 1994, 258 p., p. 232-242.

GRIGNANI, Maria Antonietta. Questione di stile?. In: BENEDETTI, Carla; GRIGNANI, Maria Antonietta (org.). *A partire da Petrolio*: Pasolini interroga la letteratura. Ravena: Longo, 1995, p. 137-151.

GRILLANDI, M. Pier Paolo Pasolini: Scritti corsari. *I omini e libri*, n° 55, XI, set.-out. 1975.

GROPPALI, Enrico. *L'ossessione e il fantasma*: il teatro di Pasolini e Moravia. Prefácio de Ferdinando Camon. Veneza: Marsilio Editori, 1979, 219 p.

_____. Le théâtre de Pasolini. In: MACCIOCCHI, Maria Antonietta (org.). *Colloque Pasolini*. Paris: Bernard Grasset, 1980, 349 p., p. 301-316.

GROSS, Nicolas. Doubling and Irrationality in Pier Paolo Pasolini's *Medea*. In: HARTIGAN, Karelisa (org.). *Text and Presentation*: The University of Florida Department of Classics Comparative Drama Conference Papers, X. Lanham: University Press of America, 1990, p. 51-58.

GRÜNEWALD, José Lino. Pasolini: Teorema, teor & tema. [Originalmente publicado no jornal *Correio da Manhã*, 26 mar. 1969]. In: GRÜNEWALD, José Lino. *Um filme é um filme*. O cinema de vanguarda dos anos 60. Organização de Ruy Castro. São Paulo: Companhia das Letras, 2001, 287p, p. 238-240.

GUADAGNI, Annamaria (org.). *Processo Pasolini*. Roma: L'Unità, 1994, 159 p.

GUARNER, José Luis. *Pasolini*. San Sebastian: XXV Festival Internacional del Cine, 1977.

GUARNIERI, Primo. *Pier Paolo Pasolini*: scrittore e poeta. Rovigo: De Giuli, 1979, 32 p.

GUGLIELMI, A. *Vent'anni di impazienza*. Milão: Feltrinelli, 1966.

GUGLIELMI, Guido (org.). *Su Pier Paolo Pasolini*. Inclui o texto inédito "La sua gloria". Bolonha: Pendragon, 1996.

_____. Prefazione. In: CADEL, Francesca. *La lingua dei desideri*. Il dialetto secondo Pier Paolo Pasolini. San Cesario di Lecce: Manni, 2002, Prefácio.

GUIDORIZZI, E. *La narrativa italiana e il cinema*. Florença: Sansoni, 1971; 1973.

GULINUCCI, Michele (org.) *Pier Paolo Pasolini*. Interviste Corsare sulla Politica e sulla Vita, 1955-1975. Roma: Liberal Atlantide Editorial, 1995.

HENNINGER, Peter. Literatur und Verdrangung: Pasolinis Essay "I Parlanti" ('Die Sprecher'). In: SCHONE, Albrecht; STEPHAN, Inge; PIETZCKER, Carl (org.). *Kontroversen, alte und neue*. VI: Frauensprache –Frauenliteratur? Fur und wider einer Psychoanalyse literarischer Werke. Tübingen: Niemeyer, 1986, p. 183-188.

HEYDENREICH, Titus. Pier Paolo Pasolini: *Calderon* (1973): Eine moderne Replik auf "La vida es sueno". In: HEYDENREICH, Titus (org.). *Pedro Calderon de la Barca (1600-1681)*: Beitrage zu Werk und Wirkung. Erlangen: Universitatsbund Erlangen-Nurnberg, 1982, p. 101-116.

HOFER, K. von. *Funktionen des Dialektiks in der italienischen Gegenwartsliteratur*: Pier Paolo Pasolini. Munique: Fink, 1971.

HOLAN, Vladimir. *Il poeta murato*. Roma: Associazione Fondo Pier Paolo Pasolini, 1991.

INDIANA, Gary. *Salò or 120 Days of Sodom*. Londres: British Film Institute Modern Classics, 2000.

ISNENGHI, M. Pasolini giornalista: l'esperienza di *Vie Nuove*. In: SANTATO, Guido (org.). *Pier Paolo Pasolini*. L'opera e il suo tempo. Udine: Centro Servizi e Spettacoli/Cooperativa Libraria 'Borgo Aquileia', 1981; Pádua: Universidade de Pádua/Cleup, 1983.

JABELMANN, Hannelore; MINAS, Gunter. *Pier Paolo Pasolini*. Zeichnungen und gemalde. Balance Rief, 1982.

JANSEN, P. W.; SCHÜTTE, W. (org.). *Pier Paolo Pasolini*. [S.l.: s.n.], 1985.

JEWELL, Keala Jane. *Pier Paolo Pasolini*: una storicità poetica. Roma: Empiria, 1997. 140 p.

_____. *The Poiesis of History*: experimenting with genre in Postwar Italy. Ithaca: Cornell University Press, 1992.

JORI, Giacomo. *Pasolini*. Turim: Einaudi Tascabili, 2001.

JOUBERT-LAURENCIN, Hervé. Avec toi, contre toi, Pasolini. In: PASOLINI, Pier Paolo. *Contre la télévision at autres textes sur la politique et la société*. Versão de Hervé Joubert-Laurencin e Caroline Michel. Paris: Les Solitaires Intempestifs, 2003.

_____. Hervé. *Le Dernier Poète Expressionniste*. Écrits sur Pasolini. Paris: Les Solitaires Intempestifs, 2005, 255 p.

_____. Hervé. *Pasolini*: portrait du poète en cinéaste. Paris: Éditions de l'étoile-Cahiers du Cinéma, 1995.

JOUBERT-LAURENCIN, Hervé; GOTTLIEB, Georges. *Pier Paolo Pasolini, 1922-1975*. Argenteuil: Bibliothèques d'Argenteuil, 1995.

JUNGHEINRICH, Hans-Jürgen; KAMMERER, Peter et. al. *Pier Paolo Pasolini*. Munique: Carl Hanser Verlag, 1977.

KALISKY, René. *La Passion selon Pasolini*. Paris: Stock, 1978.

_____. La Passione secondo Pier Paolo Pasolini. In: POLI, G. (org.). *Teatro belga contemporaneo*. Gênova: Costa&Nolan, 1984.

KEZICH, Tullio. (org.). *I film degli altri*. Parma: Ugo Guanda Editore, 1996.

KIRSCH, Fritz-Peter. Pier Paolo Pasolini et la litterature d'oc. In: GOUIRAN, Gerard; ROUQUETTE, Max (org.). *Contacts de langues, de civilisations et intertextualite*. Montpellier: Centre d'Études Occitanes, Universidade de Montpellier III, 1992, p. 473-484.

KLEINE, Sabine. *Zur Asthetik des Hasslichen*: von Sade bis Pasolini. Stuttgart: Metzler, 1998.

KLIMKE, Christoph (org.). *Kraft der Vergangenheit*: zu motiven der Filme von Pier Paolo Pasolini. Frankfurt: Fischer, 1988, 119 p.

_____. *Der Sünder*: Fragen an Pier Paolo. Berlim: Vis-à-Vis, 1985.

_____. *Wir sind alle in Gefahr*: Pasolini; ein Prozess. Berlim: Beltz Quadriga, 1995.

O *CORPUS* ARQUIVADO

KLUGE, Alexander. *Gli artisti sotto la tenda del circo*: perplessi; L'incredula; Progetto C; Detti di Leni Peickert. Apresentação de Pier Paolo Pasolini. Milão: Garzanti, 1970.

KOSSAK, J. *Kino Pasoliniego*. Varsóvia: Wydawnictwa artystyczne i filmowe, 1976.

LA PORTA, Filippo. *Pasolini*: uno gnostico innamorato della realtà. Florença: Le Lettere, 2002.

LACOUE-LABARTHE, Philippe. *Pasolini, une improvisation*: d'une sainteté. W. Blake, 1995, 15 p.

LAHUD, Michel (org.). *Le giovani generazioni e il cinema di Pier Paolo Pasolini*. Atas do congresso homônimo realizado na Università degli Studi "La Sapienza" di Roma em 28-29 nov. 1988. Roma: Associazione Fondo Pier Paolo Pasolini, 1988; 1989.

_____. *A Vida Clara*: linguagens e realidade segundo Pasolini. Campinas: Editora da Unicamp/ Companhia das Letras, 1993, 151 p.

_____. Pasolini: paixão e ideologia. In: NOVAES, Adauto (org.). *Os sentidos da paixão*. São Paulo: Funarte/Companhia das Letras, 1987.

LAURENTI, Roberto. *En torno a Pasolini*: hombre, escritor, poeta, cineasta, politico. Madri: Sedmay Ediciones, 1976.

LAWTON, Bem. The Storyteller's Art: Pasolini's *Decameron* (1971). In: HORTON, Andrew; MAGRETTA, Joan (org). *Modern European Filmmakers and the Art of Adaptation*. Nova York: Ungar, 1981, p. 203-221.

LAZAGNA, P. e C. *Pasolini di fronte al problema religioso*. Bolonha: Edizioni Dehoniane, 1970.

LEONE DE CASTRIS, Arcangelo. *Sulle ceneri di Gramsci*: Pasolini, i comunisti e il '68. Roma: Datanews, 1997.

LEONELLI, Giuseppe. *Il lettore di se stesso*: da Voltaire a Pasolini. Turim: Aragno, 2003.

LEPARULO, William. Figurative and Narrative Fantasy in Pasolini's and Boccaccio's *Decameron*. In: RADCLIFF-UMSTEAD, Douglas (org.). *Sex and Love in Motion Pictures*. Proceedings of 2nd Annual Film Conf. of Kent State Univ., 11 abr. 1984. Kent: Kent State University, 1984, p. 59-63.

LEVATO, Vincenzina. *Lo sperimentalismo tra Pasolini e le neoavanguardia (1955-1965)*. Soveria: Mannelli Rubbettino, 2002.

LEVERGEOIS, Bertrand. *L'alphabet du refus*. Paris: Éditions du Félin, 2005.

LICCIOLI, Edi. *La scena della parola*: teatro e poesia in Pier Paolo Pasolini. Quaderni Aldo Palazzeschi/Universita degli studi di Firenze, Facolta di Lettere e Filosofia. Florença: Le Lettere, 1997.

LINDER, J. *Pasolini als Dramatiker*. Frankfurt am Main: Peter D. Lang, 1981.

LIZZANI, Carlo. *Il cinema italiano*. Roma: Editori Riuniti, 1979.

LUCARELLI, Carlo. *Nuovi misteri d'Italia*. Einaudi, 2003.

LUNARI, Luigi. *Cento trame del teatro italiano*: da Jacopone da Todi a Pier Paolo Pasolini. Milão: Rizzoli, 1993.

LUZI, Alfredo; MARTELLINI, Luigi (org.). *Pier Paolo Pasolini*: materiale critici. Urbino: Argalia, 1973.

MACCIOCCHI, Maria Antonietta (org.). *Colloque Pasolini*. Paris: Grasset, 1980. 349 p.

_____. *Deux mille ans de bonheur*. Paris: Bernard Grasset, 1983. Na Itália: *Duemila anni di felicità*. Milão: Mondadori, 1983.

_____. Esquisse d'une biographie de Pasolini. In: MACCIOCCHI, Maria Antonietta (org.). *Colloque Pasolini*. Paris: Bernard Grasset, 1980, 349 p., p. 13-60.

_____. Quatre héresies cardinales pour Pasolini. In: MACCIOCCHI, Maria Antonietta (org.). *Colloque Pasolini*. Paris: Bernard Grasset, 1980, 349 p., p. 127-158.

MACDOUGALL, D. Complicities of Style. In: CRAWFORD, P.; TURTON, D. (org.). *Film as Ethnography*. Manchester: Manchester University Press, 1992, p. 90-98.

MACONI, Gianluca. *Il delitto Pasolini*. Levada di Ponte, Piave: Becco Giallo, 2005.

MAGALETTA, Giuseppe. *La musica nell'opera letteraria e cinematografica di Pier Paolo Pasolini.* Urbino: Quattroventi, 1997; 1998, 450 p.

MAGNY, Joël. Une liturgie du créant et de l'honeur. In: AMENGUAL, Barthélémy; ARISTARCO, Guido; ESTÈVE, Michel; FARGES, Joël; MAGNY, Joël (org.). Pier Paolo Pasolini. Un "cinéma de poésie". *Études Cinématographiques*, nº 112-114, Paris, Lettres Modernes, out. 1977, 219 p.

MAGRELLI, Enrico (org.). *Con Pier Paolo Pasolini.* Quaderni di *Filmcritica.* Roma: Bulzoni, 1977. 183 p.

MAJORINO, Giancarlo. Progetti poematici. In: BENEDETTI, Carla; GRIGNANI, Maria Antonietta (org.). *A partire da Petrolio*: Pasolini interroga la letteratura. Ravena: Longo, 1995, p. 105-108.

MANACORDA, G. Dalla faticosa della storia allá sublimazione nella bellezza. In: BORGHEL-LO, Giampaolo; VOLPONI, Paolo (org.). *Pasolini nel dibattito culturale contemporaneo.* Amministrazione Provinciale di Pavia e Comune di Alessandria, 1977.

MANCINI, Michele; PERRELLA. Giuseppe. *Pier Paolo Pasolini*: corpi e luoghi. Prefácio de Paolo Volponi. Roma: Theorema, 1981; 1982, 613 p.

MANGO, A. Pasolini, Coop. Laboratorio, Salerno 1985.

MANICA, Raffaele; PIERANGELI, Fabio. *Pasolini, invettiva e azzurro*: due letture di 'Teorema'. Roma: Editore Nuova Cultura, 1992; 2006, 166 p.

MANNINO, Vincenzo. *Il 'Discorso' di Pasolini.* Saggio su *"Le Ceneri di Gramsci"*. Roma: Argileto, 1973; [*Discorso di Pasolini*]. Foogia: Bastogi, 1973.

_____. *Invito alla lettura di Pier Paolo Pasolini.* Milão: Mursia, 1974; 1977; 1982; 1990; 1991; 1992; 1993, 160 p.

MANTEGAZZA, Raffaele. *Con pura passione*: l'eros pedagogico di Pier Paolo Pasolini. Palermo: Edizioni della battaglia, 1997.

MANZOLI, Giacomo. *La voce e il silenzio nel cinema di Pier Paolo Pasolini.* Bolonha: Pendragon, 2001.

MARAZZINI, Claudio. *Sublime volgar eloquio*: il linguaggio poetico di Pier Paolo Pasolini. Modena: Mucchi, 1998, 42 p.

MARCHESINI, Alberto. *Citazioni pittoriche nel cinema di Pasolini*: da "Accattone" al "Decameron". Florença: La Nuova italia, 1994, 224 p.

MARCHI, B. De (org.). *Vecchiali o dell'anfibologia.* Veneza: La Biennaçe, 1980.

MARCHI, Donatella. Sperimentalismo "marxisant" nel "Officina" di Pasolini. In: DE SANTI, Gualtiero; LENTI, Maria; ROSSINI, Roberto (org.). *Perché Pasolini.* Ideologia e stile di un intellettuale militante. Florença: Guaraldi, 1978, p. 71-78.

MARCHI, Marco. *Sondaggi novecenteschi*: Da Svevo a Pasolini. Florença: Le Lettere, 1994.

MARESCA, M.; MENDIGUCHÍA, J. I. *Salò.* El inferno segun Pasolini. Córdoba: Filmoteca de Andaluzia, 1993.

MARIN, Biagio. *La vita è fiama e altri versi (1978-1981).* Organização de Claudio Magris. Prefácio de Pier Paolo Pasolini. Turim: Einaudi, 1982, 242 p.

MARINIELLO, Silvestra. *Pier Paolo Pasolini.* Madri: Catedra, 1999.

MARITI, L. Il corpo, l'attore, il drama. In: MAURO, DE MAURO, Tullio; FERRI, Francesco (org.). *Lezioni su Pasolini.* Ripatransone: Sestante, 1997.

MARIUZ, Giuseppe. *La meglio gioventù di Pasolini.* Udine: Campanotto, 1993, 135 p.

_____. *Luogo assoluto dell'universo*: sulle tracce di Pier Paolo Pasolini a Casarsa e dintorni. Casarsa della Delizia: Comune; Pordenone: Edizioni Biblioteca dell'Immagine, 1995, 63 p.

MARTELLINI, Luigi (org.). *Il dialogo, il potere, la morte*: Pasolini e la critica. Bolonha: Casa Editrice L. Cappelli, 1979, 352 p.

_____. *Introduzione a Pasolini.* Bari: Laterza, 1989; 1993, 213 p.

314

O *CORPUS* ARQUIVADO

_____. Introduzione. In: MARTELLINI, Luigi (org.). *Il dialogo, il potere, la morte*: Pasolini e la critica. Bolonha: Casa Editrice L. Cappelli, 1979, 352p, Introdução.

_____. *Pier Paolo Pasolini*: introduzione e guida allo studi dell'opera pasoliniana: storia e antologia della critica. Florença: Le Monnier, 1983, 226 p.; 1984.

_____. *Ritratto di Pasolini*. Editore Laterza, 2006, 232 p.

MAURO, Walter. *Il ponte di Glienicke*: la letteratura della disfatta: saggi su Gadda, Morante, Pasolini etc., Marina di Belvedere: Grisolia, 1988.

MAZZA, Antonio. *Fortuna critica e successo di Pier Paolo Pasolini*. Pisa: Istituti Editoriali e Poligrafici, 2002.

_____. *Pier Paolo Pasolini o dello scandalo*. Milão: Letture, 1975.

MEACCI, Giordano. *Improvviso in Novecento*: Pasolini professore. Com apêndices de Massimiliano Malavasi e Francesca Serafini. Roma: Edizioni Minimum Fax, 1999, 408 p.

MERTENS, Pierre. Réflexions à propos d'une mort inéluctable. In: MACCIOCCHI, Maria Antonietta (org.). Colloque *Pasolini*. Paris: Bernard Grasset, 1980, 349 p., p. 159-194.

MICCICHÉ, Lino. (org.). *Il cinema del riflusso*: film e cineasti italiani degli anni Settanta. Veneza: Marsilio Editori, 1997.

_____. *Cinema italiano*: gli anni '60 e oltre. Veneza: Marsilio Editori, 2002.

_____. *Il cinema italiano degli anni sessanta*. Veneza: Marsilio, 1975.

_____. L'ideologia della morte nell'ultimo Pasolini. In: AA.VV. *Storia del Cinema*: autori e tendenze negli anni cinquanta e sessanta. Pádua: Marsilio, 1978.

_____. *Pasolini nella città del cinema*. Veneza: Marsilio Editori, 1999, 217 p.

MICHALCZYK, J. *The Italian Political Filmmakers*. Rutherford: Fairleight Dickinson University Press, 1986, 325p

MICHELUTTI, Manlio; ELLERO, Gianfranco (org.). *Il me pals al e colour smarit*: dentro il Friuli di Pasolini, 1996.

MICONI, Andrea. *Pier Paolo Pasolini*: la poesia, il corpo, il linguaggio. Gênova: Costa & Nolan, 1998, 169 p.

MIGLIORI, Katia (org.). *Officina (1955-1959)*. Roma: Edizioni dell'Ateneo & Bizzarri, 1979.

MIRABILE, Andréa. *Parola e immagine nel novecento italiano*: l'ekphrasis in Longhi, Banti, Pasolini e Testori. UMI/ProQuesT, 2006, 216 p.

MONCLÚS, Antonio. *Pasolini, obra y muerte*. Colección Arte; 71: Serie Cine. Madri: Fundamentos, 1976, 200 p.

MONETI, G. Per una lettura della "Trilogia della Vita" di Pier Paolo Pasolini. In: LAHUD, Michel (org.). *Le giovani generazioni e il cinema di Pier Paolo Pasolini*. Atas do congresso homônimo realizado na Università degli Studi "La Sapienza" di Roma em 28-29 nov. 1988. Roma: Associazione Fondo Pier Paolo Pasolini, 1988; 1989.

MORAVIA, Alberto. Como numa violenta seqüência de *Accattone*. In: PASOLINI, Pier Paolo. *Últimos Escritos*. Organização de Filipo Acrrocia. Coimbra: Centelha, 1977, p. 57-61; Lisboa: Fora do Texto, 1995.

_____. *Pasolini passione*: vita senza fine di un artista trasparente. Editore Ediesse, 2005, 197 p.

_____. Pasolini poète civil. In: MACCIOCCHI, Maria Antonietta (org.). Colloque *Pasolini*. Paris: Bernard Grasset, 1980, 349 p., p. 83-88.

MORENO, Antonio Giménez. *Pier Paolo Pasolini*: una fuerza del pasado. Barcelona: Trotta, 2002.

MORRONE, M. C. Sei testi di semiologia eretica pasoliniana. In: DE MAURO, Tullio; FERRI, Francesco (org.). *Lezioni su Pasolini*. Ripatransone: Sestante, 1997.

MOSCATI, Italo. *Pasolini e il teorema del sesso*: 1968, dalla Mostra del cinema al sequestro: un anno vissuto nello scandalo. Milão: Il Saggiatore, 1995, 189 p.

MOSCATO, Alfonso. *Pier Paolo Pasolini*: profilo critico-biografico del regista. Centro Studi Sampaolofilm, 1980.

MURRI, Serafino. *Pier Paolo Pasolini*. Milão: Il Castoro, 1994, 189 p.; L'Unità, 1995, 173 p.

_____. *Pier Paolo Pasolini*: scenario drawings. Paris: Gallimard-Jeunesse, 1999.

_____. *Salò o le 120 Giornate di Sodoma*. Turim: Lindau, 2001, 178 p.; 2007, 172 p.

MUZZIOLI, Francesco. *Come leggere 'Ragazzi di vita' di Pier Paolo Pasolini*. Milão: Mursia, 1975, 96 p.; 1989.

NALDINI, Nico (org.). *Pier Paolo Pasolini*. "Viers Pordenon e il mont". Anais do Colóquio Internacional V*iers Pordenon e il mont Pasolini dans la culture internationale*, Friuli, out. 1995. Pordenone: Fiuli, 1998.

_____. Al nuovo lettore di Pasolini. In: PASOLINI, Pier Paolo. *Un paese di temporali e di primule*. Organização de Nico Naldini. Biblioteca della Fenice. Parma: Ugo Guanda Editore, 1993, p. 7-108.

_____. *Come non ci si difende dai ricordi*. Nápoles: Editore Cargo, 2005, 176 p.

_____. Et m'è rimasa nel pensier la luce. In: PASOLINI, Pier Paolo. *Poesie e pagine ritrovate (1946-47)*. Organização de Nico Naldini e Andrea Zanzotto. Roma: Lato Side, 1980, p. 7-72.

_____. *Il treno del buon appetito*. Parma: Ugo Guanda Editore, 1995, 141 p.

_____. *Mio cugino Pasolini*. Milão: Edizioni Bietti, 2000, 111 p.

_____. *Pasolini/Pages retrouvées dans les champs du Frioul*. Versão de Philippe Di Meo. Clamecy: Persona, 1984, 88 p.

_____. *Vita di Pasolini/Pasolini, una vita*. Turim: Giulio Einaudi Editore, 1989, 421 p. Na Alemanha: *Pier Paolo Pasolini*: Eine Biographie. Wagenbach, 1991. Na França: *Pasolini, Biographie*. Versão de René de Ceccatty. Paris: Gallimard, 1991, 418 p.

NALDINI, Nico; ZANZOTTO, Andrea. *Nei campi del Friuli*: la giovinezza di Pasolini. Milão: Scheiwiller/All'insegna del pesce d'oro, 1984, 77 p. Na Alemanha: *In den Feldern Friauls: Die Jugend Pasolinis*, 1987.

NAZARIO, Luiz. As Viagens Imaginárias. In: NAZARIO, Luiz (org.). *A Cidade Imaginária*. São Paulo: Perspectiva, 2005, 271 p., p. 221-266.

_____. *Pasolini*: Orfeu na Sociedade Industrial. São Paulo: Brasiliense, 1982, 94 p.; 1983, 94 p.; 1986, 92 p.

NEUMEISTER, Sebastian. Pasolini, Calderon y las imagenes. In: FLASCHE, Hans; DIRSCHERL, Klaus (org.). *Hacia Calderon*. Décimo Colóquio Anglogermanico, Passau, 1993. Stuttgart: Steiner, 1994, p. 127-134.

NICHOLS, B. *Representing Reality*: issue and concepts in documentary. Bloomington-Indianapolis: Indiana University Press, 1991.

NOVELLO, Neil (org). *Generi e figure*. Ancona: Mediateca delle Marche, 2001.

_____ (org.). *Al trionfo dell'esserci*: teoria e prassi nell'ultimo cinema di Pier Paolo Pasolini. Florença: Manent, 1999, 243 p.

_____. *Il sangue del re*. L'opera di Pasolini. Editore Il Ponte Vecchio, 2007, 512 p.

NOWELL-SMITH, Geoffrey. Pasolini dans le cinéma. In: MACCIOCCHI, Maria Antonietta (org.). Colloque *Pasolini*. Paris: Bernard Grasset, 1980, 349 p., p. 89-98.

OLIVA, Achille Bonito; ZIGAINA, Giuseppe. *Disegni e pitture di Pier Paolo Pasolini*. Pordenone: Banca Popolare di Pordenone/Baliséia: Balance Rief SA, 1984.

OLIVA, Vincenzo. *Pier Paolo Pasolini*. Roma: Il Ventaglio, 1986.

ONOFRI, Sandra (org.). *Pier Paolo Pasolini*. Roma: L'Unità, 1993.

O *CORPUS* ARQUIVADO

ONOFRI, Sandro. La proiezione mitica del presente in Pasolini. In: BENEDETTI, Carla; GRIGNANI, Maria Antonietta (org.). *A partire da Petrolio*: Pasolini interroga la letteratura. Ravena: Longo, 1995, p. 131-135.

PALUMBO, Cesare. *Assassiniamo il poeta*: Pier Paolo Pasolini. Cosenza, 1978.

PANAGULIS, Alexandros. *Altri seguiranno*: poesie e documenti dal carcere di Boyati. Organização de Kris Mancuso. Ensaio introdutório de Pier Paolo Pasolini. Palermo: Flaccovio, 1990.

PANICALI, Anna. "Officina" atraverso le lettere pasoliniane. In: FERRARI, Davide; SCALIA, Gianni (org.). *Pasolini e Bologna*. Bolonha: Pendragon, 1998, 239 p.

_____. L'ultima gioventu. In: DE SANTI, Gualtiero; LENTI, Maria; ROSSINI, Roberto (org.). *Perché Pasolini*: ideologia e stile di un intellettuale militante. Florença: Guaraldi, 1978, p. 203-213.

PANICALI, Anna; SESTINI, Sergio (org.). *Pier Paolo Pasolini*: testimonianze. Florença: Salani, 1982.

PANZERI, Fulvio. *Guida alla lettura di Pasolini*. Milão: Mondadori, 1988, 226 p.

PAOLUCCI, Ippolita. *Stupenda e misera citta*: i luoghi di Pasolini a Roma. Ravena: Comune di Ravenna, 1996.

PARCA, Gabriella. *Le italiane si confessano*. Apresentação de Pier Paolo Pasolini. Prefácio de Cesare Zavattini. Florença: Parenti, 1961.

PARIGI, S. I rifacimenti di Pasolini. In: MICCICHÉ, Lino. (org.). *Il cinema del riflusso*: film e cineasti italiani degli anni Settanta. Veneza: Marsilio Editori, 1997, p. 102-115.

_____. Il sogno scritto di un mito. In: *Tutti i film di Pasolini*. Siena: [Sl.: s.n.], 1985.

PARUSSA, Sergio. *L'eros onnipotente*. Erotismo, letteratura e impegno nell'opera di Pier Paolo Pasolini e Jean Genet. Turim: Tirrenia-Stampatori, 2003.

PASOLINI, Pier Paolo. *Il Portico della Morte*. Organização de Cesare Segre. Roma: Associazione Fondo Pier Paolo Pasolini/Milão: Garzanti, 1988. 311 p.

PATRIARCA, Emanuela. *Totò nel cinema di poesia di Pier Paolo Pasolini*: lo straordinario incontro di due grandi personaggi. Editore Firenze Atheneum, 2006, 168 p.

PATRIZI, Giorgio. *Petrolio* e la forma romanzo. In: BENEDETTI, Carla; GRIGNANI, Maria Antonietta (org.). *A partire da Petrolio*: Pasolini interroga la letteratura. Ravena: Longo, 1995, p. 15-25.

PAULETTO, Giancarlo. De Rocco Opera Grafica: con tre testi e due lettere di Pier Paolo Pasolini. Pordenone: Edizioni Concordia, 1984.

PAULUZZO, Nadia. *Pasolini e D'Aronco*. [S.l.: s.n.], 1991, 3 p.

PAUTASSO, S. *Le frontiere della critica*. Milão: Rizzoli, 1972.

PELLEGRINI, Rienzo. *Pasolini a Casarsa*. [S.l.: s.n., 1992], 34 p.

PELLEGRINO, A. *Verso Oriente*: viaggi e letteratura degli scrittori italiani nei paesi orientali, 1912-1982, Roma: Istituto della Enciclopedia Italiana, 1985.

PELOSI, Maria Letizia. *Sacralità e storia nell'opera di Pier Paolo Pasolini*. Università degli Studi di Napoli "Federico II", Facoltà di Lettere e Filosofia, relatore Giuseppe Antonio Di Marco, 1996-1997.

PELOSI, Pino. *Io, angelo nero*. Prefácio de Gaetano De Leo. Posfácio de Dacia Maraini. Roma: Sinnos Editrice, 1995, 142 p.

PERRELLA, Ettore. *Dittico: Pavese, Pasolini*. Milão: Sugarco, 1979, 157 p.

PERRUCCIO, Andréa. Tradurre "Pier Paolo Pasolini poeta: Suggerimenti". In: SUOMELA, Harma Elina; VALIKANGAS, Olli (org.). Actes du 9e Congrès des Romanistes Scandinaves: Helsinki 13-17 ago. 1984. Helsinki: Soc. Neophilol., 1986, p. 295-302.

TODOS OS CORPOS DE PASOLINI

PETERSON, Thomas Erling. *The Paraphrase of an Imaginary Dialogue*: the poetics and poetry of Pier Paolo Pasolini. Peter Lang Publishing, 1994, 356 p.

_____. *The Paraphrase of an Imaginary Dialogue*: the poetics and poetry of Pier Paolo Pasolini. Nova York: Peter Lang, 1994.

PETRAGLIA, Sandro. *Pier Paolo Pasolini*. Florença: La Nuova Italia, 1974, 123 p.

PEZZELLA, Mario. Allegoria e mito in *Petrolio*. In: BENEDETTI, Carla; GRIGNANI, Maria Antonietta (org.). *A partire da Petrolio*: Pasolini interroga la letteratura. Ravena: Longo, 1995, p. 71-77.

PICCIONI, Valerio. *Quando giocava Pasolini*: calci, corse e parole di un poeta. Arezzo: Limina, 1996, 159 p.

PIERANGELI, Fabio; BARBARO, Patrizio. *Pier Paolo Pasolini*: biografia per immagini. Cavallermaggiore: Gribaudo, 2002, 237 p.

PIERSANTI, Umberto. Pasolini o della dicotomia. In: DE SANTI, Gualtiero; LENTI, Maria; ROSSINI, Roberto (org.). *Perché Pasolini*: ideologia e stile di un intellettuale militante. Florença: Guaraldi, 1978, p. 189-202.

PINIAN, Bernard; DE GIUSTI, Luciano (org.). *Pier Paolo Pasolini*: "... avec les armes de la poésie...". Paris: Maison des Cultures du Monde/Associazione "Fondo Pier Paolo Pasolini"/Milão: Garzanti, 1984, 250p; [*Pier Paolo Pasolini*: "...mit den waffen der poesie...". Catálogo de Exposição na Akademie der Kunste de Berlim, 15 set. –23 out. 1994]. Berlim: Akademie der Kunste, 1994.

PIRELLA, Bigi G. *Indagine su Pier Paolo Pasolini*. Gorizia: Università della terza età, 1996.

PIZZINI, Joel (org.). *O Cinema segundo Glauber e Pasolini*. Catálogo. 21 a 26 jun. 2005. São Paulo: Centro Cultural Banco do Brasil, 2005, 60 p.

PLANCHE, Jacqueline; SIMON, Daniel (org.). *Pier Paolo Pasolini, vingt ans*. Bruxelles: Éditions Lansman, 1996, 59 p.

PLEYNET, Marcelin. Pasolini –autographe. In: MACCIOCCHI, Maria Antonietta (org.). Colloque *Pasolini*. Paris: Bernard Grasset, 1980, 349 p., p. 121-126.

POMOZZI, Arianna. *La passione di Pier Paolo Pasolini*: 'La ricotta' e 'Il Vangelo secondo Matteo'. Otium Edizioni, 2005, 80 p.

PONZI, Maurizio. *Pier Paolo Pasolini*. Roma: U.C.C Arci, 1968; Turim: Quaderni dell'A.I.A.C.E., 1972.

_____. *Pier Paolo Pasolini/Rainer Werner Fassbinder*. Hamburgo: Europäische Verlagsanstalt, 1996.

PORTA, Antonio; RABONI, Giovanni. *Il progetto infinito*. Roma: Fondo Pier Paolo Pasolini, 1991.

PRÉDAL, René. *Pier Paolo Pasolini*. Paris: L'Avant-scène du cinema, 1976.

PULLBERG, Anna Rocchi. Régression-Inversion. In: MACCIOCCHI, Maria Antonietta (org.). *Colloque Pasolini*. Paris: Bernard Grasset, 1980, 349 p., p. 317-336.

QUINTAVALLE, Uberto Paolo. *Giornate di Sodoma*: ritratto di Pasolini e del suo ultimo film. Milão: Sugarco, 1976.

QUIRINO, Ilario. *Pasolini*: sulla strada di Tarso. Lungro: C. Marco, 1999.

RADCLIFF-UMSTEAD, Douglas. The Hero as Victim: violence in Pasolini's films. In: RADCLIFF-UMSTEAD, Douglas (org.). *Holding the Vision*: essays on film. Proceedings of 1st Annual Film Conference of Kent State University. Kent: International Film Society, Kent State University, 1983, p. 61-78.

RAIMONDI, Antonio. *Pasolini*. Nápoles: Danilo Libri, 1991.

RAIMONDI, Luca. *Nient'altro che un sogno*: Pier Paolo Pasolini e la 'Trilogia della vita'. Foggia: Bastogi/Editrice Italiana, 2005, 104 p.

RANVAUD, Donald. Pasolini et le fétichisme. In: MACCIOCCHI, Maria Antonietta (org.). *Colloque Pasolini*. Paris: Bernard Grasset, 1980, 349 p., p. 293-300.

O *CORPUS* ARQUIVADO

REGOSA, M. Dagli apologhi alla trilogia. In: REGOSA, M. *Cinema e psicoanalisi*. Il sogno e la memoria. La vita e la morte. Milão: Comune di Milano, 1996.

REPETTO, Antonino. *Invito al cinema di Pier Paolo Pasolini*. Milão: Mursia, 1998.

RESTIVO, Angelo. The Nation, the Body, and Pasolini. In: *The Cinema of Economic Miracles*: visuality and modernization in the italian art film. London: Duke University Press, 2002.

RICCI, Mario (org.). *Pier Paolo Pasolini e "Il Setaccio" (1942-1943)*. Bolonha: Casa Editrice L. Cappelli, 1977, 196 p.

_____. *Idillio e trasgressione*: Foscolo, Pasolini, Carnevali a Bologna. Bolonha, 1990.

RICHETTS, Jill. *Visualizing Boccaccio*: studies in illustrations of the Decameron from Giotto to Pasolini. Nova York: Cambridge University Press, 1997, 224 p.

_____. *Visualizing Boccaccio*: studies on illustrations of The Decameron, from Giotto to Pasolini. Cambridge/Nova York: Cambridge University Press, 1997.

RINALDI, Rinaldo. *L'irriconoscibile Pasolini*. Rovito: Marra Editore, 1990, 284 p.

_____. *Pier Paolo Pasolini*. Milão: Mursia, 1982, 475 p.

ROCHA, Glauber. O Cristo-Édipo. [Versão de: Pasolini, le Christ-Oedipe. *Cahiers du Cinéma*, nº 9, "Pasolini Cinéaste", Paris, Éditions de l'Étoile, mar. 1981]. In: ROCHA, Glauber. *O Século do Cinema*. São Paulo, Cosac Naify, 2006, 416 p, p. 283-286.

_____. Pasolini. In: ROCHA, Glauber. *O Século do Cinema*. São Paulo, Cosac Naify, 2006, 416p, p. 276-282.

_____. Um Intelectual Europeu. In: ROCHA, Glauber. *O século do cinema*. São Paulo, Cosac Naify, 2006, 416p, p. 282.

ROHDIE, Sam. Neo-Realism and Pasolini: the desire for reality. In: BARANSKI, Zygmunt (org.). *Pasolini Old and New*: surveys and studies. Dublin: Four Courts Press, 1999, 420 p., p. 163-183.

_____. *The Passion of Pier Paolo Pasolini*, London: British Film Institute; Bloomington: Indiana University Press, 1995.

ROMANO, Massimo. La regressione nostalgica di Pasolini: il mito preistorico della civiltà contadina. In: ROMANO, Massimo. *Gli stregoni della fantacultura*. La funzione dell'intellettuale nella letteratura italiana del dopoguerra, 1945-1975. Turim: Paravia, 1977.

ROMBAUT, Marc; CHLUMSKY, Milan. *Pier Paolo Pasolini*. Paris: Marval, 1991, 87 p.

RONCALLIA, Aurélio (org.). Per conoscere Pasolini. *Sotto-tenda* nº 1-2. Cadernos do Teatro Tenda di Roma. Direção de Giuliano Lucignani e C. Malfese, Milão, 1978. 139 p.

_____. Parola poetica e discorso vitale. In: RONCALLIA, Aurelio (org.). Per conoscere Pasolini. *Sotto-tenda* nº 1-2. Cadernos do Teatro Tenda di Roma. Direção de Giuliano Lucignani e C. Malfese, Milão, 1978, 139 p., p. 19-23.

RONCORONI, Federico (org.). *Pasolini e il Corriere*. Artes gráficas de Gianluigi Colin. [Seleção de artigos que Pier Paolo Pasolini escreveu para o *Corriere della Sera*]. Apresentação de Enzo Siciliano. Milão: Rizzoli Quotidiani, 1986, 66 p.

ROSA, Alberto Asor. L'ultimo Pasolini. In: DE MAURO, Tullio; FERRI, Francesco (org.). *Lezioni su Pasolini*. Ripatransone: Sestante, 1997.

_____. Pasolini. In: ROSA, Alberto Asor. *Scrittori e Popolo*. Roma: Samonà e Savelli, 1964; 1965; 1966, p. 433-544; Turim: Einaudi, 1988, p. 285-364.

_____. *Pier Paolo Pasolini*: testimonianze. Florença: Salami, 1982.

ROSSI, Flavia; TADDEI, Nazareno. *Edipo re*: Sofocle e Pasolini. Roma: Edav, 1992.

ROSSINI, Roberto (org.). *Perché Pasolini*: ideologia e stile di un intellettuale militante. Florença: Guaraldi, 1978, p. 29-34.

ROVERSI, Roberto. La tenerezza vitale di Pasolini. In: RONCALLIA, Aurelio (org.). Per conoscere Pasolini. *Sotto-tenda* nº 1-2. Cadernos do Teatro Tenda di Roma. Direção de Giuliano Lucignani e C. Malfese, Milão, 1978, 139 p.

_____. Uso e abuso di un autore: celebrazione, giubilazione, imbalsamazione. [*Cinema e Cinema*, nº 11, abr.-jun. 1977]. In: BORGHELLO, Giampaolo; VOLPONI, Paolo (org.). *Pasolini nel dibattito culturale contemporaneo*. Amministrazione Provinciale di Pavia e Comune di Alessandria, 1977.

RUCKHABERLE, Hans-Joachim. Antigone 1967. In: DAVID, Catherine; CHEVRIER, Jean Francois (org.). *Documenta X: The Book: Politics Poetics*. Ostfildern: Cantz, 1997, p. 250-251.

RUMBLE, Patrick Allen. *Allegories of Contamination*: Pier Paolo Pasolini's Trilogy of Life. Toronto: University of Toronto Press, 1995.

RUMBLE, Patrick Allen; TESTA, Bart (org.). *Pier Paolo Pasolini*: contemporary perspectives. Toronto: University of Toronto Press, 1994, 258 p.

RUSSO, Luigi. *Prose polemiche*. Milão: Feltrinelli, 1979.

RUSSO, Vittorio. '*Io, cupo d'amore*': tre interventi per Pasolini. Roma: Salerno, 1998.

RYAN-SCHEUTZ, Colleen. *Sex, the Self, and the Sacred: Women in the Cinema of Pier Paolo Pasolini*. Toronto: University of Toronto Press, 2007, 336 p.

SALINARI, C. *Preludio e fine del realismo in Italia*. Nápoles: Morano, 1967, p. 55-59.

SALVINI, Laura. *I frantumi del tutto*: ipotesi e letture dell'ultimo progetto cinematografico di Pier Paolo Pasolini, 'Porno-Teo-Kolossal'. Bolonha: CLUEB, 2004.

SANTATO, Guido (org.). *La tradizione del Novecento*. Florença: Vallecchi, 1987.

_____ (org.). *Pier Paolo Pasolini*. L'opera e il suo tempo. Udine: Centro Servizi e Spettacoli/ Cooperativa Libraria 'Borgo Aquileia', 1981; Pádua: Universidade de Pádua/Cleup, 1983, 241 p.

_____ (org.). *Pier Paolo Pasolini*: l'opera. Vicenza: Neri Pozza, 1980, 345 p.; 1987.

_____. Pasolini critico e la poesia italiana contemporanea. In: SANTATO, Guido (org.). *La tradizione del Novecento*. Florença: Vallecchi, 1987.

SANVITALE, F. Pier Paolo Pasolini: comunicazione e significato. In: SANVITALE, F. *Mettendo a fuoco*. Roma: Gremese, 1977.

SAPELLI, Giulio. *Modernizzazione senza sviluppo*: il capitalismo secondo Pasolini. Milão: Mondadori, 2005, 248 p.

_____. *Modernizzazione senza sviluppo*: il capitalismo secondo Pasolini. Milão: Mondadori, 2005.

SARRIS, Andrew. *Entrevistas con directores de cine*. Madrid: E.M.E.S.A., 1967.

SASSETTI, Pierluigi. *La pedagogia perversa*: tra Pasolini e Lacan. Florença: Clinamen, 2004.

SAVERNINI, Érika. *Buñuel, Kieslowski, Pasolini*: índices para um cinema de poesia. Belo Horizonte: Ed. da UFMG/mídia@rte, 2005.

SVOCA, Giuseppe (org.). *Contributi per Pasolini*. Catania: Leo S. Olschki Editore, 2002, 221 p.

SCALIA, Gianni. *Critica, letteratura, ideologia*. Pádua: Marsilio Editori, 1968.

_____. La mania della pedagogia. In: VILLA, R.; CAPITANI, L (org.). *Pier Paolo Pasolini*: educazione e democrazia. Atas do congresso em Reggio Emilia, 3 mai 1995, 170 p.

_____. *La mania della verità*. Dialogo con Pier Paolo Pasolini. Bolonha: Casa Editrice L. Cappelli, 1978, 135 p.

_____. Pasolini corsaro. In: RONCALLIA, Aurelio (org.). Per conoscere Pasolini. *Sotto-tenda* nº 1-2. Cadernos do Teatro Tenda di Roma. Direção de Giuliano Lucignani e C. Malfese, Milão, 1978, 139 p.

_____. Pasolini vivo. In: DE SANTI, Gualtiero; LENTI, Maria; ROSSINI, Roberto (org.). *Perché Pasolini*: ideologia e stile di un intellettuale militante. Florença: Guaraldi, 1978, p. 63-70.

O *CORPUS* ARQUIVADO

_____. Senza Pasolini. In: FERRARI, Davide; SCALIA, Gianni (org.). *Pasolini e Bologna*. Bolonha: Pendragon, 1998, 239 p.

SCHIAVINO, Michele (org.). *Pasolini*. Salerno, 1986.

SCHNEIDER, Peter. Autour de Pasolini. In: MACCIOCCHI, Maria Antonietta (org.). *Colloque Pasolini*. Paris: Bernard Grasset, 1980, 349 p., p. 289-292.

SCHOLES, Robert (org.). *Elements of Literature*: essay, fiction, poetry, drama, film. Oxford: Oxford University Press, 1991.

SCHWARTZ, Barth David. *Pasolini Requiem*. Nova York: Pantheon, 1992; First Vintage Books Editions, 1995. Na Itália: *Pasolini Requiem*. Organização de Paolo Barlera. Veneza: Marsilio Editori, 1995, 1066 p.

SCHWEITZER, Otto. *Pier Paolo Pasolini*: Mit Selbstzeugnissen und Bilddokumenten. Munique: Rowohlt Taschenbuch, 1986.

SÉCLIER, Philippe. *Pier Paolo Pasolini*: la lunga strada di sabbia. Milão: Contrasto DUE, 2005.

SEGRE, Cesare. *Saggio introduttivo a "Passione e ideologia"*. Turim: Einaudi, 1985.

_____. Vitalità, passione, ideologia. In: PASOLINI, Pier Paolo. *Saggi sulla letteratura e sull'arte*, vol. I. Milão: Mondadori, 1999, p. XIII-XLVI.

SELEN, A. Ksenija (org.). *Pier Paolo Pasolini, un viaggio lungo un anno*. Friuli: Edizioni Darp, 1997.

SÉMOLUÉ, J. Après le "Décameron" et les "Contes de Canterbury". Réflexions sur le récit chez Pasolini. In: AMENGUAL, Barthélémy; ARISTARCO, Guido; ESTÈVE, Michel; FARGES, Joël; MAGNY, Joël (org.). Pier Paolo Pasolini. Un "cinéma de poésie". *Études Cinématographiques*, nº 112-114, Paris, Lettres Modernes, out. 1977, 219 p.

SERENELLI, Mario. *I diseducatori*: intellettuali d'Italia da Gramsci a Pasolini. Bari: Dedalo, 1985.

SERRA, Luciano. Eredi, Il Setaccio, Stroligut. In: PASOLINI, Pier Paolo. *Lettere agli amici (1941-1945)*. Organização de Lucinano Serra. Parma: Ugo Guanda Editore, 1976, p. IX-XXIV.

SERRAVALLI, L. Pasolini molto noto ma poco conosciuto. In: REGOSA, M. *Cinema e psicoanalisi*. Il sogno e la memoria. La vita e la morte. Milão: Comune di Milano, 1996.

SICA, Gabriella. *Sia dato credito all'invisibile*: prose e saggi. Veneza: Marsilio Editori, 2000.

SICHERA, Antonio. *La consegna del figlio*: "Poesia in forma di rosa" di Pasolini. Lecce: Edizioni Milella, 1997.

_____. Poesia senza Narciso: parole e simboli del Pasolini friulano nella prima "Domenica uliva". In: SVOCA, Giuseppe (org.). *Contributi per Pasolini*. Florença: Leo S. Olschki Editore, 2002, 221 p.

SICILIANO, Enzo. *Campo de Fiori*. Milão: Rizzoli, 1993, 198 p.

_____. Pasolini non reconcilié. In: MACCIOCCHI, Maria Antonietta (org.). Colloque *Pasolini*. Paris: Bernard Grasset, 1980, 349 p., p. 99-108.

_____. *Prima della poesia*. Florença: Vallecchi, 1965.

_____. Salò ritualistico e fúnebre. In: DE SANTI, Gualtiero; LENTI, Maria; ROSSINI, Roberto (org.). *Perché Pasolini*: ideologia e stile di un intellettuale militante. Florença: Guaraldi, 1978, p. 147-149.

_____. Ungaretti nel Pasolini di *Poesie a Casarsa*. In: BO, Carlo; PETRUCCIANI, Mario; BRUSCIA, Marta; ANGELINI, M.-C.; CARDONE, E.; ROSSI, D. (org.). *Atti del convegno internazionale su Giuseppe Ungaretti*, Urbino, 3-6 ottobre 1979. Urbino: 4 Venti, 1981, p. 323-327.

_____. *Vita di Pasolini*. Milão: Rizzoli, 1978; 1979, 429 p.; introdução de Angelo Romano. 1981, 533 p.; Florença: Giunti, 1995, 558 p. Nos EUA: *Pasolini*: a biography. Random House, 1982. Na França: *Pasolini, une vie*. Paris: Éditions de la Différence, 1983. Na Alemanha: *Pasolini*: Leben und Werk. Frankfurt: Fischer Taschenbuchverlag, 1985; Munique: Wilhelm Heyne, 1996; Klappentext, 2000.

SITI, Walter. Descrivere, narrare, esporsi. In: PASOLINI, Pier Paolo. *Romanzi e racconti.* 2 v. Organização de Walter Siti e Silvia De Laude. Dois ensaios de Walter Siti. In: PASOLINI, Pier Paolo. *Tutte le opere.* Organização de Walter Siti e Silvia De Laude. Cronologia de Nico Naldini. Milão: Mondadori, 1998-2003, 10 v., v. 1, p. XCII-CXLIV.

_____. Oltre il nostro accanito difenderla. In: PASOLINI, Pier Paolo. *Le Ceneri di Gramsci.* Turim: Einaudi, 1981; 1992; 1993.

_____. Pasolini e Proust. In: AA.VV. *Studi offerti a Luigi Blasucci.* Lucca: Paceni Fazzi, 1996, p. 517-534.

_____. Pier Paolo Pasolini. In: ORVIETO, Paolo (org.). *Un'idea del '900:* dieci poeti e dieci narratori italiani del Novecento. Roma: Salerno, 1984, p. 141-156.

_____. Tracce scritti di un'opera vivente. In: PASOLINI, Pier Paolo. *Romanzi e racconti.* 2 v. Organização de Walter Siti e Silvia De Laude. Dois ensaios de Walter Siti. In: PASOLINI, Pier Paolo. *Tutte le opere.* Organização de Walter Siti e Silvia De Laude. Cronologia de Nico Naldini. Milão: Mondadori, 1998-2003, 10 v., v. 1, p. XCII-CXLIV.

SNYDER, Stephen. *Pier Paolo Pasolini.* Boston: Twayne, 1980.

SOLLERS, Philippe. Pasolini, Sade, saint Matthieu. In: MACCIOCCHI, Maria Antonietta (org.). Colloque *Pasolini.* Paris: Bernard Grasset, 1980, 349 p., p. 109-120.

SOUZA, Vilma de Katinszky Barreto de. A Tragédia do Século XX e o Teatro de Pier Paolo Pasolini. *Revista de Italianística,* nº 1, São Paulo: FFLCH/USP, 1993, p. 61-73.

SPAGNOLETTI, Giacinto. *L'"impura" giovinezza di Pasolini.* Caltanissetta: Salvatore Sciascia, 1998.

SPILLA, Piero. *Pier Paolo Pasolini.* I grandi del cinema. Roma: Gremese, 1999, 2001, 127 p. Nos EUA: *The cinema of Pier Paolo Pasolini,* 2003, 128 p. Na Alemanha: *Pier Paolo Pasolini.* [S.n.]: Schüren Presseverlag, 2002, 126 p.

SPONZILLI, Mariannina. *L'intangibile attualità di Pier Paolo Pasolini:* una voce anticonformista nel panorama letterario del Novecento. Florença: L'autore libri, 1995; 1996.

SQUAROTTI, Giorgio Barberi. L'ultimo trentennio. In: ZENNARO, Silvio (org.). *Dante nella letteratura italiana del Novecento.* Roma: Bonacci, 1979, p. 245-277.

_____. La poesia e il viaggio a ritroso nell'io. In: SANTATO, Guido (org.). *Pier Paolo Pasolini.* L'opera e il suo tempo. Udine: Centro Servizi e Spettacoli/Cooperativa Libraria 'Borgo Aquileia', 1981; Pádua: Universidade de Pádua/Cleup, 1983.

_____. *Poesia e narrativa del secondo Novecento.* Milão: Mursi, 1971.

STACK, Oswald. *Pasolini on Pasolini:* interviews with Oswald Stack. Londres/Nova York: Thames & Hudson, 1969. Na Itália: HALLIDAY, Jon. (org.). *Pasolini su Pasolini.* Conversazioni con Jon Halliday [verdadeiro nome de Oswald Stack]. Versão de Cesare Salmaggi. Introdução de Nico Naldini. Parma: Ugo Guanda Editore, 1992, 157 p.

STANCA, Antonio. *Pasolini:* 'contraddittoriamente artista': per un'interpretazione di una figura cosi variamente intesa. Isola d'Ischia: Amalfitano, 1982, 16 p.

STONE, J. Pasolini; Zanzotto and Pedagogy. In: RUMBLE, Patrick Allen; TESTA, Bart (org.). *Pier Paolo Pasolini:* contemporary perspectives. Toronto: University of Toronto Press, 1994, 258 p.

STRUTZ, Johann. Zweisprachigkeit und Plurikulturelle Konzepte von Identitat in der neueren osterreichischen und italienischen Literatur (P. Handke, F. Lipus, P. P. Pasolini, F. Tomizza). In: BAUER, Roger; FOKKEMA, Douwe (org.). *Space and Boundaries of Literature/ Espace et frontières de la litterature.* Proceedings of the XIIth Congress of the International Comparative Literature Association/Actes du XIIe congres de l'Association Internationale de Litterature Comparée: Munique, 1988. Munique: Iudicium, 1990, p. 110-117.

O *CORPUS* ARQUIVADO

TAYLOR, John Russel. Pier Paolo Pasolini. In: TAYLOR, John Russel. *Directors and Directions*. Cinema for the Seventies. Nova York: Hili and Wang, 1975; Londres: Eyre Methuen, 1977.

TEODONICO, Marcello (org.). *Pasolini tra friulano e romanesco*. Atas do congresso em Roma, 15 dez. 1995. Roma: Colombo, 1997, 201 p.

TERAZZAN, S. *L'inclinazione allo scisma*. Motivi e temi dell'omosessualità nel cinema di Pier Paolo Pasolini. Turim: Edizioni Cultura e Società, 1994.

_____. L'inclinazzone allo scisma. *Cultura e Società*, Turim, 1994.

TISO, Gian Luca; MINELLO, Gianni. *Appunti sull'opera cinematografica di Pier Paolo Pasolini*. Roma: Unione Circoli Cinematografici ARCI, 1980.

TITONE, Maria Sabrina. *Cantiche del Novecento*: Dante nell'opera di Luzi e Pasolini. Florença: Olschki, 2001.

TODINI, Umberto (org.). *Pasolini e l'antico*: i doni della ragione. Nápoles: Edizioni Scientifiche Italiane, 1995.

TORDI, Rosita (org.). *Pier Paolo Pasolini*. Caltanissetta: Sciascia, 1985.

TOSI, Michelina; PAGLIANO, Graziella. *Moravia, Gadda e Pasolini*. Ensaio introdutório de F. Martinelli e Graziella Pagliano. Roma: Ianua, 1980, 167 p.

TOSI, Piero. I costumi di Medea. In: BETTI, Laura; RABONI, Giovanni; SANVITALE, Francesca (org.). *Pier Paolo Pasolini*: una vita futura. Catálogo da exposição em Roma, 1985. Roma: Associação Fondo Pier Paolo Pasolini, 1985, 244 p.; Milão: Garzanti, 1985; Pordenone: Associação Fondo Pier Paolo Pasolini, 1986; *Pier Paolo Pasolini*: une vie future. Roma: Associação Fondo Pier Paolo Pasolini/Ente Autonomo Gestione Cinema, 1987; 1988.

TOTI, Gianni. Pasolini, intellettuale disorganico. In: DE SANTI, Gualtiero; LENTI, Maria; ROSSINI, Roberto (org.). *Perché Pasolini*: ideologia e stile di un intellettuale militante. Florença: Guaraldi, 1978, p. 91-118.

TRICOMI, Antonio. *Pasolini*: gesto e maniera. Rubbettino, 2005, 166 p.

_____. *Sull'opera mancata di Pasolini*: un autore irrisolto e il suo laboratorio. Roma: Carocci, 2005.

TROMBADORI, Duccio (org.). *Pier Paolo Pasolini*: figuratività e figurazione. Roma, Palazzo delle Esposizioni, 29 fev.-23 mar. 1992. Comune di Roma. Assessorato alla Cultura/Associazione Fondo Pier Paolo Pasolini. Roma: Carte Segrete, 1992, 149 p.

TUCCINI, Giona. *Il vespasiano e l'abito da sposa*: fisionomie e compiti della poesia nell'opera di Pier Paolo Pasolini. Pasian di Prato: Campanotto, 2003.

VANNUCCI, Stefania. *Pier Paolo Pasolini*: il colore della poesia. Roma: Associação Fondo Pier Paolo Pasolini, 1985, 141p; Cavallermaggiore: Gribaudo, 1999.

VAUGHAN, D. The Aesthetic of Ambiguity. In: CRAWFORD, P.; TURTON, D. (org.). *Film as Ethnography*. Manchester: Manchester University Press, 1992, p. 99-115.

VAZZANO, Steno. Il dantismo di Pasolini. In: ZENNARO, Silvio (org.). *Dante nella letteratura italiana del Novecento*. Roma: Bonacci, 1979, p. 279-289.

VERDICCHIO, Pasquale. *The Posthumous Poet*: a suite for Pier Paolo Pasolini. Jahbone Press, 1994, 48 p.

VERDONE, Mario. *Il cinema neorealista*: da Rossellini a Pasolini. Trapani: Celebes, 1977.

VIANO, Maurizio Sanzio. *A Certain Realism*: making use of Pasolini's film theory and practice. Berkeley/Los Angeles/Londres: University of California Press, 1993.

VIGHI, Fabio. *Le ragioni dell'altro*. La formazione intellettuale di Pasolini tra saggistica, letteratura e cinema. Ravena: Longo, 2001.

VILLA, R.; CAPITANI, L (org.). *Pier Paolo Pasolini*: educazione e democrazia. Atas do congresso em Reggio Emilia, 3 mai 1995, 170 p.

_____. *Il maestro e la meglio gioventù*. Editore Aliberti, 2005.

_____. *Pier Paolo Pasolini*: educazzione e democrazia. Atas do congresso realizado em Reggio Emilia a 3 mar. 1995. Intervenções de Luciano Serra, L. Capitani, Gianni Scalia, Enzo Golino, Andrea Zanzotto, Marco Antonio Bazzocchi, Franco Rossi, Enzo Lavagnini, Gianni Borgna. Reggio Emilia: Centro Stampa del Comune di Reggio Emilia, sem data.

VILLANI, Simone. *Il "Decameron" allo specchio*. Roma: Donzelli, 2004.

VITTI, Antonio. *Il primo Pasolini e la sua narrativa*. Nova York: Peter Lang, 1987.

_____. L'uso del romanesco-borgataro in *"Una vita violenta"* di P. P. Pasolini. In: MANCINI, Albert; GIORDANO, Paolo; TAMBURRI, Anthony (org.). *Italiana 1988*. Proceedings of Fifth Annual Conference of American Association of Teachers of Italian, Monterey (CA), nov. 1988. River Forest: Rosary College, 1990, p. 279-289.

_____. *Il Primo Pasolini*: e la sua narrativa. *Studies in the Humanities*: Literature-Politics-Society. Peter Lang, 1987, 152 p.

VIVALDI, Mariella. *Le domeniche con Pasolini*. Roma: Editore Azimut, 2005, 160 p.

VIVIANI, Cesare. Psicologia sessuale e repressione. In: FALLACI, Oriana (org.). *Dedicato a Pier Paolo Pasolini*. Milão: Gammalibri, 1976.

VOLPONI, Paolo. La figura e l'opera di Pier Paolo Pasolini. In: BORGHELLO, Giampaolo; VOLPONI, Paolo (org.). *Pasolini nel dibattito culturale contemporaneo*. Amministrazione Provinciale di Pavia e Comune di Alessandria, 1977.

_____. Pasolini maestro e amico. In: DE SANTI, Gualtiero; LENTI, Maria; ROSSINI, Roberto (org.). *Perché Pasolini*: ideologia e stile di un intellettuale militante. Florença: Guaraldi, 1978, p. 15-28.

VOZA, Pasquale (org.). *Tra continuità e diversità*: Pasolini e la critica, storia e antologia. Nápoles: Liguori Editore, 1990; 2000.

WAHL, François. Le discours de la perversion. In: MACCIOCCHI, Maria Antonietta (org.). *Colloque Pasolini*. Paris: Bernard Grasset, 1980, 349 p., p. 69-82.

WARD, David. *A Poetics of Resistance*: narrative and the writings of Pier Paolo Pasolini. Madison/Teaneck/Londres: Fairleigh Dickinson University Press, 1992; 1995, 215 p.

WATSON, William Van. *Pier Paolo Pasolini and the Theatre of the Word*. Ann Arbor: UMI Research Press, 1989.

WEST, Rebecca. Da *Petrolio* a Celati. In: BENEDETTI, Carla; GRIGNANI, Maria Antonietta (org.). *A partire da Petrolio*: Pasolini interroga la letteratura. Ravena: Longo, 1995, p. 39-50.

WILLEMEN, Paul (org.). *Pier Paolo Pasolini*. Londres: British Film Institute, 1977.

WITCOMBE, R. T. *The New Italian Cinema*. Studies in Dance and Despair. Nova York: Oxford University Press, 1982, 304 p.

WITTE, Karsten. *Die Korper des Ketzers: Pier Paolo Pasolini*. Berlim: Vorwerk 8, 1998.

_____. *Die Körper des Ketzers: Pier Paolo Pasolini*. Vorwerk 8, 1998, 180 p.

WOHL, Jurgen. *Intertextualitat und Gedachtnisstiftung*: die 'Divina Commedia' Dante Alighieris bei Peter Weiss und Pier Paolo Pasolini. Frankfurt/Nova York: Perter Lang, 1997.

ZANIER, Leonardo; RIZZI, Chiara; DE MARCO, Danilo; MANIACCO, Tito; MARIUZ, Giuseppe (org.). *La corda rotta*: una melodia infinita tra mito antico e fato moderno di Pasolini. Parma: Astea, 1994, 151 p. Na França: DE MARCO, Danilo; MANIACCO, Tito. *Rosalda*: le Frioul de P. P. Pasolini: une mélodie infinie entre mythe antique et fatum moderne. Magic Cinéma, 2000.

ZANZOTTO, Andrea. La passione didattica di un 'maestro mirabile'. [S.l.: s.n.], 1997, 14 p.

_____. Pasolini poeta. In: PASOLINI, Pier Paolo. *Poesie e pagine ritrovate (1946-47)*. Organização de Nico Naldini e Andrea Zanzotto. Roma: Lato Side, 1980, p. 201-212.

O *CORPUS* ARQUIVADO

ZIGAINA, Giuseppe (org.). *Pier Paolo Pasolini*: I disegni 1941/1975. Prefácio de Giulio Carlo Argan. Ensaio introdutório de Mario De Micheli e uma poesia inédita de Andrea Zanzotto. Milão: Edizioni Vanni Scheiwiller, 1978.

_____. *Pasolini e la morte*: mito, alchimia e semantica del 'nulla lucente'. Veneza: Marsilio Editori, 1987.

_____. *Hostia*: Trilogia della morte di Pier Paolo Pasolini. [Contém os ensaios "Pasolini e la morte"; "Pasolini tra enigma e profezia"; "Pasolini e l'abiura"]. Veneza: Marsilio Editori, 1995.

_____. *Pasolini Between Enigma and Prophecy*. Prefácio de Jay Scott. Versão de Jennifer Russel. Toronto: Exile Editions, 1991.

_____. *Pasolini e il suo nuovo teatro*: senza anteprime ne' prime ne' repliche. Veneza: Marsilio Editori, 2003.

_____. *Pasolini e l'abiura*: il segno vivente e il poeta morto. Veneza: Marsilio Editori, 1993, 1994, 353 p.

_____. *Pasolini e la morte*: un giallo puramente intellettuale. Veneza: Marsilio, 2005, 129 p.

_____. *Pasolini tra enigma e profezia*. Introdução de Stefano Agosti. Veneza: Marsilio Editori, 1989, 255 p.

_____. *Pasolini und der Tod*. Mythos, Alchimie und Semantik des 'glanzen den Nichts': eine Studie aus dem Italianischen von Bettina Keinlechner. Munique/Zurique: Piper, 1989.

_____. *Pasolini*: "Un'idea di stile; uno stilo!". Veneza: Marsilio, 1999.

_____. *Pier Paolo Pasolini et la sacralité de la technique*. Com 120 illustrações a cores de pinturas e desenhos. Basiléia: Balance Rief, 1986.

_____. *Pier Paolo Pasolini*: entre enigma y profecia. Madri/Sevilha, 1-31 maio 1991. Apresentação de Marco Miele. Madri: Istituto Italiano di Cultura de Madrid, 1991.

_____. *Pier Paolo Pasolini*: mito e sacralità della tecnica. Mosca: Casa dei Letterati, 1989.

_____. *Temi e treni di Pier Paolo Pasolini*: un giallo puramente intellettuale. San Polo d'Enza: La scaletta, 2000.

_____. *Una lectura de 'Orgia'*. [S.l.: s.n.]. 1992.

ZIGAINA, Giuseppe; CUEVAS, Miguel Angel. *Pier Paolo Pasolini*: organizar el transhumanar. Madri: Istituto Italiano di Cultura, 1996.

ZIGAINA, Giuseppe; REITER, Johannes. *Pier Paolo Pasolini*: Zeichnungen und Gemalde. Basiléia: Balance Rief, 1982.

ZIGAINA, Giuseppe; STEINLE, Christa (org.). *Pier Paolo Pasolini*: oder, die Grenzuberschreitung = organizzar il trasumanar. Textos de Achille Bonito Oliva et al. Catálogo da exposição na Neue Galerie do Landesmuseum Joanneum, 8 jul.-15 ago. 1995; em Nonantola e Modena, 1996. Edição bilíngue em italiano e alemão. Veneza: Marsilio Editori, 1995, 1996.

ZINATO, E. *Scritti dal margine*. Lecce: Manni, 1994.

ZINGARI, Guido. *Il pensiero in fumo: Giordano Bruno e Pasolini*: gli eretici totali. Gênova: Costa & Nolan, 1998, 1999.

_____. *Ontologia del rifiuto*: Pasolini e i rifiuti dell'umanità in una società impura. Editore Le Nubi, 2006, 156 p.

ZIRONDOLI, Alfredo. *Oltre la scienza*: il viaggio di Piero Pasolini. Roma: Città Nuova, 1990, 182 p.

ZOBOLI, Paolo. *La rinascita della tragedia*: le versioni dei tragici greci da D'Annunzio a Pasolini. Lecce: Pensa Multimedia, 2005.

ZORZI, Renzo. *Gli anni dell'amicizia*: immagini e figure del secondo Novecento. Vicenza, 1991.

TODOS OS CORPOS DE PASOLINI

LIVROS COM DVD

CERAMI, Vincenzo; SESTI, Mario. *La Voce di Pasolini*. Roma: Feltrinelli, 2006, 152 p. 2006. Inclui o DVD *La Voce di Pasolini* de 53 minutos, contendo 5 vídeos: 1. *Porno Theo Kolossal*, reconstituição do filme que seria protagonizado por Eduardo De Filippo e Ninetto Davoli, e no qual Pasolini trabalhava no momento de sua morte, através de desenhos, animações e uma gravação da voz de Pasolini, conservada por colaboradores, narrando a história. 2. *La fine di Salò*, sobre os múltiplos "finais" de *Salò*. 3. *Un corpo*. 4. *Luna*. 5. *L'occhio di bavagnoli*. Textos de Pasolini lidos por Toni Servillo e acompanhados de imagens inéditas de arquivo e depoimentos de Paolo Bonacelli, Antinisca Nemour, Fiorella Infas, Dante Ferretti e Pupi Avati.

GIFUNI, Fabrizio; BERTOLUCCI, Giuseppe. *Omaggio a Pasolini*. Na specie de cadavere lunghissimo. Milão: Editore BUR/Rizzoli, 2006, 92 p. Inclui o DVD *Na specie de cadavere lunghissimo* (Itália, 2006), com a gravação da peça homônima de Fabrizio Gifuni, que obteve grande sucesso de crítica e público em 2004-2005. Extras: 3 entrevistas inéditas dos protagonistas do projeto. 2. Interpretação *live* da última parte do espetáculo gravada em Milão em fev. 2006. 3. Imagens da tournée.

GIORDANA, Marco Tullio. *Pasolini*: un delitto italiano. Milão: Mondadori, 2005, 346 p. Inclui o DVD do filme homônimo.

SOFRI, Adriano (org.). Il *'Malore attivo' dell'anarchico Pinelli*. Palermo: Sellerio di Giorgianni, 1996, 101 p. Inclui o VHS do filme *12 Dicembre*, produzido por Lotta Continua, com a participação de Pier Paolo Pasolini.

COLETÂNEAS E CATÁLOGOS

Atelier Farani. Pasolini: il costume del film. Milão: CSAC-Università di Parma/Atelier Farani/ Skira, 1996.

Ciclo Pasolini Anos 60. Lisboa: Fundação Calouste Gulbenkian, 1985, 100 p.

Cine de poesía contra cine de prosa. Barcelona: Cuadernos Anagrama, 1976.

Epigrammi italiani: da Machiavelli e Ariosto a Montale e Pasolini. Turim: Einaudi, 2001.

Il mito greco nell'opera di Pasolini. Udine: Forum Edizioni, 2004.

Journées Pasolini. Anais das Jornadas dedicadas ao romance "Petrolio" na Villa Gillet de Lyon (Unité de Recherches Contemporaines), mar. 1996. *Villa Gillet*, nº 5, nov. 1996, Éditions Circe, Lyon, 1997.

L'Univers Esthétique de Pasolini. Alençon: Persona, 1994, 111 p.

Maratona Pasolini. Editore Unicopli, 2007, 100 p.

Omaggio a Pier Paolo Pasolini. Fotografias de Dino Pedriali. Agrigento, 1988.

Omicidio nella persona di Pasolini Pier Paolo. Prefácio de Giorgio Galli. [Inclui atas do processo do "caso Pasolini"]. Milão: Kaos Edizioni, 1992, 286 p.

Pasolini e noi. Relazioni tra arte e cinema. Organização de Laura Cherubini. Textos de Enzo Siciliano, Gianni Borgna, Mimmo Calopresti, Federica Pirani e Lorenzo Canova. Editore Silvana, 2005, 128 p.

Pasolini e Roma. Organização de Enzo Siciliano. Silvana, 2005, 192 p.

Pasolini in Friuli (1943-1949). Corriere del Friuli in collaborazione con il Comune di Casarsa della Delizia. Contribuições e testemunhos de vários, com uma seleção de escritos de Pier Paolo Pasolini. Udine: Arti Grafiche Friulane, 1976. , 138 p.

O *CORPUS* ARQUIVADO

Pasolini, la storia e il mito. Atas do congresso promovido pela Fondazione Luciano Bianciardi, Grosseto, out. 1995.
Pasolini: obra completa. Filmoteca de Andalucia, 1992.
Per Pasolini. Milão: Gammalibri, 1982. , 109 p.
Per rileggere Pasolini. Retrospettiva cinematografica. Bellinzona, Locarno, Lugano, 9 nov. 1982. Associazione Circoli Cinematografici della Svizzera Italiana, 1982.
Pier Paolo Pasolini dai campi del Friuli. Mostra e congresso internacional na Villa Manin di Passariano, 26 ago.-10 dez. 1995. Pordenone: Savioprint, 1995, 34 p.
Pier Paolo Pasolini et l'Antiquité. Colloque Pier Paolo Pasolini et l'Antiquité. Olivier Bohler, Institut de l'Image, Journées de l'Antiquité en Provence, 1996. Institut de l'Image, 1996.
Pier Paolo Pasolini, Alberto Moravia. Paris: Magic cinéma, 2000.
Pier Paolo Pasolini, o Sonho de uma Coisa. Organização de Antonio Rodrigues. Lisboa: Cinemateca Portuguesa, 2006.
Pier Paolo Pasolini, una vita futura. Organização de Laura Betti, Giovanni Raboni, Francesca Sanvitale. Roma: Associazione Fondo Pier Paolo Pasolini, 1985, 244 p.; organização de Laura Betti e Sergio Vecchio. Roma: Fondo Pier Paolo Pasolini/Ente Atonomo Gestione Cinema, 1987; Pordenone, 1986;
Pier Paolo Pasolini. Intellettuale del dissenso e sperimentatore linguistico. Cittadella, 2005. 264 p.
Pier Paolo Pasolini. Un poeta d'opposizione. Roma, out. 1995 –maio 1996. Presidenza del Consiglio dei Ministri: Dipartimento dello Spettacolo/Comune di Roma. Assessorato alle Politiche culturali del comune di Roma/Associazione Fondo Pier Paolo Pasolini. Milão: Skira, 1995; 1996, 171 p.
Pier Paolo Pasolini: a Cinema of Poetry.-Pasolini, a Future Life. Roma: Associazione Fondo Pier Paolo Pasolini/E.A.G.C. –Ente Autonomo Gestione Cinema, 1988, sem numeração.
Pier Paolo Pasolini: Dibujos y pinturas. Instituto de la Cinematografia y las Artes Audiovisuales, Ministerio de Cultura, Filmoteca Espanola, Basiléia, 1986, 255 p.
Pier Paolo Pasolini: Diretor de uma vida. Centro Cultural Banco do Brasil, 1992.
Pier Paolo Pasolini: Dokumente zur Rezeption seiner Filme in der deutschsprachigen Filmkritik 1963-85. Berlim: Freunde der deutschen Kinemathek, 1994.
Pier Paolo Pasolini: il cinema in forma di poesia. Mostra fotográfica na Mole Antonelliana, Roma, 2006.
Pier Paolo Pasolini: la forma dello sguardo. Organização de Laura Betti. Textos de Pier Paolo Pasolini, Enzo Serrani e Bruno Mantura. Roma: Associazione Fondo Pier Paolo Pasolini/ Milão: Charta, 1993, 156 p.
Pier Pasolo Pasolini: testamento del corpo. Fotografias de Dino Pedrialli. Veneza: Arturist, 1989, 42 p.

DISSERTAÇÕES E TESES

BAMONTE, Duvaldo. *Arranjos e Desarranjos entre Filme, Espectador e História na Filmografia de Pier Paolo Pasolini,* Universidade de São Paulo, 1996.
BASSI, Chiara. *La lingua dei "Ragazzi" di Pier Paolo Pasolini,* 1989.
CADONI, Alessandro. *Cinema e musica "classica":* il caso di Bach nei film di Pasolini. Em http:// users.unimi.it/~gpiana/dm9/cadoni/cadoni.html#_ftn1.
CASTRO, Antonio. *A Tela de Papel*: o cinema na literatura. Dissertação de Mestrado. Belo Horizonte: Faculdade de Letras/UFMG, 1994.

TODOS OS CORPOS DE PASOLINI

COMINI, Marcelo. *O Decamerão sob o Olhar de Pasolini*: uma perspectiva cinematográfica para Boccaccio, 2005.

DEAGLIO, Andrea. *Gesù Cristo*: un'immagine cinematografica. Buñuel, Pasolini, Scorsese. Creative Commons: [s.l.]. 2003. *On line*: http://www.cinemah.com/videosofia/tesi-cristo-immagine-cinematografica/cristo-immagine-cinematografica.pdf.

DINI, Andrea. *Commedia dell'inferno*: le riscritture dantesche di Pasolini e Sanguineti. Universidade de Wisconsin, 1998.

FRANCESE, Joseph-Louis. *The Unpopular Realism of Pier Paolo Pasolini*, 1990.

FRANGINI, Fabio. *La 'Trilogia della vita' di Pier Paolo Pasolini*. Tesi di Laurea. Università degli Studi di Padova, Facoltà di Lettere e Filosofia, Dipartimento di Discipline Linguistiche, Comunicative e dello Spettacolo, 2000.

LEO, M. L. *Pier Paolo Pasolini saggista*. Tese di Láurea. Università Degli Studi di Lucce, Facoltà di Magistero, 1978.

LIMA, José Expedito Passo. *Crítica e Recusa do Presente*: a realidade como experiência filosófica em Pier Paolo Pasolini. Dissertação de Mestrado. Faculdade de Filosofia e Ciências Humanas da Universidade Federal de Minas Gerais, Belo Horizonte, 1998, 145 p.

MARASCHIN, Donatella. *Etnograficità ed etnografismo nel cinema di Pier Paolo Pasolini*, 2002.

MY, Roberto Gerardo. *Pier Paolo Pasolini cineasta. Immagini e musiche: la trilogia clássica*, 2000. Em: http://www.pasolini.net/1tesimy_indice.htm.

PARUSSA, Sergio. *L'eros onnipotente*: omoerotismo, letteratura e impegno nell'opera di Pier Paolo Pasolini e Jean Genet. Universidade de Brown, 1997.

PETERSON, Thomas Erling. *The Poetics and Poetry of Pier Paolo Pasolini*, 1986.

PINGITORE. *Pasolini*: il cinema della poesia. Tesi di laurea. Università degli studi di Napoli, Facoltà di lettere e filosofia, relatore prof. Pasquale Iaccio, 1998-1999.

RAVETTO, Kristine-Suzanne. *The Transfiguration of Sexual Politics from Futurism to Salò*: the representation of the femme fatale and the representation of fascism. Universidade da Califórnia, Los Angeles, 1997.

RICCARDI, Gabriella. *Autobiographical Representation in Pier Paolo Pasolini and Audre Lorde*. Universidade de Oregon, 1993.

RUMBLE, Patrick Allen. *La 'Trilogia della vita'*: Pier Paolo Pasolini's schermo eloquio, Universidade de Torono, 1993.

RYAN, Colleen Marie. *Motherhood and Myth*: female figures in the cinema of Pier Paolo Pasolini. Universidade de Indiana, 1997.

SAVERNINI, Érika. *Índices de um Cinema de Poesia*: Pier Paolo Pasolini, Luis Buñuel e Krzysztof Kieslowski. Dissertação apresentada ao Curso de Mestrado em Artes na Escola de Belas Artes da Universidade Federal de Minas Gerais. Belo Horizonte: Escola de Belas Artes da UFMG, 1998.

SIHVONEN, Ukka Veli. *Exceeding the Limits*: on the poetics and politics of audiovisuality. Universidade de Turun Yliopisto, 1991.

VIANO, Maurizio Sanzio. *For Realism, through Pasolini*. Universidade de Berkeley, 1985.

VIGHI, Fabio. *Pier Paolo Pasolini*: formazione intellettuale (1940-1961), 1999.

VITALI, Laura. *Il personaggio femminile nel teatro e nel cinema di Pier Paolo Pasolini*. Università degli Studi di Roma La Sapienza, Facoltà di Lettere e Filosofia, Relatori: Franca Angelini e Stefano Giovanardi, 1998-1999.

VITTI, Antonio. *Studio sociologico-linguistico dei romanzi di Pier Paolo Pasolini*, 1983.

WARD, David. *Of Innocence and History*: an essay on Pier Paolo Pasolini, 1988.

WATSON, William Van. *Pier Paolo Pasolini and the Theatre of the Word*, 1988.

O *CORPUS* ARQUIVADO

DOSSIÊS EM REVISTAS

Antologia Vieusseux, I, 2, "Pier Paolo Pasolini", maio-ago. 1995.
Bianco e Nero, nº 1-4, "Lo scandalo Pasolini", Roma, jan-abr. 1976.
Cahiers du Cinéma, nº 9, "Pasolini Cinéaste", Paris, Éditions de l'Étoile, mar. 1981.
Cinema e Cinema, nº 43, "Pier Paolo Pasolini", maio-ago. 1985.
CinémAction, "Théories du Cinéma", Paris, 20 maio 1991.
Dossiers du Cinéma, "Pier Paolo Pasolini", Paris, Casterman, 1971.
Il Gazzettino, "Pasolini, 20 anni dopo", Veneza, 1º nov. 1995.
Il Mondo, "Omaggio a Pasolini", 13 nov. 1975.
Images documentaires, nº 41-42, "Pier Paolo Pasolini", Lussas, 2001.
Italian Quarterly, nº 81-82, "Pier Paolo Pasolini e il dialetto", New Brunswick, 1980-1981, p. 79-84.
L'Avant-scène du Cinéma, nº 176, "Pier Paolo Pasolini, 1922-1975". Paris, nov. 1976
L'Espresso, "Il Poeta Assassinato", 9 nov. 1975.
Les Inrockuptibles, nº 343, "Pasolini: seul contre tous", jun. 2002, p. 40-46.
Lignes, nº 18, "Pier Paolo Pasolini", Paris, Lignes-Manifestes, 2005.
Micro-Mega, nº 4, "Pasolini", Paris, out.-nov. 1995.
Música Rara: Poesía y Aledaños, nº 6, "Pasolini y los Estados Unidos", Buenos Aires, 2006.
Narrativa, "Pasolini", fev. 1994.
Nuova Generzione, nº 15, "Pasolini, un anno dopo", out. 1976.
Nuovi Argomenti, nº 49, "Omaggio a Pasolini", Roma, jan.-mar. 1976.
Paragone, nº 312, "Pasolini", fev. 1976.
Positif, nº 400, "Le Cinéma vu par les Cinéastes", 1º jun. 1994.
Rendiconti, nº 40, "Pier Paolo Pasolini", Bolonha, Pendragon, mar. 1996.
Revue d'Esthétique, nº 3, "Pasolini", Toulouse, Éditions Privat, 1982, 176 p.; 1992.
Rivista del Cinematografo, nº 5, "Appunti su Pier Paolo Pasolini", maio 1976.
Salvo imprevisti: quadrimestrale di poesia e altro materiale di lotta, "Pasolini", Florença: [s.n.], 1976, 37 p.
Tuttoscuola, nº 2, "L'ultima polemica di Pasolini", 17 dez. 1975.
Vacanze Turismo Caravanning, II, nº 16, "Salò-Sodoma. Un poeta d'abiezione, d'orrore, di morte. Il film di Pasolini che l'Italia non ci ha permesso di vedere". [Suplemento da revista], jun. 1976.

ARTIGOS

[NOTA sobre a expulsão do poeta Pasolini do PCI]. *L'Unità*, 29 out. 1949.
"SALÒ" assolto. Il film di Pasolini ritornerà sugli schermi con brevi tagli. *L'Unità*, 19 fev. 1977.
"SALÒ" di Pasolini proibito a Londra. *Corriere della Sera*, Milão, 26 jan. 1977.
"SALÒ" e la censura in Italia. *Corriere della Sera*, Milão, 10 dez. 1975.
"SALÒ" non verà sospeso del TAR (per il momento). *Paese Sera*, 29 mar. 1977.
"SALÒ" sequestrato a Stoccarda. *L'Unità*, 7 fev. 1976.
"SALÒ" sequestrato anche a Stoccarda. *Corriere della Sera*, Milão, 7 fev. 1976.
"SALÒ" torna integrale. *Il Resto del Carlino*, 16 fev. 1978.
"SALÒ" versione intègrale in gennaio sugli schermi. *Corriere della Sera*, Milão, 20 dez. 1975.
"SALÒ-SODOMA": persecuzione ultimo atto. *L'Unità*, 1º fev. 1980.
"THÉORÈME": Vade retro, Pier Paolo! *Télérama*, nº 2454, 22 jan. 1997, p. 64-65.

A BERLINO ovest primo premio al film di Pasolini. *L'Unità*, 5 jul. 1972.

A. C. "Petrolio": un inedito che fa conoscere più a fondo Pasolini. *La Gazzetta di Arezzo*, 26 nov. 1992.

ABBATE, M. L'eresia di Pasolini. *La Gazzetta del Mezzogiorno*, 18 nov. 1972.

ABRUZZESE, A. Pirandello, Pasolini e la borghesia. *Rinascita*, nº 50-51, 23 dez. 1977.

ACCIALINI, E. La passion selon Sade. *Cinema e Cinema*, nº 7-8, abr.-set. 1976.

ACCROCCA, Elio Fillipo. L'umile Italia in versi. *Avanti!*, 10 fev. 1956.

_____. Poesia dialettale. *Avanti!*, 27 abr. 1955.

ADAIR, G. "Salò o le 120 giornate di Sodoma". *Monthly Film Bulletin*, nº 548, set. 1979.

AFRIBO, A. Pasolini: quella rosa popolare: un'Italia di canti tra amore e dolore. *Cronaca*, 20 jun. 1992.

AGOSTI, Stefano. L'inconscio e la forma. *La Rivista dei Libri*, fev. 1993.

_____. The Word Beside Itself. *Stanford Italian Review*, nº 2, Saratoga, 1982, p. 54-71.

AHERN, John. Pasolini: His Poems, His Body. *Parnassus*: Poetry in Review, nº 2, Nova York, 1983-1984, p. 103-126.

AJELLO, Nello. Inondati dal "Petrolio". *La Repubblica*, 30 out. 1992.

_____. Povero Pasolini tradito in libreria. *La Repubblica*, 27 out. 1992.

ALBANESE, Carolina Massi. Uma Apresentação da Obra de Pier Paolo Pasolini. *Revista Letras*, Curitiba, 1981, 30, p. 17-37.

ALBANO, V. Empirismo eretico. *L'Ora*, 27 jul. 1972.

ALBARELLA, Guglielmo. Paolo, ultimo dei profeti. *Alto Adige*, 5 nov. 1992.

ALEMANNO, R. "Il Fiore delle Mille e una Notte". *Il Manifesto*, 25 ago. 1974.

_____. C'è chi pensa che, si un tribunale non più giudicare un'opera d'arte, lo possa fare un tribunale speciale! Il "Salò" di Pasolini e la censura. *Quotidiano dei lavoratori*, 5 nov. 1976.

_____. Critica del cinema e strutturalismo. *Rinascita*, nº 4, 26 jan. 1968.

_____. Il "Salò" di Pasolini e la censura. Non con la censura ma con la liberta di critica può essere garantita la liberta di espressione artistica. *Quotidiano dei lavoratori*, 6 nov. 1976.

_____. Il rigore civile di un regista corsaro. *Cinema Nuovo*, nº 250, nov.-dez. 1977.

ALLEN, Beverly (org.). Pier Paolo Pasolini: the poetics of heresy. *Stanford Italian Review*, nº 2, Saratoga, 1982.

_____. The Shadow of His Style. *Stanford Italian Review*, nº 2, Saratoga, 1982, p. 1-6.

ALLOMBERT, G. "Les mille et une nuits". *Image et Son*, nº 287, set. 1974.

ALTOMONTE, A. Il talento e il paradosso. *Il Tempo*, 3 nov. 1975.

ALTRO sequestro per il "Salò" di Pasolini. *L'Unità*, 7 jun. 1977.

AMENGUAL, B. "Il Fiore delle Mille e una Notte". *Positif*, nº 162, out. 1974.

AMIEL, M. "Les mille et une nuits". *Cinéma 74*, nº 190-191, set.-out. 1974.

AMOROSO, Maria Betânia. Pasolini Crítico Literário. *Revista de Italianística*, nº 1, São Paulo, FFLCH/USP, 1993, p. 49-59.

ANDERSON, David. Breaking the Silence: The Interview of Vanni Ronsisvalle and Pier Paolo Pasolini with Ezra Pound in 1968. *Paideuma*: A Journal Devoted to Ezra Pound Scholarship, nº 2, Orono, 1981, p. 331-345.

ANGIOLETTI, G. B. Poesia popolare. *La nuova stampa*, 7 jan. 1956.

ANNARATONE, C. Il deperimento della storia nell'egotismo di Pasolini. *Cinema Nuovo*, 1981.

ANSELMO, M. Dall'immagine alla realtà. *Il Sabato*, 16 jun. 1990.

ANTONIELLI, S. Poesia popolare. *Avanti!*, 20 mar. 1956.

APERTA con Pasolini la rassegna di Grado. *L'Unità*, 5 set. 1972.

APRÀ. A. Discorso con Pier Paolo Pasolini. *La Cosa Vista*, nº 2, 1985.

O *CORPUS* ARQUIVADO

APRÀ. A; FACCINI, L. Dialogo con Pasolini. *Cinema & Film*, nº 1, dez. 1966.

ARBASINO, Alberto. A che serve piangere sul *"Petrolio"* versato. *L'Espresso*, 22 nov. 1992.

_____. Peccati e brillantina. *L'Espresso*, 7 nov. 1982.

_____. Bruciare *"Petrolio"*? *La Repubblica*, 27 out. 1992.

_____. Pasolini-Requiem. *La Repubblica*, 2 set. 1995.

ARDAGH, J. L'Inglaterre à sa botte. *L'Express*, nº 1065, 6 dez. 1971.

_____. Pier Paolo's Chaucer alla Roma. *The Times*, 20 nov. 1971.

ARECCO, Sergio. Ancora il linguaggio della realtà. *Filmcritica*, nº 214, mar. 1971.

_____. L'alchimia lingüistica di Pasolini. *Filmcritica*, nº 223, mar. 1972.

ARGENTIERI, M. *"Salò o le 120 gionate di Sodoma"* di Pier Paolo Pasolini. *Cinema 60*, nº 114-115, maio-jun. 1977.

_____. Boccaccio senza umanesimo nel limbo esistenziale. *Rinascita,* 28 fev. 1975.

_____. Contro il cinema e la democrazia. *L'Unità*, 4 abr. 1973.

_____. Il fiore puro e angosciato delle 'Mille e una Notte'. *Rinascita*, nº 35, ago. 1974.

_____. Il potere e il fascínio della distruzione. *Rinascita*, nº 47, 28 nov. 1975.

_____. Poesia e sincerità di Pasolini. *Rinascita*, 21 maio 1966.

_____. Vacanza censurata di Pasolini con Chaucer. *Rinascita*, 20 out. 1972.

ARISTARCO, Guido. Il donde e il dove della semiologia nel cinema. *Cinema Nuovo*, nº 216, mar.-abr. 1972.

ARMES, Roy. Pasolini. *Films and Filming*, nº 9, jul. 1971.

ARNS, A; HORST, M. *"Salò oder die 120 Tage von Sodom"*. *Filmfaust*, nº 58, mar.-abr. 1987.

ARPINO, G. *"Decamerone"* tutto mudo. *La Stampa*, 8 out. 1971.

ASAHINA, Robert. A weak italian trio. *The New Leader*, 21 nov. 1977, p. 24-25.

ASSALTO fascista nel cinema che proieta *"Salò"*. *Corriere della Sera*, Milão, 11 mar. 1977.

ASSASSINO de Pasolini em Cana Novamente. *O Estado de S. Paulo*, São Paulo, 24 ago. Caderno 2, 1988.

ASSASSINO de Pasolini Volta à Prisão. *Veja*, São Paulo, 3 fev. 1988.

ATTOLINI, Giovanni. Distacco dal mito e ritorno alla storia nel cinema di Pasolini. *Athanor*: Rivista d'Arte, Letteratura, Semiotica, Filosofia, Ravena, 1993, 4, p. 63-70.

AUTERA, L. A Parigi folla e un bis per *"Salò"*. *Corriere della Sera*, Milão, 24 nov. 1975.

_____. Il Pasolini *"postumo"* a Parigi. *Corriere della Sera*, Milão, 23 nov. 1975.

_____. Liberi amori dell'Oriente in un affresco disinibito. *Corriere della Sera*, Milão, 21 maio 1974.

_____. Nelle *"Mille e una Notte"* Pasolini ripete il suo no alla vita di oggi. *Corriere della Sera*, Milão, 29 ago. 1973.

_____. Una libera expressione dell'eroe nella *"scatola cinese"* di Pasolini. *Corriere della Sera*, Milão, 30 ago. 1974.

AVALLE, D. A. S. Lingua, stile e scrittura. *Questo e altro*, nº 8, 1964.

BACCOLO, L. De Sade a Pasolini. *La Gazzetta del Popolo*, 14 nov. 1975.

_____. Le nostalgie di Pasolini. Difficile scelte trai l passato e il presente. *La Gazzetta del Popolo*, 19 ago. 1975.

_____. Pasolini e Sade. *Il Resto del Carlino*, 27 mar. 1975.

_____. Pasolini pubblicista: scrittura tutta di corsa. *La Fiera Letteraria*, Roma, 26 out. 1975.

BACHMANN, Gideon. Braucht die Dritte Alternative eine Ideologie? Ein Gespräch mit P. P. Pasolini und Jonas Mekas. *Film*, out. 1967.

_____. Makt i stället for Gud. *Chaplin*, nº 3, 1974.

_____. Pasolini and the Marquis de Sade. *Sight and Sound*, nº 1, 1975.

_____. Pasolini in Persia: the shooting of *"1001 Nights"*. *Film Quarterly*, nº 2, Berkeley, 1973-1974.

_____. Pier Paolo Pasolini's "Salò". *Take One*, nº 1, fev. 1976.

_____. Sodom oder Das stillisierte Grauen. *Die Zeit*, 30 jan. 1976.

_____. The 200 Days of "Salò": Pasolini last film. *F Comment*, nº 2, mar.-abr. 1976.

BAER, W. [Sobre *Decameron*]. *Tagesspiegel*, 30 jun. 1971.

_____. [Sobre *Os Contos de Canterbury*]. *Tagesspiegel*, 7 jul. 1972.

BAILEY, Bruce. "Salò" message lost in excessive. *The Gazette*, 24 ago. 1981.

BALDACCI, Luigi. In quel romanzo di un romanzo si trova il Pasolini migliore. *Corriere della Sera*, Milão, 8 nov. 1992.

_____. Pasolini e Pascoli, poesia in forma di laurea. *Corriere della Sera*, Milão, 12 dez. 1993.

_____. Pasolini. *Paragone*, nº 312, "Pasolini", fev. 1976.

_____. Pier Paolo Pasolini progressista? *Corriere della Sera*, Milão, 29 maio 1994.

BALDELLI, P. Il "caso" Pasolini e l'uso della morte. *Nuovo Impegno*, nº 31-32, 1976.

BALDO, E. Le Giornate di Sade nell'inferno di "Salò". *La Stampa*, 13 nov. 1975.

BANDA, Alessandro. Appunti sul leopardismo di P. P. Pasolini. *Studi-Novecenteschi*: Revista Semestrale di Storia della Letteratura Italiana Contemporanea, nº 39, Agnano Pisano, jun. 1990, p. 171-195.

BANTI, A. Nuove stagioni di Pasolini e Fenoglio. *Paragone*, jun. 1959.

_____. Pasolini. *Paragone*, nº 66, jun. 1955.

BARANSKI, Zygmunt (org.). Pasolini 1922-1975. *The Italianist*: Journal of the Department of Italian Studies, University of Reading, Reading, Berks, 1985, 5.

_____. Notes towards a Reconstruction: Pasolini and Rome 1950-51. *The Italianist*: Journal of the Department of Italian Studies, University of Reading, Reading, nº 5, Berks, 1985, p. 138-149.

_____. Pasolini's Radicalism. *Association of Teachers of Italian Journal*, nº 47, Harrogate, 1986, p. 43-48.

_____. The Texts of Il Vangelo secondo Matteo. *The Italianist*: Journal of the Department of Italian Studies, University of Reading, Reading, Berks, nº5, 1985, p. 77-106.

BARBOSA, Tereza Virgínia Ribeiro. Sófocles, Sêneca e Pasolini. *Alletria*, FALE/UFMG, Belo Horizonte, 2001, p. 99-108.

BARNETT, Louise. Pasolini's Reputation in the United States. *Italian Quarterly*, nº 82-83, New Brunswick, 1980-1981, p. 51-57.

BARTHES, Roland. [Sade-Pasolini. *Le Monde*, 16 jun. 1976]. *Cahiers du Cinéma*, nº 9, "Pasolini Cinéaste", Paris, Éditions de l'Étoile, mar. 1981.

_____. Né Sade, né fascismo in quel "Salò" fallito. [Versão italiana de: Sade-Pasolini. *Le Monde*, 16 jun. 1976]. *Corriere della Sera*, Milão, 19 dez. 1994.

_____. Sade-Pasolini. *Le Monde*, 16 jun. 1976.

_____. Sade-Pasolini. Versão de Verena Conley. *Stanford Italian Review*, nº 2, Saratoga, 1982, p. 100-102.

BATTISTA, Pierluigi. Pasolini contro la TV di Veltroni. *La Stampa*, 5 dez. 1995.

_____. Storia di una polemica Pasolini, Calvino e i fascisti. *Corriere della Sera*, 3 maio 2005.

BATTISTINI, E. Antologia popolare dei poeti dialettale. *Il giornale d'Italia*, 8 fev. 1956.

BATTOLINI, F. Canzoniere italiano. *Cenobio*, nº 12, V, 1955.

BAUDINO, Mario. Attento, i posteri ti ascoltano. *La Stampa*, 29 out. 1992.

_____. Caso "Petrolio", il mistero di una vendetta. *La Stampa*, 1º nov. 1992.

_____. Il buio "Petrolio" di Pasolini. *La Stampa*, 21 jul. 1991.

BAZZOCCHI, Marco Antonio. Buona e mala mimesi (Pasolini, Dante e la poesia del romanzo). *Poetiche*, nº 1, 1999, p. 49-65.

BEAUDET, A. Colloquio Pasolini. *Les Herbes Rouges*, nº 137, 1985.

O *CORPUS* ARQUIVADO

BEAULIEU, J. "Arabian Nights". *Séquences*, nº 106, out. 1981.

BECCARIA, G. L. Con Pier Paolo Pasolini linguista. *La Stampa*, 29 set. 1972.

BEHR, E. "Salò" e gli orrori di Pasolini. *La Stampa*, 9 dez. 1975.

BELLEZZA, Dario. I detrattori di "Salò-Sade". *Paese Sera*, 17 jan. 1975.

_____. *Panorama*, 4 ago. 1991.

_____. Pasolini inattuale. *Paese Sera*, 25 jan. 1980.

BELLINI, A. Pasolini antiborghese con sussidio americano. *Il Giornale di Vicenza*, 17 ago. 1972.

BELLINI, L. Sade e Pasolini. Due storie e una censura. *Problemi contemporanei*, nº 13, 1994.

BELLOCCHIO, P. L'autobiografia involontaria di Pasolini. *Diario*, nº 6, jun. 1988. [Retomado em BELLOCCHIO, P. *Dalla parte del torto*. Turim: Einaudi, 1989, p.146-166.]

BELLONCI, G. Poesta dialettale del '900. *Il Messaggero*, 13 maio 1953.

BENEDICTIS, M. De. Il concetto di 'vita'. *Narrativa*, fev. 1994, p. 25-64.

BENIGNI, G. "Salò", una storia italiana. *La Repubblica*, 25/26 ago. 1985.

BERARDINELLI, A. Pasolini critico letterario. *L' Indice*, nº 3, mar. 1986.

BERGALA, Alain. Pasolini, pour uncinéma deux fois impur. *Cahiers du Cinéma*, nº 9, "Pasolini Cinéaste", Paris, Éditions de l'Étoile, mar. 1981.

BERGER, John. "La Rabbia", de Pier Paolo Pasolini: le choeur dans nos têtes. *Le Monde diplomatique*, nº 629, 1º ago. 2006, p.18.

BERNARDI, Sandro. L'allegoria e il "doppio strato" della rappresentazione. In: BERNARDINI, Aurora Fornoni. O Mortuário na Ficção de Pier Paolo Pasolini. *Revista de Italianística*, nº 1, São Paulo, FFLCH/USP, 1993, p. 83-90.

_____. Tempo reale e tempo mitico. *Filmcritica*, nov.-dez. 1994.

BERNARI, C. Qualcosa di diverso dietro a quelle facce. Risposta indiretta a Pasolini. *Il Giorno*, 5 jul. 1974.

BERSANI, Leo; DUTOIT, Ulysse. Merde alors. *Stanford Italian Review*, nº 2, Saratoga, 1982, p. 82-95.

BERTINI, Antonio. Pasolini, la metafora della sceneggiatura. *Filmcritica*, nº 288, out. 1978.

BERTOLUCCI, Attilio. Scopre la disperazione fra i ricchi della metropoli. *Il Giorno*, 12 jun. 1968.

BERTOLUCCI, Bernardo. C come cinema. *L'Expresso*, 18 nov. 1990.

BERTOLUCCI, Bernardo; COMOLLI, Jean-Louis. Le cinéma selon Pasolini. *Cahiers du Cinéma*, nº 169, Paris, ago. 1965.

BERTONE, Giorgio. Il granchio di Pasolini. *Il Secolo XIX*, 1º nov. 1992.

BERTONI, Alberto. Pasolini e l'avanguardia. *Lettere Italiane*, Veneza, jul.-set. 1997, 49:3, p. 470-480.

BETOCCHI, C. Lo sposo della storia. *Il Popolo*, 27 jul. 1957.

BETTI, Laura. Témoin et accusateur. *Revue d'Esthétique*, nº 3, "Pasolini", Toulouse, Éditions Privat, 1982, 176 p.; 1992, p. 9-10.

BETTINI, Goffredo. Povero Pier Paolo, intuì il futuro ma non capimmo. *L'Unità*, 4 nov. 1992.

BEVAN, D. G. Pasolini and Boccaccio. *Lit F Quarterly*, nº 1, 1977.

BEVILACQUA, M. "Salò-Sade", ovvero il Purgatorio dell'Inferno. *La Città Futura*, nº 1, 7 abr. 1977.

BEYLIE, C. "Décameron". *Cinéma 71*, nº 161, dez. 1971.

BIAGI, E. L'innocenza di Pasolini. *La Stampa*, 4 jun. 1971.

BIAGI, Enzo. Pier Paolo dei miracoli. *Panorama*, 30 nov. 1995.

BIANCHI, Andrea. Roosevelt, Pasolini e la censura. *Il Manifesto*, 29 out. 1992.

BIANCHI, P. Dalla poesia al "Decamerone". *Il Giorno*, 4 jun. 1971.

_____. Miserie e incantesimi dell'Oriente di Pasolini. *Il Giorno*, 21 maio 1974.

BIANCIOTTI, Hector. Pasolini trahi?, *Le Monde*, 27 out. 1995.

_____. Pasolini, le soufre et la douleur. *Le Monde*, Paris, 25 out. 1991.

_____. Un male lo separava dal mondo. *Corriere della Sera*, Milão, 13 maio 1979.

BIANCOFIORE, Angela. Strategie di comunicazione estetica: Pasolini e la teoria dei sistemi segnici. *Allegoria*, nº 12, 1992.

BIANCUCCI, P. Pasolini ci dà il diário dell'inquieto intellettuale. *La Gazzetta del Popolo*, 18 out. 1972.

BINI, Luigi. "Salò o le 120 gionate di Sodoma". *Rivista del Cinematografo*, nº 5, "Appunti su Pier Paolo Pasolini", maio 1976.

_____. Ecco il film di Pasolini che nessuno ha osato fare. *Oggi*, 5 mar. 1977.

_____. Il "Decamerone". *Attualità Cinematografica*, Milão, 1971.

_____. La parábola della rivoluzione nel cinema di Pasolini. *Letture*, 3 maio 1975.

_____. Pier Paolo Pasolini, poeta del sottoproletariato. *Letture*, nº 1, jan. 1975.

BIRAGHI, G. "I Racconti di Canterbury". *Il Messaggero*, 17 set. 1972.

_____. Boccaccio a Berlino. *Il Messaggero*, 30 jun. 1971.

_____. Il suo cinema è anche un'arma ideologica. *Il Messaggero*, 3 nov. 1975.

_____. Nel terribile "Salò" l'esorcismo del potere. *Il Messaggero*, 11 mar. 1977.

BLUMENBERG, H. C. [Sobre *Decameron*]. *Kölner Stadt-Anzeiger*, Colônia, 24 out. 1971.

BO, Carlo. Dove continua a vivere Pasolini. *Corriere della Sera*, Milão, 11 jan. 1976.

_____. L'eretico, il teppista e il critico parlato. *L'Europeo*, 28 de jun. 1979.

_____. La religione di Pasolini è il dolore del nostro tempo. *L'Europeo*, 25 jun. 1961.

_____. Pasolini poeta corsaro. *Corriere della Sera*, Milão, 9 ago. 1975.

_____. Un male lo separava dal mondo. *Corriere della Sera*, Milão, 13 maio 1979.

BOCCA, G. L'arrabbiato sono io. *Il Giorno*, 19 jul. 1966.

BOLZONI, F. Pasolini critico cinematografico. *Rivista del Cinematografo*, nov. 1996.

_____. Un lungo cammino. *Rivista del Cinematografo*, nº 5, "Appunti su Pier Paolo Pasolini", maio 1976.

BONDY, F. Sur Pasolini. *Contrepoint*, nº 21, 1976.

BONGIE, Chris. La negra luce: Savagery, Enlightenment, and Pasolini's Third World. *L'Anello Che Non Tiene*: Journal of Modern Italian Literature, nº 2, New Haven, 1990, p. 5-23.

BONURA, Giuseppe. "Petrolio", una nuvola d'inchiostro. *Avvenire*, 29 out. 1992.

_____. Pasolini, un'eredita di schegge corsare. *Il Giorno*, 17 jan. 1993.

BORELLI, S. Un Pasolini di transizione ne "I Racconti di Canterbury". *L'Unità*, 5 set. 1972.

BORGESE, G. Scontro rovente a Milano su Pasolini e la pornografia. *Corriere della Sera*, Milão, 11 nov. 1972.

_____. Vi sipego como ho sequetrato "Salò". *Corriere della Sera*, Milão, 15 jan. 1976.

BORGHELLO, Giampaolo. Intemperanze e provocazioni di Pasolini. *Problemi*, nº 45, 1975.

BORGHI, E. Pier Paolo Pasolini e il capovolgimento del nominalismo. *Cinema Nuovo*, nº 320-321, jul.-out. 1989.

BORGHI, M. Per "Mille e una notte" nello Yemen di Pier Paolo Pasolini. *Vie del Mondo*, jul. 1991.

BORGNA, Gianni. Pasolini e il cinema (o della corporeità). *Filmcritica*, nº 274-275, abr.-maio 1977.

_____. Pasolini intellettuale organico. *Nuovi Argomenti*, nº 49, "Ommaggio a Pasolini", Roma, jan.-mar. 1976, p. 52-64.

_____. Pasolini: Un intellectuel organique. [Un parcours gramscien: Pasolini intellettuale orgânico. *Nuovi Argomenti*, nº 49, "Ommaggio a Pasolini", Roma, jan.-mar. 1976, p. 52-64]. *Dialectiques*, nº 14, 1976, p. 79-90].

BORIA, Arianna. Pordenone, difesa assoluta dell'opera di Pasolini. *Il Piccolo*, 4 nov. 1992.

BOSELLI, M. L'odierna critica sulla poesia dialettale. *Galleria*, nº 2-3, IV, maio 1954.

O *CORPUS* ARQUIVADO

BOU, Nuria. Pier Paolo Pasolini: la posesion de la pasion. *Quimera:* Revista de Literatura, Barcelona, 1993, 116, p. 43-47.

BRADO, W. *"Il Decameron"*. *Candido*, 10 abr. 1971.

BRAGIN, J. Pasolini: a conversation in Rome. Entrevista: jun. 1966. *Film Culture*, nº 42, set. 1966.

BRANG, Heidi. Pier Paolo Pasolini. Der unerfullte Traum von einer Sache. *Weimarer Beiträge*: Zeitschrift fur Literaturwissenschaft, Asthetik und Kulturwissenschaften, nº 2, Viena, 1987, p. 289-301.

BRAUCOURT, Guy. Dernier Tango à Salò. *Écran 75*, nº 42, dez. 1975, p. 27-28.

BRETON, E. Pasolini, Sade, et les communistes. *La Nouvelle Critique*, nº 94, maio 1976.

BREVINI, Franco. Dialetti di ritorno. *Panorama*, 28 jul. 1995.

_____. Pasolini tra Sade e sagrestia. *Panorama*, nº 32, 1994.

_____. Pier Paolo Pasolini. *Belfagor: Rassegna di Varia Umanità*, nº 4, Florença, jul. 1982, p. 407-438.

BRISAC, G. *"Le meilleur de moi-même"*. *Le Monde*, 27 out. 1995.

BRUNETTA, Gian Pietro. Gli scritti cinematografici di Pasolini. *La Battana*, nº 32, v. XI, Fiume, mar. 1974.

_____. Itineraio di Pier Paolo Pasolini verso il mito di Édipo. *Rivista di Studi Italiani*, nº 2, Toronto, dez. 1984, p. 92-98.

_____. Temi della visione di Pasolini. *Italian Quarterly*, nº 82-83, New Brunswick, 1980-1981, p. 151-157.

BRUNI, Pierfranco. Ma Pasolini aveva bisogno di *"Petrolio"*?. *Corriere del Giorno*, 6 nov. 1992.

BRUNO, E. *"Salò"*: due ipotesi/la *"rappresentazione"*. *Filmcritica*, nº 257, Roma, set. 1975.

_____. Heresies: the Body of Pasolini's Semiotic. *Cinema Journal*, 1991.

_____. Ideologia e simbolo in Pasolini. *Filmcritica*, nº 167, Roma, maio-jun. 1966.

_____. La gelosia di Pasolini per lo scandaloso *"Petrolio"*. *Roma*, 6 nov. 1992.

_____. La sacralità erotica del *"Decameron"* di Pasolini. *Filmcritica*, nº 217, Roma, ago. 1971.

_____. Pier Paolo e la Nebbiosa. *Panorama*, 15 nov. 1992.

_____. Poche gocce di *"Petrolio"*. *Roma*, 17 nov. 1992.

_____. Presente remoto delle *"Mille e una notte"*. *Filmcritica*, nº 247, Roma, ago.-set. 1974.

BRUSTELLIN, A. [Sobre *Decameron*]. *Süddeutsche Zeitung*, 2 jun. 1971.

BRUSTOLONI, Gabriele. A Paixão Recidiva de Pier Paolo Pasolini. *Suplemento Literário*, nº 1013, Belo Horizonte, mar. 1986, p. 2-3.

BUACHE, Freddy. Pasolini. *Tribune-Dimanche*, 30 nov. 1975.

BUTLER, M. *"The Canterbury Tales"*. *Lumière*, nº 32, mar. 1973.

BUTTAFAVA, G. *"Salò"* o il cinema in forma di rosa. *Bianco e Nero*, nº 1-4, "Lo scandalo Pasolini", Roma, jan-abr. 1976.

BUZZI, G. Nuntius Cinereus: il mondo concluso di Pasolini. *Concertino*, nº 1, 1992.

C. C. Ma perché l'avete fatto a pezzi? *L'Europeo*, 13 nov. 1992.

C. S. *"Petrolio"* postumo summa incompiuta. *Paese Sera*, 25 out. 1992

C. Z. Impedita la proiezione del film di Pasolini. *Avanti!*, 19 ago. 1972.

CAESAR, Michael. Outside the Palace: Pasolini's Journalism (1973-1975). *The Italianist*: Journal of the Department of Italian Studies, University of Reading, Reading, Berks, 1985, 5, p. 46-65.

CAHARIJA-LIPAR, Lea. Pasolini: Vittoria dei miti personali sul programma. *Acta Neophilologica*, Ljubljana, Slovenia, 1983, 16, p. 49-74.

CALABRESE, Giuseppe Conti. Un'antologia esemplare. *Gazzetta di Parma*, Parma, 25 jan. 1956.

CALOGERO, G. Pasolini e il senso della disobbedienza. *Corriere della Sera*, 20 jul. 1975.

CALVINO, Italo. Delitto in Europa. *Corriere della Sera*, Milão, 8 out. 1975.

_____. Dernière Lettre à Pier Paolo Pasolini. *Revue d'Esthétique*, nº 3, "Pasolini", Toulouse, Éditions Privat, 1982, 176 p.; 1992, p. 17-19.

_____. Sade è dentro di noi. *Corriere della Sera*, Milão, 30 nov. 1975.

_____. Sade is within us [originalmente: Sade è dentro di noi. *Corriere della Sera*, Milão, 30 nov. 1975]. Versão de Mark Pietralunga. *Stanford Italian Review*, nº 2, Saratoga, 1982, p. 107-111.

CALVINO, Italo; MORAVIA, Alberto. Pasolini, pour uncinéma de poesia. *Cahiers du Cinéma*, nº 421, jun. 1989.

CAMBRIA, Adele. "Petrolio" dà fuoco alle polemiche. *Il Giorno*, 28 out. 1992.

Caméra Stylo, "Visconti", dez. 1989.

CAMON, Ferdinando. Gennari, un enfant de Moravia et de Pasolini. *Le Monde*, Paris, 20 fev. 1998.

_____. La decadenza come culla del neonazismo. *Il Giorno*, 20 jun. 1975.

_____. Lo sacandaloso Pasolini. *Il Giorno*, 28 jun. 1976.

CAMPANI, Ermelinda. Death and Narrative: An Itinerary. *Blimp*, nº 34, 1996, p. 33-36.

CAPODAGLIO, Enrico. Congetture sugli Appunti di "Petrolio". *Strumenti Critici*: Rivista Quadrimestrale di Cultura e Critica Letteraria, Bolonha, nº 3, set. 1996, p. 331-367.

CAPOZZI, Frank; LUNDE, David (trad.). Pier Paolo Pasolini: Four Poems with an Introduction. *Canadian Journal of Italian Studies*, nº 2, Hamilton, 1981-1982, p. 109-113.

CAPPABIANCA, A. La "durata" e la "repetizione"/Cannes 74. *Filmcritica*, nº 274, maio 1974.

CAPRONI, Giorgio. Fra lingua e dialetto caduto ogni diaframma. *Il Giornale*, 17 abr. 1953.

_____. Le ceneri di Gramsci. *La Fiera Letteraria*, nº 29, Roma, 21 jul. 1957.

_____. Pasolini. *Paragone*, nº 63, fev. 1955.

_____. Poesie di Pasolini. *La Fiera Letteraria*, nº 12, Roma, 20 mar. 1947.

_____. Un poeta friulano. Sobre *Dovè la mia patria*. *Il Lavoro Nuovo*, 5 nov. 1949.

CAPUTO, G. Il sole nero: fra Pasolini e Sade. *Cinema e Cinema*, nº 43, Especial Pier Paolo Pasolini, maio-ago. 1985.

CARASCO, Raymonde. Médée et la doublé vision. *Revue d'Esthétique*, nº 3, "Pasolini", Toulouse, Éditions Privat, 1982, 176 p.; 1992, p. 65-74.

CARETTI, L. Pasolini critico. *L'Approdo Letterario*, nº 11, dez. 1960.

CARIOLI, G. Fui antimoderno, sognai Platone. *Machina*, nº 1, abr. 1977.

CARRAVETTA, P. Lines of Canonical Protest: Pasolini's Unfineshed Revolution. *Art and Text*, inverno 1989.

CARRERA, Alessandro. Il lamento di Narciso: Le poesie friulane di Pasolini musicate da Giovanna Marini. *Itálica*, Tempe, 1994, 71:3, p. 337-353.

_____. Le ceneri della storia: Pasolini, Morante, Zanzotto. RLA: Romance Languages Annual, West Lafayette, 1990, 2, p. 213-218.

CASA de Pasolini vira centro de poesia. *O Estado de S. Paulo*, São Paulo, 2 fev. Caderno 2, 2003.

CASALEGNO, C. "Salò-Sade": il pudore e i sensori. *La Stampa*, 19 nov. 1975.

CASARINO, Cesare. Oedipus Exploded: Pasolini and the Myth of Modernization. *October*, nº 59, Cambridge (MA), 1992, p. 27-47.

CASAZZA, S. "Salò": cinema gremiti e spettatori sotto choc. *Corriere della Sera*, Milão, 11 jan. 1976.

_____. Dentro l'inferno di Pasolini. *La Stampa*, 11 mar. 1977.

CASI, Stefano. Quando Pasolini studiava Pascoli. *La Repubblica*, 11 dez. 1993.

CASIRAGHI, U. "Salò": sulla violenza lo sguardo della ragione. *L'Unità*, 23 nov. 1975.

_____. Il cinema contro il caos. *L'Unità*, 3 nov. 1975.

_____. Pasolini in stato di grazia. *L'Unità*, 21 maio 1975.

CASOLI, Giovanni. "Petrolio", una non-opera. *Città Nuova*, 25 nov. 1992.

O *CORPUS* ARQUIVADO

CASPAR, Marie-Helene (org.). Pasolini. *Narrativa*, Cedex, fev. 1994, 5.

CASTRO, Daniel. Um Homossexual é Morto no Brasil a Cada 4 Dias. *Folha de S. Paulo*, São Paulo, 20 fev. 1994.

CATALDI, Pietro. Pasolini non e il fato. *Belfagor: Rassegna di Varia Umanità*, nº 6, Florença, 30 nov. 1994, p. 651-662.

CAVALLARI, V. Una sentenza reazionaria. *L'Unità*, 20 jun. 1973.

CAVALLUZZI, Raffaele. Il destino poetico di Pasolini. *Lettore di Provincia*, Ravena, 1992, set.-dez. 95, p. 268-277.

_____. La cifra visionaria del 'realismo' pasoliniano. *Lettore di Provincia*, nº 86, Ravena, abr. 1993, p. 23-31.

_____. Scheda dell'Usignolo: Pasolini dentro e fuori il tempo della storia. *Il Lettore di Provincia*, nº 78, Ravena, set. 1990, p. 33-39.

CAVICCHIOLI, L. Tutto Pasolini. *La Domenica del Corriere*, Milão, 21 fev. 1979.

CECCARELLI, Filippo. Omicidio, la fisica del potere all'ombra del "Petrolio". *La Stampa*, 20 jan. 2001.

CECCATTY, René de. Laura Betti. *Le Monde*, Paris, 3 ago. 2004.

_____. Pasolini outre-tombe. *Le Monde*, Paris, 27 nov. 1992.

_____. Pasolini, le poète assassiné. *Le Monde*, Paris, 29 out. 2000.

_____. Pasolini, Toscani et les jeans Jesus. *Le Monde*, Paris, 24 fev. 1995.

_____. Pasolini: l'énormité de ma vie. *Le Monde*, Paris, 15 jan. 1999.

_____. Plusieurs livres tentent de percer le secret de la mort violente du cinéaste. *Le Monde*, Paris, 29 out. 2000.

_____. Théâtre de parole, cinéma de poésie. *Le Monde*, Paris, 27 out. 1995.

_____. Un impie nommé Pasolini. *Le Monde*, Paris, 27 out. 1995.

CENA 1. Local: Paris. Glauber invade a redação do "Cahiers" e briga com um cineasta morto. *Jornal do Brasil*, Rio de Janeiro, 22 ago.1987, Caderno B, p. 9.

CENTI, N. "Speranze" su Pasolini. *Il Secolo d'Italia*, 1º mar. 1973.

CERAMI, Vincenzo. Pasolini, l'ultimo inferno. *La Stampa*, 23 out. 1992.

CERATTO, P. Pasolini: "anche il consumismo è un lager". Entrevista: 23 de outobro de 1975. *Avanti!*, 9 nov. 1975.

CERQUIGLINI, E. Pasolini e il suo cinema. *Allá Bottega*, jun. 1988.

CESARE, Tony. Pasolini's 'Theorem'. *Film Criticism*, nº 1, Meadville, 1989, p. 22-25.

CHAPIER, H. "Les Contes de Canterbury" de Pier Paolo Pasolini. *Combat*, 30 nov. 1972.

_____. L'erotisme selon Pasolini. *Cinéma d'Aujourd'hui*, nº 4, 1976.

CHAUVET, Louis. Une certaine odeur de soufre. *Le Figaro*, 5 jul. 1976.

CHIARA, P. Vetrina del libraio. *L' Italia*, 2 abr. 1953.

CHIESA, A. Presentato il nuovo film di Pasolini. *Paese Sera*, 30 jun. 1972.

CHIESI, Roberto. L'altro Inferno: l'ultima "visione". *Carte di Cinema*, nº 5, 2000, p. 50-55.

_____. Non riconciliatta. Intervista a Laura Betti. *Cineclub*, nº 32, out.-nov.-dez. 1996.

_____. Pasolini: inediti, studi ed esegesi. *Cineclub*, nº 32, out.-nov.-dez. 1996.

_____. Ritornare alle parole e alle immagini di Pasolini. *Carte di Cinema*, nº 5, 2000, p. 37.

CHIESTO un dibattito al Senado su "Salò", l'ultimo film di Pasolini. *Corriere della Sera*, Milão, 14 nov. 1975.

CHINOL, E. Da Canterbury in avanti. *L'Expresso*, nº 43, 22 out. 1972.

CIMATTI, P. Ideologia passionale. *La Fiera Letteraria*, nº 49, Roma, 4 dez. 1960.

CIMENT, Michel. Pasolini, citoyen, italien et cinéaste hérétique. *Positif*, nº 544, jun. 2006, p. 61-62.

CinémAction, "Cinéma et Psychanalyse", Paris, 1989.

TODOS OS CORPOS DE PASOLINI

CIRET, Yan. Pier Paolo Pasolini: dans le chaudron des hérésies. *Art Press*, nº 317, nov. 2005, p. 63-65.

COCO, A. Un cinema utopico. *Segnocinema*, nº 73, maio-jun. 1995.

COLASANTI, L. Sul tema della violenza la sua ultima battaglia. *Il Tempo*, 3 nov. 1975.

COLASANTO, Vincenzo. Poker d'assi con autore. *Il Giornale di Napoli*, 1º nov. 1992.

COLETTI, L. SS come *"Salò-Sade"*. *L'Europeo*, 25 mar. 1977.

COLILLI, Paul. The Concept of Death in Pier Paolo Pasolini: a philological approach. *Canadian Journal of Italian Studies*, nº 2, Hamilton, 1981-1982, p. 91-97.

COLLINI, Patrizio. Il consumo di Pasolini in Germania. *Belfagor: Rassegna di Varia Umanità*, nº 2, Florença, mar. 1983, p. 231-238.

COLOMBO, C. L'avventura cinematografica tra poesia, rabbia e ricerca. *L'Eco di Bergamo*, 3 nov. 1995.

COLOMBO, Furio. La pietà di Pasolini/Dopo aver visto *"Salò"*. *La Stampa*, 29 nov. 1975.

COLONNA sonora: viaggio attraverso la musica del cinema italiano. [Texto do programa televisivo de G. Pellegrini]. *Bianco e Nero*, nº 3-4, Roma, mar.-abr. 1967.

COLUSSI, Piero. Promessa da mantenere. *Il Gazzettino*, Veneza, 1º nov. 1992.

CON DE SADE a *"Salò"* c'è l'inferno. *Paese Sera*, 1º abr. 1975.

CONTESSI, P. L. Poesia dialettale del Novecento. *Il Mulino*, nº 1, III, 27 jan. 1954.

CONTI, Paolo. Artisti, per favore andate a nascondervi. *Corriere della Sera*, Milão, 30 out. 1992.

CONTINI, Gianfranco. Al limite della poesia dialettale. [Sobre *Poesie a Casarsa*]. *Corriere del Ticino*, 24 abr. 1943. [Retomado em *Il Stroligut*, 2, Casarsa, abr. 1946, p. 11-13; e em BROGGINI, R. (org.). *Pagine ticinesi di Gianfranco Contini*. Bellinzona: A. Salvioni Editore, 1986, p. 110-113.]

_____. Dialetto e poesia in Italia. *L'Approdo Letterario*, III, 2, abr.-jun. 1954.

_____. Parere su un decennio. *Letteratura*, III, 1955.

_____. Testimonianza per Pier Paolo Pasolini. *Il Ponte*, nº 4, out. 1980. [Retomado em CONTINI, Gianfranco. *Ultimi esercizi ed elzeviri (1968-1987)*. Turim: Einaudi, 1988, p. 389-396. Reedição: *Postremi esercizi ed elzeviri*. Posfácio de Cesare Segre. Notas de Giancarlo Breschi. Turim: Einaudi, 1998, 274 p.]

CONTRO *"Salò"* vince una Buon Costume. *Paese Sera*, 12 maio 1976.

CORBIN, L. *"The Decameron"*. *Films in Review*, nº 10 dez. 1971.

CORBUCCI, G. *"I Racconti di Canterbury"*. *Cinema Nuovo*, nº 220, nov.-dez. 1972.

CORDELLI, E. Per *"Sade-Salò"*. *Nuovi Argomenti*, nº 49, *"Omaggio a Pasolini"*, Roma, jan.-mar. 1976.

CORNAND, A. *"Le Décameron"*. *La Révue du Cinéma-Image et Son*, nº 255, dez. 1971.

_____. *"Salò ou les 120 journées de Sodome"*. *Image et Son*, nº 302, jan. 1976.

CORRADI, C. Pier Paolo presenta: *"Le Mille e una Notte"*. *Sorrisi e canzoni TV*, 20 jan. 1974.

CORRUZIONE di minori quando fu girato *"Salò"*. *Il Giornale Nuovo*, 20 fev. 1976.

CORTI, M. I generi letterari in prospettiva semiologica. *Strumenti Critici*, nº 17, fev. 1972.

_____. Le orecchie della *"neocritica"*. *Strumenti Critici*, nº 3, jun. 1967. [Retomado em CORTI, M. *Metodi e fantasmi*. Milão: Feltrinelli, 1969, p. 84-88 e 114-117.]

COSÌ SARÀ *"Petrolio"*. *Il Piccolo*, 25 out. 1991.

COSTA, Antonio. Dal realismo al nominalismo: *Cinema e Cinema*, nº 43, Especial Pier Paolo Pasolini, maio-ago. 1985.

_____. Pasolini: il fiore dell'ossessione. *Cinema e Cinema*, nº 2, jan.-mar. 1975.

COSTANZO, M. Pasolini filologo e poeta. *Letture*, nº 6, jun. 1958. [Retomado em COSTANZO, M. *Studi per una antologia*. Milão: Scheiwiller, 1958, p. 79-111.]

O *CORPUS* ARQUIVADO

COSULICH, C. "Salò" e il divieto della paura. *Paese Sera*, 15 nov. 1975.

_____. Da "Accattone" a "Salò". *Paese Sera*, 3 nov. 1975.

_____. Da Boccaccio a Sade, il lungo viaggio di Pasolini dalla "Trilogia della vita" al "Trionfo della morte". *Vídeo*, n° 123, Roma, mar. 1992.

_____. E fu maestro di immagine. *Paese Sera*, 26 out. 1985.

_____. I signori di De Sade. *Paese Sera*, 11 mar. 1977.

_____. Il "Fiore" di Pasolini. *Paese Sera*, 21 maio 1974.

_____. Pasolini, il cannibale poeta. *ABC*, 26 jan. 1964.

COTRONEO, Roberto. Cercasi scrittore da mummificare. *L'Espresso*, 8 nov. 1992.

_____. Come leggere "Petrolio". *Wimbledon*, dez. 1992.

COULTON, John. Notes for an African Oresteia: A Nietzschean Analysis of Tragedy in a Contemporary Context. *English Studies in Africa*: a journal of the humanities, n° 1, Johannesburg, mar. 1981, p. 61-70.

COUREAU, Didier. Glauber Rocha –Pier Paolo Pasolini. De quelques boucles interrelationnelles. *Berenice*: Rivista quadrimestrale di studi comparative e ricerche sulle avanguardie, n° 23, "Speciale Brasile", Chieti, jul. 2000, p. 77-85.

COURY, Michele. Il rapporto con l'immagine sacra e il primo paradiso del padre: Una lettura di 'Teorema'. *Narrativa*, n° 5, Cedex, fev. 1994, p. 105-118.

COVERI, L. Lingua e oracoli. *Il Secolo XIX*, 9 jun. 1972.

COVIN, Michel. Medée, la violence et le symbole. *Revue d'Esthétique*, n° 3, "Pasolini", Toulouse, Éditions Privat, 1982, 176 p.; 1992, p. 59-64.

COZZI, C. La difesa della liberta d'espressione non passa attraverso la pornografia e l'osceno. *Il Secolo d'Italia*, 7 fev. 1976.

CRESPI, Alberto. I "Re Magi" a Fiumicino. *L'Unità*, 9 nov. 1992.

CUCCHI, M. Pasolini sì che era un recensore. *Il Giorno*, 27 maio 1979.

CUMBOW, R. C. "Salò". *M'tone News*, n° 58-59, ago. 1978.

CURI, F. Sulla poetica e sulla critica di Pasolini. *Il Verri*, n° 5, dez. 1961. [Retomado em CURI, Fausto *Ordine e disordine*. Milão: Feltrinelli, 1965, p. 57-75.]

CURUZ, M. Bernardelli. L'inferno di Pasolini. *Giornale di Brescia*, 25 out. 1992.

D. T. Nei "Racconti di Canterbury" Pasolini prolunga il suo affresco nel medioevo. *La Gazzetta del Popolo*, 17 set. 1972.

D'AGOSTINI, Paolo. O cinema do desengano. *Folha de S. Paulo*, São Paulo, 18 mar. 2007, Caderno Mais!, p. 4-5.

D'AURIA, C. Il sincretismo psicologico nel cinema di Pier Paolo Pasolini. *L'Ermete. Rivista di Psicoanalisi e Antropologia culturale*, n° 2, jul.-dez. 1991.

D'ELIA, Gianni. Pasolini competente in umiltà. *Il Manifesto*, 10 jan. 1988.

DA TECNICA audiovisiva a tecnica audiovisiva, *La Biennale di Venezia/26° Festival Internazionale del Teatro di Prosa*, 18 set/14 out 1967.

DADOUN, Roger. Jeter son corps dans la lutte. *Revue d'Esthétique*, n° 3, "Pasolini", Toulouse, Éditions Privat, 1982, 176 p.; 1992, p. 119-122.

DAGRADA, E. Sulla soggetiva libera indiretta. *Cinema e Cinema*, n° 43, Especial Pier Paolo Pasolini, maio-ago. 1985.

DAL KENT all'Oriente. *Corriere della Sera*, Milão, 15 dez. 1971.

DALLAMANO, P. La fine dell'avanguardia prevista da Pasolini. *Paese Sera*, 27 jan. 1967.

DANEY, Serge. Note sur "Salò". *Cahiers du Cinéma*, n° 268-269, Paris, jul.-ago. 1976, p. 102-103.

DAVOLI, Ninetto. "Salò" m'aurait tué. [Depoimento a Hélène Frappat]. *Cahiers du Cinéma*, Paris, jul.-ag. 2002, p. 65-66.

DE BENEDICTIS, Maurizio. Il concetto di *"vita"* nell'opera di P. P. Pasolini. *Narrativa*, Cedex, fev. 1994, 5, p. 25-64.

DE FACENDIS, Dario; MASCOTTO, Jacques. Entre mythe et pragma: Place et fonction du mythe dans l'oeuvre de P. P. Pasolini. *Études Litteraires*, nº 1, Quebec, abr. 1984, p. 95-116.

DE GIUSTI, Luciano. Le cinéma de la realité. *Cahiers du Cinéma*, nº 9, *"Pasolini Cinéaste"*, Paris, Éditions de l'Étoile, mar. 1981.

DE LAURETIS, Teresa. Re-Reading Pasolini's Essays on Cinema. *Italian Quarterly*, nº 82-83, New Brunswick, 1980-1981, p. 159-166.

DE MARCHI, E. *"Il Decameron"*. *Cineforum*, nº 109, dez. 1971.

DE MAURO, Tullio. La ricerca linguistica di Pasolini. *Nuova Generazione*, nº 19, 1976.

_____. Pasolini critico dei linguaggi. *Galleria*, nº 1-4, XXXVI, jan.-ago. 1985. [Retomado em DE MAURO, Tullio. *L'Italia delle Italie*, 1987. Roma: Editori Riuniti, 1992, p. 259-262.]

_____. Pasolini linguista. *The Italianist*: Journal of the Department of Italian Studies, University of Reading nº 5, Reading, Berks, 1985, p. 66-76.

DE MELIS, Federico, Federico. L'abiura del corsaro. *Il Manifesto*, 24 out. 1993.

_____. Brucia il *"Petrolio"* di Pasolini. *Il Manifesto*, 28 out. 1992.

_____. Cinema e pittura, un matrimonio sempre tormentato. *Il Manifesto*, 15 out. 1992.

_____. Un romanzo di luce. *Il Manifesto*, 25 out. 1992.

DE MELO, Andréa Mota Bezerra. *"As Mil e Uma Noites"* e a posição do olhar de Pasolini. *Agora*, nº 1, v. 5, Natal, maio 2003.

DE NARDIS, Luigi. Sulla prima redazione inedita dei *"Ragazzi di vita"* e di *"Una vita violenta"*. *Revue des Études Italiennes*, nº 27-28, Paris, abr.-set. 1980-1981, p. 123-139.

DE PAOLI, E. Da Marx a Freud attraverso l'umorismo tragico. *Cinema Nuovo*, nº 235-236, maio-ago. 1975.

_____. Dalla metodologia marxista alla visione classica. *Cinema Nuovo*, nº 216, mar.-abr. 1972.

_____. La cattività avignonese e i *"quaderni del carcere"*. *Cinema Nuovo*, nº 234, mar.-abr. 1975.

DE SANTI, Pier Marco. Cinema e pittura. *Art Dossier*, nº 16, Ed. Giunti Barbèra, Florença, 1987. 66 p.

_____. Pasolini fra cinema e pittura. *Bianco e Nero*, nº 3, Roma, jul.-set. 1985.

DE VINCENTI, G. Un nuovo corso? *"Decameron"* di Pier Paolo Pasolini. *Cinema 60*, nº 87-88, jan.-abr. 1972.

DEBENEDETTI, Antonio. Il mio povero amico Calvino, diviso fra troppi editori. *Corriere della Sera*, Milão, 23 out. 1992.

_____. Letterati del Novecento: per qualche centimetro in più. *Corriere della Sera*, Milão, 30 out. 1992.

DEIDIER, R. I dialetti di Pasolini. *La Voce Repubblicana*, 29 jul. 1992.

DEL BUONO, Oreste. Con Pasolini nei giorni di Sodoma. *Tutto Libri*, nº 895, mar. 1994.

DEL MINISTRO, M. *"Il Decamerone"* di Pier Paolo Pasolini. *Cineforum*, nº 109, dez. 1971.

DELLA TERZA, Dante. Pasolini critico. *Italian Quarterly*, nº 82-83, New Brunswick, set. 1980/ jan. 1981, p. 59-67.

DELLI PONTI, S. E dopo Canterbury se ne va in India. *Il resto del Carlino*, 14 dez. 1971.

DELMAS, J. *"Le Décameron"*. *Cinema Nuovo*, nº 214, nov.-dez. 1971.

_____. Le cinéma italien au festival de Paris. *"Salò ou les 120 journées de Sodome"*. *Jeune Cinéma*, nº 92, jan.-fev. 1976.

_____. Pier Paolo Pasolini. *"Caterbury Tales"*. *Jeune Cinéma*, nº 68, fev. 1973.

DEPUYPER, C. *"Salò ou les 120 journées de Sodome"*. *Cinéma 76*, nº 211, jul. 1976.

DEPUYPER, Christian. Salò. *Cinéma 72*, nº 211, jul. 1976, p. 102-106.

O *CORPUS* ARQUIVADO

DETASSIS, P. Cinema e vita, il volto del popolo. *Giornale di Vicenza*, 2 nov. 1985.

DI GIACOMO, A. Scritti corsari. *Corriere di Napoli*, 11 jun. 1975.

DI GIORGIO, A. Uncinema che si insinua nelle pieghe della Storia. *Il Nostro Tempo*, nº 41, 9 nov. 1975.

DI MEO, Philippe. Le Scandale perpétuel. *Le Nouvel Observateur*, nº 1621, 30 nov. 95, p. 112.

_____. Les Interrogations de Pasolini. *La Quinzaine Littéraire*, Paris, mar. 1980, 321, p. 8-9.

_____. Pasolini, passion et idéologie. *Magazine littéraire*, nº 338, 1º dez. 1995, p. 78-79.

DI NOLA, A. M. I mondi arcaia. *La Stampa*, 3 jan. 1976.

DI NOLA, M. I mondi arcaici. Pasolini e l'antropologia. *La Stampa*, 3 jan. 1976.

DI NUOVO sequestrato "*Salò*" dal pretore di Grottaglie. *Paese Sera*, 7 jun. 1977.

DI PIETRO, Giovanni. La novela de la resistencia en Italia. *Cuadernos de Poetica*, nº 6, Santo Domingo, maio-ago. 1985, p. 33-50.

DI PINO, O. Ponte. Pasolini, l'abuso del profeta. *Il Manifesto*, 3 nov. 1993.

DIDIER, B.; CHÉRASSE, J. A. [Sobre *Salò*]. *Écran*, nº 49, jul. 1976.

DILLON, Jeanne Carol. Pasolini: literary works, Published Screenplays, Screenplays (Coauthored), Filmography, Interviews. *Stanford Italian Review*, nº 2 Saratoga, 1982, p. 130-133.

DISTEFANO, John. Picturing Pasolini. *Art Journal*, Rutgers University Alexander Library, New Brunwick, 1997.

DONDERO, M. Ho raccontato ai pastori turchi come finisce il film di Pasolini. *Giorni-Vie Nuove*, 8 set. 1974.

DRAGADZE, P. Il Sogno di Pier Paolo Pasolini. *Gente*, 29 nov. 1976.

DUCROS, Franc. Dans les langues qui meurent. *Revue des Langues Romanes*, nº 2, Montpellier, 1985, p. 157-166.

DUGUET, Anne-Marie; NORMAND, Claude. Pasolini et la Télevision. *Revue d'Esthétique*, nº 3, "Pasolini", Toulouse, Éditions Privat, 1982, 176 p.; 1992, p. 87-90.

DUMONT, P. "*Salò*" ou l'impossible répresentation du fantasme. *Cinéma*, nº 302, fev. 1984.

DUPONT, G. Sade sergent du sexe. [Entrevista com Michel Foucault]. *Cinématographe*, nº 16, dez. 1975-jan. 1976.

È DIFFICILE giudicare l'ultimo Pasolini. *Gente*, 23 nov. 1992.

E. B. "*Salò*": tolto il sequestro. *La Stampa*, 20 dez. 1975.

EGGEBERT, U. S. [Sobre *Decameron*]. *Film Dienst*, 2 nov. 1971.

EINAUDI, Giulio. Ma dovevo bruciare "Petrolio"? *La Stampa*, 28 out. 1992.

ELLEY, Derek. Pasolini's "*Salò*". *Films and Filming*, nº1, out. 1977, p. 31.

ELOIT, Audrene. Oedipus Rex by Pier Paolo Pasolini The Palimpsest: Rewriting and the Creation of Pasolini's Cinematic Language. *Literature Film Quarterly*, 2004.

ESCE "Petrolio", l'incompiuta di Pasolini. *Il Tempo,* 23 out. 1992.

ESCOBAR, Roberto. "*Salò o le 120 giornate di Sodoma*". *Cineforum*, nº 4, abr. 1976.

_____. "Vedere": Cinema/Realtà. *Carte Segrete*, nº 35, jan.-mar. 1977.

_____. Anticapitalismo e antinazismo in Pasolini. *Avanti!*, 8 jul. 1975.

_____. Nostalgia dell'arcaico. *Avanti!*, 17 jul. 1975.

_____. Pasolini e la dialettica dell' irrealizzabile. *Bianco e Nero*, nº 3-4, Roma, jul.-set. 1983.

_____. Pasolini il passato e il futuro. *Quaderni Medievali*, nº 3, jun. 1977.

_____. Pasolini: la divisione della coscienza. *Cinema 60*, nº 3, maio-jun. 1984.

_____. Pier Paolo Pasolini. "*Salò o le 120 giornate di Sodoma*". *Cineforum*, nº 153, abr. 1975.

_____. Quel ciak impossibile. *Il Sole 24 Ore*, 27 maio 2001.

ESPOSITO, R. L'ideologia della neo-avanguardia. *Altri termini*, nº 3, maio 1973.

ETIENNE, Marie. Le Livre d'une vie. *La Quinzaine Littéraire*, n⁰ 868, 1⁰ jan. 2004, p. 7.

ETSCHEIT, U. Ich habe die Oper mein ganzes Leben gehaft: Zur Rezeption von Musik im literarischen und filmischen Schaffen Pier Paolo Pasolinis. *Musica*, n⁰ 3, 1988.

FABBRI, M. Assolto il "Salò" di Pasolini, torna nel cinema com tagli. *La Stampa*, 19 fev. 1977.

FABRETTI, N. I racconti di Pasolini. *La Gazzetta del Popolo*, 29 set. 1972.

_____. Quello che mi è rimasto di Pasolini fra incontri, paure, dolorosa poesia. *Stampa sera*, 19 nov. 1984.

FABRIS, Annateresa. O Olhar de Pier Paolo Pasolini: questões visuais. *Revista de Italianística*, n⁰ 1, São Paulo, FFLCH/USP, 1993, p. 111-122.

FABRIS, Mariarosaria. A Margem da Redenção: considerações sobre "Accattone". *Revista de Italianística*, n⁰ 1, São Paulo, FFLCH/USP, 1993, p. 91-99.

FAI QUIB, E. Pasolini e Dell'Arco: Poesia dialettale del Novecento. *Il Tempo*, 17 mar. 1953. [Retomado em FAI QUIB, E. *Novecento letterario*. Florença: La Nuova Italia, 1970.]

FALLACI, Oriana. Lettera a Pier Paolo Pasolini. *L'Europeo*, 14 nov. 1975.

FANO, Nicola. All'Inferno con Pasolini. *L'Unità*, 25 out. 1992.

_____. Il Pasolini recuperato. *L'Unità*, 2 jul. 1995.

FANTASIA, Francesco. "Petrolio" violento. *La Gazzetta di Reggio*, 31 out. 1992.

_____. Questo "Petrolio" brucia di polemica. *La Provincia*, 30 out. 1992.

_____. Scandaloso severo censore. *Corriere Adriatico*, 3 nov. 1992.

FANTUZZI, Virgilio. La morte di un poeta. *Rivista del Cinematografo*, n⁰ 5, "Appunti su Pier Paolo Pasolini", maio 1976.

_____. La religiosità e il suo contrario. *Rivista del Cinematografo*, n⁰ 5, "Appunti su Pier Paolo Pasolini", maio 1976.

_____. Note sull'ultimo Pasolini. *Rivista del Cinematografo*, n⁰ 5, "Appunti su Pier Paolo Pasolini", maio 1976.

_____. Tra cinema e pittura sulle trace dell'invisibile. *La Civiltà Cattolica*, n⁰ 1, jan. 1993.

FARINELLA, M. I fulmini di Pasolino. *L'Ora*, 11 dez. 1971.

FARKAS, A. Josephine Chaplin: Così ricordo Pasolini sul set. *Corriere della Sera*, Milão, 30 out. 1988.

FARSESCO rituale. *Corriere della Sera*, Milão, 14 jan. 1976.

FAUSING, B. Pasolini's inferno. *Kosmorama*, n⁰ 133, 1977.

FEGATELLI, R. "Salò o le 120 giornate di Sodoma". *La Fiera Letteraria*, n⁰ 28, Roma, 30 nov. 1975.

FEHR, Drude von der. Fra Gramscis aske til teorema: Den intellektuelle i et klasselost, vulgaert og voldsnytende samfunn. *Samtiden*. Tidsskrift for Politikk, Litteratur og Samfunnssporsmal, Oslo, 1988, 6, p. 82-87.

FEROLDI, A. Tanta folla e tanta sofferenza. *Paese Sera*, 11 mar. 1977.

FERRAIOLI, D. La poesia dialettale del Novecento. *La Rassegna della Letteratura Italiana*, n⁰ 4, out.-dez. 1953.

FERRARA, M. I pasticci dell'estate. *L'Unità*, 12 jun. 1974.

FERRAROTTI, F. Pier Paolo Pasolini: 5 anni di dialoghi coi giovani. *Paese Sera*, 31 jul. 1977.

FERRERO, Adelio. "Salò": metafora della morte borghese. *Cinema e Cinema*, n⁰ 7-8, abr.-set. 1976.

_____. Il cinema di Pier Paolo Pasolini. *Revue d'Esthétique*, n⁰ 3, "Pasolini", Toulouse, Éditions Privat, 1982, 176 p.; 1992.

_____. L'ultimo Pasolini e il mito dei popoli perduti. *Problemi*, n⁰ 34, out.-dez. 1972.

FERRERO, Adelio; PERONI, Lino. Pier Paolo Pasolini. *Inquadrature*, n⁰ 15-16, 1968.

FERRERO, E. Monologhi profetici di Pasolini critico. *La Stampa*, 6 jun. 1979.

FERRETTI, Gian Carlo. Fine della "diversità". *Nuovi Argomenti*, n⁰ 49, Roma, jan.-mar. 1976.

O *CORPUS* ARQUIVADO

_____. Il *"personaggio"* Pasolini tra persecuzione e successo. *Belfagor: Rassegna di Varia Umanità*, nº 6, Florença, 30 nov. 1995, p. 675-692.

_____. Il mito pasoliniano dell'innocenza dal Friuli a Salò. *Nuovi Argomenti*, nº 9, out.-dez. 1996.

_____. Il profeta riascoltato. *Tempo Medico*, 28 out. 1992.

_____. L'eresia giovanile di Pasolini. *Belfagor: Rassegna di Varia Umanità*, nº 5, Florença, set. 1989, p. 559-562.

_____. L'impossibile dramma dell'ultimo Pasolini. *Rinascita*, nº 27, 2 jul. 1971.

_____. L'inferno borghese di Pasolini. *Rinascita*, 21 jan. 1976.

_____. L'universo orrendo del potere e del consumo. *Rinascita*, nº 35, 5 set. 1975.

_____. La polemica tra Pasolini e Fortini. *Zibaldone*, nº 1, 1972.

_____. La testemonianza di *"Salò"*. *L'Unità*, 11 jan. 1976.

_____. Ma fu conflittuale anche sul '68. *Il Manifesto*, 15 dez. 1992.

_____. Mio padre quando sono nato. *Nuovi Argomenti*, Roma, out.-dez. 1983.

_____. Pasolini e l'avanguardia. *Rinascita*, nº 5, 3 fev. 1967.

_____. Pasolini tra religiosita e política. *Il Ponte*: Rivista Mensile de Política e Letteratura Fondata da Piero Calamandrei, nº 10, Florença, out. 1981, p. 1068-1071.

_____. Pasolini: Empirismo eretico. *Rinascita*, nº 35, 8 set. 1972.

_____. Questo libro racconterà la crisi italiana. *L'Unità*, 25 out. 1992.

_____. Signori, tuffatevi in questo *"Petrolio"*. *L'Unità*, 3 nov. 1992.

FERRI, E. *"Salò"* non scandalizza. *La Domenica del Corriere*, nº 49, Milão, 5 dez. 1975.

FERRONI, Giulio. El nuevo vellocino de oro: *"Petrolio"*, obra postuma de Pasolini. *Quimera*: Revista de Literatura, Barcelona, 1993, 121, p. 40-45.

FERRUCCI, C. Pasolini e Luzi, la polemica e il confronto. *Sigma*, nº 2-3, maio-dez. 1981.

FEST, I. Der interessant gemeche Fashismus. *Frankfurter Allgemeine Zeitung*, 7 fev. 1976.

FICHTE, H. Jeder kann der nächste sein. *Der Spiegel*, 9 fev. 1976.

FIDO, Franco. Pier Paolo Pasolini con i poeti dialettali del Novecento. *Belfagor: Rassegna di Varia Umanità*, Florença, 31 maio 1992, 47:3 (279), p. 269-282.

_____. Pasolini dai sogni alle cose: l'esordio friulano del narratore. *Yearbook of Italian Studies*, Fiesole, 1991, 9, p. 64-79.

_____. Pasolini e il dialetto. *Italian Quarterly*, nº 82-83, New Brunswick, 1980-1981, p. 69-78.

FILHO, Antonio Gonçalves. *"Medeia"* de Pasolini Chega à Televisão. *Folha de S. Paulo*, São Paulo, 4 jul. 1992, Ilustrada. [Retomado em FILHO, Antonio Gonçalves. *A Palavra Náufraga*: ensaios sobre cinema. São Paulo: Cosac & Naify, 2001, 373 p., p. 242-243.]

_____. *"Teorema"*. *Set*, 30 maio 1990.

_____. A Trilogia da Tragédia Inevitável. *O Estado de S. Paulo*, São Paulo, 6 jun. 2004, Caderno 2, p. D5

_____. Ciclo de Pasolini Começa com Fábula Marxista –Retrospectiva Pasolini/CINECLUBE FGV. *Folha de S. Paulo*, São Paulo, 26 jul. 1990, Ilustrada. [Retomado em FILHO, Antonio Gonçalves. *A Palavra Náufraga*: ensaios sobre cinema. São Paulo: Cosac & Naify, 2001, 373 p., p. 168-170.]

_____. Fantasia de Pasolini Descarta a Narradora. Xerazade é trocada por múltiplas vozes na versão [de *As Mil e Uma Noites*] para o cinema. *O Estado de S. Paulo*, São Paulo, 7 maio 2005, Caderno 2, p. D2.

_____. O Corsário Pasolini Luta contra o Consumismo. *Folha de S. Paulo*, São Paulo, 17 fev. 1990, Ilustrada. [Retomado em FILHO, Antonio Gonçalves. *A Palavra Náufraga*: ensaios sobre cinema. São Paulo: Cosac & Naify, 2001, 373 p., p. 140-142.]

_____. Pasolini Vive a Sua Segunda Morte. Folha de S. Paulo, 1º set. 2000. [Retomado em FILHO, Antonio Gonçalves. *A Palavra Náufraga*: ensaios sobre cinema. São Paulo: Cosac & Naify, 2001, 373 p., p. 347-349.]

FILHO, Jairo Justino da Silva. Do Conceito da Imagem-tempo no Discurso Fílmico de Pasolini. Em http://www.ufop.br/ichs/conifes/anais/FES/feso601.htm.

FILIPPINI, Enrico. Il corsaro ossessionato. *La Repubblica*, Milão, 19 ago. 1985.

FINETTI, U. La condanna di "Salò" nella sentenza del tribunale. *Cinema Nuovo*, nº 244, nov.-dez. 1976.

_____. Nella struttura di "Salò" la dialettica erotismo-potere. *Cinema Nuovo*, nº 244, nov.-dez. 1976.

_____. Quando l'erotismo diventa merce. *Avanti!*, 14 fev. 1975.

FINZI, G. "La Divina Mimesis" e gli altri scritti. *Giorni*, 7 abr. 1976.

_____. Dialoghi con i giovani di Pier Paolo Pasolini. *Città futura*, nº 1, 4 jan. 1978.

_____. Tutte le "provocazioni" dell'ultimo Pasolini. *Giorni*, 23 mar. 1977.

FIORI, Simonetta. "Petrolio", che affare! *La Repubblica*, 13 nov. 1992.

FIRENZE, L. G. "Petrolio" in anteprima. *La Stampa*, 25 out. 1992.

FIRPO, L. Verso il tramonto della sensualità. *La Stampa*, 8 out. 1972.

FOFI, Goffredo. "I Racconti di Canterbury". *Quaderni Piacentini*, nº 48/49, 1973. [Retomado em FOFI, Goffredo. *Capire con il cinema*. 200 film prima e dopo il '68. Milão: Feltrinelli, 1977; 1978].

_____. "Il Decameron" di Pier Paolo Pasolini. *Quaderni Piacentini*, nº 44/45, dez. 1971.

_____. Turoldo, Pasolini e la polenta dei ricchi. *L'Unità*, 9 nov. 1992.

FONTANELLA, Luigi. "Trasumanar e organizzar". *Italian Quarterly*, nº 82-83, New Brunswick, 1980-1981, p. 85-93.

FONTELLA, C. Santos. "Salò o le 120 giornate di Sodoma". *Cinema 2002*, nº 65-66, jun.-ago. 1980.

FORNARI, F. Omossessualità e cultura. *Corriere della Sera!*, Milão, 12 fev. 1975.

_____. Sesso e mistero. *Corriere della Sera!*, Milão, 28 dez. 1975.

FORNI, Kathleen. A cinema of poetry: What Pasolini Did to Chaucer's Canterbury Tales. *Literature Film Quarterly*, Berkeley, 2002.

FORRESTER, V. Hommage à Pasolini. *Art Press International*, nº 15, fev. 1976.

FORSE bastava il disgusto. *Corriere della Sera*, Milão, 14 jan. 1976.

FORTI, M. La meglio gioventù. *Letteratura*, nº 11-12, set.-dez. 1954.

FORTINI, Franco. Critticava il 'mostro' Valpreda. *Il Manifesto*, 15 dez. 1992.

_____. Dialettali del Novecento. *Comunità*, dez. 1952.

_____. Due libri da Pasolini. *Belfagor: Rassegna di Varia Umanità*, nº 4, Florença, jul. 1988, p. 369-385.

_____. Il cruccio di Bonagiunta. *aut-aut*, nº 151, jan.-fev. 1976.

_____. In morte di P. P. Pasolini [Poema]. *Nuovi Argomenti*, nº 49, Roma, jan.-mar. 1976.

_____. Pasolini & C., fucina degli autoinganni. *Il Sole-24 Ore*, 21 nov. 1993.

_____. Pasolini e le ultime illusioni. *Corriere della Sera*, Milão, 28 ago. 1977.

_____. Pasolini sul rogo di sé. *Il Sole 24 Ore*, 8 nov. 1992.

_____. Recensioni e marchette. *L'Espresso*, 22 nov. 1992.

FORTUNATO, Mario. Da Valmont a "Petrolio". *L'Espresso*, 8 nov. 1992.

FOUCAULT, Michel. [Sobre Pasolini, a Itália e o sexo]. *Le Monde*, 23 mar. 1977.

_____. Foucault: e Pasolini costrinse l'Italia a parlare di sesso. *La Stampa*, 31 ago. 1988. [Originalmente publicado em *Le Monde*, 23 mar. 1977].

O *CORPUS* ARQUIVADO

_____. Grey Mornings of Tolerance. *Stanford Italian Review*, nº 2, Saratoga, 1982, p. 72-74.

FRABOTTA, Biancamaria. Attilio Bertolucci e Roma: una difficile residenza. *Studi Romani*: Rivista Trimestrale dell'Istituto Nazionale di Studi Romani, nº 3-4, Roma, jul.-dez. 1992, p. 279-283.

FRAPPAT, Hélène. Pier Paolo, prophète et martyr: des chefs-d'oeuvre de Pasolini en DVD. *Télérama*, nº 2753, 16 out. 2002, p. 36-39.

FREATO, Maria Chiara. Disegni di lessico familiare. *La Nazione*, 25 out. 1992.

FREIXE, G. Aproche de *"Decameron"* de Pier Paolo Pasolini. *Cahiers de la Cinemathèque*, nº 42-43, 1985.

FRÜNDT, B. [Sobre *As Mil e uma Noites de Pasolini*]. *Süddeutsche Zeitung*, 16-17 nov. 1974.

_____. [Sobre *Os Contos de Canterbury*]. *Kölner Stadt Anzeiger*, 29 out. 1972.

FUBINI, Federico. Pasolini pittore a New York. *L'Indipendente*, 27 out. 1992.

FUKSIEWICZ, J. Tysiac i jedna noc. *Kino*, nº 10, out. 1974.

FUSILLO, Massimo. "Credo nelle chiacchiere dei barbari": il tema della barbarie in Elsa Morante e in Pier Paolo Pasolini. *Studi Novecenteschi*: Revista Semestrale di Storia della Letteratura Italiana Contemporanea, nº 47-49, Agnano Pisano, jun.-dez. 1994, p. 97-129.

G. B. Povero Pasolini, morto due volte. *Famiglia Cristiana*, 11 nov. 1992.

G. E. P. Pasolini à allá ricerca di volti arabi in Sicília. *L'Unità*, 6 dez. 1972.

GAGLIARDO, G. Nasce da Pasolini (seza colpa) il genere erotico. *L'Unità*, 17 fev. 1988.

GAMBARO, Fabio. L'Italie divisée. *Le Monde*, 27 out. 1995.

_____. Pasolini contre Calvino. *Le Monde*, Paris, 20 fev. 1998.

GAMBETTI, G. Pasolini da Boccaccio a Chaucer. Per una "trilogia popolare, erotica, libera". *Cineforum*, nº 121, mar. 1973.

_____. Storie scellerate. *Cineforum*, nº 132, maio 1974.

GANDILLOT, Thierry. Pier Paolo: provocateur et martyr. *Télérama*, nº 2391, 8 nov. 1995, p. 48-52.

GARBOLI, Cesare. Il male estetico. *Paragone*, nº 190, XVI, dez. 1965.

_____. Poesia. *L'Approdo Letterario*, jan.-mar. 1958.

_____. Quando Dio siede a tavola. *La Fiera Letteraria*, nº 23, Roma, 6 jun. 1968.

_____. Ricordo di Longhi. *Nuovi Argomenti*, nº 18, Roma, abr.-jun. 1970, p. 39.

GARDAIR, Jean-Michel. January 1971, via Eufrate 9, Rome, E.U.R. *Stanford Italian Review*, nº 2, Saratoga, 1982, p. 49-53.

_____. Le Monde. *Stanford Italian Review*, nº 2, Saratoga, 1982, p. 46-48.

GARDI, Kim. A Controversial Figure: ambiguity and allegory in Pasolini's Christ. *Studi d'Italianistica nell'Africa Australe, Italian Studies in Southern Africa*, nº 2, Johannesburg, 1991, p. 64-80.

_____. Pasolini's "Archaic Primitive": a poetic rebirth. *Studi d'Italianistica nell'Africa Australe, Italian Studies in Southern Africa*, Johannesburg, nº 2, 1993, p. 23-35.

_____. The Crisis of Transition: Pier Paolo Pasolini's African Oresteia. *Quaderni d'Italianistica*, nº 1, Canadá, 1996, p. 89-99.

GARGIULO, Gius. Il Decameron napoletano come riflessione sul linguaggio nel cinema dell'ultimo Pasolini. *Narrativa*, Cedex, fev. 1994, 5, p. 119-130.

GARLATO, Francesco. Alcune riflessioni sul linguaggio di Pier Paolo Pasolini. *Cristallo*: Rassegna di Varia Umanità, nº 2, Bolzano, aug. 1997, p. 51-60.

_____. Il mio incontro con Pasolini. *Cristallo*: Rassegna di Varia Umanità, nº 1, Bolzano, abr. 1985, p. 35-40.

GAROFOLO, M. *"Decameron"* nº 2. *Segnocinema*, nº 71, jan.-fev. 1995.

GARRONI, E. Popolarità e comunicazione nel cinema. *Filmcritica*, nº 174, Roma, jan.-fev. 1967.

GARSON, Charlotte. *Accattone* –1961 –*Mamma Roma* –1962 –de Pier Paolo Pasolini. *Études*, nº 3991-3992, 1º jul. 2003, p.110-111.

GATTA, Enrico. Né Dio né partito, soltanto *"Petrolio"*. *La Nazione*, 25 out. 1992.

_____. Piccone corsaro. *Il resto del Carlino*, 25 out. 1992.

GELDER, P. *"Salò"*. *Skrien*, nº 78, set. 1978.

GEORGAKAS, D. *"Salò"*. *Cinéaste*, nº 3, 1978.

GÉRARD, Fabien. Pier Paolo Pasolini. *Sigma*, nº 2-3, Nápoles, Guida Editori, maio-dez., 1981.

_____. Ricordi figurativi di Pasolini. *Prospettive*, nº 32, jan. 1983, p. 32-47.

GEROSA, Guido. Le nostre revisioni: il *Officina*. *Quartiere*, 31 dez. 1963.

GERVAIS, Marc. Pier Paolo Pasolini: le dernier cri d'un cinéaste au bord de l'abîme. *Cinema*, nº 3, Québec, 1976, p. 8-11.

GHIDETTI, E. Un angelo trafitto dalla colpa. *Rinascita*, nº 46, 3 dez. 1982.

GHILARDI, Margherita. Il *Satyricon* della modernità. *Il Mattino*, 25 out. 1992.

GIAMMATTEO, Fernaldo di. Pasolini, la quotidiana eresia. *Bianco e Nero*, nº 1-4, "Lo scandalo Pasolini", Roma, jan.-abr. 1976.

GIANFRANCESCHI, Fausto. Tanto porno postumo, poco *"Petrolio"*. *Il Tempo*, 28 out. 1992.

GIANFRANCESCI, Fausto. Il finto corsaro. *Il Tempo*, 30 jun. 1975.

GIANNESSI, F. Un ritratto di Pasolini. *Il Giorno*, 11 fev. 1976.

GIANNETTO, Nella. Ragazzi di vita di Pasolini: neorealismo, naturalismo o decadentismo? *Narrativa*, Cedex, jan. 1992, 1, p. 7-29.

GIAVARINI, Laurence. Pasolini, la parole ininterrompue. *Cahiers du Cinéma* nº 451, p. 74-78.

GIGUÈRE, A. Pasolini: *"Salò"* et lefacisme. *Séquences*, nº 107, jan. 1982.

GILI, J. A. *"Les contes de Canterbury"*. *Écran*, nº 12, fev. 1973.

_____. Braucourt et Pasolini. *Écran 75*, nº 42, dez. 1975.

_____. D'"Accattonne" aux fascistes de *"Salò"* et autres lieux. *Écran 75*, nº 42, dez. 1975.

GIUDIZIO contrastanti su *"Salò"*. *Corriere della Sera*, Milão, 25 nov. 1975.

GIULIANI, A. Le cenere di Gramsci. *Il Verri*, nº 4, jul.-ago. 1957.

GNERRE, Francesco. Pasolini: l'omosessualità come chiave di lettura della realtà. *Liberazione*, 29 out. 2000.

GODARD, Jean-Luc. C'est de la technique que peut se dégager une idéologie. *Cahiers du Cinéma*, nº 184, Paris, nov. 1966.

GODEGO, M. La religione di Pasolini. *Cinema Società*, nº 9-10, mar. 1972.

GOETZ, E. [Sobre *Os Contos de Canterbury*]. *Stuttgarten Zeitung*, 14 out. 1972.

GOLDMANN, Annie. L'éxilé. *Revue d'Esthétique*, nº 3, "Pasolini", Toulouse, Éditions Privat, 1982, 176 p.; 1992, p. 55-58.

GOLINO, Enzo. Ecco il suo dia logo con la base. *La Repubblica*, 14 jul. 1977.

_____. L'impura gioventù. *La Repubblica*, 16 nov. 1982.

_____. Pasolini. *Galleria*, nº 14, v. xxxv, Roma, Sciascia, jan.-ago. 1985.

_____. Quel Pasolini? Narciso che rompe gli specchi. *La Repubblica*, 19 jul. 1979.

GÖNCZ, Á. A mulo ido ellen. *Filmkultura*, nº 1, jan.-fev. 1981.

GONZAGA, Roberto. Contro la crisi Pasolini e Calvino. *Gazzetta di Parma*, 6 out. 1992.

GORDON, Robert. Identity in Mourning: the role of the intellectual and the death of Pasolini. *Italian Quarterly*, nº 123-124, New Brunswick, 1995, p. 61-74.

_____. Recent Work on Pasolini in English. *Italian Studies*, Inglaterra, 1997, 52, p. 1 80-188.

GRAFE, F. [Sobre *Decameron*]. *Süddeutsche Zeitung*, 20 out. 1971.

_____. [Sobre *Os Contos de Canterbury*]. *Süddeutsche Zeitung*, 19 out. 1972.

GRAMIGNA, Giuliano. Ali dagli occhi azzurri. *La Fiera Letteraria*, 3 fev. 1966.

O *CORPUS* ARQUIVADO

_____. La religione del mio tempo. *L'Illustrazione Italiana*, jul. 1961.

_____. Nella poesia di Pasolini la religione del nostro tempo. *Settimo Giorno*, 11 jul. 1961.

_____. Passione e ideologia. *Settimo Giorno*, 6 nov. 1960.

GRANZOTTO, Paolo. P. P. P. per lettori morbosi raffinati offresi. *Il Giornale*, 29 out. 1992.

GRAZIOSI, G.; SORTENI, M. Abbiamo visto il "Salò" di Pasolini: ecco onestamente il nostro parere. *La Domenica del Corriere*, Milão, 15 jan. 1976.

GRAZZINI, Giovanni. "Decameron". *Corriere della Sera*, Milão, 29 jun. 1971.

_____. "I Racconti di Canterbury". *Corriere della Sera*, Milão, 17 set. 1972.

_____. "Salò", i critici e i censori. *Avanti!*, 25 nov. 1975.

_____. Cinema provocatório e violento. *Corriere della Sera*, Milão, 3 nov. 1975.

_____. Condannato il "Salò" di Pasolini. *Corriere della Sera*, Milão, 31 jan. 1976.

_____. Ecco scena per scena l'ultimo film di Pasolini. *Corriere della Sera*, Milão, 16 nov. 1975.

_____. Il "Decameron" di Pasolini. *Corriere della Sera*, Milão, 17 set. 1971.

_____. Nella livida palude. *Corriere della Sera*, Milão, 11 jan. 1976.

_____. Sbloccato il film di Pasolini. *Corriere della Sera*, Milão, 23 jul. 1972.

_____. Un'opera frammentaria. *Corriere della Sera*, Milão, 5 jul. 1972.

GREENE, Naomi. Pasolini: "organic intellectual"?. *Italian Quarterly*, nº 119-120, New Brunswick, 1990, p. 81-100.

_____. The dialectic of adaptation: "The Canterbury Tales" of Pier Paolo Pasolini. *Lit F Quarterly*, nº 1, 1976.

GREGOR, P. Materialen zu Pasolini. *Cinema*, nº 65, Audliswil (Suíça), 1971.

GREINER, U. [Sobre *Os Conrtos de Canterbury*]. *Frankfurter Allgemeine Zeitung*, 4 jul. 1972.

GRIECCO, D. Pasolini porta Sade a Salò tra i repubblichini. *L'Unità*, 19 jan. 1976.

GRISI, F. Pier Paolo Pasolini e la retorica dei miti. *Corriere del Giorno di Puglia e di Calabria*, 13 fev. 1995.

GRÜNEWALD, José Lino. Pasolini: Teorema, teor & tema. *Correio da Manhã*, 26 mar. 1969.

GUARINI, Ruggero. Evviva Pasolini. *Il Messaggero*, 4 jun. 1975.

_____. Una stella senza luce. *Il Messaggero*, 7 nov. 1992.

GUERRI, Lorenza. Presentato a Firenze "Petrolio" di Pasolini. *Il Giornale*, 25 out. 1992.

GUGLIELMI, Angelo. E se "Petrolio" fosse un capolavoro? *L'Espresso*, 29 nov. 1992.

GUGLIELMINO, G. M. "Il Fiore delle Mille e una Notte". *La Gazzetta del Popolo*, 30 ago. 1974.

_____. Il richiamo di Pasolini alle "Giornate". *La Gazzetta del Popolo*, 2 set. 1973.

_____. Il suo cinema: l'uomo. *La Gazzetta del Popolo*, 3 nov. 1975.

_____. Oriente sereno e favoloso nelle "Mille e una Notte". *La Gazzetta del Popolo*, 22 maio 1974.

_____. Sade in camicia nera. *La Gazzetta del Popolo*, 23 nov. 1975.

_____. Una sentenza contro il pubblico italiano. *La Gazzetta del Popolo*, 31 jan. 1976.

GUIDORIZZI, M. Il regista Pasolini. *Il Giornale di Vicenza*, 14 nov. 1975.

GUIGUET, J. C. "Les contes de Canterbury". *Image et Son*, nº 268, fev. 1973.

_____. Pasolini à Mantoue. *Image et Son*, nº 298, set. 1975.

GUILLOUX, M. Le cinéaste passe au crible. *L'Humanité*, 2 nov. 1995.

GUINZBURG, Natalia. In "Salò" la vita è assente. *Il Mondo*, 4 dez. 1975.

HAAKMAN, A.; BACHMANN, Gideon. Pasolini's leaste films. *Skoop*, nº 1, jan. 1976.

HARDMAN, Francisco Foot. Foot Hardman responde à crítica de Nagib sobre "A Vida Clara". *Folha de S. Paulo*, São Paulo, 7 maio 1993, Mais!.

HEAT, S. Film/Cinetext/Text. *Screen*, nº 1-2, 1973.

HENDGEN, Helmut. Hofmannsthals "Welt der Bezuge" und Pasolinis Bezug zur Welt: Spiegel und Selbsterkenntnis in zwei Bearbeitungen einer literarischen Vorlage: Der Turm: Ein

TODOS OS CORPOS DE PASOLINI

Trauerspiel in funf Aufzugen –Calderon: Eine Tragödie. *Deutsche Vierteljahrsschrift fur Literaturwissenschaft und Geistesgeschichte*, nº 4, Stuttgart, dez. 1988, p. 669-696.

HEYMANN, Daniele. Alberto Moravia se souvient de Pier Paolo Pasolini: une vie fiévreuse. *Le Monde*, Paris, 15 jun. 1989.

HÜBNER, P. [Sobre *Decameron*]. *Rheinische Post*, 16 out. 1971.

I CRITICI vogliano per *"Salò"* la programmazione obbligatoria. *La Repubblica*, 2 jan. 1980.

I MOTIVI della decisione della sentenza di appello di *"Salò"*. *Cinema d'Oggi*, 14 jun. 1977.

I NOSTRI libri più venduti. *Corriere dell'Umbria*, 29 out. 1992.

IACOPETTA, Antonio. Pasolini: l'enfasi e la messa in rilievo. *Lettore di Provincia*, nº 95, Ravena, abr. 1996, p. 41-45.

IARUSSI, Oscar. Non sporcano gli schizzi di *"Petrolio"*. *Gazzetta del Mezzoggiorno*, 22 nov. 1992.

IL *"DECAMERON"* di Pasolini. *Giorni-Vie Nuove*, 13 out. 1971.

IL *"DECAMERON"* non basta. Pasolini insiste sul tema. *Napoli Notte*, 18 set. 1971.

IL *"DECAMERON"* sequestrato (solo a Bari). *L'Unità*, 3 out. 1971.

IL MEDIOEVO rivisto con allegria. *Panorama*, 30 nov. 1971.

IL MINISTRO boicotta *"Salò"* di Pasolini? *Paese Sera*, 11 nov. 1982.

IL PENSIERO dei registi sulla crisi dell'industria cinematografica. Entrevista com Pier Paolo Pasolini e Alberto Lattuada. *Il Messaggero*, 13 mar. 1964.

IL SUO ULTIMO film tra 20 giorni a Parigi. *Il Giornale*, 4 nov. 1975.

IMBERTY, C. Le thème de la crucifixion dans *"Ragazzi di vita"* et *"Una vita violenta"*. *Revue des Études Italiennes*, nº 2-3, *"Pasolini"*, Paris, abr.-set. 1981, p. 186-213.

INGHILTERRA medioevale di Pier Paolo Pasolini. *Gazzetta di Mantova*, 26 nov. 1971.

IVALDI, N. Empirismo eretico. *Giornale dello Spettaculo*, 17 jul. 1972.

JACQMAIN, M. Le discours indirect libre comme moyen expressif chez Pasolini. *Linguistica Antverpiensia*, nº 5, 1971.

JATTARELLI, E. *"Il Decameron"*. *Il Tempo*, 19 set. 1971.

_____. Pornografia a dispense con Il *"Decamerone"*. *Il Tempo*, 30 jun. 1971.

JEREMIAS, B. [Sobre *As Mil e uma Noites de Pasolini*]. *Frankfurter Allgemeine Zeitung*, 1º out. 1974.

JEWELL, Keala Jane. Bibliography. *Stanford Italian Review*, nº 2, Saratoga, 1982, p. 134-138.

_____. Reading Pasolini's *"Roses"*. *Symposium*: A Quarterly Journal in Modern Literatures, nº 3, Washington, 1982, p. 207-219.

_____. Sexual Commerce and Culture: Pier Paolo Pasolini's Caracalla Poems. *Italica*, nº 2, Columbus, 1998, p. 192-209.

JODI, R. Macchioni. Canzonzere italiano. *Il Ponte*, nº 12, XII, dez. 1956.

_____. Macchioni. Poesia dialettale e poesia popolare. *Il Raccoglitore*, 31 jan. 1956.

JOUBERT-LAURENCIN, Hervé. La Divine Théorie. *CinémAction*, *"Théories du Cinéma"*, Paris, 20 maio 1991.

_____. Pasolini avait vu Berlusconi. *L'Expres*, nº 2296, 6 jul. 1995, p. 86.

_____. Freud, les chevilles qui enflent. *CinémAction*, *"Cinéma et psychanalyse"*, Paris, 1989. [Retomado em JOUBERT-LAURENCIN, Hervé. *Le Dernier Poète Expressionniste*. Écrits sur Pasolini. Paris: Les Solitaires Intempestifs, 2005. 255 p., p. 15-24.]

_____. Sur quelques mots de trop et quelques mots en moins (Pasolini, Visconti, les 'Damnés'). *Caméra Stylo*, *"Visconti"*, dez. 1989. [Retomado em JOUBERT-LAURENCIN, Hervé. *Le Dernier Poète Expressionniste*. Écrits sur Pasolini. Paris: Les Solitaires Intempestifs, 2005. 255 p., p. 25-36.]

_____. Une vie dans les lettres. *Positif*, nº 374, Paris, abr. 1992.

348

O *CORPUS* ARQUIVADO

JOUBERT-LAURENCIN, Hervé; SIMÉONE, Bernard. Pasolini, souvenirs d'un enragé. Entretien avec Jean-Claude Biette. *Cahiers du Cinéma*, nº 496, Paris, nov. 1995, p. 72-80.

JOUVET, E. "Salò". *Cinématographe*, nº 19, jun. 1976.

KAMMERER, P. Pasolinis Traum von der Vergangenheit (eine italienische Kontroverse). *Literatur Magazin*, nº 3, fev. 1975.

KERVÉAN, Jean-François. Pasolini, le discours indirect libre et le cinéma de poésie. *Positif*, nº 467, jan. 2000, p. 78-85.

KEZICH, Tullio. "Il Décameron". *Panorama*, 7 out. 1971.

_____. In fondo a tanto orrore c'è un sorriso. *La Repubblica*, 11 mar. 1977.

_____. Pasolini proibito. *Panorama*, 27 nov. 1975.

_____. Sette instruzioni per l'uso di un film "maledetto". *La Repubblica*, 11 mar. 1977.

KONSTANTARAKOS, Myrto. La representation de la classe populaire dans *Les Misérables* de Victor Hugo et dans les romans "romains" de Pier Paolo Pasolini (*Ragazzi di vita, Una vita violenta*). *Revue des Études Italiennes*, nº 4, Paris, jan.-dez. 1991, p. 131-148.

_____. Time and Space in Pasolini's Roman Prose Works. *The Italianist*: Journal of the Department of Italian Studies, University of Reading, Reading, Berks, 1992, 12, p. 59-74.

KRIEWITZ, G. [Sobre *Decameron*]. *Stuttgarten Zeitung*, 18 out. 1971.

KUHLBRODT, D. [Sobre *Decameron*]. *Filmkritik*, Frankfurt/Munique, dez. 1971.

L. F. "Salò" vietato a Ginevra e Losanna. *La Stampa*, 11 jun. 1976.

L'INCOMPIUTO di Pasolini. *La Prealpina*, 8 nov. 1992.

L'INEDITO scomodo di Pier Paolo Pasolini. *La Nuova Sardegna*, 25 out. 1992.

L'ULTIMO film di Pasolini è aberrante e ripugnante. *Il Secolo d'Italia*, 13 nov. 1975.

LA CONDANNA di "Salò" nella sentenza del tribunale. *Cinema Nuovo*, nº 244, nov.-dez. 1976.

LA CONDANNA di "Salò". *Il Popolo*, 1º fev. 1976.

LA LICATA, Francesco; RUOTOLO, Guido. Mattei un delitto italiano. *La Stampa*, 20 jan. 2001.

LA PALMA, Marina De Bellagente. Meditations on Masculinity: *Accattone* and *Midnight Cowboy*. *Italian Culture*, Pittsburgh, 1992, 10, p. 217-225.

LA TROUPE di "Salò" respinge una manovra diffamatoria. *L'Unità*, 7 fev. 1976.

LA VALLE, Mercedes. Uma Rua Antiga: de Rafael a Pasolini. *Suplemento Literário*, nº 1074, Belo Horizonte, maio 1987, p. 5.

LACROIX, Hugo. Pour en finir avec la légende noire de Pasolini. *L'Evénement du jeudi*, nº 9, 13 jan. 2000, p. 44-45.

LAGAZZI, Paolo. Attilio Bertolucci a Roma: il viaggio e la dispersione dei segni. *Studi Romani*: Rivista Trimestrale dell'Istituto Nazionale di Studi Romani, nº 3-4, Roma, jul.-dez. 1992, p. 284-291.

LAGES, Susana Kampff. O Herege Santificado. [Entrevista com Massimo Fusillo]. *Folha de S. Paulo*, São Paulo, 13 out. 2002, Mais!

LAHUD, Michel. Life Is Your Film: semiologia e metafísica nas "Observações sobre o Plano-Seqüência" de Pier Paolo Pasolini. *Cadernos de Estudos Linguísticos*, Campinas, jul.-dez. 1988, 15, p. 187-198.

_____. O Poema de Pasolini para o Brasil. *Folha de S. Paulo*, São Paulo, 2 de nov. 1985, Ilustrada, p. 50.

LALANNE, Jean-Marc. Longue vue. *Les Inrockuptibles*, nº 347, 17 jul. 2002, p. 60-61.

LANCELIN, Aude. Pasolini: "Sois joyeux". *Le Nouvel Observateur*, nº 2148, 5 jan. 2006, p. 85.

LANDROT, Marine. Pasolini "Petrolio", parce que ce livre est politique. *Art Press*, nº 215, 1 jul. 1996, p. IV-V.

349

LAPARULO, William. Lingua e dialetto nella prosa e nel cinema di Pier Paolo Pasolini. *Canadian Journal of Italian Studies*, nº 20-21, Hamilton, 1982, p. 291-297.

LARDEAU, J. Le mur des métamorphoses. *Cahiers du Cinéma*, nº 9, "Pasolini Cinéaste", Paris, Éditions de l'Étoile, mar. 1981.

LAURENZI, C. L'Oriente di Pasolini. *Il Giornale Nuovo*, 30 ago. 1974.

_____. Pasolini postumo a Parigi. *Il Giornale*, 23 nov. 1975.

_____. Schiaccia "Salò" il fatale Sade. *Il Giornale*, 20 nov. 1975.

LAWTON, Ben. The Evolving Rejection of Homosexuality, the Sub-Proletariat, and the Third World in the Films of Pier Paolo Pasolini. *Italian Quarterly*, nº 82-83, New Brunswick, 1980-1981, p. 167-173.

LECLERC, Claude. Pasolini et Gennariello: le pédagogue et le jeune plébéien. *Europe*, nº 887, 1 mar. 2003, p. 297-311.

LEDOCHOWSKI, A. Casus Pasolini. *Kino*, nº 2, Varsóvia, 1972.

LEMIEUX, Louis-Guy. "Salò" de Pasolini: Cochon ou génial?. *Le Soleil*, 18 set. 1982.

LEONETTI, Francesco. Nuovo stile in Pasolin. *Paragone*, nº 174, jun. 1964.

_____. Pasolini: compte rendu. *Paragone*, nº 142, out. 1961.

_____. Sperimentalismo "a tensione". *Alfabeta*, nº 8, dez. 1979.

LERCHER, Anne-Marie; LAMBERT-WIL, Jean. La scénographie high tech. *L'Oeil*, nº533, 1º fev. 2002, p. 56-59.

LEVI, Carlo. *Accattone* vu par Carlo Levi. *Positif*, nº 525, nov. 2004, p. 62-64.

LINDBERG, I. Canterbury. *Kosmorama*, nº 113, mar. 1973.

LOLLINI, Massimo. I narratori di Pasolini e l'angolo d'incidenza della vita. *Piccolo Hans*, nº 82, 1994, p. 60-78.

_____. Il dialetto come lingua della poesia: aspetti della poesia neo-dialettale in Pasolini, Zanzotto e Loi. *Nemla*: Italian Studies, Neshanic, 1992, 16, p. 67-84.

LOMBARDI, Andrea. O Rebelde com Causa em Sua Guerra Particular. *O Estado de S. Paulo*, São Paulo, 29 out. 2000, Caderno 2, p. D5.

LUFT, F. [Sobre *Decameron*]. *Die Welt*, 29 jul-1º jul. 1971.

_____. [Sobre *Os Contos de Canterbury*]. *Die Welt*, 3 jul. 1972.

LUISE, A. "I Racconti di Canterbury" proiettato per i giudici. *La Stampa*, 19 set. 1972.

_____. Pasolini assolto "Canterbury", fa la pace col frate che lo accusa. *La Stampa*, 4 set. 1973.

LUNETTA, M. "Petrolio" o l'inguaribile pathos: um romanzo mille romanzi. *Il Ponte*, nº 2, fev. 1993.

_____. Dalla parte del mito. *Il Messaggero*, 12 jan. 1978.

_____. Quando il corsaro faceva il confessore. *Il Messaggero*, 17 ago. 1977.

LUPERINI, Romano. L'"eredita" di Pasolini e Fortini. *Il Ponte*: Rivista Mensile de Política e Letteratura Fondata da Piero Calamandrei, Florença, mar.-abr. 1981, 37:3-4, p. 356-362.

M. S. "Petrolio" e altre opere di Pasolini. *Libertà*, 5 out. 1992.

MACAFEE, Norman. "I am a free man": Pasolini's poetry in América. *Italian Quarterly*, nº 82-83, New Brunswick, 1980-1981, p. 99-105.

MACBEAN, James Roy. Between Kitsch and Fascism: notes on Fassbinder, Pasolini, (homo)sexual politics, the exotic, the erotic & other consuming passions. *Cineaste*: America's Leading Magazine on the Art and Politics of the Cinema, nº 4, Nova York, 1984, p. 12-19.

MACCHIA, G. Sade è stato il profeta di "Salò". *Tuttolibri*, Supplemento a *La Stampa*, nº 4, nov. 1975.

MACHIEDO, Mladen. Lo stile del trapasso: nuove osservazioni su Pier Paolo Pasolini. *Studia Romanica et Anglica Zagrabiensia*, nº 36-37, Zagreb, 1991-1992, p. 313-320.

MADEO, L. Per il "Decamerone", 80 denunce. *La Stampa*, 11 fev. 1972.

O *CORPUS* ARQUIVADO

MADSEN, O. Pasolini kan geen' verhaal' vertellen: "Salò". *Skoop*, nº 9, nov. 1976.

MAESTOSI, D. Un Oriente troppo "diverso". *Il Tempo*, 25 ago. 1974.

MAFFEI, S. Pasolini è stato assolto dall'accusa di oscenità. *Il Resto del Carlino*, 21 out. 1972.

MAGALDI, Francisco; ROMITI, Marco. [Entrevista com Ninetto Davoli: Roma, ago. 1985]. *Folha de S. Paulo*, São Paulo, 2003, Folhetim.

MAGGIORE, R. "Salò-Sade". Autour du dernier film de Pasolini. *Libération*, 22 jun. 1976.

_____. La Republique de Salò. *Libération*, 22 jun. 1976.

MAGLIO, A. Un incontro nel Friuli con P. P. P. forse in fase di revisione. *Prealpina*, 17 ago. 1966.

MAGNY, Joël. "Et Dieu, dans tout ça?". *Cahiers du Cinéma*, sem número, Paris, 1968.

_____. "Les Contes de Canterbury". *Telecine*, nº 177, fev. 1973.

_____. La seconde mort de Pier Paolo Pasolini. *Téléciné*, nº 209, jun. 1976.

MAGNY, Joel; LAURET, B. "Salò". *Téléciné*, nº 210, jul.-ago. 1976.

MAGRELLI, D. Sei pensieri sul cinema di Pasolini. *Dossier Sud*, nº 6, 1º nov. 1981.

MAGRELLI, Enrico. "Salò" e l'immaginario silenzioso. *Filmcritica*, nº 261, Roma, jan.-fev. 1976.

MAGRINI, G. Pasolini con Baudelaire. *Nuovi Argomenti*, nº 51-52, Roma, jul.-dez. 1976.

_____. Pasolini, Spitzer, Bertolucci. Recit senza accento. *Paragone Letteratura*, nº 536-538, 1994.

MAINARDI, Diogo. Pasolini e o cinema novo. *Veja*, 8 nov. 2000, Coluna Diego Mainardi.

MALTESE, Curzio. Pasolini, il teatro riscopre il pozzo nero del potere. *La Repubblica*, 8 nov. 2003, Spettacoli & TV, p. 46.

MANACORDA, G. Quel gigante che a obbligo a pensare. *La Repubblica*, 24 fev. 1990.

MANCIOTTI, M. Il cinema ha esaltato le sue contraddizioni. *Il Secolo XIX*, 3 nov. 1975.

MANDELBAUM, Allen. "Ah mistica/filologia!" Rereading Pasolini. *Italian Quarterly*, nº 82-83, New Brunswick, 1980-1981, p. 95-98.

MANNONI, Francesco. "Petrolio" trasgressivo. *La Provincia*, 1º nov. 1992.

MANNS, T. "Salò eller 120 dagar i Sodom". *Chaplin*, nº 2, 1976.

MARABINI, Claudio. Davanti al vuoto. *Il Resto del Carlino*. 1º jun. 1971.

_____. Gocce di "Petrolio". *Il Resto del Carlino*, 3 nov. 1992.

MARAINI, Dacia. Perché non piace ai censori il potere visto da Pasolini. *La Stampa*, 15 nov. 1975.

MARAONE, E. Estetismo e gusto del laido. *L'Avvenire d'Italia*, 17 set. 1972.

MARAZZINI, Claudio. Pasolini dopo le Nuove questioni linguistiche. *Sigma*, nº 2-3, XIV, maio-dez. 1981.

MARCHESINI, Alberto. Longhi e Pasolini, tra "fulgurazione figurative" e "fuga della citazione". *Autografo*, nº IX, 26 jun. 1992, p. 3-31.

MARCHETTI, Giuseppe. Empirismo eretico. *Il Cristallo*: Rassegna di Varia Umanità, Bolzano, dez. 1972.

_____. Una chiazza sulla coscienza. *Gazzetta di Parma*, 1º nov. 1992.

MARCUS, Millicent. Pasolini's "Decameron": a cinematic study in misreading. *Shakespeare on Film Newsletter*, nº 1, Garden City, dez. 1977, p. 1, 6-8.

_____. Screening the Decameron. *Studi sul Boccaccio*, Florença, 1991-1992, 20, p. 345-353.

_____. The "Decameron": Pasolini as a Reader of Boccaccio. *Italian Quarterly*, nº 82-83, New Brunswick, 1980-1981, p. 175-180.

MARCUSE, Herbert. Protosocialisme et capitalisme avancé. *Les Temps Modernes*, nº 394, Paris, maio 1979, p. 1705-1730.

MARENGO, S. Sodoma è qui. *Il Borghese*, nº 47, 23 nov. 1975.

MARIOTTI, Giovanni. Basta con la truffa degli inediti gonfiati. *Corriere della Sera*, Milão, 29 out. 1992.

MAROLO, B. L'ultima provocazione di Pier Paolo Pasolini. *La Gazzetta del Popolo*, 3 nov. 1975.

MARTELLI. Dal linguaggio tecnologico al Volgar eloquio (questioni e nuove questioni lingui-stiche di Pasolini). *Misure critiche*, jan.-mar. 1977.

MARTIN, M. "Les Mille et une Nuits". *Écran 74*, nº 29, out. 1974.

_____. "Salò ou les 120 journées de Sodome". *Écran 76*, nº 49, jul. 1976.

MARTINS, Floriano (trad.). Pier Paolo Pasolini, 3 Poemas. *Suplemento Literário*, nº 1048, Belo Horizonte, nov. 1986, p. 4-5.

MATTIA, E. G. Le eresie di un poeta. *Momento Sera*, 5 jul. 1972.

MATURI per refiutare "Salò". *Oggi*, 15 dez. 1975.

MAURI, Paolo. Aspettando il "Petrolio". *La Repubblica*, 23 out. 1992.

MAURI, S. Su Pasolini. Storia di unacorrispondenza. *Linea d'ombra*, nº 8, fev. 1985.

MAURO, Walter. Il doloroso cammino dal "fanciullino" al sacrificio di Ostia. *Il Giorno*, 2 jan. 1994.

_____. La poesia popolare. *Il Paese*, 10 fev. 1956.

_____. Leggi Pasolini, scopri Pascoli. *Il Tempo*, 10 jan. 1994.

_____. Pier Paolo Pasolini, ovvero la dignità della poesia. *Periferia*, nº 26, maio-ago. 1986.

MAZZOCCHI, G. Pasolini regista. *Il Punto*, 22 out. 1960.

MECCOLI, D. Contraddittorio, gaio, prolisso il nuovo Pasolini orientale. *Epoca*, 7 set. 1974.

MELE, R. Dada o le 120 giornate di Sodoma. *Filmcritica*, nº 281, jan. 1978

_____. Provocatorio fino allo scandalo. *Paese Sera*, 6 nov. 1977.

MELLI, Gianni. Il Pasolini più scandaloso rinasce in un mondo d'amore. *Oggi*, 28 nov. 2001.

MENGALDO, Pier Vincenzo. Pasolini critico e la poesia italiana contemporanea. *Revue des Études Italiennes*, nº 2-3, Paris, abr.-set. 1981, p. 140-185.

_____. Pasolini: grande critico e poetico rabdomante. *Il Mattino di Padova*, 23 nov. 1985.

MENGUINI, F. Unfilm può essere bloccato anche se ungiudice lo assolve. *Il Messaggero*, 3 abr. 1973.

MÈREDIEU, Florence de. Théatre de parole, oralité et cannibalisme. *Revue d'Esthétique*, nº 3, "Pasolini", Toulouse, Éditions Privat, 1982, 176 p.; 1992, p. 81-86.

MEREGHETTI, P. La regola del gioco. *Ombre Rosse*, nº 2, 1972.

MERITA un posto tra i grandi del '900?. *Il Giornale di Bergamo*, 3 nov. 1992.

MERTEN, Luiz Carlos [a partir de um texto de Luiz Nazario não creditado]. Pasolini: Um Delito Italiano. *O Estado de S. Paulo*, 9 jul. 1995, Caderno 2 Especial Domingo, p. D1.

_____. Cineasta Procura Abrir Processo. [Entrevista com Marco Tullio Giordana]. *O Estado de S. Paulo*, 9 jul. 1995, Caderno 2 Especial Domingo, p. D2.

_____. Filmes Mostram Desprezo pelas Convenções. *O Estado de S. Paulo*, 9 jul. 1995, Caderno 2 Especial Domingo, p. D5.

_____. Provocador Obcecado pelo Real e pelo Anticonsumismo. *O Estado de S. Paulo*, São Paulo, 11 out. 2002, Caderno Cultura.

MESSINA, Dino. Pasolini, Ajello e la cameriera. *Corriere della Sera*, Milão, 1º nov. 1992.

METTEL, P. Atmosfera di esuberanza. *Rivista del Cinematografo*, nº 5, maio 1971.

METTEL, Paolo. Appunti sul nuovo film di Pasolini. *Note Schedario*, nº 16, 28 jun. 1970.

MICCICHÉ, Lino. "Il Fiore delle Mille e una Notte" di Pasolini. Il regista ha realizzato uno dei suoi film megliori. *Avanti!*, 23 ago. 1974.

_____. "Salò": i critici e i censori. *Avanti!*, 18 fev. 1975.

_____. "Salò": un canto di morte teso e disperato fino allo spasimo. *Avanti!*, 12 mar. 1977.

_____. Il "Salò" di Pasolini celebra la distruzione della ragione. *Avanti!*, 23 nov. 1975.

_____. L'ideologia di "Canterbury". *Avanti!*, 23 set. 1972.

_____. Pasolini a Parigi. *Mondo Operaio*, dez. 1975.

_____. Pasolini. La morte e la storia. *Cinema 60*, nº 105, set.-out. 1975.

_____. Una disperata rivolta contro la ragione. *Avanti!*, 14 fev. 1975.

O *CORPUS* ARQUIVADO

_____. Una materia laicamente terrestre. "Il Fiore delle Mille e una Notte". *Cinema 60*, nº 99, set.-out. 1974.

MICHAELIS, Kim. A Critical Analysis of Pier Paolo Pasolini's African Oresteia. *Literator*: Tydskrif vir Besondere em Vergelykende Taal en Literatuurstudie Journal of Literary Criticism, Comparative Linguistics and Literary Studies, nº 2, África do Sul, ago. 1996, p. 79-89.

MICHALEK, B. Erotyzm i smierc. *Kino*, nº 3, 1976.

MICHELI, S. Perpetuazione e sublimazione del nudo nei film di Pier Paolo Pasolini. *Salvo Imprevisti*, nº 1, jan. 1976.

MIDA, M. Cinema e narrativa si contagiano. *Paese Sera*, 17 jan. 1973.

MIELI, Paolo. Apriamo un bel dibattito: che sesso hanno gli angeli? *L'Europeo* 13 nov. 1992.

MIGNON, F. "Le Decameron". *Combat*, 29 nov. 1972.

MILANO, P. Nelle bolge di Pasolini. *L'Espresso*, 11 jun. 1976.

MILANOVIC, J. P. "Decameron". *Ekran*, nº 113-114, 1974.

MILIONI, Stefano. Pasolini, mio "padre": Franco Citti racconta il suo rapporto con Pasolini. *Cous Cous*, nº 3, 1998.

MIMOSO, Duarte Ruiz. Figures du miroir: confrontation de la Creusa de Corrado Alvaro (*Lunga notte di Medea*) et de Glauce dans *Medea* de Pier Palo Paolini. *Revue des Études Italiennes*, nº 2-3, Paris, abr.-set. 1981, p. 214-232.

_____. La Transposition filmique de la tragedie chez Pasolini. *Pallas*: Revue d'Études Antiques, nº 38, 1992, p. 57-67.

MINIUSSI, S. Pasolini l'eretico/Gli uomini "scomodi" dell'Italia contemporanea. *Il Giorno*, 11 jul. 1975.

MINORE, Renato. "Petrolio", testamento incompiuto. *Il Messaggero*, 25 out. 1992.

_____. Pasolini: il sesso, il potere e il nulla. *Il Messaggero*, 31 out. 1992.

_____. Un "Petrolio" che brucerà molto a lungo. *Il Messaggero*, 24 out. 1992.

MIRO, Ester Carla de. L'érotisme selon Pasolini: libération ou mystification? *Revue d'Esthétique*, nº 3, "Pasolini", Toulouse, Éditions Privat, 1982, 176 p.; 1992, p. 75-80.

MO, E. Pasolini e De Sade insieme a "Salò". *Corriere della Sera*, Milão, 11 mar. 1975.

MOLINARI, M. Autoanalisi letteraria e polemica senza schemi. *Il Giornale de la Calabria*, 1º fev. 1973.

_____. Pasolini: uno, due e tre. *Calabria d'oggi*, 20 set. 1972.

MONCY, Agnes. Belle Epoque y "Teorema" o la llegada del inocente en Fernando Trueba y Pier Paolo Pasolini. *Anuario de Cine y Literatura*: An International Journal on Film and Literature, Villanova, 1997, 3, p. 111-117.

MONDO, Lorenzo. "Petrolio", Pasolini né poeta né profeta. *La Stampa*, 14 nov. 1992.

_____. La forza di Pasolini era la provocazione. *La Stampa*, 21 nov. 1992.

_____. Pasolini ricomincia/Poesie, prose e un nuovo film in cantiere. *La Stampa*, 10 jan. 1975.

MONTALE, Eugenio. La musa dialettale. *Corriere della Sera*, Milão, 15 jan. 1953. [Retomado em MONTALE, Eugenio. *Poesia dialettale del Novecento*. Milão: Mondadori, 1976, p. 175-180.]

MONTANA, P. Da Breve Rosário di Sodoma. *Ompo*, nº 21, dez. 1976.

MONTANELLI, I. Dalla censura all'inquisizione. *Corriere della Sera*, Milão, 18 mar. 1973.

MORANDINI, M. È l'ultimo fiore di Pasolini. *Tempo Illustrato*, nº 40, 4 out. 1974.

_____. Il "Salò" di Pasolini. *Il Giorno*, 22 nov. 1975.

_____. Un allegro Pasolini a Grado col "Decameron". *Tempo Illustrato*, 25 out. 1971.

_____. Un maestro del cinema tra passato e ideologia. *Il Giorno*, 1975.

MORAVIA, Alberto. Appello per salvare il "Salò" di Pasolini. *Corriere della Sera*, Milão, 22 jan. 1977.

_____. Dall'Oriente a "Salò". *Nuovi Argomenti*, nº 49, "Omaggio a Pasolini", Roma, jan-mar. 1976.

TODOS OS CORPOS DE PASOLINI

_____. Eros parla in dialetto. *L'Expresso*, 11 jul. 1971.

_____. I foruncoli di Canterbury. *L'Expresso*, nº 40, 1º out. 1972.

_____. Il censore si veste da corvo. *L'Espresso*, 23 nov. 1975.

_____. L'uomo medio sotto il bisturi. *L'Espresso*, 3 mar. 1963.

_____. Lo scandaloso Pasolini. *Corriere della Sera*, Milão, 24 jan. 1975.

_____. Ma perché tanta passione per l'Oriente?. *L'Expresso*, 22 set. 1974.

_____. Pasolini e il mito della cultura contadine. *Corriere della Sera*, Milão, 14 nov. 1976.

_____. Pasolini poeta civile. *Italian Quarterly*, nº 82-83, New Brunswick, 1980-1981, p. 9-12.

_____. Sade per Pasolini: un sasso contro la società. *Corriere della Sera*, Milão, 6 dez. 1975.

_____. Sade, Masoch e il moralista. *L'Espresso*, 27 mar. 1977.

_____. Pasolini ci svelerà il mondo delle allegre comari inglesi. *Stampa Sera*, 13 jan. 1972.

MORIN, V. Pornotisme et erographie. *Écran*, nº 49, jul. 1976.

MOSCATI, Italo. L'inttelettuale nel cinema: il cosidetto operatore culturale. *Tempi Moderni*, nº 9, dez. 1971 [1972].

_____. L'inttelettuale nel cinema: l'autore spontaneo. *Tempi Moderni*, nº 10, mar. 1972.

MOSKOWITZ, G. "Salò o le 120 giornate di Sodoma". *Variety*, nº 4, dez. 1975.

MUCCHETTI, Massimo. Einaudi, ma quale scorrettezza. *L'Espresso*, 8 nov. 1992.

MUCCI, Egidio. Pasolini nel "Petrolio". *Il Secolo XIX*, 25 out. 1992.

MUGHINI, Giampiero. Macchia di "Petrolio". *Panorama*, 8 nov. 1992.

MULA, Ugo. Trinta Anos sem Pasolini. *A Tarde*, Salvador, 2 nov. 2005.

MUNCINI, Maria Andrea; VILLANI, Aldo. O Crime do Amor pelo Cinema. [Entrevista com Bernardo Bertolucci.] *Folha de S. Paulo*, São Paulo, 20 jun. 2004. Mais!, p. 7-9.

MUÑIZ, M. de Las Nieves. Dalla "Meglio" alla "Nuova gioventù": temporalità e sdoppiamento in Pasolini. *Letteratura italiana contemporanea*, nº 24, maio-ago. 1998.

MUNZI, Ulderico. Pasolini assassinato a Ostia. L'omicida (17 anni) catturato confessa. Il corpo straziato dello scrittore ritrovato su uno spiazzo a duecento metri dal mare. *Corriere della Sera*, Milão, 3 nov. 1975. [Retomado em AA.VV. *Omicidio nella persona di Pasolini Pier Paolo*. Prefácio de Giorgio Galli. Milão: Kaos Edizioni, 1992.]

MURACCIOLE, Jean-Luc. Pasolini, portrait du poète en cinéaste. *Positif*, nº 424, Paris, 1996, p. 67.

MUSARRA, Franco. Per una ricognizione nella semanticita di alcune strutture foniche in Pasolini. *Narrativa*, Cedex, fev. 1994, 5, p. 65-86.

MUSATTI, C. Il "Salò" di Pasolini, regno della perversione. *Cinema Nuovo*, nº 239, jan-fev. 1976.

N. A. Arriva "Petrolio", incompiuta del poeta corsaro. *L'Unione Sarda*, 23 set. 1992.

_____. Arriva in libreria "Petrolio" l'incompiuta di Pasolini. *L'Unione Sarda*, 27 out. 1992.

N. S. Dalle poesie in dialetto al film (inedito) "Salò". *Stampa Sera*, 3 nov. 1975.

NALDI, A. Dal rifiuto al consumismo a una diatriba solipsistica. *Adige*, 13 jul. 1975.

NALDINI, Nico. "La Lumière est restée gravée dans ma pensée": enfance et adolescence de Pier Paolo Pasolini. *Les Temps Modernes*, Paris, dez. 1993, 568, p. 11-51.

_____. Fatti e persone di vita. *Il Giornale*, 1º nov. 1992.

NATTA, E. "Il Fiore delle Mille e una Notte". *Rivista del Cinematografo*, nº 10-11, abr.-nov. 1974.

NAZARIO, Luiz. [Entrevista com Dacia Maraini]. *Folha de S. Paulo*, São Paulo, 1983, Folhetim.

_____. Artista Criou Hinos ao Corpo em Sua Obra. *O Estado de S. Paulo*, 9 jul. 1995, Caderno 2 Especial Domingo, p. D6.

_____. Pelosi é Personagem Pasoliniano. [Entrevista com Dacia Maraini]. *O Estado de S. Paulo*, 9 jul. 1995, Caderno 2 Especial Domingo, p. D6.

O *CORPUS* ARQUIVADO

_____. Todos os Corpos de Pasolini. CAPA: Pasolini, o poeta trágico do subproletário. *Revista Cultura Vozes*, nº 4, ano 89, v. 89, Petrópolis, jul.-ago. 1995, p. 12-41.

_____. Um Crime Transformado em Espetáculo. *O Estado de S. Paulo*, 9 jul. 1995, Caderno 2 Especial Domingo, p. D2.

NEIROTTI, Marco. Pasolini, le ambiguità negli anni di Valpreda. *La Stampa*, 16 dez. 1992.

NETO, Benjamin Albagli. Pier Paolo Pasolini. *Cinemin* nº 9, p. 8-14.

NEUPERT, Richard. A Cannibal's Text: alternation and embedding in Pasolini's pigsty. *Film Criticism*, nº 3, Meadville, 1988, p. 46-57.

NEYT, G. "Salò: de honderdwintig degen von Sodom". *F & Televisie*, nº 360-361, mai-jun. 1987.

NIEHOFF, K. [Sobre *Os Contos de Canterbury*]. *Süddeutsche Zeitung*, 5 jul. 1972.

NIGRO, S. E. Pier Paolo esplorò il federalismo letterario. *Il Sole 24 Ore*, 16 jul. 1995.

NO A LA CENSURA di "Salò" di Pasolini. *Corriere della Sera*, Milão, 13 nov. 1975.

NO ESISTE il reato di corruzzione in "Salò". *Paese Sera*, 13 out. 1976.

NOGUEZ, Dominique. L'Œdipe roi' de Pasolini. *Ça Cinéma*, nº 2, Paris, out. 1973, p. 104-105.

_____. Sei brani in omaggio a P. P. P. *Revue d'Esthétique*, nº 3, "Pasolini", Toulouse, Éditions Privat, 1982, 176 p.; 1992, p. 107-109.

NOSOTTI, Mario. Pasolini y los Estados Unidos. *Musica Rara*: Poesia y Aledaños, nº 6, Buenos Aires, 2006.

NOTA, Michelle. L'oxymoron et l'univers contrasté de Pasolini: réperages poétiques. *Narrativa*, nº 5, Cedex, fev. 1994, p. 87-103.

NOVELLO, Neil. Questioni stillistiche. *Carte di Cinema*, nº 5, Bolonha, 2000, p. 47-49.

_____. Sulla linea del fuoco: Pasolini: venire a una critica senza metodo. *Carte di Cinema*, nº 5, Bolonha, 2000, p. 37-41.

_____. Un sostrato stillistico nella narrativa di Pier Paolo Pasolini. *Carte di Cinema*, nº 1, Bolonha, jan.-mar. 1999.

NUMERICO, V. Si è persa la formula dell'uomo-scandalo. *Il Mondo*, 5 fev. 1976.

NUOVA polemica per P. P. Pasolini. *Espresso Sera*, 3 nov. 1992.

NUOVO giudizio il 28 marzo per "Salò" di Pasolini. *Corriere della Sera*, Milão, 17 mar. 1977.

NUOVO ordine di sequestro del "Salò" di Pasolini. *L'Unità*, 10 jun. 1977.

NUVOLI, Giuliana. Il discorso di ri-uso negli "Scritti corsari". *Sigma*, Nápoles: Guida Editori, nº 2-3, maio-dez. 1981.

O'KONOR, L. Pasolini i Sodom. *Filmrutan*, nº 2, 1976.

O'NEILL, Tom. Pasolini's English fortuna. *The Italianist*: Journal of the Department of Italian Studies, University of Reading, Reading, Berks, 1985, 5, p. 133-137.

_____. Pier Paolo Pasolini's dialect poetry. *Forum Italicum*, n º 9, 1975.

_____. Theory and its sources in Pier Paolo Pasolini. *Italian Studies*, n º 25, 1970.

OJETTI, P. Il suo ultimo film. *L'Europeo*, 28 nov. 1975.

OLDCORN, Anthony. Pasolini and the City: "Rome 1950: A Diary". *Italian Quarterly*, nº 82-83, New Brunswick, 1980-1981, p. 107-119.

ONOFRI, S. Elogio del dialetto: la grammatica dalla realtà in poesia. *L'Unità*, 2 jul. 1995.

ORICCHIO, Luiz Zanin. A Arte Corsária de Pier Paolo Pasolini. *O Estado de S. Paulo*, São Paulo, 4 ago. 2002, Caderno Cultura, p. D3.

_____. O Cristo Revolucionário de Pasolini. *O Estado de S. Paulo*, São Paulo, 7 dez. 2003, Caderno Cultura.

_____. O Testamento Premonitório do Poeta Trágico. *O Estado de S. Paulo*, São Paulo, 29 out. 2000, Caderno Cultura, p. D5.

TODOS OS CORPOS DE PASOLINI

_____. Um Pasolini Completo e Aberto aos Paradoxos. *O Estado de S. Paulo*, São Paulo, 11 out. 2002, Caderno Cultura.

ORIGLIA, D. Polemica su Pasolini. *L'Europeo*, 5 fev. 1976.

OSTIA, ricordando Pasolini. *La Repubblica*, 2 nov. 2001.

P. P. "Salò-Sodoma" divide la critica di Parigi. *Il Popolo*, 21 dez. 1975.

P. P. P. il "Petrolio" incompiuto. *Alto Adige*, 27 out. 1992.

PADOVANI, Cesare. *La Repubblica*, 1º nov. 1979.

PADOVANI, Marcelle. Mais qui a tué Pasolini? Trente ans après sa mort. *Le Nouvel Observateur*, nº 2125, 28 jul. 2005, p. 70.

PAGANI, Paolo. Il *Satyricon* di Pier Paolo. *Il Giorno*, 25 out. 1992.

PAGINE sulfuree di Pasolini. *Gazzetta del Sud*, 25 out. 1992.

PALA, S. M. Epilogo a Pasolini. *Hablemos de Cine*, nº 59-60, Lima, 1971.

PALUMBO, C. I libri, i film, le polemiche. *Corriere d'Informazione*, 3 nov. 1975.

PAMPALLONA, Gaetano. Una rilettura di Pasolini di Pasquale Voza. *Cristallo*: Rassegna di Varia Umanità, nº 2, Bolzano, aug. 1993, p. 95-98.

PAMPALONI, Geno. Magma irritante. *Il Giornale*, 1º nov. 1992.

_____. Vince la pietà. *Corriere della Sera*, Milão, 27 maio 1972.

PANCORBO, L. Es atroz estar solo. *Revista de Occidente*, nº 4, fev. 1976.

PANICALI, Anna. Pier Paolo Pasolini: fino all'equivalenza?. *Campi Immaginabili*: Rivista Quadrimestrale di Cultura, nº 1-3, Cosenza, 1996, p. 243-260.

PANNTI, M. Kueleman teoreema. *Filmhullu*, nº 2, 1993.

PAPA, Sebastiana. Come Pasolini à stato ucciso: ecco la "verità" di unastrologo indiano. Pasolini è estato ucciso da due killer. *Amica –Settimanale di Moda e Attualità del Corriere della Sera*, nº 27, ano XV, Milão, 1º jul. 1976, p. 28-33.

PARIGI, S. La terre et le ciel de Pasolini. *Trafic*, nº 29, 1998.

PARLANT, Pierre. Entre-temps, Pasolini. *Europe*, nº 906, 1º out. 2004, p. 331-337.

PARMEGGIANI, Francesca. Pasolini e la parola sacra: il progetto del "San Paolo". *Italica*, nº 2, Tempe, 1996, p. 195-214.

PASCAUD, Fabienne. Pasolini en Orestie. *Télérama*, nº 2307, 30 mar. 1994, p. 56.

PASOLINI come Giotto nel suo "Decamerone". *Progresso ítalo-americano*, 30 out. 1970.

PASOLINI professore di ginnasio. *Da L'illustrazione italiana*, nº 89/94.

PASSEK, Jean-Loup. A propos de "Salò ou les 120 journées de Sodome". L'horreur au scalpel. *Cinéma 76*, nº 205, jan. 1976, p. 88-91.

_____. La fausse innocence et la sodomystique. *Cinéma 73*, nº 173, jan. 1973.

PASTI, Daniela. L'inferno di Pier Paolo. *La Repubblica*, 27 out. 1992.

PASTRUNO, P. I turisti italiani a Parigi fanno coda per "Salò". *Stampa Sera*, 24 nov. 1975.

PAUTASSO, S. Pasolini: passione e ideologa. *L'Europa Letteraria*, nº 5-6, dez. 1960.

PECORA, E. Le molte verità di un uomo. *La Voce Repubblicana*, 15 jun. 1975.

_____. Onorare il morto per liberarsene. *La Voce Repubblicana*, 21 jan. 1977.

_____. Un disegno immenso in tempi di ristrettezze. *La Voce Repubblicana*, 11 jan. 1976.

PEDULLÀ, W. L'inferno di Pasolini. *Avanti!*, 21 dez. 1975.

_____. Voleva far parlare la vita anziché la parola. *Avanti!*, 17 jun. 1979.

PEIGNOT, Jérôme. Les Poésies de Pier Paolo Pasolini (1953-1954). *Revue d'Esthétique*, nº 3, "Pasolini", Toulouse, Éditions Privat, 1982, 176 p.; 1992, p. 36-39.

PELLEGRINI, Ângelo. Su una poesia di Pier Paolo Pasolini: Provocazione. *Città di Vita*: Bimestrale di Religione, Arte e Scienza, Florença, nº 2, 1993, mar.-abr., p. 127-142.

356

O *CORPUS* ARQUIVADO

PELLIZZARI, L. La morte, il mito e il diavolo. *Cinema e Cinema*, n° 43, Especial Pier Paolo Pasolini, maio-ago. 1985.

PER DE SADE a *"Salò"* tre giorni infernali. *L'Unità*, 27 mar. 1975.

PERMOLI, Piergiovanni. Quando l'opera d'arte è summa esistenziale. *La Voce Repubblicana*, 28 out. 1992.

PEROSA, S. L'altra Canterbury. *Corriere della Sera*, Milão, 12 out. 1972.

PERRAUD, Antoine. La Dernière des pasoliniennes: rencontre avec l'actrice Laura Betti égérie de Pasolini. *Télérama*, n° 2717, 6 fev. 2002, p. 70-71.

PERUCHA, J. Perez. *"Salò"*: una recapitulación. *Contracampo*, n° 15, set. 1980.

PERUZZI, G. Filosofi di ieri e alcuni registi di oggi. *Cinema Nuovo*, n° 323, nov.-dez. 1974.

_____. Presenza dell'autobiografia nel cinema odierno. *Cinema Nuovo*, n° 218, jul.-ago. 1972.

PESTELLI, L. Boccaccio a Napoli nel film di Pasolini. *La Stampa*, 17 set. 1971.

_____. Il Boccaccio più realístico nel *"Decamerone"* di Pasolini. *La Stampa*, 29 jun. 1971.

_____. Il furore di *"Salò-Sade"*. *La Stampa*, 16 nov. 1975.

_____. L'uomo di cinema. *La Stampa*, 3 nov. 1975.

_____. Nel cinema come profeta. *Stampa Sera*, 3 nov. 1975.

_____. Parolacce al cinema. Boccaccio e Pasolini. *La Stampa*, 14 jan. 1972.

_____. Pasolini naturalista in *"Le Mille e una Notte"*. *La Stampa*, 20 ago. 1974.

_____. Pasolini ve lo racconto io. *La Stampa*, 20 fev. 1976.

_____. Pasolini, natura senza filosofia. *La Stampa*, 17 set. 1972.

_____. Presentato a Cannes *"Le Mille e una Notte"*. *La Stampa*, 22 maio 1974.

PETERSON, Thomas. Parallel Derivations from Dante: Fortini, Duncan, Pasolini. *South Atlantic Review*, n° 4, Atlanta, nov. 1994, p. 21-45.

_____. The Allegory of Repression from *"Teorema"* to *"Salò"*. *Italica*, n° 2, Tempe, 1996, p. 215-232.

PETKOVIC, Nikola. Writing the Myth, Rereading the Life: the universalizing game in Pier Paolo Pasolini's *Edipo Re*. *American Imago*: Studies in Psychoanalysis and Culture, n° 1, New Brunswick, 1997, p. 39-68.

PETRAGLIA, Sandro; RULLI, S. ...E pigola sempre più piano. Il cinema italiano nel 1974. *Ombre Rosse*, n° 7, dez. 1974.

PETRIGNANI, Sandra. Il corsaro è vivo. *Panorama*, 4 ago. 1991.

_____. La sera si andava a *"Petrolio"*. *Panorama*, 1° nov. 1992.

PETROCCHI, G. La poesia dialettale italiana. *Il Giornale d'Italia*, 4 fev. 1953.

PETROLIO a fuoco. *Il Piccolo*, 29 out. 1992.

PETROLIO e altro. Rispunta il corsaro. *Il Piccolo*, 22 set. 1992.

PETROLIO, ed è subito polemica. *Il Quotidiano di Foggia*, 6 nov. 1992.

PETROLIO, macchè sesso, si tratta invece di riflessione sul potere. *Gazzetta di Modena*, 5 nov. 1992.

PETROLIO, processo contro il Palazzo. *Quigiovani*, 12 nov. 1992.

PETROLIO, un test definitivo sull'opera letteraria di Pasolini. *Ciociaria Oggi*, 5 nov. 1992.

PETROLIO. *Il Corriere Mercantile*, 21 nov. 1992.

PIAZZO, Philippe. Ce qu'il reste de Pasolini. *L'Express*, n° 2313, 2 nov. 1995, p. 116-117.

PICONE, Generoso. Dramma senza soluzione in forma di romanzo. *Il Mattino*, 25 out. 1992.

PIER PAOLO Pasolini è tornato dal Marocco. *Paese Sera*, 7 jun. 1967.

PIERONA P. *"Il Fiore delle Mille e una Notte"*. *Stampa Sera*, 24 ago. 1974.

_____. La Francia impazzisce per l'ultimo Pasolini. *Stampa Sera*, 22 nov. 1975.

_____. Un Pasolini anticlericale. *Stampa Sera*, 20 maio 1974.

PIERVINCENZI, Emilio. Brucia *"Petrolio"* brucia. *Il Venerdì di Repubblica*, 13 nov. 1992.

TODOS OS CORPOS DE PASOLINI

PINGITORE, F. "Salò-Sade" o dell'ipocrisia. *Playmen*, jan. 1976.

PIRARI, Elio. Un libro incompiuto, ecco l'ultimo scandalo. *Paese Sera*, 1º-2 nov. 1992.

PIROMALLI, Antonio. "Scritti corsari" di P. P. Pasolini e anticonsumismo. *Cristallo*: Rassegna di Varia Umanità, nº 2, Bolzano, ago. 1984, p. 93-96.

PISTELLI, Maurizio. "Pier Paolo Pasolini: l'ultima provocatoria attivita giornalistica". In: AA.VV. *Annali dell'Università per Stranieri di Perugia*, Perugia, jan.-jun. 1988, 10, p. 89-104.

PITTALIS, P. I dubbi i segreti del grande corsaro. *La nuova Sardegna*, 9 jan. 1993.

PITTONI, A. Viaggio meraviglioso sulle ali dei dialetti. *Il Piccolo*, 20 maio 1955.

PLEYNET, Marceline. Le tombeau de Pasolini. *Art Press International*, nº 22, jan.-fev. 1976.

POERO, M. Premiata a Ischia l'opera di Pasolini. *Corriere della Sera*, Millão, 10 maio 1976.

POGGIALINI, Mirella. Pasolini, orrore ed austerity. *Avvenire*, 6 out. 1992.

POLINÉSIO, Júlia Marchetti. A Ciranda da Malandragem em "Ragazzi di Vita" de Pasolini e "Malagueta, Perus e Bacanaço" de João Antônio. *Revista de Italianística*, nº 1, São Paulo, FFLCH/USP, 1993, p. 75-81.

PONCE, V. La mesa redonda que se transformó en revuelta. *Contracampo*, nº 16, out.-nov. 1980.

PONIZ, D. "Dekameron". *Ekran*, n º 113-114, 1974.

POPPER, Karl; BOSETTI, Giancarlo. Sì, la televisione corrompe l'humanità: è come la guerra. *Corriere della Sera,* Milão, 25 jan. 1994.

PORRO, M. Pasolini-Delli Colli ancora insieme per "Il Decamerone". *Photo 13*, nº 1, jan. 1971.

PRANDIN, Ivo. Il potere a nudo. *Il Gazzettino*, Veneza, 27 out. 1992.

PRATESI, P. Il "non conformismo" di Pasolini. *Paese Sera*, 1º ago. 1975.

PRÉDAL, René. L'inspiration mithique chez Pasolini. *Cinéma 74*, nº 190-191, Féderation Française des Cine-clubs, Paris, set.-out. 1974, p. 193-218.

_____. Pasolini 1922-1975. *L'Avant-scène du Cinéma*, nov. 1976.

_____. Un regard moderne sur la sexualité d'hier. *Cinéma 75*, nº 204, Féderation Française des Cine-clubs, Paris, dez. 1975.

PRESENTATO "Petrolio" di Pasolini. *Gazzetta di Reggio*, 25 out. 1992.

PRESENTATO "Petrolio" di Pasolini. *La Provincia Pavese*, 25 out. 1992.

PRETE, Antonio. Pasolini: cinema et écriture. *Revue d'Esthétique*, nº 3, "Pasolini", Toulouse, Éditions Privat, 1982, 176 p.; 1992, p. 49-54.

PROCACCINI, Alfonso. Pier Paolo Pasolini: the truant realist, *Italian Quarterly*, nº 82-83, New Brunswick, 1980-1981, p. 121-127.

PROIBITO in Australia "Salò" di Pasolini. *Corriere della Sera*, Milão, 4 maio 1976.

PRONO, F. La religione del suo tempo in Pier Paolo Pasolini. *Cinema Nuovo*, nº 215, jan.-fev. 1972.

PRONO, R. Il "Decamerone" inglese di Pasolini. *La Stampa*, 23 nov. 1971.

PUBBLICATO dopo 17 anni "Petrolio", il romanzo incompiuto di Pasolini. *Libertà*, 25 out.1992.

PUGH, Tison. Chaucerian Fabliaux, Cinematic Fabliau: Pier Paolo Pasolini's "I racconti di Canterbury". *Literature Film Quarterly*, 2004.

PUGLIESE, R. Il cinema secondo Pasolini. *Il Gazzettino*, Veneza, 1º nov. 1995.

_____. Nel suo film l'ideologia della morte. *Il Gazzetino*, 1º nov. 1980.

PUGLISI, G. Pasolini pensa a Sade. *La Fiera Letteraria*, nº 5, Roma, 2 fev. 1975.

PULETTI, Ruggero. E' nel manicheismo il limite del graffiante scrittore corsaro. *Avanti!*, 17 nov. 1992.

PULLBERG, Anna Rocchi. Élements pour une biographie. *Revue d'Esthétique*, nº 3, "Pasolini", Toulouse, Éditions Privat, 1982, 176 p.; 1992, p. 123-155.

PULLBERG, Anna Rocchi; ROMÉO, Claudine. Entretien avec M. A. Macciochi. *Revue d'Esthé-tique*, nº 3, "Pasolini", Toulouse, Éditions Privat, 1982, 176 p.; 1992, p. 11-16.

O *CORPUS* ARQUIVADO

PULLBERG, Anna. Une Poétique du dialecte. *Revue d'Esthétique*, n⁰ 3, "Pasolini", Toulouse, Éditions Privat, 1982, 176 p.; 1992, p. 27-35.

PUPPA, Paolo. Dialectics and Dionysus: on Pasolini's *Affabulazione*. *New Theatre Quarterly*, n⁰ 20, Cambridge, nov. 1989, p. 392-397.

QUADRELLI, R. Il dramma di Pasolini: parole sbagliate per dire cose giuste. *Il Tempo*, 18 maio 1979.

QUAGLIETTI, L. Il gusto per la forma. "I Racconti di Canterbury". *Cinema 60*, n⁰ 91-92, maio-ago. 1973.

QUANDO finirà la farsa dei sequestri?. *Avanti!*, 15 jan. 1976.

QUEL PETROLIO è proprio da bruciare? *La Nuova Venezia*, 6 nov. 1992.

QUILICI, L. Boccaccio a spasso nei pub di Londra. *L'Expresso*, 11 jul. 1971.

QUINSON, R. Avec le "Décameron" Pasolini a voulu s'amuser et amuser les autres. *Combat*, 27 out. 1971.

QUINZIC, S. Pasolini e l'avanguardia. *Tempo Presente*, n⁰ 3-4, XII, mar. 1967.

RABONI, Giovanni. L'ultimo "documento" di Pasolini. *Tuttolibri*, Supplemento a *La Stampa*, n⁰ 2, 17 jan. 1976.

_____. Pasolini nel caos del '68. *Tuttolibri*, Supplemento a *La Stampa*, 8 dez. 1979.

_____. Pasolini, critico della domenica. *Tuttolibri*, Supplemento a *La Stampa*, 26 maio 1979.

_____. Passione e ideologia. *aut-aut*, nov. 1960.

RABOURDIN, D. Pasolini par Laura Betti. *Cinéma*, n⁰ 253, jan. 1979.

RADCLIFF-UMSTEAD, D. L'eroe come vitima. La violenza nei film di Pasolini. *Allá Bottega*, n⁰ 6, nov.-dez. 1983.

RAFFAELI, M. Sperimentalismo nel nome di Giovanni Pascoli. *Il Manifesto*, 10 fev. 1994.

RAGO, M. Difficoltà del relismo. *L'Unità*, 29 out. 1960.

RAMPINO, Antonella. Che sesso hanno gli angeli? *L'Europeo*, 16 nov. 1992.

RAMPOLDI, G. Scritti corsari. *Momento Sera*, 9 jul. 1975.

RAYNS, T. "Il Fiore delle Mille e una Notte". *Montly Film Bulletin*, n⁰ 495, abr. 1975.

RECK, Hans Ulrich. Mythische Verweigerung und totale Person: Zu Werk, Leben und Rezeption Pier Paolo Pasolinis. *Merkur*: Deutsche Zeitschrift für europaisches Denken, n⁰ 2, Stuttgart, mar. 1984, p. 165-171.

REGGIANI, S. Il nuovo Trecento di Pasolini, beffardo, sensuale, senza gioia. *La Stampa*, 5 set. 1972.

REINTEGRATI i tagli. "Sade-Salò" di Pasolini tornerà dopo due anni in versione integral. *La Repubblica*, 16 fev. 1978.

RENAUD, T. "Les contes de Canterbury". Pour le plaisir. *Cinéma 73*, n⁰ 172, jan. 1973.

RENVAUD, D. "Salò" or 120 ways of remaining heretical. *Monthly Film Bulletin*, n⁰ 548, set. 1979.

RENZI, R. Casarsa con la madre a Bologna con il padre. *Cinema Nuovo*, n⁰ 2, mar-abr. 1986.

RICCI, Giovanni.. "Salò" ed altre ipotesi. Incontro con Dacia Maraini. Roma, 29 mar. 1976. *Salvo Imprevisti*, n⁰ 1, jan. 1976.

RICCI, L. "Canterbury" non va al rogo. *Paese Sera*, 3 jul. 1973.

RICCIO, Alessandra. La coscienza infelice del potere: "Calderon" 1635 e 1973. *Belfagor*: Rassegna di Varia Umanità, n⁰ 5, Florença, set. 1982, p. 598-600.

RICCIUTI, V. Incontro con Pasolini. *Il Mattino*, 11 fev. 1970.

RIFF, B. Der Skandal meines Widerspruchs mit dir und gegen dich zu sein. *Falter*, n⁰ 2, jan. 1984.

RINALDI, Angelo. Phénix au bûcher. *La Quinzaine littéraire*, n⁰ 680, 1⁰ nov. 1995, p. 6-8.

RINALDI, Rinaldo. Dal mito alla lingua: qualche sondaggio cronologico sul primo Pasolini. *Il Ponte*: Rivista Mensile de Política e Letteratura Fondata da Piero Calamandrei, n⁰ 7-8, Florença, jul.-ago. 1982, p. 728-748.

_____. Dall'estraneità: tra il giornalismo e il saggismo dell'ultimo Pasolini. *Sigma*, nº 2-3, Nápoles, Guida Editori, maio-dez. 1981.

_____. Doppio gioco. *Sigma*, nº 2-3, Nápoles, Guida Editori, maio-dez. 1981.

_____. Il "raccontare" di Pasolini tra immaginario e documentário. *Il Lettore di Provincia*, nº 48, Ravena, mar. 1982, p. 25-39.

_____. L'estrema prudenza del romanzo: *Amado mio* e la scoperta di un genere. *Ipotesi 80*: Rivista Quadrimestrale di Cultura, Cosenza, 1985-1986, 15-16, p. 31-49.

_____. L'orrore felice: note su due testi pasoliniani degli anni sessanta. *Ipotesi 80*: Rivista Quadrimestrale di Cultura, nº 1, Cosenza, 1984, p. 3-18.

_____. La Tragédie privée: réflexions sur Pasolini et le théâtre. *Quaderni d'Italianistica*: Official Journal of the Canadian Society for Italian Studies, nº 1, Toronto, 1987, p. 94-101.

_____. Osservazioni sulla carriera letteraria di Pier Paolo Pasolini. *Narrativa*, Cedex, fev. 1994, 5, p. 5-23.

_____. Verso una scrittura come realta: Appunti su alcune sceneggiature di Pasolini. *Il Lettore di Provincia*, nº 65-66, Ravena, jun.-set. 1986, p. 20-30.

RIVA, Massimo; PARUSSA, Sergio. L'autore come antropologo: Pier Paolo Pasolini e la morte dell'etnos. *Annali d'Italianistica*, Chapel Hill, 1997, 15, p. 237-265.

RIVA, V. L'inferno e un'aula di tribunale. *L'Espresso*, nº 42, 23 out. 1977.

RIZZOLATTI, Piera. Pasolini e i dialetti del Friuli occidentale. *Diverse Lingue*, nº 1, fev. 1986, p. 27-38.

ROBINSON, Carol. Celluloid Criticism: Pasolini's contribution to a chaucerian debate. *SiM*, 1993, 5, p. 115-126.

260ROCHA, Glauber. Pasolini, le Christ-Oedipe. *Cahiers du Cinéma*, nº 9, "Pasolini Cinéaste", Paris, Éditions de l'Étoile, mar. 1981.

_____. Pasolini, o Cristo-Édipo. [Versão de: Pasolini, le Christ-Oedipe. *Cahiers du Cinéma*, nº 9, "Pasolini Cinéaste", Paris, Éditions de l'Étoile, mar. 1981]. *Fogo Cerrado*, nº 2, jun. 1990.

_____. Pier Paolo. Dieu et Diable. *Trafic*, nº 29, 1998.

RODANO, E. La rivoluzione, speranza del rivoluzionario. *La Città Futura*, nº 25, 16 nov. 1977.

260ROHDIE, Sam. La teoria del cinema e l'opposizione alla legge sull'aborto. *Cinema 60*, nº 4, jul.-ago. 1993.

ROJO, Violeta. Eisenstein, Pasolini y Roa Bastos: realidad, ficcion y tiempo en el cine y la literatura. *Escritura*: Revista de Teoria y Critica Literarias, nº 30, Caracas, jul.-dez. 1990, p. 389-399.

ROMANO, Massimo. Uno scandalo alla rovescia. *Candido*, 6 fev. 1975.

ROMANO, S. Pasolini, le ambiguità negli anni di Valpreda. *La Stampa*, 16 dez. 1992.

ROMANZO corsaro, il Pasolini inedito. *La Provincia*, 25 out. 1992.

ROMÉO, Claudine. Les couleurs de l'Histoire, le tintamarre du mythe. *Revue d'Esthétique*, nº 3, "Pasolini", Toulouse, Éditions Privat, 1982, 176 p.; 1992, p. 95-100.

RONCHETTI, P. Ecco la storia di un film che forse non vedrete maio *Il Tempo*, 28 nov. 1975.

RONDI, G. L. "Il Fiore delle Mille e una Notte". *Il Tempo*, 23 ago. 1974.

_____. "Le Mille e una Notte" tra favola e realtà. *Il Tempo*, 21 maio 1974.

_____. "Salò". *Il Tempo*, 11 mar. 1977.

_____. Cinema "vissuto" come letteratura. *Il Tempo*, 3 nov. 1975.

RONDOLINO, G. Cinema come vero. *La Stampa*, 11 mar. 1977.

RONDOLINO, Gianni. Pasolini nel cinema. *Tutto Libri*, nº 2, 8 nov. 1975.

_____. Ricordo di un regista. *Dimensione Democratica*, nº 4, 20 nov. 1975.

_____. Un cinema di poesia. Le celebrazioni di Pasolini. *La Stampa. Società e Cultura*, nov. 1993.

O *CORPUS* ARQUIVADO

ROOD, J. Het vormdilemma van de politieke film. *Skoop*, n⁰ 2, fev.-mar. 1977.

ROSA, Alberto Asor. Il caso Pasolini e la violenza. *L'Unità*, 7 maio 1976.

_____. L'esperienza di *Officina*. *Città aperta*, 25 jun. 1957.

_____. Pier Paolo Pasolinl: nostro impolitico profeta. *L'Unità*, 2 nov. 1993.

_____. Un romanzo scritto nel nome del padre. *L'Unità*, 25 out. 1992.

ROSCIONI, Gian Carlo. Quando gli scrittori meritano il rogo. *La Repubblica*, 28 out. 1992.

ROSSELLI, G. "Canterbury" sequestrato dopo due assoluzioni. *Paese Sera*, 3 abr. 1973.

ROSSETTI, E. In Oriente c'è unaborgata. *L'Expresso*, n⁰ 35 set. 1974.

ROSSI, A. "La Divina Mimeses" e il dopo-Pasolini. *Paragone*, n⁰ 312, "Pasolini", jan. 1976.

_____. Le nuove frontiere della semiologia. *Paragone*, n⁰ 18, out. 1967.

_____. Passione e ideologia di Pasolini. *Paragone*, n⁰ 132, dez. 1960.

_____. Poesie civili ed incivili di Pasolini. *L'Approdo* RAI, 30 set. 1961.

ROTELLAR, M. "Salò o le 120 giornate di Sodoma". *Cinema 2002*, n⁰ 50, abr. 1979.

ROVERSI, Roberto. L'urlo di Pasolini. *Carte di Cinema*, n⁰ 5, 2000, p. 42-46.

_____. Pasolini *in memorian*. *Macchie*, Friuli, nov. 1975.

_____. Uso e abuso di un autore: celebrazione, giubilazione, imbalsamazione. *Cinema e Cinema*, n⁰ 11, abr.-jun. 1977.

RUSCONI, M. Pier Paolo Pasolini e l'autobiografia su *Edipo re*. *Sipario*, n⁰ 258, out. 1967.

RUSSO, Luigi. Poesia dialettale del '900. *Belfagor: Rassegna di Varia Umanità* n⁰ 2, 31 mar. 1953.

RUSSO, Vittorio. L'Abiura dalla "Trilogia della vita" di Pier Paolo Pasolini. *MLN-Italian Issue*, n⁰ 1, Baltimore, jan. 1993, p. 140-51.

S. C. L'ultimo film di Pasolini sulla Repubblica di Salò. *La Stampa*, 5 nov. 1975.

S. C. Opera d'arte o film osceno. *La Stampa*, 19 fev. 1977.

SAG, Jean-Pierre. "Où vivre physiquement?". *Revue d'Esthétique*, n⁰ 3, "Pasolini", Toulouse, Éditions Privat, 1982, 176 p.; 1992, p. 101-105.

SAINT PÈRE, Olivier. La Passion selon Pasolini. *Les Inrockuptibles*, n⁰ 394, 18 jun. 2003, p. 54-55.

SAITO, Bruno Yutaka. Mostra em São Paulo Revê Mitos de Glauber e Pasolini. *Folha de S. Paulo*, São Paulo, 21 jun. 2005, Ilustrada.

SAITTA, L. Pier Paolo Pasolini: inquietudine dietro la macchina da presa. *Territorio*, 15 dez. 1975.

SALE il giudice Antipiovra. *La Repubblica*, 6 nov. 1992.

SALINARI, C. Passione e ideologia. *Mondo Nuovo,* 30 out. 1960.

SALINO, Brigitte. Célébration trop aimable de Pier Paolo Pasolini. *Le Monde*, Paris, 15 jul. 1995.

_____. Laura Betti chante, à Paris, son indéfectible amitié pour Pasolini. *Le Monde*, Paris, 11 dez. 1996.

SALOMÃO, Maria. *Orgia* evoca a diversidade de Pasolini. *O Estado de S. Paulo*, São Paulo, 20 set. 2003, Caderno 2.

SALTINI, V. Alì Babà è nato in città. *L'Expresso*, 22 set. 1974.

_____. Pasolini e il diavolo. *L'Espresso*, 14 set. 1975.

_____. Ti amo, Renzo Tramaglino. *L'Espresso*, 22 jul. 1979.

SANDERS-BRAHMS, Helma. Helma Sanders-Brahms fala de Pasolini. *Revista do Cine Clube da Figueira da Foz*, Figueira da Foz, 4 set. 1995.

SANGUINETI, Edoardo. Pasolini; il rimpianto. *L'Unità*, 1⁰ nov. 1990.

SANTATO, Guido (org.). Pier Paolo Pasolini: a reading five years later. *Italian Quarterly*, n⁰ 81-82.

SANTOS, Valmir. *Orgia* Expõe Tremor a Pasolini. *Folha de S. Paulo*, São Paulo, 20 mar. 2003, Ilustrada.

TODOS OS CORPOS DE PASOLINI

SANTUARI, A. È arte, merce o tutt'e due?. *Paese Sera*, 30 out. 1974.

_____. Il viaggio di Pasolini nell'inferno di "Salò". *Paese Sera*, 9 fev. 1976.

_____. Pasolini passato e futuro. *Paese Sera*, 14 dez. 1971.

SARTRE, Jean-Paul. Non fate il processo a Pasolini. *Corriere della Sera*, Milão, 14 mar. 1976.

_____. Sartre su Pasolini. *Cinema Nuovo*, nº 290, mar.-abr. 1976.

SATRIANI, L. M. Lombardi, Pasolini: memoria ed eresia. *Quaderni del Mezzogiorno e delle Isole*, nov. 1975.

SAVIO, F. Il Boccaccinema. *Il Mondo*, 5 abr. 1973.

SAVIOLI, A. "Salò": i giorni dell'abiezione e del dolore. *L'Unità*, 23 nov. 1975.

_____. Il mondo con gli occhi curiosi del popolo. *L'Unità*, 23 ago. 1974.

_____. Un Boccaccio più notturno che solare. *L'Unità*, 19 set. 1971.

_____. Un viaggio nel dolore dell'uomo. *L'Unità*, 11 mar. 1975.

SCAGNETTI, A. Inganni del sesso e beffe della morte nel "Decamerone" inglese di Pasolini. *Paese Sera*, 3 jul. 1972.

_____. Un "Decamerone" a tinte più buie. *Paese Sera*, 17 set. 1972.

SCALIA, Gianni. Cinema di poesia, cinema e poesia. *Cinema e Cinema*, nº 43, Especial Pier Paolo Pasolini, maio-ago. 1985.

_____. Discours parlé sur Pasolini "corsaire". *Revue d'Esthétique*, nº 3, "Pasolini", Toulouse, Éditions Privat, 1982, 176 p.; 1992, p. 21-25.

_____. I dialoghi di Pasolini. *Giorni-Vie Nuove*, 13 out. 1976.

SCANSANI, Stefano. Pasolini confessava: sono disperato. *Gazzetta di Reggio*, 20 nov. 1992.

SCARPETTA, Guy. Pasolini, un réfractaire exemplaire: trente ans après sa mort. *Le Monde Diplomatique*, nº 623, 1º fev. 2006, p. 24.

SCHAFER, Gerd. Pasolinis Auge: Über die Wahrnehmung im Werk Hubert Fichtes. *Forum-Homosexualität und Lit.*, 1987, 1, p. 21-37.

SCHIMPERNA, Susanna. Entrevista a Dario Bellezza. *Blue*, nº 57.

SCHLAPPNER, M. [Sobre *Decameron*]. *Neue Zürcher Zeitung*, 27 nov. 1971.

SCHNEIDER, P. Pier Paolo Pasolini, Dichter, Schrifsteller, Filmer. *Skoop*, nº 3, jun. 1964.

SCIASCIA, Leonardo. Dio dietro Sade. *Rinascita*, nº 49, 12 dez. 1975.

_____. God Behind Sade [Dio dietro Sade]. Versão de Beverly Allen. *Stanford Italian Review*, nº 2, Saratoga, 1982, p. 104-106.

SEBASTIANI, Massimo. "Petrolio" di Pasolini è polemica. *La Sicilia*, 3 nov. 1992.

_____. Corsaro per sempre. *Quotidiano*, 24 set. 1992.

_____. Quanta angoscia in "Petrolio" l'inedito del poeta corsaro. *Roma*, 22 set. 1992.

SEGRE, Cesare. La volontà di Pasolini a essere dantista. *Paragone*, nº 190, dez. 1965.

SEHRAWY, Mona. The Suffering Text: *Poesie a Casarsa* and the agony of writing. *The Italianist*: Journal of the Department of Italian Studies, University of Reading, Reading, Berks, 1985, 5, p. 9-35.

SEQUESTRATO "Salò". *Corriere della Sera*, Milão, 14 jan. 1976.

SERENELLI, M. Intervista impossibile a Pier Paolo Pasolini. *La Gazzetta del Popolo*, 2 dez. 1975.

_____. Sul "set" quest'ultima volta... *La Gazzetta del Popolo*, 3 nov. 1975.

_____. Un regista "esiliato" dal mondo dei consumi. *La Gazzetta del Popolo*, 9 jan. 1975.

SERENI, Silvia. "Petrolio": avvertenze per l'uso. *Epoca*, 11 nov. 1992.

SERRA Luciano. Questi ritorni son per me una vera pena. *Bolognaincontri*, nº 9, set. 1985.

SERRAO, Teresa. Calvino, Flaiano e gli altri. *La Repubblica*, 28 out. 1992.

SERRAVALLI, Luigi. Pasolini fra notorieta ed oblio. *Cristallo*: Rassegna di Varia Umanità, nº 1, Bolzano, maio 1997, p. 24-30.

362

O *CORPUS* ARQUIVADO

_____. Pasolini in viaggio a Canterbury. *Cineclub*, nº 10-12, out.-dez. 1972.

SERVELLO, G. Una logica affidata al filo della verità. *Giornale di Sicilia*, 6 jun. 1972.

SERY, P. Lorsque le Christ, Marx et Freud se rencontrent. *Cinéma 72*, nº 164, mar. 1972.

SHENG, Hua. Perspective on free speech in China: Big character posters in China: a historical survey. *The Journal of Asian Law*, nº 2, 1991.

SI ACCENDONO già le polemiche sull'ultimo film di Pasolini. *Il Giornale Nuovo*, 13 nov. 1975.

SI RIFARÀ al TAR il processo per "Salò". *L'Unità*, 14 maio 1976.

SICILIANO, Enzo. "Petrolio" brucia. *La Repubblica*, 1º-2 nov. 1992.

_____. "Salò": l'ultimo processo. *Il Mondo*, 27 nov. 1975.

_____. Contributo pasoliniano. *Italian Quarterly*, nº 82-83, New Brunswick, 1980-1981, p. 133-138.

_____. Il mio corpo nella lotta. *Corriere della Sera*, Milão, 22 out. 1992.

_____. L'inferno postumo di Pasolini. *Il Mondo*, 25 dez. 1975.

_____. Ma censurare Pasolini non si può. *L'Unità*, 28 out. 1992.

_____. Pasolini studente-poeta. *Corriere della Sera*, Milão, 24 dez. 1977.

_____. Pasolini un anno dopo. Colloquio con Alberto Moravia. *Il Tempo*, nº 42, 24 out. 1976.

_____. Passione e stile da "luterano". *Corriere della Sera*, Milão, 28 dez. 1979.

_____. Pier Paolo Pasolini, il poeta delle ceneri. *Nuovi Argomenti*, nº 67-68, Roma, jul.-dez. 1980.

_____. Pier Paolo Pasolini, ospite scomodo della letteratura italiana. *Il Mondo*, 14 ago. 1975.

_____. Prima ferita di Pasolini. *Corriere della Sera*, Milão, 17 out. 1982.

_____. Un "disperato interesse" alla storia. *Nuovi Argomenti*, nº 49, "Omaggio a Pasolini", Roma, jan.-mar. 1976.

_____. Vita e letteratura in Pier Paolo Pasolini. *Italian Quarterly*, nº 82-83, New Brunswick, 1980-1981, p. 129-133.

SICLIER, Jacques. "Les Mille set une Nuits" de Pier Paolo Pasolini. *Le Monde*, Paris, 17 ago. 1975.

_____. "Médée", de Pier Paolo Pasolini: le mythe retrouvé. *Le Monde*, 24 out. 1987.

_____. "Salò" de Pasolini. *Le Monde*, Paris, 25 nov. 1975.

_____. "Théorème", de Pier Paolo Pasolini. *Le Monde*, Paris, 10 mar. 1996.

_____. Pasolini et la mort. *Le Monde*, Paris, 24 jan. 1991.

_____. Un cinéaste "enragé". *Le Monde*, Paris, 4 nov. 1975.

SIDLER, V. Grandzuge des italienischen Films. *Cinema*, nº 70-71-72, Audliswil (Suíça), 1972.

SILLANPOA, Wallace. Pasolini's Gramsci. *MLN*, nº 1, Baltimore, jan. 1981, p. 120-137.

SILVA, Rogério Correia da. Giornata del cinema italiano. *Cinema*, nº 2, Fundação Cinematográfica Brasileira, 1973.

SIMONELLI, P. Pier Paolo Pasolini, duecento anni fa. Entrevista: 30 out. 1975. *L'Araba Fenice*, nº 1-2, jun.-set. 1978.

SITI, Walter. Elsa Morante nell'opera di Pier Paolo Pasolini. *Studi Novecenteschi*: Revista Semestrale di Storia della Letteratura Italiana Contemporanea, Agnano Pisano, jun.-dez. 1994, p. 131-148.

_____. Il sole vero e il sole della pellicola, o sull'espressionismo di Pasolini. *Rivista di Letteratura italiana*, nº 1, 1989.

_____. Saggio sull'endecasillabo di Pasolini. *Paragone*, nº 270, ago. 1972.

SNEÉ, P. "Saló, acagy Sodoma 120 napja". *Filmkultura*, nº 4, abr. 1995.

SOCCI, Antonio. "Petrolio". Com'è vera questa storia. *Il Sabato*, 7 nov. 1992.

SOLDATI, M. Sequestrare "Salò". *La Stampa*, 30 jan. 1976.

SOLMI, A. "Salò": orgia di noia e voltastomaco. *Oggi*, 26 jan. 1976.

_____. l'Oriente povero di Pasolini. *Oggi Illustrato*, 18 set. 1974.

SONTAG, Susan. Diante da Tortura dos Outros. *O Estado de S. Paulo*, São Paulo, 6 jun. 2004, Caderno Cultura, p. D7.

SORGI, C. Pasolini: i lineamenti di un mito. *Rivista del Cinematografo*, nº 5, "Appunti su Pier Paolo Pasolini", maio 1976.

SORGI, C. Sequenze di dannate immagini. *Avvenire*, 19 nov. 1975.

SOTIAUX, D. "Salò ou les 120 journées de Sodome". *Révue Belgue du Cinéma*, nº 3, jan. 1977.

SPINAZZOLA, Vittorio. Due saggi contro l'avanguardia: ma leggiamo orima di giudicare. *Vie Nuove*, nº 9, 2 mar. 1967.

_____. Il realismo irrazionalista di Pier Paolo Pasolini. *Comunità*: Rivista di Informazione Culturale, nº 183, Segrate, nov. 1981, p. 238-259.

SPINAZZOZA, Vittorio. L'inferno di Pasolini. *L'Unità*, 22 jan. 1976.

_____. Le domande di Pasolini. *L'Unità*, 31 out. 1976.

_____. Pasolini, peccato postumo. *L'Unità*, 17 out. 1982.

SPINELLA, M. "Io, Pasolini, dico ai giovani". *L'Unità*, 29 nov. 1979.

_____. Pasolini: descrizioni di descrizioni. *Rinascita*, 27 jul. 1979.

SQUAROTTI, Giorgio Barberi. Pasolini. *Paragone*, VIII, 94, out. 1957.

STATERA, Alberto. Il cuore dell'antico Regime. *La Stampa*, 7 nov. 1992.

STEFANILE, M. Pasolini critico. *Il Mattino*, 16 out. 1960.

STEFANO, John di. Picturing Pasolini. *Art Journal*, 1997.

STIEHLER, Heinrich. Istrati et Pasolini. *Cahiers Roumains d'Études Littéraires*: Revue Trimestrielle de Critique, d'Esthetique et d'Histoire Litteraires, nº 4, Bucareste, 1988, p. 116-121.

STOLFI, Mimmo. P. P. P.: chi critica e chi si vendica. *Il Sabato*, 14 nov. 1992.

STONE, Mirto Golo. *Pier Paolo Pasolini, o:* per la morale del pensiero. *Nuovi Argomenti*, nº 40, Roma, out.-dez. 1991, p. 36-42.

STUART, A. "The Canterbury Tales". *Filming and Film*, nº 9, jun. 1973.

SU "Salò" di Pasolini un farsesco rituale. *Avanti!*, 5 jan. 1976.

SUL cinema. *Il Gazzettino*, 25 fev. 1989.

SUR *THÉORÈME*, le film et le texte. *Positif*, nº 484, 1º jun. 2001, p. 51-54.

SVENSTEDT, Carl Henrik. En svart angel. *Lyrikvannen*, nº 6, Estocolmo, 1987, p. 328-329.

SWENNEN, Myriam. Il realismo poetico di Pier Paolo Pasolini: *Ragazzi di vita. Carte Italiane*: A Journal of Italian Studies, Los Angeles, 1982-1983, 4, p. 37-52.

SZABÒ, G. A marxista-freudista-eroto-miszticus Pasolini. *Film Kultura*, nº 3, jan. 1973.

TAGLE, M. R. L'umorismo di Pier Paolo Pasolini: alcune considerazioni. *Conversazioni*, nº 11, out. 1998.

TAGLIABUE, C. "I Racconti di Canterbury". *Revista del Cinematografo*, nº 3-4, mar.-abr. 1973.

TAGLIAFIERRO, F. Pier Paolo Pasolini. Trasumanar e organizzar. *La Nuova Antologia*, out. 1971.

TAGLIARINI, C. [Sobre *Decameron*]. *Zeit Magazin*, nº 26, 25 jun. 1971.

TAGLIÉ, M. R. Appunti sul paesaggio nei film di Pier Paolo Pasolini. *Conversazioni*, nº 9, jun. 1995.

TASSONI, Luigi. L'immagine e la cosa. In: TASSONI, Luigi (org.). *Come interpretare il Novecento?* Una memoria per il futuro. Pécs: Imago Mundi, 2001, p. 73-77.

TAVIANI, Paolo e Vittorio. Souvenir de Pasolini. *Positif*, nº 400, "Le Cinéma vu par les Cinéastes", 1º jun. 1994, p. 140-141.

TELLÉZ, J. L. La voluntad de narrar. *Contracampo*, nº 15, set. 1980.

TERMINE, L. "Il Fiore delle Mille e una notte". *Cinema Nuovo*, nº 231, set.-out. 1974.

TERZIEFF, Laurent. Buñuel e Pasolini. *Cahiers du Cinéma*, nº 433-434, maio 1991.

TESTORI, G. Film antipornografico. *Corriere della Sera*, Milão, 10 dez. 1976.

O *CORPUS* ARQUIVADO

THIRARD, P. L. "Le Décameron"/A-Z. *Positif*, nº 134, jan. 1972.

_____. "Les Contes de Canterbury". *Positif*, nº 147, fev. 1973.

_____. Le sexe comme obligation. *Positif*, nº 178, fev. 1976.

TIAN, R. Conversazione tragica in interno borghese. *Il Messaggero*, 13 nov. 1977.

TIBALDI, G. "Salò-Sade" dallo psicologo. *La Stampa*, 19 mar. 1977.

TIRA in Europa il romanzo italiano. *La Gazzetta di Firenze*, 29 out. 1992.

TODINI, Umberto. Pasolini and the Afro-Greeks. *Stanford Italian Review*, nº 2, Saratoga, 1985, p. 219-222.

TOLTO il veto ai raconti. *L'Unità*, 23 jun. 1972.

TOMASINO, R. "Salò": due ipotesi/il vuoto della traccia. *Filmcritica*, nº 257, set. 1975.

_____. La connotazione metalingüistica. *Filmcritica*, nº 248, out. 1974.

TONG, Janice. Crisis of ideology and the disenchanted eye: Pasolini and Bataille. *Contretemps*, nº 2, maio 2001.

TONI, A. La storia e il mito nel cinema di Pasolini. *Nuovi Argomenti*, nº 46, 1993.

TOPPAN, Laura. Luzi Pasolini: dai primi contatti alla polemica su *Officina*. *Campi Immaginabili*: Rivista Quadrimestrale di Cultura, nº 1-3, Cosenza, 1996, p. 229-241.

TORNABUONI, L. Bocciava Ejzenstein detestava Doris Day. *La Stampa*, 13 jun. 1996.

TOSATTO, Filippo. Amoroso Pier Paolo poetico esibizionista. *La Nuova Venezia*, 6 nov. 1992.

TOSCANI, Claudio. Peccati & "Petrolio". *Brescia Oggi*, 4 nov. 1992.

TOURNÈS, A. Pasolini ne triche pas avec le public. *Jeune Cinéma*, nº 74, nov. 1973.

TRENTA fascisti assaltano "Salò". *La Repubblica*, 11 mar. 1977.

TROMBADORI, E. Pasolini, il cinema come pittura. *Quadri e sculture*, nov. 1993.

_____. Pasolini, la vita come figuratività. *Nuovi Argomenti*, nº 41, jan.-mar. 1992.

TUNDO, Luigi. Un poeta a Roma: Pasolini. *Studi Romani*: Rivista Trimestrale dell'Istituto Nazionale di Studi Romani, Roma, jul.-dez. 1985, 33:3-4, p. 271-273.

TURRONI, G. Film d'autore, film di consumo, film di poesia. *Bianco e Nero*, nº 1-2, Roma, jan.-fev. 1971.

TURUGLIATTO, R. La tecnica e il mito. *Bianco e Nero*, nº 1-4, "Lo scandalo Pasolini", Roma, jan.-abr. 1976.

TUSINI, Serena. La galassia terminale di "Petrolio": Riflessioni sul romanzo postumo di Pasolini. *Cristallo*: Rassegna di Varia Umanità, nº 2, Bolzano, aug. 1998, p. 58-67.

U. C. Boccaccio. *L'Unità*, 19 abr. 1972.

_____. Restituito al pubblico. *L'Unità*, 19 fev. 1977.

ULRICH, E. [Sobre *As Mil e uma Noites de Pasolini*]. *Film-Dienst*, 17 set. 1974.

UN RICORSO al TAR contro il film "Salò". *Il Messaggero*, 13 mar. 1977.

UNE STATUE à Pasolini? C'est immoral. *Courrier international*, nº157, 4 nov. 1993, p. 35.

VALENTINI, Chiara. Scandaloso Pier Paolo. *L'Espresso*, 1 nov. 1992.

VALESIO, Paolo. Pasolini come sintomo. *Italian Quarterly*, nº 82-83, New Brunswick, 1980-1981, p. 31-42.

VALIÑO, Omar. Disidente del mundo. *La Habana*, 2006.

VALLORA, M. "Salò"?: ferita senza cicatrice. *La Gazzetta del Popolo*, 21 ago. 2006.

VALMANARA, P. "I Racconti di Canterbury". *Il Popolo*, 17 set. 1972.

_____. Una sentenza che non persuade. *Il Popolo*, 4 abr. 1973.

_____. Viaggio alla ricerca dell'innocenza perduta. *Il Popolo*, 23 ago. 1974.

VARESE, C. La poesia popolare destinata a morire? *Il Giornale*, 10 fev. 1956.

VARIC, X. "Salò o le 120 giornate di Sodoma". Il film-simbolo di Pier Paolo Pasolini. *Gazzetta di Mantova*, 12 abr. 1976.

VASCONCELLOS, Gilberto Felisberto. Pier Paolo Pasolini e nosotros. *Revista Caros Amigos*, nº 80, São Paulo, nov. 2003, p. 23.

VAZZANA, Steno. Ultimo dantismo pasoliniano. *Alighieri*: Rassegna Bibliografica Dantesca, nº 2, Roma, jan.-dez. 1993, p. 135-140.

VEDREMO senza tagli il "Salò" di Pasolini. *Corriere della Sera*, Milão, 19 dez. 1975.

VELTER, André. L'autre vie. *Le Monde*, Paris, 27 out. 1995.

VENEGONI, F. Nota su "Salò". *Cinema 60*, nº 114-115, mar.-jun. 1977.

VENTURA, Patrizia. Memorie di fuoco. *Gioia*, 30 nov. 1992.

VERDICCHIO, Pasquale. Censoring the Body of Ideology: The Films of Pier Paolo Pasolini. *Fiction International*, nº 22, 1992, p. 369-378.

VERDONE, Mario. Riesame di "Salò-Sade". *La Fiera Letteraria*, Roma, 1º ago. 1976.

VERNICE nera e sassi al cinema per contestare la "prima" di "Salò". *Il Messaggero*, 11 mar. 1977.

VETTORI, V. Empirismo eretico. *Il Telegrafo*, 11 jul. 1972.

VIANO, Maurizio Sanzio. *Accattone*, New Realism and Ambivalence. *RLA:* Romance Languages Annual, West Lafayette, 1990, 2, p. 278-285.

_____. Who Is Killing Pasolini? Two Books and Two Films Show How to Keep Him Alive. *Film Quarterly*, nº 4, Berkeley, 1998, p. 21-27.

VICARI, G. Il frontespizio di marmo. *Il Caffe*, nº 3-4, V, jul.-ago. 1957.

_____. "Decameron". *Avanti!*, 19 set. 1971.

_____. Boccaccio revisitato da Pasolini. *La Gazzetta del Popolo*, 17 set. 1971.

VIGORELLI, G. Poesia popolare e arte d'eccezione. *Leggere*, 15 fev. 1956.

_____. Poesta e popolo. *Concretezza*, 1º mar. 1956.

VILLARI, Lucio. La società italiana e Pasolini. *Italian Quarterly*, nº 82-83, New Brunswick, 1980-1981, p. 45-49.

_____. Pasolini e la società italiana. *Nuovi Argomenti*, nº 67-68, Roma, jul.-dez. 1980.

VILLORESI, L. Pasolini, luoghi e miti. *La Repubblica*, 13 mar. 1991.

VITO, L. Sul set guardando il mondo. *Quotidiano di Lecce*, 27 out. 1985.

VITTI, Antonio. Pasolini: Il sogno di una cosa: Una presa di coscenza? *Cristallo:* Rassegna di Varia Umanità, nº 3, Bolzano, dez. 1988, p. 37-44.

VOLPI, Marisa. I miei Sahara futuri. *Studi Novecenteschi*, Revista Semestrale di Storia della Letteratura Italiana Contemporanea, Agnano Pisano, nº 47-48, jun.-dez. 1994, p. 91-96.

WAEGER, G. [Sobre *As Mil e uma Noites de Pasolini*]. *Neue Zürcher Zeitung*, 19 set. 1974.

WAGSTAFF, Christopher. Reality into Poetry: Pasolini's film theory. *The Italianist*: Journal of the Department of Italian Studies, University of Reading, Reading, Berks, 1985, 5, p. 107-132. [Retomado em BARANSKI, Zygmunt (org.). *Pasolini Old and New:* surveys and studies. Dublin: Four Courts Press, 1999, 420 p., p. 185-227.]

WARD, David. Una geniale mente analizzatrice: "Empirismo eretico" di Pier Paolo Pasolini. *Fai la cosa giusta*, nº 0, 1993.

WELLE, John. Maciste magretto della letteratura, postmodernism in Pasolini's Film Poems. *Annali di Italianistica*, nº 9, 1991.

_____. Pasolini's Friulian Academy, Dialect Poetry, and Translation Studies. *RLA:* Romance Languages Annual, West Lafayette, 1990, 2, p. 286-290.

WERBA, H. [Sobre *As Mil e uma Noites de Pasolini*]. *Variety*, nº 3, maio 1974.

WETZEL H. (org.). Pier Paolo Pasolini. *Mannheimer Analytica*, nº 2, 1984.

WIEGANT, W. [Sobre *As Mil e uma Noites de Pasolini*]. *Frankfurter Allgemeine Zeitung*, 27 maio 1974

_____. [Sobre *Decameron*]. *Frankfurter Allgemeine Zeitung*, 30 jun. 1971.

O *CORPUS* ARQUIVADO

WILLIAMS, Russell. Pasolini's Ideology in His Cultural Essays of the Fifties. *The Italianist: Journal of the Department of Italian Studies, University of Reading*, Reading, Berks, 1985, 5, p. 36-45.

_____. Pier Paolo Pasolini. *New Theatre Quarterly*, nº 20, Cambridge, nov. 1989, p. 384-391.

WILLIMON, William. Faithful to the script. [Crítica positiva de *O Evangelho segundo S. Mateus* por um bispo americano]. *Christian Century*, 2004.

WOHL, Jurgen. Un amaro scherzo shakespeariano: Anmerkungen zu Pier Paolo Pasolinis Gedicht In morte del realismo. *Zeitschrift für Italienische Sprache und Literatur*, nº 1 (33), Frankfurt am Main, maio 1995, p. 58-73.

XAVIER, Ismail. O Cinema Moderno segundo Pasolini. *Revista de Italianística*, nº 1, São Paulo, FFLCH/USP, jul. 1993, p. 102-109.

ZACCARIA, B. "*Salò*" di Pasolini sequestrato a Milano. *Corriere della Sera*, Milão, 14 jan. 1976.

_____. Sequestro confermato di "*Salò*". *Corriere della Sera*, Milão, 31 jan. 1976.

ZAGARRIO, Giuseppe. L'Empietà crepuscolare di Pasolini. *Il Ponte*, nº 8-9, 1972.

ZANARINI, R. Pasolini adatta il mondo di Sade al suo pessimismo. *L'Unità*, 25 abr. 1976.

ZANELLI, D. L'Eden perduto di Pasolini. *Il Resto del Carlino*, 31 ago. 1974.

_____. L'inferno privato di Pasolini. *Il Resto del Carlino*, 10 mar. 1977.

_____. La vicenda giudiziaria del film. *Il Resto del Carlino*, 10 mar. 1977.

_____. Pasolini tra Sade e Salò. *Il Resto del Carlino*, 12 abr. 1975.

_____. Portò nel cinema italiano le sue inquietudine di intellettuale. *Il Resto del Carlino*, 3 nov. 1975.

ZANZOTTO, Andrea. Pédagogie. *Revue d'Esthétique*, nº 3, "Pasolini", Toulouse, Éditions Privat, 1982, 176 p.; 1992, p. 41-47. Nos EUA: Pedagogy. *Stanford Italian Review*, nº 3, Saratoga, 1982, p. 30-41.

_____. Pier Paolo Pasolini. *Art Press*, nº 257, 1º maio 2000, p. 57.

ZICHICHI, A. Uno scienziato contro Pasolini. *Corriere della Sera*, Milão, 6 ago. 1975.

ZIGAINA, Giuseppe. "Petrolio", teorema di morte. *Messaggero Veneto*, 4 nov. 1992.

_____. L'oeuvre graphique de Pier Paolo Pasolini. *Revue d'Esthétique*, nº 3, "Pasolini", Toulouse, Éditions Privat, 1982, 176 p.; 1992, p. 91-92.

_____. Pier Paolo Pasolini e la sacralità della tecnica. *Fogli d'Arte*, nº 7, out. 1985.

_____. Total Contamination in Pasolini. *Stanford Italian Review*, nº 2, Saratoga, 1984, p. 267-285.

ZOLLA, E. "Le ceneri di Gramsci". *Tempo presente*, nº 8, ago. 1957.

ZUCCOLOTTO, Afrânio. [Sobre *O Evangelho Segundo São Mateus*]. *O Estado de S. Paulo*, São Paulo, 9 set. 1967, Suplemento Literário.

QUADRINHOS

MACONI, Gianluca. *Il delitto Pasolini*. Levada di Ponte di Piavac: Editore Becco Giallo, 2005, 96 p.

TOFFOLO, Davide. *Intervista a Pasolini*. Pordenone: Biblioteca dell'Immagine, 2002, 160 p. Na França: *Pasolini – Une Recontre*. Paris: Casterman, 2004.

X. CD

BATTAGLIA, Stefano. *Re: Pasolini.* 2 discos. ECM, 2007.

MORRICONE, Ennio. *La musica nel cinema di Pasolini.* General Music, 1983.

_____. *Pasolini.* Un delitto italiano. Sony Music Entertainment, 1995.

PASOLINI, Pier Paolo. *Meditazione orale.* Com libreto de 24 páginas, o CD contém cinco poemas selecionados e lidos por Pasolini: "Il canto popolare", "Le ceneri di Gramsci", "La terra di lavoro", "La Guinea" (gravados em 1962) e "Meditazione orale" (gravado em 1970). Luca Sossella Editore, Plurale immaginario, 2005.

PASOLINI, Pier Paolo; LOMBARDI, Sandro. *Poesie.* Com livro de 234 páginas, com uma seleção de poemas organizada por Pasolini em 1970 como "ato conclusivo de um período literário", o CD traz Sandro Lombardi lendo poemas de Pasolini. Garzanti Libri, Multimediali, 2001.

RUSTICHELLI, Carlo; GHIGLIA, Benedetto; PICCIONI, Piero. *I Film di Pasolini: Mamma Roma, Porcile, Una Vita Violenta.* CAM, 1999.

TRAGTENBERG, Livio. *Pasolini Suíte. Hänsel Und Gretel Suíte.* [Biografia sonora de Pasolini, em espetáculo de dança estreado em Hamburgo em 1996.]. Tratore, 1996.

XI. Internet

SÍTIOS

Griselda. Sítio criado por professores do Dipartimento di Italianistica da Universidade de Bolonha, com excelente material acadêmico sobre a literatura italiana. Em: http://www.griseldaonline.it/percorsi/archivio.htm.

Il Friuli di Pasolini. Sítio oficial da Prefeitura de Casarsa della Delizia dedicado a Pasolini, com notícias sobre pessoas, lugares e referências bibliográficas do Friuli da infância e juventude do poeta, cultura e região que marcaram sua vida e obra. Também em Casarsa foi Pasolini enterrado ao lado da mãe, no mesmo cemitério onde o irmão e o pai repousam na ala dedicada aos combatentes da Segunda Guerra. Em: http://www.pasolinicasarsa.org/inizio.htm.

Internet Movie Data Base. Base de dados incessantemente completados e atualizados de filmografias, incluindo a de Pasolini. Em: http://www.imdb.com.

Istituto Gramsci. Sítio do Instituto Gramsci, sediado em Bolonha, dedicado ao filósofo italiano Antonio Gramsci, com material de pesquisa sobre Pasolini e suas relações com a filosofia política gramsciana. Em: http://www.gramsci.it/.

Pagine Corsare. Sítio em italiano, mas que inclui textos em diversos idiomas. Fruto de um trabalho independente e apaixonado de Angela Molteni e Massimiliano Valente, o sítio não dispõe de financiamento público ou privado, nem conexão com entidades públicas italianas ou internacionais nem com a Associazione Fondo Pier Paolo Pasolini. Os autores esforçam-se para citar corretamente as fontes e fornecer informações e citações exaustivas e exatas. É o melhor sítio sobre Pasolini, com atualizações constantes. Inclui documentos e testemunhas sobre a vida de Pasolini e toda sua obra: a poesia, com as experiências dialetais de Friuli; a

O *CORPUS* ARQUIVADO

obra literária, desde as primeiras experiências juvenis até *Una vita violenta*; o cinema, com a filmografia completa e exposição de argumentos, roteiros, colaborações de Pasolini, desde *Desajuste Social* até *Salò*; os ensaios, desde os cartazes murais até as intervenções corsárias no *Corriere della Sera*. O sítio hospeda a documentação de todos os processos sofridos por Pasolini e uma sempre renovada galeria de imagens. Uma sala virtual permite que se escute, em formato Real Áudio, Francesco De Gregori cantando *A Pa'* ("Escuta, Papai") e o próprio Pasolini recitando seus poemas. Em: http://www.pasolini.net.

Pier Paolo Pasolini –Un Archivio Virtuale. Demo de arquivo virtual realizado em 1998, com a colaboração do *Fondo Pier Paolo Pasolini*, mas que tem sido desde então atualizado. Do projeto para um futuro arquivo oficial consta a apresentação de imagens e textos dos filmes de Pasolini, com breves resumos e cartazes originais de cada um deles. Em: http://www. whitefox.net/pasolini/default.htm.

Pier Paolo Pasolini. Página de fã com informações atualizadas sobre a vida e a obra de Pasolini. Em: http://pierpaolopasolini.ilcannocchiale.it/.

Rai-Italica. Sítio com (até o momento) 274 documentos textuais sobre Pasolini. Em: http:// www.italica.rai.it/principali/argomenti/libri/pasolini.htm.

Teche-Rai. Sítio de arquivos audiovisuais, no qual se pode assistir a clipes de vídeo ou áudio em *Real Player*. Em: http://www.teche.rai.it/cgi-bin/multiteca/multiteca.

PÁGINAS

"*Salò*". Dossiê do British Film Institute dedicado a *Salò*: http://www.bfi.org.uk/features/salo/ index.html.

"TEOREMA", de Pasolini, é um dos Destaques Desta Quinta-Feira na Mostra. *Folha Online*, 24 out. 2002. Em http://www1.folha.uol.com.br/folha/reuters/ult112u23434.shtml.

Abcedario Pasolini. Em: http://www.tijeretazos.net/Abecedario/Pasolini/abcPasolini011.htm.

ADVOGADO Pede Reabertura do Caso Pasolini. *Estadão Online*, 9 maio 2005. Em: http://www. estadao.com.br/rss/divirtase/2005/mai/09/165.htm.

ASSASSINO de Pasolini é Detido por Tráfico de Drogas. *Estadão Online*, 21 maio 2005. Em: http://www.estadao.com.br/rss/divirtase/2005/mai/21/45.htm.

BARBANCEY, Pierre. Pasolini-Fassbinder: la rencontre dans un verger. Em http://www.huma-nite.presse.fr/journal/1995-07-18/1995-07-18-729933.

BARTHES, Roland. Sade-Pasolini. *Opsonic*. Em: http://www.opsonicindex.org/Salo/salbar.html.

BELLIS, Luigi de. Pier Paolo Pasolini. *Novecento*. Em: http://digilander.libero.it/letteratura/ Novecento/pasolini.htm.

BORDINI, Carlo. Un coraggio a metà. *Salvo imprevisti*, nº 7. Em http://www.pasolini.net/vita05.htm.

Callas As Medea. Página dedicada à diva Maria Callas e sua participação em *Medéia*: http:// www.cpinternet.com/mbayly/callasasmedea.htm.

CALVINO, Italo. Sade is within us [artigo de 30 de novembro de 1975]. Versão de Mark Pietralunga. *Opsonic*. Em: http://www.opsonicindex.org/Salo/salcal.html.

CARVALHO, Bernardo. O Quixote da Sociedade de Consumo. *Folha de S. Paulo*, São Paulo, 6 jun. 2006. Ilustrada. Em: http://www1.folha.uol.com.br/fsp/ilustrad/fq0606200621.htm.

CASULA, Carlo Felice. Il canto civile di Pasolini. *Oikos*. Em http://www.informagiovani.it/ 30anni68/30PasCasu.htm.

CATALDI, Benedetto. Pasolini death inquiry reopened. *BBB*, 10 maio 2005. Em: http://news. bbc.co.uk/1/hi/entertainment/film/4529877.stm.

TODOS OS CORPOS DE PASOLINI

Catharton/Pasolini. Sítio com links e resenhas sobre Pasolini. Em: http://www.catharton.com/directors/90.htm.

Centro Studio –Archivio Pier Paolo Pasolini. A Associazione Fondo Pier Paolo Pasolini de Roma, fundada e presiedida por Laura Betti, recentemente falecida, doou à Prefeitura de Bolonha todo o material documental do próprio arquivo Pasolini. Constituiu-se, em seguida, junto à Biblioteca da Cineteca di Bologna, o Centro Studi –Archivio Pier Paolo Pasolini, que conserva mais de de 1000 volumes sobre a obra de Pasolini, além de revistas, jornais, teses, fotos, vídeos, programas de rádio, registros de congressos, debates e intervenções. Por intermédio de Sergio Trombetti, irmão de Laura Betti, o arquivi acolheu também as Doações Betti, com objetos pessoais e documentos que pertenciam à atriz. Em: http://www.cinetecadibologna.it/archivio/pasolini/archivio_pas.htm.

Cinema Italiano. Página criada pelos estudantes da disciplina "Italian Cinema" do Prof. Blumenfeld, contendo informações sobre filmes, música e arte de Pasolini. Em: http://italian.vassar.edu/pasolini/directory.html.

CIOFF, R. Longo. *Pasolini –Bibliografia.* Em: http://www.filosofia.unina.it/longociofi/pasolini.html.

CONHEÇA Manifesto Teatral de Pier Paolo Pasolini, de Orgia. *Folha Online*, Ilustrada, 23 mar. 2003. Em: http://www1.folha.uol.com.br/folha/ilustrada/ult90u31533.shtml.

CUCCINI, Matteo. Pasolini in Brasile. Em: http://musibrasil.net/vsl_art.asp?id=1606.

DEBATE na Sala UOL Aborda Pier Paolo Pasolini. *Folha de S. Paulo*, 24 out. 2002, Ilustrada. Em: http://www1.folha.uol.com.br/folha/ilustrada/ult90u28272.shtml.

DIAZ PEREZ, J. C. Presencia de la cultura española en la obra de Pier Paolo Pasolini. *Revista de filologia românica*, nº 10, Editorial Complutense, Madri, 1993. Em: http://www.ucm.es/BUCM/revistas/fll/0212999x/articulos/RFRM9393110065A.pdf.

Do Próprio Bolso. Sítio anárquico com alguns textos sobre Pasolini. Em: http://www.dopropiobolso.com.br/paginas_bolso/indice_7.htm.

EDIÇÃO Introduz Obra de Homenageados. *Folha Online*, Ilustrada, 17 out. 2002. Em: http://www1.folha.uol.com.br/folha/ilustrada/ult90u28094.shtml.

Elena Tardonato Faliere. Sítio da escritora Elena Tardonato Faliere com página dedicada a Pasolini. Em: http://www.tardonato.com.ar/pasolini.htm.

EXIBIDO Trecho Inédito de Decameron de Pasolini. *Estadão Online*, 4 jul. 2005. Em: http://www.estadao.com.br/rss/divirtase/2005/jul/04/128.htm.

FALLACI, Oriana. È stato un massacro. *L'Europeo*, nov. 1975. Em: http://www.pasolini.net/processi_pelosi_massacro.htm.

_____. Il testimone misterioso. *L'Europeo*, nov. 1975. Em: http://www.pasolini.net/processi_pelosi_testimonemisterioso.htm.

FAMÍLIA de Pasolini Pede Nova Investigação sobre Morte do Cineasta. *Folha Online*, Ilustrada, 9 maio 2005. Em: http://www1.folha.uol.com.br/folha/ilustrada/ult90u50674.shtml.

FERNANDES, Adao. "Teorema": Gênese e etapas de um processo de criação. Em: http://barbela.grude.ufmg.br/gerus/noticias.nsf/Estudos%20Pasolinianos.

FLATLEY, Guy. The atheist Who Was Obsessed with God. *Moviecrazed*. Em: http://www.moviecrazed.com/outpast/pasolini.html.

FONSECA, Duda. Pasolini Dissecado: crítico e professor da Escola de Belas Artes Luiz Nazario prepara biografia sobre o escritor e cineasta morto há 30 anos, a ser lançada em 2006. *O Tempo*, Belo Horizonte, 5 nov. 2005, Caderno Magazine, p. C1. Em: http://www.otempo.com.br/magazine/lerMateria/?idMateria=16488.

FORTINI, Franco. Al di là della speranza (Risposta a Pasolini). [artigo de 1956]. Em: http://www.pasolini.net/ideologia07.htm.

O *CORPUS* ARQUIVADO

Gabriel Garcia Márquez: Um Escritor Indigno (1973). Página com o artigo de Pasolini em tradução de Roberto Raschella. Em: http://www.desk.nl/~sur/04surpasolini00.html.

GARBELLINI, Ruben. *L'anima e la carne*. Paris, 2001/Milão, 4 fev. 2002. Em: http://www.italia-libri.net/dossier/pasolini/animaecarne.html.

GEORGAKAS, Dan. *Salò. Cinéaste* nº 3, 1976. Em: http://www.opsonicindex.org/Salo/salgeo.html.

Gramsci e o Brasil. Sítio dedicado ao filósofo italiano Antonio Gramsci. Em: http://www.gramsci.org.

GNERRE, Francesco. Pasolini: l'omosessualità come chiave di lettura della realtà. *Liberazione*, 29 out. 2000. Em: http://www.culturagay.it/cg/saggio.php?id=145.

HABIB, André. Salò et la Grande Bouffe. Em: http://www.horschamp.qc.ca/article.php3?id_article=37.

HARRIS, Kenneth. Maria Callas entrevistada no *David Frost Show*, 10 dez. 1970. Trechos publicados em *The Observer*, 8 e 15 fev. 1970. Em: http://www.cpinternet.com/mbayly/callas2.htm.

INDIANA, Gary. Interview with Rob White about Salò. Em: http://www.bfi.org.uk/features/Salo/interview.html.

International Architecture Database. Site de arquitetura com dados sobre o artista Gino Valle, que em 1977 projetou a tumba de Pasolini em Casarsa della Delizia. Em: http://www.archinform.de/projekte/1190.htm.

IRELAND, Doug. Restoring Pasolini. *Direland*, 2 aug. 2005. Em: http://www.zmag.org/content/showarticle.cfm?SectionID=43&ItemID=8433. [Retomado em *ZNet*, 3 aug. 2005. Em: http://direland.typepad.com/direland/2005/08/restoring_pasol.html.]

Italia Libri. Sítio completo e atualizado sobre autores e obras da literatura italiana, com diversas páginas sobre Pasolini. Em: http://www.italialibri.net/dossier/pasolini/paralleli4.html.

ITALIANO Sergio Citti Morre aos 72. Folha de S. Paulo, *Folha de S. Paulo*, São Paulo, 12 out. 2005, Ilustrada. Em: http://www1.folha.uol.com.br/fsp/ilustrad/fq1210200526.htm.

Javari. Sítio dedicado a arquivos de cinema e listas de livros, com ampla seleção de obras de Pasolini, organizado por Jennifer Stone (jastonephd@javari.com), professora de cultura e cinema italiano na Universidade de Massachusetts, que leciona a disciplina Pasolini: Cinema di Poesia. Em: http://www.javari.com/cinefiles.htm.

Jim's Reviews/Pasolini. Sítio de Jim Clark com *links* e resenhas de filmes de Pasolini em DVD. Em: http://jclarkmedia.com/pasolini/pasolini12.html#dvd.

Kara Gallery. Sítio criado em Genebra com pinturas de Pasolini organizadas por tema (autoretratos, paisagens, retratos de Maria Callas) e textos de Giuseppe Zigaina e Achille Bonito Oliva sobre Pasolini. Em: http://www.karaartservers.ch/p.p.pasolini/pasolini.html

KONDER, Leandro. Gramsci e o Brasil. Em: http://www.gramsci.org.

L'Espace Theatral est Dans Nos Têtes. Página com texto de Pasolini sobre o espaço teatral. Em: http://www.colline.fr/site/lexi5pas.htm.

La Espia del Sur. Sítio sobre literatura gay e lésbica com uma página dedicada a Pasolini. Em: http://www.geocities.com/laespia/pasolini1.htm.

LUZÁN, Julia. El corsario Pasolini. *El Pais Semanal*, 11 set. 2005. Em: http://www.elpais.es/articulo/elpepspor/20050911elpepspor_5/Tes/.

MELLO, Andréa Mota Bezerra de. "As Mil e Uma Noites" e a Posição do Olhar de Pasolini. [Originalmente publicado em: *Agora*, nº 1, v. 5, Natal, maio 2003]. Em: http://www.weblab.unp.br/agora/segundas/artigos/artigo022.html.

MOLITERNO, Gino. Pier Paolo Pasolini. Em: http://www.sensesofcinema.com/contents/directors/02/pasolini.html#bibl.

TODOS OS CORPOS DE PASOLINI

MOLTENI, Angela. Nel segno di Rimbaud. Em: http://www.pasolini.net/vita09.htm.

MORRE AOS 70 anos a Atriz Italiana Laura Betti. *Folha Online*, Ilustrada, 31 jul. 2004. Em: http://www1.folha.uol.com.br/folha/ilustrada/ult90u46364.shtml.

MOSTRA do CCBB Faz Contraponto entre Cinema de Poesia e de Prosa. *Folha de S. Paulo*, 29 abr. 2004, Ilustrada. Em: http://www1.folha.uol.com.br/folha/ilustrada/ult90u43753.shtml.

MOSTRA no CCBB-SP Discute Correntes Narrativas do Cinema. *Folha de S. Paulo*, 28 abr. 2004, Ilustrada. Em: http://www1.folha.uol.com.br/folha/ilustrada/ult90u43723.shtml.

MOUSOULIS, Bill. In the Extreme: Pasolini's Salò. Em: http://www.sensesofcinema.com/contents/00/4/Salo.html.

NAZARIO, Luiz. O Corpo Massacrado. *Pagine Corsare*. Em: http://www.pasolini.net/brasil_nazario.htm.

_____. O Corpo Massacrado. *Pagine Corsare*. Em: http://www.pasolini.net/brasil04.htm.

OLIVEIRA Jr., Luiz Carlos. O Evangelho Segundo São Mateus. Em: http://www.contracampo.he.com.br/58/cristopasolini.htm.

ORGIA de Pasolini Ganha Montagem no CCBB de São Paulo. *Folha de S. Paulo*, São Paulo, 6 mar. 2003, Ilustrada. Em: http://www1.folha.uol.com.br/folha/ilustrada/ult90u31157.shtml.

ORICCHIO, Luiz Zanin. CCBB Abre Ciclo com Raridades de Glauber e Pasolini. Em: http://www.estadao.com.br/divirtase/cinema/noticias/2005/jun/21/131.htm.

PANAGIOTIS, Christias. Medéia-Afáscia: Pier Paolo Pasolini, retorno aos antigos e cinema de poesia. Em: http://www.pucrs.br/famecos/pos/sessoes/11/12christias.pdf#search='pier%20paolo%20pasolini.

PASOLINI em Retrospectiva Completa na Mostra BR de Cinema. *Folha Online*, Ilustrada, 18 out. 2002. Em: http://www1.folha.uol.com.br/folha/ilustrada/ult90u28136.shtml.

PASOLINI Requiem ai Castelli Animati. Em: http://www.afnews.info/public/afnews/printnews.pl?newsid1133453383,92391,.htm.

Pasolini. Página com seleção de artigos sobre os vários aspectos da obra pasoliniana. Em: http://myweb.tiscali.co.uk/filmdirectors/Pasolini.htm.

Pasolini's View of the Decameron. Sítio com versão em italiano organizado pela Brown University centrado na obra de Boccaccio, ocupando-se de *Decameron* de Pasolini, com imagens em formato quicktime. Em: http://www.brown.edu/Departments/Italian_Studies/dweb/arts/wheel/pasolini.shtml.

PEÇA *Orgia* Expõe Embate entre a Carne e o Verbo. *Folha Online*, Ilustrada, 20 mar. 2003. Em: http://www1.folha.uol.com.br/folha/ilustrada/ult90u31464.shtml.

PELLEGRINO, Giovanni. Segreto di Stato. La verità da Gladio al caso Moro. Em: http://www.italialibri.net/dossier/pasolini/paralleli4.html.

PEREIRA, Miguel. Um Olhar sobre o Cinema de Pasolini. Em: http://publique.rdc.puc-rio.br/revistaalceu/media/alceu_n9_pereira.pdf.

PEZZOTTA, Alberto. Salò: 15 Years of Vision. Versão de Fiona Villella e Sam Pupillo. Em: http://www.sensesofcinema.com/contents/00/11/Salo.html.

Pier Paolo Pasolini im Computergarten. Sítio com links, bibliografia, filmografia e imagens de Pasolini. Em: http://www.onlinekunst.de/maerz/05_03_2_Pasolini.htm.

PIER PAOLO Pasolini Vai ao Teatro em *Orgia*. *Folha Online*, 19 mar. 2003. Em: http://www1.folha.uol.com.br/folha/reuters/ult112u29952.shtml.

Pier Paolo Pasolini. Página biográfica com lista de obras. Em: http://www.kirjasto.sci.fi/pasolini.htm.

Pier Paolo Pasolini. Página com textos sobre a vida e a obra de Pasolini. Em: http://victorian.fortunecity.com/cloisters/488/Poeti/pasolini1.htm.

372

O *CORPUS* ARQUIVADO

Pier Paolo Pasolini. Sítio de Johnny The Flower, entusiasta de Salò, com *links* e seleção de artigos, sob o slogan: "Two great human beings were killed just because they were kind and loved other people. That were Jesus Christ and Pier Paolo Pasolini". Em: http://www.pierpaolopasolini.com/links.htm.

Pier Paolo Pasolini: Nostalghia. Sítio de Petr Gajdošík com notícias, filmografia, bibliografia, mídias, links, textos, arquivo e DVDs de e sobre Pasolini. Em: http://www.nostalghia.cz/pasolini/index.php.

Poesie & Poeti. Sítio dedicado à poesia, com página dedicada a Pasolini. Em: http://www.stedo.it/poesie/homepage.htm.

POLÊMICA Cena de *Decameron*, de Pasolini, é Apresentada pela Primeira Vez. *Folha Online*, 4 jul. 2005. Em: http://www1.folha.uol.com.br/folha/ilustrada/ult90u51737.shtml.

Prisma on Line TV Guide. Sítio de notícias de TV com página dedicada a Pasolini. Em: http://www.prisma-online.de/tv/person.html?pid=pier_paolo_pasolini

REABERTO Mistério sobre Assassinato de Pasolini. *Estadão Online*, 7 maio 2005. Em: http://www.estadao.com.br/rss/divirtase/2005/mai/07/56.htm.

RICCI, Francesca. La *Medea* di Pasolini. Em: http://www.griseldaonline.it/formazione/medea_ricci.htm.

RICCI, Giovanni. "Salò" e altre ipotesi. Incontro con Dacia Maraini. Roma, 29 mar. 1976. [Originalmente publicado em: *Salvo Imprevisti*, nº 1, jan. 1976]. Em: http://www.fucine.com/network/fucinemute/core/index.php?url=redir.php?articleid=104.

ROCHA, Glauber. Discurso Final em *off* de *A Idade da Terra*. Em: http://www.tempoglauber.com.br/glauber/Entrevistas/grito2.htm.

_____. Manifesto do Catarro. Em: http://www.tempoglauber.com.br/glauber/textos/eztetyka.htm.

ROMA Também Pede Reabertura do Caso Pasolini, *Estadão Online*, 10 maio 2005. Em: http://www.estadao.com.br/rss/divirtase/2005/mai/10/172.htm.

ROMANSKA, Magda. Sade/Salò. Em: http://www.ndsu.edu/RRCWL/V5/romanska.html.

ROSENBAUM, Jonathan. Pier Paolo Pasolini: an overview. Em: http://www.cpinternet.com/mbayly/pasolini1.htm.

ROSSANDA, Rossana. In morte di Pasolini. *Il Manifesto*, 4 nov. 1975. Em: http://www.namir.it/europa/rossanda.htm.

SANTOS, Andréa. Pier Paolo Pasolini: a interseção entre cinema e música. *Etcetera*. Em: http://www.revistaetcetera.com.br/18/pasolini/index.html.

_____. Uma Compreensão Fraturada de Pier Paolo Pasolini. Em: http://paginas.terra.com.br/arte/PopBox/pasolini.htm.

SANTOS, Maria Lizete. Pasolini e os Apelos da Dramaturgia. Em: http://www.unincor.br/recorte/artigomarializete.htm.

SCIASCIA, Leonardo. God Behind Sade [Dio dietro Sade]. Versão de Beverly Allen. Opsonic. Em: http//www.opsonicindex.org/Salo/salleo.html

Senses of Cinema. Sítio sobre a discussão séria do cinema, com página sobre aspectos da vida e da obra de Pasolini. Em: http://www.sensesofcinema.com/index.html#boro.

Subterranean Cinema. Sítio sobre cinema "subterrâneo", de caráter extremista, com página dedicada a Pasolini, com *links* para outros sítios e resenhas sobre seus filmes. Em: http://www.subcin.com/.

Tasper/Pasolini. Sítio sobre diversos diretores de cinema com página dedicada a Pasolini em DVD. Em: http://www.geocities.com/tasper70/PASOLINI.html.

Teca Libri. Sítio italiano que inclui versão em inglês sobre livros publicados na Itália, com página dedicada a *Petrolio*. Em: http://h213-2-101.mi.infinito.it/utenti/t/tecalibri/PrimaPagina.htm.

TODOS OS CORPOS DE PASOLINI

Tempi Moderni. Sítio dos mais completos sobre cinema na Itália; inclui a filmografia pasoliniana. Em: http://www.tempimoderni.com.

The Mary Page. Sítio mantido pelo The Marian Library/International Marian Research Institute na University de Dayton em Ohio com página contendo poemas marianos de Pasolini no original italiano. Em: http://www.udayton.edu/mary/main.html.

The Opsonic Index. Sítio niilista de tendência extremista cujo *slogan* é: *Propaganda before Truth! Conspiracy before Politics! Excrement before Aesthetics!*; inclui uma página dedicada a *Salò* com textos importantes. Em: http://www.opsonicindex.org/.

The Radical Sacandal. *Página com o texto que Pasolini deveria pronunciar no congresso do Partido Radical em nov. 1975, tendo sido assassinado antes*. Em: http://www.radicalparty.org/opinion/pas1_e.htm.

TREVISAN, João Silvério. Amor Sagrado, Amor Puto. *G Magazine*. Em: http://gonline.uol.com.br/gmagazine/olho/olho.shtml, ativo em 3 abr. 2006.

Tuttipoeti. Sítio sobre poetas e poesia com transcrições de poemas de Pasolini. Em: http://www.tuttipoeti.com/antologia_ita/pasolini/.

VANNUCCI, Alessandra. Édipo na Pocilga: Dramaturgia de Pier Paolo Pasolini. Em: http://www.maxwell.lambda.ele.puc-rio.br/cgi-bin/PRG_0599.EXE/3563.PDF?NrOcoSis=6378&CdLinPrg=pt.

VIEIRA Jr., Erly. Recortes e Rasuras no Corpo: sagrado e erotismo no "Teorema" de Pier Paolo Pasolini. Em: http://www.intercom.org.br/papers/congresso2003/pdf/2003_NP07_vieira_erly.pdf.

WALSH, David. Why was Pasolini Murdered? A Review of "Pasolini: An Italian Crime". [Entrevista com Marco Tullio Giordana]. *World Socialist Website*, 20 nov. 1995. Em: http://www.wsws.org/arts/1995/nov1995/paso-n95.shtml.

XAVIER, Marcelo. A Pátria de Chuteiras de Pasolini. Em: http://www.rabisco.com.br/colunas/latim/latim044.htm.

VÍDEOS

Alberto Moravia fala sobre Pasolini: "Approdo: Alberto Moravia parla di Pasolini". Fonte: Audiovideoteche RAI, 1976. Duração: 10 minutos e 19 segundos. Formato: RealAudio, 15Kb. Em: http://www.teche.rai.it/multiteca/radio/24101738_01.ram. [Retomado por *Pagine Corsare* em http://www.pasolini.net/moravia_su_pasolini-1976audio.ram.]

Alberto Moravia: oração fúnebre para Pasolini. Fonte: *Pagine Corsare*. Em: http://www.pasolini.net/OrazionefunebrediMoravia.ram.

Bernardo Bertolucci fala sobre o assassinato de Pasolini. Fonte: *Pagine Corsare*. Duração: 51 segundos. Formato: RealAudio, 15Kb. Em: http://www.pasolini.net/bertolucci.ram.

Enzo Siciliano fala sobre a relação entre sonho e política: "Il rapporto tra sogno e politica in Pasolini: un connotato fortemente utopistico". Fonte: *Pagine Corsare*. Duração: 3 minutos e 5 segundos. Formato: Flash, 375Kb. Em: http://www.pasolini.net/ascolto_flash_9.htm.

Giovanna Marini canta 'Il dì da la me muàrt', de 'La Meglio Gioventù'. Trecho da 'Cantata Per Pier Paolo Pasolini', com música de Giovanna Marini e texto de Pier Paolo Pasolini. Formato: Flash. Fonte: *Pagine Corsare*. Em: http://www.pasolini.net/marini_muart.htm.

Giovanna Marini canta 'Il mio primo incontro con Pier Paolo Pasolini'. Trecho da 'Cantata Per Pier Paolo Pasolini', com música de Giovanna Marini e texto de Pier Paolo Pasolini.

374

O *CORPUS* ARQUIVADO

Formato: Flash. Fonte: *Pagine Corsare*. Em: http://www.pasolini.net/marini_primoincontroppp.htm.

Giovanna Marini canta 'Lamento per la morte di Pasolini'. Trecho da 'Cantata Per Pier Paolo Pasolini', com música de Giovanna Marini e texto de Pier Paolo Pasolini. Formato: Flash. Fonte: *Pagine Corsare*. Em: http://www.pasolini.net/marini_lamento.htm.

Goffredo Fofi fala da idéia do desenvolvimento e progresso segundo Pasolini. Fonte: *Pagine Corsare*. 2 minutos e 4 segundos. Formato: Flash, 262Kb. Em: http://www.pasolini.net/ascolto_flash_8.htm.

Goffredo Fofi fala sobre Pier Paolo Pasolini: "Pasolini è qualcuno che viene da un altrove...". e "Pasolini come 'maestro'". Fonte: *Pagine Corsare*. 2 minutos e 33 minutos. Formato: Flash, 329Kb. Em: http://www.pasolini.net/ascolto_flash_4.htm.

Laura Betti fala de Pasolini e das suas atenções nas relações com os jovens e suas problemáticas. Fonte: *Pagine Corsare*. Duração: 2 minutos e 7 segundos. Formato: Flash, 265Kb. Em: http://www.pasolini.net/ascolto_flash_1.htm.

Paolo Volponi fala sobre a homossexualidade: "... Le colpe della nostra cultura media nei confronti della diversità...". Fonte: *Pagine Corsare*. Duração: 33 segundos. Formato: Formato: Flash, 77Kb. Em: http://www.pasolini.net/ascolto_flash_14.htm.

Paolo Volponi: 'Lui era tifoso del Bologna come me...'. Fonte: *Pagine Corsare*. Duração: 36 segundos. 89Kb. Em: http://www.pasolini.net/ascolto_flash_12.htm.

Pasolini lê uma poesia de Ezra Pound para o autor (vídeo, p&b, 2 minutos e 28 segundos). Em: http://www.italica.rai.it/principali/argomenti/libri/pasolini/0228.ram.

Pasolini no Yahoo. Em: http://cade.search.yahoo.com/search/video?&p=pasolini+&prssweb=Bus&ei=UTF-8&cv=g&b=1. [Vídeos na Internet].

Pasolini: uma edição de fotografias de Pasolini em sua Torre di Chia (vídeo, p&b, 4 minutos). Em: http://www.italica.rai.it/principali/argomenti/libri/pasolini/0328.ram.

Pier Paolo Pasolini fala das locações de "O Evangelho segundo S. Mateus". Fonte: *Pagine Corsare*. Duração: 49 segundos. Em: http://www.pasolini.net/vangelo.ram.

Pier Paolo Pasolini fala sobre "I racconti di Canterbury" (1972, áudio, 42 minutos). Em: http://www.teche.rai.it/multiteca/radio/1000/pasolini.ram.

Pier Paolo Pasolini fala sobre a crise do marxismo: 'Il marxismo è in crisi per due ragioni fondamentali...'. Duração: 43 segundos. Formato: Flash, 133Kb. Em: http://www.pasolini.net/ascolto_flash_5.htm.

Pier Paolo Pasolini fala sobre o consumismo e a mutação antropológica: "Il consumismo e la trasformazione antropologica degli italiani". Duração: 1 minuto e 43 segundos. Formato: Flash, 245Kb. Em: http://www.pasolini.net/ascolto_flash_6.htm

Pier Paolo Pasolini fala sobre o palácio da Justiça de Roma: "Il palazzo di giustizia di Roma più che brutto è stupido...". Fonte: *Pagine Corsare*. Duração: 1 minuto e 18 segundos. Formato: 172Kb. Em: http://www.pasolini.net/ascolto_flash_13.htm.

Pier Paolo Pasolini fala sobre suas relações com a burguesia italiana. Fonte: *Pagine Corsare*. Duração: 1 minuto e 7 segundos. Formato: RealAudio, 15Kb. Em: http://www.pasolini.net/borghesia.ram.

Pier Paolo Pasolini in Orte (2002, vídeo, cor, 1 minuto). Em: http://www.teche.rai.it/multiteca/video/2003_2/orte.ram.

Pier Paolo Pasolini lê o poema "Caro ragazzo". Fonte: *Pagine Corsare*. Duração: 1 minuto e 43 segundos. Formato: Flash, 223Kb. Em: http://www.pasolini.net/ascolto_flash_2.htm.

Pier Paolo Pasolini lê o poema "La Guinea". Fonte: *Pagine Corsare*. Duração: 13 minutos e 36 segundos. Formato: RealAudio, 15Kb. Em: http://www.pasolini.net/laguinea.ram.

Pier Paolo Pasolini lê o texto poético 'Il mondo che sta in un testo…'. Fonte: *Pagine Corsare*. Duração: 1 minuto e 2 segundos. Formato: Flash, 135Kb. Em: http://www.pasolini.net/ascolto_flash_11.htm.

Pier Paolo Pasolini recita: 'Il potere di decidere il proprio destino almeno formalmente è nelle mani del popolo…'. Fonte: *Pagine Corsare*. Duração: 51 segundos. Formato: Flash, 113Kb. Em: http://www.pasolini.net/ascolto_flash_10.htm.

Sergio Zavoli: Nostra padrona TV (1994, vídeo, cor, 1 minuto e 30 segundos). Em: http://www.teche.rai.it/multiteca/video/2003_2/zavolitv.ram.

Terza B: Facciamo l'appello. Trent'anni della nostra storia. Pasolini entrevistado por Enzo Biagi (1974, vídeo, p&b, 15 minutos). Em: http://www.italica.rai.it/principali/argomenti/libri/pasolini/0128.ram.

TG1 RAI noticia a morte de Pier Paolo Pasolini. Fonte: *Pagine Corsare*. Duração: 50 segundos. Formato: Real Audio, 15Kb. Em: http://www.pasolini.net/rai.ram.

Uma mulher do povo fala como encontrou o corpo de Pasolini. Fonte: *Pagine Corsare*. Radio 24, Il Sole 24 Ore. Duração: 11 minutos e 9 segundos. Formato: Real Audio, 8Kb. Em: http://www.pasolini.net/novembre1975.rm.

Un omaggio al grande Poeta P. P. Pasolini. [Edição de trechos de entrevistas e imagens de arquivo]. Postado por: "Rivoluzione". Duração: 9 minutos e 43 segundos. Em: http://www.youtube.com/watch?v=5VvuqxN-A0Q.

Vídeos de Pasolini no Yahoo. Em: http://cade.search.yahoo.com/search/video?p=pasolini%20&prssweb=Bus.

Vídeos de Pasolini no You Tube. Em: http://www.youtube.com/results?search_query=pasolini&search=Search.

Vittorio Gassman lê o poema 'La Ballata delle Madri'. Fonte: Biblioteca Comunale di Pasian di Prato. Duração: 3 minutos e 23 segundos. Formato: RealAudio, 16Kb. Em: http://www.pasian.it/ballatamadri_txt.ram.

Vittorio Gassman lê o poema 'Padre Nostro'. Fonte: Biblioteca Comunale di Pasian di Prato. Duração: 3 minutos e 52 segundos. Formato: RealAudio, 16Kb. Em: http://www.pasian.it/padrenostro_txt.ram.

FOTOS

Canzonissima: Alighiero Noschese imitando Pasolini. Foto p&b, 1971. Em: http://www.teche.rai.it/multiteca/foto/high/0075_4620_0065.jpg.

MICHALS, Duane. Pasolini [em Nova York]. Foto p&b, 1969. Em: http://www.kb.dk/kb/dept/nbo/kob/fot-mus/udlfot/fm000047.htm.

Pasolini no set de "*Salò*". Foto p&b, 1975. Em: http://www.internetbookshop.it/ser/serpge.asp.

XII. Bibliografia Geral

ADORNO, Theodor. *Indústria Cultural e Sociedade*. Seleção de textos de Jorge de Almeida. Rio de Janeiro: Paz e Terra, 2002, 127 p.

O *CORPUS* ARQUIVADO

BEAUVOIR, Simone de. Faut-il brûler Sade?. In: *Privièges*. Paris: Gallimard, 1955, 272 p., p. 9-89.

_____. *Tout compte fait*. Paris: Gallimard, 1972, 513 p.

BOCCACCIO. Giovanni. *Decameron, ou Príncipe Galeotto*. Belo Horizonte: Crisálida, 2005, 674 p.

BOSI, Alfredo. *Céu, Inferno*: ensaios de crítica literária e ideológica. São Paulo: Ática, 1988.

BRANDÃO, Junito de Souza. *Mitologia Grega*. 3 v. Petrópolis: Vozes, 1995. Volume I: 404 p. Volume II: 355 p. Volume III: 407 p.

_____. *Teatro Grego*? tragédia e comédia. Petrópolis: Vozes, 2002. 114 p.

CALVINO, Italo. *Il sentiero dei nidi di ragno*. Turim: Einaudi, 1964.

COUSINS, Mark. *Historia del Cine*. Barcelona: Blume, 2005, 502 p.

DANTE. *Oeuvres complètes*. Paris: Gallimard/Bibliothèque de la Pléiade, 1965, 1851 p.

DE LUTIIS. *Storia dei Servizi Segretti in Italia*. Roma: Editori Reuniti, 1984.

DELEUZE, Gilles. *L'image-mouvement*. Cinéma 1. Paris: Les Éditions de Minuit, 1983, 297 p. No Brasil: *A Imagem-movimento*. Rio de Janeiro: Brasiliense, 1985; 2005, 340 p.

_____. *L'image-temps*. Cinéma 2. Paris: Les Éditions de Minuit, 1983, 378 p. No Brasil: *A Imagem-tempo*. Rio de Janeiro: Brasiliense, 1985.

DI FRANCESCO, Ennio. *Un Comissario*. Gênova: Marietti, 1990.

DURGNAT, Raymond. *Sexual alienation in the cinema*. Londres: Studio Vista, 1972, 320 p.

ECO, Umberto. *A Estrutura Ausente*. São Paulo: Perspectiva, 1976, 426 p.

_____. *Cinco Escritos Morais*. Rio de Janeiro/São Paulo: Record, 1997, 124 p.

ELIADE, Mircea. *Mito e realtà*. Milão: Borla, 1968.

_____. *Trattato di storia delle religioni*. Turim: Borlinghieri, 1970.

ELKANN, Alain. *Vida de Moravia*. Rio de Janeiro: Rocco, 1992, 308 p.

ENZENSBERGER, Hans Magnus. *Guerra Civil*. São Paulo: Companhia das Letras, 1995, 138 p.

ESCHYLE, SOPHOCLE: *Tragiques grecs*. Paris: Gallimard/Bibliothèque de la Pléiade, 1967, 1465 p.

EURIPIDE. *Théâtre complet*. Paris: Gallimard/Bibliothèque de la Pléiade, 1962, 1478 p.

FANON, Franz. *Damnés de la terre*. Paris: Maspéro, 1961.

FASANELLA, Giovanni; SESTIERI, Claudio. *Segreto di Stato*: La verità da Gladio al caso Moro. Turim: Einaudi, 2000.

FEATHERSTONE, Mike. *Cultura de Consumo e Pós-modernismo*. São Paulo: Studio Nobel, 1995.

FILHO, A. Carlos Pacheco e Silva. *Cinema, Literatura, Psicanálise*. São Paulo: E. P. U., 1988.

FILHO, A. Carlos Pacheco e Silva. *Perversões Sexuais*: um estudo psicanalítico. São Paulo: E. P. U., 1987.

GABRIELI, Francesco (org.). *Le mille e una notte*. Turim: Einaudi, 1948.

GALLI, Giorgio. *Affari di Stato*. Milão: Kaos Edizioni, 1991.

GARRONI, E. *Semiotica ed estetica*. Bari: Laterza, 1968; [*Projetto di semiotica*], 1972.

GUIMARÃES, César. *Imagens da Memória*: entre o legível e o visível. Belo Horizonte: Editora UFMG, 1997, 252 p.

JANSON, H. W. *História Geral da Arte*. São Paulo: Martins Fontes, 2001.

LEHNER, Giancarlo. *Dalla parte dei politziotti*. Milão: Mazzotta, 1978.

LÉVI-STRAUSS, Claude. *As Estruturas Elementares do Parentesco*. Petrópolis: Vozes, 1976.

LIST, Herbert. *Diario italiano*. Organização de Max Scheler. Introdução de Luigi Malerba. Redação de Silvia Saibene. Munique: Schirmer/Mosel Verlag, 1994.

MARCUSE, Herbert. *Eros e Civilização*. Rio de Janeiro, Zahar, 1981, 232 p.

_____. *Ideologia da Sociedade Industrial*. Rio de Janeiro: Zahar, 1967, 238 p.

MÉNARD, René. *Mitologia Greco-romana*. 3 v. São Paulo: Opus, 1991. Volume I: 305 p. Volume II: 297 p. Volume III: 290 p.

TODOS OS CORPOS DE PASOLINI

ORR, John; TAXIDOU, Olga (org.). *Post-war Cinema and Modernity: a film reader*, 2000.

PLATÓN. *Obras completas*. Madri: Aguilar, 1990. 1715 p.

POPPER, Karl; CONDRY, John. *Cattiva maestra televisione*. Milão: Reset, 1994, 63 p.

RAMOS, Fernão. *Teoria Contemporânea do Cinema*. 2 v. São Paulo: SENAC, 2005. Volume I: Pós-estruturalismo e filosofia analítica, 430 p. Volume II: Documentário e narrativa ficcional: 325 p.

SARTRE, Jean-Paul. *L'idiot de la famille*. 3 v. Paris: Gallimard, 1971. Volume I: 1104 p. Volume II: 2136 p. Volume III: 665 p.

_____. *Situations, V*: colonialisme et neo-colonialisme. Paris: Gallimard, 1964, 253 p.

SCHINARDI, Roberto. *Cinema gay, l'ennesimo genero*. Florença: Cadmo, 2003, 188 p.

SOFOCLES. *Tragedias*. Buenos Aires: Libreria Perlado, 1944. 290 p.

STAM, Robert. *Introdução à Teoria do Cinema*. Campinas/São Paulo: Editora Papirus, 2003, 398 p.

TYLER, Parker. *Screening the sexes*. Homosexuality in the movies. Introdução de Andrew Sarris. Nova York: Da Capo Press, 1993, 365 p.

VARESE, Jacopo de. *Legenda Áurea*. Vida dos Santos. São Paulo: Companhia das Letras, 2003, 1040 p.

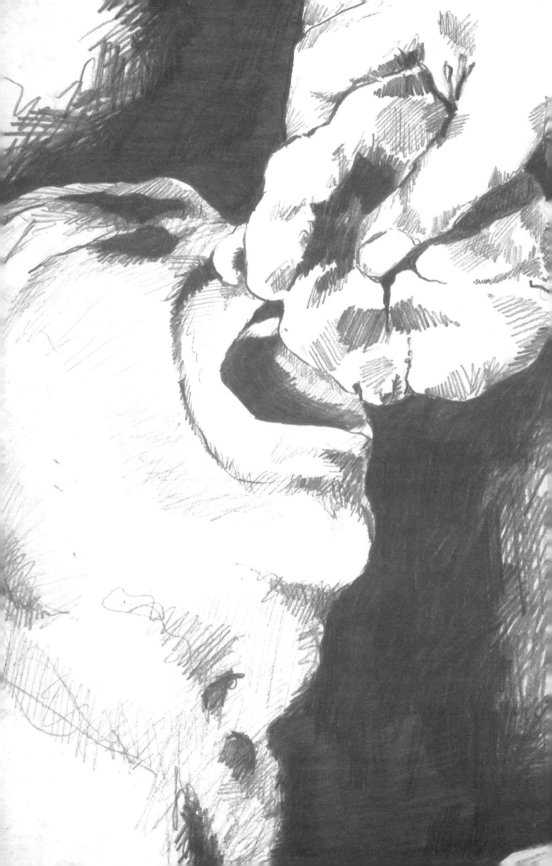

Impresso em São Paulo, em julho de 2007,
nas oficinas da Gráfica Palas Athena,
para a Editora Perspectiva S.A.